Literatur und Nicht-Wissen

Literatur und Nicht-Wissen

Historische Konstellationen 1730–1930

Herausgegeben von
Michael Bies und Michael Gamper

diaphanes

Publiziert mit Unterstützung der internen Forschungsförderung der ETH Zürich.

1. Auflage
ISBN 978-3-03734-189-6

© diaphanes, Zürich 2012
www.diaphanes.net
Alle Rechte vorbehalten

Layout, Satz: 2edit, Zürich
Druck: Pustet, Regensburg

INHALT

Michael Gamper
Einleitung   9

POETIKEN UND PHILOSOPHIEN

Achim Geisenhanslüke
Genealogie des Nicht-Wissens
Zu Sokrates und Nietzsche   25

Rainer Godel
Literatur und Nicht-Wissen im Umbruch, 1730–1810   39

Dieter Heimböckel
»Warum? Weshalb? Was ist geschehn?«
Nicht-Wissen bei Heinrich von Kleist   59

Cornelia Ortlieb
Poetische Nihilisten und andere Formen der Nichtphilosophie   77

SCHNITTPUNKTE VON LITERATUR UND NICHT-WISSEN

Jutta Müller-Tamm
»... latent werden«
Lichtenbergs Psychologie des Nicht-Wissens   99

Tobias Lachmann
Poetiken verborgenen Wissens
Versuch über das ›panoptische Erzählmodell‹   113

Susanne Düwell und Nicolas Pethes
Noch nicht Wissen
Die Fallsammlung als Prototheorie in Zeitschriften
der Spätaufklärung   131

Roland Borgards
Meer Tier Mensch
Anthropogenetisches Nicht-Wissen in Okens
Entstehung des ersten Menschen und Goethes *Faust II*   149

NICHT-WISSEN DER MODERNE

Stefan Willer
Vom Nicht-Wissen der Zukunft
Prognostik und Literatur um 1800 und um 1900   171

Marcus Twellmann
Das Nicht-Wissen der Statistik
Von den Leuchtwürmchen im Normalbaum   197

Michael Bies
Naturgeschichten vom Nicht-Wissen
Alexander von Humboldts *Das nächtliche Thierleben im Urwalde*   217

Eva Johach
Fourier'sche Transformationen
Zur generativen Funktion esoterischen Wissens
in Charles Fouriers *Théorie des quatre mouvements*   237

Rüdiger Campe
Ereignis der Wirklichkeit
Über Erzählung und Probabilität bei Balzac *(Ferragus)*
und Poe *(Marie Rogêt)*   263

Uwe Wirth
»His ignorance was as remarkable as his knowledge«
Weiß Sherlock Holmes, was er tut?   289

DAS NICHT-WISSEN NEUER WISSENSCHAFTEN

Manuela Günter
Geschichtsklitterung
Vom Nicht-Wissen der Literaturwissenschaft am Beispiel
des historischen Romans – Naubert und Scott   307

Michael Gamper
Wetterrätsel
Zu Adalbert Stifters *Kazensilber*   325

Peter Schnyder
Gewusstes Nicht-Wissen
Erdgeschichtliche Konjekturen und Hypothesen um 1800   339

Virginia Richter
Anschauung des Unsichtbaren
Rhetoriken des Nicht-Wissens im Umfeld des Darwinismus   359

POETOLOGISCHE EFFEKTE PRINZIPIELLER UNSICHERHEIT

Anne Seitz
Wimmeln und Wabern
Zu einer Poetik des Unsichtbaren bei Joris-Karl Huysmans   381

Sören Stange
Das Gespenst des Nicht-Wissens
Mathematik als Schriftspiel in David Hilberts Formalismus
und in Robert Musils *Der Mann ohne Eigenschaften*   397

Stefan Rieger
Stille Post
Kommunikationseffekte der Unwissentlichkeit   417

Zu den Autorinnen und Autoren   433

Michael Gamper

Einleitung

In der »transzendentalen Methodenlehre« der *Kritik der reinen Vernunft* wird im 3. Abschnitt des 2. Hauptstücks zum »Kanon der reinen Vernunft« Grundlegendes festgestellt:

> Das Fürwahrhalten, oder die subjektive Gültigkeit des Urteils, in Beziehung auf die Überzeugung (welche zugleich objektiv gilt), hat folgende drei Stufen: *Meinen, Glauben* und *Wissen. Meinen* ist ein mit Bewußtsein sowohl subjektiv, als objektiv unzureichendes Fürwahrhalten. Ist das letztere nur subjektiv zureichend und wird zugleich für objektiv unzureichend gehalten, so heißt es *Glauben*. Endlich heißt das sowohl subjektiv als objektiv zureichende Fürwahrhalten das *Wissen*. Die subjektive Zulänglichkeit heißt *Überzeugung* (für mich selbst), die objektive *Gewißheit* (für jedermann).[1]

Innerhalb einer Metaphysik, die nach ihrer ›kopernikanischen Wende‹ das Streben nach dem Wissen über die Wahrheit der Dinge durch die Kritik der Bedingungen der Möglichkeit von Erkenntnis ersetzt hatte, versuchte Immanuel Kant 1781 einen ›Wissens‹-Begriff zu installieren, der es erlauben sollte, hierarchisierte Grenzziehungen zwischen diesem ›Wissen‹ und Formen des ›Nicht-Wissens‹ zu ziehen, die nicht deshalb Nicht-Wissen waren, weil mit ihrer Hilfe nichts gewusst werden konnte, sondern weil sie den formalen Anforderungen des Wissens nicht genügten. Diese definitorische Hierarchisierung der Erkenntnisbereiche wurde rasch berühmt, jedoch auch bald in Zweifel gezogen. So plädierte Johann Gottfried Herder in seiner *Metakritik zur Kritik der reinen Vernunft* 1799 dafür, dass Meinen, Glauben und Wissen »keine drei Stufen, sondern Arten des Fürwahrhaltens« seien, womit die Grenze zwischen Wissen und Nicht-Wissen in programmatischer Weise relativiert und durchlässig gemacht wurde.[2] Zwei Jahre zuvor schon hatte der gleiche Autor eines der größten Projekte der Aufklärung, nämlich die Erschließung »der nächsten

---

1. Immanuel Kant: Werke in zehn Bänden, hrsg. von Wilhelm Weischedel, Darmstadt 1983, Bd. 4, 689 (B 850). Dazu siehe: Predrag Cicovacki: Anamorphosis. Kant on Knowledge and Ignorance, Lanham 1997; und Josef Simon: Meinen, Glauben und Wissen als Arten des Fürwahrhaltens, in: Hegel-Jahrbuch 2003, 67–74.
2. Johann Gottfried Herder: Eine Metakritik zur Kritik der reinen Vernunft, in: ders.: Werke in zehn Bänden, hrsg. von Martin Bollacher u.a., Frankfurt a.M. 1985–2000, Bd. 8, 303–640, hier: 585.

und einer fernern Zukunft«, an die Ausbildung von »Wissen, Ahnen, Wünschen, Hoffen und Glauben« geknüpft und dabei die produktive Kraft der ›nicht-wissenden‹ Vermögen für dieses Unternehmen betont.[3]

Damit zeigt sich am historischen Beispiel, dass gerade die Differenzierungsbemühungen von ›Wissen‹ und ›Nicht-Wissen‹ neuralgische Punkte der intellektuellen und gesellschaftlichen Selbstverständigung sind, die weniger zu sicheren Ergebnissen als zu fruchtbaren Diskussionen führen. Darüber hinaus wird unter Beweis gestellt, inwiefern gerade die anthropologische Erweiterung der Wissensmöglichkeiten Wissen und Nicht-Wissen zu Angelegenheiten spezifischer Perspektiven, Absichten und Funktionen macht, die mit ihnen verbunden werden. Exemplarisch wird damit deutlich, dass Aushandlungen von Wissen und Nicht-Wissen ein Spiel der Diskurse und Redeformen in Gang setzen, in dem Wissen sich oft auch herstellt über das Agieren im Nicht-Wissen anderer Positionen, Konzepte und Sprechweisen, also über die Konstituierung von Ergänzungen, Kompensationen und Funktionswechseln.

Das Ziel dieses Bandes ist es, Phänomene und Verhandlungen von Nicht-Wissen als konstitutiven Bestandteil der Wissensgeschichte in den Blick zu nehmen und aus verschiedenen methodischen und thematischen Perspektiven zu beschreiben. Die Bedeutung von Nicht-Wissen ist im Zusammenhang der Wissenspoetologie in den letzten Jahren in verschiedenen Zusammenhängen immer wieder hervorgehoben worden.[4] Die Soziologie hat sich mit ihr befasst,[5] und auch einige wissenschaftshistorisch und kulturgeschichtlich orientierte Monographien und Sammelbände haben sich diesem Phänomen unter den Schlagworten ›Ignorance‹, ›Ignoranz‹, ›Agnotology‹, ›Skeptizismus‹ und ›Nichtwissen‹ zugewendet.[6] Hier soll nun versucht werden, sich diesem Gegenstandsgebiet und diesem methodischen Zugang systematisch zu nähern

---

3. Johann Gottfried Herder: Vom Wissen und Nichtwissen der Zukunft/Über Wissen, Ahnen, Wünschen, Hoffen und Glauben, in: ebd., 283–301, hier: 297.
4. Albrecht Koschorke: Körperströme und Schriftverkehr. Mediologie des 18. Jahrhunderts, München 1999, 445f.; Joseph Vogl: Einleitung, in: ders. (Hrsg.): Poetologien des Wissens um 1800, München 1999, 7–16, hier: 15; Roland Borgards: ›Allerneuester Erziehungsplan‹. Ein Beitrag Heinrich von Kleists zur Experimentalkultur um 1800 (Literatur, Physik), in: Marcus Krause, Nicolas Pethes (Hrsg.): Literarische Experimentalkulturen. Poetologien des Experiments im 19. Jahrhundert, Würzburg 2005, 75–101.
5. Dirk Baecker, Susanne Düchting (Hrsg.): Nichtwissen, Lüdenscheid 2006; Peter Wehling: Im Schatten des Wissens? Perspektiven der Soziologie des Nichtwissens, Konstanz 2006.
6. Michael Smithson: Ignorance and Uncertainty. Emerging Paradigms, New York 1989; Achim Geisenhanslüke, Hans Rott (Hrsg.): Ignoranz. Nichtwissen, Vergessen und Missverstehen in Prozessen kultureller Transformationen, Bielefeld 2007; Robert N. Proctor, Londa Schiebinger (Hrsg.): Agnotology. The Making and Unmaking of Ignorance, Stanford, Calif. 2008; Carlos Spoerhase, Dirk Werle, Markus Wild (Hrsg.): Unsicheres Wissen. Skeptizismus und Wahrscheinlichkeit 1550–1850, Berlin/New York 2009; Hans Adler, Rainer Godel (Hrsg.): Formen des Nichtwissens der Aufklärung, München 2010.

und ihn gleichzeitig thematisch zu spezifizieren – und zwar hinsichtlich des Spannungsfelds, das sich durch die vielfältigen Beziehungen von Literatur und Wissenschaft ergibt, wobei mit Letzterer nicht nur die Naturwissenschaften, sondern auch die Sozial-, Kultur- und Geisteswissenschaften angesprochen werden.[7] Im Zuge der neuen Aufmerksamkeit, welche die Geschichte der Geisteswissenschaften seit einigen Jahren in der Wissenschaftsgeschichte gefunden hat, ist gerade dies ein Bereich, in dem weitere interessante Studien zu erwarten sind.

Nimmt man sich den Zusammenhang von Wissen und Nicht-Wissen vor, so liegt der Hinweis auf der Hand, dass jedes Streben nach Wissen zunächst auch als Versuch der Verwandlung von Nicht-Wissen in Wissen anzusehen ist. Diese Einsicht in das grundlegende Verfahren jeder Forschung basiert freilich auf einer Verhältnisbestimmung, die der Präzisierung bedarf, fasst sie doch Nicht-Wissen einfach als Abwesenheit von Wissen und bestimmt seine Bedeutung rein negativ in Bezug auf gesetzte und aussagbare Formen von Wissen. Schon dieser Aspekt des Fernseins von Wissen zerfällt aber in verschiedene Varianten, so etwa in das Phänomen der ›Ignoranz‹, das im deutschsprachigen Kontext eine aktive subjektive Komponente enthält und so ein Nicht-Wissen-Wollen bezeichnet, in die ›Uninformiertheit‹, die lediglich die fehlende Ausstattung mit Fakten meint, oder aber in ein strukturelles Nicht-Wissen, das dem Gegenstandsfeld wesentlich ist und nicht einfach beseitigt, sondern allenfalls umhegt, begrenzt oder umgangen werden kann.[8]

Auch wenn es also richtig ist, dass sich das Nicht-Wissen der positiven begrifflichen Bestimmung entzieht, so lässt es sich doch differenzieren. Als zentral erweist sich dabei die bereits angedeutete Unterscheidung von überwindbarem und von prinzipiellem, nicht-überwindbarem Nicht-Wissen. In beiden Fällen ist darüber hinaus essentiell, ob das Nicht-Wissen den jeweiligen Wissenssubjekten und -gemeinschaften bewusst oder unbewusst ist. Damit rückt die Beziehung des Wissens zu den Trägern dieses Wissens nachhaltig in den Fokus, was insofern von Bedeutung ist, als es einen Unterschied für den diskursiven Status des Nicht-Wissens ausmacht, ob es von den beteiligten Instanzen aktiv verhandelbar ist oder nicht. Damit soll freilich nicht die grundsätzliche personale Zurechnung von Wissen seitens der analytischen Philosophie übernommen und als systematisch-analytische Unterscheidung eingeführt

---

7. Siehe dazu als ersten Versuch: Michael Gamper: Nicht-Wissen und Literatur. Eine Poetik des Irrtums bei Bacon, Lichtenberg, Novalis, Goethe, in: Internationales Archiv für Sozialgeschichte der deutschen Literatur 34/2 (2009), 92–120.
8. Siehe zu diesen Unterscheidungen auch den Beitrag von Achim Geisenhanslüke im vorliegenden Band.

werden.⁹ Vielmehr soll personales Wissen und dessen aktive Verfügbarkeit als Faktor in einer diskursanalytisch orientierten Wissensgeschichte stark gemacht und ernst genommen werden.

Die Fruchtbarkeit dieses Zugangs ist bereits mehrfach unter Beweis gestellt worden. So wurde gezeigt, dass vor allem im Fall des prinzipiellen Nicht-Wissens oft gerade Technologien und Verfahren der Erzeugung eines bewussten Nicht-Wissens als Ausgangspunkt für eine erfolgreiche Forschung dienen, weil sie zu erkennen geben, was nicht gewusst wird.¹⁰ Von besonderer Relevanz sind diese Verfahren vor allem dann, wenn nicht wissen(schaft)stheoretische, sondern praxeologische Fragestellungen bearbeitet werden, wenn es also um die Dynamik von Wissen in konkreten Situationen, seien diese disziplinär spezifiziert oder alltäglich, geht.¹¹ Nicht-Wissen ist dann nicht ein Hindernis für epistemische Prozesse, sondern eher die Bedingung für deren Vorankommen. Nicht-Wissen gezielt in den Blick zu nehmen und seine Bedeutung systematisch zu untersuchen, ist deshalb ein wichtiger Schritt nicht bloß für die Wissenschaftsgeschichte und eine wissensgeschichtlich orientierte Literaturwissenschaft, sondern ebenso für alle an der Reflexion ihres Tuns interessierten Wissensgemeinschaften, im Besonderen diejenigen der Wissenschaften einschließlich der Natur- und Ingenieurswissenschaften.¹²

Neben diesem wichtigen Prozess der Verwandlung von Nicht-Wissen in Wissen ist ein weiterer Vorgang von zentraler Bedeutung, und zwar die Konturierung von Wissen durch die Abgrenzung von Gebieten, die damit, implizit oder explizit, als Nicht-Wissen qualifiziert werden. Auch daraus ergibt sich eine notwendige Verschränkung und wechselseitige Beziehung von Wissen und Nicht-Wissen, die in verschiedenen kategorialen Hinsichten betrachtet werden kann, die aber immer dynamisch bleibt und an historisch spezifische Beobachterperspektiven gebunden ist. Wird, erstens, ein als aktuell verstandenes Wissen gegenüber einem veralteten oder zukünftigen Wissen, einem Nicht-Mehr- oder Noch-Nicht-(Genau-)Wissen profiliert, zeigt sich diese Beziehung als *Relation zeitlicher Art*. Aus dieser Sicht charakterisieren Prozesse des Vergessens, Entdeckens, Präzisierens und Neubewertens die Bezie-

---

9. Dies tut etwa Tilmann Köppe: Literatur und Erkenntnis. Studien zur kognitiven Signifikanz fiktionaler literarischer Werke, Paderborn 2008.
10. Christoph Hoffmann: Schreiben als Verfahren der Forschung, in: Michael Gamper (Hrsg.): Experiment und Literatur. Themen, Methoden, Theorien, Göttingen 2010, 181–207, hier: 196.
11. Siehe dazu auch den Beitrag von Rainer Godel, der einen ›epistemopraktischen‹ Zugang als Ergänzung zu einem ›epistemologischen‹ einfordert.
12. Auf diese durch das Nicht-Wissen eröffnete Chance zielt Achim Geisenhanslüke mit seiner ›Poetologie des Nichtwissens‹; siehe Achim Geisenhanslüke: Dummheit und Witz. Poetologie des Nichtwissens, München 2011.

hung zwischen Wissen und Nicht-Wissen, eine Beziehung, die insofern aber nie bloß als Ersetzung eines Nicht-Wissens durch Wissen beschrieben werden kann, als jedes Wissen synchron immer wieder ein neues Nicht-Wissen produziert. Zweitens kann sie als *hierarchisch-räumliche Beziehung* begriffen werden. Als Nicht-Wissen erscheint dann etwa ein Populärwissen, das vom Standpunkt vermeintlich ›echten Wissens‹ als Schwundstufe (ab-)qualifiziert wird, aber auch ein ›anderes Wissen‹ bzw. ein ›Pseudowissen‹, von dem ein dominantes Paradigma sich in kultureller, geschlechtlicher, ethnischer oder klassenmäßiger Sicht abgrenzt. Drittens kann Nicht-Wissen durch eine *modale Differenz* von Wissen abgegrenzt werden. Aus dieser Perspektive mag Nicht-Wissen dem Wissen durchaus als ähnlich und ihm vergleichbar erscheinen, doch ohne dass ihm der geforderte Grad an Sicherheit und Überprüfbarkeit zugesprochen wird. Vom anerkannten Wissen ist es hierbei als ein bloß mögliches oder wahrscheinliches Wissen unterschieden. Diese dritte Beziehung zwischen Wissen und Nicht-Wissen kann schließlich zur direkten Entgegensetzung führen; aus Sicht der Erkenntnissubjekte und Wahrheitsparadigmen erscheint das Nicht-Wissen dann schlicht als ›falsches Wissen‹. Bei jeder dieser Differenzierungen, also bei der zeitlichen, räumlich-hierarchischen und modalen Unterscheidung, sind darüber hinaus auch wieder die oben genannten Spezifizierungen zu berücksichtigen, die auseinanderhalten, ob es sich beim jeweiligen Nicht-Wissen um einen reduziblen oder irreduziblen Zustand handelt und ob es um ein aktives oder passives, ein bewusstes oder unbewusstes Nicht-Wissen geht, ob es also ein Wissen vom Nicht-Wissen gibt oder nicht.[13]

Diese definitorischen Bestimmungen sind daraufhin angelegt, dass sie weitergeführt, an konkreten Beispielen überprüft und in der Arbeit am historischen Material korrigiert und ergänzt werden. Dies bedeutet auch, dass Nicht-Wissen weniger als Begriff oder als Konzept denn als Bezeichnung für ein weiteres, methodisch-materiell umrissenes Untersuchungsfeld zu verstehen ist, dessen Grenzen und innere Strukturen bewusst offen und frei gehalten werden, um systematische und historische Festlegungen revidierbar zu machen. Nicht-Wissen bezeichnet demnach einen historisch und artifiziell erzeugten Bereich, der aus pragmatischen diskursiven Gründen von einem historisch kontingenten Wissensparadigma als insuffizient gesetzt worden ist.[14] Wie sich

---

13. Hierzu siehe Michael J. Smithson: Social Theories of Ignorance, in: Proctor/Schiebinger (Hrsg.), Agnotology (Anm. 6), 209–229, hier: 210f.
14. Zur Historizität und Artifizialität des Nicht-Wissens siehe Robert N. Proctor: Agnotology. A Missing Term to Describe the Cultural Production of Ignorance (and its Study), in: ebd., 1–33, hier: 27.

diese Insuffizienz aber gestaltet, welche Dynamiken sie freisetzt und wie diese mit den positiv gesetzten Qualitäten des Wissens vernetzt sind, das erschließt sich nur den Einzelstudien. Nicht-Wissen ist in dieser Weise nicht einfach das Antonym zu Wissen, und es besteht auch keine Symmetrie zwischen den beiden Gebieten. Nicht-Wissen ist nicht vorab eine antiszientistische Gegenmacht, wie sie etwa die Mystik kennt – auch wenn es sich in seltenen Fällen dazu verfestigen kann. In der hier gemeinten Weise ist Nicht-Wissen eher das Abjekt von gesetzten Ordnungen, es ist das Vergessene, Verdrängte, Überwundene, Weggeschobene von Wissenskonzepten, das gerade deswegen neu fruchtbar und produktiv werden kann.[15] Nicht-Wissen ist in dieser Perspektive also nicht bloß die – negativ oder positiv adressierte – Kehrseite von Wissen; vielmehr erscheint es als ein dynamisches Konglomerat von Objekten und Praktiken, von dessen Irritationspotential wesentliche Impulse für die Bewegungen in den Formationen des Wissens ausgehen.

Diese Verschränkungen von Wissen und Nicht-Wissen hat die Literatur auf vielfältige Weise aufgenommen. Dass Literatur an Wissen beteiligt ist, ist schon wiederholt herausgearbeitet worden:[16] Sie kann Wissen ergänzen, erweitern, vermitteln, veranschaulichen, popularisieren, darstellen, verarbeiten, reflektieren, problematisieren, antizipieren und hervorbringen, indem sie es rhetorisch formiert, narrativ relationiert und fiktional erprobt.[17] Da sie keinen

---

15. Zum Konzepts des ›Abjekts‹ und der ›Abjektion‹ siehe Julia Kristeva: Pouvoir de l'horreur. Essai sur l'abjection, Paris 1980.
16. Diese Frage ist aber auch kontrovers diskutiert worden. Programmatisch eingetreten für einen breiten Wissensbegriff, der auch die Literatur einschließt, sind: Joseph Vogl: Für eine Poetologie des Wissens, in: Karl Richter, Jörg Schönert, Michael Titzmann (Hrsg.): Die Literatur und die Wissenschaften 1770–1930, Stuttgart 1997, 107–127; Roland Borgards, Harald Neumeyer: Der Ort der Literatur in einer Geschichte des Wissens. Plädoyer für eine entgrenzte Philologie, in: Walter Erhart (Hrsg.): Grenzen der Germanistik. Rephilologisierung oder Erweiterung?, Stuttgart/Weimar 2004, 210–222; Nicolas Pethes: Poetik/Wissen. Konzeptionen eines problematischen Transfers, in: Gabriele Brandstetter, Gerhard Neumann (Hrsg.): Romantische Wissenspoetik. Die Künste und die Wissenschaften um 1800, Würzburg 2004, 341–372; einführend in den Forschungszusammenhang: Ralf Klausnitzer: Literatur und Wissen. Zugänge – Modelle – Analysen, Berlin/New York 2008. Kritisch gegen das Konzept einer ›Poetologie des Wissens‹ bzw. einer wissensgeschichtlich ausgerichteten Literaturwissenschaft: Tilmann Köppe: Vom Wissen in Literatur, in: Zeitschrift für Germanistik. Neue Folge 17/2 (2007), 398–410; Gideon Stiening: Am »Ungrund« oder: Was sind und zu welchem Ende studiert man ›Poetologien des Wissen‹?, in: KulturPoetik 7/2 (2007), 234–248, woran sich in den jeweiligen Zeitschriften ausführlichere Debatten mit Repliken und Gegenrepliken anschlossen.
17. Einen textpragmatisch und erkenntnistheoretisch orientierten systematischen Aufriss der Beziehungsmodi von Literatur und Wissen gibt Tilmann Köppe: Literatur und Wissen: Zur Strukturierung des Forschungsfeldes und seiner Kontroversen, in: ders. (Hrsg.): Literatur und Wissen. Theoretisch-methodische Zugänge, Berlin/New York 2011, 1–28; zu den Funktionen von Literatur ebd., 6. In diesem Band werden in den einzelnen Beiträgen auch die Wissensfähigkeit der Literatur und deren Bedingungen erörtert.

eigenen Wissensgegenstand besitzt, sondern vielmehr durch ihre sprachliche Form und eine spezielle modale, oft narrative und fiktionale Zugangsweise zu den von ihr repräsentierten Gegenständen definiert ist, zeichnet sie sich in wissenshistorischer Hinsicht vor allem dadurch aus, dass sie ungewöhnliche Kombinationen von Wissensbeständen herstellen und in von den Wissenschaften vernachlässigte Gebiete vordringen kann. Aufgrund dieser starken Affinität zum Nicht-Wissen kann Literatur eine wissensgeschichtlich prominente strategische Position einnehmen: Sie verwandelt Grenzen des Wissens in Schwellen des Wissens; sie positioniert sich an Orten, wo Wissenschaften keine exakten Ergebnisse erzielen können oder dürfen; sie erzählt fiktionale Geschichten über Problembereiche gegenwärtigen Wissens mit Bezügen zu vergangenem und zukünftigem Wissen; und sie stößt vor in Bereiche, in denen ein verifizierbares Wissen nicht zu erlangen ist.[18]

Aus diesen Überlegungen lassen sich Grundsätze für die Untersuchungen ableiten, von denen noch einmal drei hervorgehoben werden sollen. *Erstens* kann angenommen werden, dass Nicht-Wissen – egal, ob es ein noch unbekanntes oder ein bereits bestimmtes, gleichsam einkalkuliertes Nicht-Wissen ist – nicht nur negativ als Kehrseite des Wissens zu verstehen ist, sondern dass ihm auch positive Funktionen zukommen: dass es also dazu dienen kann, epistemologische und ästhetische, aber auch politische und ökonomische Ordnungen zu etablieren, zu stabilisieren oder auch zu delegitimieren. *Zweitens* ist davon auszugehen, dass Literatur in der gesellschaftlichen Moderne eine herausragende Rolle bei der Verhandlung und Produktion von Nicht-Wissen zukommt, insofern sie es nicht nur auf inhaltlicher Ebene reflektiert, sondern es oft auch als Anstoß und Prinzip genuin literarischer Verfahrensweisen aufnimmt. Nicht-Wissen spiegelt sich auf diese Weise in der Poetik der Texte, strukturiert die Einrichtung von Gattungen und Schreibweisen, tangiert aber wesentlich auch die epistemologische Valenz von Literatur. Umgekehrt lässt sich an Literatur aber auch eruieren, wie Nicht-Wissen produziert, verhandelt und repräsentiert wird. Und *drittens* kann supponiert werden, dass diese Verfahrensweisen sich historisch in irreduzibel verschiedener Weise ausformen und auch dementsprechend zu beschreiben sind.

Der vorliegende Band belegt dies anhand ausgewählter Figuren, Objekte, Disziplinen, Medien und Poetiken für die Zeit von 1730 bis 1930. Diese Periodisierung trägt dem Umstand Rechnung, dass sich in der Mitte des 18. Jahrhunderts

---

18. Die Vielfalt der Themen und Untersuchungsperspektiven, die sich allgemein aus der Frage nach der Involvierung von Literatur in Zusammenhänge des Nicht-Wissens ergeben, findet sich aufgelistet in Andrew Bennett: Ignorance. Literature and Agnoiology, Manchester/New York 2009, 1–8, 33–54.

ein neues Regime des Umgangs mit Nicht-Wissen durchsetzte. Zwar haben Philosophen von Platon bis Descartes immer wieder die Überlegenheit ihrer epistemologischen Position mit dem Verweis auf die Reflexion des eigenen Nicht-Wissens begründet. Im 18. Jahrhundert jedoch verfestigte sich nun die Bewusstwerdung von Nicht-Wissen und seiner erkenntnispraktischen Bedeutung über grundlegende epistemische Vorgänge, über die Imprägnierung aller Verhältnisse durch neue zeitliche und räumliche Differenzqualitäten, mithin also über Temporalisierung und Globalisierung als untergründige Motoren einer neuen Verfassung des Wissens. Die *Querelle des anciens et des modernes* bezeichnete hier einen Ausgangspunkt, und bis ins späte 18. Jahrhundert beschleunigte und vervielfältigte sich diese Einsicht in die ›Historisierung der Zeit‹ (Luhmann) bzw. die ›Verzeitlichung der Geschichte‹ (Koselleck), die auch die Verfügbarkeit über vergangenes Wissen, die Varianz gegenwärtigen Wissens und die Horizonte zukünftigen Wissens neu gestaltete.[19] Damit etablierte sich bis 1800 eine spezifisch moderne Wissensdynamik, in der sich wechselnde Arrangements von Wissen und Nicht-Wissen im Zuge der Entstehung neuer Wissenschaftsdisziplinen und Diskursformen bildeten. Friedrich Schlegel brachte diese Situation als prägende Konstellation der Moderne in einem *Athenaeums*-Fragment auf den Punkt: »Je mehr man schon weiß, je mehr hat man noch zu lernen. Mit dem Wissen nimmt das Nichtwissen in gleichem Grade zu, oder vielmehr das Wissen des Nichtwissens.«[20]

Die verschiedenen Varianten der Aufklärungskultur dienten als ein Testfeld für den Umgang mit diesem Nicht-Wissen, in dem seine Integrierbarkeit ebenso wie Formen seiner Beseitigung und seines Ausschlusses erprobt werden konnten.[21] Die eingangs angeführte Konstellation Kant/Herder war diesbezüglich nur einer von vielen Probeläufen, wenn auch ein besonders prägnanter. Als eine treibende Kraft profilierten sich die Naturwissenschaften, denen es in der zweiten Hälfte des 18. Jahrhunderts gelang, ihre Verfahren zur Tatsachenerzeugung und Erkenntnisformatierung zu erweitern und zu stabilisieren, sich an den Universitäten zu etablieren und auch in der öffent-

---

19. Niklas Luhmann: Temporalisierung von Komplexität. Zur Semantik neuzeitlicher Zeitbegriffe, in: ders.: Gesellschaftsstruktur und Semantik. Studien zur Wissenssoziologie der modernen Gesellschaft, Bd. 1, Frankfurt a.M. 1993, 235–300, hier bes.: 288; und Reinhart Koselleck: Vergangene Zukunft. Zur Semantik geschichtlicher Zeiten, Frankfurt a.M. 1989, besonders die Aufsätze *Vergangene Zukunft der Frühen Neuzeit*, 17–37; und *Historia Magistra Vitae. Über die Auflösung des Topos im Horizont neuzeitlich bewegter Geschichte*, 38–66.
20. Friedrich Schlegel: Kritische Friedrich-Schlegel-Ausgabe, hrsg. von Ernst Behler u.a., München/Paderborn/Wien 1958ff., Bd. 2, 210, Nr. 267. Ausführlicher stellt diesen Zusammenhang und die Relevanz des Schlegel-Zitats der Beitrag von Peter Schnyder im vorliegenden Band dar.
21. Siehe hierzu die zahlreichen Beiträge in Adler/Godel (Hrsg.), Formen des Nichtwissens der Aufklärung (Anm. 6).

lichen Geltung stark an Reputation zu gewinnen. Die Naturwissenschaften brachten dabei eine reiche Erfahrung im Umgang mit unsicherer Erkenntnis mit. Denn seit der Mitte des 17. Jahrhunderts hatten die Exponenten der baconischen Wissenschaften ein beträchtliches Maß ihrer intellektuellen und sozialen Energie darauf verwandt, gegenüber der sicheren Demonstrierbarkeit von Wissen in den mathematisierbaren Gebieten, etwa der Geometrie und der Astronomie, ein lediglich wahrscheinliches Wissen für eine akzeptierte wissenschaftliche Gemeinschaft als verlässlich und akkumulierbar zu erweisen. Dies gelang durch neue Kommunikationsstrategien, die das epistemische Verfahren des Experiments als tatsachenerzeugendes Instrument durchsetzen konnten.[22] Bezüglich der Bewältigung von Nicht-Wissen konnten die Naturwissenschaften damit eine reiche Tradition in die allgemeine Diskussion einbringen, blieben gleichwohl aber ein bevorzugtes Terrain der epistemologischen Grenzziehungen und Flurbereinigungen, wie Kants *Metaphysische Anfangsgründe der Naturwissenschaft* von 1786, aber auch praktisch alle Einführungen in die naturwissenschaftlichen Kompendien des 18. und frühen 19. Jahrhunderts zeigen. Im 19. Jahrhundert wiederholten sich solche Aushandlungsprozesse in anderen Wissenschaften, so etwa in der Philologie, wo die Aufteilung des Fachgebiets in gesicherte Tatsachen der Textkritik und hypothetische Möglichkeitsräume der Konjektur die Voraussetzung für ihre breite Durchsetzung an Schulen und Universitäten war.[23]

Ein anderes neuralgisches Feld der Emergenz bewussten Nicht-Wissens war im 18. Jahrhundert die Ästhetik, die von Baumgarten als Theorie der ›undeutlichen Erkenntnis‹ begründet wurde. Schon Leibniz hatte der *cognitio sensitiva* die *cognitio obscura* und die *cognitio confusa* zugerechnet, wobei die Letztere zwar ›klar‹ (›clara‹) sei, nicht aber die Präzision der *cognitio distincta*, der deutlichen Erkenntnis, aufweise, die wiederum in der *cognitio intuitiva* ihre höchste Form besitze. Während ein ›dunkler‹ Begriff nicht zum Wiedererkennen einer Sache ausreiche, sei ein ›verworrener‹ derart gestaltet, dass er die Gegenstände aufgrund des Zeugnisses der Sinne, nicht aber aufgrund aussagbarer Kennzeichen voneinander unterscheidbar mache.[24] Leibniz ging

---

22. Steven Shapin: Pump and Circumstance: Robert Boyle's Literary Technology, in: Social Studies of Science 14 (1984), 481–520.
23. Siehe dazu Anne Bohnenkamp u.a. (Hrsg.): Konjektur und Krux. Zur Methodenpolitik der Philologie, Göttingen 2010; Denis Thouard, Friedrich Vollhardt, Fosca Mariani Zini (Hrsg.): Philologie als Wissensmodell/La philologie comme modèle de savoir, Berlin/New York 2010.
24. Gottfried Wilhelm Leibniz: Meditationes de cognitione, veritate et ideis/Betrachtungen über die Erkenntnis, die Wahrheit und die Ideen, in: ders.: Philosophische Schriften, Bd. 1: Kleine Schriften zur Metaphysik, hrsg. und übers. von Hans Heinz Holz, Frankfurt a.M. 1996, 32–47, hier: 32–35.

aber davon aus, »daß die Begriffe dieser Eigenschaften zusammengesetzt sind und aufgelöst werden können«,[25] ein Hinweis, den Christian Wolff in seiner *Psychologia empirica* von 1732 für die Einführung einer für die ›unteren Erkenntniskräfte‹ zuständigen philosophischen Disziplin nutzte. Diesen vermögenspsychologischen Zugang erweiterte Alexander Gottlieb Baumgarten zu einer *gnoseologia inferior,* die er in seiner *Aesthetica* von 1750/1758 umfassend ausarbeitete. Skizziert hatte er diesen Zugang aber bereits in seiner *Metaphysica* von 1739, in der er die Logik der unteren Erkenntnisvermögen auf Vermögen wie *sensus* (»Sinn«), *phantasia* (»Einbildungskraft«), *perspicacia* (»scharffsinniger Witz«), *memoria* (»Gedächtnis«), *facultas fingendi* (»Dichtungsvermögen«), *praevisio* (»Vorhersehungsvermögen«), *iudicium* (»Beurtheilungsvermögen«), *praesagitio* (»Vermögen, das Zukünftige zu erwarten«) und *facultas characteristica* (»Bezeichnungsvermögen«) bezog.[26] Damit war vermögenspsychologisch ein neues Wissensgebiet gewonnen, das hinsichtlich seiner Leistungsmöglichkeiten und Defizite klar bestimmt war. Errichtet worden war es auf dem Grund jenes *nescio quid,* das für Leibniz die Erkenntnis der »Maler und andere[r] Künstler« kennzeichnete, die »angemessen erkennen, was richtig und was fehlerhaft gemacht ist, ohne daß sie oft den Grund ihres Urteils angeben können«.[27] Die Ästhetik als Theorie der sinnlichen Erkenntnis war so auch immer potentiell eine Theorie der Kunst, und die Kunst einschließlich der Dichtung war so profiliert als ein Bereich, wo Wissen und Nicht-Wissen besonders stark interagierten. In den wechselnden und sich wandelnden Ästhetiken und Poetiken des 18. Jahrhunderts wurde diese Interaktion in unterschiedlichen Formen ausgespielt und hatte auch für autonomieästhetische Konzepte und darüber hinaus Gültigkeit.

Eine erste Folge von Beiträgen im vorliegenden Band setzt hier an. Während *Achim Geisenhanslüke* am Beispiel von Sokrates und Nietzsche die Leitlinien einer philosophischen Genealogie des Nicht-Wissens zieht und dabei die grundlegende Bedeutung des Ästhetischen und Poetologischen hervorhebt, beschreibt *Rainer Godel* in seinem Beitrag, wie die sich ergebenden Veränderungen von Wissen und Nicht-Wissen zwischen Früh- und Hochaufklärung, Spätaufklärung, Klassik und Romantik literaturgeschichtlich

---

25. Ebd., 35.
26. Alexander Gottlieb Baumgarten: Metaphysica [1739], 7. Aufl., Halle 1779, 187–228; die deutschen Bezeichnungen stammen aus der Übersetzung von Georg Friedrich Meier. Siehe Alexander Gottlieb Baumgarten: Metaphysik, übers. von Georg Friedrich Meier, nach dem Text der zweiten, von Johann August Eberhard besorgten Ausgabe 1783, hrsg. von Dagmar Mirbach, Jena 2004, 120–143.
27. Leibniz (Anm. 24), 35. Siehe dazu auch Hans Adler: Das gewisse Etwas der Aufklärung, in: ders./Godel (Hrsg.), Formen des Nichtwissens der Aufklärung (Anm. 6), 21–42.

erfasst werden können. *Dieter Heimböckel* wiederum verdeutlicht die Virulenz der Problematik an einem herausragenden Beispiel aus dem literarischen Feld, nämlich an Heinrich von Kleist und seinen Texten, *Cornelia Ortlieb* hingegen wendet sich Johann Gottlieb Fichte und den Debatten um ›Nihilismus‹ und ›Nicht-Philosophie‹ zu und zeigt, wie gerade an den Übergängen von Philosophie und Literatur brisante Aspekte der Thematik von Wissen und Nicht-Wissen verhandelt wurden.

Es sind naheliegenderweise Schnittpunkte von Wissenschaft und Literatur, die sich als besonders fruchtbar erwiesen für Konzept- und Verfahrensbildungen, welche am Nicht-Wissen ansetzen. *Jutta Müller-Tamm* erläutert dies am Beispiel von Georg Christoph Lichtenbergs transdiskursiven Überlegungen zur Latenz, während *Tobias Lachmann* sich der Geheimbund- und Verschwörungsliteratur zuwendet, bei der er ein ›panoptisches Erzählmodell‹ herausarbeitet. Über die Konstruktion eines verborgenen Wissens, so erklärt Lachmann, bringe dieses Modell diskursive Subjektpositionen des Nicht-Wissens hervor und generiere dadurch den Spannungsgehalt der Texte. Auch die Anthropologie hatte aufgrund ihres komplexen Gegenstandes in besonderer Weise mit dem Nicht-Wissen zu kämpfen, hier allerdings, wie *Susanne Düwell* und *Nicolas Pethes* zeigen, mit dem Problem eines hartnäckigen Noch-Nicht-Wissens, angesichts dessen Fallgeschichtssammlungen angelegt wurden, die ein Wissen generieren, sammeln, verbreiten und für eine zukünftige Bearbeitung bereitstellen. In ähnlicher Weise stellte auch die Anthropogenese Aufgaben, die eine strategische Vermessung eines Gebiets des erhofften zukünftigen Wissens erforderten. Wie *Roland Borgards* mit Fokussierung auf Schriften von Lorenz Oken und Goethe darlegt, war auch diese Vermessung nicht anders als mithilfe von Erzählungen, Mythen, Bildern und Metaphern zu leisten.

Vor allem ab der Mitte des 18. Jahrhunderts traten so Problemfelder hervor, die für die Moderne kennzeichnend werden. Dies gilt nicht nur für die Frage des methodisch erzeugten Zukunftswissens, wie im Beitrag von *Stefan Willer* deutlich wird. Auch der Probabilismus erhält um 1800 durch die Verknüpfung von Statistik und Wahrscheinlichkeit eine neue Brisanz.[28] So arbeitet *Rüdiger Campe* anhand des Spiels mit den unterschiedlichen Semantiken von ›Ereignis‹ und ›Weltzustand‹ in Erzählungen von Balzac und Poe heraus, dass diese Texte eine doppelte Erzählstruktur gewinnen, indem sie das Konzept der

---

28. Ian Hacking: The Taming of Chance, Cambridge u.a. 1990; Wolfgang Schäffner: Nicht-Wissen um 1800. Buchführung und Statistik, in: Vogl (Hrsg.), Poetologien des Wissens um 1800 (Anm. 4), 123–144; Rüdiger Campe: Spiel der Wahrscheinlichkeit. Literatur und Berechnung zwischen Pascal und Kleist, Göttingen 2002; Peter Schnyder: Alea. Zählen und Erzählen im Zeichen des Glücksspiels 1650–1850, Göttingen 2009.

prinzipiell beherrsch- und berechenbaren Kontingenzen mit dem je einzelnen Sichereignenden und Geschehenden, dem Singulären, konfrontieren. *Marcus Twellmann* wiederum nimmt sich dem statistischen Komplex in Bezug auf die Verwaltung des Staats an. Dabei fokussiert er die Konkurrenz von Forstwissenschaft und Literatur um die gleiche soziale Funktionsstelle und beobachtet ihre wechselseitige Zuschreibung von Nicht-Wissen. *Michael Bies* hingegen legt dar, wie die Problematik der Wissensakkumulation und ihrer Effekte des Nicht-Wissens sich in die Gestaltung der Texte von Alexander von Humboldt eingetragen hat. Die Bedingungen voranschreitender Quantifizierung und beschleunigter Globalisierung manifestieren sich hier in einer Diversifizierung von Wissensformen, die sich abermals wechselseitig wie Wissen und Nicht-Wissen zueinander verhalten. *Eva Johach* wiederum verhandelt am Beispiel von Charles Fouriers frühsozialistischer Projektemacherei, wie der poetologische Umgang mit Wissen unterschiedlicher Veraltungsgrade für verzeitlichte gesellschaftliche Utopien fruchtbar gemacht wurde. *Uwe Wirth* schließlich wendet sich am Beispiel von Arthur Conan Doyles Sherlock-Holmes-Geschichten einem signifikanten epistemischen Sozialtypus des 19. Jahrhunderts, dem Detektiv, zu, der in besonderer Weise Anteil an verschiedenen perspektivischen Konstellationen von Wissen und Nicht-Wissen der Moderne hatte und daraus seine spezifischen Techniken der Verblüffung gewinnen konnte.

Im Verlauf des 19. Jahrhunderts traten zudem weitere neue Wissensfelder und Problembereiche hervor. So etwa etablierte sich die Meteorologie als eine Wissenschaft, die hinsichtlich ihrer rationalen Prognosefähigkeit und der theoretischen Beherrschung und praktischen Abschätzbarkeit multikausaler Objekte neue Maßstäbe setzte. Zu diesen neuen Aufgabenstellungen verhielt sich auch die Literatur. *Michael Gamper* zeigt am Beispiel von Stifters Erzählung *Kazensilber,* wie mit den Mitteln der Literatur hier verschiedene Zugangsformen zum Nicht-Wissen über das Wetter nebeneinandergestellt, narrativ entwickelt und poetologisch fruchtbar gemacht wurden. Darüber hinaus bildeten sich im 19. Jahrhundert aber auch neue Wissenszusammenhänge, welche die Temporalisierungsdramatik verschärften, indem sie neue Dimensionen historischer Tiefenzeiten erkundeten, die ähnlich wie die Zukunft angesichts der fehlenden empirischen Expertise mit einem unhintergehbaren Nicht-Wissen verbunden waren. *Peter Schnyder* stellt die sich daraus ergebenden darstellerischen Problemzusammenhänge am Beispiel der Geologie dar, und *Virginia Richter* bearbeitet die Herausforderung, eine Anschauung für das zeitlich entlegene Unsichtbare zu finden, an den Rhetoriken des Nicht-Wissens im Umfeld des Darwinismus. Diese Virulenz des Nicht-Wissens als kulturproduzierende Kraft findet sich im 19. Jahrhundert aber nicht nur im Zusammenhang der Naturwissenschaften. So kann *Manuela Günter* für Benedikte Naubert und die Genealogie des historischen Romans nachweisen, dass die Erzeugung von Nicht-Wissen durch aktives Vergessen bei der Begründung der Literaturwissenschaft mit lang anhaltender Wirkung bis in die Gegenwart diskursformierend wirkte.

Um 1900 ereignete sich dann nochmals ein Komplexitätsschub in den Wissenschaften. Nachdem in den frühen 1860er Jahren schon James Clerk Maxwells mathematische Gleichungen zur Elektrodynamik, ein spezielles System von linearen partiellen Differentialgleichungen erster Ordnung, die Physik auf neue Abstraktionsebenen gehoben hatten, verschoben sich in der Folge von Relativitätstheorie und Quantenphysik noch einmal nachhaltig die Grenzen von Wissen und Nicht-Wissen. Kausalität als Konstituens von Naturprozessen wurde grundsätzlich infrage gestellt, und es wurde nachgewiesen, dass Naturvorgänge beobachtungsabhängig sind, dass eben das Licht sich je nach experimentellem Zugang als Teilchen oder Welle erweist und dass in prinzipieller Weise nur Wahrscheinlichkeitsaussagen über Lage und Bewegung von atomaren Teilchen möglich sind.

Die Literatur der Zeit nahm diese irritierenden Einsichten auf und erkundete ihre Konsequenzen in fiktionalen Szenarien oder wandte sich verwandten Phänomenen auf anderen Gebieten zu. Exemplarisch geht *Anne Seitz* dem nach, indem sie die Poetik des Unsichtbaren von Joris-Karl Huysmans vorstellt, und *Sören Stange* untersucht den Umgang mit einem ›gespenstischen‹, weil irreduziblen Nicht-Wissen, wie er in den Publikationen des Mathematikers David Hilbert und in Robert Musils *Der Mann ohne Eigenschaften* thematisiert wird. *Stefan Rieger* wiederum wendet sich mit der »Stillen Post« einem Nicht-Wissen produzierenden Medienphänomen zu, dessen wissensgeschichtlichen Entstehungszusammenhang er in den 1920er Jahren verortet und dessen anhaltende diskursive Effekte er bis in die Gegenwart verfolgt. Damit wird auch nachdrücklich darauf hingewiesen, dass das Aufkommen und die Verbreitung der neuen Medien und die daraus entstehenden Medienkonkurrenzen und -allianzen die Bedingungen der Möglichkeit der Konstellierung von Nicht-Wissen im Spannungsfeld von Wissenschaft und Literatur neu gestalteten.

POETIKEN UND PHILOSOPHIEN

Achim Geisenhanslüke

Genealogie des Nicht-Wissens
Zu Sokrates und Nietzsche

I. Die Frage nach dem Nicht-Wissen

Eine Poetologie des Nicht-Wissens scheint ein paradoxes Unterfangen zu sein. Denn zunächst entzieht sich das Nicht-Wissen jeglicher näheren begrifflichen Bestimmung.[1] Zwar lässt sich das Nicht-Wissen logisch eindeutig als die Abwesenheit von Wissen fassen. Gerade in dieser scheinbar eindeutigen Variante aber bleibt der Begriff des Nicht-Wissens selbst eigentümlich unbestimmt. Auf die problematische Dimension der Definition des Nicht-Wissens als Abwesenheit von Wissen, die seit Platon die Geschichte der Philosophie bestimmt, hat schon Robert N. Proctor hingewiesen: »Ignorance is most commonly seen (or trivialized) in this way, as something in need of correction, a kind of natural absence or void where knowledge has not yet spread.«[2] Hinzu tritt noch die sprachliche Unschärfe des Begriffes. Während der Ausdruck *ignorance* im Englischen in einem neutralen Sinne für das Nicht-Wissen einsteht, ist im Deutschen neben dem zugegebenermaßen spröden Begriff des Nicht-Wissens die Bedeutungsvariante der Ignoranz kennzeichnend, die ein Nicht-Wissen-Wollen meint, wie es zum Beispiel Friedrich Nietzsches kritische Genealogie des Willens zum Wissen zur Geltung bringt. Wenn dagegen bloße Uninformiertheit einen Zustand des Nicht-Wissens meint, der auf fehlender Versorgung mit Daten oder Fakten beruht, dann muss auf grundsätzliche Art und Weise zwischen einem bloß temporären Nicht-Wissen, das auf dem Mangel an Informationen beruht, und einem strukturellen Nicht-Wissen

---

1. In der Forschung ist das Problem des Nicht-Wissens zumeist unter dem Namen der Dummheit verhandelt worden, auf völlig indiskutable Art und Weise etwa in der Studie von Horst Geyer: Über die Dummheit. Ursachen und Wirkungen der intellektuellen Minderleistung des Menschen. Ein Essay, Göttingen 1954. Einen interessanten Ansatz liefert dagegen, neben Avital Ronells Untersuchung *Stupidity* (Urbana/Chicago, Ill. 2002), der die vorliegende Studie viele Anregungen verdankt, Uwe Wirth: Diskursive Dummheit. Abduktion und Komik als Grenzphänomene des Verstehens, Heidelberg 1999. Eine besondere Berücksichtigung hat das Phänomen des Nicht-Wissens in den letzten Jahren in der Soziologie gefunden, so bei Dirk Baecker, Susanne Düchting: Nichtwissen, Lüdenscheid 2005; und vor allem bei Peter Wehling: Im Schatten des Wissens? Perspektiven der Soziologie des Nichtwissens, Konstanz 2006.
2. Robert N. Proctor: Agnotology. A Missing Term to Describe the Cultural Production of Ignorance (and its Study), in: ders., Londa Schiebinger (Hrsg.): Agnotology. The Making and Unmaking of Ignorance, Stanford, Calif. 2008, 1–33, hier: 2.

unterschieden werden, das sich nicht allein auf die Abwesenheit von Wissen beschränkt, sondern das die Konfigurationen des Wissens in der Form eines unhintergehbaren Schattens begleitet. In diesem Sinne verkörpert das Nicht-Wissen nicht nur das begrifflich Andere des Wissens, es markiert zugleich dessen Grenze, einen ebenso fundamentalen wie unbestimmten Ort, an dem sich der philosophische Anspruch auf Evidenz im Dunklen verliert. Die Frage, die sich vor diesem Hintergrund stellt, ist die, wie sich das Nicht-Wissen über seine logische Bestimmtheit als Abwesenheit hinaus überhaupt festhalten lässt. Wie lässt sich über etwas sprechen, das sich der begrifflichen Bestimmung entzieht, weil es nur als die Abwesenheit eben der Bestimmung verstanden wird, mit deren Hilfe es doch gefasst werden soll?[3]

Die folgende Analyse plädiert dafür, die Widerspenstigkeit des Nicht-Wissens gegenüber logisch eindeutigen Definitionen nicht nur als Hindernis, sondern zugleich als Chance zu verstehen. Eine Chance bietet die Schwierigkeit, das Nicht-Wissen zu fassen, da gerade die Unmöglichkeit einer festen Bedeutungszuweisung des Nicht-Wissens auf den komplementären Begriff des Wissens zurückfällt. Was so in den Blick gerät, ist eine Verknüpfung von Wissen und Nicht-Wissen, die nicht von vornherein von einer Privilegierung des Wissens über das Nicht-Wissen ausgeht. Vor diesem Hintergrund reicht es nicht, das Nicht-Wissen als das schlechthin Andere der Vernunft zur Geltung zu bringen. Vielmehr gilt es, einer eigentümlichen Dialektik von Wissen und Nicht-Wissen nachzugehen, derzufolge das Nicht-Wissen auf der einen Seite auf historische Formationen des Wissens verweist, als dunkler Punkt an ihren Rändern aber auf der anderen Seite zugleich deren Grenzen anzeigt.

---

3. Wie bereits angedeutet, wird als die gängigste Form der Abwesenheit des Wissens meist die Dummheit angesprochen. Insofern lassen sich wichtige Hinweise zum Nicht-Wissen aus der bereits bestehenden Auseinandersetzung mit der Dummheit herleiten. Auf die Dringlichkeit der Frage nach der Dummheit jenseits des Wissens haben Clément Rosset und Alain Roger hingewiesen. So hält Rosset in seiner Untersuchung zum Problem der Idiotie fest: »Gleichgültig, ob es sich um die Überlegungen von Literaten oder Philosophen handelt, führen die Untersuchungen über das ›Wesen‹ der Dummheit beinahe stereotyp zum Problem der *Intelligenz* und ihrem Gegenteil.« Dagegen stellt er in Aussicht: »Es ist durchaus möglich, daß es sich bei der Frage nach der Dummheit um eine autonome Frage handelt, die keine gemeinsamen Bezüge oder Grenzen mit der Frage nach der Intelligenz aufweist.« Clément Rosset: Das Reale. Traktat über die Idiotie, übers. von Renate Hörisch-Helligrath, Frankfurt a.M. 1988, 182. Alain Roger folgt ihm in diesem Punkt: »On a beaucoup écrit sur la bêtise depuis deux siècles, mais le bilan théorique demeure assez modeste«, hält er einleitend fest. Alain Roger: Bréviaire de la bêtise, Paris 2008, 7. Die Zurückführung der Dummheit auf die Intelligenz lehnt er ebenso ab wie Rosset: »Car il n'est pas du tout évident que la sottise doive être définie en fonction de et par rapport à l'intelligence. Il est possible que la question de la sottise soit une question autonome, sans rapports ni frontières communes avec la question de l'intelligence.« Ebd., 8. Die vorliegende Studie folgt den Einschätzungen Rossets und Rogers, orientiert sich jedoch nicht am Begriff der Dummheit allein, sondern am allgemeineren Begriff des Nicht-Wissens.

Eine Poetologie des Nicht-Wissens erschöpft sich daher nicht im Nachweis der Relevanz des Nicht-Wissens von der Antike bis in die Moderne. Sie zielt zugleich auf die Transformationen, die das Wissen in der Geschichte erfahren hat, auf die Frage, wie sich die moderne Vernunft in dem ihr eigenen Bezug auf historische Formen der Unvernunft überhaupt erst konstituieren konnte. Die Poetologie des Nicht-Wissens ist zugleich eine Genealogie des Wissens im Sinne Nietzsches und Foucaults.

Eine Genealogie des Wissens im Sinne Nietzsches ist die Poetologie des Nicht-Wissens, da sie im Bereich des Ästhetischen ansetzt. Das ist alles andere als selbstverständlich, ist doch gerade das Ästhetische im traditionellen Verständnis das Feld, für das die üblichen Bedingungen des Wissens und der Wahrheit nicht oder nur eingeschränkt gelten. So drehte sich schon der von Derrida und Searle angezettelte Streit um den parasitären Status der poetischen Funktion der Sprache in der Sprechakttheorie Austins um die Frage, ob das Ästhetische einen bloß defizienten Modus des Wissens verkörpert oder dessen Subversion im Zeichen der Differenz poetischer Sprache.[4] Ohne diese Frage hier entscheiden zu wollen, besteht eine wesentliche Aufgabe der Poetologie des Nicht-Wissens darin, Kunst und Literatur weder als Statthalter für die Abwesenheit des Wissens noch als Ausdruck eines ›anderen Wissens‹ zur Geltung zu bringen. »Schöne Literatur hält ein Alternativ-Wissen bereit, das wert ist, sachlich ernst genommen zu werden«,[5] stellt Jochen Hörisch in seiner Untersuchung über *Das Wissen der Literatur* fest. Unklar bleibt aber auch bei Hörisch, worin dieses ›Alternativ-Wissen‹ letztlich bestehen soll. Die Frage, die sich in diesem Zusammenhang aufdrängt, ist vielmehr die, ob es überhaupt sinnvoll ist, Literatur als eine bestimmte Form des Wissens zu begreifen. Angesichts der weit verbreiteten Skepsis am Erkenntniswert der Literatur und der damit verbundenen Frage, ob Literatur etwas mit Wahrheit als einer begründeten Form des Wissens zu tun habe, kann es einer Poetologie des Nicht-Wissens nicht darum gehen, zu zeigen, was Literatur alles wissen muss, um ästhetisch relevant zu sein, sondern darum, überhaupt erst einen Raum zu eröffnen, der die Funktion des Ästhetischen ernst nimmt, ohne dieses von vorneherein dem Wissen oder dem Nicht-Wissen zu überantworten.

---

4. Zur Frage nach der Wahrheitsfähigkeit des literarischen Diskurses und dem Begriff des ›Parasitären‹ vgl. John L. Austin: Zur Theorie der Sprechakte (How to do things with words), übers. von Eike von Savigny, Stuttgart 1972, 43f., sowie die zusammenfassende Darstellung der daraus entstehenden Debatte zwischen Searle und Derrida in Jacques Derrida: Limited Inc., übers. von Werner Rappl unter Mitarbeit von Dagmar Travner, hrsg. von Peter Engelmann, Wien 2001.
5. Jochen Hörisch: Das Wissen der Literatur, München 2007, 10.

Das unterscheidet die Poetologie des Nicht-Wissens sowohl von den erkenntnistheoretisch begründeten Versuchen, einen Zusammenhang zwischen Literatur und Wissen zu etablieren, als auch von den kulturwissenschaftlichen Poetologien des Wissens. Geht es den einen um die Frage, »*inwiefern fiktionale literarische Werke für uns eine Quelle von Erkenntnis oder Wissen sein können*«,[6] so begreifen die anderen »das Auftauchen neuer Wissensobjekte und Erkenntnisbereiche zugleich als Form ihrer Inszenierung«.[7] Während kognitionswissenschaftliche Theorien einen vor allem aus der analytischen Philosophie gewonnenen Erkenntnisbegriff auf das Feld des Literarischen zu übertragen versuchen, um auch das Ästhetische dem Wissen zugänglich zu machen, erweitern kulturwissenschaftliche Ansätze den Begriff des Poetischen auf geschichtliche Formationen des Wissens, um auch den Erkenntnisbegriff zu ästhetisieren. In beiden Fällen wird ein Zusammenhang zwischen dem Ästhetischen oder Poetischen und dem Wissen vorausgesetzt, der eigentlich erst infrage steht. Die vorliegende Analyse konzentriert sich wie die kulturgeschichtlichen Poetologien zwar ebenfalls auf den Bereich des Ästhetischen, begreift dieses aber nicht von vornherein als ein besonderes Spielfeld des Wissens. Die Literatur gilt der Poetologie des Nicht-Wissens vielmehr als ein Archiv, das sich auf andere Art und Weise als die Philosophie oder die Wissenschaften für Formen des Nicht-Rationalen wie Wahnsinn, Dummheit oder Ignoranz offen gezeigt hat. »Literature, in this respect, is the discourse or institution that is above all others, and in some sense against philosophy, allied with ignorance«,[8] hält Andrew Bennett in seiner Studie über Literatur und Formen des Nicht-Wissens seit der Romantik fest. Die Bedeutung der Literatur für die Poetologie des Nicht-Wissens verbindet und unterscheidet die Poetik des Nicht-Wissens daher zugleich von den Arbeiten Foucaults. Als Foucault sich in der *Archäologie des Wissens* die Frage stellen musste, warum von ihm »systematisch ›literarische‹, ›philosophische‹ oder ›politische‹ Texte ausgeklammert«[9] wurden, rührte er an die Grenze seines Unterfangens, eine Geschichte nicht der Wissenschaften, sondern des Wissens zu schreiben.[10] Welche Rolle der Literatur in dieser Geschichte zukäme, hat Foucault offen gelassen. Die

---

6. Tilmann Köppe: Literatur und Erkenntnis. Studien zur Signifikanz fiktionaler literarischer Werke, Paderborn 2008, 11.
7. Joseph Vogl: Einleitung, in: ders. (Hrsg.): Poetologien des Wissens um 1800, München 1999, 7–16, hier: 13.
8. Andrew Bennett: Ignorance. Literature and Agnoiology, Manchester/New York 2009, 16.
9. Michel Foucault: Archäologie des Wissens, übers. von Ulrich Köppen, Frankfurt a.M. 1973, 253.
10. »Was die Archäologie zu beschreiben versucht, ist nicht die Wissenschaft in ihrer spezifischen Struktur, sondern der durchaus andersartige Bereich des *Wissens*«, schreibt Foucault, ebd., 278.

Poetologie des Nicht-Wissens versucht dem nachzugehen, indem sie im Blick auf die Literatur zugleich an die Grenzen des Wissens rührt. Dem Versuch, eine Poetologie des Nicht-Wissens zu entfalten, kommt daher nicht nur die Aufgabe zu, die epistemische Grenze zwischen Wissen und Nicht-Wissen durchlässiger zu machen. Im weitesten Sinne geht es ihr darum, im Anschluss an Nietzsche und Foucault Formen des Nicht-Rationalen in der Vormoderne wie der Moderne auszumachen, um so zu einer kritischen Revision des Herrschaftsanspruches der philosophischen Vernunft zu gelangen.

II. Nietzsche und das Problem des Sokrates

Dass sich die Vernunft in der Philosophie in einer beständigen Auseinandersetzung mit dem Nicht-Wissen konstituiert, zeigt bereits das Beispiel des Sokrates. Mit ihm, so scheint es zumindest, ist die Philosophie erst als eine eigene Form der Wissenschaft zu sich gekommen, der es um die bedingungslose Suche nach der Wahrheit geht. Die Art und Weise, in der sich die neu begründete Disziplin der Philosophie im Zeichen des Logos zu anderen Formen des Wissens verhält, erscheint für viele jedoch von Beginn an problematisch. So haben die Kritiker des Sokrates in ihm ein Ungeheuer erkennen wollen, das zu Recht von den Bürgern Athens zum Tode verurteilt worden ist, weil es die Jugend verführt und sich ohne jedes Gefühl der Scham über alle Formen des Wissens erhoben habe, die nicht bis zur Höhe der philosophischen Reflexion reichen. Zu allen Zeiten hat es daher dezidierte Kritiker der sokratischen Denkfigur gegeben. Einer der schärfsten ist Walter Benjamin gewesen. Seine Einwände richten sich unmittelbar gegen die sokratische Maieutik und die damit verbundene Kunst der Gesprächsführung, die die platonischen Dialoge inszenieren. In Sokrates erkennt Benjamin keinen Geburtshelfer der Wahrheit, sondern ein wahres Monster, dessen einzige Intention darin liegt, den Gesprächspartner bloßzustellen. Die Erotisierung der philosophischen Rede, die Platon im *Symposion* als ein Spiel von Übertragungen vor Augen geführt hat,[11] wendet Benjamin gegen die Figur des Sokrates selbst, um dessen Nicht-Wissen als eine bloße Finte darzustellen:

> Die sokratische ist nicht die heilige Frage, die auf Antwort wartet und deren Resonanz erneut in der Antwort wieder auflebt, sie hat nicht wie die reine erotische oder wissenschaftliche Frage den Methodos der Antwort inne, sondern gewaltsam, ja

---

11. Vgl. die Lesart des platonischen *Symposion* von Jacques Lacan: Le Séminaire. Livre VIII. Le transfert, Paris 2001.

frech, ein bloßes Mittel zur Erzwingung der Rede verstellt sie sich, ironisiert sie – denn allzugenau weiß sie schon die Antwort. Die sokratische Wahrheit bedrängt die Antwort von außen, sie stellt sie wie die Hunde einen edlen Hirsch.[12]

Benjamins Kritik richtet sich gegen das sokratische Fragen, weil es nur ein Abziehbild der Wahrheit hervorbringe. Die Ironie, auf die sich Sokrates beruft, demaskiert Benjamin als eine Figur des Wissens, die nur aus der Negation heraus operiere. Hinter der sokratischen Frage verberge sich eine Antwort, die sich selbst keinerlei Risiko aussetze. Die sokratische Ironie hüllt sich klug in den Mantel des Nicht-Wissens, um die Gesprächspartner zu demütigen und zu überwältigen. Das sokratische Nicht-Wissen ist ein Wissen, das sich selbst nur als Nicht-Wissen ausgibt. In der Anspielung auf den Aktaion-Mythos entwirft Benjamin zugleich ein Gegenbild zur Figur des Sokrates: den Intellektuellen, der dazu bereit ist, sich der eigenen Zerrissenheit auszusetzen und der so zum tragischen Opfer des Blicks auf die nackte Göttin der Wahrheit wird. Die Figuren Sokrates und Aktaion, die Benjamin als Gegensatzpaar konzipiert, stellen den Bezug zur Wahrheit infrage, für den die platonische Philosophie einsteht. Beide, Sokrates wie Aktaion, unternehmen eine philosophische Suche nach Erkenntnis, die das Opfer des eigenen Lebens mit sich bringt. Aber in der Figur des Aktaion gewinnt die Zerrissenheit des Intellektuellen, die zu seinem Untergang führt, fern der sokratischen Ironie eine körperliche Präsenz. Über die zerstörerische Verschmelzung mit der Wahrheit, für die die Figur des Aktaion steht, hält der Religionswissenschaftler Klaus Heinrich fest:

> Aktaion, der zerrissen wird von den eigenen Hunden – kein Wort mehr davon, daß die Diana eine fremde Göttin ist, sondern es ist die Wahrheit, derer man nur habhaft wird, indem die eigenen Gedanken einen zerreißen: man kann durch Wahrheit nur etwas ausrichten, wenn man sich diesem Zerrissenwerden als Möglichkeit beugt […].[13]

Während der Blick des Aktaion die eigene Zerrissenheit zur Bedingung der Möglichkeit von Wissen macht, ist der Blick des Sokrates ebenso selbstsicher wie schamlos. Angesichts der Verschränkung von Eros und Wissen, die das *Symposion* verhandelt, unterstellt Benjamin Sokrates »Kastratentum« und

---

12. Walter Benjamin: Sokrates, in: ders.: Gesammelte Schriften, Bd. 2/1, hrsg. von Rolf Tiedemann und Hermann Schweppenhäuser, Frankfurt a.M. 1980, 131.
13. Klaus Heinrich: *anthropomorphe*. Zum Problem des Anthropomorphismus in der Religionsphilosophie, Basel/Frankfurt a.M. 1986, 300.

eine »Erektion des Wissens«.[14] Kastriert und erigiert zugleich, ein hybrides Wesen zwischen falschem Wissen und heiligem Nicht-Wissen, gerinnt die mythische Ursprungsfigur des Sokrates Benjamin zum Zeichen einer Monstrosität, die sich ein für allemal der Zerrissenheit des tragischen Denkens bemächtigt habe.

Benjamin ist nicht der Erste, der auf eine derart drastische Art und Weise gegen Sokrates vorgeht. Trotz der dezidierten Kritik, die er im Trauerspielbuch an der *Geburt der Tragödie* vornimmt, kann Benjamin in vielen Punkten an Friedrich Nietzsches Demontage des Mythos Sokrates anschließen.[15] Was Benjamin und Nietzsche verbindet, ist die Einsicht in die kaum zu überschätzende Bedeutung der Figur des Sokrates für die Geschichte der Philosophie als einer von Grund auf verfehlten Herrschaft der Rationalität. In seiner Erstlingsschrift aus dem Jahre 1872 erblickt Nietzsche in Sokrates das Ende des tragischen Mythos als »den einen Wendepunkt und Wirbel der sogenannten Weltgeschichte«.[16] Von der »fragwürdigsten Erscheinung des Altherthums« (KSA 1, 90) spricht Nietzsche, da er im Sokratismus das geschichtliche Ende der Tragödie erblickt. Sucht Nietzsche mit dem Ideal des »musiktreibenden Sokrates« (KSA 1, 102) in der *Geburt der Tragödie* noch nach einem vermittelnden Ausweg aus dem Dilemma, das die Überwindung des tragischen Mythos durch die sokratische Vernunft bedeutet, so denunziert er in seinen Spätschriften Sokrates als eine reine Widernatur. Unter dem Stichwort »Das Problem des Sokrates« notiert er zu Beginn der *Götzendämmerung*:

Sokrates gehörte, seiner Herkunft nach, zum niedersten Volk: Sokrates war Pöbel. Man weiss, man sieht es selbst noch, wie hässlich er war. Aber Hässlichkeit, an sich ein Einwand, ist unter Griechen beinahe eine Widerlegung. War Sokrates überhaupt ein Grieche? Die Hässlichkeit ist häufig genug der Ausdruck einer gekreuzten, durch Kreuzung gehemmten Entwicklung. Im andren Falle erscheint sie als eine niedergehende Entwicklung. Die Anthropologen unter den Criminalisten sagen uns, dass der typische Verbrecher hässlich ist: monstrum in fronte, monstrum in animo. Aber der Verbrecher ist ein décadent. War Sokrates ein typischer Verbrecher? – Zum Mindes-

---

14. Benjamin, Sokrates (Anm. 12) 131.
15. Vgl. Achim Geisenhanslüke: »Zu lange ist schon die Ohrfeige fällig, die schallend durch die Hallen der Wissenschaft gellen soll.« Zum Widerstreit von Philologie und Philosophie in Friedrich Nietzsches *Geburt der Tragödie* und Walter Benjamins *Ursprung des deutschen Trauerspiels*, in: Deutsche Vierteljahrsschrift für Literaturwissenschaft und Geistesgeschichte 77/1 (2003), 77–90.
16. Friedrich Nietzsche: Sämtliche Werke. Studienausgabe in 15 Bänden, hrsg. von Giorgio Colli und Mazzino Montinari, Berlin/New York 1980, Bd. 1, 100. Im Folgenden werden Zitate aus dieser Edition mithilfe der Sigle KSA und unter Angabe der Bandnummer und der Seitenangabe direkt im Text nachgewiesen.

ten widerspräche dem jenes berühmte Physiognomen-Urtheil nicht, das den Freunden des Sokrates so anstössig klang. Ein Ausländer, der sich auf Gesichter verstand, sagte, als er durch Athen kam, dem Sokrates in's Gesicht, er sei ein monstrum, – er berge alle schlimmen Laster und Begierden in sich. Und Sokrates antwortete bloss: »Sie kennen mich, mein Herr!« (KSA 6, 68f.)

Für Nietzsche wie für Benjamin ist Sokrates ein Monster. Sein Urteil stützt sich auf die überlieferte Physiognomie des Sokrates. Das ästhetische Attribut der Hässlichkeit wird ihm zum Argument gegen die gesamte sokratische Philosophie. So ungerecht und einseitig Nietzsches Darstellung auch erscheinen mag, sie variiert nur das frühe Urteil aus der *Geburt der Tragödie,* in der Sokrates und Euripides als die gemeinsamen Mörder des tragischen Mythos auftraten. Sokrates ist für Nietzsche ein Verbrecher, der an seiner Perversion leidet und sich an der Tragödie für die eigene Widernatürlichkeit rächt. Als Philosoph, der den Intellekt über den Instinkt erhebt, ist Sokrates für Nietzsche im buchstäblichen Sinne ein *monstrum,* dem es gelungen ist, eine ganze Kultur zu korrumpieren. Nietzsches Darstellung des Sokrates als einem wahren Ungeheuer der Vernunft bereitet nicht nur die spätere Kritik Benjamins vor. Sie weist in ihrer entschiedenen Einseitigkeit auf ein Moment hin, das die Philosophie seit ihren Anfängen an begleitet hat: auf die Erhebung des Denkens über die Sinnlichkeit, die Trennung von Anschauung und Verstand, die Horkheimer und Adorno in der *Dialektik der Aufklärung* beklagt haben: »Den Abgrund, der bei der Trennung sich auftat, hat Philosophie im Verhältnis von Anschauung und Begriff erblickt und stets wieder vergebens zu schließen versucht: ja durch diesen Versuch wird sie definiert.«[17] Die Begrifflichkeit, auf die Horkheimer und Adorno in der *Dialektik der Aufklärung* rekurrieren, scheint vor allem auf die Philosophie Kants gemünzt zu sein. In einer Art Metakritik der Metaphysik unterstellt sie der Philosophie jedoch grundsätzlich die Hinwendung zur reinen Idee und Abwendung von allen Formen der Sinnlichkeit. Philosophie, zumal in ihrer platonischen Ausprägung, enthüllt sich als eine Trennungskunst, die eine Kluft zwischen Denken und Sinnlichkeit zu errichten sucht, gegen die, so Nietzsches Prämisse, der tragische Mythos gearbeitet hat. Wenn Nietzsche, in dem Horkheimer und Adorno ein letztes Aufbäumen der Aufklärung erkennen wollten,[18] den Aspekt der Körperlichkeit in den Mittelpunkt seiner kritischen Darstellung des Sokratismus der Vernunft stellt, dann geht

---

17. Max Horkheimer, Theodor W. Adorno: Dialektik der Aufklärung. Philosophische Fragmente, Frankfurt a.M. 1988, 24.
18. Ebd., 104f. Vgl. dagegen die kritische Darstellung Nietzsches bei Jürgen Habermas: Der philosophische Diskurs der Moderne. Zwölf Vorlesungen, Frankfurt a.M. 1988, 104–129.

er unmittelbar gegen die einseitige Ausrichtung des philosophischen Denkens seit Platon vor. Das Problem des Sokrates, das die späte *Götzen-Dämmerung* wie die frühe *Geburt der Tragödie* diagnostizieren, ist die Scheidung zwischen der sinnlichen Welt des Ästhetischen und dem ewigen Reich der Ideen, für die die platonische Philosophie bis heute einsteht.[19] Der Trennung zwischen einer sinnlichen Welt der Vergängnis und einem reinen Bereich des Denkens, die die Philosophie in ihrer sokratischen Ausrichtung vornimmt, entspricht die erkenntnistheoretische Kluft zwischen dem, was sicher und unzweifelhaft gewusst werden kann, und dem, was niemals bis zu den Höhen der Vernunft vordringen kann. Die Rückkehr zur tragischen Kultur der Griechen, die Nietzsche in seinen Schriften fordert, kommt vor diesem Hintergrund dem Versuch gleich, die Trennung zwischen Anschauung und Begriff, von der Horkheimer und Adorno in der *Dialektik der Aufklärung* berichten, in der Vermählung des Apollinischen und Dionysischen aufzuheben. Die Aufwertung der Vorsokratiker und der attischen Tragödie, die Nietzsche gegen das sokratische Ungeheuer der Vernunft aufbietet, dient der Kritik einer reinen Verstandeskultur, die einen falschen Begriff des Wissens verabsolutiert hat.[20] Das Tragische gilt Nietzsche als Korrektur der von Sokrates initiierten Denkbewegung, da es einen Bezug zu einer dem philosophischen Wissen vorausgehenden Form des Nicht-Wissens öffnet, die der eigentliche Grund des Mythos sei. Mit der programmatischen Formel ›Dionysos gegen Sokrates‹, die schon die *Geburt der Tragödie* geleitet hat, will Nietzsche das von Sokrates etablierte Verhältnis von Wissen und Nicht-Wissen umkehren. Die dionysische Weisheit, die Nietzsche in den Mittelpunkt seiner Theorie der Tragödie stellt, gilt einem Bezug des Menschen zum Nicht-Wissen, der selbst für die freche sokratische Ironie unberührbar bleibt.

Vor dem Hintergrund von Benjamins und Nietzsches Kritik an der Figur des Sokrates ließe sich das Verhältnis von Wissen und Nicht-Wissen in der Antike in dreierlei Hinsicht diskutieren: in der platonischen Zurückweisung der Sophisten als ignoranten Experten des Wissens, in der sokratischen Anerken-

---

19. Dass diese Lesart zu kurz greift, liegt auf der Hand. Schon die zentralen Begriffe der *idea* und des *eidos* verweisen darauf, dass die Annahme, Platon vollziehe eine strikte Trennung von sinnlichen und intellektuellen Momenten im Erkenntnisprozess, verfehlt ist. Insofern trifft die Kritik von Horkheimer und Adorno wie schon die Nietzsches weniger Platon denn den Platonismus des 18. Jahrhunderts.
20. Zu Nietzsches Blick auf die Antike vgl. kritisch Hubert Cancik: Nietzsches Antike. Vorlesung, Stuttgart 1995. Cancik hält dort einleitend fest: »Nietzsches Antike ist eine archaische (antimoderne), aristokratische (antidemokratische), antisozialistische Gegenutopie.« Ebd., 4. Auf der anderen Seite konzediert er: »Nietzsches Archaik ist eine weit ausgreifende, detaillierte, konsistente und eine originelle Konstruktion.« Ebd., 42. Die Ambivalenz, die Nietzsche Platon zuspricht, kommt ihm in der gleichen Weise zu.

nung der eigenen Unwissenheit als einer Geste der Überlegenheit gegenüber den falschen Experten, und schließlich in der Grenze des sokratischen Wissens gegenüber einem von Nietzsche als Grund des tragischen Mythos angegebenen Bereich des Nicht-Wissens, der nach einer anderen Begrifflichkeit als der der sokratischen Vernunft verlangt. Abschließend geht es im Folgenden vor allem darum, den dritten Aspekt, Nietzsches eigenen Begriff des Nicht-Wissens, näher zu beleuchten.

III. Genealogie des Nicht-Wissens

Vor dem Hintergrund der einleitend dargelegten kritischen Auseinandersetzung mit Sokrates, die Nietzsche und Benjamin vornehmen, lässt sich zugleich die in Nietzsches Augen konträre Darstellung des Verhältnisses von Wissen und Nicht-Wissen skizzieren, die die griechische Tragödie und die platonische Philosophie leitet. Während es dem sokratischen Eingeständnis des eigenen Nicht-Wissens letztlich vor allem darum geht, das Nicht-Wissen in die Form gerechtfertigten Wissens zu überführen, wie es etwa der *Menon* zeigt, schildert die Tragödie die kontingente Erfahrung des Nicht-Wissens als nicht überschreitbare Grundlage des menschlichen Daseins. In der Tragödie wird das Nicht-Wissen meist durch privative Begriffe wie den der *anoia* gefasst, um den Geltungsbereich der menschlichen Vernunft einzuschränken. Der Mensch erscheint als ein Wesen, das, verleitet durch des »Denkens Unverstand und der Sinne Verwirrung«,[21] wie das zweite Standlied der *Antigone* es nennt, auf grundsätzliche Art und Weise der Täuschung und dem Irrtum unterlegen ist. Der Grund liegt vor allem in der zeitlichen Dimension der Zukunft, die dem menschlichen Wissen verschlossen bleibt. Das führt zum einen dazu, dass der Mensch sich in einem ethischen Sinne nicht über die Konsequenzen seines eigenen Handelns im Klaren ist. Eine sichere Unterscheidung zwischen dem Guten und dem Schlechten vermag er nicht zu treffen, da er nicht in die Zukunft schauen kann und das Ende seiner Handlungen nicht überblickt. Darüber hinaus setzt auch die Endlichkeit des Lebens dem Wissen eine innere Grenze – über den eigenen Tod weiß der Mensch nichts, als dass er irgendwann eintritt: »Vor dem Tod allein / Wird er sich kein Entrinnen schaffen«,[22] heißt es schon im ersten Standlied in der *Antigone* über den erfinderischen Geist des Menschen. Die griechische Tragödie entwirft eine pessimistische Metaphysik,

---

21. Sophokles: Antigone, hrsg. und übertragen von Wolfgang Schadewaldt, Frankfurt a.M. 1974, 32.
22. Ebd., 24.

die ganz unter dem Zeichen der Endlichkeit der menschlichen Existenz und seinen Möglichkeiten des Wissens steht. Wie Nietzsche betont hat, bietet die griechische Tragödie damit ein skeptisches Gegenmodell zur sokratischen Philosophie. Das autonome Denken des Menschen findet seine Grenze an den in ihm wohnenden Naturgewalten, die ihn der Zerstörung überantworten. Im Streit zwischen dem Wissen und dem Nicht-Wissen behält das Nicht-Wissen die Oberhand.

Vor diesem Hintergrund überrascht es nicht, dass die Kritik der sokratischen Philosophie, die sich ganz auf das Prinzip der Rationalität gründet, bei Nietzsche mit einer grundsätzlichen Aufwertung des Nicht-Wissens im Zeichen des Ästhetischen einhergeht. Die Frage, die Nietzsche an Sokrates stellt, lautet: »[V]ielleicht – so musste er sich fragen – ist das mir Nichtverständliche doch nicht auch sofort das Unverständige? Vielleicht gibt es ein Reich der Weisheit, aus dem der Logiker verbannt ist?« (KSA 1, 96) Das Lob des Unverständigen lässt Klugheit als Verzicht auf Wissen erscheinen. Schon in *Ueber Wahrheit und Lüge im aussermoralischen Sinne* fragt Nietzsche: »Woher, in aller Welt, bei dieser Constellation der Trieb zur Wahrheit!« (KSA 1, 877) Die Rückführung der Wahrheit auf Bedingungen, die selbst nicht der Wahrheit verpflichtet sind, hat Nietzsche nicht nur zum Vordenker der Postmoderne werden lassen. Er begründet einen Begriff des Nicht-Wissens im Zeichen der Kritik an der sokratischen Wahrheitssuche, die im Blick auf die Tragödie vor allem die ästhetische Dimension des Problems zur Geltung bringt. Die Voraussetzung seiner Überlegungen lautet: »Das ganze menschliche Leben ist tief in die Unwahrheit eingesenkt« (KSA 2, 54). Die Infragestellung der Wahrheit führt zugleich zu einer Aufwertung der Lüge, die mit der der Kunst einhergeht. Nietzsche unterstellt dem »Poetenvolk eine solche Lust an der Lüge« (KSA 2, 146), dass die Dichtkunst geradezu als Statthalter des tragisch fundierten Nicht-Wissens erscheint. Die »Lust an der Blindheit«, die das Zwiegespräch zwischen dem Wanderer und seinem Schatten in *Menschliches, Allzumenschliches* entfaltet, führt geradewegs in die positiv bewertete Form der Unwissenheit als einer besonderen Form des Nicht-Wissens hinein, die Nietzsche der sokratischen Erkenntnis entgegenstellt: »›Meine Gedanken‹, sagte der Wanderer zu seinem Schatten, ›sollen mir anzeigen, wo ich stehe: aber sie sollen mir nicht verrathen, wohin ich gehe. Ich liebe die Unwissenheit um die Zukunft und will nicht an der Ungeduld und dem Vorwegkosten verheissener Dinge zu Grunde gehen.‹« (KSA 3, 528) Die Verschlossenheit der Zukunft deutet der Wanderer als eine Chance. Dennoch will Nietzsche wie vor ihm Sokrates ›Der Dummheit Schaden thun‹:

Der Dummheit Schaden thun. – Gewiss hat der so hartnäckig und überzeugt gepredigte Glaube von der Verwerflichkeit des Egoismus im Ganzen dem Egoismus Schaden gethan (zu Gunsten, wie ich hundertmal wiederholen werde, der Heerden-Instincte!), namentlich dadurch, dass er ihm das gute Gewissen nahm und in ihm die eigentliche Quelle alles Unglücks suchen hiess. »Deine Selbstsucht ist das Unheil deines Lebens« – so klang die Predigt Jahrtausende lang: es that, wie gesagt, der Selbstsucht Schaden und nahm ihr viel Geist, viel Heiterkeit, viel Empfindsamkeit, viel Schönheit, es verdummte und verhässlichte und vergiftete die Selbstsucht! – Das philosophische Alterthum lehrte dagegen eine andere Hauptquelle des Unheils: von Sokrates an wurden die Denker nicht müde, zu predigen: »eure Gedankenlosigkeit und Dummheit, euer Dahinleben nach der Regel, eure Unterordnung unter die Meinung des Nachbars ist der Grund, wesshalb ihr es so selten zum Glück bringt, – und wir Denker sind als Denker die Glücklichsten.« Entscheiden wir hier nicht, ob diese Predigt gegen die Dummheit bessere Gründe für sich hatte, als jene Predigt gegen die Selbstsucht; gewiss aber ist das, dass sie der Dummheit das gute Gewissen nahm: – diese Philosophen haben der Dummheit Schaden gethan. (KSA 3, 555f.)

›Der Dummheit schaden thun‹ bedeutet, ihr das gute Gewissen zu nehmen. Nietzsche tut dies, indem er den Willen zur Wahrheit einer fundamentalen Kritik unterzieht. Er geht den Bedingungen nach, unter denen es überhaupt so etwas wie gerechtfertigtes Wissen geben kann. Seine kritische Frage richtet sich auf den Grund des philosophischen Interesses an der Wahrheit. Nietzsches *Jenseits von Gut und Böse* ist zugleich ein »Jenseits von Wissen und Nicht-Wissen«. Ihm geht es nicht um die Wahrheit als solche, sondern um den Willen zur Wahrheit, um die Frage, warum das moderne Subjekt wie die mythische Figur des Ödipus überhaupt nach Wissen verlangen. Nietzsches These lautet, dass der Wille zur Wahrheit Kräften entspringt, die selbst nicht der Wahrheit unterworfen sind. Aus der Unbegründbarkeit der Wahrheit leitet er Folgerungen ab, die den Status des Philosophen überhaupt betreffen:

Vorausgesetzt, dass die Wahrheit ein Weib ist –, wie? ist der Verdacht nicht gegründet, dass alle Philosophen, sofern sie Dogmatiker waren, sich schlecht auf Weiber verstanden? dass der schauerliche Ernst, die linkische Zudringlichkeit, mit der sie bisher auf die Wahrheit zuzugehen pflegten, ungeschickte und unschickliche Mittel waren, um gerade ein Frauenzimmer für sich einzunehmen? (KSA 5, 11)

Nietzsches Zusammenführung von Wahrheit und Weib mag auf den ersten Blick willkürlich erscheinen. Sie macht jedoch nicht nur darauf aufmerksam, dass das Verhältnis des Philosophen zur Wahrheit spätestens seit dem platonischen *Symposion* ein genuin erotisches ist, das von der Negativität des Begehrens getragen wird: Wie der Liebende nach dem verlangt, was er begehrt, aber nicht besitzt, so ist der Philosoph derjenige, der die Wahrheit sucht, sie jedoch nicht besitzt, sondern allenfalls von ihr besessen ist. Nietzsche macht darüber hinaus geltend, dass sich die Philosophie seit der platonischen Engführung von Eros und Wissen von der Wahrheit verführen lässt. So wenig wie die Dummheit ist die Wahrheit ein unschuldiger Begriff. Die Erotisierung des Wissens, die Michel Foucault im Anschluss an Nietzsche zum Gegenstand der Genealogie der Moderne gemacht hat,[23] führt zur Unterwerfung des Menschen unter das Gebot der Wahrheit. Damit öffnet sich aber auch ein geheimer Zusammenhang zwischen dem scheinbar voraussetzungslosen Begriff der Wahrheit und dem Nicht-Wissen. Wenn die Wahrheit der Philosophie seit Sokrates in dem Eingeständnis der eigenen Unwissenheit besteht, dann setzt Nietzsche dem eine andere, fundamentalere Form des Unwissens entgegen, die die sokratische Frage nach der Wahrheit zugleich suspendiert: die Frage, warum wir überhaupt nach der Wahrheit suchen: »Was Wunder, wenn wir endlich einmal misstrauisch werden, die Geduld verlieren, uns ungeduldig umdrehn? Dass wir von dieser Sphinx auch unsererseits das Fragen lernen? Wer ist das eigentlich, der uns hier Fragen stellt? Was in uns will eigentlich ›zur Wahrheit‹?« (KSA 5, 15) Nietzsches Strategie besteht in der Umkehr der Fragerichtung, im genealogischen Blick auf den Ursprung nicht der Wahrheit, sondern unseres Interesses für die Wahrheit. Aus der Einsicht in die Abhängigkeit unseres Wissens von Voraussetzungen, die selbst nicht der Wahrheit unterworfen sind, erhofft sich Nietzsche eine Befreiung der Philosophie vom Diktat der Wahrheit, die zugleich zu einem uneingeschränkten Lob der Unwissenheit führt:

Gesetzt, wir wollen Wahrheit: warum nicht lieber Unwahrheit? Und Ungewissheit? Selbst Unwissenheit? – Das Problem vom Werthe der Wahrheit trat vor uns hin, – oder waren wir's, die vor das Problem hin traten? Wer von uns hier ist Oedipus? Wer Sphinx? Es ist ein Stelldichein, wie es scheint, von Fragen und Fragezeichen. (KSA 5, 15)

Das Stelldichein von Fragen und Fragezeichen, das Nietzsche im Blick auf das Beispiel von Ödipus und der Sphinx anführt, setzt die traditionellen Wahrheitsspiele außer Kraft, um einen Begriff der Unwahrheit und Ungewissheit an ihre Stelle zu setzen. Vor die Wahl zwischen Wahrheit und Unwissen-

---

23. Vgl. Michel Foucault: Der Wille zum Wissen. Sexualität und Wahrheit I, übers. von Ulrich Raulff und Walter Seitter, Frankfurt a.M. 1983.

heit gestellt, entscheidet er sich strategisch für die Unwissenheit. Zwar gibt er die Wahrheitsansprüche der Philosophie damit nicht einfach auf. Was er in Aussicht stellt, ist jedoch eine Erkundung der Grenzen des Wissens, die ihren Ort sowohl in der Literatur als auch in einer neuen Form der Philosophie findet, die sich dem Begriff der Wahrheit nicht vorbehaltlos verpflichtet und zugleich Begriffe wie Lüge, Verstellung und Nicht-Wissen aufwertet. Er hat damit Anstöße für eine Genealogie des Nicht-Wissens gegeben, die noch immer nicht ausgeschöpft sind.

Rainer Godel

Literatur und Nicht-Wissen im Umbruch, 1730–1810

Greift doch eine Handvoll Finsterniß. (Novalis)

I. Methodische Vorüberlegungen

Schon der Beginn der Aufklärung setzt Nicht-Wissen als Definiens des Subjekts: »Ego sum res cogitans, id est dubitans, affirmans, negans, pauca intelligens, multa ignorans, volens, nolens, imaginans etiam & sentiens«, heißt es in René Descartes' *Meditationes*.[1] In nuce zeigt sich hier eine für das Problem des Nicht-Wissens zentrale Perspektive: Das Selbstverständnis des Ich als *res cogitans* ist offenbar nicht an die Vorstellung bloßer Wissensakkumulation gebunden. Descartes verbindet vielmehr in dieser Definition verschiedene menschliche Fähigkeiten und Fertigkeiten, die nicht alle gleichermaßen zu einer klaren und distinkten Erkenntnis beitragen können. Die aufklärerische Subjektivität konstituiert sich nicht mittels eines bloß komplementären Verhältnisses von rational erreichbarem Wissen und defizitärem Nicht-Wissen. Vielmehr ergänzen oder überlagern sich im Erkenntnismodell Descartes' verschiedene noetische, physische und psychische Konditioniertheiten des Menschen. Nicht-Wissen ist ein konstitutives Element des Wissensdiskurses der Aufklärung.[2]

Dieser Befund hat für die Frage nach der Bestimmung und nach den Transformationen des Nicht-Wissens zur Folge, dass die simple Dichotomie (oder Antinomie) von Wissen und Nicht-Wissen erweitert werden muss:[3]

1. Die Frage nach dem Verhältnis von Wissen und Nicht-Wissen kann nicht nur auf erkenntnistheoretischer Ebene erörtert werden, da hierdurch eine Prävalenz kognitiver Verstehensprozesse impliziert würde. Ich schlage vielmehr vor, die epistemologische Perspektive um eine *epistemopraktische* zu ergänzen, die der Vielfalt und Vielzahl von Erkenntnissituationen und -mitteln im realen Leben gerecht wird und Nicht-Wissen als epistemische Größe berück-

---

1. René Descartes: Meditationes de prima philosophia, in: ders.: Œuvres de Descartes, hrsg. von Charles Adam, Paul Tannery, Paris 1904, Bd. 7, 34.
2. Vgl. Hans Adler, Rainer Godel: Einleitung. Formen des Nichtwissens im Zeitalter des Fragens, in: dies. (Hrsg.): Formen des Nichtwissens der Aufklärung, München 2010, 9–19, hier: 18.
3. Vgl. hierzu auch die Einleitung von Michael Gamper in diesem Band.

sichtigt. Nicht-Wissen ist weder nur das, was im Erkenntnisprozess überwunden werden soll, noch nur das, was zu Wissensproduktion anregt, sondern auch das, was reale Erkenntnissituationen beeinflusst. Auf diesem in sich dialektischen Weg wird Nicht-Wissen zum Faktor epistemischer Formationen. Die »epistemische Heteronomie«[4] des Nicht-Wissens ist praktische Bedingung epistemischer Ordnungen. In den Blick geraten so im 18. Jahrhundert die »Prägnanz des Dunklen«, nicht-metaphysische und nicht-objektivierbare Wahrheitsbegriffe, mathematische und ästhetische Wahrscheinlichkeit, Fragen der Zurechenbarkeit von Erkenntnis, Strategien der Evidenz und schließlich auch die Diagnose der Kontingenzkultur, des »Daseinsgefühl[s] der Entzweiung mit der Wahrheit«.[5]

2. Die Analyse von Wissen und Nicht-Wissen kann nicht künstlich stillgestellt, beide können nicht als statische Entitäten verstanden werden. Schon das Descartes-Zitat verdeutlicht, dass Verstehen ein *Prozess* ist. Wissen und Nicht-Wissen sind volatile Größen. Für ihre Analyse und für die Analyse ihres Verhältnisses zueinander ist es unabdingbar, die jeweilige epistemische Situation zu berücksichtigen.[6] Es müssen also die historisch variablen Wissensansprüche analysiert werden, welche die Kontroversen über das, was als Wissen und was als Nicht-Wissen gelten kann, steuern.[7] Wahrheit hat ihre (diskontinuierliche) Geschichte,[8] die die Geschichte ihrer Geltungsgründe einschließt.[9]

---

4. Carlos Spoerhase, Dirk Werle, Markus Wild: Unsicheres Wissen. Zur Einführung, in: dies. (Hrsg.): Unsicheres Wissen. Skeptizismus und Wahrscheinlichkeit, 1550–1850, Berlin 2009, 1–13, hier: 10.
5. Vgl. zu den genannten Aspekten Hans Adler: Die Prägnanz des Dunklen. Gnoseologie – Ästhetik – Geschichtsphilosophie bei Johann Gottfried Herder, Hamburg 1990; Rainer Godel: »Prae omnibus veritas colenda, urgenda, intime amanda.« Herder's Concept of Truth, in: Robert Norton (Hrsg.): Herder and Religion, Heidelberg 2012 (im Erscheinen); Rüdiger Campe: Spiel der Wahrscheinlichkeit. Literatur und Berechnung zwischen Pascal und Kleist, Göttingen 2002; ders.: Epoche der Evidenz. Knoten in einem terminologischen Netzwerk zwischen Descartes und Kant, in: Sibylle Peters, Martin Jörg Schäfer (Hrsg.): »Intellektuelle Anschauung«. Figurationen von Evidenz zwischen Kunst und Wissen, Bielefeld 2006, 25–43; Hans Blumenberg: Paradigmen zu einer Metaphorologie, Frankfurt a.M. 1998, 44.
6. Vgl. Lutz Danneberg, Carlos Spoerhase: Wissen in Literatur als Herausforderung einer Pragmatik von Wissenszuschreibungen: sechs Problemfelder, sechs Fragen und zwölf Thesen, in: Tilmann Köppe (Hrsg.): Literatur und Wissen. Theoretisch-methodische Zugänge, Berlin/New York 2011, 29–76, hier: 35.
7. Vgl. zur Fruchtbarkeit des Konzepts der Wissensansprüche Lutz Danneberg: Die Anatomie des Text-Körpers und Natur-Körpers. Das Lesen im *liber naturalis* und *supernaturalis*, Berlin/New York 2003.
8. Vgl. Roland Borgards: Wissen und Literatur. Eine Replik auf Tilmann Köppe, in: Zeitschrift für Germanistik. Neue Folge 17/2 (2007), 425–428, hier: 427. Diskontinuität wird hier im Sinne Blumenbergs verstanden. Vgl. Hans Blumenberg: Die Legitimität der Neuzeit, 2. Aufl., Frankfurt a.M. 1988, 529–557.
9. Vgl. Claus-Michael Ort: Das Wissen der Literatur. Probleme einer Wissenssoziologie literarischer Semantik, in: Köppe (Hrsg.), Literatur und Wissen (Anm. 6), 164–191, hier: 179. Schon James formuliert pointiert: »Die Geltung der Wahrheit ist nichts anderes als

3. Nicht-Wissen ist *factum,* Konstruiertes. Notwendig ist daher die Analyse der diskursregulierenden und damit auch das Verhältnis von Wissen und Nicht-Wissen im je historischen Zeitpunkt beeinflussenden Formationsregeln.[10] »[D]as Volk ist [...] seines eigenen Besten wegen zu einer beständigen Unmündigkeit verurtheilt«.[11] Dass Immanuel Kant in seiner *Anthropologie in pragmatischer Hinsicht* das Nicht-Wissen des Volks zum Garanten bürgerlicher Ordnung macht, zeigt, dass das Verhältnis von Wissen und Nicht-Wissen auch im ›philosophischen‹ 18. Jahrhundert keineswegs unabhängig von politischen Normen und Machtansprüchen verstanden werden kann.

4. Wissen wie Nicht-Wissen werden in spezifischen *Formen* konstituiert, die als Transformationen epistemologischer und epistemopraktischer Prozesse gelesen werden können. Sie generieren Narrative, produzieren Metaphern, bedingen Genres, formieren sich in Poetologien.[12] Die an dieser Stelle naheliegende Wendung zur Frage nach dem Verhältnis von Nicht-Wissen und Literatur oder zur Frage von Wissen (und Nicht-Wissen) *in* Literatur muss die jeweilige literarische Kommunikationssituation einbeziehen.[13]

Gegen Ende des 18. Jahrhunderts situiert Jean Paul diese Dialektik von Wissen und Nicht-Wissen satirisch im Verhältnis der Aufklärer und ihrer Leser:

> Sie [die großen Philosophen und Alchymisten] sind die schönen Opfer der allgemeinen Erleuchtung: denn indem sie durch ihre mir bekannten Schriften die halbe Welt erhellen, so stehen sie auf der andern halben völlig unbeschienen und verfinstert, weil sie ihre oft aufgelegten Werke, die ihre Nächsten aufklären, unmöglich verstehen und leider nicht halb so gut wie der Leser wissen können, was sie selber haben wollen. Sie haben diesen beschwerlichen Vorzug mit der Sonne gemein, aus der Licht auf alle geringeren Körper fliesset, in der selber aber es (nach Sack und nach Peyroux de la Coudroniere) so *finster,* wie in einem Schweinsstall ist.[14]

---

eben der Vorgang des Sich-Geltend-Machens.« William James: Der Wahrheitsbegriff des Pragmatismus [1907], in: Gunnar Skirbekk (Hrsg.): Wahrheitstheorien. Eine Auswahl aus den Diskussionen über Wahrheit im 20. Jahrhundert, Frankfurt a.M. 1977, 35–58, hier: 37.
10. Vgl. Robert N. Proctor: Agnotology. A Missing Term to Describe the Cultural Production of Ignorance (and its Study), in: ders., Londa Schiebinger (Hrsg.): Agnotology. The Making and Unmaking of Ignorance, Stanford, Calif. 2008, 1–33, hier bes.: 9–20.
11. Immanuel Kant: Anthropologie in pragmatischer Hinsicht, in: ders.: Kant's gesammelte Schriften, hrsg. von der Königlich Preußischen Akademie der Wissenschaften, Berlin 1917, Bd. 7, 117–333, hier: 209.
12. Vgl. zur Übertragung solcher Formgesichtspunkte, die v.a. durch Joseph Vogl (Hrsg.): Poetologien des Wissens um 1800, München 1999, eingeführt wurden, auf das Gebiet des Nicht-Wissens Adler/Godel (Hrsg.), Formen des Nichtwissens (Anm. 2), 11f.
13. Vgl. Danneberg/Spoerhase (Anm. 6), 71.
14. Jean Paul: Auswahl aus des Teufels Papieren nebst einem nöthigen Aviso vom Juden Mendel, in: ders.: Sämtliche Werke, Abt. II: Jugendwerke und vermischte Schriften, hrsg. von

Jean Paul verbindet hier auf engstem Raum fünf epistemische Felder: 1. eine verlässliches Wissen versprechende Naturlehre, der durch die Berufung auf Autoritäten Evidenz zugeschrieben wird, 2. den produktionsästhetischen Topos literarischen Schaffens aus dem Nicht-Wissen heraus, 3. den Rekurs auf die seit Leibniz prävalente Problematik der ›dunklen‹ Erkenntnis, 4. die in ihrer Ambivalenz zwischen Wissen und Nicht-Wissen skeptisch diskutierte Lichtmetaphorik der Aufklärung und schließlich 5. den homerischen Topos für menschliche Abhängigkeit und Handlungslähmung.[15] Doch eilt hier kein Odysseus herbei, um die Aufklärer aus ihrem Schweinestall zu befreien.

Indes ist es auch nicht einfach, die nichtwissenden Leser zum Wissen zu führen. Wie es um die Überwindung des Nicht-Wissens beim Leser bestellt sei, beklagt der Erzähler in Johann Karl Wezels *Tobias Knaut:* »Was für eine hübsche Sache wäre es doch um das Schriftstellerhandwerk, wenn wir die Ideen unsrer Leser so zu regieren wüßten, wie die Marionettenspieler ihre Puppen! [...] – umsonst! der Leser denkt, was er *kann,* und niemals, was er *soll.*«[16]

Das Verhältnis von Nicht-Wissen und Literatur ist also – so zeigen diese Beispiele – nicht nur als inhaltliches Problem auf der Oberfläche der Texte zu behandeln.[17] Um die intra- und extratextuellen Figurationen der Transformation von Wissen und Nicht-Wissen analysieren zu können, ist es erforderlich, den Kommunikationsakt Literatur zu berücksichtigen.[18] Der literarische Text ist ein Element einer *episteme,* die von der Dialektik und Dynamik von Wissen und Nicht-Wissen gekennzeichnet ist. Die diskursive Relevanz und die transformative Kraft des Verhältnisses von Nicht-Wissen und Literatur bedingen sich gegenseitig. Wenn die epistemischen Strukturen immer durch Nicht-Wissen mitbestimmt sind und wenn in erkenntnispraktischer Hinsicht

---

Norbert Miller und Wilhelm Schmidt-Biggemann, Frankfurt a.M. 1996, Bd. 2, 11–467, hier: 224.
15. Vgl. Homer: Die Odyssee, übers. von Wolfgang Schadewaldt, mit einem Nachwort von Rainer Nickel, 2. Aufl., Düsseldorf, Zürich 2004, 174, 10. Gesang, V. 237ff. Bei Homer wird Odysseus' Gefährten keineswegs Nicht-Wissen zugeschrieben. Schließlich bleibt »ihr Verstand [...] beständig wie früher.« (ebd.).
16. Johann Karl Wezel: Lebensgeschichte Tobias Knauts, des Weisen, sonst der Stammler genannt. Aus Familiennachrichten gesammlet, hrsg. von Anneliese Klingenberg, Berlin 1990, 54. Vgl. hierzu Rainer Godel: Unzuverlässige Leser – unzuverlässige Erzähler; oder: Literarische Wege aus dem Nicht-Wissen, in: Adler/Godel (Hrsg.), Formen des Nichtwissens (Anm. 2), 347–367.
17. Mindestens wäre zwischen Prozessen der Denotation, Exemplifikation und Analogie zu unterscheiden. Vgl. Danneberg/Spoerhase (Anm. 6), 65f.
18. Köppe schlägt zu Recht vor, ein Modell literarischer Kommunikation mit den Komponenten Autor-Text-Leser-Kontext zur Untersuchung der Beziehungen von Literatur und Wissen heranzuziehen. Vgl. Tilmann Köppe: Literatur und Wissen: Zur Strukturierung des Forschungsfeldes und seiner Kontroversen, in: Köppe (Hrsg.), Literatur und Wissen (Anm. 6), 1–28, hier: 2–6. Problematisch ist indes, dass Köppes statisches Modell nicht auf die Probleme der Vermittlung, des Transfers oder der Transtextualität rekurriert.

jeder Mensch dem Nicht-Wissen ausgeliefert ist, dann gilt das *auch* für die Produzenten und Rezipienten literarischer Texte.

Im Folgenden suche ich in einem thesenhaft zugespitzten historischen Abriss das Verhältnis von Nicht-Wissen und Literatur im (langen) 18. Jahrhundert zu beschreiben. Dabei folge ich im Wesentlichen der gängigen germanistischen Epochenzuschreibung.

II. Früh- und Hochaufklärung

In Viktor Žmegačs Literaturgeschichte skizziert Christoph Siegrist die Hochaufklärung mit der eingängigen Formel »von der Didaktik bis zur Gefühlskultur«.[19] Konsens der Forschung ist, dass das horazische *prodesse et delectare* als didaktischer Anspruch der Literatur und entsprechende Formen das Verständnis von Literatur bis in die 1760er Jahre bestimmen. Literatur soll ›Wissen‹ vermitteln; diskursives Nicht-Wissen kommt bestenfalls als Hindernis für die Erfüllung der Funktion der Literatur in den Blick.

Ein solches Verhältnis von Wissen, Nicht-Wissen und Literatur – Carsten Zelle nennt dies einen »instrumentellen« Literaturbegriff[20] – kennzeichnet die Anfänge der deutschsprachigen Moralischen Wochenschriften, in denen Moralität im Zentrum des Vermittlungsmodells stand, oder auch das Genre der Lehrgedichte. Zu denken ist aber auch an den Anspruch der Gellert'schen Fabeln, »[d]ie Wahrheit, durch ein Bild, zu sagen.«[21]

Für die Tragödie ist für dieses Verhältnis von Wissen und Literatur Johann Christoph Gottscheds *Critische Dichtkunst* (1730) programmatisch geworden:

> [Die Tragödie] erbauet, indem sie vergnüget, und schicket ihre Zuschauer allezeit klüger, vorsichtiger und standhafter nach Hause. […] Alle Sittenlehrer sind eins, daß Exempel in moralischen Dingen, eine besondere Kraft haben, die Gemüther der Menschen von gewissen Wahrheiten zu überführen.[22]

---

19. Christoph Siegrist: Phasen der Aufklärung von der Didaktik bis zur Gefühlskultur, in: Viktor Žmegač (Hrsg.): Geschichte der deutschen Literatur vom 18. Jahrhundert bis zur Gegenwart, 2. Aufl., Königstein i.Ts. 1984, Bd. 1/1, 58–174, hier: 58.
20. Vgl. Carsten Zelle: Art. »Aufklärung«, in: Reallexikon der deutschen Literaturwissenschaft, hrsg. von Klaus Weimar, Harald Fricke, Jan-Dirk Müller, Berlin/New York 1997–2003, Bd. 1, 160–165, hier: 163.
21. Christian Fürchtegott Gellert: Fabeln und Erzählungen. Historisch-kritische Ausgabe, bearb. von Siegfried Scheibe, Tübingen 1966, hier: 144f.
22. Johann Christoph Gottsched: Akademische Rede, Die Schauspiele, und besonders die Tragödien sind aus einer wohlbestellten Republik nicht zu verbannen, in: ders.: Ausgewählte Werke, hrsg. von Phillip M. Mitchell und Joachim Birke, Berlin/New York 1968–1995, Bd. 9/2, 492–500, hier: 494f.

Propositionales Wissen der Zuschauer (auch über das rechte Verhalten, also ebenso *knowing how* wie *knowing that*) soll in der Poetik der Hochaufklärung auf dem Umweg über die Gemüter amplifiziert, Nicht-Wissen vertrieben werden. Das Trauerspiel »ist, so zu reden, kein Bild, keine Abschilderung, keine Nachahmung mehr: es ist die Wahrheit, es ist die Natur selbst, was man sieht und höret.«[23] Proklamiert wird also die unmittelbare Repräsentation eines Wissens, die qua Natürlichkeit die Zuschauer aus dem Nicht-Wissen herausführt. Dies setzt voraus, dass »philosophische Poeten, oder poesieverständige Philosophen« solideres Wissen über die Poesie haben.[24] In Bezug auf die Rezeption wird im Sinne philosophisch-systemischer Wissenskonzeptionen eine identitätslogische Verbindung konstruiert. Wissen, das sich auf dem Theater performativ repräsentiert, geht – ungeachtet der Umstände der je spezifischen Rezeption – im Idealfall identisch auf die Zuschauer über. Der Ort dieser Transponierung ist ein Raum, der durch eine epistemologische Idealsituation geprägt ist: Wissen verdrängt Nicht-Wissen.

III. Spätaufklärung

Dieser illustrative Anspruch der Literatur, der das *prodesse* in der Nutzanwendung situiert, bleibt in der Spätaufklärung nicht bestimmend. Das Modell des literarischen Wissenstransfers wird vor allem durch einen epistemopraktischen Impuls aufgeweicht, für den Christoph Martin Wielands Wende zur Anthropologie als charakteristisch gelten kann. Am 8. November 1762 schreibt Wieland in einem Brief an Johann Georg Zimmermann: »Non sum qualis eram, mon cher Zimmermann«.[25] Die in diesem Brief markierte Anerkennung der Unabhängigkeit des anthropologischen Diskurses von vorgängigen metaphysischen Normen bedingt Wielands Einsicht, dass Erkenntnis auf Konjekturen angewiesen ist und einen konjekturalen Weg erfordert, mit Nicht-Wissen umzugehen.[26]

Dieser Wandel in Wielands Selbst- und Dichtungsverständnis steht exemplarisch dafür, dass in der Spätaufklärung Wissen und Wissensvermittlung als Funktion der Literatur problematisch werden. Trotz der Zunahme wissen-

---

23. Ebd., 496.
24. Vgl. Gottsched: Versuch einer Critischen Dichtkunst: Erster allgemeiner Theil, in: ders., Ausgewählte Werke (Anm. 22), Bd. 6, 145.
25. Wieland an Zimmermann am 08.11.1762, in: Christoph Martin Wieland: Briefwechsel, Bd. 3, bearb. von Renate Petermann, Hans Werner Seiffert, Berlin 1975, 129, Brief Nr. 122.
26. Vgl. zur Konjektur v.a. Stefan Metzger: Die Konjektur des Organismus. Wahrscheinlichkeitsdenken und Performanz im späten 18. Jahrhundert, München 2002.

schaftlicher Wissensproduktion werden mit der intensiveren Diskussion über methodische und theoretische Zugänge zu verlässlichem Wissen Bereiche ungewissen Wissens, Brüche, Diskontinuitäten, Grenzen des Wissens präsent. Bestimmte Bereiche menschlicher Erfahrung sind, so nehmen Zeitgenossen an, aufgrund der Spezifik *menschlicher* Erfahrung kontingent. In ihnen ist kein gewisses und sicheres praktisches Wissen möglich.[27] Ab der Mitte des 18. Jahrhunderts gewinnt der Bereich des Dunklen und Unklaren, des Zufälligen und Nicht-Notwendigen, des Bloß-Wahrscheinlichen eine verstärkte diskursive Relevanz. Mit der zunehmenden Reflexion von verlässlichen Methoden der Erkenntnis nimmt auch die Wahrnehmung des Nicht-Wissens zu.[28] Eine solche Skepsis ist ein Zweifel auf der Ebene der Erkenntnis*praxis*.

Das Dunkle, sinnliche Erfahrung und Emotion gelten immer öfter als nicht hintergehbar und nicht restlos kontrollierbar. Die unteren Erkenntniskräfte konnten spätestens seit Alexander Gottlieb Baumgarten als den oberen gleichwertig akzeptiert werden, obwohl ihnen auch weiterhin unterschiedliche Funktionsbereiche zugewiesen werden. Nicht-Wissen und unsicheres Wissen werden zu Konstitutionsbedingungen von Versuchen, Einzelwissenschaften aus der hergebrachten disziplinären Struktur herauszulösen.[29] Selbst die Empirie führt nicht nur zum erhofften Wissenszuwachs, sondern relativiert Bewertungen von Wissen, Erkenntnis und Gewissheit. Aufgrund der Grenzen empirischer Beobachtungsmethoden könnten für bestimmte Bereiche nur »zerstreute Bemerkungen« gemacht werden, schreibt der schottische Empirist James Beattie: »[V]on einem solchen Gegenstande, über den nie irgend ein Versuch genau angestellt werden kann [das Träumen], [...] können unsere Kenntnisse sich nie höher, als zu Wahrscheinlichkeiten erheben«.[30]

Die Natur kann aufgrund ihrer Komplexität und der Perspektivengebundenheit des Menschen, der Teil der Natur ist, nicht vollständig verstanden

---

27. Nach Luhmann erzeugt der Versuch, Ordnung und Rationalität durchzusetzen, Wahrnehmung der Kontingenz. Vgl. Niklas Luhmann: Kultur als historischer Begriff, in: ders.: Gesellschaftsstruktur und Semantik. Studien zur Wissenssoziologie der modernen Gesellschaft, Bd. 4, Frankfurt a.M. 1995, 31–54, hier: 48.
28. Vgl. Panajotis Kondylis: Die Aufklärung im Rahmen des neuzeitlichen Rationalismus, Stuttgart 1981.
29. Vgl. zur Frage »Anthropologie als Disziplin« Rainer Godel: Vorurteil – Anthropologie – Literatur. Der Vorurteilsdiskurs als Modus der Selbstaufklärung im 18. Jahrhundert, Tübingen 2007, 64f.; zur Konstituierung der empirischen Psychologie und Pädagogik unter den Bedingungen des Nicht-Wissens Gunhild Berg: Wissenwollen trotz Nichtwissenkönnens. Von den Erkenntnisgrenzen der psychologischen und pädagogischen Wissenschaften des späten 18. Jahrhunderts, in: Adler/Godel (Hrsg.), Formen des Nichtwissens (Anm. 2), 191–212.
30. [James Beattie:] Über das Träumen, in: Magazin für die Naturgeschichte des Menschen 1 (1788), 1. St., 35–70, hier: 39.

werden.[31] Da Wissen über die Natur begrenzt ist, gilt Gleiches auch für das Wissen über den Menschen. Schließlich ist Wissen auch historisch und kulturell bedingt. Der Einbruch der Kontingenz in die *cognitio historica* liegt zahlreichen geschichtsphilosophischen Modellen der Spätaufklärung zugrunde.[32] Letztlich wird es also im letzten Drittel des 18. Jahrhunderts graduell unsicherer, wie man tatsächlich Wissen erlangt und wie sicher man über dessen Wahrheitsgehalt verfügen kann. Mit Nicht-Wissen wird als Faktor in der Erkenntnis gerechnet.

Diese Wende in der Einschätzung des Nicht-Wissens bringt formale und funktionale Änderungen im Bereich der Literatur mit sich. Auf der Grundlage der epistemopraktischen Prägnanz des Nicht-Wissens bildet sich ein Funktionswandel literarischen Sprechens heraus. Literatur reflektiert, erprobt und nutzt nun komplexere Strategien zur Problemanzeige, -diskussion und -transformation. Möglich wird eine sukzessive Neubestimmung des literarischen Potentials, die die literarische Kommunikationssituation in Hinblick darauf, ob und wie Leser überhaupt Wissen erlangen könnten, neu gestaltet. Literatur verabschiedet sich aus dem präskriptiven Primat, ohne den Anspruch auf lebensweltliche Relevanz aufzugeben. Sie geht mit den realen Erfahrungen des Nicht-Wissens um und ventiliert deren Folgen für die Möglichkeiten und Grenzen literarischer Kommunikation.

Anfänge und Vorläufer der neuen Formen und Funktionen finden sich schon in der frühen Empfindsamkeit. In Johann Jacob Bodmers Bestimmung des ›Wunderbaren‹ werden das rational verfügbare Wissen ab- und die sinnliche Überzeugungskraft und die Wirkung auf das Gemüt des Lesers aufgewertet:

> Der Poet bekümmert sich nicht um das Wahre des Verstandes; da es ihm nur um die Besiegung der Phantasie zu thun ist, hat er genug an dem Wahrscheinlichen, dieses ist Wahrheit unter vorausgesetzten Bedingungen, es ist wahres, so fern als die Sinnen und die Phantasie wahrhaft sind, es ist auf das Zeugniß derselben gebauet.[33]

---

31. Die Widerständigkeit der Natur gegen Klassifizierungen ist Thema einer der erbittertsten Kontroversen des 18. Jahrhunderts: des Disputs von Georg Forster mit Immanuel Kant über die Frage der Bestimmung der Menschenrassen. Vgl. hierzu Rainer Godel, Gideon Stiening (Hrsg.): Klopffechtereien – Missverständnisse – Widersprüche? Methodische und methodologische Perspektiven auf die Kant-Forster-Kontroverse, München 2012.
32. So z.B. bei Johann Gottfried Herder und Isaak Iselin. Vgl. zuletzt John Zammito: Herder and Historical Metanarrative: What's Philosophical about History?, in: Hans Adler, Wulf Koepke (Hrsg.): A Companion to the Works of Johann Gottfried Herder, Rochester, N.Y. 2009, 65–91.
33. Johann Jacob Bodmer: Critische Abhandlung von dem Wunderbaren in der Poesie und dessen Verbindung mit dem Wahrscheinlichen, Zürich 1740, Reprint, Stuttgart 1966, 47.

Noch finden wir hier keine Auflösung, bloß eine Lockerung des Mimesiskonzepts. Es geht mithin nicht um eine Revolution, sondern zunächst um eine Akzentverschiebung auf der Basis der aristotelischen Poetik, die die »Wahrheit unter vorausgesetzten Bedingungen« sucht – und diese Bedingungen sind, so darf man ergänzen, erkenntnispraktische.[34]

Friedrich Gottlieb Klopstock scheidet in der Vorrede zu *Der Messias* die Wirksamkeit der »heiligen Poesie« von der Wirksamkeit der philosophischen Überzeugungen. Der Poet strebe danach, »unsre Seele so zu bewegen [...], daß er iede Saite derselben, auf ihre Art, ganz treffe«.[35] Dies ist ein schwieriges Geschäft. Indes: »Wem es dennoch glückt, der hat Empfindungen in uns hervorgebracht, die, weder die höchste philosophische Ueberzeugung, noch die anderen Arten der Poesie, verursachen können.«[36] Auch hier ist mit der Aufwertung von Sinnen und Empfindungen, des Bereichs also, der rationalem Wissen nicht zugänglich ist, die propositionale Didaxe noch nicht als Ziel verabschiedet: »Der letzte Endzweck der höhern Poesie, und zugleich das wahre Kennzeichen ihres Werths, ist die moralische Schönheit.«[37]

Vorwiegend im letzten Jahrhundertdrittel entwickelt sich in der Literatur eine Form der Selbstaufklärung, die mit den komplexen Bedingungen literarischer Produktion und Rezeption rechnet und anthropologisch indiziertes Nicht-Wissen als Produktions- wie Rezeptionsbedingung berücksichtigt. Damit ist indes keine Abkehr vom Aufklärungsanspruch verbunden, im Gegenteil: Intendiert ist eine Aufklärung, die die Bedingungen ihrer Möglichkeit reflektiert und unter diesen Bedingungen Aufklärung des Einzelnen ermöglicht. Aufklärung verlagert sich auf die Aktivität des Rezipienten, auf Selbstdenken und Mündigkeit unter den Bedingungen der begrenzten Erkenntnisfähigkeit.

Insbesondere für das Erzählen der Spätaufklärung ist dieser Form- und Funktionswandel der Literatur in der Forschung herausgearbeitet worden. Polyperspektivisches, unzuverlässiges oder bedingt zuverlässiges Erzählen inszeniert das »Kippen« erzählerischer Distanz und Übersicht, die »Deutungshoheit« des Erzählers wird von der erzählten Welt her infrage gestellt;[38] das

---

34. Der neue Wahrscheinlichkeitsbegriff orientiert sich nicht an einer philosophischen Rationalität, sondern an den menschlichen Vermögen. Vgl. hierzu Peter-André Alt: Aufklärung, Stuttgart/Weimar 1996, 90. Diese anthropologisch indizierte Wahrscheinlichkeit kann die Distanz zum gewissen Wissen schon deshalb nicht überbrücken, weil der Mensch nicht alles wissen kann.
35. Friedrich Gottlieb Klopstock: Von der heiligen Poesie, in: Der Messias, Kopenhagen 1755, 1. Bd., unpag. S. ** 2 v.
36. Ebd.
37. Ebd.
38. Vgl. Harald Tausch: »Die Architektur ist die Nachtseite der Kunst«. Erdichtete Architekturen und Gärten in der deutschsprachigen Literatur zwischen Frühaufklärung und Romantik, Würzburg 2006, 27f.

Text-Leser-Verhältnis wird etwa durch editoriale oder auktoriale Unzuverlässigkeit distanzierter;[39] Rezeptionserwartungen werden auf spielerische Art enttäuscht.[40] Solch ein ›unzuverlässiges‹ Erzählen ist ein narratives Phänomen der Stimme, das sich vor allem häufiger Fokalisierungswechsel und variabler Fokalisierung, Metalepsen, Genrewechsel, Digressionen, zukunftsungewisser Vorausdeutungen, mises en abyme bedient. Die Abkehr vom Erwartungshorizont kann explizit oder implizit geschehen, sie kann sich auf Fakten und Ereignisse, auf Bewertungen und Urteile sowie auf Wissen und Wahrnehmung beziehen.[41] Der Inhalt kann zurückstehen hinter der Frage nach der Art des Erzählens und nach ihrer Wirkung auf den Leser.[42]

Wo im philosophischen, wissensaffinen Diskurs keine Antwort mehr möglich scheint, tritt die Literatur in ihr neues Recht. Ihre Funktion liegt nun darin, unter den Bedingungen des Nicht-Wissens den Prozess der Urteilsbildung in den Fokus der Aufmerksamkeit der Rezipienten zu rücken. Der Leser soll Literatur deuten, über diesen Prozess nachdenken und so Wege aus dem Nicht-Wissen entdecken. Die Relation von Wissen und Nicht-Wissen transformiert sich in Verfahren, die metareflexiv über eigene Urteile nachdenken.[43]

In Wielands Vorrede zum *Teutschen Merkur* heißt es: »[D]as Publicum urtheilt selten [...] richtig«.[44] Die *Geschichte des Agathon* proklamiert, dem Leser werde überlassen, »davon zu denken, was er will«,[45] und setzt dieses Programm erzählerisch als Vermittlung von Entzweiung und Selbstaufklärung um.[46] Vergleichbare Verfahren, die die Funktionsbreite literarischen Sprechens erweitern, finden sich in der deutschen Spätaufklärung unter anderem im Gleichlauf von Erkenntnis und Empfindung bei Johann Gottfried Herder,

---

39. Vgl. zu theoretischen Konzepten, um dieses Phänomen zu fassen, u.a. Uwe Wirth: Die Geburt des Autors aus dem Geist der Herausgeberfiktion. Editoriale Rahmung um 1800: Wieland, Goethe, Brentano, Jean Paul und E.T.A. Hoffmann, München 2008, 180–189.
40. Vgl. Manfred Beetz: Wunschdenken und Realitätsprinzip. Zur Vorurteilsanalyse in Wielands *Agathon*, in: Jörn Garber, Heinz Thoma (Hrsg.): Zwischen Empirisierung und Konstruktionsleistung: Anthropologie im 18. Jahrhundert, Tübingen 2004, 263–286.
41. Vgl. James Phelan, Mary Patricia Martin: The Lessons of ›Weymouth‹: Homodiegesis, Unreliability, Ethics, and *The Remains of the Day,* in: David Herman (Hrsg.): Narratologies, Columbus 1999, 88–109. Zur Unterscheidung von moralischer Unglaubwürdigkeit und faktischer Unzuverlässigkeit vgl. Renate Hof: Das Spiel des »unreliable narrator«. Aspekte unglaubwürdigen Erzählens im Werk von Vladimir Nabokov, München 1984, 55.
42. Vgl. Sabine Groß: Lese-Zeichen. Kognition, Medium und Materialität im Leseprozeß, Darmstadt 1994, 44.
43. Vgl. zu Selbstreflexion im narratologischen Sinn Michael Scheffel: Formen selbstreflexiven Erzählens. Eine Typologie und sechs exemplarische Analysen, Tübingen 1997, 46–90.
44. Christoph Martin Wieland: Vorrede, in: Der Teutsche Merkur 1 (1773), 1. St., XVII.
45. Christoph Martin Wieland: Geschichte des Agathon. Erste Fassung von 1766/1767, in: ders.: Werke in zwölf Bänden, hrsg. von Klaus Manger, Frankfurt a.M. 1986, Bd. 3, 11.
46. Vgl. Walter Erhart: Entzweiung und Selbstaufklärung. Christoph Martin Wielands *Agathon*-Projekt, Tübingen 1991.

im skeptizistischen Aphorismus Georg Christoph Lichtenbergs, im robust satirischen Erzählen Johann Karl Wezels, im reflektierten Alteritätsmodell der Erkenntnis bei Georg Forster. Eine solcherart anthropologisch affizierte Aufklärung, die mit Nicht-Wissen umgeht, zielt auch in den progressivsten literarischen Formen nicht funktional auf Dekonstruktion der Semantik. Sie vertraut – damit bleibt sie dem aufklärerischen Auftrag gerecht – auf die zu erlernende Fähigkeit des Lesers, mit Nicht-Wissen auf individuelle Weise nicht normativ umzugehen.

IV. Klassik

Die Intentionalität[47] des Epochenprogramms und die literarische Praxis der Weimarer Klassik reagieren auf die Probleme der Konturen des Nicht-Wissens mit dem Versuch, der Kunst eine Funktion der Systembildung und Steuerung einzuschreiben. Das Klassik-Konzept fußt auf einer Ordnung, die, wie Albert Meier schreibt, das Falsche ausschließt, um dem guten, weil vernünftigen Geschmack sein Reservat zu sichern.[48] Kunst und Literatur sollen funktional werden für die Etablierung dieser Ordnung. Wilhelm von Humboldt formuliert in der Abhandlung *Über den Charakter der Griechen:*

> Das Classische lebt in dem Lichte der Anschauung, knüpft das Individuum an die Gattung, die Gattung an das Universum an, sucht das Absolute in der Totalität der Welt, und ebnet den Widerstreit, in dem das Einzelne mit ihm steht, in der Idee des Schicksals durch allgemeines Gleichgewicht.[49]

Klassisches Ziel ist es, auf der Rezipientenebene Normen zu generieren und zu befestigen, die sich an der Balancemetaphorik Humboldts und an der Proklamation intellektueller, moralischer und ästhetischer Qualität ausrichten. Die Kontingenzkultur, die auf dieselben anthropologischen Konditioniertheiten zurückgeführt wird wie das die Aufklärer taten, soll überwunden werden.[50]

---

47. Vgl. zum Konzept der Intentionalität Stefan Matuschek: Aufklärung, Klassik, Romantik. Drei gleichzeitige Intentionen in der deutschen Literatur um 1800, in: Olaf Breidbach, Hartmut Rosa (Hrsg.): Laboratorium Aufklärung, München 2010, 51–68, hier: 54–56.
48. Vgl. Albert Meier: Klassik – Romantik, unter Mitarbeit von Stephanie Düsterhöft, Stuttgart 2008, 25.
49. Wilhelm von Humboldt: Über den Charakter der Griechen, die idealische und historische Ansicht desselben, in: ders.: Werke in fünf Bänden, hrsg. von Andreas Flitner und Klaus Giel, Stuttgart 1961, Bd. 2, 65–72, hier: 71f.
50. Vgl. zur Affiziertheit Schillers durch die Anthropologie u.a. Wolfgang Riedel: Die Anthropologie des jungen Schiller. Zur Ideengeschichte der medizinischen Schriften und

Die Klassik teilt mit der Aufklärung die Diagnose der epistemischen Konstellation des Nicht-Wissens, deren Symptome noch verstärkt werden durch die Erfahrungen der Französischen Revolution sowie durch einen literaturpolitisch motivierten Elitizismus, der nach der Verspottung der Gegner eine eigene Norm zwingend einfordert: »[D]enn nach dem tollen Wagestück mit den Xenien müssen wir uns bloß großer und würdiger Kunstwerke befleißigen und unsere proteische Natur, zu Beschämung aller Gegner, in die Gestalten des Edlen und Guten umwandeln«, schreibt Goethe an Schiller.[51] Kunst soll dazu dienen, die Folgen des Nicht-Wissens – eine vermeintliche Entgrenzung von Wahrheit, Schönheit, Güte – abzuwenden.

Dass dies ein anthropologisch indiziertes Kernprogramm ist, zeigt sich schon in Schillers Kritik an Bürger, in der er als Aufgabe der Kunst nennt, »die getrennten Kräfte der Seele wieder in Vereinigung [zu bringen], welche Kopf und Herz, Scharfsinn und Witz, Vernunft und Einbildungskraft in harmonischem Bunde beschäftiget, welche gleichsam den *ganzen Menschen* in uns wieder herstellt.«[52] Im sechsten *Brief über die ästhetische Erziehung des Menschen* liefert Schiller bekanntlich die klassische Diagnose des Entfremdungsbewusstseins:

> Ewig nur an ein einzelnes kleines Bruchstück des Ganzen gefesselt, bildet sich der Mensch selbst nur als Bruchstück aus, ewig nur das eintönige Geräusch des Rades, das er umtreibt, im Ohre, entwickelt er nie die Harmonie seines Wesens, und anstatt die Menschheit in seiner Natur auszuprägen, wird er bloß zu einem Abdruck seines Geschäfts, seiner Wissenschaft.[53]

An die Stelle dieser Entfremdung soll nicht ein epistemopraktisches Verfahren – das Vertrauen auf eine auf den »ganzen Menschen« und auf die Ausbildung seiner Moralität zielende Selbstaufklärung – gesetzt werden, sondern die Formulierung und *Umsetzung* ästhetischer Erziehung in der Kunst. In der

---

der *Philosophischen Briefe*, Würzburg 1985; neuerdings Nikolas Immer: Der inszenierte Held. Schillers dramenpoetische Anthropologie, Heidelberg 2008; Rainer Godel: Schillers *Wallenstein*: Das Drama der Entscheidungsfindung, in: Andre Rudolph, Ernst Stöckmann (Hrsg.): Aufklärung und Weimarer Klassik im Dialog, Tübingen 2009, 105–134.
51. Goethe an Schiller am 15.11.1796, in: Johann Wolfgang Goethe: Sämtliche Werke nach Epochen seines Schaffens. Münchner Ausgabe, Bd. 8/1: Briefwechsel zwischen Schiller und Goethe in den Jahren 1794 bis 1805, hrsg. von Manfred Beetz, München 1990, 271, Brief Nr. 244.
52. Friedrich Schiller: Über Bürgers Gedichte, in: ders.: Werke und Briefe in zwölf Bänden, Bd. 8: Theoretische Schriften, hrsg. von Rolf-Peter Janz, Frankfurt a.M. 1992, 972–988, hier: 972f.
53. Schiller: Über die ästhetische Erziehung des Menschen in einer Reihe von Briefen, in: ders., Theoretische Schriften (Anm. 52), 556–676, hier: 572f.

Einleitung zu den *Propyläen* heißt es bei Goethe: »Wenn wir nun künftig solche Maximen, die wir für die rechten halten, aussprechen werden, wünschten wir, daß sie, wie sie aus den Kunstwerken gezogen sind, von dem Künstler praktisch geprüft werden.«[54]

Die Klassik belebt hier also einen frühaufklärerischen didaktischen Anspruch wieder, nimmt allerdings die Erkenntnis ernst, dass es anthropologische Konditioniertheiten gibt, die das Problem des Nicht-Wissens virulent machen. Eine neue Form von Literatur und literarischer Ästhetik soll dazu dienen, die diskursive Erscheinung des Nicht-Wissens einzuhegen. »Klassik« ist bei Goethe und Schiller ein Wirkungsprogramm; das »Wahre, Schöne, Gute« unbestreitbar. »Gehalt« und »Form« des Kunstwerks sollen etwas hervorbringen, das nicht bloß »leicht und oberflächlich« wirke, sondern »etwas geistig-organisches« sei, das zugleich »natürlich« und »übernatürlich« erscheine.[55] Damit zielt die Weimarer Klassik auf die Konstruktion der diskursiven Relevanz von Humanität, in die die metaphysischen Aspekte eines Über-das-Wissen-Hinausgehens integriert sind. Schiller schreibt in der Vorrede zur *Braut von Messina*:

Das Würdigste setzt er [der Dichter] sich zum Ziel, einem Ideale strebt er nach, die ausübende Kunst mag sich nach den Umständen bequemen. […] Aber indem man das Theater ernsthafter behandelt, will man das Vergnügen des Zuschauers nicht aufheben, sondern veredeln.[56]

Es wird also nicht einfach ein didaktisches Ziel vorgegeben, welches den Gegenpol zur Diagnose des Nicht-Wissens bildet. Da die anthropologischen, epistemopraktischen Konditionen nicht geleugnet werden können, muss man steuernd versuchen, diese selbst zu ändern. Die »Veredlung« des Wirklichen ist nicht nur das Ideal der Darstellung und die »*Darstellung des Ideals*«,[57] sondern auch ein Ideal der Wirkung: Nicht nur soll auf der Bühne der Gegenstand der Kunst veredelt, in neuer Form erscheinen – »das düstre Bild / Der Wahrheit in das heitre Reich der Kunst« hinüberspielen, wie es im *Wallenstein*-Prolog heißt[58] –, sondern die angemessene Rezeption setzt einen ästhetischen

---

54. Goethe: Einleitung in die Propyläen, in: ders., Münchner Ausgabe (Anm. 51), Bd. 6/2: Weimarer Klassik 1798–1806. 2. Teil, hrsg. von Victor Lange u.a., München 1989, 20.
55. Ebd., 13.
56. Schiller: Die Braut von Messina oder Die feindlichen Brüder. Über den Gebrauch des Chors in der Tragödie, in: ders., Werke und Briefe (Anm. 52), Bd. 5: Dramen IV, hrsg. von Matthias Luserke, Frankfurt a.M. 1996, 281f.
57. Vgl. Schiller: Über naive und sentimentalische Dichtung, in: ders., Theoretische Schriften (Anm. 52), 706–810, hier: 734.
58. Schiller: Wallensteins Lager. Prolog, in: ders., Werke und Briefe (Anm. 52), Bd. 4: Wallenstein, hrsg. von Frithjof Stock, Frankfurt a.M. 2000, 17, V. 133f.

Erziehungsprozess voraus, der die Rezipienten selbst bessert.[59] Ansatzpunkt für den klassischen Steuerungsprozess ist nicht die Beseitigung der Folgen des Nicht-Wissens, sondern die grundlegende Änderung der erkenntnispraktischen Ausgangssituation durch den Versuch, die Moralität des Individuums ästhetisch zu normieren. Auf diesem Weg sollen überzeitliche Normen entstehen, die sich letztlich des Nicht-Wissens entledigen.

V. Frühromantik

Im Unterschied zur Klassik zielt die frühromantische Poetik nicht auf eine Kontrollierbarkeit der Normen, sondern destruiert die innere Schlüssigkeit des Narrativs. Sie konfrontiert den Menschen mit dem Nicht-Wissen. Doch ist dabei, im Unterschied zur Selbstaufklärung, eine regulative Norm abseits des autonomen Urteils sichtbar.

Die Weltwahrnehmung der Frühromantiker unterscheidet sich wenig von der ihrer älteren Zeitgenossen. Friedrich Schlegels Zeitdiagnose ähnelt der Schillers: »Trostlos und ungeheuer steht die Lücke vor uns: der Mensch ist zerrissen, die Kunst und das Leben sind getrennt.«[60] Obwohl aber Spätaufklärung und Frühromantik Zeitdiagnosen teilen, unterscheiden sie sich in ihren Intentionen und Wirkungsmodellen.[61] Das Modell der Selbstaufklärung, die Forderung nach Freiheit und Vernünftigkeit, das Bewusstsein der Möglichkeiten und Grenzen empirischen Vorgehens, das Plädoyer für eine bewusste Rolle öffentlicher Kritik bilden die kritisch diskutierte Grundlage für die eigenständige Antwort der Romantik auf die epistemische Problematik des Nicht-Wissens.[62] Das aufklärerische wie romantische Interesse am Wesen der Gefühle manifestiert sich in der Aufklärung und in der Romantik als Versuch,

---

59. Gegenüber Lessings Katharsis-Modell liegt hier gleichsam eine Umkehrung der Beweislast vor.
60. Friedrich Schlegel: Über die Grenzen des Schönen, in: Dichtungen und Aufsätze, hrsg. von Wolfdietrich Rasch, München 1984, 269f.
61. Vgl. Ludwig Stockinger: Die Auseinandersetzung der Romantiker mit der Aufklärung, in: Helmut Schanze (Hrsg.): Romantik-Handbuch, 2. Aufl., Stuttgart 2003, 79–106; und schon Helmut Schanze: Romantik und Aufklärung, Nürnberg 1966.
62. Vgl. Konrad Feilchenfeldt u.a.: Einleitung, in: dies. (Hrsg.): Zwischen Aufklärung und Romantik. Neue Perspektiven der Forschung. Festschrift für Roger Paulin, Würzburg 2006, 9–13, hier: 9. Stockinger erkennt als gemeinsame romantische Grundregeln die Konzepte der Kunstautonomie, der geschichtlich reflektierten Aneignung der Antike sowie der ästhetischen Erziehung. Vgl. Ludwig Stockinger: Die ganze Romantik oder partielle Romantiken?, in: Dirk von Petersdorff, Bernd Auerochs (Hrsg.): Einheit der Romantik? Zur Transformation frühromantischer Konzepte im 19. Jahrhundert, Paderborn/München/Wien 2009, 21–42, hier: 34f. Diese Aspekte verdanken sich einer kritischen Rezeption von spätaufklärerischen und klassischen Themen.

Umgangsformen mit dem Nicht-Wissen und der Nichtsteuerbarkeit der Emotionen zu entwickeln.[63]

Doch könnte auch im Umgang mit dem Nicht-Wissen von Formen der Überbietung und Entgrenzung in der Frühromantik gesprochen werden. Die Romantik operiert, wie Helmut Schanze konstatiert, »an den Grenzen der Rationalität des Buchstabens«, an der Grenze zum Nicht-Wissen.[64] So wird im frühen 19. Jahrhundert zusehends beobachtet, dass mit der Vermehrung naturwissenschaftlichen Wissens die Prägnanz des Nicht-Wissens sichtbar wird. Man denke an Gotthilf Heinrich Schuberts *Ansichten von der Nachtseite der Naturwissenschaft* (1808), die mit der Metapher der »Nachtseite« auf die Dualität von Wissen und Nicht-Wissen verweisen:

> Wir werden nämlich in diesen Abendstunden, jene Nachtseite der Naturwissenschaft, welche bisher öfters außer Acht gelassen worden, mit nicht geringerem Ernst als andre allgemeiner anerkannte Gegenstände betrachten, und von verschiedenen jener Gegenstände die man zu dem Gebiet des sogenannten Wunderglaubens gezählt hat, handeln.[65]

Die Entdeckungen gerade in den neu konstituierten Disziplinen Chemie und Physik öffnen nicht nur einen neuen Wissensraum, sondern, von diesem ausgehend, verschiedenste Räume des Nicht-Wissens, die entweder als Bedrohung oder als Anregung akzentuiert werden.

Diese epistemische Situation bleibt für die Literatur nicht folgenlos: Schlegels *Lucinde* hebt darauf ab, den Dualismus der Aufklärung mit ihrer »gänzlichen Trennung und Vereinzelung der menschlichen Kräfte« zu überwinden.[66] Hierzu nutzt Schlegel die narrative Repräsentation des Nicht-Wissens: »Für mich [...] ist aber kein Zweck zweckmäßiger, als der, daß ich gleich anfangs das

---

63. Vgl. Gerhard Schulz: Romantik. Geschichte und Begriff, München 1996, 112. Die Anthropologie der Romantik führt die aufklärerische Anthropologie fort, wobei das epistemologische Paradigma zur idealistischen Naturphilosophie wechselt. Vgl. Manfred Engel: Der Roman der Goethezeit, Bd. 1: Anfänge in Klassik und Frühromantik: Transzendentale Geschichten, Stuttgart, Weimar 1993; ders.: Romantische Anthropologie – Romantische Literatur, in: Peter Wiesinger unter Mitarbeit von Hans Derkits (Hrsg.): Zeitenwende – Die Germanistik auf dem Weg vom 20. ins 21. Jahrhundert. Akten des X. Internationalen Germanistenkongresses Wien 2000, Bd. 9: Literaturwissenschaft als Kulturwissenschaft: Interkulturalität und Alterität, Bern 2003, 363–368.
64. Vgl. Helmut Schanze: Einleitung. Literarische Romantik – Romantische Grammatik, in: ders. (Hrsg.): Literarische Romantik, Stuttgart 2008, 11–29, hier: 11. Vgl. auch Friedrich A. Kittler: Aufschreibesysteme 1800 / 1900, München 1985.
65. Gotthilf Heinrich Schubert: Ansichten von der Nachtseite der Naturwissenschaft, Dresden 1808, 2.
66. Vgl. Gerhard Hofmeister: Der romantische Roman, in: Schanze (Anm. 64), 37–68, hier: 48.

was wir Ordnung nennen vernichte, weit von ihr entferne und mir das Recht einer reizenden Verwirrung deutlich zueigne und durch die Tat behaupte.«[67]

Funktional für den Zusammenhang von Literatur und Nicht-Wissen in der Frühromantik wird die gleichzeitig deiktische und verbergende Geste des Spiels mit Nähe und Distanz.[68] Schlegels Bestimmung des Romantischen als Darstellung eines »sentimentalen Stoff[s] in einer fantastischen Form«[69] könnte demnach in ihrer Dialektik von Anknüpfung und Überbietung als Funktionsstelle für den Zusammenhang von Nicht-Wissen und Literatur gelesen werden. Denn mit dem ›Phantastischen‹ fiele die Romantik in den Modus des Nicht-Wissens. Doch schon bei Schiller ist das Sentimentalische als Distanzfigur gedacht. Schließlich verweist auch die Schlegel'sche Differenzierung von Inhalt und Form auf die Notwendigkeit einer metareflexiven Perspektive, die – wie gesehen – ein zentrales Element des spätaufklärerischen Umgangs mit dem Nicht-Wissen war.

In August Wilhelm Schlegels *Vorlesungen über dramatische Kunst und Literatur* heißt es: »Die Poesie der Alten war die des Besitzes, die unsrige ist die der Sehnsucht; jene steht fest auf dem Boden der Gegenwart, diese wiegt sich zwischen Erinnerung und Ahnung.«[70] »Sehnsucht«, »Erinnerung«, »Ahnung« verweisen einerseits auf eine tendenziell Metareflexion ermöglichende Ebene, indem sie eine Epistemopraxis beschreiben, die sich – ähnlich wie die der Spätaufklärung – nicht auf die rationale Urteilskraft verlässt, sondern Formen des Nicht-Wissens berücksichtigt. Soweit wäre dieses memorativ-imaginative Modell als Radikalisierung der anthropologischen Kondition des Nicht-Wissens zu lesen. Allerdings wird diese Strategie zur Überwindung von Distanz selbst als Ordnungsmuster gesetzt. Nicht-Wissen bleibt in der Romantik nicht in der Differenz stehen, sondern wird auf das Telos der Ganzheit hingeleitet, das Vergangenheit und Zukunft wie etwa in Novalis' *Heinrich von Ofterdingen* verbindet.

---

67. Friedrich Schlegel: Lucinde, in: ders.: Kritische Friedrich-Schlegel-Ausgabe, hrsg. von Ernst Behler u.a., München/Paderborn/Wien 1958ff., Bd. 5, 9.
68. Kittler liest die romantische Hermeneutik als Diskurskontrolle, die verschleiert, dass sie eine ist. Vgl. Kittler (Anm. 64). Hinweis bei Norbert Bolz: Aufschreibesysteme 1800/1900, in: Lexikon literaturtheoretischer Werke, hrsg. von Rolf Günter Renner, Engelbert Habekost, Stuttgart 1995, 47–48, hier: 47. Vgl. Matuschek (Anm. 47) zur »Infinitisierung«, Winfried Menninghaus: Unendliche Verdopplung. Die frühromantische Grundlegung der Kunsttheorie im Begriff absoluter Selbstreflexion, Frankfurt a.M. 1987.
69. Vgl. Friedrich Schlegel: Gespräch über die Poesie, in: ders., Kritische Friedrich-Schlegel-Ausgabe (Anm. 67), Bd. 2, 284–362, hier: 333.
70. August Wilhelm Schlegel: Vorlesungen über dramatische Kunst und Literatur I, in: ders.: Kritische Schriften und Briefe, hrsg. von Edgar Lohner, Stuttgart 1963–67, Bd. 5/1, 25. Hinweis bei Meier (Anm. 48), 21.

In dem Alter der Welt, wo wir leben, findet der unmittelbare Verkehr mit dem Himmel nicht mehr Statt. [...] [U]nd statt jener ausdrücklichen Offenbarungen redet jetzt der heilige Geist mittelbar durch den Verstand kluger und wohlgesinnter Männer und durch die Lebensweise und die Schicksale frommer Menschen zu uns.[71]

Memoria ist dabei Erinnerung an natürliches Nicht-Wissen, an die Unmittelbarkeit des Glaubens, an die Zeit vor der Aufklärung. Was die aufklärerische Anthropologie als Nicht-Wissen hinnahm und mit der Hoffnung auf eine Aktivierung des Lesers zum Selbstdenken verband, wird nun durch imaginative Leitkonzepte reguliert. Ein Telos des Erkenntnisprozesses – Genuss der Ganzheit in der Erinnerung und hypothetisch in der Zukunft – wird formuliert, und die Literatur strebt danach, solche Prozesse zu aktivieren. Dabei wird nicht die eigenständige Urteilsbildung als Weg aus dem Nicht-Wissen präferiert, sondern das imaginative Erreichen eines Stadiums jenseits des Nicht-Wissens, das gleichzeitig durch den doppelten Gestus von Verdecken und Aufdecken metareflexiv gebunden wird.

Die Konstruktivität des Ich und die geregelte Regellosigkeit der frühromantischen Poetik decken die Dualität von Kontingenz und normativer Steuerung auf, die sich von den digressiv-selbstaufklärerischen Formen unterscheidet.[72] Eine poetisch legitimierte ›Metaphysik‹ wird zum Überbau, dem die literarische Kommunikation folgt. Die Funktion der Literatur in der Romantik dementiert also nicht grundlegend und behauptet somit nicht, Nicht-Wissen sei unhintergehbar. Vielmehr zielt sie auf eine gleichzeitig skeptische wie imaginative Re-Konstruktion eines ganzheitlichen Zustandes, in dem Nicht-Wissen nicht problematisch war. Die spätaufklärerische Figur der Reflexion auf die anthropologischen Bedingungen jeder Reflexion verbindet sich mit einem Verweis auf die zugrundeliegende, nicht gewusste, aber vorhandene ›Idee‹, die metaphysisch ist oder in die Funktionsstelle der Metaphysik eintritt.[73]

Der Unterschied zwischen Klassik und Romantik bezüglich des Nicht-Wissen-Problems zeigt sich an den Varianten des Saïs-Motivs bei Schiller und

---

71. Novalis: Heinrich von Ofterdingen, in: ders.: Schriften. Die Werke Friedrich von Hardenbergs, Bd. 1: Das dichterische Werk, hrsg. von Paul Kluckhohn, Richard Samuel, 3. Aufl., Stuttgart 1977, 198.
72. Vgl. Vogl (Anm. 12). Angesichts dieser Dualität kann der romantische Gestus kaum als philosophisch initiierte Radikalisierung der Freiheit gedeutet werden. Vgl. in dieser Hinsicht Schulz (Anm. 63), 30.
73. Frank rekonstruiert Schlegels und Novalis' Programmatik der unendlichen Unvollendbarkeit der Wahrheitssuche, die sich nur symbolisch darstellen lasse, als skeptischen Impuls. Vgl. Manfred Frank: »Alle Wahrheit ist relativ, alles Wissen symbolisch«. Motive der Grundsatz-Skepsis in der frühen Jenaer Romantik [1796], in: Revue internationale de philosophie 50 (1996), 403–436, bes. 414–417.

Novalis. Schiller bindet Wissenserwerb daran, dass der Wissensdurstige moralisch gut ist: »Weh dem, der zu der Wahrheit geht durch Schuld, / Sie wird ihm nimmermehr erfreulich sein.«[74] Zugleich konstatiert das lyrische Ich eigenes Nicht-Wissen, also einen Zustand vor der »Veredelung«, die es erst erlaubte, das Nicht-Wissen zu überschreiten: »›Nun, fragt ihr, und was zeigte sich ihm hier?‹ / Ich weiß es nicht.«[75] In Novalis' Märchen *Hyazinth und Rosenblüthe* ist das Geschehen psychologisch wie metaphysisch überhöht und zugleich narrativ aporetisch konzipiert. Nur der Traum kann Hyazinth in das »Allerheiligste« führen. »Es dünkte ihm alles so bekannt und doch in niegesehener Herrlichkeit, da schwand auch der letzte irdische Anflug, wie in Luft verzehrt, und er stand vor der himmlischen Jungfrau, da hob er den leichten, glänzenden Schleyer, und Rosenblüthchen sank in seine Arme.«[76] Das Nicht-Wissen des Lesers um die Möglichkeit dieses Geschehens bleibt bestehen, die Zumutung kann nicht realitätskonform entschärft werden.[77] Die Dualität des »so bekannt« als Hinweis auf das Vergangene, die metaphysische Idee des Schwindens alles Irdischen, die glückliche Vereinigung innerhalb der Imagination überschreiten die Grenzen des Wissens, indem die Idee anthropologischer Ganzheitlichkeit narrativ aktualisiert wird.

Eine vergleichbare Funktion hinsichtlich des Nicht-Wissens kann beim romantischen Fragment beschrieben werden. Friedrich Schlegel betont dessen Offenheit und Unabgeschlossenheit, das eine Lücke für die Einbildungskraft der Leser lässt. Der »Anfang aller Poesie« bestehe darin, »den Gang und die Gesetze der vernünftig denkenden Vernunft aufzuheben und uns wieder in die schöne Verwirrung der Fantasie, in das ursprüngliche Chaos der menschlichen Natur zu versetzen«.[78] Mit dem Ursprünglichen wird die imaginative historische Rückwendung ins Spiel gebracht, die sich mit der Forderung nach einer Neuen Mythologie verbindet. Diese rekurriert auf die Überschreitung des Nicht-Wissens durch die Verbindung von Retrospektion und idealischer Hoffnung: Ihre Aufgabe sei es, »aus der tiefsten Tiefe des Geistes« das »künstlichste aller Kunstwerke« hervorzubringen: ein Kunstwerk, das als »neues Bette und Gefäß den alten ewigen Urquell der Poesie« in einem künstlichen Rahmen zur Erscheinung bringt.[79] Mythologie wird zur Regel für den Umgang

---

74. Schiller: Das verschleierte Bild zu Sais, in: ders., Werke und Briefe (Anm. 52), Bd. 1: Gedichte, hrsg. von Georg Kurscheidt, Frankfurt a.M. 1992, 244, V. 84f.
75. Ebd., V. 74f.
76. Novalis: Die Lehrlinge zu Saïs, in: ders., Schriften (Anm. 71), 95.
77. Vgl. Meier (Anm. 48), 25.
78. Friedrich Schlegel: Gespräch über die Poesie (Anm. 69), hier: 319.
79. Vgl. ebd., 312.

mit allem, was »jenseits der Begriffe« liegt,[80] bildlicher Ausdruck für das Jenseits des erkenntnistheoretisch bestimmbaren Wissens.[81] Die neue ›produktive‹ Ordnung des Nicht-Wissens ist somit eine reflexive. Die Ordnung selbst ist symbolisch. Mythen gestalten, transformieren, arbeiten am Nicht-Wissen.[82]

Die romantische Literatur spielt ein Spiel von Komplexierung, Rückwendung, Sehnsucht nach Ganzheit. Entscheidend ist die Gleichzeitigkeit von Deixis und Rücknahme, die Dualität von metaphysischer Normierung und fragmentarischer Auflösung, die inhärente Dialektik der »unendlichen Verdoppelung«.[83] Der Mangel an objektiver Möglichkeit, Wissen zu schaffen, und das ironische Spiel mit dem Nicht-Wissen verhindern indes nicht die Suche nach valider Steuerung.

---

80. Vgl. Schulz (Anm. 63), 31f.
81. Vgl. Hans Blumenberg: Arbeit am Mythos, 5. Aufl., Frankfurt a.M. 1990, 13 et passim.
82. Vgl. zu Nicht-Wissen und Mythologie Stefan Matuschek: ›Fabelhaft‹ und ›wunderbar‹ in Aufklärungsdiskursen. Zur Genese des modernen Mythosbegriffs, in: Adler/Godel (Hrsg.), Formen des Nichtwissens (Anm. 2), 111–120.
83. Vgl. Menninghaus (Anm. 68), 75 et passim.

Dieter Heimböckel

»Warum? Weshalb? Was ist geschehn?«
Nicht-Wissen bei Heinrich von Kleist

In Heinrich von Kleists Werk spielt das Nicht-Wissen eine zentrale Rolle. Darüber ist sich die Kleist-Forschung schon seit Längerem im Klaren.[1] Aber erst in jüngster Zeit ist dem Phänomen des Nicht-Wissens in seinem Werk, zumal im Kontext wissenshistorischer und naturwissenschaftlicher Fragestellungen, eine größere Aufmerksamkeit geschenkt worden.[2] Entsprechendes gilt für die Literaturwissenschaft insgesamt, in der – anders etwa als in Philosophie und Soziologie – Aspekte und Ausprägungen des Nicht-Wissens erst allmählich in den Blick geraten,[3] obwohl es gerade für die Literatur der Moderne auf der Hand liegt, dass Nicht-Wissen als ein Unbestimmtheitsphänomen spätestens seit der Romantik einen bedeutenden Bezugsrahmen literarästhetischer Reflexion bildet. Über die weit um sich greifende Erforschung des Wissens in den letzten zwei Jahrzehnten hat man das Nachdenken über das Nicht-Wissen weitgehend vernachlässigt. Das gilt auch für einen Autor wie Kleist, dem in der Geschichte des literarisch verhandelten Nicht-Wissens hinsichtlich der Bedeutung für das Gesamtwerk allenfalls noch Franz Kafka zur Seite gestellt werden kann.

---

1. Vgl. Walter Müller-Seidel: Versehen und Erkennen. Eine Studie über Heinrich von Kleist, 3. Aufl., Köln/Wien 1971, 158.
2. Der erste Beitrag, der sich explizit mit dem Nicht-Wissen bei Kleist beschäftigt, stammt von Klaus Jeziorkowski: Nichtwissen und Text, in: ders. (Hrsg.): Kleist in Sprüngen, München 1999, 132–140. Vgl. ferner die jüngeren Arbeiten im Umkreis von Aufklärung, Naturwissenschaft und zeitgenössischer Experimentalkultur von Werner Frick: »Und ich sehe, daß wir nichts wissen können...«. Poetische Wissenschaftsskepsis bei Goethe, Kleist und Büchner, in: Norbert Elsner, Werner Frick (Hrsg.): Scientia poetica. Literatur und Naturwissenschaft, Göttingen 2004, 243–271; Roland Borgards: ›Allerneuester Erziehungsplan‹. Ein Beitrag Heinrich von Kleists zur Experimentalkultur um 1800 (Literatur, Physik), in: Marcus Krause, Nicolas Pethes (Hrsg.): Literarische Experimentalkulturen. Poetologien des Experiments im 19. Jahrhundert, Würzburg 2005, 75–101; Michael Gamper: Elektrische Blitze. Naturwissenschaft und unsicheres Wissen bei Kleist, in: Kleist-Jahrbuch 2007, 254–272; Alexander Košenina: Historische Vaterschaftsprozesse: Nichtwissen, verborgenes und verkehrtes Wissen bei Goethe, Hogarth und Kleist, in: Hans Adler, Rainer Godel (Hrsg.): Formen des Nichtwissens der Aufklärung, München 2010, 505–519.
3. Exemplarisch hierfür: Achim Geisenhanslüke, Hans Rott (Hrsg.): Ignoranz. Nichtwissen, Vergessen und Missverstehen in Prozessen kultureller Transformation, Bielefeld 2008; Michael Gamper: Nicht-Wissen und Literatur. Eine Poetik des Irrtums bei Bacon, Lichtenberg, Novalis, Goethe, in: Internationales Archiv für Sozialgeschichte der deutschen Literatur 34/2 (2009), 92–120; Hugo Schmale, Marianne Schuller, Günther Ortmann (Hrsg.): Wissen/Nichtwissen, München 2009; Adler/Godel (Hrsg.), Formen des Nichtwissens (Anm. 2); Achim Geisenhanslüke: Dummheit und Witz. Poetologie des Nichtwissens, München 2011.

Dabei teilt sich den Dramen und Erzählungen Heinrich von Kleists die Erfahrung des Nicht-Wissens unmittelbar mit. In einer Welt, die durchgängig als gebrechlich gestaltet wird, ist es wie in keinem anderen Werk der zeitgenössischen Literatur allgegenwärtig. Die absolute Regellosigkeit unter den in der Regel ordnungsbedürftigen Figuren sorgt dafür, dass die für sie zumeist unerwarteten Ereignisse mit der Plötzlichkeit und Wucht eines Blitzes in ihr Leben einschlagen, so dass sie nicht wissen, wo ihnen der Kopf steht. Selbst in den Momenten, in denen ihr Nicht-Wissen in Wissen überführt wird, trauen sie ihm nicht recht oder tragen es in das Koordinatennetz ihres Sicherheitsdenkens ein. In Kleists Texten erweist sich das (Un-)Verhältnis von Wissen und Nicht-Wissen insofern als ein Problem, dem seine Figuren emotional wie reflexiv nicht oder nur kaum gewachsen sind.

Die nachfolgenden Ausführungen möchten daher nach dem Ort des Nicht-Wissens im literarischen Diskurs sowie am Beispiel von zwei dafür exemplarischen Erzählungen *(Die Marquise von O.... und Die Verlobung in St. Domingo)* nach seinen Inszenierungs- und Realisierungsweisen im Œuvre Heinrich von Kleists fragen.

I. Zur ästhetischen »Positivierung des Unbestimmten« um 1800

Dass man weniger weiß, als man nicht weiß, ist vergleichsweise unstreitig und ein altbekanntes Phänomen.[4] Wenn die heutige Wissensgesellschaft so tut, als wäre Wissen totalisierbar und als bedürfe es nur eines nachhaltigen und lebenslang zu organisierenden Lerneifers, um Nicht-Wissen in Wissen zu verwandeln, dann sitzt sie einer Fortschrittslogik auf, die Wissensvermehrung mit einer gleichmäßigen Verteilung des Wissens in eins setzt, ohne zu berücksichtigen, dass ein Mehr an Wissen gleichzeitig mit Nicht-Wissens-Vermehrung einhergeht. Aus dem Nicht-Wissen einen Mehrwert zu beziehen, dazu bräuchte man gegenwärtig die Gelassenheit eines Sokratikers, der aus seinem: »Ich weiß, dass ich nichts weiß«, den Anspruch seiner Weisheit bezieht. Dafür jedoch ist die Zeit, in der Wissen als gesellschaftliche Schlüsselressource gilt und in dem mythosähnlichen Ruf steht, ein Passepartout für ökonomische Prosperität und soziale Gleichheit zu sein, allem Anschein nach nicht günstig.

Erkenntnis- und bewusstseinsgeschichtlich stand Nicht-Wissen selten hoch im Kurs. Der platonisch-aristotelisch inspirierten Vorurteilsgeschichte, nach

---

4. Vgl. Achim Geisenhanslüke, Hans Rott: Vorwort Ignoranz, in: dies. (Hrsg.), Ignoranz (Anm. 3), 7–14, hier: 14.

der Wissen ein zuverlässiger Parameter für die Fähigkeit und Intaktheit menschlichen Bewusstseins und Geistesvermögens sein sollte, konnte es von einigen wenigen Ausnahmen abgesehen bis weit in die Neuzeit kaum einmal Paroli bieten. Noch in der Frühaufklärung bis etwa zur Mitte des 18. Jahrhunderts stand Wissen nicht annähernd zur Disposition: »Ganz fern liegt hier noch der Gedanke, das Nicht-Wissen könne ein ständiger, nicht abzuschüttelnder Begleiter des Wissens sein.«[5] Nicht-Wissen galt als Affront, Dummheit gar als Skandal.[6] Da alle Menschen von Natur aus nach Wissen strebten, wie es die aristotelische Tradition vorgab,[7] bedeutete dessen Unverfügbarkeit ein Manko, das in jemandes Schuld zu stehen hatte oder Gottvertrauen geschuldet war. Mit Horkheimer und Adorno lässt sich der Wissenstrieb allerdings als Inklusionsmechanismus im Ringen um Gewissheit verstehen, um die »radikal gewordene mythische Angst« zu bannen. »Es darf überhaupt nichts mehr draußen sein, weil die bloße Vorstellung des Draußen die eigentliche Quelle der Angst ist«, heißt es in der *Dialektik der Aufklärung*,[8] die gleichzeitig das Wissen-ist-Macht-Prinzip herrschaftlich, im Sinne der Beherrschbarkeit des Menschen, begründet. Was im Außerhalb vorzugsweise der Ordnung steht, wird entweder vereinnahmt oder wie der Zufall, der konsequent als ein Phänomen des Nicht-Wissens reflektiert wird, als irrelevant verworfen. Dass Gräfin Orsina in Lessings *Emilia Galotti* den »Zufall« als »Gotteslästerung« bezeichnet,[9] zeugt noch von der Nachhaltigkeit einer Nicht-Wissens-Phobie, die in der französischen Aufklärungsphilosophie, namentlich unter den Enzyklopädisten, die tendenzielle Elimination von Nicht-Wissen und Kontingenz als Unbestimmtheitsphänomenen »innerhalb der Immanenz von Natur und Welt« zur Folge hatte.[10]

Nach 1750 und vor allem in der Spätaufklärung kommt es in der Philosophie und in der Folgezeit auch in der Literatur allerdings zu einer bemerkenswerten Neuvermessung von Wissen und Nicht-Wissen und deren Relation.

---

5. Daniel Fulda: Wissen und Nicht-Wissen von anderen Menschen. Das Problem der Gemütererkenntnis von Gracián bis Schiller, in: Adler/Godel (Hrsg.), Formen des Nichtwissens (Anm. 2), 483–504, hier: 487.
6. Vgl. Peter von Matt: Zur Dramaturgie der Dummheit in der Literatur, in: Sinn und Form 60 (2008), 5–15, hier: 6.
7. Vgl. Jürgen Mittelstraß: Wissen und Grenzen. Philosophische Studien, Frankfurt a.M. 2001, 38.
8. Max Horkheimer, Theodor W. Adorno: Dialektik der Aufklärung, Frankfurt a.M. 1969, 27.
9. Gotthold Ephraim Lessing: Emilia Galotti. Ein Trauerspiel in fünf Aufzügen, hrsg. von Jan-Dirk Müller, Stuttgart 1994, 56.
10. Arnd Hoffmann: Zufall und Kontingenz in der Geschichtstheorie. Mit zwei Studien zur Theorie und Praxis der Sozialgeschichte, Frankfurt a.M. 2005, 25.

Nicht-Wissen gilt zwar immer noch als ein epistemologisches Ärgernis,[11] trotz allen Fortschrittsvertrauens deutet sich aber an, »dass mit menschlichem Nicht-Wissen erkenntnistheoretisch unvermeidlich gerechnet werden muss.«[12] So schärft Kants Grundsatzfrage nach dem, was man wissen könne (»Was kann ich wissen?«),[13] am Ausgang des 18. Jahrhunderts und angesichts eines sich zunehmend ausdifferenzierenden Wissens das Bewusstsein für die Problematik seiner Bewältigung. Der aktuell mehr denn je unbestreitbare Zusammenhang zwischen Wissens- und gleichzeitiger Nicht-Wissens-Vermehrung[14] äußert sich schon um 1800 als Krise des Wissens bzw. als ein Riss, der das Wissen durchzieht. Auf der anderen Seite leitet Kants Transzendentalphilosophie selbst eine Wende im seinerzeitigen Wahrheitsverständnis und einen Paradigmenwechsel im Feld der Episteme ein. Dadurch, dass es seiner Erkenntnistheorie zufolge eine Wahrheit im Sinne der Erkenntnis der Dinge insofern nicht gibt, als diese sich erst durch das menschliche Organon der Erfahrung und Erkenntnis konstituiert, gerät nicht nur das vernunftbegründete Wirklichkeitsverständnis der Aufklärung ins Wanken, sondern es greift auch gleichzeitig die Vorstellung um sich, dass mit den herkömmlichen Wissensordnungen der modernen Wirklichkeit nicht mehr beizukommen sei. Als Konsequenz dieser Wissensrelativierung setzt gerade in der Literatur um 1800 eine Entwicklung ein, die man mit Gerhard Gamm als »Positivierung des Unbestimmten«[15] bezeichnen könnte – eine Entwicklung, die charakteristisch für die Moderne insgesamt ist:

> Die moderne Gesellschaft konfrontiert uns mit einer paradoxen Situation: auf der einen Seite eine ungebremste *Ausdifferenzierung* von Gesellschaft und dem Wissen über sie, auf der anderen ein beängstigender Zuwachs *an Diffusität*. […] Wo alles zur Disposition gestellt wird […], steigt unausweichlich mit dem vermehrten Wissen über die Varianz der Verhältnisse das Nichtwissen und damit die Unbestimmbarkeit. Oder, wie Heidegger sagt: Das jederzeit zu Berechnende wird gerade dadurch zum Unberechenbaren.[16]

---

11. Vgl. Hans Adler: Das gewisse Etwas der Aufklärung, in: ders./Godel (Hrsg.), Formen des Nichtwissens (Anm. 2), 21–42, 25.
12. Hans Adler, Rainer Godel: Einleitung. Formen des Nichtwissens im Zeitalter des Fragens, in: dies. (Hrsg.), Formen des Nichtwissens (Anm. 2), 9–19, hier: 11.
13. Immanuel Kant: Werkausgabe, hrsg. von Wilhelm Weischedel, Frankfurt a.M. 1977, Bd. 6, 448.
14. Vgl. Peter Wehling: Im Schatten des Wissens? Perspektiven der Soziologie des Nichtwissens, Konstanz 2006, 16.
15. Gerhard Gamm: Flucht aus der Kategorie. Die Positivierung des Unbestimmten als Ausgang aus der Moderne, Frankfurt a.M. 1994.
16. Gerhard Gamm: Nicht nichts. Studien zu einer Semantik des Unbestimmten, Frankfurt a.M. 2000, 178.

Für die ästhetische Moderne sind die Bemühungen konstitutiv, Formen und Phänomene des Unbestimmten bzw. des Nicht-Wissens zu denken. Der »dunklen Seite« des Wissens[17] gilt ihre gesteigerte Aufmerksamkeit. Gegenläufige Bestrebungen sind ihr zwar ebenso wenig fremd; sie erweisen sich aber regelmäßig als schutzzonale Einrichtungen des *status quo ante* und gehen immer wieder, wie gerade die Geschichte des 20. Jahrhunderts gezeigt hat, mit dem Verlust von Freiheit einher.[18] Zu einer ersten weit um sich greifenden »Positivierung des Unbestimmten«, wenn man darunter Vorstellungen der Differenz, Kontingenz und Ambivalenz, der Vieldeutigkeit, Paradoxie und Unbegreiflichkeit subsumieren will, kommt es im Zeitalter der Romantik.[19] Versteht man etwa die hermeneutische Wende um 1800 nicht bloß als Antwort auf einen gesellschaftlichen Komplexitätszuwachs, sondern sieht man sie auch im Horizont der seinerzeitigen Relativierung des Repräsentationsmodells, so ist die Hermeneutik Friedrich Schleiermachers durchaus eine Reaktion auf die voranschreitende Derepräsentation einerseits und die sprachliche Produktivität andererseits, deren durch sie bewirkte Polysemie zur »Kunst, die Rede eines andern richtig zu verstehen«,[20] geradezu herausfordert. Seinem Ursprung nach ist das Vieldeutigkeitsparadigma ein Produkt der ästhetischen Diskussion des 18. Jahrhunderts, ehe es in der Ästhetik und Poetik der Romantik, etwa in Friedrich Schlegels Abhandlungen *Über Goethes Meister* (1798) und *Über die Unverständlichkeit* (1800), programmatisch ausformuliert wird.

Wenn aber von einer »Positivierung des Unbestimmten« und des Nicht-Wissens für diese Zeit gesprochen wird, so ist dieser Vorgang in seiner ästhetischen Ausrichtung von nicht-ästhetischen Positionen zu unterscheiden. In Politik, Physik, Technik und gesellschaftlichem Zusammenleben sind die Wirkungen,

---

17. John Locke: Versuch über den menschlichen Verstand, Hamburg 1988, Bd. 2, 205.
18. Vgl. Dieter Heimböckel: Erosionen der Schutzzone. Die Literatur um 1900 im Lichte der Theorie reflexiver Modernisierung, in: Jean-Marie Valentin (Hrsg.): Germanistik im Konflikt der Kulturen. Akten des XI. Internationalen Germanistenkongresses Paris 2005, Bd. 11: Klassiken, Klassizismen, Klassizität – Kulturmetropole Paris im Zeichen der Moderne – Der Streit um die literarische Moderne, 1880–1920, Bern 2008, 245–250.
19. Allerdings setzt die »Positivierung des Unbestimmten« in der Romantik nicht bruchlos ein, wenn man mit Rainer Godel davon ausgeht, dass Nicht-Wissen schon in der Spätaufklärung zu einer »unhintergehbaren Voraussetzung für die Produktion und die Rezeption von Literatur« wird: »Das Kontingente wird zum Katalysator für die Moderne, weil es Bedeutung nicht festschreiben kann.« Rainer Godel: Unzuverlässige Leser – unzuverlässige Erzähler; oder: Literarische Wege aus dem Nicht-Wissen, in: Adler/ders. (Hrsg.), Formen des Nichtwissens (Anm. 2), 347–367, hier: 350 und 366.
20. Friedrich Schleiermacher: Hermeneutik und Kritik. Mit einem Anhang sprachphilosophischer Texte Schleiermachers, hrsg. und eingeleitet von Manfred Frank, 6. Aufl., Frankfurt a.M. 1995, 74.

die von der im 19. einsetzenden »probabilistic revolution« ausgehen,[21] nicht gewollt. Die Herstellung von Sicherheit kristallisierte sich vielmehr als eine neue Aufgabe mit dem Ziel heraus, Schäden nach Möglichkeit zu vermeiden.[22] Auf den Verlust von Gewissheit wird mit dem Versuch ihrer Rückeroberung geantwortet. In den Künsten dagegen wird sie programmatisch zur Disposition gestellt: »Der Poët«, gibt Novalis im *Allgemeinen Brouillon* aus dem Jahre 1798/99 zu verstehen, »braucht die Dinge und Worte, wie *Tasten* und die ganze Poësie beruht auf thätiger Idéenassociation – auf selbstthätiger, absichtlicher, idealischer *Zufallproduktion*«.[23] Diese empirisch-ästhetische Doppelstruktur ist für die Folgen und Bewältigung der Unbestimmtheitserfahrung grundlegend und kann ohne den weitläufigen historischen, philosophischen und ästhetischen Bedingungszusammenhang in Form der französischen Revolution, der kopernikanischen Wende der Transzendentalphilosophie sowie der Abkehr von den Prinzipen der Regelpoetik zugunsten der ästhetischen Autonomie nicht gedacht werden. So kommt gerade nach Kant die spezifisch moderne Subjekt- und Identitätserfahrung der nachklassischen Generation zur Geltung, die einerseits die »neu gewonnene Freiheit im Selbstentwurf des Ichs« begrüßt,[24] andererseits aber die Fragilität dieses Entwurfs von vornherein als problematisch erfährt. Während noch für Karl Philipp Moritz die Vorstellung undenkbar war, dem Zufall dafür zu danken, dass »ich denke und den Wert meines Daseins fühle«,[25] stellte sich bei Heinrich von Kleist bereits mit Macht der Eindruck ein, bloß »ein Spiel des Zufalls, eine Puppe am Drathe des Schicksaals« zu sein.[26] Dass er dennoch für sich in Anspruch nahm, gegensätzliche Wissensformen nicht nur denken, sondern auch beherrschen zu können – »Ich kann ein Differentiale finden, und einen Vers machen; sind das nicht die beiden Enden der menschlichen Fähigkeit?«[27] –, überführt die universale in eine existentielle Ambivalenzerfahrung, die sein Werk sprachlich und ästhetisch ausbuchstabiert. »Die epistemologische Frage nach ›den letzen Gründen der Dinge‹ wird vom Subjekt des Wissens – das in Kleists Erzählung

---

21. Wolfgang Bonß: Vom Risiko. Unsicherheit und Ungewissheit in der Moderne, Hamburg 1995, 286.
22. Vgl. Niklas Luhmann: Soziologie des Risikos, unveränderter Nachdruck der Ausgabe von 1991, Berlin/New York 2003, 22.
23. Novalis: Werke, Tagebücher und Briefe Friedrich von Hardenbergs, hrsg. von Hans Joachim Mähl, Richard Samuel, München 1978-87, Bd. 2, 629.
24. Silvio Vietta, Dirk Kemper: Einleitung, in: dies. (Hrsg.): Ästhetische Moderne in Europa. Grundzüge und Problemzusammenhänge seit der Romantik, München 1997, 1-55, hier: 39.
25. Karl Philipp Moritz: Werke, hrsg. von Horst Günther, 2. Aufl., Frankfurt a.M. 1993, Bd. 3, 187.
26. Heinrich von Kleist: Sämtliche Briefe, hrsg. von Dieter Heimböckel, Neuausgabe, Stuttgart 2011, 41.
27. Ebd., 345.

[*Die Marquise von O....*] ohnehin eher ein Subjekt des Nichtwissens ist – auf die Sprache verlagert«, so Bianca Theisen,[28] an deren Position die weiteren Ausführungen verallgemeinernd anzuknüpfen versuchen.

II. Wissen, Nicht-Wissen und Sprachskepsis

Der Einbruch des Nicht-Wissens in die aufklärerisch gestimmte Wissenseuphorie ist bei Kleist unmittelbar mit den Erfahrungen seiner sogenannten Kant-Krise Anfang 1801 verknüpft. Die Frage, ob sie durch Kant selbst, durch Fichtes Philosophie oder eine anderweitige Lektüre ausgelöst wurde, hat die Kleist-Forschung seit jeher beschäftigt und schließlich sogar die Vermutung befördert, er habe die Auseinandersetzung »mit der neueren sogenannten Kantischen Philosophie«[29] als Vorwand genutzt, um sich seiner Verpflichtungen bei der Technischen Deputation in Berlin entledigen und die Verlobung mit Wilhelmine von Zenge lösen zu können. Wenn man auch in der Ursachenforschung zu einer befriedigenden Antwort bislang nicht gekommen ist,[30] so lässt sich doch sagen, dass das besonders in den Briefen an seine Schwester Ulrike vom 5. Februar 1801 und an Wilhelmine von Zenge vom 22. März 1801 entwickelte Krisenszenario eine existentielle Befindlichkeit ausdrückt, in der nicht nur offenbar wird, was unterschwellig bei Kleist immer schon da war,[31] sondern die darüber hinaus allgemeine Züge der um 1800 virulenten Wissens- und Erkenntnisproblematik trägt. Nicht entscheiden zu können, »ob das, was wir Wahrheit nennen, wahrhaft Wahrheit ist, oder ob es uns nur so scheint«,[32] bezeichnet einen Zwiespalt, auf die Kants Philosophie dadurch eine Antwort gibt, dass sie die aufklärerische Vorstellung einer objektiven Wahrheit, die sich durch fortschreitende Bildung und Wissensvermehrung aneignen lässt, negiert und die Erkenntnis vom erkennenden Subjekt abhängig macht. Für Kleist hatte das die Relativierung seiner vormaligen Wissens- und Wissenschaftsüberhöhung zur Konsequenz:

---

28. Bianca Theisen: Bogenschluß. Kleists Formalisierung des Lesens, Freiburg i.Br. 1996, 70.
29. Kleist, Briefe (Anm. 26), 213.
30. Vgl. den Überblick bei Jochen Schmidt: Erkenntnis und Wahrheit, in: Ingo Breuer (Hrsg.): Kleist-Handbuch. Leben – Werk – Wirkung, Stuttgart/Weimar 2009, 215–221.
31. Vgl. Dieter Heimböckel: Emphatische Unaussprechlichkeit. Sprachkritik im Werk Heinrich von Kleists. Ein Beitrag zur literarischen Sprachskepsistradition der Moderne, Göttingen 2003, 50–59.
32. Kleist, Briefe (Anm. 26), 213.

> Selbst die Säule, an welcher ich mich sonst in dem Strudel des Lebens hielt, wankt – – Ich meine, die Liebe zu den Wissenschaften. – Aber wie werde ich mich hier wieder verständlich machen? – Liebe Ulrike, es ist ein bekannter Gemeinplatz, daß das Leben ein schweres Spiel sei; und warum ist es schwer? Weil man beständig und immer von neuem eine Karte ziehen soll und doch nicht weiß, was Trumpf ist; ich meine darum, weil man beständig und immer von neuem handeln soll und doch nicht weiß, was recht ist. *Wissen* kann unmöglich das Höchste sein – handeln ist besser als wissen. Aber ein Talent bildet sich im Stillen.[33]

Kleists Abwertung des Wissens, die Überzeugung, »daß uns die Wissenschaften weder besser noch glücklicher machen«,[34] geht bei ihm einher mit der Einsicht in die Unfähigkeit des begrifflich-diskursiven Instrumentariums, »sich und die Seele und das Leben und die Dinge um sich zu begreifen«.[35] Gegen die »trockne«[36] und kategoriale Sprache der Vernunft, gegen das Verständnis einer strikt instrumentellen und taxonomisch funktionierenden Sprache, die die Vielfalt des Erfahr- und Erlebbaren auf die künstliche Ordnungskategorie eines »linnéische[n] Namen[s]« reduziert,[37] setzte Kleist die schöpferische und verwirrende Kraft der Poesie, »um eine neue, autonome, sich keiner vorgegebenen Vorstellung beugende Ordnung zu schaffen«.[38]

In der Korrespondenz von Kleist erweisen sich die forcierte Relativierung des Wissens und die Skepsis gegenüber den Ausdrucksmöglichkeiten der Sprache als zwei Seiten einer Medaille. Dass er nicht weiß, was er über sich, »den *unaussprechlichen* Menschen«,[39] sagen soll, wie es in der für seine Sprachskepsis zentralen Äußerung in seinem Brief an Ulrike von Kleist vom 13. März 1803 heißt, bindet das Nicht-Wissen argumentativ und rhetorisch unmittelbar an die Aporie sprachlichen Agierens. In das Schweigen mündet ein solcher Sprachgestus jedoch ebenso wenig, wie seine Kritik an den Wissenschaften die generelle Preisgabe von Wissensbeständen oder die konsequente Abkehr von wissenschaftlichen Verfahrensweisen und Erkenntnismodalitäten nach sich zieht. Kleists Vorgehen weist vielmehr eine bemerkenswerte Affinität zur zeitgenössischen Experimentalkultur der Wissenschaften auf, indem er deren erkenntniskritisches Potential für die eigenen (poetischen) Versuchsanord-

---

33. Ebd., 207f.
34. Ebd., 269.
35. Ebd., 270f.
36. Ebd., 218.
37. Ebd., 266.
38. László F. Földényi: Heinrich von Kleist. Im Netz der Wörter, München 1999, 274.
39. Ebd., 321.

nungen nutzt.⁴⁰ Sein Ziel ist es aber nicht, die mit dem Experiment einhergehenden Unsicherheiten endlich in den Griff zu bekommen. »Vielmehr kreisen seine Texte geradezu obsessiv um diese Lücken [des Wissens]«,⁴¹ ohne sie am Ende zu schließen.

Ein solches – obsessives – Verfahren stellt Kleist zugleich in die moderne literarische Sprachskepsistradition (und zeitlich an ihren Anfang). Denn insofern spätestens seit Hugo von Hofmannsthals *Chandos-Brief* bekannt ist, dass die literarische Sprachkritik ohne die gleichermaßen emphatische und obsessive Arbeit am Saum der Sprache nicht zu denken ist, ist auch der Unaussprechlichkeit Kleists, ob in seinen Briefen oder Dramen und Erzählungen, die Bezogenheit auf die Sprache emphatisch und konsequent vermittelt – und zwar bis zu dem Punkt, bis zu dem im Vollzug ihrer Verbalisierung das *individuum est ineffabile* demonstriert und zugleich transzendiert wird.⁴² Auf der anderen Seite wird infolge der sprachlichen Aktualisierung des Unaussprechlichen dem Nicht-Wissen ebenso konsequent eine Stimme verliehen. Das entschärft den Widerspruch, unter dem das Sprechen oder Schreiben über das Nicht-Wissen für gewöhnlich steht. Der Widerspruch besagt, dass die Fähigkeit, Nicht-Wissen zu benennen, Wissen über es voraussetzt, will man nicht selbst als nicht-wissend gelten und damit der Rede über das Nicht-Wissen den Grund der Plausibilität entziehen. »Niemand urteilt über die Unwissenheit schlechter als der Wissende: Denn aus der überlegenen Position des Wissens heraus erscheint die Ignoranz immer nur als das Andere, Fremde der Vernunft, als das, was diese nicht zu erfassen vermag.«⁴³ Mit der sprachkritischen Perspektive kommt es allerdings bei Kleist von vornherein zur Relativierung der Wissensposition und zur Initiation »einer radikal neuen Ästhetik«,⁴⁴ der es gemäß seiner ästhetischen Differenzformel, dass alles Vortreffliche »etwas Befremdliches«⁴⁵ mit sich führe, nicht um die Aneignung, sondern um die Poetisierung des Fremden geht. Das Fremde ist daher auch nicht das Andere

---

40. Vgl. Borgards (Anm. 2).
41. Gamper, Elektrische Blitze (Anm. 2), 266.
42. Zur Bedeutung der Unsagbarkeitstopik des ἄρρητος oder *ineffabile* für Kleists Werk vgl. Heimböckel, Emphatische Unaussprechlichkeit (Anm. 31), 144–159 und 326.
43. Achim Geisenhanslüke: Schöndummheit. Über Ignoranz, in: ders./Rott (Hrsg.), Ignoranz (Anm. 3), 15–33, hier: 16.
44. Georg Mein: Ästhetik, in: Breuer (Hrsg.), Kleist-Handbuch (Anm. 30), 246–151, hier: 248.
45. Heinrich von Kleist: Sämtliche Werke und Briefe in vier Bänden, hrsg. von Ilse-Maria Barth u.a., Frankfurt a.M. 1987–97, Bd. 4, 588. Im Folgenden werden Zitate aus dieser Edition unter Angabe der Bandnummer und der Seitenangabe direkt im Text nachgewiesen.

der Vernunft, sondern ihr selbst affin. Wer über das Nicht-Wissen bei Kleist spricht, kann es beobachten,[46] aber sich nicht zu eigen machen.

III. »Ich *will nichts* wissen«: Kleists *Die Marquise von O....*

Kleists Heldinnen und Helden bewegen sich zumeist als Außenseiter in einer Gemeinschaft der Nichtwissenden und Nichtverstehenden. Ob Penthesilea oder Achill, Alkmene oder Homburg, die Marquise von O.... oder Michael Kohlhaas – sie alle stehen ihrer Mit- und Umwelt als »Unbegreifliche«[47] gegenüber, als Fremde in einer ihnen selbst fremd und unbegreiflich gewordenen Welt, deren gebrechliche, sich in Katastrophen und enigmatischen Geschehnissen äußernde Beschaffenheit das Fassungsvermögen fast eines jeden übersteigt. Penthesileas »Warum? Weshalb? Was ist geschehn?« (2, 167) steht hierfür ebenso ein wie die aus der *Familie Schroffenstein* bekannte Frage, wer »das Unbegreifliche begreifen« könne (1, 148), und wenn sie auch nicht durchweg an deren Beantwortung scheitern, so zeichnet sich doch in ihrem Ringen um Orientierung und Erkenntnissicherheit die Bedrohtheit und Aporie ihres Einsichtsvermögens ab. Dabei ist das Nicht-Wissen in den Dramen und Erzählungen Kleists gleichermaßen ausgeprägt. Hatte die frühere Kleist-Forschung noch eine gattungsspezifische Unterscheidung zwischen (erzählbezogener) Macht und (dramenbezogener) Ohnmacht der Sprache ausmachen wollen,[48] so lassen sich gerade über das Nicht-Wissen signifikante narrative Äußerungs- und Markierungsformen feststellen, in denen es mit der Unmöglichkeit sprachlicher Vermittlung zusammenfällt.

Ein Text, der mehr als jeder andere das Nicht-Wissen auf allen Ebenen des Erzählens durchspielt, ist die Novelle *Die Marquise von O....* Liegt die Finesse

---

46. Vgl. Klaus P. Japp: Die Beobachtung von Nichtwissen, in: Soziale Systeme 3 (1997), 289–312, hier: 290.
47. Kleists Maxime, dass kein »böser Geist [...] an der Spitze der Welt« stehe, sondern »ein bloß unbegriffener« (Kleist, Briefe [Anm. 26], 367 und 370), ist die metaphysische Kehrseite dieser anthropologischen Wendung, über die in seinen Texten regelmäßig die Schwierigkeit intersubjektiven Verstehens verhandelt wird: so zwischen Agnes und Ottokar (»Du bist so seltsam, / So feierlich – bist unbegreiflich mir.« [1, 152]), Alkmene und Amphitryon (»Soll ich, du Unbegreiflicher, dir den / Beweis jetzt geben, den entscheidenden?« [1, 412]), Achill und Penthesilea (»Unbegreifliche, wer bist du?« [2, 210]), Thuiskomar und Herrmann (»Und gleichwohl – unbegreiflich bist Du, Vetter!« [2, 460]), Natalie und Homburg (»Du Unbegreiflicher! Welch eine Wendung? – / Warum? Weshalb?« [2, 622]) sowie Luther und Kohlhaas (»rasender, unbegreiflicher und entsetzlicher Mensch!« [3, 79]). Als eine Subkategorie des Unbestimmten ist der Begriff des ›Unbegreiflichen‹ zugleich eine zentrale Denkfigur des Nicht-Wissens in Kleists Werk.
48. Hans Heinz Holz: Macht und Ohnmacht der Sprache. Untersuchungen zum Sprachverständnis und Stil Heinrich von Kleists, Bonn/Frankfurt a.M. 1962, 115 und 154.

des großen Dichters nach Kleist darin, auch das sagen zu können, »was er nicht sagt«,[49] so treibt die Erzählung diese Vorstellung auf die Spitze, indem ein Geschehen ihren Handlungsgang bestimmt, das sich hinter dem wohl berühmtesten Gedankenstrich der Weltliteratur verbirgt und bis zum Schluss unausgesprochen bleibt. Dabei gibt sich die in Oberitalien spielende Novelle zu Beginn in einer Weise beredt, die selbst nach heutigen Maßstäben für Aufsehen sorgen würde: Die verwitwete Marquise von O...., eine Frau untadeligen Rufes, macht in einem Zeitungsinserat publik, dass sie ohne ihr Wissen in andere Umstände gekommen sei, und fordert den werdenden und ihr unbekannten Vater darin auf, sich bei ihr zu melden – mit dem festen Entschluss, ihn familiärer Rücksichten wegen zu ehelichen. Im Stile einer Kriminalerzählung widmet sich die Novelle fortan der Vorgeschichte dieser Annonce und der Auflösung des ebenso rätselhaften wie paradoxen Faktums der unwissentlichen Empfängnis.[50]

Die bedeutungsvollste Lücke seines Wissens markiert der Text in einem Gedankenstrich. Im »Hier – traf« (3, 145) gibt sich das Nicht-Wissen ausdrücklich unausdrücklich zu erkennen: ausdrücklich seiner überbordenden Semantik wegen, die Undenkbares fasst und mehr umschließt, als sich durch Worte beschreiben lässt, und unausdrücklich kraft seiner Eigenheit als graphostilistisches Zeichen, das Bedeutung nur im Kontext eines sprachlichen Umfeldes gewinnt. Mit solchen graphostilistischen und grafischen Zeichen ist der Text förmlich übersät. Er hüllt sich in Schweigen, was Ortsnamen und Namen der handelnden Figuren betrifft, indem er sie hinter ihren Majuskeln durch fortlaufende Punkte verbirgt, und schreibt Wissenslücken fort, in die die Grenzen des Wissens, zumal der Marquise, eingetragen sind. Neben der Bedeutung der Satzzeichen als Chiffre für die unerklärliche Einrichtung der Welt wird mit ihnen auch die Möglichkeit eines uneingeschränkten Erzählens in Frage gestellt – eines Erzählens, das einen unaussprechlichen Moment lang innehält und daraus zugleich den Impuls für sein Fortschreiten bezieht. Der Text fällt »genauso ›in Ohnmacht‹ wie die Marquise; doch im Gegensatz zu ihr, deren Bewußtlosigkeit eindeutig mißbraucht wird, manifestiert sich die ›Ohnmacht‹ des Textes als positive Kraft«.[51] Das Schweigen: sowohl das Innehalten des Erzählers als auch das Nicht-Sprechen der betroffenen Figuren, bildet das eigentliche Movens des Erzählens und bleibt auf es doch konsequent bezogen.

---

49. Kleist, Briefe (Anm. 26), 357.
50. Kleist hat sich mit seiner Novelle zwar in die reiche Tradition der unwissend schwanger gewordenen Frau eingeschrieben, der entscheidende Unterschied, so Alexander Košenina, »bleibt indes die Ambivalenz und Unsicherheit im Umgang mit Erkenntniszweifeln«. Košenina (Anm. 2), 506.
51. Földényi (Anm. 38), 156.

So ist es beinahe folgerichtig, dass der Leser über das Vorgefallene aus dem Munde der Marquise und des Grafen nichts Konkretes erfährt. Während der Graf sich hinter kryptischen Liebesbeteuerungen verschanzt und über Andeutungen, was seine (Un-)Tat betrifft, nicht hinauskommt, vereitelt die Marquise eine vorzeitige Aufklärung des Geschehen, indem sie seinen letzten und vielleicht einzig unverstellten Versuch, »sich an ihrem Busen zu erklären« (3, 171), rigide zurückweist:

> Geliebte! Vortreffliche! flüsterte er, indem er wieder aufstand, und ihr folgte. – Sie hören! rief die Marquise, und wandte sich, und wich ihm aus. Ein einziges, heimliches, geflüstertes –! sagte der Graf, und griff hastig nach ihrem glatten, ihm entschlüpfenden Arm. – Ich *will nichts* wissen, versetzte die Marquise, stieß ihn heftig vor die Brust zurück, eilte auf die Rampe, und verschwand. (3, 171)

Von der formelhaften Wendung des »Ich *will nichts* wissen« machen Kleists Figuren verschiedentlich Gebrauch.[52] Dabei bezieht sich die Abwehrgeste der Marquise auf das ›eine Wort‹, das unausgesprochen der vorgängigen Rede eingeschrieben ist und durch den Gedankenstrich verhüllt wird. An dessen Stelle setzt sie explizit ihr Nicht-Wissen-Wollen, das von ihrem Nicht-Wissen-Können allerdings nicht zu trennen ist. Denn sie geht auf Distanz zu dem einen Wort, weil dessen Bedeutungshorizont ihr Wissen und Verstehen ganz offensichtlich übersteigt. Er sei von ihrer Unschuld überzeugt, gibt der Graf ihr zu erkennen, »als ob ich allwissend wäre, als ob meine Seele in deiner Brust wohnte« (3, 170). Doch woher will er etwas wissen, das er ihrer Meinung nach gar nicht wissen kann? Sie kapituliert vor der semantischen Fülle des Wortes, vor dem Zugleich des Widersprüchlichen, das sich nicht mit ihrer Neigung zur einsinnigen Welterfassung verträgt, und weicht davor zurück, indem sie aus dem Gesichtskreis ihres Gegenübers verschwindet. Ihr »Ich *will nichts* wissen« aber ist die Negation einer Komplexität, die noch bis zum Ende der Erzählung dem Schweigen vermittelt bleibt: »[A]uf einen Lasterhaften war ich gefaßt, aber auf keinen – – – Teufel!« (3, 183)[53]

---

52. Vgl. Heimböckel, Emphatische Unaussprechlichkeit (Anm. 31), 280ff.
53. Sabine Doerings Einwand, dass die Beweiskraft des Nicht-Wissen-Belegs in der Novelle schwach sei, weil Kleist die seinerzeit durchaus übliche Wendung »Ich *will nichts* wissen« im Sinne von »Ich will davon nichts hören« gebraucht habe, schwächt das hier in Rede stehende Argument überbordender Komplexität nicht und lässt sich zudem auch philologisch nicht aufrecht erhalten. Denn befragt man dazu das *Deutsche Wörterbuch,* so kommt im »nichts wissen wollen«, ob mit Präpositionalobjekt oder einfachem Akkusativ, eine »*ablehnende haltung*« zum Ausdruck. Sabine Doering: Die Marquise von O..., in: Breuer (Hrsg.), Kleist-Handbuch (Anm. 30), 106–114, hier: 110; Jacob und Wilhelm Grimm: Deutsches Wörterbuch, 33 Bde., Reprint, München 1984, Bd. 30, 759.

Die Replik der Marquise ist ein sprechender Beleg dafür, dass es mehr als nur eines Wortes bedarf, um die Wahrheit zu enthüllen. In ihr läuft vielmehr »das bedeutungsvolle Wort der Auflösung« (3, 518) ins Leere. An die Stelle des einzigen Wortes tritt das »nichts«, in dem sich das im Gedankenstrich unterdrückte Sagen als Schweigeaufforderung sprachlich realisiert. So wird im »nichts« die Möglichkeit einer Wahrheit, die sich noch nach romantischer Vorstellung an das »geheime Wort«[54] als Erlösungsformel für eine Zeit unbeschädigter Natürlichkeit knüpft, in einem Maße negiert, in dem es gleichzeitig das erzählerische Geschehen perpetuiert. Insofern liefert die Novelle das, was in der Negation des ›einen Wortes‹ verschwiegen aufgehoben ist, ohne es selbst namhaft machen zu können. Stattdessen stellt sie ihr eigenes Nicht-Wissen als eine Art unerhörte Begebenheit aus, das mit dem Skandalon der unwissentlichen als Kontrafaktur zur unbefleckten Empfängnis korreliert. Auch mit der unbefleckten Empfängnis wird eine Wissensgrenze markiert.[55] Mit der Säkularisierung des Nicht-Wissens aber, die in der *Marquise von O....* vollzogen wird, wird die Unverfügbarkeit des Wissens nicht nur als »sein den Schmerz des Negativen vergegenwärtigendes Regulativ«,[56] sondern auch als eine Alteritätserfahrung radikaler Diesseitigkeit ausgewiesen.

IV. Nicht-Wissen zwischen poetischer und interkultureller Alterität: *Die Verlobung in St. Domingo*

In der Andersheit des Anderen stößt das Wissen an seine Grenzen. Wenn sie gewusst wird, ist das Andere nicht mehr anders, sondern dem (eigenen) Wissen einverleibt. Das Andere oder Fremde steht daher bzw. aufgrund seiner »zugänglichen Unzugänglichkeit«[57] unter dem Schutz des Nicht-Wissens. Umgekehrt geht am Wissen das Fremde zunichte, weil es im Moment seines Wissens aufhört, seinen Anspruch auf Fremdheit noch einzulösen. Es bringt das Fremde zum Verschwinden, während es im Nicht-Wissen unangetastet bleibt. Im Nicht-Wissen über das Fremde offenbart es seine eigentümliche Andersheit.

Bei Kleist wird über das Nicht-Wissen poetische Alterität verhandelt (*et vice versa*). Daraus beziehen seine Texte ihre erregende Andersheit und ihre Inter-

---

54. Novalis (Anm. 23), Bd. 1, 326.
55. Adam Soboczynski: Das arcanum der ›Marquise von O....‹. Kleists preußische Novelle zwischen Verstellungskunst und Gottesbegehren, in: Kleist-Jahrbuch 2004, 62–87, hier: 66.
56. Gamm, Nicht nichts (Anm. 16), 202.
57. Bernhard Waldenfels: Topographie des Fremden. Studien zur Phänomenologie des Fremden 1, Frankfurt a.M. 1997, 44.

preten den Stoff, an dem sich – im idealtypischen Spektrum methodischer Zugriffsweisen – ihre thematischen und dekonstruktivistischen Lektüren ebenso leidenschaftlich wie meistenteils unversöhnlich abarbeiten. Steht in der Novelle *Die Verlobung in St. Domingo* der haitianische Unabhängigkeitskrieg für die seinerzeitige Situation Preußens unter der französischen Fremdherrschaft, oder stellt der Text seine eigene Unlesbarkeit aus? Gibt sich in der zum Teil diskriminierenden Darstellung der indigenen Bevölkerung ihr Autor als Rassist zu erkennen, oder ist sie Teil einer insgesamt subversiven bzw. destabilisierenden Erzählstrategie, mit der eine für Kleist insgesamt stilbildende »logogriphische« (3, 277) Schreibweise erprobt wird?[58] Die zum Teil weit auseinanderliegenden Lesarten der *Verlobung* sind für die Auslegungspraxis zum Werk Kleists eher typisch als untypisch und haben ihm zuletzt den Ruf eines gleichermaßen widerständigen wie rätselhaften Klassikers eingehandelt.[59] Im Falle der Novelle wird die Unbestimmtheit jedoch noch dadurch forciert, dass in ihr Alterität sowohl ästhetisch als auch interkulturell motiviert ist, womit eine Ebene ins Spiel gebracht wird, für die Andersheit die Essenz phänomenologischer Zuschreibung bildet. Im Lichte einer Poetik der Interkulturalität ist Kleists *Verlobung in St. Domingo* schon andernorts untersucht worden.[60] Allerdings soll es hier nicht darum gehen, das Verhältnis oder die Diskrepanz zwischen poetischer und kultureller Alterität in Augenschein zu nehmen, sondern deren Verklammerung in Form des Nicht-Wissens als eine Möglichkeit sinnfällig zu machen, Handlungsebene und sprachimmanente Reflexion aufeinander zu beziehen.

Die Verlobung in St. Domingo gilt als ein Text, der »erstaunliche Inkonsistenzen aufweist«.[61] Ganz augenfällig werden diese Inkonsistenzen an dem Namenswechsel des Protagonisten Gustav, der im Schlussdrittel der Erzählung über mehrere Seiten unversehens zu August mutiert, ohne dass der Text (oder der Erzähler) Auskunft darüber geben würde, warum dies geschieht. Inzwischen geht man zwar in der Kleist-Forschung einvernehmlich davon aus, dass es sich hierbei nicht um eine Unachtsamkeit des Autors, sondern

---

58. Zur Forschungssituation vgl. zusammenfassend Hansjörg Bay: Germanistik und (Post-)Kolonialismus. Zur Diskussion um Kleists *Verlobung in St. Domingo*, in: Axel Dunker (Hrsg.): (Post-)Kolonialismus und deutsche Literatur. Impulse der angloamerikanischen Literatur- und Kulturtheorie, Bielefeld 2005, 69–96; und Kai Köhler: Die Verlobung in St. Domingo, in: Breuer (Hrsg.), Kleist-Handbuch (Anm. 30), 121–128.
59. Vgl. Dieter Heimböckel: Radikalen-Erlass (urspr.: Literarischer Radikalismus. Heinrich von Kleists Werk zwischen Aufklärung und Romantik), in: Thomas Maier, Sascha Löwenstein (Hrsg.): radikal eingeräumt. Vorträge zur Literatur beim Heinrich-von-Veldeke-Kreis, Berlin 2008, 191–217.
60. Vgl. Herbert Uerlings: Poetiken der Interkulturalität. Haiti bei Kleist, Seghers, Müller, Buch und Fichte, Tübingen 1997.
61. Köhler (Anm. 58), 122.

um eine anagrammatische Schreibweise handelt, die textstrategisch gewollt zu sein scheint. Daran aber, was es mit diesem Anagramm auf sich hat, scheiden sich die Geister. Eine allseits befriedigende Erklärung gibt es dafür bislang jedenfalls nicht.[62]

Das Anagramm als Vorwegnahme nachfolgender Fehllektüren zu deuten, lenkt die Aufmerksamkeit auf die Möglichkeit einer dekonstruktivistischen Lesart des Textes, die allerdings darum weiß, was dem Text offensichtlich nicht als Wissen anzurechnen ist. Denn einem Vexierbild ähnlich, überlagern sich in ihm Diskurse (der Geschlechter und Rassen) ebenso wie Bewusstseins- und Wahrnehmungsformen, die eindeutige Zuschreibungen nicht mehr zulassen. So ist noch der Ausgriff auf den außereuropäischen Raum Manifestation eines Fremden, von dem der Text selbst affiziert ist, indem er analog zum Nichtverstehen der Figuren die Möglichkeit erzählerischer Vermittlung infrage stellt: Die Handlung spielt auf der Insel Haiti (St. Domingo) während der Erhebung der Sklaven gegen die französische Kolonialmacht im Jahre 1803. Auf der Flucht vor den Aufständischen sucht der aus der Schweiz stammende Offizier Gustav von der Ried vorübergehend eine Herberge. Er trifft dabei auf ein Gutsbesitzerhaus, das in die Hände des ehemaligen Sklaven Congo Hoango gefallen ist. In seiner Abwesenheit sollen die Mulattin Babekan und ihre Tochter Toni weiße oder kreolische Flüchtlinge, die von ihnen Nahrung und Unterschlupf erhoffen, bis zu seiner Rückkehr mit Gefälligkeiten hinhalten. Während Babekan listig ihre Fallstricke zieht, kommt es bei Toni infolge der offenen Rede des Fremden, der nach anfänglicher Zurückhaltung zusehends Vertrauen findet, zu einer signifikanten Veränderung: Sie fasst ihrerseits Zutrauen und gibt sich ihm hin. Mit der unerwarteten Rückkehr Hoangos erfährt die Liebesgeschichte indes eine dramatische Wendung. Um Gustav vor dem Zugriff ihres Ziehvaters zu retten, greift sie zu einer List, mit der sie ihn von ihrer ungebrochenen Komplizenschaft zu überzeugen sucht, die aber gleichzeitig den Geliebten an Verrat glauben lässt. Im Tumult der zwischenzeitlich organisierten Befreiung erschießt Gustav erst die vermeintliche Verräterin und dann, aufgeklärt über ihre Beweggründe, sich selbst.

Das bipolare Muster, das die Novelle vordergründig prägt, ist ebenso trügerisch wie die Sprache, die den Figuren in den Mund gelegt wird. So ist noch mit Tonis letzten Worten: »[D]u hättest mir nicht mißtrauen sollen!« (3, 259), ein verbindliches Urteil über Gustav nicht gesprochen. Obwohl er im strikten Sinne schuldig ist, liegt seine Tat außerhalb dessen, was sich mit morali-

---

62. Vgl. Dieter Heimböckel: Zugängliche Unzugänglichkeit. Heinrich von Kleists Topographie des Fremden, in: Achim Geisenhanslüke, Georg Mein (Hrsg.): Grenzräume der Schrift, Bielefeld 2008, 95–110, hier: 105f.

schen Kategorien fassen ließe. Sie steht vielmehr im Bedingungszusammenhang einer prekären Wort- und Ortlosigkeit, die sein und auch Tonis Handeln wechselseitig bestimmt. Ohne ihre »unaussprechlich[e] Angst« (3, 249), durch die sie spontan auf ihre List gebracht wird, wäre Gustavs sich in Gewalt entladender »unaussprechliche[r] Ausdruck von Gram« (3, 257) schlechthin nicht denkbar. Dabei nimmt das Verhängnis auch deshalb seinen unausweichlichen Lauf, weil das Unaussprechliche als Signum sprachlicher Inauthentizität solche Zweideutigkeiten fördert, die zum Kalkül der vorgängigen Täuschungen und Scheinreden gehören. Im Lichte der die Sprachverwendung, Kommunikation und Perzeption umfassenden Universalisierung des sprachlichen Täuschungscharakters ist daher Skepsis prinzipiell jeder Äußerung gegenüber geboten – auch der des Erzählers. Seine Rede ist so unzuverlässig wie die Reden der in seiner Erzählung handelnden Figuren. Trauen kann man ihm jedenfalls nicht.

Bricht man die narrative Unbestimmtheit auf die interkulturelle Konstellation herunter, so scheint sie der Logik eines Differenz-Konzepts zu folgen, das von der substantiellen Kulturdistanz prinzipiellen Miss- und Nichtverstehens ausgeht. Zumindest ließe sich aus Kleists Wirklichkeits- und Sprachverständnis ein solches Kulturkonzept ohne weiteres extrapolieren. Denn dieses – in der Regel als romantisch bezeichnete – Konzept nimmt »Kulturen als geschlossene Ganzheiten wahr, die untereinander nicht in einen wirklichen Austausch treten können, keine relevanten Universalien teilen und jeweils Welten für sich bilden. Keine dieser Ganzheiten ist an den Maßstäben einer anderen, keine ist an einer objektiven Wirklichkeit zu messen.«[63] Seit Samuel Huntingtons *Clash of Civilizations* (1993) weiß man um die Problematik eines solchen Konzepts gerade auch mit Blick auf dessen beziehungspolitische Umsetzung, die in zentralen Ausführungen noch der nationalkonservativen Geschichtsphilosophie eines Oswald Spengler (*Der Untergang des Abendlandes,* 1918–22) verpflichtet ist.[64] Auch hier wird eine Vorstellung stark gemacht, die von unüberbrückbaren Differenzen zwischen den Kulturen ausgeht. Allerdings folgt diese Differenzvorstellung einem Hegemoniediskurs, der die eigene Position zu privilegieren sucht. Damit wird gerade nicht ein antiessentialistisches Unbestimmtheitsparadigma im Sinne von Homi Bhabhas »Nichtübersetzbarkeit von Kultur« eingelöst,[65] sondern vielmehr das (vermeintliche) Wissen um die eigene Stärke in den Vordergrund gerückt. Eine solche ultima-

---

63. Franz Martin Wimmer: Interkulturelle Philosophie. Eine Einführung, Wien 2004, 145.
64. Vgl. Dieter Senghaas: Die fixe Idee vom Kampf der Kulturen, in: Blätter für deutsche und internationale Politik 2 (1997), 215–221.
65. Homi K. Bhabha: Die Verortung der Kultur, Tübingen 2000, 335.

tive Wissensposition sucht man in Kleists *Verlobung in St. Domingo* jedoch vergebens. Ganz im Gegenteil: Noch in dem Moment, in dem, wie am Ende der Erzählung, der Anspruch auf Gewissheit formuliert wird, läuft er ins Leere einer Selbsttötung, die noch aus dem Geist seines begrenzten Wissensvorrats erfolgt. »Gewiß! sagte er, da ihn die Vettern von der Leiche wegrissen: ich hätte dir nicht mißtrauen sollen; denn du warst mir durch einen Eidschwur verlobt, obschon wir keine Worte darüber gewechselt hatten!« (3, 259)

So ist das Erkennen in Kleists Novelle – wie in seinen anderen Texten mehrheitlich auch – bis zum Schluss eingeschränkt. Seine Figuren geben vor zu wissen, aber Wissende werden sie eigentlich nie. Darum fühlen sie sich gekränkt, ohne dass sie Rechenschaft über den Grund ihrer Kränkung ablegen könnten. Der »Positivierung des Unbestimmten« dienen sie insofern nur als Handlanger, von ihren Folgen profitieren sie – geistig und menschlich – eher nicht. Es gehört also alles der Kunst, die nach einem geflügelten Wort aus Goethes *Faust* länger ist als das Leben? Im Unbestimmten, das sie inszeniert, wird die Grenze vom Wissen zum Nicht-Wissen und damit zu einem Anderen durchlässig gemacht, das der Text selbst ist. Zu dessen Alterität verhalten sich aber noch intersubjektive Alteritätserfahrungen komplementär:

> Am entschiedensten kommt diese Alterität dort zum Tragen, wo sie nicht einer strukturellen oder qualitativen Andersartigkeit […] entstammt, sondern in der Differenz des personalen Anderen gründet. Hier geht es um die Anerkennung des anderen Subjekts, das dem verstehenden, aber auch dem sprechenden Subjekt gegenüber gleichen Rechts ist und dessen Stellung als Fokus und Ursprung des Sinns aushöhlt.[66]

Sich auf die Andersheit des Anderen als die Grenze des eigenen Wissens einzulassen, ist etwas, was die Texte Kleists daher lehren; sie lehren aber auch, dass im Nicht-Wissen eine (häufig ideologisch bedingte) Begrenztheit liegt, die dem Wissen Schranken setzt. Darum war die Marquise von O…. auf einen »Lasterhaften« gefasst, »aber auf keinen – – – Teufel!« (3, 183). Denn der Teufel weiß meist weniger, als dessen Verteufelung verspricht.

---

66. Emil Angehrn: Negativistische Hermeneutik. Zur Dialektik von Sinn und Nichtsinn, in: Andreas Hetzel (Hrsg.): Negativität und Unbestimmtheit. Beiträge zu einer Philosophie des Nichtwissens. Festschrift für Gerhard Gamm, Bielefeld 2009, 21–40, hier: 29.

Cornelia Ortlieb

Poetische Nihilisten und andere Formen der Nichtphilosophie

Vom Nicht-Wissen philosophisch zu handeln, ist um 1800 eine heikle Angelegenheit. Denn seit Johann Gottlieb Fichte in seiner Zürcher Abschiedsvorlesung *Über die Würde des Menschen* 1794 die Grundzüge seines Projekts der Wissenschaftslehre skizziert hat, gilt, dass mit dem Satz »Ich bin« alles Wissen beginnt, und dieses Ich, dem alles andere Nicht-Ich ist, wird für die Zeitgenossen eine unversiegbare Quelle des Spotts. So schreibt Goethe an Friedrich Heinrich Jacobi mit seiner Übersendung der ersten Druckbogen von Fichtes Jenaer Vorlesung zur Wissenschaftslehre: »Nur einen herzlichen Gruß mit beykommender Schrift. Möchtest du liebes *Nichtich* gelegentlich meinem *Ich* etwas von deinen Gedanken darüber mittheilen. Lebe wohl und grüße all die guten und artigen *Nicht ichs* um dich her«.[1] In zwei *Xenien* heißt es entsprechend, zunächst von Goethe: »Was nicht Ich ist nur ein Nicht ich. Getroffen / Freund! So dachte die Welt längst und so handelte sie«,[2] dann von Schiller: »Ich bin Ich und setze mich selbst, und setz ich mich selber / Als nicht gesetzt, nun gut! Setz ich ein Nicht-Ich dazu«.[3] Noch Jahre später kündigt Wilhelm von Humboldt in einem Brief an Schiller an, er werde den französischen Metaphysikern »wie ein Medusenhaupt das Ich und das NichtIch vorhalten« mit dem Zusatz: »Versteinern sie dann nicht, so ist es nicht meine Schuld«.[4] Jean Paul lässt in seiner satirischen Abhandlung *Clavis Fichtiana* einen Fichteaner beim Fußbad über sein Hervorbringen der ganzen Schöpfung als Nicht-Ich, einschließlich der Wissenschaftslehre Fichtes, sinnieren,[5] während Jacobi Fichtes

---

1. Johann Wolfgang Goethe an Friedrich Heinrich Jacobi, 23.05.1794, in: »Ich träume lieber Fritz den Augenblick...«. Der Briefwechsel zwischen Goethe und Friedrich Heinrich Jacobi, hrsg. von Max Jacobi, neu hrsg. von Andreas Remmel und Paul Remmel, Hildesheim 2005, 172. Dass Fichte als Person und seine neue Philosophie allerorten in aller Munde waren, dokumentiert die einzigartige Textsammlung: Erich Fuchs (Hrsg.): J. G. Fichte im Gespräch. Berichte der Zeitgenossen, Stuttgart/Bad Cannstatt 1978–1992; im Folgenden zitiert mit der Sigle FiG und unter Angabe von Band- und Seitenzahl.
2. Johann Wolfgang Goethe: Fichtes Wißenschaftslehre, Xenien-Manuskript, 49, FiG 1, 315.
3. Schiller: Xenion Nr. 380, FiG 1, 367. Zu solchen Witzen ließen sich auch Fichtes Anhänger hinreißen; so trug Jens Baggesen in geselliger Runde ein Lied mit dem Titel *Die gesammte Trinklehre* vor, dessen Spottverse Fichte dann »mit herzlichem Lachen« gelesen haben soll, vgl. den Kommentar in Friedrich Heinrich Jacobi: Schriften zum transzendentalen Idealismus, in: ders.: Werke. Gesamtausgabe, hrsg. von Klaus Hammacher und Walter Jaeschke, Stuttgart/Hamburg 1998ff., Bd. 2/2, 626.
4. Wilhelm von Humboldt an Friedrich Schiller, 20.01.1798, FiG 1, 479.
5. Jean Paul: Clavis Fichtiana seu Leibgeberiana, in: ders.: Sämtliche Werke, hrsg. von Norbert Miller, München/Wien 1959–1985, Abt. I, Bd. 3, 1037.

Philosophie mit einem gestrickten Strumpf vergleicht, in dem das reine Ich als Faden gar noch das Nicht-Ich der Strickdrähte hervorgebracht haben will.[6]

Die parodistische Verwechslung von absolutem und empirischem Ich im Fall Goethes, Schillers und vieler anderer und die Polemik gegen die Hybris der All-Schöpfung als Hirngespinst zeigen jedoch auch ein ernsthaftes Problem an: Mit Fichtes Philosophie soll eine neue Ära des philosophischen Denkens beginnen, doch die faszinierende Lehre, die so beunruhigend die neue Vorsilbe ›Nicht‹ vor dem wiederum neuen ›Ich‹ zum Ausgangspunkt nimmt, ist schlichtweg nicht verständlich. Stellvertretend für viele schreibt Friedrich Arndt im August 1794 in sein Tagebuch: »Ein paar Mal bei Fichten hospitiert. Das geht über meinen Verstand, ich habe zu viel Nichtich«[7] – was immer das heißen mag. Novalis dankt Friedrich Schlegel für »manchen Fingerzeig, um sich in diesem furchtbaren Gewinde von Abstraktionen zurechtzufinden«,[8] und Fichte selbst sagt in der Vorrede zum zweiten Teil seiner Vorlesungen von 1795, er habe nun viele »Klagen über die Dunkelheit und Unverständlichkeit« seiner Lehre gehört und er »ersuche« diese Kritiker, sich »mit dem Lesen meiner Schriften nicht die Zeit zu verderben«.[9]

Mag dies ein guter Rat für angehende Studenten der Philosophie sein, so lässt sich Fichtes neue Lehre doch dort nicht umgehen, wo man um 1800 aus Philosophie und Literatur die neue Schreibart der Theorie entwirft. Nicht nur die Schlegel-Schule, sondern auch Jean Pauls *Vorschule der Ästhetik* sieht in der Wissenschaftslehre offensichtlich eine der herrschenden Tendenzen des Zeitalters, denn bereits der 2. Paragraph des 1. Programms handelt von den »Poetischen Nihilisten« und überführt eine kurrente philosophische Lehre in ein poetisches Verfahren:

> Es folgt aus der gesetzlosen Willkür des jetzigen Zeitgeistes – der lieber ichsüchtig die Welt und das All vernichtet, um sich nur freien Spiel-Raum im Nichts auszuleeren [...] –, daß er von der Nachahmung und dem Studium der Natur veracht-

---

6. Jacobi hat dieses »Gleichnis« in mehreren, schnell berühmten Fassungen formuliert. Die erste, in einem Notizbuch skizziert, nennt die Analogie noch explizit: »Ein Strumpf ist ein einziger Faden; durch Bewegung [...] wird er ein Strumpf; es kommt nichts weiter hinzu. [...] Man könnte diesen Faden mit dem Fichtischen Ich das durch bloße Reflexion seiner selbst alles hervorbringt [vergleichen] – Die Strickdrähte wären das Nicht-Ich, welches, ohne in das Ich einzufließen, durch Wechselwirkung eine Welt v[on] Vorstellungen im Ich veranlaßen.« Friedrich Heinrich Jacobi: [Kladde VII], hier zit. nach Peter-Paul Schneider: Die »Denkbücher« Friedrich Heinrich Jacobis, Stuttgart/Bad Cannstatt 1986, 236.
7. FiG I, 135.
8. Ebd., 455.
9. [Johann Gottlieb Fichte:] Grundriss des Eigenthühmlichen der Wissenschaftslehre in Rücksicht auf das theoretische Vermögen. Als Handschrift für seine Zuhörer von Johann Gottlieb Fichte, Jena/Leipzig 1795, VIIIf.

lich sprechen muß. [...] Bei gleichen Anlagen wird sogar der unterwürfige Nachschreiber der Natur uns mehr geben (und wären es Gemälde in Anfangsbuchstaben) als der regellose Maler, der den Äther in den Äther mit Äther malt.[10]

Im Jahr 1804 veröffentlicht, genau zehn Jahre nach Fichtes spektakulärem Einzug in Jena, braucht die *Vorschule* hier keine Namen zu nennen, zumal bereits das Auftreten von »Ich« und »Nichts« längst genügt, um die bekannten Reflexe auszulösen. Dass Jean Paul überhaupt diese namenlosen Dichter,[11] die offenbar eine radikale Variante des Idealismus ausüben – »ichsüchtig sich im freien Spiel-Raum im Nichts ausleeren« –, mit einem neuen Wort als *Nihilisten* bezeichnen kann, verdankt sich der Einführung dieses Wortes in die philosophische Debatte durch wiederum Friedrich Heinrich Jacobi. Denn Jean Paul zitiert nicht nur indirekt seine eigene Fichte-Kritik aus dem *Clavis Fichtiana* von 1799, sondern zugleich Jacobis berühmte Schrift *An Fichte,* die aber gerade nicht in die Reihe der Parodien und Polemiken gehört.[12] Und wenngleich die Rezeptionsgeschichte die Gewichtung mancher Texte verschoben hat, scheint es mir doch für eine Diskussion über Formen des Nicht-Wissens wert zu sein, deren Konzeption in der – philosophisch-literarischen – Theorie um 1800 in den Blick zu nehmen, auch dort, wo sie programmatisch in eine so genannte Nichtphilosophie überführt werden.

In drei Schritten werde ich daher im Folgenden die spezifische Manier dieser Theorie, die verheißungsvolle und bedrohliche Vor-Silbe zu umkreisen, an einem kleinen, aber sprechenden Ausschnitt verfolgen, mit Blick auf die folgenreiche Einführung des neuen Worts ›Nihilismus‹ in die erkenntnistheoretische Debatte der klassischen deutschen Philosophie nach Kant, auf die Überhöhung der Erkenntnistheorie zur ›Nichtphilosophie‹ und schließlich auf Formen von Kritik und Gegenentwurf, die in mehrfacher Hinsicht

---

10. Jean Paul: Vorschule der Ästhetik, in: ders., Sämtliche Werke (Anm. 5), Abt. I, Bd. 5, 31f. Nicht zuletzt wegen der prominenten Stellung von »Willkür« lässt sich diese Passage auch als Kritik an der Poetik Friedrich Schlegels lesen, die um diesen – positiv besetzten – Begriff zentriert ist, vgl. Dieter Arendt: Nihilismus. Die Anfänge von Jacobi bis Nietzsche, Köln 1970, 56f.
11. Lediglich Novalis wird als »ein Seiten- und Wahlverwandter der poetischen Nihilisten, wenigstens deren Lehenvetter« für seine Darstellung des »Bergmann aus Böhmen« gelobt, ebd., 32.
12. Jacobis intensive Beschäftigung mit Fichtes Philosophie zeigt sich unter anderem in zahlreichen Notizen zu Schriften von und über Fichte, darunter »Leseexzerpte aus Aufsätzen und Büchern von Fichte selbst, aus Rezensionen von Fichtes Schriften und aus Schriften, wo von Fichte die Rede ist, Auszüge aus Zeitschriften, Briefauszüge aus [...] Briefen von und an Jacobi, sowie aus Briefen von Drittpersonen, Gesprächsnotizen«, verteilt auf mehrere Hefte mit insgesamt ca. 500 Seiten. Ives Radrizzani: Jacobis Auseinandersetzung mit Fichte in den Denkbüchern, in: Klaus Hammacher (Hrsg.): Fichte und Jacobi. Tagung der Internationalen J.-G.-Fichte-Gesellschaft 1996, Amsterdam/Atlanta 1998, 43–62, hier: 50f., 46.

vom Material der Theorie ausgehen und zu ihm zurückkehren. Wie in Jean Pauls bilderreicher Kritik der »poetischen Nihilisten« bereits angelegt, wird am Ende sein eigenes literarisches Verfahren im ›Material-Roman‹ *Leben Fibels* exemplarisch für eine Kontrastierung von erkenntnistheoretischen und schreibpraktischen Konzeptionen des (Nicht-)Wissens und deren Aufhebung im poetischen Bild lesbar werden.

I

Fichtes Philosophie beginnt buchstäblich am Anfang, und sie setzt an den Anfang die Identität zweier Buchstaben. Mit der Ausgangsfrage seines ersten Entwurfs formuliert Fichte zugleich die Grundfrage jeder Erkenntnistheorie: »Wie ist Gehalt und Form einer Wissenschaft überhaupt, d.h. wie ist die Wissenschaft selbst möglich?«, und er fährt fort: »Etwas, worinn diese Frage beantwortet würde, wäre selbst eine Wissenschaft, *und zwar die Wissenschaft von der Wissenschaft überhaupt*«.[13] Was man bisher Philosophie genannt hat, würde folglich dann Wissenschaftslehre heißen müssen.[14] Als System alles Wissens muss die Wissenschaftslehre entsprechend »die Form aller ihrer Sätze, in so fern sie einzeln betrachtet werden, bestimmen.«[15] Ihr erster Satz kann dann nur lauten: A=A. Denn dieser Satz, der Identitätssatz, kann schlechterdings nicht bezweifelt werden: »Den Satz A ist A (soviel als A=A [...]) gibt Ieder zu; und zwar ohne sich im geringsten darüber zu bedenken: man anerkennt ihn für völlig gewiß und ausgemacht.«[16] Aus dieser ersten Gleichung leitet Fichte dann seine berüchtigte Formel Ich = Ich ab, d.h.: »Das Ich setzt sich selbst und es ist, vermöge dieses bloßen Setzens durch sich selbst«[17] – sicher einer der am meisten diskutierten und parodierten Sätze der neueren Philosophie.

Jede Erläuterung des aus der formalen Logik bekannten Identitätssatzes A=A muss also die zwei Buchstaben, die zugleich nur einer sind, verlassen und trotz dieses Ausgangs vom Buchstaben wird Fichte dann sehr polemisch darauf bestehen, dass man seine Lehre nicht dem Buchstaben nach verstehen könne. Schon der große Kant habe uns in seinen »Schriften [...] nicht seinen Buchsta-

---

13. Johann Gottlieb Fichte: Über den Begriff der Wissenschaftslehre oder der sogenannten Philosophie: als Einladungsschrift zu seinen Vorlesungen über diese Wissenschaft, in: ders.: Gesamtausgabe der Bayerischen Akademie der Wissenschaften, hrsg. von Reinhard Lauth, Hans Gliwitzky und Hans Jacob, Stuttgart/Bad Cannstatt 1962ff., Abt. I, Bd. 2, 24.
14. Ebd., 25.
15. Ebd., 31.
16. Ebd., 66.
17. Ebd.

ben, sondern seinen Geist mittheilen wollen«,[18] seine – Fichtes – Darstellung sei noch »höchst unvollkommen und mangelhaft«, auch, so Fichte, »weil ich eine feste Terminologie – das bequemste Mittel für Buchstäbler jedes System seines Geistes zu berauben, und es in ein troknes Geripp zu verwandeln – so viel wie möglich zu vermeiden suchte.«[19] Überhaupt sei die Wissenschaftslehre »von der Art, daß sie durch den blossen Buchstaben gar nicht, sondern daß sie lediglich durch den Geist sich mittheilen läßt«, bekräftigt Fichte im *Versuch* von 1797.[20] Noch in seiner Anfangszeit in Jena hat Fichte sich um eine grundsätzliche Klärung dieses Problems bemüht, mit einer Abhandlung *Über Geist und Buchstab in der Philosophie*[21] für Schillers Zeitschrift *Die Horen*, die das Verhältnis von Rede und Schrift, Schreiben und Denken erhellen sollte. Doch musste er eine Ablehnung des eingereichten Manuskripts hinnehmen, die der Herausgeber, wie üblich, mit der Dunkelheit und Unverständlichkeit der Ausführungen des schwierigen Autors begründete.[22] Fichtes idiosynkratische Haltung zur Drucklegung seiner Philosophie lässt Motive der platonischen und paulinischen Schriftkritik anklingen wie das Misstrauen gegen die vom Autor gelöste Schrift und das ›Töten‹ lebendigen Sinns durch den Buchstaben, steht aber auch in der Verlängerung der aufklärerischen Entgegensetzung von Buchwissen und Selbstdenken.

Jean Pauls literarische Antwort wird unter anderem auf diesen Ausfall gegen die »Buchstäbler« reagieren. Seine Polemik gegen die »Nihilisten« nimmt jedoch wie selbstverständlich den Gegensatz von Materialismus und Idealismus zum Ausgangspunkt, und dass dieser kein beliebig gewählter, sondern der einzig denkbare ist, schreibt bereits Jacobi 1799 an Fichte:

---

18. Johann Gottlieb Fichte: Versuch einer Critik aller Offenbarung, Königsberg 1792, 31.
19. Johann Gottlieb Fichte: Grundriss des Eigenthümlichen der Wissenschaftslehre in Rücksicht auf das theoretische Vermögen. Als Handschrift für seine Zuhörer von Johann Gottlieb Fichte, Jena/Leipzig 1795, VII.
20. Fichte: Versuch einer neuen Darstellung der Wissenschaftslehre, in: ders., Gesamtausgabe (Anm. 13), 415.
21. Fichte: Über Geist und Buchstab in der Philosophie. In einer Reihe von Briefen, in: ders., Gesamtausgabe (Anm. 13), Abt. I, Bd. 6, 315–361. Vgl. zur Auseinandersetzung um Geist und Buchstaben im Kontext von Hermeneutik und Erkenntnistheorie Till Dembeck: Fichte dem Buchstaben nach auslegen. Jean Pauls Konjektural-Philosophie, in: Jahrbuch der Jean-Paul-Gesellschaft 44 (2009), 113–140.
22. Thomas Wirtz attestiert Schiller gleichfalls eine etwas anders gelagerte »Buchstabenverachtung« im Bereich der Philosophie; die »Perfidie« seiner Ablehnung besteht dann darin, dass er Fichte als zukünftig ungelesenen Autor antizipiert und suggeriert, jede erfolgreiche Philosophie beweise sich darin, wie sie die Vernunft oder der Geist des Zeitalters absorbiere, vgl. Wirtz: Schleiermacher zum Gedächtnis. Über geglückte Aporien der romantischen Hermeneutik, in: Günter Oesterle (Hrsg.): Erinnern und Vergessen in der europäischen Romantik, Würzburg 2001, 67–96, hier: 69.

Unleugbar ist es Geist der speculativen Philosophie [...], die dem natürlichen Menschen *gleiche* Gewißheit dieser zwey Sätze: Ich bin, und es sind Dinge außer mir, *ungleich* zu machen. Sie mußte suchen den Einen dieser Sätze dem anderen zu unterwerfen [...], damit nur Ein Wesen und nur Eine Wahrheit werde [...]. Gelang es der Speculation diese Einheit hervorzubringen, indem sie das Ungleichmachen so lange fortsezte, bis aus der Zerstörung jener *natürlichen* eine andere *künstliche* Gleichheit deßelben im gewißen Wißen einmal offenbar vorhandenen *Ich* und *Nicht-Ich* entsprang [...] – gelang ihr dieses, so konnte es ihr alsdann auch wohl gelingen, eine vollständige *Wißenschaft* des Wahren alleinthätig aus sich hervorzubringen.[23]

Mit dem »gewißen Wißen« ist benannt, was das höchste erkenntnistheoretische Ziel nicht nur des Philosophen, sondern jedes denkenden Wesens sein muss, denn als »natürliche Menschen« haben wir sicheres Wissen nur von dem, was Fichte ›Ich‹ und ›Nicht-Ich‹ nennt. Diesen zwei ersten Gewissheiten entsprechen dann nicht zufällig die »zwei Hauptwege: Materialismus und Idealismus«, so Jacobi, also der »Versuch, alles aus einer sich selbst bestimmenden Materie allein, oder allein aus einer sich selbst bestimmenden Intelligenz zu erklären«.[24] Da beide Wege auf dasselbe Ziel der Einheit ausgerichtet sind, müssen sie sich zwangsläufig einander annähern, der »Materialismus«, wie Jacobi sagt, »zuletzt sich von selbst in Idealismus verklären«.[25] Und wie dann bei Jean Paul, so fällt auch hier schon das Stichwort »Egoismus«, den Jacobi fasst »als Anfang oder als Ende für die Denkkraft, die ausdenkt«.[26]

Dass das Umkreisen der Vorsilbe ›Nicht‹ in der Philosophie um 1800 eben nicht leere Spekulation, sondern von einem geradezu existentiellen Drängen verursacht ist, findet sich auch bereits an dieser Stelle des Briefes, wenn Jacobi sagt, alle Wissenschaft sei auch ein »Sich-Losreißen« des menschlichen Geists »vom augenblicklichen bedingten Dasein, das ihn gleichsam verschlingen will«.[27] Und Jacobi weiß sich mit Fichte darin einig, dass das Projekt einer Wissenschaft des Wissens dringend vorangetrieben werden muss.[28] Diese Wissenschaft ist aber zugleich ein permanenter Akt der Vernichtung, denn Jacobis erkenntnistheoretisches Argument lautet, dass ›wir‹ immer nur begreifen, was wir auch konstruieren, d.h. »in Gedanken [...] hervorbringen« können: »Wenn

---

23. Jacobi: An Fichte 1799, in: ders., Werke (Anm. 3), Bd. 2/1, 194, Hervorhebungen im Original gesperrt.
24. Ebd., 194f.
25. Ebd., 194.
26. Ebd., 195.
27. Ebd., 198f. Vgl. zur Konjunktur eines solchen »philosophischen Nihilismus« um 1800 Arendt (Anm. 10), 39–63.
28. Jacobi, An Fichte 1799 (Anm. 23), 199.

daher ein Wesen ein von uns *vollständig* begriffener Gegenstand werden soll, so müssen wir es *objectiv – als für sich bestehend* – in Gedanken aufheben, vernichten, um es durchaus *subjectiv,* unser eigenes Geschöpf – *ein bloßes Schema* – werden zu laßen«.[29] Diese Konstruktion ist eine Art Schöpfung aus Nichts, wie Jacobi bemerkt und radikalisiert, indem er den menschlichen Geist explizit als Schöpfer und Schöpfer seiner selbst – nämlich in diesen Erkenntnisakten – bezeichnet: »[E]r muß sich dem *Wesen* nach vernichten, um allein im Begriffe zu entstehen, sich zu haben: in dem Begriffe eines reinen absoluten Ausgehen und Eingehen *aus* Nichts, *zu* Nichts, *für* Nichts, *in* Nichts«.[30] Entsprechend lässt sich jede Abstraktion mit einer Formel des Briefes dann als »progreßive Vernichtung« fassen.[31]

Das Insistieren Jacobis macht deutlich, dass Fichtes Vorgabe, das einzig sichere Wissen sei für uns Menschen der Satz »Ich bin«, hier aufgenommen und erweitert wird zu einer Gewissheit auch dessen, was nicht Ich ist, und dass wiederum Jacobis Konzept von Wissenschaft und Wissen geradezu auf diesem Fundament des ›Nicht‹ und ›Nichts‹ aufbaut. Der solchermaßen nachgezeichnete Idealismus Fichtes ist in Jacobis Perspektive eine fortlaufende Antwort auf die Grundfrage jeder Erkenntnistheorie, die bei Kant als erste der berühmten vier Fragen des Menschen schlechthin gefasst wird: »Was kann ich wissen?« Jacobis Kritik im Sinne Kants, die Erörterung der Bedingung der Möglichkeit dieser Frage, arbeitet jedoch heraus, dass die Philosophie des Wissens einer Ergänzung bedarf, weil die Frage nach dem Wissen zugleich diejenige nach dem Nicht-Wissen einschließt und voraussetzt. Das zur Vorsilbe gewordene ›Nicht‹ kann wiederum seine etymologische Verwandtschaft mit dem ›Nichts‹ nicht verleugnen und hat gleichfalls an dessen dunkler Gloriole teil.[32] Wenn es so ist, dass ›wir‹ als ›natürliche Menschen‹ je individuell konstruieren müssen, was dann Gegenstand unseres Wissens ist, so muss im Rahmen einer solchen psychologischen oder anthropologischen Reflexion philosophischer Grundfragen auch der Einspruch eines Individuums integriert werden können, mit dem Jacobi seine Erklärung schließt und zugleich das Wort ›Nihilismus‹ in die philosophische Debatte einführt:

Da ich außerhalb des Naturmechanismus nichts als Wunder, Geheimnisse und Zeichen antreffe, und einen schrecklichen Abscheu vor dem Nichts […] zumal als

---

29. Ebd., 201f., Hervorhebungen dort als Fett- und Sperrdruck.
30. Ebd., 202, Hervorhebungen dort als Sperrdruck.
31. Ebd., 203.
32. Vgl. zur Faszination der Zeitgenossen, die auf dieser Ambivalenz beruht, mit zahlreichen Belegen, Arendt (Anm. 10), 9–39.

Gegenstand der Philosophie oder Absicht der Weisheit habe; im Ergründen des Mechanismus aber, sowohl der Natur des Ichs als des Nicht-Ichs, zu lauter Ansich-Nichts gelange, und davon dergestalt in meinem transzendentalen Wesen (persönlich, so zu sagen) angegangen, ergriffen und mitgenommen werde [...] – da es [...] so mit mir und der Wissenschaft des Wahren; oder richtiger der wahren Wissenschaft beschaffen ist: so sehe ich nicht ein, warum ich nicht [...] meine Philosophie des Nicht-Wissens, dem Philosophischen Wissen des Nichts, sollte aus Geschmack vorziehen dürfen. Ich habe ja nichts wider mich als das Nichts; und mit ihm könnten auch Chimären sich wohl noch messen. Wahrlich mein lieber Fichte, es soll mich nicht verdrießen, wenn Sie, oder wer es sei, Chimärismus nennen wollen, was ich dem Idealismus, den ich Nihilismus schelte, entgegensetze.[33]

Eine Philosophie des Nicht-Wissens, die auch im Auge behält, was uns angeht, ergreift und mitnimmt, ist dann keine leere Spekulation und kein Selbstzweck. In Anspielung auf das sokratische Diktum: »Ich weiß, dass ich nichts weiß«, fügt Jacobi hinzu, er habe sein »Nichtwissen in all [s]einen Schriften zur Schau getragen«, und sich »gerühmt, unwissend zu seyn dergestalt mit Wissen«.[34]

Als diese Art wissendes Nicht-Wissen lässt sich somit die Einsicht benennen, dass jede Erkenntnistheorie, die den Prinzipien der kantischen Philosophie und deren ›kopernikanischer Wende‹ von den Objekten der Erkenntnis zum erkennenden Subjekt folgt, eine nur begrenzte Reichweite hat. Kant macht schon in der Vorrede zur *Kritik der reinen Vernunft* deutlich, dass es uns Menschen als begrenzten Geistern unmöglich ist, über die Grenzen möglicher Erfahrung hinauszudenken. Und gleich zwei Mal spricht er von dem »leeren Platz«, den die spekulative Vernunft geschaffen habe, beim zweiten Mal mit der methodischen Ergänzung: »Ich musste also das *Wissen* aufheben, um zum *Glauben* Platz zu bekommen«.[35] In diesem Sinn ist also bereits Kants Kritik eine Philosophie des Nicht-Wissens, denn indem sie die epistemischen Voraussetzungen der Rede von Erfahrung eingrenzt, macht sie zugleich auf den diskursiven Bereich dahinter aufmerksam, auf das, was dann in dem Kapitel »Vom Meynen, Wissen und Glauben« als »Modi des Fürwahrhaltens« entfaltet werden wird.[36]

Das Nicht-Wissen in dieser Weise zu konzipieren, ist wiederum bei Kant und bei Jacobi gleichermaßen ein Zitat der skeptischen Philosophie David

---

33. Jacobi, An Fichte 1799 (Anm. 23), 215.
34. Ebd.
35. Immanuel Kant: Kritik der reinen Vernunft, in: ders.: Werkausgabe, hrsg. von Wilhelm Weischedel, Frankfurt a.M. 1986, Bd. 3, 28 (B XXII) und 33 (B XXX).
36. Vgl. zu dieser Differenzierung Josef Simon: Meinen, Glauben und Wissen als Arten des Fürwahrhaltens, in: Hegel-Jahrbuch 25 (2003), 67–79.

Humes. Schon dieser hat in einer Reihe von Einzeluntersuchungen den Nachweis geführt, dass eben dort, wo wir sicher zu wissen meinen, eigentlich nur vom Glauben die Rede sein kann, zumal in den vermeintlich evidenten Fällen von Kausalität und Induktion: Wir sprechen von kausalen Zusammenhängen, von Ursachen und Wirkungen, wo wir in der Welt immer nur zeitliche Abfolgen beobachten können, die wir gewohnheitsmäßig miteinander verknüpfen. So gibt Humes Beispiel des Billardspiels nur eine regelmäßige Folge von Stößen und rollenden Kugeln zu sehen, nicht etwa die ursächliche Verknüpfung beider Ereignisse, auch wenn diese hier besonders augenfällig zu sein scheint. Induktion als eine Art logisches Schließen auf zukünftig eintretende Ereignisse – wie die zuversichtliche Erwartung des Sonnenaufgangs für jeden nächsten Tag – ist ebenfalls kein Wissen, sondern ein Glauben, das bestimmte Erfahrungssätze in unzulässiger, aber hilfreicher Überschreitung der Grenzen menschlichen Wissens in die Zukunft verlängert.[37]

II

Eine Philosophie des Nicht-Wissens im Gefolge Humes mit dem Begriff des Glaubens zu infiltrieren, birgt aber ein hohes Risiko, weil im Deutschen dasselbe Wort für diesen epistemischen Glauben wie für den anderen, religiösen stehen muss. Zu dieser fatalen Verwechslung trägt der an Fichte anschließende und zugleich konkurrierende Entwurf einer Philosophie des Nicht-Wissens dann auch entscheidend bei: *Die Philosophie in ihrem Uebergang zur Nichtphilosophie* des schwäbischen Arztes und Naturphilosophen Carl August Eschenmayer.[38] Interessanterweise lässt sich diese Schrift aus einer gewissen Entfernung gar nicht von Texten Jacobis, Fichtes oder Kants unterscheiden; bei näherem Hinsehen erweist sich aber das, was als Radikalisierung gemeint ist, eher als etwas, was man mit Jacobi »progreßive Vernichtung« nennen müsste. Dabei ist Eschenmayers Projekt überaus vielversprechend, geht es ihm doch seit seinen frühesten Arbeiten über Magnetismus oder über die *Dedukzion des lebendigen Organism* darum, Transzendentalphilosophie und Naturwissenschaft endlich sinnvoll zu verbinden.[39] Seine Dissertation,

---

37. David Hume: An Enquiry Concerning Human Understanding, in: ders.: The Philosophical Works, hrsg. von Lewis Almherst Selby-Bigge und Peter Harold Nidditch, Oxford 1975, Bd. 4, 31f.
38. Carl August Eschenmayer: Die Philosophie in ihrem Uebergang zur Nichtphilosophie, Erlangen 1803.
39. [Carl August Eschenmayer:] Dedukzion des lebendigen Organism von Dr. K. A. Eschenmayer, in: Magazin zur Vervollkommnung der theoretischen und practischen Heilkunde 2

auf Deutsch 1797 erschienen, verhandelt *Säze aus der Natur-Metaphysik auf chemische und medicinische Gegenstände angewandt,* und bereits die Vorrede zeigt, dass auch hier wie bei Fichte die Frage der Letztbegründung oder der ersten Gewissheit am Anfang steht: »Alles, was wir haben, sind empirische Prinzipien, aus der Erfahrung rückwärts gefolgert, die aber bloß eine komparative Allgemeinheit zulassen, es sind Hypothesen, in denen allemal eine Voraussetzung angenommen wird, welche eines weiteren Beweises bedarf, der weitere Beweis dieser Voraussetzung fällt aber in das Gebiet der Philosophie.«[40] Die »komparative Allgemeinheit« ist wiederum ein Kant-Zitat, denn so benennt Kant in der *Kritik der reinen Vernunft* das, was uns Erfahrungsurteile geben – keine »wahre« oder »strenge« Allgemeinheit, sondern eben nur »angenommene und komparative«, wie es bei Kant heißt.[41] Für sein Buch über ›Nichtphilosophie‹ erweitert Eschenmayer diese methodische Frage nach der Begründbarkeit erster Sätze um eine Erkenntnistheorie, die noch einschließt, was sie nicht mehr einschließen kann, wie das Vorwort andeutet: »Wenn ich zur Philosophie alles rechne, was Gegenstand des Erkennens und Handelns ist, sowohl in dem sichtbaren Universum als in der intellektuellen Gemeinschaft vernünftiger Wesen, so werden Gegenstände der Nichtphilosophie solche seyn, welche weder für das Wollen noch für das Erkennen erreichbar sind.«[42] Dieses Vermessen der Grenzen des Erkennens erhält freilich eine andere Akzentuierung als bei Kant, denn hier heißt es: »[U]m überhaupt eine Gränze zu finden, muss ich darüber hinausgehen«, und: »Was über die Gränze des Erkennens hinausliegt, kann nicht wieder ein Erkennen sein.«[43]

In diesem Ausgriff, den es in Kants Kritik gar nicht geben kann, nach diesem unmöglichen Übertritt der Grenze würde sich dann eröffnen, was Eschenmayer ›Nichtphilosophie‹ nennt, und es wäre zugleich die »Gränze zwischen der Spekulation und dem Glauben« übertreten.[44] Auch in den ersten Para-

---

(1799), 327–329. Im 4. Band der Zeitschrift hat Eschenmayer dann anonym eine Ärzte-Satire veröffentlicht; beide Schriften empfiehlt August Wilhelm Schlegel Friedrich Schleiermacher mit einer Nobilitierung des Autors zum Philosophen und Schriftsteller zur Lektüre: »Eschenmeyer [sic] können Sie aus der Deduction des Organismus im 2ten Band von Röschlaubs Magazin, als Philosophen, u[nd] aus den Briefen von X im 4ten B[and], (zu denen er aber nicht genannt seyn will) als geistvollen Schriftsteller kennen lernen.« A. W. Schlegel an Friedrich Schleiermacher, 08.09.1800, in: Friedrich Daniel Ernst Schleiermacher: Kritische Gesamtausgabe, Abt. V, Bd. 4: Briefwechsel 1800, hrsg. von Andreas Arndt und Wolfgang Virmond, Berlin/New York 1994, 253.

40. [Carl August Eschenmayer:] Säze aus der Natur-Metaphysik auf chemische und medicinische Gegenstände angewandt, Tübingen 1797, VIIIf.
41. Kant (Anm. 35), 46 (B 3).
42. Eschenmayer, Die Philosophie (Anm. 38), [I].
43. Ebd., 2.
44. Ebd., [I f.].

graphen des Textes spürt man die Ungeduld des Verfassers, endlich in dieses Neuland vorzustoßen, getreu seiner Überzeugung, dass Philosophie in Stufen erhoben wird, durch genialische Männer, »gleichsam auf einen Schlag«.[45] Mit einer an Fichtes Polemik gegen die »Buchstäbler« erinnernden Wendung verachtet auch Eschenmayer die Masse derer, die nach dem Abtreten des Genies »nur den Buchstaben commentierend, den Geist nicht aneignend, an der nämlichen Stelle kleben bleiben«.[46] Um das zu vermeiden, müsse man, mit einem Lieblingswort Eschenmayers, potenzieren, und zwar zunächst einmal die eigene Geisteskraft, denn eine Stufe der Philosophie verhält sich zur nächsten ihm zufolge »wie $1:\infty$, d.h. die Kraft des Geistes, welche auf diese Stufe verwandt wird, muss sich gleichsam unendlichemal selbst multipliciren, um die höchste Stufe zu erreichen«.[47] Was man sich darunter vorzustellen hat, wird aber leider gerade dann völlig rätselhaft, wenn der Text sich einer geläufigen Symbolik der formalen Logik oder der Mathematik bedient, so wenn Eschenmayer seine eigene Stufenfolge der Erkenntniskräfte anbietet und behauptet, damit sei »das ganze Gebiet Spekulation umschlossen«, so dass man sich jetzt dem Übergang zur »Nichtspekulation« widmen könne:[48]

Stufe der Einheit.
Potenz der Sinnlichkeit $= 1$.
Stufe der Duplicität.
Potenz des Verstandes $= \infty$.
Stufe der Triplicität.
Potenz der Vernunft ∞^{∞}.[49]

Wenn Eschenmayer glaubt, mit dieser Reihe von Potenzen die Grenzen des Erkenntnisvermögens markiert zu haben, so konnten nicht nur polemische Zeitgenossen die vorgebliche Gleichung als »neumodische[n] Unfug mit Potenzen und Potenziren, diese Mischmascherei aus Scholastik und übel angewandter mathematischer blosser Bezeichnungskunst« diffamieren.[50]

---

45. Ebd., 3.
46. Ebd.
47. »Die Stufen der Philosophie lassen sich nicht durch ein allmähliges Fortschreiten, sondern durch ein Potenziren erreichen. Eine Stufe verhält sich zur anderen, wie $1:\infty$, d.h. die Kraft des Geistes, welche auf diese Stufe verwandt wird, muss sich gleichsam unendlichemal selbst multipliciren, um die höchste Stufe zu erreichen […].« Ebd.
48. Ebd., 21.
49. »Durch diese drey Potenzen ist das ganze Gebiet der Spekulation umschlossen – und jetzt liegt es uns ob, auf das Gebiet der Nichtspekulation hinzuweisen, und den Uebergang der erstern in die letztere zu entwickeln.« Ebd.
50. Friedrich Heinrich Jacobi an Friedrich Bouterwek, 08.01.1804, in: Xavier Tilliette (Hrsg.): Schelling im Spiegel seiner Zeitgenossen, Bd. 1, Torino 1974, 136.

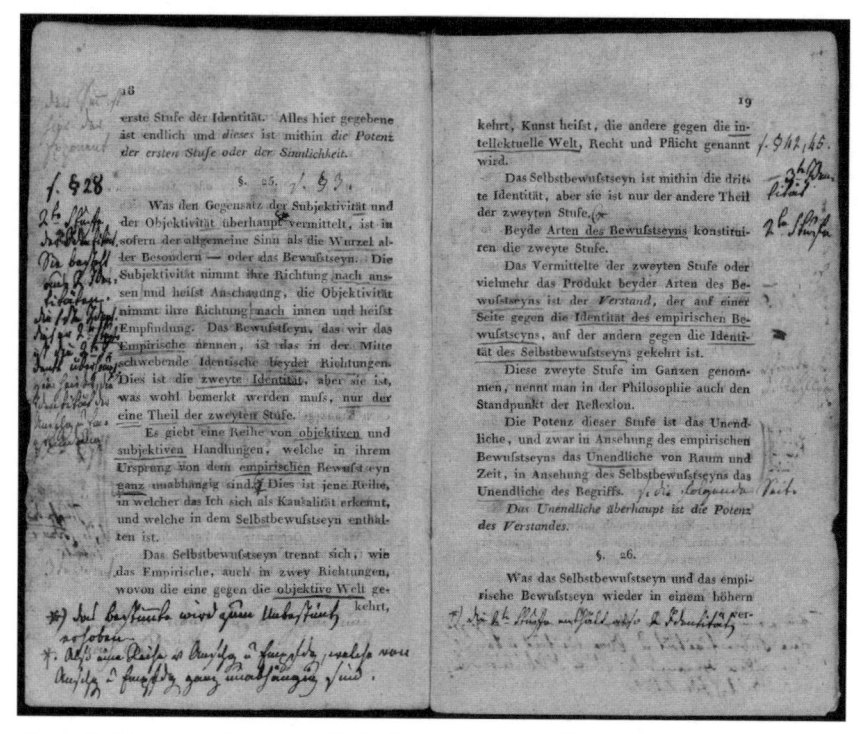

Abb. 1: Carl August Eschenmayer: Die Philosophie in ihrem Übergang zur Nichtphilosophie, Erlangen 1803, 18f., Exemplar Friedrich Heinrich Jacobis mit dessen handschriftlichen Notizen.

Bereits die vernichtende Rezension des Buches in der *Allgemeinen Literatur-Zeitung* hatte im Anschluss an den Abdruck der Formel, fast gleich lautend, moniert: »In dieser ganzen Darstellung des Vf.s wird durch die neuerdings beliebten Modeausdrücke Potenziren und Potenz alles in Verwirrung gesetzt. Das Wort Potenziren kommt in der Mathematik gar nicht vor« – und das Gleiche gelte für die »Scholastik«, womit in einem weiteren Sinn die schulmäßig gelehrte formale Logik gemeint sein dürfte.[51] Was ›Nichtphilosophie‹ genannt wird, erweist sich dann bei näherem Hinsehen als eine Art Theologie, wie sich Eschenmayers Werk insgesamt »zwischen Philosophie und praktischer Medizin, zwischen spekulativer Theologie, Psychiatrie und Spiritismus auf merkwürdig verschlungene Weise bewegt«.[52] In dem Maße, wie die Begriffe Wissen

---

51. [Anonym:] Rezension zu Eschenmayer: Die Philosophie in ihrem Uebergang zur Nichtphilosophie, in: Allgemeine Litteratur-Zeitung 1804, Bd. 2, 41–46, hier: 43.
52. Jörg Jantzen: Eschenmayer und Schelling. Die Philosophie in ihrem Übergang zur Nichtphilosophie, in: Walter Jaeschke (Hrsg.): Religionsphilosophie und spekulative Theologie. Der Streit um die Göttlichen Dinge (1799–1812), Hamburg 1999, 74–97, hier: 74. Demzufolge ist es »seine Auseinandersetzung mit Schelling, den er wiederholt zu Revisionen und endlich

und Nicht-Wissen stillschweigend getilgt sind, verlässt Eschenmayers Entwurf auch endgültig sein Fundament in Kant und Fichte – bzw. Jacobi und Schelling, wie die vernichtende Rezension seines Buches in der *Allgemeinen Literatur-Zeitung* behauptet[53] – in einem Akt der Abstraktion, der sich im Verlust jeder Bodenhaftung seinerseits als »progreßive Vernichtung« beschreiben lässt. Die philosophische Rede vom Nicht-Wissen als epistemischem Glauben kann, wie dieses Beispiel zeigt, unversehens in eine Art gläubige Andacht angesichts der Ausmaße jeder Nichtphilosophie umschlagen; zumindest für den sicher nicht wohlwollenden anonymen Rezensenten steht Eschenmayer dennoch fraglos an vierter Stelle nach der historischen Climax Kant-Fichte-Schelling. Spätestens seit Fichtes Wissenschaftslehre schillert das ›Nicht‹ als Teil von Komposita in der Erkenntnistheorie somit offensichtlich zwischen transzendentalem Versprechen und Scharlatanerie.

III

Wenn das ›wissende Nicht-Wissen‹ zu einer ›Nichtphilosophie‹ erweitert wird, deren Details sich in den luftigen Höhen der Abstraktion verlieren, so kann der Einspruch gegen eine solche »progreßive Vernichtung« auch bereits auf einer ganz anderen Ebene stattfinden. Dies zeigt Jacobis Exemplar von Eschenmayers Buch, das nicht nur auf der abgebildeten Doppelseite (Abb.) über und über beschrieben ist. Das teils heftige Kritzeln mit verschiedenen Stiften in mehreren Farben mag auf den ersten Blick aussehen wie die Anstreichwut eines eifrigen Studenten, und tatsächlich hat sich Jacobi sein philosophisches Wissen zeit seines Lebens autodidaktisch erarbeitet.[54] Schon vor jeder eingehenden Lektüre sieht man jedoch hier, dass die Anstreichungen und Margi-

---

zu einem neuen System zwingt«, der Eschenmayer »seine Aufnahme in die Philosophiegeschichte [verdankt]«, ebd.
53. In offensichtlich diffamierender Absicht ist dort sogar vom »Schwanken zwischen den entgegengesetzten Lehrsätzen beider Philosophen« und einer »Synthese derselben in diesem Schwanken«, die dem Buch »ein äusserst seltsames Ansehen« gebe, die Rede. [Anonym], Rezension (Anm. 51), 41. Eschenmayer hatte seine Position etwas anders markiert: »Fichte und Schelling, unsere philosophischen Gesetzgeber, haben die höchsten Probleme der Philosophie auf eine Art vorbereitet und eingeleitet, auch zum Theil selbst gelöst, dass uns für die gegenwärtige Epoche nichts zu wünschen übrig bleibt. Ich wünschte hier ein Aehnliches für die Nichtphilosophie zu tun.« Eschenmayer, Die Philosophie (Anm. 38), 7.
54. Dies demonstriert neben den großen Abhandlungen, zahllosen Briefen und den von ihm selbst als ›Kladden‹ bezeichneten Notizbüchern auch sehr eindrucksvoll der erhaltene Bestand seiner philosophischen Bibliothek. Die unterschiedliche Quantität von Anstreichungen und Marginalien ist verzeichnet in: Konrad Wiedemann: Die Bibliothek Friedrich Heinrich Jacobis – Ein Katalog, Stuttgart/Bad Cannstatt 1989. Offenbar parallel hat Jacobi Notizzettel angelegt, die als handschriftlicher Anhang in manchen Büchern zu finden sind.

nalien ganz unterschiedliche Formate und Ausrichtungen haben: Unterstreichungen mit Bleistift und entsprechende Randglossen dienen offensichtlich in erster Linie dazu, den Text aufzubereiten, also wichtige Stichworte hervorzuheben und mit Erläuterungen zu versehen, zum Beispiel mit dem Verweis auf andere Textstellen, und wie allseits üblich markiert auch hier der Rotstift offenbar das, was dem aneignenden Leser besonders wichtig ist.

In gewisser Weise verwandelt schon diese Bearbeitung, die als Form der Aneignung eines fremden Textes ja eigentlich affirmativen Charakter hat, die Nichtphilosophie in Philosophie, oder vielmehr in eine andere Philosophie: Jacobis Hervorhebungen folgen nicht der teils kryptischen Logik des Drucktextes, sondern eigenen Interessen, die zudem bereits beim Lesen offensichtlich die eines Schreibers sind. Denn spätestens mit dem Griff zum Füller und dem Einsatz der nicht revidierbaren Tinte beginnt der Kommentar dem Text, den er begleitet, zu widersprechen, wie beispielsweise auf der linken Seite unten, wo es heißt: »Das bestimmte wird zum Unterschied erhoben«, eine Antwort auf zwei einander widersprechende Formulierungen bei Eschenmayer. Eine zweite solche Einrede findet sich in der Marginalie darunter, die sich auf den oben unterstrichenen Satz Eschenmayers bezieht, der sagt: »Es giebt eine Reihe von objektiven und subjektiven Handlungen, welche in ihrem Ursprung von dem empirischen Bewußtsein ganz unabhängig sind.«[55] Die Unterstreichung der Signalwörter »objektiven«, »subjektiven«, »empirischen« und »ganz« dient offensichtlich nicht der Aufbereitung des Textes für ein schnelleres Wiederlesen und Wiederfinden, wie man das bei aneignenden Anstreichungen erwarten würde, sondern bereitet den sarkastischen Kommentar unten vor: »Also eine Reihe von Anschauungen und Handlungen, welche von Anschauungen und Handlungen ganz unabhängig sind.«[56] Ähnlich auf der rechten Seite: Oben im Text steht: »Das Selbstbewußtseyn ist mithin die dritte Identität, aber sie ist nur der andere Theil der zweiten Stufe«; hier dienen die Randglossen offensichtlich der Erschließung des Textes, denn dort steht »3te Identität« und »2te Stufe«, unten aber heißt es lakonisch: »Die 2te Stufe enthält also 2 Identitäten«[57] – mithin bestenfalls einen Begriff von Identität, der nicht mit der zweiwertigen Logik abendländischer Philosophie vereinbar ist. Auf den folgenden Seiten wird diese Widerrede expliziter werden, mit

---

Vgl. Cornelia Ortlieb: Friedrich Heinrich Jacobi und die Philosophie als Schreibart, München 2010.
55. Eschenmayer, Die Philosophie (Anm. 38), mit handschriftlichen Anmerkungen Friedrich Heinrich Jacobis, Staatsbibliothek zu Berlin, Preußischer Kulturbesitz, Libri impr. cum notis mss. oct. 561, 18, Hervorhebungen (als Unterstreichung) von Jacobi.
56. Ebd., 18, 2. Marginalie am unteren Seitenrand.
57. Ebd., 19.

Fragen und Einsprüchen, die gleichermaßen an den abwesenden Autor des Drucktextes wie an künftige Leser adressiert zu sein scheinen. Hierzu gehört beispielsweise die rhetorische Frage einer Randglosse ohne Fragezeichen: »Kann es eine Tugend geben, ohne[,] vor und außer dem Gewissen«.[58]

Mir geht es nun nicht darum, welcher der beiden Autoren am Ende Recht oder auch nur die besseren Argumente hat, und ich bezweifle, dass man bei solchen Texten noch mit den Kategorien von Wissen und Nicht-Wissen argumentieren kann. Wohl aber scheint es mir bemerkenswert, wer in diesem Streit der Schriften, oder vielmehr im Kampf der Schreibhand gegen den Drucktext, den Sieg davon trägt. Denn Eschenmayers Lehre von der Nichtphilosophie ist nach dieser mehrfarbigen Überschreibung buchstäblich nicht mehr dieselbe: Anstreichungen und Kommentare ergänzen nicht nur den Drucktext, sondern legen sich wie eine zweite Schicht auf die Seite, das Auge wird unweigerlich mehr von den handschriftlichen Spuren als von dem darunter liegenden gleichförmigen Drucktext angezogen. Was diese irreversible Veränderung der visuellen Oberfläche leistet, ist aber zugleich eine fundamentalere Art des Einspruchs gegen die leere Spekulation der Nichtphilosophie: Auch diese ist schließlich, wie die bemalten Seiten nachdrücklich demonstrieren, auf ein Medium und ein Material angewiesen, denn sie ist zunächst einmal eine Buchwissenschaft. Um 1800, zur Zeit der zweiten großen Medienrevolution, dem Beginn des Massendrucks, verbreitet sich noch die kühnste Abstraktion in Form gedruckter Texte, und es hat daher auch programmatischen Charakter, wenn Fichte *seine* Philosophie des Wissens keinesfalls gedruckt sehen will. Was die Zeitgenossen vom Ich und Nicht-Ich wissen, ist für die meisten zunächst nicht mehr als ein Gerücht, das in Gesprächen und Briefen kolportiert wird. Erst unter dem Druck seiner Hörer hat Fichte wenigstens die Grundlinien seiner Philosophie schriftlich formuliert, unter dem Titel: *Grundlage der gesammten Wissenschaftslehre: als Handschrift für seine Zuhörer*. Dabei handelt es sich um *bedruckte* Bogen, die man als Heft oder Buch binden (lassen) konnte. Als *Handschrift* sind sie dennoch treffend bezeichnet, weil Fichte sie in seinen Vorlesungen verteilte und somit die Schrift buchstäblich von Hand zu Hand ging.

---

58. Ebd., 33.

IV

Den zum Scheitern verurteilten Versuch, die Wissenschaftslehre nicht Literatur werden zu lassen, hat schließlich Jean Paul zum Ausgangspunkt für eine subtile Parodie genommen, die 1812 mit dem vieldeutig schillernden Titel *Leben Fibels, des Verfassers der bienrodischen Fibel* erschienen. Der Text rekonstruiert den Anfang des Schreibens noch vor dem Buchstabieren und entwirft unter der Hand eine Theorie des Exzerpts als Schreibverfahren, die noch dadurch potenziert wird, dass sowohl die Erzählung als auch das Buch in mehrfacher Hinsicht das Produkt eben dieser Konstruktion sind. Die im Titel benannte Fibel, deren historisches Vorbild wahrscheinlich konzipiert wurde von einem Schulrektor namens Klamer Heinrich Bienrod aus Wernigerode, das wiederum in der Nähe von Bienrode, dem Ort, liegt – daher das mehrdeutige Adjektiv »bienrodisch« –, ist kein Lesebuch, sondern ein ABC-Buch mit den für diese Gattung typischen Merkversen, das mit dem Abdruck verschiedener Alphabete beginnt und somit auch der Einübung des Buchstabenschreibens dienen kann. Dabei erhält jeder Buchstabe in zwei Versen in der Regel einen Gegenstand und ein Tier zugeordnet, so dass das Lesen und Schreiben der ersten Zeichen unmerklich zur Einführung in bestimmte Ordnungen des Wissens gerät.

Das kleine Buch ist im Anhang abgedruckt als das Produkt eines fiktiven Autors Gotthelf Fibel, dessen Lebensgeschichte die biographische Erzählung mit einer Fülle satirischer Seitenhiebe, auch die Literatur und Philosophie um 1800 betreffend, rekonstruiert. Jean Pauls Konzeption des Schreibens bei der Konstruktion von Erzählung und Buch ist dabei denkbar radikal: Sie setzt einerseits dort an, wo Schreiben und Zeichnen noch ununterscheidbar sind, beim Punkt-Punkt-Komma-Strich der ersten Schreibübungen des Kindes, andererseits zeigt sie mit unerbittlichem Witz dessen Gebundenheit an die fatale Materialität von Beschreibstoffen und Schreibwerkzeugen. Und schließlich geht es um die Frage, wie aus kleinsten Einheiten des graphischen Systems Buchstaben, Worte und Texte konstruiert werden können.

Jean Pauls Roman gibt sich als kommentierte Sammlung von »Exzerpten=Exzerpten«[59] und er lässt den Leser keinen Augenblick vergessen, dass diese zunächst einmal Papierschnipsel sind. Im Rahmen der Fiktion ist es eine Schar

---

59. Jean Paul: Nachlass, hier zitiert nach Michael Will: Jean Pauls (Un-)Ordnung der Dinge, in: Jahrbuch der Jean-Paul-Gesellschaft 41 (2006), 71–95 hier: 86. Das Doppelwort ist buchstäblich zu verstehen: Jean Pauls »atomisierendes Exzerpierverfahren« (ebd., 84) besteht in einer vermeintlich chaotischen, bei näherem Hinsehen aber sehr komplex strukturierten und organisierten Hierarchie von Abschriften, die ihrerseits auf Schlagworte durchmustert, in Teilen nochmals abgeschrieben und in Stichwortverzeichnissen registriert sind.

von Dorfjungen, die das Material zusammenträgt, und der Erzähler nennt diese Zu- und Beiträger entsprechend »Kompilatoren der im Dorfe zerstreuten Quellen«[60] und seine Schreibstube die »biographisch[e] Schneiderhölle voll zugeworfener Papier-Abschnitzel«.[61] Die Kapitelüberschriften halten die Erinnerung an dieses beschädigte Material wach: Sie geben nicht das Thema des Folgenden an, sondern den Beschreibstoff, und zwar in der kontingenten Gestalt, in der er gefunden wurde. So gibt es die Kapitel »Haubenmuster« und »Heringspapiere« entsprechend den zweckentfremdeten Schnittmustern und Einwickelpapieren, wie auch »Pfeffer-Düte«, »Papierdrache« usw.[62] Als fiktive Handschrift eines exzerpierenden Erzählers schildert die Lebensbeschreibung zudem ihren Helden als exzerpierenden Autor auf der Basis von Exzerpten aus ABC-Büchern, die ihr authentischer, historischer Autor angefertigt hat.[63]

Wenn jede Ordnung des Wissens und Schreibens auf ihre kleinsten Elemente zurückzuführen ist und deren kleinste Elemente wiederum auf Buchstaben als letzte Einheiten zurückgehen, so ist mit dem ABC zugleich die ganze Enzyklopädie des Wissens angelegt: »Nirgends besser als hier [im ABC-Buch] lernt man begreifen, wie die Alten im dickbändigen Homer die Enzyklopädie aller Wissenschaften finden konnten, wenn man in einem so schmalen Werkchen nicht weniger antrifft«, in einem Buch also, das von dort an umstandslos als »Fibelisch[e] Enzyklopädie« bezeichnet werden kann.[64] Freilich ist die Reihe der benannten Wissenschaften offenbar parodistisch gemeint, denn hier finden sich »polnische«, »arabische« und »italienische Geographie« neben »Kriegskunst«, »Mystizismus« und »Teleologie«, und als Beleg müssen Merkverse wie »Mit Messern stich bei Leibe nicht« – für italienische Geographie – oder »Das Licht gibt einen hellen Schein« für Mystizismus dienen.[65] Verdoppelt wird dieser enzyklopädische Ansatz aber dadurch, dass in das Buch *Leben Fibels*

---

60. Jean Paul: Leben Fibels, des Verfassers der bienrodischen Fibel, in: ders., Sämtliche Werke (Anm. 5), Abt. I, Bd. 6, 376.
61. Ebd.
62. Vgl. zum Papierdrachen als Chiffre des Spätwerks auch Helmut Pfotenhauer: Bücher-Biographie. Einführung, in: Jahrbuch der Jean-Paul-Gesellschaft 41 (2006), 5–18 und zu den umfangreichen Notizen Jean Pauls speziell zu diesem Kapitel Alexander Kluger: »Ein Buch macht Bücher«. Aus den unveröffentlichten Vorarbeiten zum Leben Fibels, in: Jahrbuch der Jean-Paul-Gesellschaft 44 (2009), 33–44.
63. Diese Arbeit am ABC lässt sich auch in den erhaltenen Exzerpt-Heften Jean Pauls nachvollziehen; so exzerpiert Jean Paul beispielsweise in einem Heft auf mehreren Seiten Merkverse aus einem ABC-Buch und konstruiert in einer Art Tabelle eigene alphabetisch geordnete Stichwortreihen, die offensichtlich die kleinsten Elemente von Erzählungen und künftigen Büchern liefern sollen; vgl. Cornelia Ortlieb: Jean Pauls Punktiermanier, in: Jutta Voorhoeve (Hrsg.): Welten schaffen. Schreiben und Zeichnen als Verfahren der Konstruktion, Zürich 2011, 77–96.
64. Jean Paul, Leben Fibels (Anm. 60), 490f.
65. Ebd., 491.

seinerseits Exzerpte aus allen zeitgenössischen Wissensgebieten eingearbeitet sind, sozusagen von A, Arzneikunde, bis Z, Zoologie.

Noch weitreichender ist aber das Argument im Text, mit dem Buchstaben habe man die »allgemeine Sprache« zur Hand, aus welcher nicht nur alle wirkliche Sprachen zu verstehen sind, sondern auch noch tausend ganz unbekannte«,[66] denn immerhin ließen sich diese 24 Schriftzeichen in Kombinationen zusammenfügen, deren Summe eine Zahl mit 34 Stellen ergebe – und eben diese Zahl ist auch im Buch abgedruckt. Man hat also hier geradezu in einem kantischen Sinn die Bedingung der Möglichkeit wissenschaftlicher Sprache vor sich, oder, wie es an derselben Stelle heißt, man sieht, »daß über diese Vierundzwanziger kein Gelehrter und keine Sprache hinauszugehen vermag, sondern daß sie die wahre Wissenschaftslehre jeder Wissenschaftslehre sind«.[67] Jean Pauls *Leben Fibels* wendet, wie diese explizite Stelle zeigt, Fichtes Verachtung der »Buchstäbler« und Leser gegen den Philosophen als Schreiber. Denn die Arbeit am Material der Buchstabenschrift und das Insistieren auf der Materialität von Schrift und Schreiben wird hier zum systematischen Einspruch gegen die Anmaßung einer Letztbegründung der Philosophie und des Wissens, die ihre eigenen Voraussetzungen vergisst: das Schreiben, mit dem alle Wissenschaft beginnt.

Die unauflösliche Verbindung von ›idealistischen‹ und ›materialistischen‹ Elementen in Jean Pauls Buchstaben- und Bücher-Roman führt somit vor, was im Poesie-Programm der *Vorschule* bereits angelegt war. Denn auch dort ist es nicht zufällig der Buchstabe, der zum Grundbestandteil der metaphorischen Rede vom »Nachschreiben der Natur« wird, seinerseits changierend zwischen buchstäblicher und metaphorischer Bedeutung. Gegen die Sogwirkung des ›Nicht‹ und des ›Nichts‹ – der philosophischen Abstraktion wie der künstlerischen Wirklichkeitsferne – setzt Jean Paul demnach eine Dichtung, die vom Material des Schreibens ausgeht und noch in der idealischen Entmaterialisierung dessen Beständigkeit behauptet. Zu Recht widmet daher der Verfasser eines satirischen ABC-Buchs seine polemischen Verse gegen die ›poetischen Nihilisten‹ dem »großen Autor der Clavis Fichtiana«: »Ja! Fliegt und tobt in den Revieren / Der Wissenschaft umher / [...] Auf Erden lernt ihr

---

66. Ebd., 489.
67. Ebd. Es ist sicher kein Zufall, dass das Zitat der Wissenschaftslehre im »Laternen-Kapitel« seinen Platz hat, das im ersten Satz mitteilt, einigen Frauen leuchte die ganze Sache wegen der Dunkelheit des Textes noch nicht recht ein, und schließlich die Zusammenkunft einer Akademie schildert, die sich bei ihren Vorträgen nicht auf ein Stehpult, sondern auf einen Letternkasten stützt.

doch nicht mehr / Als höchstens – leidlich – Buchstabieren!«[68] Diese Pointe ist in der Debatte um das Nicht-Wissen der Philosophie mehr als ein Witz.

---

68. Spiritus Asper [d.i. Friedrich Ferdinand Hempel]: Nachtgedanken über das A-B-C-Buch für alle, welche buchstabiren können, Leipzig 1809, 26f.

SCHNITTPUNKTE VON LITERATUR UND NICHT-WISSEN

Jutta Müller-Tamm

»... latent werden«
Lichtenbergs Psychologie des Nicht-Wissens

Zu Beginn seines letzten Lebensjahrzehnts, 1791, vermerkt Lichtenberg, ihn habe »ein außerordentlich[es] fast zu schriftlichen Tätlichkeiten übergehendes Mißtrauen gegen alles menschliche Wissen« befallen, »Mathematik ausgenommen«.[1] Mit dieser Skepsis gegen das positive Wissen – oder gegen das, was die Menschen dafür halten und sich als solches zurechnen – geht bei Lichtenberg ein besonderes Interesse für das Nicht-Wissen und seine Bedeutung einher. Zeichen und Effekt dieser gesteigerten Aufmerksamkeit für das Wechselverhältnis von Wissen und Nicht-Wissen – oder von ›Weisheit‹ und ›Unwissenheit‹, wie es bei Lichtenberg des Öfteren heißt – ist der Versuch, den Begriff der Latenz als neuen epistemologischen Grundbegriff zu etablieren. ›Latent‹, ›Latentmachen‹ und ›Latentwerden‹ sind ursprünglich physikalische Begriffe, die von Lichtenberg für Wissenschaftstheorie, Philosophie und Kulturtheorie beansprucht werden und die ihre Bedeutung eben daraus beziehen, dass sie auf der Grenze von Wissen und Nicht-Wissen, von Wahrnehmung und Nicht-Wahrnehmung operieren.

Versucht man zunächst, die Konturen von Lichtenbergs Gedanken über die ›Unwissenheit‹ nachzuzeichnen, dann zeigt sich ein reichhaltiges und vielgestaltiges Bild, das vor allem die dialektische Dynamik zwischen Wissen und Nicht-Wissen hervortreten lässt. Grundsätzlich kann man festhalten, dass Lichtenberg ›Unwissenheit‹ nicht als negative Größe, die schlicht in Wissen zu verwandeln wäre, auffasst. Im Gegenteil ist er der Überzeugung, dass mit der Akkumulation von Wissen auch das Nicht-Wissen notwendig anwächst. In einem *Sudelbuch*-Eintrag aus den 1770er Jahren heißt es hierzu:

Die Naturkündiger der vorigen Zeit wußten weniger als wir, und glaubten sich sehr nahe am Ziel: wir haben sehr große Schritte darauf zu getan und finden nun, daß wir noch sehr weit ab sind. Bei den vernünftigsten Weltweisen nimmt die Überzeugung von ihrer Unwissenheit zugleich mit ihrem Wachstum an Erkenntnis zu. (F$_1$ 46)

---

1. Georg Christoph Lichtenberg: Sudelbücher, in: ders.: Schriften und Briefe, hrsg. von Wolfgang Promies, 4 Bde. und zwei Kommentarbände, München 1967–1992. Im Folgenden werden alle aus den *Schriften und Briefen* entnommenen *Sudelbuch*-Einträge unter Angabe des Heftes, der Bandnummer und der Eintragsnummer direkt im Text nachgewiesen, hier: J$_1$ 938. Andere Zitate aus dieser Edition werden unter Angabe der Bandnummer und der Seitenangabe nachgewiesen.

Unwissenheit ist also nicht etwa – wie es aus der Perspektive aufklärerischer Wissenschaft erscheinen könnte – ein bloßer Restbereich, der durch mehr Wissen reduziert oder womöglich sogar aufgehoben werden könnte. Vielmehr wird Lichtenberg zufolge das Nicht-Wissen durch zunehmendes Wissen allererst hergestellt und ist in diesem konstitutiven Bezug auf das Wissen nicht zu eliminieren, eine Einsicht, die dem Versprechen beständiger Rationalisierung deutliche Grenzen setzt.

In diesem Rahmen finden sich nun vielfältige Überlegungen zu Formen des Nicht-Wissens und zum Verhältnis von Wissen und Nicht-Wissen, die hier nur summarisch angedeutet werden können. So unterscheidet Lichtenberg Vorformen des Wissens – die Ansammlung von Daten, »isolierte facta«, wie er sagt – vom eigentlichen Wissen, das durch Ordnung, kausale Verknüpfung und Synthese gekennzeichnet ist. (J_I 1023, vgl. auch J_I 573) »[R]egisterartige Gelehrsamkeit« (D_I 255) wird von nützlicher, auf das Wohl der Menschheit gerichteter Wissenschaft unterschieden, produktives von unproduktivem Wissen abgegrenzt: »Manche Leute«, schreibt Lichtenberg, »wissen alles so, wie man ein Rätsel weiß, dessen Auflösung man gelesen hat, oder einem gesagt worden ist, und das ist die schlechteste Art von Wissenschaft«. (D_I 536) Gegen die Rekapitulation von Lehrsätzen behauptet Lichtenberg das Selbstdenken, die dynamische Verknüpfung und Konfrontation von Elementarbeobachtungen oder Methoden. Und schließlich insistiert Lichtenberg auf der Unterscheidung von sicherem und unsicherem, von nachprüfbarem und hypothetischem Wissen, wobei ihm – das ist wesentlich – gerade die Anerkennung des Nicht-Wissens als Bedingung wissenschaftlicher Erkenntnis gilt. Wissen ist eigentlich bewusster Umgang mit dem Nicht-Wissen: »Nichts setzt dem Fortgang der Wissenschaft mehr Hindernis entgegen als wenn man zu wissen glaubt, was man noch nicht weiß. In diesen Fehler fallen gewöhnlich die schwärmerischen Erfinder von Hypothesen.« (J_{II} 1438)[2] Insgesamt zielen derartige Überlegungen auf einen durchaus emphatischen Begriff von Wissen und Wissenschaft, der sich aber eben zentral durch seinen reflektierten Bezug auf das Nicht-Wissen auszeichnet.

Die Einsicht in die unaufhebbare Zusammengehörigkeit und die perspektivische Bezüglichkeit von Wissen und Nicht-Wissen schärft auch den Blick für mögliche Funktionen der Unwissenheit. So scheint der Gedanke an die sozial

---

2. Siehe auch L_{II} 896: »Es ist eine sehr schöne Bemerkung die Dr. Hutton in dem Artikel *Attraction* äußert, wollte man sich in der Physik nicht auf Effekte einlassen, deren Ursachen kein Gegenstand unserer Sinne sind, so würde eine große Lücke entstehen. Will man sich aber auf die Erklärung von Ursachen einlassen, die keine Gegenstände unserer Sinne sind, so läuft man Gefahr Luftschlösser zu bauen. Man kann also gar wohl bei dem Effekt stehen bleiben, und über die Ursache denken wie man will.«

stabilisierende Funktion von Nicht-Wissen mitzuspielen, wenn Lichtenberg Mitte der 1790er Jahre in einem *Sudelbuch*-Eintrag befindet: »Jetzt sucht man überall Weisheit auszubreiten, wer weiß, ob es nicht in ein paar hundert Jahren Universitäten gibt, die alte Unwissenheit wieder herzustellen.« (K_{II} 236) Überhaupt zeichnet sich bei Lichtenberg verschiedentlich die Auffassung ab, dass es sich bei dem, was jeweils aktuell als Wissen anerkannt wird, auch um eine Frage der Übereinkunft handelt. Dass Wissen mit Machtfragen und sozialer Akzeptanz zu tun hat, bringt Lichtenberg einmal auf die lapidare Formel: »Die Dachziegel mag manches wissen was der Schornstein nicht weiß.« (J_I 941) Das ist eine bildliche Formulierung nicht nur für die Relativität und Perspektivität allen Wissens, sondern auch für die Ungültigkeit gängiger Maßstäbe und Normen, die Hierarchien des Wissens erzeugen oder Wissen nach hierarchischen Gesichtspunkten zuschreiben: Der Überblick, das festgefügte System, die Höhe metaphysischer Überlegungen, die sanktionierte, mit Macht ausgestattete Perspektive, für die der Schornstein stehen mag, garantieren eben nicht ein Mehr an Wissen; hingegen ergibt die nicht privilegierte Perspektive der Dachziegel – sie ist eine unter vielen, instabil, in Schräglage – ein eigenes, spezifisches, keineswegs geringer zu schätzendes Wissen.

Das Nicht-Wissen hat aber nicht nur die (natürlich mit Distanz und kritisch wahrgenommene) Funktion sozialer Stabilisierung oder auch psychischer Entlastung, sondern kann durchaus als wissenschaftlich produktiver Faktor angesehen werden. Auch falsches Wissen bringt – als solches – Erkenntnis, nämlich eine Form von Metawissen, hervor:

Selbst unsere häufigen Irrtümer haben den Nutzen, daß sie uns am Ende gewöhnen zu glauben, alles könne anders sein, als wir es uns vorstellen. Auch diese Erfahrung kann generalisiert werden, so wie das Ursachen-Suchen, und so muß man endlich zu der Philosophie gelangen, die selbst die Notwendigkeit des principii contradictionis leugnet. (J_I 942)

Irrtümer, die ja immer erst in Erscheinung treten, nachdem sie als solche erkannt wurden, sind demnach gleichwohl nicht einfach Effekt einer Verwandlung ehemaligen Nicht-Wissens in Wissen bzw. Einsicht in vergangenes Nicht-Wissen. Vielmehr belehren sie über die eingeschränkte Gültigkeit rationaler Maßstäbe und die begrenzte Reichweite logischer Denkgesetze. Von der Produktivität des Nicht-Wissens oder des falschen Wissens spricht schließlich auch Lichtenbergs Idee, »*[n]eue Irrtümer zu erfinden.*« (L_{II} 886) Auf diese Weise entfaltet Lichtenberg in zahlreichen *Sudelbuch*-Einträgen eine Psychologie und Erkenntnistheorie des Nicht-Wissens, die ganz unterschiedliche Formen – falsches Wissen, ungesichertes Wissen, ausgegrenztes Wissen, Noch-Nicht-Wissen, nicht anerkanntes Wissen – umfasst und die den szientifischen Erkenntnisfortschritt – in gewisser Weise aber auch den sozialen Fortschritt – an den bewussten Umgang mit eben diesem Nicht-Wissen bindet.

Auf diesem durch das Spannungsverhältnis von Wissen und Nicht-Wissen bestimmten epistemologischen Feld ist nun die Figur der Latenz angesiedelt. Der Begriff der Latenz, von dem Lichtenberg ausgeht, entstammt der Physik des 18. Jahrhunderts, in die er als Terminus durch die, wie Lichtenberg sagt, »große und wichtige Lehre vom latenten Feuer«[3] eingeführt wurde. In den 1750er Jahren hatten Joseph Black, Jean-André de Luc und Johann Karl Wilke unabhängig voneinander das Phänomen der latenten oder verborgenen Wärme entdeckt. De Luc beobachtete, dass die Temperatur von schmelzendem Eis bzw. Eiswasser in einem Gefäß erst dann über den Gefrierpunkt steigt, wenn das gesamte Eis geschmolzen ist. Die allgemeine Deutung des Phänomens, der auch Lichtenberg folgte, besagte, dass »beym Uebergang fester Körper in flüssige der freye Wärmestoff latent, und umgekehrt, beym Uebergang flüssiger Körper in feste, der latente Wärmestoff frey wird«; das gleiche Phänomen trete auf, »wenn tropfbare Flüssigkeiten in Dämpfe« und »wenn Dämpfe in tropfbare Flüssigkeiten übergehen«.[4] Das Verschlucken oder Latentwerden des Wärmestoffs beim Wechsel des Aggregatzustandes (in diesem Fall beim Schmelzen des Eises) sollte daher rühren, »daß der Wärmestoff hier eine Art chemischer Verbindung mit dem Körper eingehe, und dadurch Flüssigkeit bewirke«.[5]

Lichtenberg hält die Lehre von der latenten Wärme für eminent wichtig: »Wer so etwas entdeckt«, verkündet er in seiner Vorlesung, »kann auf Unsterblichkeit rechnen!«[6] Jedoch geht die Bedeutung, die er dem Latenzbegriff beimisst, weit über diese terminologische Verwendungsweise hinaus. Zunächst einmal lässt sich Latenz – verstanden als physikalische Dynamik – auf unterschiedliche Naturphänomene anwenden und muss insofern als grundlegende Seinsweise von Naturelementen und -prozessen verstanden werden:

---

3. Georg Christoph Lichtenberg: Vertheidigung des Hygrometers und der de Lüc'schen Theorie vom Regen, hrsg. von Ludwig Christian Lichtenberg und Friedrich Kries, Göttingen 1800, 77; zitiert nach: http://zs.thulb.uni-jena.de/receive/jportal_jparticle_00017602 [konsultiert am 18.03.2011].
4. Georg Christoph Lichtenberg: Physikvorlesung: Nach J. Chr. P. Erxlebens Anfangsgründen der Naturlehre. Aus den Erinnerungen von Gottlieb Gamauf, bearbeitet und mit einer Einleitung versehen von Fritz Krafft, Wiesbaden 2007, 344.
5. Ebd., 345.
6. Ebd., 344.

Der Begriff von Latent-Werden verdiente eine eigene umständliche Behandlung. Es ist eben das Aufheben und Verschlingen der chemischen Kräfte und ihre Entwickelung wieder, durch die die Natur so vieles ausrichtet. Es ist dieses die eigentliche Weltseele. So wie die Kanonen-Kugel, die sich schnell um ihre Axe dreht auf einmal eine progressive Bewegung erhalten kann, und Bewegung gleichsam latent war, so kann alles latent werden, selbst allgemeinere Eigenschaft[en] als Flüssigkeit Elastizität, vielleicht Penetrabilität, Fühlbarkeit, und da allen diesen Relationen gegen unsere Sinne auch gewiß andere analoge gegen andere Körper da sind, wie die ganze Scheidekunst beweist, so läßt sich daraus viel Großes schließen. (J_I 1340)

Die eigentliche Bedeutung der Latenz liegt in der hier angedeuteten Parallelität von physikalischer und perzeptiver Dynamik. Die Relation der Stoffe untereinander und ihre Relation zu den menschlichen Sinnen erscheinen miteinander verschränkt; auf der Ebene des elementaren, durch sinnliche Gewissheit verbürgten Wissens bzw. Nicht-Wissens laufen Innen und Außen parallel, Latenz belehrt gleichermaßen über physikalische Vorgänge wie über die Natur der Wahrnehmung:

Wäre es nicht gut im Anfang unserer physischen Lehrbücher das Allgemeine von unsern Sinnen beizubringen, wo die Ausdrücke von *latent* werden vorbereitet werden könnten. Auch daß wir Würkungen genug in der Natur antreffen deren Ursachen nicht in die Sinne fallen Ursache der Schwere, die magnetische Materie. Man bedenke nur wenn wir keine Augen hätten, wodurch offenbarte sich uns das Licht. (J_I 2078)

Jenseits der Grenzen unserer Wahrnehmungsfähigkeit gibt es also einen Raum verborgener Wirksamkeiten. Viele Naturprozesse entziehen sich der Wahrnehmung und somit dem Wissen: Wir kennen nicht die darin enthaltenen Bestandteile und daher auch nicht die wirkenden Ursachen. Insofern richtet sich die Neugierde des Experimentators auf die Spaltung der in der Natur verbundenen Phänomene; Erkenntnisfortschritt besteht im Wahrnehmbarmachen des Verborgenen:

Alles ist hinieden gemischt; wir müssen jetzt nur noch suchen, wie wir es gehörig trennen, und eine Materie vorzüglich vor der andern erscheinen machen können. Das ist allein Gewinn *latente* Dinge *sensibel* zu machen. (K_{II} 327)[7]

---

7. Vgl. Francis Bacon: Novum Organum [1620], hrsg. von Thomas Fowler, Oxford 1878, Buch II, 2, 6, 7, 8.

Erscheint hier das Latente als Bereich des Nicht-Wissens, dem die Dinge entrissen werden sollen, so konzipiert Lichtenberg doch Latenz auch als strukturelle Gegebenheit, als gegebenen Raum der verborgenen Wirksamkeiten, als nicht zu eliminierende Seinsform natürlicher Elemente und Prozesse. Erkenntnis definiert sich aus der Bezogenheit allen Wissens auf das im Verborgenen Wirksame. Die Physik, so erläutert Lichtenberg in einem späten *Sudelbuch*-Eintrag von 1798, arbeitet notwendig mit Effekten, deren Ursachen unbekannt und unerklärlich sind; das Wissen der Physik besteht demnach eigentlich in der Ordnung solcher Effekte und sitzt gewissermaßen notwendig dem Nicht-Wissen auf. (L_{II} 896)

Vor dem Hintergrund derartiger Überlegungen möchte Lichtenberg schließlich die Figur der Latenz als wahrnehmungs- und erkenntnispsychologischen Elementarbegriff etablieren:

Latent werden, fortleiten, sensibel werden sind Begriffe, die einmal im allgemeinsten Verstande betrachtet zu werden verdienten. Wo plötzlich etwas sensibel wird, da geht gewiß eine Trennung vor; es ist ein präzipitierendes Mittel da, das vielleicht den andern Bestandteil mit sich fortreißt, und was vorher ein Nichtleiter eines Bestandteils war, kann jetzt ein Leiter werden. (K_{II} 329)

Die gesamte Notiz lässt sich bezeichnenderweise zugleich auf physikalisch-chemische und psychische (also Wahrnehmungs- und Erkenntnis-) Prozesse beziehen. Die Opposition von Latentwerden und Sensibelwerden, von Mischung/Verbindung und Trennung/Isolation, von Nicht-Leitung und Leitung bezeichnet auch intellektuelle Operationen, wobei in dieser Notiz das Moment der Zeitlichkeit und Prozessualität des Wissens mit besonderer Deutlichkeit hervortritt. ›Latentwerden‹ und ›Sensibelwerden‹ markieren Zustandsänderungen, die das Wissen mit einem spezifischen Zeitindex versehen: Latenz adressiert Wissen im Modus der Nachträglichkeit, dem steht »das präzipitierende Mittel«, und das heißt auch: Wissen im Modus der Vorwegnahme, entgegen.[8] Von hier ausgehend öffnet sich ein Feld möglicher Anwendungen, Analogisierungen und Metaphorisierungen, etwa wenn Lichtenberg die Philosophie als Scheidekunst mit ihren »reinen Sätzen« abgrenzt gegen die alltägliche Sprache, in der jene »Sätze der abstraktesten Philosophie nur eingewickelt, versteckt, gebunden, latent, wie der Physiker und Chemiker sagt«, gebraucht werden. (J_I 2148)

---

8. Vgl. auch J_I 1337: »Dem latent machen steht zum Teil Präzipitation entgegen.«

Lichtenberg möchte also Latenz nicht nur zu einem Begriff der physikalischen Propädeutik machen, sondern zu einem epistemologischen Fundamentalbegriff überhaupt, der sich für Übertragungen auf unterschiedliche Gebiete anbietet.[9] Diese grundlegende Funktion kommt ihm zu, eben weil er sich durch die Grenze von Wissen und Nicht-Wissen in seiner elementaren Form – als Wahrnehmung – definiert. Und umgekehrt lässt sich festhalten, dass Lichtenbergs Begriff der Latenz ein wesentliches Indiz ist für seine Erschließung des Wissenskomplexes vom Nicht-Wissen her.

Wie nun verhält sich hierzu die Literatur? In gewisser Weise kann man sagen, dass Lichtenberg Literatur dem Nicht-Wissen zuordnet bzw. als Ausgriff auf das Nicht-Wissen in all seinen Formen – seinen unterhaltsamen und unbedeutenden wie seinen produktiven und erkenntnisstiftenden – bestimmt. Die Literatur erscheint dabei als legitimer Ort einer Verhandlung von Wissen und Nicht-Wissen. Es sind insbesondere die literarischen Träume und Phantasien, in denen sich Wissen und Nicht-Wissen fruchtbar begegnen. Es gebe – so Lichtenberg in einem *Sudelbuch*-Eintrag von 1790 – »Lücken« im empirisch-vernünftigen Wissen, »die nur durch einen Traum ausgefüllt werden« können, »und ist der Traum in sich zusammenhängend, entfernt man sich nie von den Vorschriften einer richtigen Analogie, so kann er ja die Wahrheit selbst sein oder ihre Stelle vertreten. Er kann in Typen lehren, so wie man in Allegorien predigt.« (J_{II} 1416) Der Traum ist hier zum Titel für ein hypothetisches, ein offenes und bewusst unfertiges Denken geworden. Lichtenberg stellt unmissverständlich klar, dass er keinesfalls derartige Träume in Schriften, »die der Belehrung allein gewidmet sind« verteidigen und dass er sie auch nicht als Ersatz für gründliche Beobachtung verstehen wolle. (III, 114) Erklärtermaßen geht es um die Rolle der Fiktion, der Phantasie, des literarischen Ideenflugs, es geht um die großen Gedanken in »den schönsten Formen«. (III, 114) In diesem Sinn hat Lichtenberg seine eigenen Phantasien gerechtfertigt: »[V]erliere ich mich in Träume«, heißt es in einem Aufsatz über Kometen von 1787,

---

9. Vgl. hierzu Ulrike Freiling: »Ist denn Vergnügen der Sinne gar nichts?«. Sinnlichkeit in den Schriften Georg Christoph Lichtenbergs, Norderstedt 2002, 28–33; Erich Kleinschmidt: Latenzen und Intensitäten. Die mobile Lesbarkeit der Moderne, in: Sabina Becker, Helmuth Kiesel (Hrsg.): Literarische Moderne. Begriff und Phänomen, Berlin/New York 2007, 453–472, hier: 458, Anm. 17. Kleinschmidt vermerkt das Fehlen einer systematischen Begriffsgeschichte von ›Latenz‹ (ebd., Anm. 18). Vgl. die Hinweise hierzu in: Hans-Gerd Janssen, Karl-Heinz Brune, Ute Schönpflug: Art. »Latent, Latenz«, in: Historisches Wörterbuch der Philosophie, hrsg. von Joachim Ritter, Karlfried Gründer, Gottfried Gabriel, Basel/Stuttgart 1971–2007, Bd. 5, Sp. 39–46; die Beiträge in: Stefanie Diekmann, Thomas Khurana (Hrsg.): Latenz. 40 Annäherungen an einen Begriff, Berlin 2007; sowie: Hans Ulrich Gumbrecht, Florian Klinger (Hrsg.): Latenz. Blinde Passagiere in den Geisteswissenschaften, Göttingen 2011.

so sollen sie wenigstens nicht unangenehm seyn und sich nur da einstellen, wo es der Vernunft unmöglich ist zu entscheiden. In dem Fall sind Träume gewiß verzeyhlich, zumal wenn man sie aufrichtig für das ausgiebt, was sie sind. Es ist der Hauptvorzug unsers Geistes, und nichts zeigt so sehr seine Verwandtschaft mit dem Urheber der Welt, als dieses, daß wir nicht blos in dem gegenwärtigen Augenblick leben, nicht bloß empfinden, sondern uns des Gegenwärtigen bedienen, sowohl im Vergangenen als im Künftigen zu leben, zu erklären und zu weissagen, und eine Kraft üben deren höchste Stufe, das Überschauen von Welt Zeit und Ewigkeit im Allmächtigen ist.[10]

Das durchgeführte Gedankenexperiment, die philosophische Traumerzählung, die naturgeschichtliche Phantasie – der »Traum zum Anprobieren« (J_I 324), wie Lichtenberg es nennt – steht hier für ein spätaufklärerisches Erkenntnismodell, das sich im Feld zwischen Einzelbeobachtung und übergreifendem Sinnentwurf bewegt und dieses Feld als offenen Raum zwischen Wissen und Nicht-Wissen oder Noch-Nicht-Wissen, mithin als legitimen Spielraum der Phantasie verteidigt: »Phantasie und Witz sind das leichte Corps, das die Gegenden rekognizieren muß, die der nicht so mobile Verstand bedächtlich beziehen will.« (III, 114) Wo hingegen die Grenze zwischen Wissen und Nicht-Wissen nicht überschritten wird, bleibt das Wissen unproduktiv: »Ich habe Leute gekannt von schwerer Gelehrsamkeit, in deren Kopf die wichtigsten Sätze zu Tausenden selbst in guter Ordnung beisammen lagen, aber ich weiß nicht wie es zuging, ob die Begriffe lauter Männchen oder lauter Weibchen waren, es kam nichts heraus.« (III, 113) Wissen ist demnach – jedenfalls im emphatischen Sinne – nicht als Bestand und gesicherte Ordnung zu begreifen, sondern als Prozess, der sich nur im reflektierten Ausgriff auf das Nicht-Wissen vollzieht. Träume und Phantasien – aufgefasst als literarische Gattung und als Denkform – tragen einer Epistemologie Rechnung, die ausgeht von der Relativität des gesicherten Wissens, der Unzulänglichkeit eines elementaren Empirismus, der allein noch kein Wissen produziert, und vom Sinn eines wissenserzeugenden Vorgriffs auf das Nicht- und Noch-Nicht-Gewusste.

An einem hier nur noch anzureißenden konkreten Beispiel soll abschließend der Zusammenhang von Nicht-Wissen, Epistemologie der Latenz und Literatur bei Lichtenberg nachvollzogen werden, und zwar am Beispiel eines Naturphänomens, das als veritables Faszinosum des 18. Jahrhunderts gelten kann: des Nordlichts.[11]

---

10. Georg Christoph Lichtenberg: Von Cometen, in: Göttinger Taschen Calender, Göttingen 1787, 82f., zitiert nach: Schriften und Briefe (Anm. 1), Kommentar zu Bd. III, 48.
11. Die folgenden Ausführungen entstammen einem Aufsatz zur Geschichte des Nordlichts im 18. Jahrhundert: Jutta Müller-Tamm: »… es schoß ein wildes Feur durchs gantze

Im 18. Jahrhundert gehört das Nordlicht zu den großen Rätseln des Himmels. Zwar unterliegt es, wie die Kometen und das Gewitter, einem fundamentalen Prozess der Säkularisierung, Verwissenschaftlichung und Ästhetisierung, dennoch bleibt es ein unerklärliches Phänomen, ein Schauspiel, dessen Botschaft nachhaltig beschäftigt und das ein Nachdenken über die Zeichenhaftigkeit der Natur, über das Verhältnis von Mensch und Umwelt, über Wahrnehmung und Wissenschaft auslöst. Lichtenberg hat die Frage: »Was ist das Nordlicht?«, gleich dreimal in seinen *Sudelbüchern* notiert (und zwar wortwörtlich und im Verlauf von Jahrzehnten).[12] Die Frage hat ihn bereits als Kind umgetrieben, wie eine spätere Aufzeichnung bezeugt:

Heautobiographia. Nicht zu vergessen, daß ich einmal die Frage, was ist das Nordlicht? auf den Graupnerschen Boden mit einer Adresse an einen Engel hinlegte und ganz schüchtern am andern Morgen nach dem Zettel hinschlich. O wäre da ein Schelm gewesen, der den Zettel beantwortet hätte! (L_I 683)

Diesen Schelm aber gab es nicht, und so hat die Rätselfrage Lichtenberg zeit seines Lebens beschäftigt. Dabei interessierte ihn das Nordlicht nicht nur als physikalisches Phänomen, vielmehr kann es als Chiffre gelten, in der sich Kindheitserinnerungen, Traumerlebnisse und kulturgeschichtliche sowie psychologische und erkenntnistheoretische Reflexionen verdichten.

Bis ins 18. Jahrhundert hinein – und eigentlich, schenkt man dem anhaltenden Einspruch gegen die metaphysische Zeichenhaftigkeit der Himmelserscheinung Glauben, durch das ganze 18. Jahrhundert hindurch – galten die Polarlichter als Ankündigungen kommenden Unheils, als Boten göttlicher Strafe, als Vorzeichen des Weltuntergangs. Die Aufklärung hingegen verwandelte das metaphysische Phänomen in ein physikalisches, das göttliche Zeichen in ein wissenschaftlich zu untersuchendes Objekt. Ausgelöst wurde die intensive Beschäftigung mit den Polarlichtern durch das außergewöhnliche, offenbar in ganz Europa zu sehende Nordlicht vom März 1716 (wie es überhaupt einige sehr spektakuläre Nordlichter im 18. Jahrhundert gab). Es folgten zahllose, zum Teil abenteuerliche Erklärungsversuche: von Edmond Halleys Theorie der Hohlerde, aus der Licht austritt, bis hin zu de Mairans Herleitung des Nordlichts aus sich entzündenden Dämpfen der Sonnenatmosphäre. Manche hielten das dramatische Licht- und Farbereignis am Himmel

---

Firmament«. Das Nordlicht in Physik, Kulturgeschichte und Literatur des 18. Jahrhunderts, in: Georg Braungart, Urs Büttner (Hrsg.): Atmosphären. Wetter und Klima: Kultur, Wissen, Ästhetik (in Vorbereitung).

12. Vgl. C_I 178; J_{II} 1330; L_I 683.

für ein unreifes, also nicht zur vollen Entladung kommendes Gewitter, andere wiederum erklärten es durch Spiegelungseffekte; das Spektrum reichte hierbei von solchen Theorien wie derjenigen, die »das Nordlicht durch den Glanz der Heringe erklärt« – eine Theorie, für die Lichtenberg offensichtlich nur Spott übrig hatte (D_I 411) – bis hin zu elaborierteren Überlegungen, denen zufolge sich wechselseitig spiegelnde Eisteilchen in der Atmosphäre für das Leuchten verantwortlich seien. Mit all diesen Theorien hat sich Lichtenberg mehr oder weniger kritisch auseinandergesetzt; er verfocht seinerseits die avancierteste Theorie, die (nach Beobachtungen über die Verstärkung von Magnetismus und Elektrizität beim Auftreten von Nordlichtern) die Erscheinung durch Elektrizität erklärte. Auch bei diesen Versuchen, den Nordschein aus der Elektrizität zu erklären, blieb allerdings eine gänzliche Unsicherheit. »Das Resultat aus allem ist [...] dieses« – so heißt es in Gehlers *Physikalischem Wörterbuch* aus dem Jahre 1790 –, »daß wir noch weit davon entfernt sind, die wahre Ursache und Entstehungsart des Nordlichts mit Gewißheit angeben zu können.«[13]

Die Unsicherheit betraf dabei schon ganz elementare Fragen der empirischen Beschreibung des Nordlichts, Fragen wie die nach der Höhe des Phänomens, nach dem Status (ob es sich um ein Wetterphänomen handelt, ob es Einfluss auf oder Vorhersagekraft für das Wetter hat?) oder – ganz zentral – die Fragen nach Häufigkeit und historischer Verteilung der Nordlichter. Grundsätzlich insistierte man darauf, dass es zu allen Zeiten Polarlichter gegeben habe – das ging gegen die Außergewöhnlichkeit, die Einzigartigkeit des Phänomens und damit auch gegen seinen Wunderstatus, gegen die mythopoetischen Herleitungen. Allerdings gab es in den Verzeichnissen, wie sie etwa de Mairan und einige Nachfolger lieferten, signifikante Lücken, so zwischen den Jahren 1465 und 1520, von 1581 bis 1600 und von 1621 bis 1686, und das heißt: Es fehlten Daten zu Polarlichtern gerade in Zeiten, »wo man gewiß nichts Abentheuerliches am Himmel aufzuzeichnen vergaß«.[14] Die Traktate des 18. Jahrhunderts beteiligen sich allesamt am Rätselraten, ob diese statistischen Leerstellen dem Ausbleiben der Erscheinung oder aber einem Mangel an Aufmerksamkeit, an wissenschaftlicher Sorgfalt oder an Nachrichten zuzuschreiben sei. An die Stelle der primären Himmelsbeobachtung, die im Falle des Nordlichts nicht weiterhilft, tritt damit die Beobachtung der Himmelsbeobachtung. Die radikale Unsicherheit auf der elementar-empirischen Ebene und erst recht in der

---

13. Johann Samuel Traugott Gehler: Art. »Nordlicht, Nordschein«, in: ders. (Hrsg.): Physikalisches Wörterbuch oder Versuch einer Erklärung der vornehmsten Begriffe und Kunstwörter der Naturlehre, mit kurzen Nachrichten von der Geschichte der Erfindungen und Beschreibungen der Werkzeuge begleitet, Leipzig 1787ff., Bd. 3, 363–378, hier: 377.
14. Ebd., 367.

Analyse der Ursachen beförderte eine epistemologische Wendung der Fragerichtung.

In ebendieser Weise hat Lichtenberg gerade für den vorliegenden Fall das Nicht-Wissen als Ausgangspunkt von Metawissen ausgewiesen. So überführt er die Unsicherheit über das historische Vorkommen und die Beobachtung der Nordlichter in eine allgemeine Reflexion über die Natur der Wahrnehmung und das Funktionieren der Sinne. Zur Debatte steht für ihn hier die Grenze der Sichtbarkeit, die Schwelle der Merklichkeit oder noch allgemeiner: der Schwellencharakter von Wahrnehmung überhaupt, mithin das Phänomen der Latenz:

Ich habe schon einmal an einem andern Ort bemerkt, daß sich alles in der Welt in alles verliert, und alles in allem befindlich ist, ich meine alles, was wir bemerken und mit einem Wort bezeichnen, war schon da ehe es zu dem Grad kam, den wir bemerkten. Das Beispiel vom Gewitter, daß jede Wolke eins ist, und daß sie bloß dem Grade nach unterschieden sein kann. Nichts leitet leichter auf Gedanken. Vielleicht sind immer Nordscheine und wir nennen nur hohe Grade so, die uns in die Sinne fallen, so könnte jemand geschlossen haben, der nicht wüßte, daß sie fast beständig in den nördlichen Gegenden sind. (F_I 147)

Und mehr als zehn Jahre später, um 1790, führt er weiter aus:

Der Begriff von latent werden ist unstreitig einer von den reichhaltigsten für die ganze Physik und Philosophie überhaupt. [...] so werden Sachen dem Auge latent; warum können es gewisse Materien nicht für alle Sinne werden. Ich sollte mich nicht wundern, wenn einmal jemand die magnetische Materie mit einer andern verbunden dem Auge darstellte und was ist das Nordlicht? Die schwarze Farbe ist in einem Augenblick weg und wieder da. (J_{II} 1330)

Auf diese Weise verbindet sich bei Lichtenberg jener Prozess der Säkularisierung des Nordlichts – vom Wunderzeichen zum Naturobjekt – mit einer weitreichenden erkenntniskritischen Befragung der Wahrnehmungstätigkeit. Dabei sprengen solche grundlegenden und zukunftsweisenden Überlegungen zum Schwellencharakter der Wahrnehmung denn auch das, was im Rahmen des aufgeklärten Kampfes gegen die abergläubische Interpretation der Lichtereignisse am Himmel bereits gedacht worden war.

Lichtenberg überschreitet den Rahmen derartiger Erkenntniskritik entschieden, und er führt in den Jahren von 1773 bis 1775 seine Überlegungen weiter bis zur psychologischen und kulturgeschichtlichen Relativierung auch des *wissenschaftlichen* Erkenntnisinteresses: »In den vorigen Zeiten achtete man auf Kometen und Nordscheine um andere Bedürfnisse zu befriedigen. Aberglauben trieb damals den Beobachter, jetzt tut es Ehrgeiz und Wißbegierde.« (D_I 404) Das Verhältnis des Menschen zu seiner Umwelt ist demnach immer von den Bedürfnissen des Subjekts gelenkt. Auch die aufgeklärte Wissenschaft fördert nicht einfach die Wahrheit über physikalische Objekte zutage, sondern ist als psychologisch motivierte und sozial bedingte *Suche* nach Erkenntnis zu begreifen. Überhaupt führen nach Lichtenberg die spektakuläre Erscheinungsweise und die radikale Unerklärlichkeit des Nordlichts dazu, dass hier kulturhistorisch überwunden geglaubte Reaktionen überleben. So gilt ihm das Nordlicht als Beispiel für den Zusammenhang von Nicht-Wissen und der gegenwärtigen Bereitschaft, an Gespenster zu glauben. Anfang der 1770er Jahre schreibt er:

Etwas über die Polter-Geister.
Wenn es in einem Zimmer, worin ich nicht bin, poltert, oder auch in demselben Zimmer worin ich mich befinde, nur hinter mir, so daß ich es nicht sehe, wie müssen die Würkungen beschaffen sein um daraus zu schließen, das habe ein Geist getan? Ehe ich mich auf die Beantwortung dieser Frage einlasse, will ich erst folgende Betrachtungen anstellen. Wenn man sich mit Untersuchung der Natur beschäftigt, so stößt man überall auf Vorfälle, die man nicht erklären kann, dieses ist den größten Männern begegnet. Ja die gemeinsten Vorfälle wissen wir uns nicht zu erklären. [...] Was ist das Nordlicht, die magnetische Materie? (Aberglaubische Zeitalter würden sich leicht geholfen haben. Ein Genius oder ein Gespenst hätte das Licht verrichtet. Aber weil diese ehrlichen Leute denn so geschwind im Erklären sind, so sollen sie uns nur auf eine einzige Frage antworten, was ist denn ein Gespenst?) (C_I 178)

Und weiter heißt es in diesem Zusammenhang: »So wie die Furcht Götter gemacht hat, so macht ein Trieb zur Sicherheit, der uns eingeprägt ist, die Gespenster.« (C_I 180)

Das unerklärliche Schauspiel am Himmel, das Nicht-Wissen, wird so zum Anlass weitreichender wissenschaftstheoretischer und psychologischer Metareflexion; Furcht und Sicherheitsbedürfnis nähren, so Lichtenberg, die übernatürlichen Erklärungen der Phänomene. Das Nordlicht erscheint auf diese Weise als Paradigma einer psychologischen, kulturanthropologischen und historischen Relativierung der Naturwahrnehmung, als Beispiel dafür, dass aufgeklärte Wissenschaft auch verschiedene Formen des Nicht-Wissens mit sich führt. Hatte der Nordschein ehemals eine Botschaft von Gott oder den Göttern gebracht, so bringt er nun eine Botschaft von den Menschen.

Ebendiese diskursive Engführung von Naturphänomen und Subjektivität, von Wissen, Nicht-Wissen und Aberglauben hat Lichtenberg – wenn auch eher beiläufig – literarisch gestaltet, nämlich in einer ebenso vergnüglichen wie höchst komplexen satirischen Traumerzählung, deren Vieldimensionalität hier nur behauptet, aber nicht vorgeführt werden kann. Die 1799 im *Göttinger Taschen Calender* veröffentlichte Erzählung *Dass du auf dem Blocksberge wärst* (III, 474) besteht aus zwei Teilen, einer Binnenerzählung, die den eigentlichen Traum, die Situation vor dem Einschlafen und den Kommentar des erwachenden Träumers festhält, und einem vorangestellten fiktiven Herausgeberbericht, in dem die Traumaufzeichnung als Manuskript eines verstorbenen Freundes ausgewiesen wird. Die Traumerzählung des verstorbenen Freundes setzt ein mit der Beschreibung der Situation vor dem Einschlafen: Er habe sich mit einem Zettel, auf dem er deutsche Flüche und Verwünschungen notiert habe, zu Bett gelegt, um, davon angeleitet, über den deutschen Nationalcharakter nachzudenken; bei der bekannten Verwünschung: »Daß du auf dem Blocksberge wärst«, sei er eingeschlafen. »Etwas von Walpurgisnacht« müsse sich auf seinen »Traum-Apparat niedergeschlagen« haben, so erläutert der aufzeichnende Freund den nachfolgenden Traum, der ihn in einer unheimlichen Fahrt eben auf den Blocksberg führt. Zum Jahreswechsel präsentieren sich dort alle Dinge und Personen, die im vergangenen Jahr verwünscht wurden; jedem der dort befindlichen Menschen haftet ein Zettel am Rücken, der verzeichnet, wer ihn wie oft verwünscht hat.

Auf diesem Weg zum Blocksberg sieht nun der Träumer eine beeindruckende Lichterscheinung am Himmel, und er fragt den Postillon, ob das ein Nordlicht sei, woraufhin dieser ihn aufklärt, das sei die Beleuchtung der »großen Ausstellung« auf dem Blocksberge. Traumimmanent wird der Nordschein demnach als Licht der Gespensterszenerie ausgewiesen, als das also, was er, wie Lichtenberg andernorts ausgeführt hat, kulturgeschichtlich ja auch einst gewesen war. Was der Träumer, befangen von der Realitätsillusion seines Traumes, für ein physikalisches Phänomen hält, ist also die von seinen selbstgeschaffenen Schattenwesen erzeugte Illumination. Das geträumte Nordlicht, so die darin enthaltene traumtheoretische Einsicht, ist das von der eigenen wunsch- und angstgeleiteten Imagination erzeugte Licht. Dabei wird für den Traum dieselbe Psychologie der Übertragung veranschlagt, wie sie nach Lichtenberg auch die Wahrnehmung des Nordlichts – und insbesondere den früheren Aberglauben, der das Nordlicht den Gespenstern zuschreibt – regiert. Insofern kann man die Stelle zugleich als Aussage über die Subjektivität des Träumens und als literarische Auflösung des Nordlichts in Projektion lesen, als Hinweis darauf, wie die Wahrnehmung das physikalische Objekt überlagert, wie ein physikalisches Objekt zur Bühne der Subjektivität und zum kulturgeschichtlich zu deutenden Phänomen werden kann. Noch in solchen Marginalien beteiligt sich die Literatur am Wahrheitsspiel zwischen Wissen und Nicht-Wissen, präsentiert sie sich als Reflexion auf das Nicht-Wissen und ist damit selbst aber – eine Form des Wissens.

Tobias Lachmann

Poetiken verborgenen Wissens
Versuch über das ›panoptische Erzählmodell‹

Spätestens seit den 1970er Jahren bemühen sich die Literaturwissenschaften verstärkt darum, zu ergründen, worin der Zusammenhang zwischen Literatur und Wissen, genauer: worin das spezifische Wissen der Literatur bestehen könnte.[1] Vor dem Hintergrund dieses etablierten Forschungsparadigmas stellt der Versuch, den Einsatzpunkt der hier angestellten Überlegungen zu radikalisieren, indem die theoretische Stellschraube eine Windung weiter gedreht und die Frage nach dem Status sowie der Inszenierung von Nicht-Wissen in literarischen Texten gestellt wird, ein gewisses Wagnis dar. Dass ein solches Unternehmen nicht ganz unproblematisch ist, ergibt sich nämlich allein schon aus den Schwierigkeiten, die die Bestimmung des Verhältnisses zwischen Literatur und Wissen nach wie vor bereitet. Schließlich bildet Wissen Wirklichkeiten keineswegs einfach ab, sondern wirkt performativ, und zwar insbesondere dann, wenn es ›alternative‹ Wirklichkeiten kreiert und von der Normalität ›abweichende‹ Handlungsfelder eröffnet. In diesem Sinn konstatiert Joseph Vogl in der Einleitung zum Sammelband *Poetologien des Wissens um 1800*:

> Wie eine Poetologie des Wissens nicht mit der Wahrheitsfähigkeit der Aussagen, sondern mit den Bedingungen beginnt, unter denen sich Aussagen formieren, so läßt sich das Verhältnis von Text und Wissen nicht auf eine Serie von Prädikationen und Referenzakten oder auf eine perspektivische Vergegenwärtigung von Erfahrung reduzieren. Wirklichkeit tritt weder in Form von Aussagesätzen noch als Horizont möglicher Erfahrung oder Kontext ins Innere der Texte ein. Literarischer Text und Wissensordnung stehen in keiner vorhersagbaren und entschiedenen Relation zueinander, ihr Zusammenhang ergibt sich vielmehr in einem uneindeutigen Moment der Disparatheit.[2]

---

1. Von diesem Bemühen zeugt eine ganze Reihe einschlägiger Publikationen, darunter die (Sammel-)Bände: Karl Richter, Jörg Schönert, Michael Titzmann (Hrsg.): Die Literatur und die Wissenschaften 1770–1930, Stuttgart 1997; Joseph Vogl (Hrsg.): Poetologien des Wissens um 1800, München 1999; Christine Maillard, Michael Titzmann (Hrsg.): Literatur und Wissen(schaften) 1890–1930, Stuttgart/Weimar 2002; Lutz Danneberg, Friedrich Vollhardt (Hrsg.): Wissen in Literatur im 19. Jahrhundert, Tübingen 2003; und Jochen Hörisch: Das Wissen der Literatur, München 2007.
2. Joseph Vogl: Einleitung, in: ders. (Hrsg.), Poetologien des Wissens (Anm. 1), 7–16, hier: 14f.

An diesem »Moment der Disparatheit«, in dem literarischer Text und Wissensordnung in Verbindung zueinander treten, ohne dass eine Regelhaftigkeit ihrer Konstellation formuliert werden könnte, entflammt das Faszinosum der modernen Literatur, das schon Roland Barthes vor allem in der Ambivalenz und Unentscheidbarkeit erkennt, die aus der Vervielfältigung von Bedeutungen resultiert.[3] Und so erhärtet ein kursorischer Überblick über die Literatur seit der Epochenschwelle um 1800 denn auch den Verdacht, dass es häufig gerade das unsichere, uneindeutige, nicht mehr aktuelle oder bereits vergessene, unheimliche, ungewöhnliche, anormale, inoffizielle oder gar geheime Wissen bzw. eben das im Folgenden näher zu spezifizierende Nicht-Wissen ist, das in unterschiedlichen Texten produktiv wird und ihnen eine besondere Aura verleiht.

Dieser Befund gilt insbesondere für das seit seinem Auftauchen im Umfeld der Französischen Revolution florierende Genre des schwarzromantischen Geheimbund- bzw. Verschwörungsromans, das seine Spannung wie keine andere Gattung aus der Enthüllung von Geheimnissen, Mysterien und verborgenem Wissen zu generieren versteht und daher als Referenzrahmen für die folgenden Überlegungen dienen soll – auch wenn ich dabei anregen werde, dieses Narrativ unter dem Terminus des ›panoptischen Erzählmodells‹ zu reformulieren. Insgesamt wird es also darum gehen, in diesem Aufsatz eine Skizze einiger der zentralen Voraussetzungen, Regeln und Gesetzmäßigkeiten zu zeichnen, die für die Genese dieses panoptischen Erzählmodells, die Geburt des modernen Verschwörungsdenkens und die Formation des Diskurses über die Verschwörung konstitutiv sind. Gleichzeitig soll aber auch aufgezeigt werden, inwiefern die daran beteiligten narrativen Strukturen die Problematik von Wissen und Nicht-Wissen erhellen.

I. Das ›panoptische Erzählmodell‹

In seinen Plänen zur Errichtung eines kreisförmigen Gebäudes, dessen innenliegende Zellen von einem zentralen Überwachungsturm aus jederzeit einsehbar sind, während die Wächter selbst unsichtbar bleiben, beschreibt der englische Utilitarist Jeremy Bentham ein verallgemeinerungsfähiges Funktionsmodell von Disziplinar- und Kontrollgesellschaften, das die Beziehungen der Macht zum Alltagsleben der Menschen bestimmt.[4] Das Modell ope-

---

3. Vgl. Roland Barthes: S/Z, übers. von Jürgen Hoch, Frankfurt a.M. 1987.
4. Vgl. Jeremy Bentham: Panopticon; Or, The Inspection House: Containing the Idea of a New Principle of Construction applicable to any sort of Establishment, in which persons of

riert gemäß dem Prinzip von Sichtbarkeit und Unsichtbarkeit: Während die Macht in Form des Turms stets sichtbar ist, dabei aber uneinsehbar bleibt, lebt der einzelne Mensch – ganz gleich, ob es sich um einen Arbeiter, einen Bettler, einen Häftling, einen Kranken, einen Schüler oder einen ›Verrückten‹ handelt – im Bewusstsein des unentrinnbaren Beobachtetwerdens. Durch die »Schaffung eines bewußten und permanenten Sichtbarkeitszustandes beim Gefangenen«[5] ist diese Technologie letztlich so effizient, dass sie die Macht automatisiert und entindividualisiert. Ihre wahre Perfektion erreicht die sich von ihrer ursprünglich architektonischen Gestalt emanzipierende Technologie aber in dem Moment, in dem sie sich an schriftliche Verfahren der Registratur ankoppelt und den Bereich des Wissens mit dem der (Schrift-)Macht kurzschließt. Und in dieser neuartigen Kombination von Beobachtung und Beschreibung liegt meines Erachtens auch der Ursprung eben jenes literarischen Genres, für das sich die irreführende Bezeichnung der Geheimbund- oder Verschwörungserzählung eingebürgert hat. Als unzutreffend kann diese Rubrizierung insofern gelten, als ihre Fokussierung auf den angeblich strukturbestimmenden Geheimbund mit seinen traditionellen Hierarchien und seinem hermetischen Wissen den Blick darauf verstellt, dass es sich bei dem Erzählmodell um eine dezidiert moderne Form von Literatur handelt, die das Moment der Beobachtung erstmals systematisch literarisiert und mit der Verdatung eine Dimension erfasst, die als historisches Apriori moderner westlicher Gesellschaften »nicht bloß neue gesellschaftliche Objektivitäten, sondern vor allem auch neue Subjektivitätstypen generiert«.[6]

In den Kontext der durch die Verschränkung der Achsen von Wissen und Macht gekennzeichneten Untersuchungen Michel Foucaults[7] gehört auch die Dokumentensammlung *Familiäre Konflikte*,[8] die Foucault gemeinsam mit Arlette Farge ediert hat. Der Band versammelt knapp sechzig der flehent-

---

any description are to be kept under inspection; and in particular to Penitentiary-Houses, Prisons, Houses of Industry, Work-Houses, Poor-Houses, Manufactories, Mad-Houses, Lazarettos, Hospitals and Schools: with a Plan of Management adapted to the principle: in a series of Letters, written in the year 1787, from Crecheff in White Russia, to a friend in England, in: The Works of Jeremy Bentham, hrsg. von John Bowring, Edinburgh 1843, Bd. 4, 87–172.
5. Michel Foucault: Überwachen und Strafen. Die Geburt des Gefängnisses, übers. von Walter Seitter, Frankfurt a.M. 1977, 258.
6. Jürgen Link: Versuch über den Normalismus. Wie Normalität produziert wird, 3., ergänzte, überarbeitete und neu gestaltete Aufl., Göttingen 2006, 40.
7. Vgl. Foucault, Überwachen und Strafen (Anm. 5); sowie Michel Foucault: Der Wille zum Wissen. Sexualität und Wahrheit I, übers. von Ulrich Raulff und Walter Seitter, Frankfurt a.M. 1983.
8. Arlette Farge, Michel Foucault (Hrsg.): Familiäre Konflikte. Die »Lettres de cachet«, übers. von Chris E. Paschold und Albert Gier, Frankfurt a.M. 1989.

lich-inbrünstigen Bittschriften, mit denen sich Menschen aus den untersten Schichten von Paris im Zeitraum zwischen 1728 und 1758 an den Polizeileutnant oder die Kanzlei des Königs gewendet haben, um eine Einschränkung der Freiheit derjenigen Familienangehörigen zu erwirken, mit denen sie in Konflikt geraten sind. Dieser Umstand stellt eine Neuerung dar: Während die ergangenen königlichen Ordern Ende des 17. und Anfang des 18. Jahrhunderts vornehmlich noch politische und religiöse Verfehlungen betreffen – »Fälle von Besessenen und Jansenisten, Spionageaffären und die Aktivitäten ausländischer Agenten, von Horoskopstellern, Sehern, Scharlatanen und unruhigen Geistern«[9] –, ist für den von Foucault und Farge untersuchten Zeitraum eine Zunahme der Forderungen nach Zwangsaufenthalt, Verbannung und Festsetzung aus rein privaten Gründen zu verzeichnen.

Die durchaus epochale Bedeutung dieser auf den ersten Blick unspektakulär erscheinenden Veränderung erörtert Foucault dann im Text *Das Leben der infamen Menschen:*[10] Im Ereignis der Nutzung des Texttyps der *lettres de cachet* überschneiden sich politische Mechanismen und Diskurseffekte, so dass einer Diskursivierung des Alltäglichen die Bahn geebnet wird. Die Sprengkraft der Untersuchung besteht damit einerseits in der Revision der Annahme, bei den *lettres de cachet* handle es sich um ein Machtmittel des absolutistischen Staats, das es ihm erlaube, seine Feinde prozesslos zu eliminieren. Stattdessen führt sie vor, wie sich die Bürger selbst einer textuellen Strategie bedienen, um sich unliebsamer Personen zu entledigen. Andererseits aber – und diese Konsequenz ist womöglich noch viel weitreichender – illustriert die Sammlung der mit den *lettres de cachet* zusammenhängenden Dokumente aus Justiz, Verwaltung, Wissenschaft und Polizei die Geburt einer neuen Diskursmöglichkeit, von der auch die Literatur nicht unberührt bleibt. Im Dispositiv aus gegenseitiger Beobachtung, Denunziation, Klage, Untersuchung, Begutachtung, Bespitzelung und Verhör verfangen sich nämlich die alltäglichsten Dinge: Dispute unter Nachbarn, Klagen von Eltern und Kindern, Querelen des Ehelebens, alkoholische und anderweitige Exzesse, öffentliche Streitereien und so manche geheime Leidenschaft. Als Wissen vom Alltag wird all dies schriftlich fixiert, akkumuliert und archiviert. Im Kleinen entsteht so ein Aufschreibesystem zur Konstituierung neuer Bereiche des Wissens, in dem die Beziehungen zwischen Diskurs, Macht, Alltagsleben und Wahrheit neu geknüpft werden:

---

9. Ebd., 21.
10. Michel Foucault: Das Leben der infamen Menschen, übers. von Hans-Dieter Gondek, in: ders.: Dits et Ecrits. Schriften, hrsg. von Daniel Defert, François Ewald und Jacques Lagrange, Frankfurt a.M. 2003, Bd. 3, 309–332.

In dem Moment, da man ein Dispositiv aufstellt, um zu zwingen, das »winzig Kleine« [»l'infime«] zu sagen, das, was nicht gesagt wird, das, was keinen Ruhm verdient, das »Infame« also [»l'infâme«], bildet sich ein neuer Imperativ aus, der das erschaffen wird, was man die dem literarischen Diskurs des Abendlandes immanente Ethik nennen könnte: Seine zeremoniellen Funktionen werden nach und nach erlöschen; er wird nicht mehr zur Aufgabe haben, auf spürbare Weise den allzu sichtbaren Glanz der Kraft, der Gnade, des Heldentums und der Stärke kundzutun, sondern sich auf die Suche nach dem zu machen, was am schwierigsten zu erkennen ist, nach dem Verborgenen, dem was sich am schlechtesten sagen und zeigen läßt, und schließlich dem am stärksten Verbotenen und dem Skandalträchtigsten. Eine Art Gebot, den nächtlichsten und den alltäglichsten Teil der Existenz aufzuscheuchen (auf die Gefahr hin, darin bisweilen die feierlichen Gestalten des Schicksals zu entdecken), wird vorzeichnen, was die Literatur seit dem 17. Jahrhundert ist, seitdem sie begonnen hat, Literatur im modernen Sinne des Wortes zu sein.[11]

Mit der Erfahrungsseelenkunde unternimmt nur wenige Jahre später auch eine Disziplin der um 1800 neu entstehenden Humanwissenschaften den Versuch, »den nächtlichsten und den alltäglichsten Teil der [menschlichen] Existenz aufzuscheuchen«. Analog zur von Foucault untersuchten Entstehung des Wissens von den Lebewesen, das heute als Teilgebiet der Biologie gilt, des Wissens von den Reichtümern, das heute als der Ökonomie zugehörig klassifiziert wird, und des Wissens von den Gesetzen der Sprache, das heute in den Zuständigkeitsbereich der Linguistik fällt,[12] lässt sich die Erfahrungsseelenkunde als diejenige wissenschaftliche Konzeption qualifizieren, in der unsere heutige Psychologie ihre Wurzeln hat. Als Teil der sich formierenden modernen Episteme trägt sie das ihre zur Generierung eines neuen Bildes vom Menschen bei und fügt sich damit in das »Feld einer minutiösen Beobachtung und Überwachung, die sich im 18. Jahrhundert als neue Steuerungstechnologien in den unterschiedlichen humanwissenschaftlichen Bereichen ausbreiten und die Wissensproduktion stimulieren«.[13]

1783 erscheint mit dem ersten Band von Karl Philipp Moritz' *Magazin zur Erfahrungsseelenkunde* ein Format, das gemeinhin als erste psychologische Zeitschrift Deutschlands gilt. Bereits in der Ankündigung des Magazins, dem

---
11. Ebd., 330.
12. Vgl. Michel Foucault: Die Ordnung der Dinge. Eine Archäologie der Humanwissenschaften, übers. von Ulrich Köppen, Frankfurt a.M. 1971.
13. Wolfgang Schäffner: Das Indiz des Schönen. Ästhetische Autonomie und die Dispositive der Macht bei Karl Philipp Moritz und Friedrich Schiller, in: Inge Baxmann, Michael Franz, Wolfgang Schäffner (Hrsg.): Das Laokoon-Paradigma. Zeichenregime im 18. Jahrhundert, Berlin 2000, 439–459, hier: 440.

im *Deutschen Museum* erschienenen *Vorschlag zu einem Magazin einer Erfahrungs-Seelenkunde,* ruft Moritz »alle Beobachter des menschlichen Herzens«[14] dazu auf, künftig ihre Mitmenschen systematisch zu beobachten und durch das Einsenden eigener Beiträge an der Entstehung einer empirischen Psychologie mitzuwirken.

Im unmittelbaren Kontext des am Beispiel der *lettres de cachet* skizzierten Macht-Wissen-Komplexes ist dieser Aufruf frappant. Schließlich bestätigt sich darin, dass mit der entstehenden Psychologie auch die wissenschaftlichen Disziplinen einen nicht unwesentlichen Beitrag zur Errichtung des modernen Überwachungs-Dispositivs leisten, dessen Analyse Foucault seinen Band *Überwachen und Strafen* gewidmet hat. Darin illustriert er, wie die polizeilichen, pädagogischen, medizinischen und eben auch psychologischen Beobachter im 18. Jahrhundert, »die Schwelle der beschreibbaren Individualität herab[setzen] und [...] aus der Beschreibung ein Mittel der Kontrolle und eine Methode der Beherrschung [machen]«.[15] Einmal mehr zeigt sich, dass die Macht als Mikrophysik nicht einfach repressiv ist, sondern produktiv: Sie ›macht‹ sprechen und handeln. Als ein erstes Zwischenergebnis, auf das ich im Folgenden leider nicht weiter eingehen kann,[16] lässt sich daher festhalten, dass mit dem Wissen vom Alltag und der menschlichen Individualität innerhalb der epistemischen Transformation der Zeit um 1800 auch ein Wissen entsteht, das Aristoteles noch für völlig undenkbar hält. Diese neuen Wissensbestände wären aber wohl kaum zustande gekommen ohne die in den *lettres de cachet,* in den Journalen schwarzer Pädagogen, in historischen Strafrechtsfällen nach dem Muster der Pitaval'schen *Causes célèbres et intéressantes* oder in erfahrungsseelenkundlichen Kasuistiken zu findenden Erzählungen von infamen Menschen, die überall kursierten und unter den Vorzeichen des aufklärerischen »Beobachtungsgeist[s]«[17] in Archiven gesammelt wurden, um sie Gelehrten wie Ungelehrten zum Studium und zur Verbesserung ihrer Menschenkenntnis zu überantworten.

---

14. Karl Philipp Moritz: Vorschlag zu einem Magazin einer Erfahrungs-Seelenkunde, in: ders.: Gnothi Sauton oder Magazin zur Erfahrungsseelenkunde als ein Lesebuch für Gelehrte und Ungelehrte. Mit Unterstützung mehrerer Wahrheitsfreunde herausgegeben von C. P. Moritz und C. F. Pockels, hrsg. von Anke Bennholt-Thomsen und Alfredo Guzzoni, Lindau 1978f., Bd. 1 [ohne Paginierung].
15. Foucault, Überwachen und Strafen (Anm. 5), 247.
16. Dieses Manko soll eine umfangreichere, vom Luxemburger *Fonds National de la Recherche* geförderte Forschungsarbeit mit dem Arbeitstitel »Poetiken verborgenen Wissens und das panoptische Erzählmodell. Interdiskursivitäten um 1800« kompensieren.
17. Karl Philipp Moritz: Aussichten zu einer Experimentalseelenlehre, in: ders.: Werke, hrsg. von Horst Günther, Frankfurt a.M. 1981, Bd. 3, 85–99, hier: 90.

Es ist durchaus entscheidend, zu erkennen, dass mit diesen elementar-literarischen Formen nicht nur eine unverzichtbare Datenbasis für die sich konstituierenden Humanwissenschaften generiert wird. Vielmehr stellen ›kleine Formen‹ wie Exempel, Kasus oder Fallgeschichte auch Narrationsschemata zur Verfügung, die durch die Individualisierung des Geschehens, die Chronologisierung der Ereignisse und die Formulierung von Hypothesen über deren kausale Zusammenhänge einerseits sowie die Betonung des außergewöhnlichen Charakters der beschriebenen Fälle andererseits interdiskursive Halbfabrikate bereitstellen. Diese sondieren ihrerseits die Kompatibilität unterschiedlicher Spezialdiskurse, indem sie Empirisches mit Unwahrscheinlichem, Außerordentliches mit Gesetzmäßigem und wissenschaftliche Einsichten mit gut lesbaren Geschichten kombinieren und darüber hinaus für eine Popularisierung des einstmals verborgenen Wissens sorgen.[18] So ist Friedrich Schiller vielleicht der prominenteste, aber bei weitem nicht der einzige Vertreter einer Zunft, die der intellektuellen Faszination abweichenden Verhaltens verfällt und sich an psychologischen Sektionen des Seelenlebens von einfachen Menschen versucht, die vom Erzähler in der theoretischen Einführung zu der Novelle *Verbrecher aus Infamie, eine wahre Geschichte* nicht ohne Grund im medizinisch-anatomischen Jargon der Zeit als »Leichenöffnung seines Lasters«[19] umschrieben werden. Schließlich haben sich die Orte, an denen die erfahrungsseelenkundlich einschlägigen Vorfälle des Alltaglebens beobachtbar und vor allem literarisierbar werden, zu den neuen, an den Normalitätsgrenzen situierten Beobachtungsinstituten verlagert. Dementsprechend heißt es bei Schiller auch:

Leichenöffnungen, Hospitäler und Narrenhäuser haben das hellste Licht in der Phisiologie angezündet. Die Seelenlehre, die Moral, die gesetzgebende Gewalt sollten billig diesem Beispiel folgen, und ähnlicherweise aus Gefängnissen, Gerichtshöfen und Kriminalakten – den Sektionsberichten des Lasters – sich Belehrungen holen.[20]

---

18. Ich folge hierbei Gedanken von Nicolas Pethes, würde aber anregen, die unterschiedlichen Kasuistiken im Hinblick auf ihre konkreten Funktionen interdiskurstheoretisch zu fassen. Vgl. Nicolas Pethes: Zöglinge der Natur. Der literarische Menschenversuch des 18. Jahrhunderts, Göttingen 2007, bes. 282f.
19. Friedrich Schiller: Der Verbrecher aus verlorener Ehre, in: ders.: Werke. Nationalausgabe, begr. von Julius Petersen, fortgeführt von Liselotte Blumenthal, hrsg. im Auftrag der Stiftung Weimarer Klassik und des Schiller Nationalmuseums in Marbach von Norbert Oellers, Weimar 1948ff., Bd. 16, 7–29, hier: 9.
20. Ebd., 405.

Während sich das Interesse an der Seele des Menschen – wie im *Magazin zur Erfahrungsseelenkunde* – schnell von der Selbst- zur Fremdbeobachtung verlagert, entsteht eine Vielzahl an psychologischen Studien, die eine große strukturelle Nähe zu Schillers Text oder Moritz' autobiographisch inspiriertem Roman *Anton Reiser* aufweisen. Nahezu zeitgleich entwickelt sich in der Literatur aber noch ein weiteres Erzählmodell, das die – sich im Namen des Wissens und der Aufklärung vollziehende – Spaltung der empirisch-transzendentalen Dublette ›Mensch‹ auf eine ganz andere Art und Weise behandelt. Mehr als jede andere literarische Gattung – mit Ausnahme der autobiographischen Geständnisliteratur, mit der er das generative Subsystem spezifischer Subjektsituationen teilt – scheint der Verschwörungsroman die von Foucault beschriebene Funktion der Literatur als Diskurs der Infamie zu übernehmen und dafür Sorge zu tragen, dass »das Schlimmste, das Geheimste, das Unerträglichste, das Schamloseste« ans Licht gezerrt und ausgesprochen wird, und zwar genau deshalb, weil er schwerpunktmäßig damit befasst ist, »das Alltägliche unterhalb seiner selbst zu suchen, die Grenzen zu durchbrechen, brutal oder hinterlistig die Geheimnisse zu lüften, die Regeln und die Codes zu verschieben« und »das Uneingestehbare sagen zu machen«.[21]

In diesem Sinn inszeniert Schiller in seinem Fragment gebliebenen Fortsetzungsroman *Der Geisterseher*,[22] der ebenso wie der *Verbrecher aus Infamie* in der *Thalia* erscheint, eine rasante Jagd um die binäroppositionellen Klasseme Wissen vs. Nicht-Wissen, Macht vs. Ohnmacht und Autonomie vs. Heteronomie, die von der Figur des Armeniers als manipulativer Instanz des Macht-Wissens kontrolliert wird. Erzähltheoretisch ist der Leser dabei wie in nahezu allen Verschwörungsromanen durch eine (variable) interne Fokalisierung an die Figur des Protagonisten und Ich-Erzählers, den Grafen von O**, gebunden und damit gezwungen, diesem bei dem Versuch zu folgen, sein Nicht-Wissen in Bezug auf die politisch-religiös motivierte Verschwörung um den Prinzen von *** in Wissen zu verwandeln – eine Sisyphos-Arbeit, die vom Geheimbundchef mit dem allwissenden Auge immer wieder gezielt hintertrieben wird. Die Umkehrung der Perspektive von der Beobachterrolle, die der Leser in den Kasuistiken noch innehat, hin zur Opferperspektive muss als genrekonstitutiv gelten, weil nur sie ermöglicht, dass sich die literarischen Figuren innerhalb der Konfiguration von *Der Geisterseher*, wie im Geheimbund- bzw. Verschwörungsroman allgemein üblich, zum kollektiven Subjekt des Wissens einerseits und zu individuellen Objekten des Wissens bzw. Subjektivitäten des Nicht-

---

21. Foucault, Das Leben der infamen Menschen (Anm. 10), 331.
22. Friedrich Schiller: Der Geisterseher. Aus den Memoiren des Grafen von O**, in: ders., Werke (Anm. 19), Bd. 16, 45–184.

Wissens andererseits ordnen. Als strukturkonstitutives Element versetzt diese dichotomisierende Operation das panoptische Erzählmodell in die Lage, wie kein zweites literarisches Genre hierarchische Gefälle von Wissen und Macht zu inszenieren. Diese Hierarchien gilt es im Folgenden als genrekonstitutives Konzept des ›verborgenen Wissens‹ theoretisch zu fundieren.

II. Wissen, Nicht-Wissen, Verborgenes Wissen

Unter ›Wissen‹ fasst die Diskurstheorie die Menge der sprachlichen Elemente, die in einer diskursiven Praxis nach jeweils bestimmten Gesetz- oder Regelmäßigkeiten gebildet werden. Synchron entstehen auf diese Weise Bereiche, in denen sich die unterschiedlichsten diskursiven Gegenstände formieren, wobei diese Räume durch die anhaltende Rede von den jeweiligen Gegenständen kontinuierlich weiter spezifiziert werden und daher diachron gewissen Transformationen unterliegen. Auch die diversen Positionen, die ein Subjekt einem Gegenstand gegenüber einnehmen kann, gehören zu diesem historisch-spezifischen Raum der Wissbarkeit und Sagbarkeit, der sich gemäß den jeweiligen Prinzipien von Koordination und Subordination der Aussagen konstituiert. Wenn Michel Foucault in der antihermeneutischen Polemik seiner *Archäologie des Wissens* darauf verweist, dass sich die archäologische Methode nicht an der Achse ›Bewusstsein – Erkenntnis – Wissenschaft‹ orientiert, sondern der Achse ›Diskursive Praxis – Wissen – Wissenschaft‹ folgt, unterstreicht er auch den nicht zu vernachlässigenden Aspekt, dass weder eine Qualifikation der Aussagen nach den Kriterien der Wissenschaftlichkeit noch nach den Kriterien der Rationalität dafür ausschlaggebend ist, ob eine Rede dem Terrain des Wissens zugehört:

> Die archäologischen Gebiete können ebenso durch »literarische« oder »philosophische« Texte gehen wie durch wissenschaftliche Texte. Das Wissen ist nicht nur in Demonstrationen eingehüllt, es kann auch in Fiktionen, in Überlegungen, in Berichten, institutionellen Verordnungen, in politischen Entscheidungen liegen.[23]

Dieser Punkt ist so zentral, dass ihn Gilles Deleuze in seiner Revision des Foucault'schen Projekts noch einmal gezielt pointiert, wenn er rückblickend unterstreicht: Das »Wesentliche« des Verfahrens der Archäologie »liegt in der Entdeckung und Vermessung dieses unbekannten Landes, in dem eine lite-

---

23. Michel Foucault: Archäologie des Wissens, übers. von Ulrich Köppen, Frankfurt a.M. 1973, 261.

rarische Form, eine wissenschaftliche Proposition, ein alltäglicher Satz, ein schizophrener Unsinn usw. gleichermaßen Aussagen sind«, und daher zu dem Schluss kommt: »Wissenschaft und Poesie sind gleichermaßen Wissen«.²⁴

Für den auf dem Spiel stehenden Versuch, gegenüber der diskurstheoretischen Konzeption des Wissens einen Bereich des (absoluten) Nicht-Wissens zu profilieren, sind diese Bestimmungen ausgesprochen folgenreich. Schließlich müsste das Nicht-Wissen konsequenterweise jenseits aller diskursiven Praktiken liegen, es dürfte keine Subjektpositionen bereitstellen, keinerlei Ordnung der Aussagen kennen und sich weder benutzen noch aneignen lassen. Es liegt auf der Hand, dass ein solches Konzept wenig produktiv ist und wohl kaum zu operationalisieren wäre. Einen Ausweg aus dem Dilemma bietet deshalb allein der Ansatz, stattdessen einen Bereich des relativen Nicht-Wissens zu denken, der sich nicht dadurch auszeichnet, dass er sich als ein historisch begrenzter Raum der Wissbarkeit und Sagbarkeit formiert, der in Relation zu einem bestimmten anderen, positiven Wissensbereich in irgendeiner Weise defizitär wäre, sondern dadurch, dass er diskursive Positionen für Subjektivitäten des Nicht-Wissens bereithält. Daraus folgt, dass ein Nicht-Wissen immer über das besondere und von Fall zu Fall zu spezifizierende Verhältnis einer Subjektposition gegenüber der diskursiven Praxis charakterisiert wäre.

Im Hinblick auf das panoptische Erzählmodell bedeutet dies, dass sich die Opfer-Subjekte der vermeintlichen Verschwörung von einer Macht verfolgt wähnen, die stets unsichtbar, im Hintergrund oder sonst wie verborgen bleibt, die den Lebenslauf der Protagonisten jedoch schreibend begleitet wie ein Langzeitexperiment, dessen Fortgang mit einem nüchternen Interesse observiert wird. In diesem Sinn nehmen sich nicht nur der Graf von O** oder der Prinz von *** in Schillers *Der Geisterseher* wahr, sondern – um ein weiteres Beispiel zu wählen – auch der Marquis C* von G**, seines Zeichens Protagonist in Carl Grosses Roman *Der Genius,* der zwischen 1791 und 1795 erscheint.²⁵ Der Text beginnt ganz unmittelbar mit einer autobiographischen Geständnissituation. Der Marquis kündigt an, »[n]och in der Jugendblüte meines Lebens, noch im vollen Genusse ungeschwächter Kräfte, und theuer bezahlter Erfahrungen«²⁶ ein Resümee ziehen zu wollen, das jegliche Vorstellungen aufklärerischer

---

24. Gilles Deleuze: Foucault, übers. von Hermann Kocyba, Frankfurt a.M. 1987, 34.
25. Carl Grosse: Der Genius. Aus den Papieren des Marquis C* von G**, Halle 1791–1795. Ein weiterer für die Genese des panoptischen Erzählmodells zentraler Punkt, auf den hier nicht weiter eingegangen werden kann, muss in der Medialität der Literatur und genauer im Publikationsmodus von Verschwörungsromanen wie *Der Geisterseher* oder *Der Genius* gesucht werden, die als Fortsetzungsgeschichten erscheinen und damit ganz bestimmte narrative Schleifen beinhalten.
26. Zitiert nach Carl Grosse: Der Genius. Aus den Papieren des Marquis C* von G**, Frankfurt a.M. 1982, 7.

Werte und Tugenden wie Individualität, Subjektivität und Autonomie zutiefst infrage stellt. Verantwortlich dafür ist folgende Einsicht in das geheime Wirken einer Gemeinschaft Unbekannter:

> Jede Handlung meines Lebens, auch die willkührlichste scheint schon vor meiner Geburt in ihren schrecklichen Archiven berechnet, gelegen zu haben; alle führen absichtlich dem gräßlichen Verbrechen entgegen, wozu man mich verleiten oder gebrauchen wollte und ihre ganze Reihe macht einen langen Beweis für die ewig entschiedene Wahrheit aus, daß nicht der Gebrauch individueller Eigenheiten, sondern nur die kluge Benutzung der allen Menschen gemeinen uns über die Gemüther eine unbeschränkte Herrschaft versichert.[27]

Der Marquis fällt hier sprichwörtlich vom Glauben ab, weil er erkannt zu haben meint, dass der bisherige Verlauf seiner Existenz weder dem Plan göttlicher Providenz noch der Idee eines selbstbestimmten Lebens gefolgt sei, sondern vom Programm eines datengestützten Kalküls gelenkt worden sei, weil dessen Analyse seiner psychophysischen Voraussetzungen ergeben habe, dass er für den geplanten Königsmord am ehesten tauglich sein müsse. Als zumindest paradox scheint sich dabei aber der für die Manipulation entscheidende Status des Wissens von der Natur des Menschen auszunehmen. Denn während die individuelle Biographie in den »schrecklichen Archiven« exakt verzeichnet ist, bleibt unklar, wie das Wissen von den »allen Menschen gemeinen [Eigenheiten]« generiert wurde, das die Seelen für die technischen Manipulationen ihrer verborgenen Führer empfänglich macht, die symbolisch allesamt als Marionetten-Spieler figurieren.

An diesem Punkt der Überlegung bietet sich ein Griff in die diskurstheoretische Werkzeugkiste an, um die Problematik des Nicht-Wissens mithilfe des von der Interdiskurstheorie[28] modifizierten Instrumentariums ein wenig differenzierter, um nicht zu sagen: feinmechanischer handhaben zu können: Dass sich moderne Gesellschaften insbesondere durch ihren Hang zur Wissensspezialisierung auszeichnen, wissen wir nicht erst seit dem systemtheoretischen Paradigmenwechsel in den Sozialwissenschaften. Schon Schiller hat

---

27. Ebd., 8.
28. Vgl. exemplarisch Jürgen Link: Elementare Literatur und generative Diskursanalyse, München 1983; Jürgen Link: Literaturanalyse als Interdiskursanalyse. Am Beispiel des Ursprungs literarischer Symbolik in der Kollektivsymbolik, in: Jürgen Fohrmann, Harro Müller (Hrsg.): Diskurstheorien und Literaturwissenschaft, Frankfurt a.M. 1988, 284–307; und Jürgen Link, Ursula Link-Heer: Diskurs/Interdiskurs und Literaturanalyse, in: LiLi. Zeitschrift für Literaturwissenschaft und Linguistik 77 (1990), 88–99.

in den Briefen *Über die ästhetische Erziehung des Menschen*[29] im Anschluss an Thesen Jean-Jacques Rousseaus die Funktion der Literatur von der funktionalen Differenzierung moderner Gesellschaften und ihrer Diskursspezialisierung her gedacht und ihr dabei eine reintegrierende Funktion zugestanden. Diese Einschätzung teilt die Interdiskurstheorie, wenn sie zwischen Foucaults klassisch gewordenen Beispielen der Allgemeinen Grammatik, der Naturgeschichte und der Analyse der Reichtümer, die sie wie die modernen Wissenschaften als Spezialdiskurse qualifiziert, und interdiskursiven Formen unterscheidet, die das sektoriell zerstreute Wissen einer Gesellschaft entdifferenzieren und durch die Produktion von er-lebbarenApplikationsvorgaben subjektivieren. Ganz gleich, ob es sich um populäre Varianten von Religion, Philosophie und Geschichte, um mediale Formen von Politik und Unterhaltung, um Populärwissenschaften oder um institutionalisierte Interdiskurse wie Kunst und Literatur handelt, immer präsentieren sich die Interdiskurse als privilegierte Orte des Nicht-Wissens. Schließlich generiert die Wissensproduktion eines jeden Spezialdiskurses über die Definition von legitimen Sprecherpositionen ein erhöhtes Maß an Nicht-Wissen nicht allein in allen übrigen Disziplinen, sondern vor allem auf der elementaren Ebene des Alltagswissens. Das hängt ganz unmittelbar damit zusammen, dass sich das Nicht-Wissen aus der Positionierung der Subjektivitäten gegenüber der diskursiven Praxis ergibt. Egal wie gut die Interdiskurse die Funktion der Entdifferenzierung und Integration des spezialisierten Wissens erfüllen mögen, jede Subjektivierung des Wissens bleibt letzten Endes zwangsweise fragmentarisch, weil sie ausnahmslos selektiv, partiell und symbolisch erfolgt und auch die praktikenübergreifende, -verbindende und -integrierende elementar-literarische Rede eine etwaige ›Totalität‹ der Gesellschaft und ihrer Wissensbestände nur imaginär herzustellen vermag. Beim Nicht-Wissen »handelt [es] sich [also] weder um radikales Nicht-Wissen im Sinne des Skeptizismus, noch um die Ignoranz des Ahnungslosen, sondern um das Ergebnis des jeweils fortgeschrittensten Wissens«.[30] Für die Subjektivitäten bedeutet das, wie Jürgen Link treffend zusammenfasst: »Je differenzierter das moderne Wissen und je weltkonstitutiver seine technische Anwendung, um so wissensdefizitärer, wissensgespaltener, orientierungsloser und kulturell peripherer sind moderne Subjekte«.[31] Allwissenheit existiert dann allenfalls noch als (literarisches)

---

29. Friedrich Schiller: Über die ästhetische Erziehung des Menschen in einer Reihe von Briefen, in: ders., Werke (Anm. 19), Bd. 20, 309–412.
30. Hermann Kocyba: Art. »Wissen«, in: Ulrich Bröckling, Susanne Krasmann, Thomas Lemke (Hrsg.): Glossar der Gegenwart, Frankfurt a.M. 2004, 300–306, hier: 305.
31. Jürgen Link: Kulturwissenschaftliche Orientierung und Interdiskurstheorie der Literatur zwischen ›horizontaler‹ Achse des Wissens und ›vertikaler‹ Achse der Macht. Mit einem Blick

Phantasma. Und bezeichnenderweise taucht mit dem panoptischen Erzählmodell um 1800 ja erstmals auch ein Genre auf, dessen besondere Faszination daher rührt, dass es solche Subjektsituationen des Nicht-Wissens literarisiert und damit in der historischen Narrativik des 18. Jahrhunderts eine neue Form etabliert, die in eben jenem Spannungsverhältnis zwischen dem subjektiven Nicht-Wissen der Protagonisten auf der einen und der mutmaßlichen Allwissenheit einer Geheimgesellschaft auf der anderen Seite steht – wobei die Geheimgesellschaft als eine ›andere‹ Form von Gesellschaft letztlich lediglich ein Platzhalter für ›Gesellschaft an sich‹ zu sein scheint. Die besondere Ironie des Genres aber liegt darin, dass die Protagonisten der Erzähltexte tatsächlich als Subjekt-Objekte erscheinen, d.h. dass sie versuchen, in den Besitz eines verborgenen Wissens der Geheimgesellschaft zu gelangen, das im Endeffekt aber nur im Wissen über sie selbst besteht. In Grosses *Der Genius* gibt das die Bundestochter Rosalia dem Marquis gegenüber sogar ganz freimütig zu, wenn sie ihm eröffnet: »Und glaubst du denn nicht, [...] daß wir deine Begebenheiten genauer wissen, als du selbst vielleicht? – Eine solche Eroberung, wie mein Karlos, lohnt sich der Mühe wohl, von früher Jugend studirt und geleitet zu werden.«[32] Allein, der von ihrem *sex appeal* geblendete Marquis ist nicht in der Lage, das zu erkennen.

Weil die Protagonisten des Verschwörungsromans also aus ganz unterschiedlichen Gründen ebenso wissensdefizitär wie ohnmächtig sind und alle Ereignisse überdies »als Resultate der Interaktionskalküle eines ungeheuren Komplotts«[33] interpretieren, laufen sie Gefahr, einer Paranoia zum Opfer zu fallen, die sich aus interaktionistischen Zwangsvorstellungen speist und zum Umschlag in schizoide Spaltungen tendiert:

> Ausgehend von dem Axiom, daß allem, was sich ereignet, eine Subjekt-Intention zugrunde liegen muß, transformiert der paranoid-interaktionistische Blick alle Ereignisse in bloße ›Oberflächen‹, ›hinter‹ und ›unter‹ denen ein GROSSES SUBJEKT im ›Dunkeln‹ hockt. Kollektivsymbolisch ist dieses GROSSE SUBJEKT eine ›Spinne‹, die ein Netz von ›Fäden‹ ›webt‹. Seit dem deistischen Gotteskonzept gibt es eine Allwissenheit, die als All-Informiertheit gelesen werden kann, wie es seitdem eine Allmacht gibt, die sich als unbeschränkter technischer Kalkül darstellt. Diese Allwis-

---

auf Wilhelm Hauff, in: Georg Mein, Markus Rieger-Ladich (Hrsg.): Soziale Räume und kulturelle Praktiken. Über den strategischen Gebrauch von Medien, Bielefeld 2004, 65–83, hier: 73.
32. Grosse, Der Genius (Anm. 26), 130.
33. Jürgen Link: Die Geburt des Komplotts aus dem Geist des Interaktionismus. Zur Genealogie von Verschwörungsgeschichten in der Literatur der Goethezeit (besonders bei Schiller), in: kultuRRevolution 29 (1994): komplotte: klassisch bis postmodern, 7–15, hier: 13.

senheit und Allmacht konstituieren das GROSSE SUBJEKT des universalen Komplotts. Es besitzt ein allwissendes »Archiv« und einen allpenetrierenden Blick, der absolute Transparenz herstellt und der vor allem auch die Seelen durchdringt und sie durch Manipulation ihrer Triebe, vor allem des Geschlechtstriebs, beherrscht.[34]

Während die Protagonisten des Verschwörungsromans vollauf damit beschäftigt sind, ihren vermeintlichen Wissensrückstand aufzuholen, um sich in der Endlosschleife aus Täuschung und Enttäuschung nicht selbst zu verlieren, arbeitet die manipulatorische Maschinerie unaufhaltsam daran, ihren Wissensvorsprung aufrechtzuerhalten und weiter auszubauen. Damit scheint das geheim gehaltene Wissen oder Geheimwissen in der Verschwörungserzählung geradezu als produktive Instanz zu fungieren. Um das Arkanum, das sich oft genug als reines Postulat entpuppt, entwickelt sich ein komplexes Gefüge des panoptischen Wissens bzw. des Kontrollwissens. Damit verweist die Art und Weise der Produktion und Regulation des Wissens erneut auf die Figur der Paranoia. Schließlich könnten die Subjektivitäten des Nicht-Wissens das (über-)lebensnotwendige Wissen erlangen, wenn sie alle Zeichen richtig zu lesen und zwischen ihnen eine umfassende sinnhafte Beziehung herzustellen verstünden.[35] Aber auch das ›große Subjekt‹ des Wissens sieht sich auf ein komplexes Interaktions- und Beziehungsgeflecht verwiesen, das eine Vielzahl von Handlangern zu instrumentalisieren weiß, in *Der Geisterseher* etwa den Doppelagenten Biondello, von dem es heißt: »Der Mensch kennt alles in Venedig, und alles weiß er zu gebrauchen. Es ist nicht anders, als wenn er tausend Augen hätte, tausend Hände in Bewegung setzen könnte«.[36] Im Unterschied zu Biondello erscheint das ›große Subjekt‹ des Wissens aber noch viel eher als Allegorie des Panoptismus. Denn es zeichnet sich dadurch aus, dass es alles sieht, beobachtet und durchschaut, dabei selbst aber unsichtbar, unbeobachtbar und undurchschaubar bleibt. So schwant dem Prinzen von *** zwar: »Eine höhere Gewalt verfolgt mich. Allwissenheit schwebt um mich. Ein unsichtbares Wesen, dem ich nicht entfliehen kann, bewacht all meine Schritte. Ich muß den Armenier aufsuchen und muß Licht von ihm haben«.[37] Aber bei der Konfrontation mit dem ständig die Masken und Identitäten wechselnden Armenier müssen er und der Graf von O** feststellen, dass sie dazu verdammt sind, auch weiterhin im Dunkeln zu tappen: »Lautlos und unbeweglich starr-

---
34. Ebd.
35. Diese Anregung verdanke ich Ute Gerhards unveröffentlichtem Typoskript »1800: Das literarische Verschwörungsmodell: Geheimwissen/Nicht-Wissen/Wissensproduktion«.
36. Schiller, Der Geisterseher (Anm. 22), 113.
37. Ebd., 54.

ten wir dieses geheimnisvolle Wesen an, das uns mit einem Blick stiller Gewalt und Größe durchschaute«.[38]

Der Panoptismus in Grosses *Der Genius* funktioniert weitgehend strukturanalog: Vordergründig ist es hier zwar ein guter Geist, eben jener titelgebende ›Genius‹, der die totale Überwachung des Marquis zu gewährleisten scheint, denn es heißt nicht nur: »Ein *Genius* wird dich allenthalben begleiten, und du wirst sicher seyn, wenn du ihm folgst.«[39] Tatsächlich erscheint dieser Genius dem Marquis C* von G** sogar von Zeit zu Zeit, wobei er sich schließlich als der in ein weißes Laken gehüllte Page des Marquis entpuppt. Aber auch hier verbirgt sich hinter der Gespenstergeschichte, die man dem Marquis erzählt, nur das ›große Subjekt‹ einer Gesellschaft, die sich im Endeffekt aus nahezu allen eingeführten literarischen Figuren konstituiert[40] und die daher wohl eher tausende der symbolisch so bedeutenden allsehenden Augen und unsichtbaren Hände besitzt, von denen sich der Marquis fehlgeleitet fühlt.

III. Panoptisches Erzählmodell und paranoische Kulturen

An dieser Stelle bleibt vieles ungesagt. Und es wird noch gesagt werden müssen, um in den Bereich des Wissens zu gelangen. Es sollte aber zumindest andeutungsweise gezeigt werden, dass in der diskursiven Praxis um 1800 in einem Zyklus aus elementaren und elaborierten Formen ein Wissen von der Alltäglichkeit und Individualität des menschlichen Lebens generiert wird und dass dieses Wissen in den unterschiedlichen, sich in allen gesellschaftlichen Teilbereichen manifestierenden Beobachtungsdispositiven registriert wird, so dass es den Status eines auch der Wissenschaft würdigen Objekts erlangt. In der Literatur zeigt sich dies am ehesten im sogenannten Geheimbund- oder Verschwörungsroman, der mit einem panoptischen Erzählmodell operiert, das diese Beobachtungssituation literarisiert und über die Bereitstellung entsprechender Subjektivitätsschemata auch er-lebbar macht. Es müsste noch weiter ausgeführt werden, dass die Situation der Beobachtung gerade in den noch jungen humanwissenschaftlichen Spezialdiskursen, aber nicht nur dort,

---

38. Ebd., 62.
39. Grosse, Der Genius (Anm. 26), 138.
40. So wäre im Anschluss an die von Michael Titzmann formulierten Thesen zu diskutieren, inwiefern die Konflikte zwischen jugendlichen Protagonisten und (Geheim-)Gesellschaften dem Muster traditioneller Coming-of-age-Erzählungen folgen. Vgl. Michael Titzmann: Die ›Bildungs-‹/Initiationsgeschichte der Goethe-Zeit und das System der Altersklassen im anthropologischen Diskurs der Epoche, in: Danneberg/Vollhardt (Hrsg.), Wissen in Literatur im 19. Jahrhundert (Anm. 1), 7–64.

duale, d.h. aus Oberflächen und Tiefen bestehende Strukturen generiert, die die Existenz eines verborgenen Wissens nahelegen, das es erst noch ans Licht zu bringen gilt. Und es müsste ferner gezeigt werden, dass sich diese Denkfigur in den literarischen Texten der Zeit symbolisch in der Form eines an ein Moment der ›Aufklärung‹ gekoppelten Katachresenmäanders äußert,[41] der exakt rekonstruiert werden kann.[42]

Dass die Annahme der Existenz von beobachtbaren Oberflächen- und verborgenen Tiefenstrukturen im Kontext der interaktionistischen Gesellschafts- und Geschichtsauffassungen, die für unsere modernen westlichen Kulturen charakteristisch sind, Verschwörungsszenarien generieren, kann letztlich aber nicht weiter verwundern. Schließlich besteht eine wesentliche Prämisse von Diskurstheorien im Anschluss an Michel Foucault in der Erkenntnis, dass historisch-soziale Gegenstände innerhalb einer diskursiven Praxis generiert werden, die als materielles Produktionsinstrument aufzufassen ist. Neben Beispielen wie dem Wahnsinn, der Vernunft, dem Sex oder der Normalität gilt diese Einsicht eben auch für den – wie zu zeigen war – nicht erst heutzutage ubiquitären diskursiven Gegenstand der Verschwörung. Das bedeutet nicht, dass es keine ›Verschwörungen‹ im Sinne nicht-diskursiver Praktiken gäbe. Doch der Umstand, dass praktisch in allen gesellschaftlichen Teilbereichen nicht-öffentliche Absprachen und Vereinbarungen getroffen werden, die sich von unbeteiligten Außenstehenden ohne weiteres in Termini der Intrige oder des Komplotts kleiden lassen, oder der Umstand, dass Staaten sogenannte Geheimdienste mit der Aufgabe nachrichtendienstlicher Ermittlungen betrauen, denen diese mehr oder minder diskret nachgehen, ist qualitativ etwas fundamental anderes als jene gerade für moderne westliche Kulturen charakteristische Form des Denkens, die gemäß den Regeln und Gesetzmäßigkeiten funktioniert, die seit der Geburt des literarischen Verschwörungsmo-

---

41. Ähnlich wie Link und anders als etwa Lakoff und Johnson fasse ich das (kollektiv-) symbolische Orientierungswissen als ein historisch spezifisches synchrones System, dessen Transformation sich diachron nachvollziehen lässt, und nicht als eine anthropologische Konstante. Innerhalb dieses Systems ermögliche Bildbrüche die Entstehung von symbolischen Äquivalenzketten, die Link als Katachresenmäander beschrieben hat. Vgl. exemplarisch Jürgen Link: Über ein Modell synchroner Systeme von Kollektivsymbolen sowie seine Rolle bei der Diskurs-Konstitution, in: ders., Wulf Wülfing (Hrsg.): Bewegung und Stillstand in Metaphern und Mythen. Fallstudien zum Verhältnis von elementarem Wissen und Literatur im 19. Jahrhundert, Stuttgart 1984, 63–92; ders.: Fronten in der Kollektivsymbolik der Goethezeit. Grob skizziert, in: kultuRRevolution 3 (1983): klassische diskurse – kulturrevolutionär?, 16–20; sowie ders.: *Faust II*, gelesen als Katachresenmäander der europäischen Kollektivsymbolik, ebd., 51–56.
42. Auch was diese weiteren Punkte anbelangt, muss ich leider auf die Publikation meiner Dissertation mit dem Arbeitstitel »Poetiken verborgenen Wissens und das panoptische Erzählmodell. Interdiskursivitäten um 1800« verweisen. Vgl. Anm. 16.

dells an der Schwelle zur Moderne als empirisch-historische diskursive Formation existiert und als ein zentrales interdiskursives Narrativ von ungebrochen großer, wenn nicht gar wachsender Bedeutung ist. Denn es lässt sich zeigen, dass dieses Erzählmodell in tendenziell paranoischen Kulturen[43] eine strukturell nicht zu unterschätzende Rolle bei der Analyse und Interpretation von kontingenten Ereignissen spielt und insofern eine wichtige Funktion für unser Alltags- und Orientierungswissen besitzt, als es uns erlaubt, noch die heterogensten Geschehnisse zu sinnvoll motivierten Kausalketten zu verknüpfen, um hinter diesen in letztlich ebenso kunstvoll-kreativen wie zwingend rationalistischen Prozessen generierten Beziehungsgeflechten einen verborgenen Sinn entdecken zu können – vorausgesetzt, wir haben eine ausreichend hohe weltanschauliche Warte bezogen, um den nötigen Überblick für die vielfältigen Deduktionen unserer ›paranoischen Vernunft‹[44] zu erlangen. Im Hinblick auf die Problematik von Wissen und Nicht-Wissen ist es aber in jedem Fall lohnend, zumindest testweise einmal bewusst die Subjektposition zu applizieren, zu der die (Geheim-)Gesellschaft spricht:

Nicht immer wirst du uns verstehen, Karlos; aber darum zweifle niemals und gehorche willig. Wenn wir dich hinlänglich geprüft haben werden, wenn du unter allen Umständen, in jeder Lage derselbe bleibst, immer Karlos, dann wird deinen Augen die Hülle entsinken, welche noch für dich manche unserer Operationen verstecken muß. Murre darüber nicht. Wir kennen dich ja noch nicht ganz. Wir wissen ja noch nicht, welchem Zug in deinen Charakter wir mehr, welchem wir weniger trauen dürfen. Freue dich indeß auf zukünftige Zeiten, und unser Bund wird stolz auf dich werden.
Sey immer gehorsam. Man wird auch den Grad deiner Willigkeit prüfen. Man wird dich in Lagen verwickeln, wo es selbst für unseren Bund vortheilhafter scheinen könnte, über die Vorschriften etwas hinauszugehen. Aber halt dich unverrückbar fest an ihnen. Gehorsam ist die erste Stufe zum herrschen.

---

43. Unter ›paranoischen Kulturen‹ fasse ich bestimmte Facetten jener Gesellschaftsformen zusammen, die in der aktuellen Debatte mit unterschiedlichen Akzentuierungen als Sorge- oder Angstkulturen bzw. Risiko-, Vorsorge-, Präventions- oder Normalisierungsgesellschaften rubriziert werden, weil sie in zunehmendem Maß ver-sichernde Dispositive, Sichtbarkeitsregime und Gefahrenwissenschaften ausbilden. Vgl. Lorenz Engell, Bernhard Siegert, Joseph Vogl (Hrsg.): Archiv für Mediengeschichte 9 (2009): Gefahrensinn; und Leon Hempel, Susanne Krasmann, Ulrich Bröckling (Hrsg.): Leviathan Sonderheft – Sichtbarkeitsregime. Überwachung, Sicherheit und Privatheit im 21. Jahrhundert, Wiesbaden 2011; sowie Ulrich Beck: Risikogesellschaft, Frankfurt a.M. 1986; Ulrich Beck: Weltrisikogesellschaft, Frankfurt a.M. 2007; François Ewald: Der Vorsorgestaat, Frankfurt a.M. 1993; und Link, Versuch über den Normalismus (Anm. 6).
44. Vgl. Manfred Schneider: Das Attentat. Kritik der paranoischen Vernunft, Berlin 2010.

Sey immer offen gegen uns. Denn was hülfe dirs auch es nicht zu seyn! Von hundert Händen umgeben, von tausend Augen bewacht, wirst du uns keine Falte verstecken können; und schon aus deinem Auge wird man halbgebohrene Gedanken enträthseln. Der Bund verdammt keine verwegene Idee; er will sie nur wissen, um sie widerlegen zu können. Je offener du bist, je mehr vertrauet man dir vom Geiste der Gesellschaft.[45]

---

45. Grosse, Der Genius (Anm. 26), 137.

Susanne Düwell und Nicolas Pethes

Noch nicht Wissen
Die Fallsammlung als Prototheorie in Zeitschriften der Spätaufklärung

Das Sammeln geht der Wissenschaft immer voraus; das ist nicht merkwürdig; denn das Sammeln muß ja vor der Wissenschaft sein; aber das ist merkwürdig, daß der Drang des Sammelns in die Geister kömmt, wenn eine Wissenschaft erscheinen soll, wenn sie auch noch nicht wissen, was diese Wissenschaft enthalten wird.
(Adalbert Stifter: Der Nachsommer)

Als im Januar 1783 die erste Nummer der *Berlinischen Monatsschrift* erscheint, steuert deren Herausgeber Johann Erich Biester unter der Überschrift *Der vorgeblich neue Messias in Berlin* die Geschichte eines religiösen Schwärmers bei, der zum Verbrecher wird. Es handelt sich um eine Kriminalgeschichte, die im Rahmen der sich etablierenden deutschen Zeitschriftenkultur aufgrund der Dokumentation eines tatsächlichen Falls sowie dessen aufsehenerregender Besonderheit die Aufmerksamkeit des Publikums zu gewinnen sucht. Allerdings begnügt sich Biester als Herausgeber eines neuen Organs nicht mit dem spektakulären Charakter der Geschichte allein. Dem Bericht über Schuld und Sühne des »neuen Messias« stellt er eine Reflexion voran, die über das populäre Interesse hinaus den wissenschaftlichen Wert derartiger Fallgeschichten hervorhebt und in diesem Zusammenhang insbesondere die Bedeutung der neuen Publikationsmöglichkeiten betont, die Zeitschriftenprojekte wie das seine eröffnen:

Man fängt seit einiger Zeit immer mehr an, gerichtliche Akten auch außer ihrer juristischen Sphäre zu benutzen, wovon fast jede Art Kenntniß sich allerdings große Aufklärung zu versprechen hat. Vorzüglich gebraucht man Kriminalakten zur Psychologie; und es ist natürlich, daß durch die wahre Geschichte von heftigen Ausbrüchen einer unregelmäßigen Hitze, oder von dem schleichenden Gange einer künstlichen List, die Lehre von den Leidenschaften und den Ideenverbindungen sehr gewinnen muß. Die Shakespeare, deren gewaltiges Genie die Fundgrube ihrer großen Menschenkenntniß ist, sind selten; und da so wenige unserer Theater- und Romanschriftsteller das menschliche Herz, den Gang seiner Leidenschaften, die Spur seiner Verirrungen, genau beobachtet und anschauend erkannt zu haben scheinen; so müssen uns umständliche Berichte solcher zu Thaten geworden Empfindungen höchst willkommen sein. Sonderbar genug, daß man nicht lange schon in unserm Vaterlande darauf gesammlet hat; da jede Varietät eines Muschelgehäuses oft, wie wir alle wissen, langweilig genug beschrieben ist. [...] Noch ein Vortheil von bekanntgemachten Auszügen der Akten würde der sein, daß man die herrschende Denkart [...], die im Schwange seienden Laster und Unarten des Volks und dadurch auch die Art auf ihr Herz zu würken, und die dienlichen Gegenmittel kennen lernte.[1]

Ganz offensichtlich leitet dieser Prolog nicht nur die nachfolgende Erzählung ein, sondern ist, insofern es sich um einen Herausgeberkommentar in der Pilotnummer handelt, programmatisch für das Selbstverständnis der *Berlinischen Monatsschrift,* die sich als Forum für die Sammlung und Bekanntmachung derartiger Aktenauszüge präsentiert. Unsere nachfolgenden Überlegungen verstehen Biesters Editorial aber in einem noch allgemeineren Sinne als repräsentativ für einen grundlegenden Zusammenhang zwischen der Neugründung von Zeitschriften und der Sammlung von Fallgeschichten im Kontext der entstehenden Wissenschaften vom Menschen in der Spätaufklärung.

Für diesen grundlegenden Zusammenhang enthält die zitierte Einleitung zu *Der vorgeblich neue Messias* mindestens vier Anhaltspunkte: Erstens benennt Biester ausdrücklich eine der neuen Wissenschaften vom Menschen, die sich in den 1780er Jahren als eigenständige Disziplin zu etablieren versucht und dabei Anleihen bei einem traditionellen Fach, der Rechtswissenschaft, nimmt: Die »Psychologie« ist im gleichen Jahr, in dem die *Berlinische Monatsschrift* zu erscheinen beginnt, Gegenstand von Carl Philipp Moritz' neuem *Magazin zur Erfahrungsseelenkunde,* einem Zeitschriftenprojekt, das ausschließlich der Sammlung von Fallgeschichten dient.[2] Für dieses aktuelle Interesse an psychologischen Beobachtungen eignen sich Biester zufolge »Kriminalakten«, da

---

1. Johann Erich Biester: Der vorgeblich neue Messias in Berlin, in: Berlinische Monatsschrift 1 (1783), hrsg. von Johann Erich Biester, 46–82, hier: 46–48. Dass das 18. Jahrhundert einen beispiellosen Expansions- und Diversifikationsprozess des Zeitschriftenwesens erlebt, wird für den nachfolgend skizzierten Zusammenhang von Medien- und Wissensgeschichte ebenso vorausgesetzt wie die Tatsache, dass diese neue Zeitschriftenkultur ein hohes Maß an Heterogenität aufweist, da die einzelnen Periodika meist von einer großen Zahl an Mitarbeitern beliefert werden und sich durch eine Vielfalt an Textformen auszeichnen. Hinzu kommt, dass der Typus der gelehrten oder allgemeinwissenschaftlichen Zeitschrift einen enzyklopädischen Ansatz verfolgt. Vgl. zu den historischen Kontexten Jürgen Wilke: Grundzüge der Medien- und Kommunikationsgeschichte. Von den Anfängen bis ins 20. Jahrhundert, Köln/Weimar/Wien 2008.
2. Zum medialen und epistemologischen Kontext von Moritz' *Magazin* in Gestalt zahlreicher weiterer anthropologischer und psychologischer Zeitschriftenprojekte und Fallsammlungen im letzten Drittel des 18. Jahrhunderts vgl. Georg Eckardt u.a. (Hrsg.): Anthropologie und empirische Psychologie um 1800. Ansätze einer Entwicklung zur Wissenschaft, Köln/Weimar/Wien 2001; Sheila Dickson u.a. (Hrsg.): »Fakta und kein moralisches Geschwätz«. Zu den Fallgeschichten im »Magazin für Erfahrungsseelenkunde« (1783–1793), Göttingen 2011.

sie sowohl hinsichtlich der Rekonstruktion von Verbrechen als auch in Gestalt von Prozessdokumentationen physiologische (»Hitze«), affektive (»Leidenschaft«), charakterologische (»List«) sowie rationale (»Ideenverbindungen«) Grundlagen menschlichen Verhaltens zu erschließen erlauben.

Aus diesen psychologischen Implikationen juristischer Fallgeschichten leitet Biester zweitens einen grundlegenden anthropologischen Anspruch ab, den er mit dem zeitgenössisch gängigen Begriff der »Menschenkenntniß« belegt und als Nachvollzug von »zu Thaten gewordenen Empfindungen« definiert. Diese Intention, die individuellen Hintergründe einer Tat zu schildern, korrespondiert mit einer Umstellung in der wissenschaftlichen Beschäftigung mit Verbrechen hin zu einem kriminalpsychologischen Ansatz um 1800, der zunehmend die Person des Täters in den Fokus rückt und versucht, alle Facetten der biographischen Entwicklung sowie psychische, physische und gesellschaftliche Faktoren, die die Tat beeinflusst haben könnten, zu untersuchen.[3]

Drittens steht Biesters Reflexion im Einklang mit der in Zeitschriftenprojekten der Spätaufklärung verbreiteten Intention, Fallberichte zur Aufklärung und Erziehung des Publikums einzusetzen,[4] wenn der Hoffnung Ausdruck verliehen wird, dass man durch Fallberichte »die im Schwange seienden Laster und Unarten des Volks und dadurch auch die Art auf ihr Herz zu würken, und die dienlichen Gegenmittel kennen lernte.«

Viertens betont Biester die Nähe solcher anthropologischer Charakterstudien zur schönen Literatur. Zwar wird explizit nur Shakespeares Genie als Quelle seiner Menschenkenntnis benannt, zum Zeitpunkt des Erscheinens der *Berlinischen Monatsschrift* sind literarische Texte aber auch in ihren zeitgenössischen und populäreren Erscheinungsformen als Verbreitungsmedium

---

3. Vgl. Ylva Greve: Die Unzurechnungsfähigkeit in der »Criminalpsychologie« des 19. Jahrhunderts, in: Michael Niehaus, Hans-Walter Schmidt-Hannisa (Hrsg.): Unzurechnungsfähigkeiten. Diskursivierungen unfreier Bewusstseinszustände seit dem 18. Jahrhundert, Frankfurt a.M. 1998, 107-132, hier: 107: »Aufklärung und Naturrecht hatten am Ende des 18. Jahrhunderts in Deutschland den Täter statt, wie zuvor, die Tat in den Mittelpunkt ihrer strafrechtlichen Überlegungen gestellt. Eine solche Sichtweise ermöglichte es, die Frage nach den Ursachen von Verbrechen neu zu stellen und zu versuchen, die Straftat aus der Psyche des Täters heraus zu erklären. Den damit umrissenen Aufgaben widmeten sich seit Ende des 18. Jahrhunderts Philosophen, Juristen und Mediziner in zahlreichen Veröffentlichungen, die in zeitgenössischen Bibliographien unter dem Begriff ›Criminalpsychologie‹ zusammengefaßt wurden.«
4. Häufig werden Vorurteile oder Aberglauben im Hinblick auf medizinische Fragen behandelt, z.B. in der populären Aufklärungszeitschrift: Berlinische Sammlungen zur Beförderung der Arzneywissenschaft, der Naturgeschichte, der Haushaltungskunst, Cameralwissenschaft und der dahin einschlagenden Litteratur, hrsg. von Friedrich Heinrich Wilhelm Martini, Berlin 1768-1779. Zu moralischen oder sozialpolitischen Problemen wie etwa Kindsmord vgl. Deutsches gemeinnütziges Magazin, hrsg. von Christian Ulrich Detlev von Eggers, Berlin 1787-1790.

kriminalpsychologischen Wissens anerkannt.[5] Beeinflusst von der Sammlung der *Causes célèbres et intéressantes* (1734-1743) des François-Gayot de Pitaval veröffentlicht August Gottlob Meißner 1776 *Kriminal-Geschichten* und Friedrich Schiller 1786 die Erstfassung des *Verbrechers aus Infamie,* bevor er 1792 als Herausgeber der Pitaval-Übersetzung *Merkwürdige Rechtsfälle als ein Beitrag zur Geschichte der Menschheit* fungiert. Gerade am Beispiel Schiller lässt sich die bei Biester bereits artikulierte Verbindung juristischer, psychologischer und literarischer Verfahrensweisen anschaulich belegen: Während er im *Verbrecher aus Infamie* die Bedeutung einer literarischen Erzählung für psychologische wie juristische Einsichten betont,[6] hebt er in der Edition juristischer Fallgeschichten deren instruktiven Charakter für Literaten und Psychologen hervor: »Triebfedern, welche sich im gewöhnlichen Leben dem Auge des Beobachters verstecken, treten bei solchen Anlässen, wo Leben, Freiheit und Eigentum auf dem Spiele steht, sichtbarer hervor, und so ist der Kriminalrichter imstande, tiefere Blicke in das Menschenherz zu tun.«[7]

Parallel zur Fokussierung der frühen Kriminalliteratur auf anthropologische und psychologische Fragen sowie auf die Darstellung innerer Beweggründe der Täter nimmt auch die moderne Psychologie ihren Ausgang unter anderem von juristischen Fallgeschichten. Dieses Ineinanderfallen juristischer, psychologischer, anthropologischer und literarischer Diskurse im Genre der Fallgeschichte ist in den vergangenen Jahren Gegenstand intensiver Aufmerksamkeit gewesen.[8] Es soll im Folgenden hinsichtlich zweier Aspekte vertiefend betrachtet werden, die bislang noch nicht hinreichend berücksichtigt wurden, aber für die Geschichte anthropologischer Zeitschriften im Besonderen und das Textgenre der Fallgeschichte in ihnen sowie die Epistemologie des Nicht-Wissens im Allgemeinen zentral sind.

---

5. Vgl. Jörg Schönert (Hrsg.): Erzählte Kriminalität. Zur Typologie und Funktion von narrativen Darstellungen in Strafrechtspflege, Publizistik und Literatur zwischen 1770 und 1920, Tübingen 1991.
6. Friedrich Schiller: Der Verbrecher aus verlorener Ehre. Eine wahre Geschichte (1786/1792), in: ders.: Werke. Nationalausgabe, begr. von Julius Petersen, fortgeführt von Liselotte Blumenthal, hrsg. im Auftrag der Stiftung Weimarer Klassik und des Schiller Nationalmuseums in Marbach von Norbert Oellers, Weimar 1943ff., Bd. 2, 7–29, hier: 7.
7. Friedrich Schiller: Vorrede zu Merkwürdige Rechtsfälle als ein Beitrag zur Geschichte der Menschheit. Nach dem französischen Werk des Pitaval, hrsg. von Schiller, 1792, in: ders., Nationalausgabe (Anm. 6), Bd. 19, Teil I, 201–203, hier: 202.
8. Vgl. zuletzt Johannes Süßmann, Susanne Scholz, Gisela Engel (Hrsg.): Fallstudien: Theorie – Geschichte – Methode, Berlin 2007, das Themenheft »Fallgeschichten. Von der Dokumentation zur Fiktion«, Zeitschrift für Germanistik. Neue Folge 19/2 (2009), hrsg. von Alexander Košenina, sowie: Rudolf Behrens, Maria Winter, Carsten Zelle (Hrsg.): Der ärztliche Fallbericht. Epistemische Grundlagen und textuelle Strukturen dargestellter Beobachtung, Wiesbaden 2012.

Der erste dieser Aspekte ist das Mediendispositiv, das der Koinzidenz von Recht, Menschenkenntnis und Literatur Raum gibt: Durch den Hinweis auf die Bedeutung der Bekanntmachung von Auszügen aus juristischen »Akten« und das Desiderat der Sammlung von Berichten hebt Biester hervor, dass es der Kriminalpsychologie nicht um das Erzählen einer einzelnen Begebenheit geht, sondern um die Zusammenstellung möglichst vieler »wahre[r] Geschichten«. Die an diese Hinweise anschließende These der vorliegenden Ausführungen lautet, dass sich Biesters Zeitschrift nicht als Medium für auch anderweitig verfügbare wissenschaftliche Daten versteht, sondern diese auf eine für die künftigen Wissenschaften vom Menschen konstitutive Weise generiert, speichert und verbreitet.

Mit diesem Selbstverständnis steht die *Berliner Monatsschrift* nicht allein. Schon die im 18. und 19. Jahrhundert verbreiteten Zeitschriftentitel ›Magazin‹ und ›Archiv‹ unterstreichen ausdrücklich die entsprechende Funktion. Und das bereits erwähnte *Magazin zur Erfahrungsseelenkunde* artikuliert in seiner Ankündigung ebenfalls die zentrale Rolle der medialen Erscheinungsform von Fallsammlungen – auch wenn die Gattungsbezeichnungen ›Fall‹ und ›Fallgeschichte‹ zeitgenössisch noch gar nicht gebräuchlich sind:

> Aus den vereinigten Berichten mehrerer sorgfältiger Beobachter des menschlichen Herzens könnte eine *Experimentalseelenlehre* entstehen. [...] Alle diese Beobachtungen erstlich unter gewisse Rubriken, etwa in einem dazu bestimmten Magazin gesammelt, nicht ehr Reflexionen angestellt, bis eine hinlängliche Anzahl Fakta da sind, und dann am Ende dies alles einmal zu einem zweckmäßigen Ganzen geordnet, welch ein wichtiges Werk für die Menschheit könnte dieses werden![9]

Entsprechend erscheinen zwischen 1783 und 1793 zehn Jahrgänge des *Magazins zur Erfahrungsseelenkunde,* in denen Fälle und Selbstzeugnisse zur »Seelenkrankheitskunde«, »Seelennaturkunde«, »Seelenzeichenkunde« oder »Seelenheilkunde« gesammelt werden. Damit ist das *Magazin* aber weniger als disziplinengeschichtliches Gründungsdokument der modernen Psychologie zu verstehen – bekanntlich entsteht das erste Institut für Psychologie an einer deutschen Universität erst Mitte des 19. Jahrhunderts in Leipzig.[10] Wichtiger ist, dass Moritz' Postulat, Beobachtungsdaten zunächst lediglich zu sammeln, die zeitgenössisch grundlegende, zugleich aber provisorische Funk-

---

9. Karl Philipp Moritz: Aussichten zu einer Experimentalseelenlehre (1782), in: ders.: Werke, hrsg. von Horst Günther, Frankfurt a.M. 1981, Bd. 3, 85–99, hier: 91.
10. Kurt Danziger: Constructing the Subject. Historical Origins of Psychological Research, Cambridge 1990.

tion des Zeitschriftenmediums reflektiert: Das *Magazin* ist zwar das bekannteste Projekt, das mit der Intention der Sammlung von Krankengeschichten gegründet wurde, jedoch kein Einzelfall. Ende des 18. Jahrhunderts entstehen zahlreiche Zeitschriften, in denen die Bedeutung der Sammlung von Einzelfallberichten hervorgehoben wird und die Herausgeber zur Einsendung solcher Geschichten auffordern. Diese Veröffentlichungspraxis impliziert zum einen die Durchlässigkeit der Trennung von Expertenwissen, praktischen Erfahrungen und von Laien durchgeführten Beobachtungen. Zum anderen hat die Publikationsform der Fallsammlung Konsequenzen für das Verständnis der Textform, in der die fraglichen »Fakta« gesammelt und gespeichert werden: Aus medienhistorischer Perspektive handelt es sich bei den zahlreichen juristischen, medizinischen, pädagogischen und psychologischen Falldarstellungen gerade nicht um Individualgeschichten. Vielmehr sind sie, bei Moritz wie bei Biester, stets angelegt auf ihre Veröffentlichung in Serien und die vergleichende Betrachtung.[11]

Diese medial bedingte Serialität der Fallsammlungen geht mit der Unabgeschlossenheit jeder einzelnen Geschichte einher, auf die wiederum der vorläufige Charakter zurückzuführen ist, der den Fallgeschichten mit Blick auf eine allererst zu etablierende psychologische Wissenschaft zukommt. Der zweite Aspekt, der bei der Beschäftigung mit Fallsammlungen in anthropologischen Zeitschriften der Aufklärung daher zu beachten ist und der unmittelbar auf die Frage nach dem Nicht-Wissen überleitet, ist der Status fallbasierter Datensammlungen als Prototheorie, die lediglich der Vorbereitung und Grundlegung künftigen Wissens dienen kann: Indem Biester vermerkt, dass er von der Bekanntmachung der Kriminalakten Aufklärung über die »herrschende Denkart« erwarte, spricht er diese gattungsgeschichtlich zentrale propädeutische Funktion von Fallgeschichten an.

Das heißt, dass mit dem enormen Popularitätszuwachs der Textsorte des Falls und des seiner Sammlung gewidmeten Zeitschriftenformats im 18. Jahrhundert ein fundamentaler Funktionswandel einhergeht: Fallbeschreibungen dienen nun nicht mehr primär als Belegbeispiele für dogmatisches Wissen, sondern als empirische Grundlegung für die sich neu formierenden humanwissenschaftlichen Einzeldisziplinen und verbinden daher den Verzicht

---

11. Diese Sichtweise weicht von der gängigen Kopplung der Aufschreibetechnik des Falls an die Semantik der Individualität ab, wie sie im Anschluss an Michel Foucault etwa Andreas Gailus: A Case of Individuality: Karl Philipp Moritz and the *Magazine for Empirical Psychology*, in: New German Critique 79 (2000), 67–105, entwickelt hat. Vgl. zur seriellen Publikation medizinischer Fälle Volker Hess, J. Andrew Mendelssohn: Cases and Series. Medical Recording and Paper Technology 1600–1900, in: History of Science 48 (2010), 287–314.

auf vorschnelle Systematisierung mit einem theoretischen Grundlegungsanspruch. Die veränderte Funktion von Fallgeschichten entspricht so auch der für die Anthropologie der Spätaufklärung charakteristischen Aufwertung von empirischen Beobachtungen gegenüber systemisch-deduktiven Verfahren.

Auf die gleiche Weise entwerfen auch Moritz oder Schiller einen propädeutischen Gestus ihrer Fallerzählungen: Einzelfälle werden betrachtet als empirische »Fakta« vor systematischen »Reflexionen«, d.h. als Beobachtungen vor einer Theorie, vor einer Wissenschaft und also auch vor einem verlässlichen Wissen an sich. Sie werden konzipiert als Vorbereitung noch zu etablierender Wissenschaften wie der Psychologie, der Pädagogik oder der Psychiatrie. Beobachtungen zunächst in großer Zahl lediglich zu sammeln und nicht in eine Theorie einzuordnen, stellt mithin einen produktiven und auf die Zukunft ausgerichteten Modus des gegenwärtigen Noch-Nicht-Wissens im Sinne einer Vorbereitung künftigen Wissens dar. Oder anders: Die Sammlung und Bekanntmachung von Fallgeschichten generiert eine Dialektik von Wissen (über den beobachteten Einzelfall) und Noch-Nicht-Wissen (über seine generelle Bedeutung). Zudem erlauben es Fallbeobachtungen, bisherige Wissensbestände außer Kraft zu setzen und ihre Revision einzukalkulieren.

Diese prospektive und propädeutische Funktion von Fallberichten artikuliert sich in einer spezifischen Rhetorik der Nachzeitigkeit, die bei Biester die Form eines Versprechens künftiger »Aufklärung« annimmt, in Moritz' konditionalem »Kömmt eine solche Wissenschaft zustande«[12] die Ausrichtung auf Zukunft formuliert und sich bei Schiller im Irrealis des »Stünde einmal [...] auch für das Menschengeschlecht ein Linnäus auf«[13] artikuliert. Auf diese Weise sind Fallberichte bzw. die sie rahmenden Einleitungen und Ankündigungen von einem autoreflexiven Gestus geprägt, der das innovative Potential der Offenheit und Vorläufigkeit kasuistischer Berichte, aber auch die mit der Textform verbundenen epistemologischen und hermeneutischen Schwierigkeiten thematisiert.[14]

Diese simultane Reflexion des Mediendispositivs und der prototheoretischen Funktion von Fallsammlungen erlaubt es, den Zusammenhang zwischen Schreibweise, Publikationstechnik und Wissensform zu beschreiben und auf

---

12. Moritz, Aussichten (Anm. 9), 91.
13. Schiller, Der Verbrecher (Anm. 6), 8.
14. Gegenstand der Reflexion sind unter anderem die Relation von Ereignis und Regel, Abweichung und Norm, die Vergleichbarkeit von Fällen sowie Probleme der Beobachterperspektive, der Generalisierung und Vollständigkeit. Diese Fragen sind Themen von Herausgebervorworten, werden als einleitende methodische Überlegungen Fallgeschichten vorangestellt oder sind – vor allem im medizinischen Bereich, der auf eine kasuistische Tradition und Autoritäten wie Hippokrates oder Morgagni zurückgreifen kann – Gegenstand eigener auf die Metareflexion kasuistischer Beobachtungspraxis fokussierter Zeitschriftenbeiträge.

die mit der Nichtabgeschlossenheit des Genres der Fallgeschichte verbundene Appellstruktur zurückzuführen: So, wie jedem Einzelfall die Frage nach der Generalisierbarkeit der ihm zugrundeliegenden Beobachtung inhärent ist, fordert das periodisch erscheinende und auf diese Weise stets unabgeschlossene Archiv einer Zeitschrift immer weitere Fallberichte, so dass an die Stelle der Synthese einer systematischen anthropologischen Theorie Fallserien treten, die das Wissen über den ›ganzen Menschen‹ auf die Fortsetzung der Serie und also in die Zukunft verlagern. Der Fall ist daher als Textgenre wie auch als Wissensform im doppelten Sinne exemplarisch für die Relation von Teil und Ganzem bzw. Gewusstem und Nicht-Wissen: Der epistemologischen Relation von Besonderem und Allgemeinem entspricht die mediale Relation zwischen Einzelpublikation und Gesamtarchiv.

Die hiermit grob umrissene und im Folgenden zumindest exemplarisch zu belegende disziplinenübergreifende Begründungsfunktion von Fallsammlungen für unerforschte bzw. zukünftige Wissensbereiche gilt für sämtliche der im 18. und 19. Jahrhundert neu begründeten Wissenschaften vom Menschen – von der Pharmakologie über die Psychiatrie, Pädagogik und Ethnologie bis hin zu Magnetismus oder Spiritismus. Dieser Flexibilität des Textgenres der Fallgeschichte entspricht die Offenheit des Publikationsmediums der Zeitschrift: Die Organe folgen in der Regel keinem geschlossenen Konzept, insofern sich das Textkonvolut aus eingesandten Erfahrungsberichten unterschiedlichster Provenienz zusammensetzt, für die Aktualität und Novität das hinreichende Qualitätskriterium bieten.

Es existiert mit anderen Worten in Gestalt der spätaufklärerischen Zeitschriften ein umfangreiches Arsenal von Fallsammlungen, ein Archiv der Archive, das es noch zu erschließen gilt.[15] Als gemeinsames Kennzeichen all dieser Projekte lässt sich die narrative Präsentation von Beobachtungen vor dem Wissen über die Ursachen und Zusammenhänge des Erzählten festhalten. Aus diesem Grund verstehen sich die Fallsammlungen meist als Pionierleistungen, die zu

---

15. Neben dem *Magazin zur Erfahrungsseelenkunde* wären z.B. folgende Periodika zu nennen: Der Arzt. Eine medicinische Wochenschrift, hrsg. von Johann August Unzer, Hamburg 1759-1764; Aufsätze und Beobachtungen aus der gerichtlichen Arzneywissenschaft, hrsg. von Johann Theodor Pyl, Berlin 1783-1793; Neue Beyträge zur Bereicherung der Menschenkunde überhaupt und der Erfahrungsseelenlehre insbesondere: Ein Buch für Gelehrte und Ungelehrte, hrsg. von Karl Friedrich Pockels, Hamburg 1788/89; Allgemeines Repertorium für Empirische Psychologie und verwandte Wissenschaften, hrsg. von Immanuel David Mauchart, Nürnberg/Tübingen 1792-1801. Die Erforschung von Fallsammlungen in Zeitschriften der Spätaufklärung ist Gegenstand unseres DFG-Forschungsprojekts »Fall-Archive. Epistemische Funktion und textuelle Form von Fallgeschichtssammlungen in Fach- und Publikumszeitschriften des 18. und 19. Jahrhunderts«.

einem großen Teil innerhalb von Gründungs- oder Reformdiskussionen der sich konstituierender Disziplinen und Wissensfelder entstehen.

Ein erstes Beispiel für diesen Komplex, das dem *Magazin zur Erfahrungsseelenkunde* vorausgeht, sein Publikationsprinzip aber bereits vorwegnimmt, stammt aus dem Umkreis der Reformpädagogik. Das von Johann Bernhard Basedow und Joachim Heinrich Campe herausgegebene Hausorgan der Dessauer Reformschule Philanthropinum, die *Pädagogischen Unterhandlungen,* erscheint in fünf Jahrgängen zwischen 1777 und 1782. Da das Erziehungssystem am Ende des 18. Jahrhunderts in überkommenen und theoretisch nicht legitimierten Schulformen fixiert ist, soll eine Sammlung empirischer Beobachtungen Abhilfe schaffen und – in Analogie zur »Heilkunst« – eine »Erziehungskunst« begründen.[16] 1778 veröffentlichte Johann Carl Wezel hier seinen Aufruf *Über die Erziehungsgeschichten,* in dem er wiederum vor theoretischen Verallgemeinerungen in der »Erziehungskunst« warnt:

> [S]ie kann noch lange Zeit nichts, als Sammlung einzelner Erfahrungen seyn, aus welchen wir zuweilen ein allgemeines Regelchen abstrahiren, in das Register eintragen, und wohlbedächtig abwarten, ob nicht über lang oder kurz eine entgegengesetzte Erfahrung ihm seine Allgemeinheit wieder raubt. [...] Aus diesem Grund thaten die ersten Herausgeber der philanthropischen Unterhandlungen sehr wohl, daß sie um Erziehungsgeschichten baten. [...] Und nun, ihr Pädagogen, Hofmeis-

---

16. So beschreibt Christian Heinrich Wolke die Aufgabe der Zeitschrift *Pädagogische Unterhandlungen* folgendermaßen: »Die Erziehungskunst ist noch fast in ihrer ersten Kindheit, wie es die Heilkunst war zur Zeit des Hippokrates. Laßt uns von nun an mehr die Kinderseelen, ihre Neigungen, ihre Unarten, ihre Krankheiten beobachten, Arzneymittel versuchen, die versuchten glücklichen Curen aufzeichnen, und die nötigen Nachrichten davon dem Publikum zum Gemeinnutzen bekannt machen. [...] Die Absicht der Unterhandlungen geht vorzüglich dahin, solche angestellte Beobachtungen über gute oder fehlerhafte Neigungen und Gewohnheiten, schon angewandte, oder uns andern ratsam scheinenden Mittel, die guten zu stärken und den bösen abzuhelfen, hier zu sammeln [...].« Christian Heinrich Wolke: Sollte nicht bey allem Reichthum an Erziehungsschriften in unsern Zeiten gleichwohl in der Pädagogik noch eine sehr merkliche Lücke seyn, in: Pädagogische Unterhandlungen 1 (1777/78), hrsg. von Johann Bernhard Basedow und Joachim Heinrich Campe, 1038–1047, hier: 1041f. Von einem potentiell unabschließbaren System an Beobachtungen, die aufgezeichnet und gesammelt werden, verspricht sich auch der Inhaber des ersten Lehrstuhls für Pädagogik in Deutschland, Ernst Christian Trapp, eine Umwälzung der Pädagogik: »Wann werden wir einmal ähnliche Beobachtungen und Berechnungen über die physischen und geistigen und moralischen Kräfte der Jugend und ihrer Lehrer in Rücksicht auf Unterricht und Erziehung haben? Wann werden wir einmal die unzählbaren bisher unbemerkten Kleinigkeiten sammeln, deren Abschaffung oder Einführung eine Revolution in unserer Erziehung, und dadurch eine Revolution in unsern Sitten und in unseren politischen Einrichtungen machen könnte?« Ernst Christian Trapp: Versuch einer Pädagogik, Berlin 1780, 73.

ter, Informatoren, Kinderlehrer, Rektoren, Konrektoren, Schulmeister und Professoren! – beobachtet, schreibt![17]

In Wezels Appell zur Einsendung pädagogischer Erfahrungsberichte ist nicht nur das Prinzip der Sammlung heterogener pädagogischer Beobachtungen vorweggenommen, sondern zugleich das praktische und epistemologische Problem benannt, mit dem Pädagogen konfrontiert sind, wenn sie das Erziehungssystem auf der Grundlage von Einzelbeobachtungen reformieren wollen. Das Transferproblem vom Einzelfall zur Theorie ist kein epistemologisches Hindernis, sondern vielmehr Ausgangspunkt für die neu entstehenden empirischen Wissenschaften vom Menschen in der Spätaufklärung.

Gerade weil im Feld der pädagogischen Beobachtungen vorerst nur »Vermuthungen« über kausale Beziehungen möglich sind, für deren Überprüfung keine gesicherte Methode verfügbar ist, sind ›Erziehungsgeschichten‹ so gut für den Entwurf eines neuen Pädagogikverständnisses geeignet. »Gewissheit« würde die Möglichkeit voraussetzen, alle Einflüsse, denen der Zögling in seinem bisherigen Leben ausgesetzt war, sowie deren Kombinatorik retrospektiv und detailliert nachzeichnen zu können. Tatsächlich besteht pädagogisches Wissen aber in der Einsicht in das Nicht-Wissen: »In der Seele, und im ganzen Menschen, ist nie eine Wirkung die Folge Einer Ursache, sondern das zusammengesetzte Produkt vieler. Will man also Vermuthung zu einiger Gewissheit erheben, so müsste man die ganze innere und äußere Lage des Zöglings in jedem Zeitpunkte sehr genau kennen«.[18]

Daher legt Wezel besonderen Wert darauf, in ›Erziehungsgeschichten‹ zwischen Fakten und empirischen Details einerseits sowie Hypothesen andererseits streng zu trennen. Die Erziehung, die analog zur medizinischen Behandlung als Therapie gedacht wird, in der das natürliche Gleichgewicht der Kräfte herzustellen ist, soll laut Wezel mit einer Phase nüchterner Beobachtung beginnen, ohne auf den Zögling einzuwirken, bevor der Pädagoge aufgrund seiner Diagnose einen wiederum eher pragmatischen als theoretisch abgesicherten ›Operationsplan‹ entwickelt und durchführt.

Neben der Komplexität der äußeren und inneren Einflüsse, die im Zuge der Beobachtung eines Kindes nur unvollständig erfasst werden können, über-

---

17. Johann Karl Wezel: Über die Erziehungsgeschichten, in: ders.: Gesamtausgabe in acht Bänden, hrsg. von Klaus Manger u.a., Heidelberg 1997ff., Bd. 7, 429–441, hier: 430, zuerst in: Pädagogische Unterhandlungen 2 (1778), Nr. 1, 21–43.
18. Ebd., 431. Hebt Wezel vor allem auf die Unmöglichkeit der Vollständigkeit von Beobachtung ab, so verweist Moritz auf das Problem der lebensgeschichtlich früh einsetzenden Verstellung und Beeinflussung durch gesellschaftliche Konventionen als Hindernis für die Menschenbeobachtung.

blickt der Erzieher nur einen begrenzten Teil des Lebens des Kindes und ist zur Rekonstruktion der Vorgeschichte auf Erzählungen anderer und damit auf eine sehr unsichere Quelle angewiesen. Das Genre der ›Erziehungsgeschichte‹, das Wezel fordert, ist nun so zu fassen, dass es diese methodischen Probleme produktiv wendet: Die Texte müssen so offen verfasst sein, wie es der Hiatus zwischen Beobachtung und Theorie ist. Das heißt beispielsweise auch, dass nicht nur der Verzicht auf theoretische Systematisierung gefordert wird, sondern auch die Sammlung und Archivierung von Beobachtungen und Informationen, die zunächst unbedeutend erscheinen, solange bis sich ihre »Brauchbarkeit oder Unbrauchbarkeit zeigt«.[19] Mit anderen Worten: Vor der Folie des aktuellen Nicht-Wissens können auch scheinbar kontingente Details als potentielle Elemente zukünftigen Wissens gewertet werden.

Die Anleitung zum Verfassen von ›Erziehungsgeschichten‹, die Wezel entwirft, ist analog zur Gestaltung zeitgenössischer (nicht klinischer) Krankengeschichten konzipiert – diese umfassen neben der Beschreibung vorheriger Behandlungsversuche, der Anamnese, Diagnose und Therapie häufig auch detaillierte Beschreibungen der Biographie, der Herkunft und der Lebensumstände von Patienten. Entsprechend sollen nach Wezel auch die Erziehungsgeschichten strukturiert werden und folgende Bausteine enthalten: einen Bericht über die bisherige Erziehung des Kindes; eine Charakterisierung seiner Bezugspersonen; eine Selbstbeschreibung des Beobachters und Verfassers der Erziehungsgeschichte, um die mögliche Wirkung auf den Zögling berechnen zu können; die Entwicklungsgeschichte des Kindes und einschneidende Erfahrungen; einen Erziehungsplan und seine Begründung sowie Modifikationen desselben; detaillierte Beschreibungen aller Maßnahmen und Methoden, die zur Erziehung des Kindes angewandt werden, sowie die Darstellung der Wirkung bzw. des Erfolges der Therapie.[20]

Vor allem aber argumentiert Wezel in Anlehnung an die Entwicklung der Medizin, dass gerade die Mitteilung misslungener Erziehungsgeschichten, fehlgeschlagener Therapien und Irrtümer für die Genese gesicherter Erkenntnisse zentral ist. Blickt man in die ersten Jahrgänge der *Pädagogischen Unterhandlungen,* aber auch in einschlägige Einsendungen an Moritz' *Magazin* und weitere pädagogische Falldarstellungen im Zeitraum der Spätaufklärung, so zeigt sich, dass viele der gesammelten und publizierten Berichte nach dem Muster des abschreckenden Beispiels verfasst sind. Insbesondere die Folgen der Verzärtelung und Verwöhnung der Zöglinge gehören zum topischen Inventar des Genres – in den *Pädagogischen Unterhandlungen* etwa die »Geschichte

---

19. Ebd. 438.
20. Vgl. Wezel, Über die Erziehungsgeschichten (Anm. 17).

des jungen Ferdinand, einem 20jährigen Jüngling«, die 1782 veröffentlicht wird; im ersten Jahrgang des *Magazins zur Erfahrungsseelenkunde* aus dem Folgejahr zum Beispiel »Etwas aus Robert G...s Lebensgeschichte oder die Folgen einer unzweckmäßigen öffentlichen Schulerziehung«. Auf die Zusammenhänge einer solchen schwarzen Pädagogik[21] des abschreckenden Beispiels kann hier nicht weiter eingegangen werden, deutlich ist aber, dass auch eine solche Kasuistik *ex negativo* dem allgemeinen Prinzip der Fallsammlungen entspricht, Wissen nicht positiv zu setzen, sondern vorläufig nur Lücken und Mängel zu markieren.

Diese Korrelation von Reformdiskurs, kasuistischer Form und propädeutischer Funktion, wie sie die *Pädagogischen Unterhandlungen* dokumentieren, ist schließlich deshalb so signifikant, weil im Kontext der Reformpädagogik erstmals Ansätze einer fachwissenschaftlichen pädagogischen Publizistik entstehen, die – neben der Diskussion wissenschaftlicher Positionen – auf die Reflexion und Sammlung von Beobachtungen fokussiert ist.[22] Der prospektive und innovative Charakter des Genres Fallgeschichte erfährt im pädagogischen Reformdiskurs insofern eine doppelte Ausprägung, als er sowohl auf eine wissenschaftliche Grundlegung als auch auf ein Erziehungsprojekt ausgerichtet ist, das utopische Züge aufweist.[23] Der intrinsischen Vorläufigkeit jedes Reformprojekts entspricht auf diese Weise der Projektstatus des Mediendispositivs der Fallsammlungen.

Daraus folgt umgekehrt, dass die Bedeutung der pädagogischen Kasuistik abnimmt, wenn sich das Bildungssystem im Anschluss an die preußischen Reformen neu zu konstituieren beginnt. Der Großteil der pädagogischen Zeitschriften in der ersten Hälfte des 19. Jahrhunderts bleibt bezogen auf Fragen des Schulwesens oder der Fachdidaktik. Die Veröffentlichung von Fallgeschichten ist in diesem Zeitraum besonders für die sich konstituierende Psychiatrie von grundlegender Bedeutung, die nun als zweites Beispiel für den fraglichen

---

21. Die Anthologie von Katharina Rutschky: Schwarze Pädagogik. Quellen zur Naturgeschichte der bürgerlichen Erziehung, Frankfurt a.M./Berlin 1977, dokumentiert eine ganze Reihe exemplarischer pädagogischer Beobachtungsgeschichten aus den letzten Jahrzehnten des 18. Jahrhunderts, darunter auch solche von Joachim Heinrich Campe, Johann Bernhard Basedow und Christian Heinrich Wolke.
22. Zentral ist in diesem Zusammenhang auch die umfängliche Allgemeine Revision des gesamten Schul- und Erziehungswesens, hrsg. von Joachim Heinrich Campe, Hamburg 1785-1792. Daneben wären z.B. folgende Zeitschriften zu nennen: Pädagogisches Museum, hrsg. von August Christian Borheck, Leipzig 1778-1780; Braunschweigisches Journal philosophischen, philologischen und pädagogischen Inhalts, hrsg. von Ernst Christian Trapp u.a., Braunschweig 1788-1791.
23. Vgl. Dietrich Benner, Herwart Kemper: Theorie und Geschichte der Reformpädagogik. Teil 1: Die pädagogische Bewegung von der Aufklärung bis zum Neuhumanismus, 2. Aufl., Weinheim/Basel 2001.

Zusammenhang von Nicht-Wissen, Fallerzählung und Sammelpublikation angeführt werden soll.[24] Die Suche nach grundlegenden Einsichten in die Entstehung und den Verlauf psychischer Erkrankungen sowie nach Behandlungsmethoden führt auch hier zu offenen Fallsammlungen, die sich meist auf die genaue Beschreibung auffälligen Verhaltens und rätselhafter Symptome beschränken, auf diagnostische Hypothesen aber vielfach verzichten.

Sind psychische Vorgänge im Rahmen der Seelenkunde generell noch weitgehend unerforscht und auf ausgedehnte Sammlungen von Beobachtungen angewiesen, so ist das Ausmaß des eingestandenen Nicht-Wissens in der frühen Psychiatrie noch größer als in den übrigen humanwissenschaftlichen Disziplinen. Die auf Selbstbeobachtung basierende Analogiebildung als Methode der Erfahrungsseelenkunde versagt in der Regel bei der Beobachtung »psychisch-krankhafter Störungen«. Da noch keine Ätiologie der Psychiatrie existiert und erste Ansätze einer Nosologie erst allmählich entstehen, geht es lediglich um die Registrierung der Vielzahl psychischer Krankheitsbilder und erste Klassifizierungsversuche. Für die Aufklärung dieses unerforschten Terrains wird der Fallgeschichte bzw. der Sammlung von Serien möglichst vielfältiger Fälle eine zentrale Stellung eingeräumt:

> Die Bekanntmachung von psychischen Krankheitsgeschichten sey, sollte man glauben, bei der Menge schon bekannter, eine unnütze Sache. Aber wenn man bedenkt, wie demohngeachtet die Wesenheit und ursächlichen Momente der psychischen Störungen noch so wenig aufgedeckt und dargethan sind; wenn man ferner sieht, daß gerade die Mannigfaltigkeit der krankhaft-psychischen Erscheinungen, die Veränderungen und Complicationen, die dieselben nach Alter, Geschlecht, Jahreszeit, Clima, Erziehung, Beschäftigung, Lebensweise, Temperament, eigenthümlicher idiopathischer Organisation, psychisch-krankhafter Störung etc. machen, daß diese, trotz der großen Bemühungen, die sich Psychologen mehrerer Nationen geben, immer noch das Haupthinderniß zur Auffindung der Wesenheit psychischer Krankheiten abgegeben haben: so möchten die Aufzählungen noch weiterer Data so lange, bis in dieser Form menschlichen Wissens sich mehr Licht verbreitet hat, immer noch willkommene Erscheinungen seyn.[25]

---

24. Neben den von Johann Christian Reil herausgegebenen Zeitschriften gehört Friedrich Nasses 1818 gegründete *Zeitschrift für psychische Ärzte* zu den ersten Fachzeitschriften der sich erst etablierenden Psychiatrie. Bis zur Mitte des 19. Jahrhunderts wird die entstehende Psychiatrie noch als Teil der Anthropologie aufgefasst. Vgl. Udo Benzenhöfer: Psychiatrie und Anthropologie in der ersten Hälfte des 19. Jahrhunderts, Stuttgart 1993.
25. Ernst Müller: Psychische Krankheitsgeschichten, in: Zeitschrift für psychische Ärzte 5 (1822), hrsg. von Friedrich Nasse, 139–152, hier: 139f.

Als vorbildlich gilt auch für die Anfänge der psychiatrischen Fallgeschichten das *Magazin zur Erfahrungsseelenkunde*, auf das sich etwa die Herausgeber der *Beyträge zur Beförderung einer Kurmethode auf psychischem Wege*, Johann Christian Reil und Johann Christoph Hoffbauer, beziehen, da es ihnen aufgrund der Berücksichtigung biographischer und sozialer Faktoren sowie der Reflexion der Krankheitsgenese als nachahmenswert erscheint. Kritisiert wird, dass herkömmliche Fallgeschichten auf dem Gebiet psychischer Krankheiten hingegen nicht ausführlich genug erzählt und kommentiert seien, häufig fehlten Informationen über den »Stand, die Geburt, die häusliche Lage, (den) Charakter eines Menschen, seine längst erlebten Schicksale«, die »seine Krankheit oft auf diese oder jene Art bestimmen.«[26]

Die Raum für vielfältige Spekulationen eröffnende, grundlegend ungeklärte Frage der entstehenden Psychiatrie ist das Verhältnis von psychischen und physischen Faktoren der Erkrankungen. Friedrich Nasse – Schüler und Nachfolger Johann Christian Reils an der Universität Halle – sieht in der interdisziplinären Verbindung medizinischer, psychologischer und philosophischer Perspektiven die Aufgabe seiner Zeitschriftenprojekte. Sie sollen eine »lebendige Vereinigung des psychologischen Forschens und des ärztlichen Handelns«[27] begründen und leisten dies vorrangig durch die Veröffentlichung von Fallgeschichten:

Welchen Reichthum des Stoffes bieten uns aber diejenigen Zustände dar, die eben so wohl, oder die selbst noch mehr geistig als körperlich, von dem Ebenmaaß der Gesundheit abweichen; wie fordern die verschiedenen Gestalten der Sinnestäuschungen, des fieberhaften Irreredens, wie die dunkeln Zustände des krankhaften Schlafes, wie das Geheimniß des Todes selbst, unsere sorgfältigste und vielseitigste Betrachtung auf. Eine fast noch ganz unbekannte Welt liegt noch unübersehbar hier vor uns, der jetzigen und künftigen Zeit zur Erforschung überlassen.[28]

Die auf Topoi der Aufklärung rekurrierende Rhetorik Nasses über »die dunkeln Zustände«, »das Geheimniß des Todes« und eine »fast noch ganz unbekannte Welt« bringt das Bewusstsein der Traditionslosigkeit und des Nicht-Wissens im Bereich der psychischen Krankheiten deutlich zum Ausdruck. Als Mediziner und Kliniker gilt Nasses Interesse zwar der physiologischen

---

26. Beyträge zur Beförderung einer Kurmethode auf psychischem Wege (1/2), hrsg. von Johann Christian Reil und Johann Christoph Hoffbauer, Halle 1808/1816.
27. Friedrich Nasse: Vorbericht, in: Zeitschrift für psychische Ärzte 1 (1818), hrsg. von Friedrich Nasse, 1–16, hier: 2.
28. Ebd., 10.

Diagnostik, dennoch hält er am anthropologischen Ziel der Erkenntnis des ganzen Menschen fest: Die zentral nicht entschiedene Frage der Psychopathologie bleibt demzufolge diejenige nach der psychophysischen Relation. Da aber auch im Zusammenhang der Veröffentlichung von Sektionsberichten die Verursachung psychischer Störungen nicht aus einer Veränderung der Organe ablesbar ist, bleibt als gemeinsame empirische Forschungsgrundlage für Somatiker und Psychiker nur die Fallgeschichte als Basis einer künftigen psychiatrischen Wissenschaft.[29] Nasse reflektiert ebenfalls, dass die Bedeutung von Fallgeschichten für die Entstehung der Psychiatrie als Wissenschaft ans mediale Dispositiv einer Sammlung in Fachzeitschriften gebunden ist: Periodika sind die Voraussetzung für die Verbreitung und den Fortschritt von »Erfahrungskenntnissen«, das geeignete Medium, um die Erfahrungen vieler Wissenschaftler und Praktiker zusammenzuführen, sowie ein Forum des interdisziplinären Austausches und des Disputs:

> Es ist jetzt eben die Zeit, wo viel für die Zeit geschrieben wird; unsere hier beginnende Zeitschrift will eben auch mit dabei seyn. Wenigstens ein großer Theil des in ihr zu Erforschenden ist Gegenstand der Erfahrung; wie glücklich aber Erfahrungskenntnisse durch Zeitschriften fortschreiten, haben die physikalischen Wissenschaften in den letzten Jahrzehenden dargethan. Förmliche Bücher bringen gern so viel Entlehntes, so viel Bekanntes wieder, arten so leicht in verdrehte Begriffsgebäude aus, sind überdies lang zu schreiben und meistens auch lang zu lesen. Darum seien uns die anspruchslosen Hefte gepriesen, die in heiteren Farben und von mannichfaltigem, doch immer neuem Inhalt, alle Monat, alle Vierteljahr in die Studierstuben der Gelehrten flattern! [...] Indem sie die auf diese Aufgabe sich beziehenden Untersuchungen und Beobachtungen der zu ihrer Herausgabe vereinigten Psychologen und Aerzte darbringt, soll sie zugleich auch anderen, für den Zweck Gleichgesinnten, einen günstigen Ort zur Mittheilung ihrer für eine Zeitschrift geeigneten Beobach-

---

29. Noch in der Einleitung des ersten Bandes der *Zeitschrift für die Beurtheilung und Heilung der krankhaften Seelenzustände* beklagt Nasse 1838 den weiterhin großen Mangel an Beobachtungen hinsichtlich des Zusammenspiels von psychischen und physischen Krankheitsfaktoren: »Für die Erwägung, wo und wiefern psychische Erscheinungen ohne somatische, diese ohne jene sind, wo und wie weit sie sich einander ausschließen, wie sie einander stets begleiten und welche für die verschiedenen psycho-somatischen Lebenszustände ohne Ausnahme zusammen vorkommen und welche nicht: für diese stete Grundlage einer nicht bloß dem Augenblicke genügenden Theorie fehlt noch eine große Menge von Erfahrungen. [...] Ein noch größerer Mangel an Beobachtungen, ja einer von nicht zu übersehender Größe, waltet für die regelwidrigen, die krankhaften Zustände ob.« Friedrich Nasse: Die Aufgabe der Erforschung und Heilung der somatisch-psychischen Zustände, in: Zeitschrift für die Beurtheilung und Heilung der krankhaften Seelenzustände 1 (1838), hrsg. von Maximilian Jacobi und Friedrich Nasse, in Verbindung mit den Irrenanstalt-Directoren Carl Frederik Flemming, Paul Wilhelm Jessen und Ernst Albert Zeller, 1–33, hier: 3f.

tungen und Forschungen darbieten. Was der Einzelne nicht vermag, möge sie durch das Zusammenwirken Mehrerer zu leisten suchen. [...] [E]iner Zeitschrift, wie die hier beginnende, muß es aber gerade vortheilhaft seyn, daß Psychologen und Aerzte in ihr abweichende und verschiedene Richtungen verfolgen.[30]

Der provisorische Charakter des Publikationsmediums wird gerade nicht als Defizit gewertet. Im Hinblick auf die Sammlung möglichst zahlreicher, zum Teil auch rätselhafter Fallgeschichten, die von verschiedenen Autoren zusammengetragen und ausgetauscht werden, erscheint es als Vorteil von Zeitschriften, dass sie periodisch erscheinen und kein komplexes, fixiertes und elaboriertes Wissenssystem präsentieren. Das Schreiben »für die Zeit« ist auf seine Überholbarkeit durch neue Erfahrungen angelegt; gerade die Vielfältigkeit und die Novität von Beobachtungen und kontroversen Positionen von Experten verschiedener Disziplinen erscheinen als Stärke des periodischen Publikationsverfahrens.

Es lässt sich somit festhalten, dass die frühe Psychiatrie ihr fehlendes Wissensfundament weniger behebt, als dass sie ein der entsprechenden Vorläufigkeit und Offenheit korrespondierendes Kommunikationsmedium wählt. Wie im Fall der Pädagogik und der Psychologie vor ihr dient das Genre der Falldarstellung dabei als Medium zur Verstärkung der Annahme von vorwissenschaftlichen Beobachtungen als Daten einer künftigen Wissenschaft. Die Ausrichtung jeder Fallerzählung auf Generalisierung der Einzelbeobachtung entspricht dabei ihrer Orientierung an der Ausbildung eines Archivs in Gestalt der Sammlung sowie dem Index des derzeitigen Noch-Nicht-Wissens auf seine zukünftige Systematisierung als Wissen. Der provisorische und schnell zirkulierende Charakter des Verbreitungsmediums entspricht der Vorläufigkeit des »epistemischen Genres«[31] der Fallgeschichte, dessen epistemisches Prinzip in der seriellen Sammlung einer möglichst großen Zahl von Beobachtungen angesichts eines aktuellen Nicht-Wissens besteht.

---

30. Nasse, Vorbericht (Anm. 27), 1–3.
31. Gianna Pomata deutet die Dominanz und Durchsetzung bestimmter Genres als Ausdruck der Konzeption von Wissen und bezeichnet diese als »epistemic genres«. Die in der zweiten Hälfte des 16. Jahrhunderts entstehenden Observationes, d.h. Sammlungen von Fallgeschichten, werden im 18. Jahrhundert zur dominierenden Form medizinischer Texte: »Epistemic genres give a literary form to intellectual endeavour, and in so doing they shape and channel the cognitive practice of attention. Some may provide, for instance, a framework for gathering, describing and organizing the raw materials of experience (as was the case of the early modern observationes, as we shall see) [...].« Gianna Pomata: Sharing Cases. The Observationes in Early Modern Medicine, in: Early Science and Medicine 15 (2010), 193–236, hier: 197.

Diese in der Formulierung von Gianna Pomata anklingende gattungstheoretische Perspektive erlaubt es abschließend, den provisorischen Status von Fallsammlungen nicht nur auf das Mediendispositiv der Zeitschrift, sondern auch auf das zugrundeliegende Genre zu beziehen und also den ›Fall‹ selbst als offene und vorläufige Textsorte zu beschreiben. Denn provisorisch ist um 1800 nicht nur das Wissen vom Menschen, sondern auch der Status der Texte, innerhalb derer die dieses zukünftige Wissen vorbereitenden Beobachtungen gesammelt werden. Dies spiegelt sich nicht zuletzt in der Tatsache, dass die Gattungsbezeichnung ›Fallgeschichte‹ für Texte in Zeitschriften der Aufklärung einen Anachronismus darstellt. Zeitgenössisch ist allenfalls von »Beobachtungsgeschichten« oder »Erziehungsgeschichten« die Rede, ansonsten aber, wie z.B. bei Moritz, schlicht von »Fakta«.

Dies erklärt auch, warum es in der gegenwärtigen Forschung zu Fallgeschichten noch keine zufriedenstellende Definition der fraglichen Textsorte gibt – der einzige gängige gattungstheoretische Vorschlag, das Kapitel »Kasus« in André Jolles' *Einfache Formen,* ist bereits über 80 Jahre alt. Jolles' Bestimmung des juristischen Falls als variable Form, dessen zentrales Merkmal im »*Verstoß gegen eine Regel*«[32] liegt, bietet aber dennoch eine Reihe von Anhaltspunkten, die auch für die Struktur der Fallsammlungen in Zeitschriftenneugründungen um 1800 von Interesse sind: Ein Kasus wird Jolles zufolge angeführt, wenn die Lösung für ein juristisches Problem noch unbekannt ist. Er dient mit anderen Worten der problematisierenden ›Verwirklichung‹, nicht der exemplarischen ›Veranschaulichung‹ einer geltenden Regel. Die Eigenheit der Form des Kasus besteht im Abwägen konkurrierender Normen, im Offenlegen eines Normenkonflikts, im Ausbalancieren der Antwortoptionen – darin, »daß sie zwar die Frage stellt, aber die Antwort nicht geben kann, daß sie uns die Pflicht der Entscheidung auferlegt, aber die Entscheidung selbst nicht enthält – was sich in ihr verwirklicht, ist das Wägen, aber nicht das Resultat des Wägens.«[33] Dieser Charakter der Textform ist aber nicht auf juristische Fälle im 20. Jahrhundert beschränkt, sondern schon bei Jolles auf die literarische Anthropologie der Aufklärung bezogen:

> Was wir in der Litteratur des 18. und 19. Jahrhunderts *Psychologie* zu nennen gewohnt sind, das Wägen und Messen der Beweggründe einer Handlung nach inneren und äußeren Normen, dieses bewegliche Kriterium der Beurteilung der Charaktere im

---

32. André Jolles: Einfache Formen. Legende/Sage/Mythe/Rätsel/Spruch/Kasus/Memorabile/Märchen/Witz [1930], Darmstadt 1958, 174.
33. Ebd., 191.

> Kunstwerk und des Kunstwerks als solchem, scheint mir eine große Verwandtschaft zu besitzen mit dem, was wir in der katholischen Kasuistik vor uns sehen.[34]

Auf diese Weise kehrt die eingangs anhand von Biesters Herausgeberkommentar eingeführte Konstellation aus psychologischer Menschenkenntnis, serieller Sammlung und literarischer Form als Rahmen für das kasuistische Nicht-Wissen wieder. Es findet in einer Textform seinen angemessenen Ausdruck, die in der gleichen Weise offen ist wie die skizzierten Wissensfelder von der Psychologie über die Pädagogik bis zur Psychiatrie. Denn das Prozedere der Entscheidungsfindung hinsichtlich einer in der Fallgeschichte formulierten Frage ist nicht auf Normenkonflikte im juristischen oder moralischen Sinne beschränkt, sondern kann auf das Abwägen verschiedener diagnostischer, nosologischer oder pragmatischer Antwortoptionen bei der empirischen Beobachtung menschlichen Handelns und Leidens übertragen werden. Zugleich ist aber über Jolles hinausgehend festzustellen, dass diese textsortenspezifische Offenheit des Kasus potenziert wird durch die Offenheit seiner medialen Publikationsform, der Zeitschrift, die als Archiv, Magazin oder Sammlung die möglichen, aber noch ungewissen Koordinaten der künftigen Wissenschaften vom Menschen umreißt.

Damit trägt die Textsorte ›Kasus‹ die Offenheit des Mediendispositivs sowie die Vorläufigkeit der Wissensfelder, innerhalb derer sie erscheint, bereits in sich: Denn zum einen bestätigt das Archiv der Beobachtungs-, Erziehungs- und Krankengeschichten in Periodika der Spätaufklärung, das hier in einem ersten Aufriss in den Blick genommen wurde, das von Jolles postulierte Merkmal der Variabilität und Offenheit der Textsorte des Kasus. Zum anderen impliziert diese Analogie, dass die ›Fallgeschichte‹, die als Einzeltext innerhalb einer Serie die Dialektik von Einzelbeobachtung und generellem Wissen widerspiegelt, in der Diversität und Hybridität ihrer Formen zugleich auch den grundsätzlichen epistemologischen Mangel an Systematizität in den Wissenschaften vom Menschen reflektiert: Der Verzicht auf theoretische Generalisierung als konstitutives Merkmal der Fallgeschichte wie auch das Mediendispositiv einer seriellen und offenen Sammlung konstituieren gemeinsam den prospektiven und propädeutischen Charakter des Noch-Nicht-Wissens, in dessen Horizont die modernen Wissenschaften vom Menschen sich konstituieren.

---

34. Ebd., 199.

Roland Borgards

Meer Tier Mensch
Anthropogenetisches Nicht-Wissen in Okens *Entstehung des ersten Menschen* und Goethes *Faust II*

I

An den Grenzen des technisch und wissenschaftlich Wahrnehmbaren taucht unter dem Mikroskop des Naturforschers und Malers August Johann Rösel von Rosenhof 1755 ein winziges Tierchen auf. Der Eintritt dieses Tieres in den Raum des Wissens geht einher mit seiner zoologischen Taufe, der Namensgebung. Erkennen und Benennen verweisen in Rösels Bericht dabei nachdrücklich auf die epistemologische Herkunft des Tieres aus dem Raum des Nicht-Wissens. Ausgangspunkt für Rösels Entdeckung ist eine Publikation des Naturforschers Heinrich Backer, der 1754 bei seinen mikroskopischen Beobachtungen auf ein »nicht wohl zu erkennendes Thier« gestoßen war:

> Eben dieser Herr Backer hat [...] ein [...] mit bloßen Augen *nicht wohl zu erkennendes* Thier beschrieben, welches er, wegen der *verschiedenen Formen* die es annehmen kan, den Proteus nennet; dieses habe ich nun zwar *nicht zu Gesichte bekommen*; hingegen ist mir ein anderes bekannt worden, welches gleiche Eigenschafft hat, und daher wird solches von mir ebenfals Der kleine Proteus Tab. CI. genennt. *Vielleicht* ist einigen meiner Leser *nicht bekannt,* was dieser Name sagen wolle, und also will ich zum Unterricht derselben nur so viel melden, daß die Alten einen Meergott gehabt, von welchem sie *geglaubet*, daß er sich nach Belieben in eine andere Gestalt *verwandeln* könne, dieser hies nun Proteus.[1]

Zwei wissenschaftshistorische Eigenheiten der Mikroskopie kommen hier zum Tragen: Zum einen spielt die Entwicklungsgeschichte der Mikroskopie fast immer an den Grenzen des Wahrnehmbaren und des Wissens, und es geht fast immer darum, diese Grenzen zu verschieben, zu überwinden, zu überbieten. Zum anderen wird diese sukzessive Erweiterung des Wahrneh-

---

1. August Johann Rösel von Rosenhof: Der monatlich herausgegebenen Insecten-Belustigung Dritter Theil Worinnen außer verschiedenen, zu den in den beyden ersten Theilen enthaltenen Classen, gehörigen Insecten, auch mancherley Arten von acht neuen Classen nach ihrem Ursprung, Verwandlung und andern wunderbaren Eigenschaften [...] vorgestellet werden. Mit vielen neuen Beobachtungen, Nürnberg 1755, 621 (Hervorhebungen R. B.).

mungsraumes immer auch als ein konstruktiver Akt diskutiert. Das Mikroskop stellt nicht einfach Objekte für ein Wissen zur Verfügung, sondern stellt diese Wissensobjekte selbst her. Damit bewegt sich die Mikroskopie sowohl technisch als auch epistemologisch im Schwellenbereich zwischen Wissen und Nicht-Wissen: Ihr paradigmatischer Gegenstand ist weder das, was sich *gar nicht* erkennen lässt, noch das, was sich *ganz und gar* erkennen lässt, sondern etwas, das sich *zwischen* diesen beiden epistemologisch eindeutigen Zuständen befindet: ein »nicht wohl zu erkennendes Thier«.

Gleichfalls charakteristisch ist die von diesem epistemologischen Zwischenzustand ausgelöste Erkenntnisbewegung: Was Backer in den Raum des ungewissen Wissens geholt hat, möchte Rösel sich genauer anschauen. Dabei kommt er nun nicht zu einer Präzisierung des von Backer schon andeutungsweise Beschriebenen, denn dieses bekommt Rösel gerade »*nicht* zu Gesicht«. An die Leerstelle der Erkenntnis rückt vielmehr ein eigenes kleines Tier, für das sich Rösel von Backer nur den Namen borgt: der »kleine Proteus«. Und selbst dieser Name wird von Rösel noch zweifach mit dem Nicht-Wissen in Verbindung gebracht: zum einen mit der mythologischen Unkenntnis der Leser, denen »*nicht bekannt*« ist, »was dieser Name sagen wolle«; zum anderen mit der Uneindeutigkeit eines Lebewesens, das sich in seiner Verwandlungsfähigkeit einem fixierenden Zugriff der Wissenschaft tendenziell entzieht.

Rösel von Rosenhof begleitet den Übertritt des kleinen Tierchens über die Schwelle, die sich zwischen dem Nicht-Wissen und dem Wissen erstreckt, mit drei Verfahren der Wissens-Repräsentation. Die erste ist schon mit dem Namen ›Proteus‹ gegeben, der die epistemologische Funktion übernimmt, das Unfixierbare zu bezeichnen. Mit dem Namen wird zugleich ein Mythologem, ein Bildfeld, ein Narrativ in die zoologische Wissenschaft eingeführt, das sowohl von Präzision als auch von einer Unschärfe zeugt. Präzise ist das Mythologem des Proteus, insofern es der Dynamik des bezeichneten Lebewesens entspricht; unscharf ist es, insofern es darüber hinaus einen Assoziations- und Interpretationsspielraum eröffnet, der weit über das bezeichnete Lebewesen hinausweist.

Die zweite Repräsentationsform für das neue und noch ungewisse Wissen um das »sehr kleine[ ]«,[2] in seinen Formen unbestimmte Tier bietet Rösel von Rosenhof mit den Abbildungen, die den Text begleiten (Abb. 1). Hier gibt Rösel nicht einfach *eine* Darstellung dieses Tieres und auch nicht – unter den Buchstaben »A« bis »W« – Darstellungen von 19 verschiedenen Exemplaren dieses Tiers. Vielmehr zeigt er 19 verschiedene, aufeinander folgende Zustände eines

---

2. Ebd., 622.

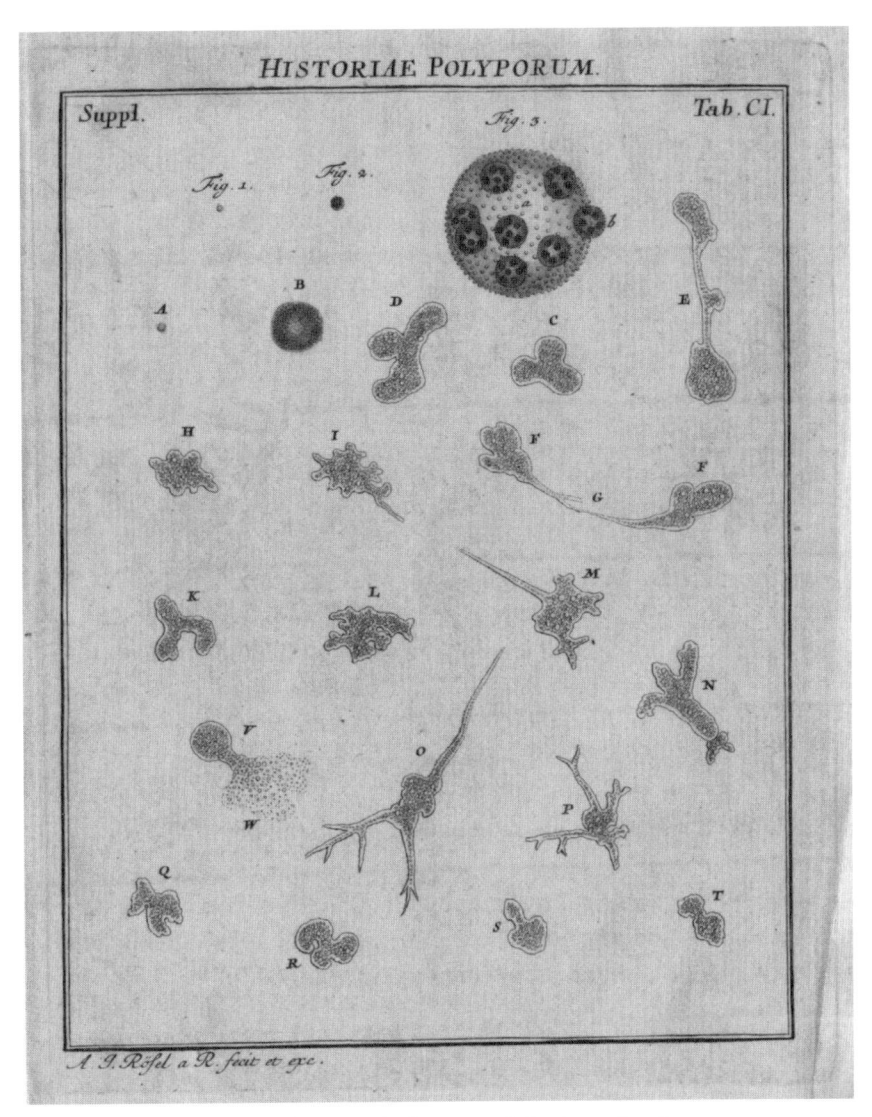

Abb. 1: August Johann Rösel von Rosenhof: Insecten-Belustigung (1755), unpaginierte Einlage.

einzigen Tieres. Zur Darstellung gelangt damit der Wandel selbst, nicht etwa eine spezifische Gestalt des Tieres.

Die dritte Repräsentationsform für dieses dynamische Lebenswesen findet Rösel mit seinem Text, der die Verwandlungen eines einzelnen Tierchens in temporalen Bestimmungen nacherzählt: »Nachdem«, »Zeitlang«, »kaum aber«, »halbe Minute«, »bald darauf«, »Nun«, »warten«, »schon«, »nach«, »sodann«, »zusehens«, »Hierauf«, »sodenn«, »endlich«.[3] Für Tiere, die »sich beständig [...] verändern«[4] und dabei »*keine gewisse* Gestalt annehmen«,[5] muss eine Repräsentations- und Wissensform gefunden werden, die ihrerseits dynamisch ist. Beschrieben wird so ein Tier, bei dem es nicht nur darauf ankommt, wie oder wo, sondern auch, wann und über welche Zeiträume hinweg man es beobachtet.

Das Tier, das mit Rösels Erstbeschreibung den Raum des zoologischen Wissens betritt, kennen wir heute unter dem Begriff der Amöbe.[6] In der zoologischen Systematik des 18. und frühen 19. Jahrhunderts gehört der Proteus zu den Infusorien bzw. Aufgusstierchen, deren Beobachtung im späten 18. Jahrhundert nachgerade zur wissenschaftlichen und populären Mode wird. Wilhelm Friedrich von Gleichen etwa publiziert 1777 seine *Auserlesenen mikroskopischen Entdeckungen*, 1778 folgt die *Abhandlung über die Saamen- und Infusionthierchen, und über die Erzeugung; nebst mikroskopischen Beobachtungen des Saames der Thiere, und verschiedner Infusionen*. In den Vorreden seiner Bücher streicht von Gleichen den avancierten und zugleich prekären Status seines mikroskopischen Wissens heraus, das immer wieder mit »Zweifel und Unglauben«[7] zu kämpfen habe und zudem immer wieder auf die Belustigung der »Unwissenheit«[8] reduziert werde. Wie schon Rösel von Rosenhof, so sieht sich auch von Gleichen bei der Beschreibung der Infusionstiere mit epistemischen Hindernissen konfrontiert. Denn angesichts des »unübersehlichen Gewimmels unzählbarer Thierchen«[9] vor seinen Augen stellt sich ein »Zweifel« ein, »ob ich auch recht gesehen hätte.«[10] Die epistemische Normal-

---

3. Ebd., 621f.
4. Ebd., 622.
5. Ebd. (Hervorhebungen R. B.).
6. Vgl. zur weiteren Frühgeschichte der Amöbenforschung Ch. Wardell Stiles: Report of Committee on the Relation of Protozoa to Disease; in Particular »Amoeba Coli«, in: Public Health Pap Report 30 (1905), 292–303.
7. Wilhelm Friedrich von Gleichen: Abhandlung über die Saamen- und Infusionthierchen, und über die Erzeugung; nebst mikroskopischen Beobachtungen des Saames der Thiere, und verschiedner Infusionen, Nürnberg 1778, V.
8. Wilhelm Friedrich von Gleichen: Auserlesene Mikroskopische Entdeckungen bey den Pflanzen, Blumen und Blüthen, Insekten und andern Merkwürdigkeiten, Nürnberg 1777, 3.
9. Ebd., 97.
10. Ebd.

einstellung gegenüber den Infusionstieren ist im 18. Jahrhundert also nicht etwa ein Wissen, sondern eine konstitutive »Ungewißheit«.[11] Diese wiederholt geäußerten Zweifel beziehen sich nicht nur auf die Gestalt der Infusionstiere, sondern auch auf das in diesem Zusammenhang von den Zoologen intensiv diskutierte Thema der Zeugung und Vermehrung dieser Lebewesen.

So nimmt unter den Mikroskopen des 18. Jahrhunderts angesichts der Infusorien die Grundfrage der Biologie Gestalt an, die Frage nach der Entstehung des Lebens: In einem Aufguss ist erst nichts, dann ist da ein Tier; erst ist da ein Tier, dann sind da viele Tiere; und zwischen dem Nichts und dem Tier, zwischen dem Nicht-Leben und dem Leben, zwischen dem einen Tier und den vielen Tieren erstrecken sich Zonen des Nicht-Wissens. Diese Zonen des Nicht-Wissens reizen die Wissenschaftler zu Narrationen. Von Gleichen etwa beobachtet unter dem Mikroskop, wie sich ganze Gruppen von Infusionstieren zusammenfinden, vermutet darin zunächst eine Zeugungsabsicht, verwandelt die Szenerie aber dann in eine dramatische »Kriegsgeschichte«:

> Diese Kriegsgeschichte aus dem Reiche der Infusionen, wo Mann vor Mann gefochten, und beide Heere sich erwürget, und zu Grund gerichtet haben, wird nun hoffentlich dem Leser die nemliche Gewißheit von den kämpfenden Angriffen unserer Infusionsthierchen geben, die mir meine vorgetragene Beobachtungen hievon gegeben haben.[12]

Das Wissen präsentiert sich hier in einer spezifischen Form: als Narration, als Kriegs*geschichte*. Ähnliches war schon bei Rösel zu beobachten. Dort, wo Nicht-Wissen nicht einfach in Wissen überführt werden kann, finden sich Erzählungen, Mythen, Bilder, Metaphern.

Der populären Mode folgend, nimmt sich auch Johann Wolfgang Goethe der Infusionstierchen an.[13] Im April 1786 setzt er 25 Infusionen an und protokolliert über einige Wochen seine mikroskopischen Beobachtungen. Noch nachhaltiger als von Gleichen fokussiert Goethe dabei die Gründungsfrage der Biologie nach dem Übergang vom Nichts zum Tier, vom Nicht-Leben zum Leben. Auf der einen Seite vermerkt das Protokoll in unzähligen Varianten von Aufguss zu Aufguss, von Tag zu Tag eine einzige Formulierung: »Keine Spur von Leben. [...]. Keine Spur von Leben [...]. [...] K. Sp. von Leben [...].

---

11. Ebd.
12. Ebd., 100.
13. Johann Wolfgang Goethe: Schriften zur Morphologie, hrsg. von Dorothea Kuhn, Frankfurt a.M. 1987, 46–61. Goethe hat von Gleichen gelesen; vgl. hierzu den Kommentar ebd., 906.

K. Sp. v. Leben.«[14] Auf der anderen Seite findet sich dann das Tier: »[G]anz kleine Kugeltierchen. Die Schimmelstäubchen scheinen durchsichtig zu werden und sich in Inf. Tierchen zu verwandeln.«[15] Oder: »Ein einzig ovales Tierchen schnell beweglich verschiedenes unförmliches Wesen.«[16]

Das Leben scheint nicht mehr zu sein als eine leichte Unruhe der Materie; es hat keine bestimmte Gestalt, sondern ist reiner Wandel, ist ein »schnell beweglich verschiedenes unförmliches Wesen«. Diese Formulierung entspricht sehr genau Rösels Erstbeschreibung des »kleinen Proteus«. In dieser Kombination aus Einfachheit und Offenheit der Gestalt kann das Infusorium bei Goethe dann Modellcharakter annehmen. 1817 stellt Goethe in der Einleitung zu seinen *Morphologischen Heften* das Blatt als botanischen Grundtyp und das Infusionstier als zoologischen Grundtyp nebeneinander: Dem »bewegliche[n] Leben der Natur, das wir in unsern Blättern zu entwerfen gedenken«, entsprechen als »Instanz aus dem Tierreich der niedrigsten Stufe« die »Infusionstiere«.[17] Die Infusorien sind die Gingkoblätter des Tierreichs; Urtier und Urpflanze treffen sich im Begriff des »Typus«: »Hierbei fühlte ich bald die Notwendigkeit einen Typus aufzustellen [...] und wie ich früher die Urpflanze aufgesucht, so trachtete ich nunmehr das Urtier zu finden, das heißt denn doch zuletzt: den Begriff, die Idee des Tiers.«[18] Entscheidend bleibt dabei die Wandelbarkeit, die Goethe als epistemologisches Prinzip in seine Metamorphosen- und Typuslehre einschreibt. Mit Blick auf die Zoologie benutzt er hierzu, wie vor ihm schon Rösel, das Infusionstier. Mit Blick auf die Botanik benutzt er, wie vor ihm schon Rösel, den Mythos des Proteus: »Es war mir nämlich aufgegangen, daß in demjenigen Organ der Pflanze, welches wir als Blatt gewöhnlich anzusprechen pflegen, der wahre Proteus verborgen liege, der sich in allen Gestaltungen verstecken und offenbaren könne.«[19] Die mythologische Figur des Proteus wird zum Schutzpatron der biologischen Wissenschaften. Dieser Mythos markiert im Raum der Wissenschaft deren konstitutiven Bezug zum Nicht-Wissen: Die Biologie erscheint als Wissenschaft des Ungreifbaren, als

---

14. Belegstellen unter dem Datum des »12ten Apr. 86«, ebd., 49; diese Formulierung findet sich in nahezu allen Tageseinträgen.
15. Ebd., 49.
16. Ebd.
17. Ebd., 394.
18. Ebd., 404; vgl. zum Zusammenspiel von Urpflanze und Urtier auch Hans Joachim Becker: Über die Metamorphose der Pflanzen – Morphologische Schriften, in: Bernd Witte u.a. (Hrsg.): Goethe-Handbuch in vier Bänden, Stuttgart/Weimar 2004, Bd. 3, 690–702, hier: 691.
19. So Goethe in der *Italienischen Reise* (1816/1817) unter dem Datum des 17. Mai 1787 aus Neapel, der hier zitierte erklärende Nachtrag datiert auf Zeit zwischen 1813 und 1817, zit. nach Johann Wolfgang von Goethe: Werke. Hamburger Ausgabe in 14 Bänden, hrsg. von Erich Trunz, München 1994, Bd. 11, 375.

eine Wissenschaft, die ihre Gegenstände ganz grundsätzlich nicht vollständig in Wissen zu überführen in der Lage ist. Entsprechendes formuliert Goethe schon 1788 mit Blick auf die Botanik:

> Große Schwierigkeit den Typus einer ganzen Klasse im allgemeinen festzusetzen so daß er auf jedes Geschlecht und jede species passe, da die Natur eben nur dadurch ihre genera und species hervorbringen kann weil der Typus [...] ein solcher Proteus ist daß <er> einem schärfsten vergleichenden Sinne entwischt und kaum teilweise und doch nur immer gleichsam in Widersprüchen gehascht werden kann.[20]

Epistemologisch steht Goethe vor dem Problem, Nicht-Wissen und Wissen miteinander zu vermitteln. Dies leistet er mit dem Konzept des Typus, der nach der mythologischen Figur des Proteus modelliert ist. Die Möglichkeit, das Nicht-Wissen über die mythologische Figur in das Wissen zu integrieren, nutzt 1828 auch Karl Kastner mit seiner Zeitschrift *Proteus. Zeitschrift für Geschichte der gesammten Naturlehre*. Kastner stellt das dynamische Verhältnis von Nicht-Wissen und Wissen ins Zentrum der einleitenden epistemologischen Überlegungen seiner Zeitschrift, die »nicht nur die früheren und späteren Entwicklungsmomente der Wissenschaft, sondern auch die Tagesgeschichte derselben«[21] publizieren wolle. Nicht Stabilität, sondern Wandelbarkeit, Ungewissheit, Veränderung zeichnet das Wissen aus. Dafür stehen der Name und die Figur des Proteus. So vermögen eine mythologische Zoologie und eine mythologische Epistemologie das Nicht-Wissen ins Wissen zu integrieren.

II

Im Jahr 1819 publiziert Lorenz Oken in der naturwissenschaftlichen Zeitschrift *Isis* einen kleinen Aufsatz mit dem wenig bescheidenen Titel *Entstehung des ersten Menschen*.[22] Oken beschreibt die Menschwerdung als einen vierstufigen Prozess zunehmender Ausdifferenzierung. Material dieser Ausdifferenzierung sind die vier Elemente Feuer, Luft, Wasser, Erde: »Diese vier verbinden sich nun so manchfaltig als ihnen möglich ist.«[23] Auf einer ersten Stufe entstehen

---
20. Goethe, Schriften zur Morphologie (Anm. 13), 93.
21. K. W. G. Kastner: Statt der Vorrede, in: ders. (Hrsg.): Proteus. Zeitschrift für die Geschichte der gesamten Naturlehre. Erster Band, Erlangen 1828, III-VI, hier: IV.
22. Lorenz Oken: Entstehung des ersten Menschen, in: Isis oder Encyclopädische Zeitung, Bd. 2, Jena 1819, 1117–1123.
23. Ebd., 1117.

durch Vermischung der Elemente leblose Mineralien, entsteht nichts weiter als eine träge, undifferenzierte Materialität. Auf einer zweiten Stufe werden diese Mineralien und die drei Grundelemente Erde, Wasser und Luft nicht weiter gemischt, sondern in einen differenzierten Bezug zueinander gebracht: »Diese drey Elemente, wenn sie in jedem Puncte eines irdischen Körpers selbständig vorhanden sind und wirken, sind eine *Pflanze*.«[24] Entscheidend an diesem Argument ist der Hinweis auf die Autonomie, die Selbstständigkeit der einzelnen beteiligten Elemente. Die Elemente sind »selbständig vorhanden«, sie »wirken« aus sich heraus. Oken argumentiert hier mit dem Organismuskonzept, wie es sich im ausgehenden 18. Jahrhundert durchgesetzt hat und aus dem die Biologie als moderne Disziplin hervorgegangen ist. Biologie, das ist die Wissenschaft vom Leben; und Leben manifestiert sich für diese Biologie in Systemen korrelierter Autonomien.

Nach der ersten Stufe, der mineralischen Materie, und der zweiten Stufe, dem pflanzlichen Leben, erscheint die dritte Stufe, das tierische Leben, nur als Forcierung der pflanzlichen Organisation. Wie die organologische Ausdifferenzierung der Materie in der Pflanze zur Ausbildung von drei rudimentären Organsystemen (»Wurzel«, »Stengel«, »Laub«) mit drei elementaren Lebensfunktionen (»Einsaugen«, »Saftlauf«, »Athmen«) führt,[25] so führt die Ausdifferenzierung dieser Organe weiter zum Tier: »Das Thier ist nichts neues, sondern nur die vollendete Entwicklung und Scheidung dieser Organe.«[26] Oken versteht dabei die unterschiedlichen Tiere als unterschiedliche Entwicklungsstufen des Lebendigen, die sich in die drei Klassen der Geschlechtstiere, der Eingeweidetiere und der Fleischtiere aufteilen lassen, bzw. in zehn Klassen, die von der Klasse der »Keimthiere« über die der »Darmthiere« bis zur Klasse der »Augenthiere« reichen.[27]

Wie das Tier als forcierte Ausdifferenzierung der Pflanze zu verstehen ist, so auch der Mensch als forcierte Ausdifferenzierung des Tieres: »Bey der Entstehung des Menschen wird dieselbe Reihe durchlaufen«.[28] Mit dieser Äußerung weicht Oken zunächst einmal in ein benachbartes Forschungsgebiet aus. Die Rede ist nun nicht mehr von der Entstehung des *ersten* Menschen, sondern schlicht von der Entstehung des *Menschen*, nicht von der Anthropogenese, sondern von der Embryologie, nicht von der Phylogenese, sondern von der Ontogenese. Gleichzeitig betont er aber den Bezug zwischen den drei For-

---

24. Ebd.
25. Ebd., 1118.
26. Ebd.
27. Ebd., 1119.
28. Ebd., 1118.

schungsfeldern der Zoologie, der Anthropogenese und der Embryologie: »Da das Thierreich der in seine einzelne Organen zersplitterte Mensch ist, so muß er sich in der Reihe entwickeln, in der die Thiere. Nun stellt aber jede Thierclasse ein Menschen-Organ dar. Die Entwicklung der Thierclassen ist also die Entwicklungsgeschichte des Fötus und des ganzen Menschen.«[29] Aus der Entwicklungsgeschichte des Fötus, so Oken, lässt sich nun zwar eine Analogie zur Entwicklungsgeschichte des Menschen ziehen, nicht aber deren Ursprung klären. Denn betrachtet man ein neugeborenes Kind, dann zeigt sich, dass dieses ohne seine Mutter nicht überlebensfähig ist. Dies führt in eine phylogenetische Paradoxie: »Ein Kind setzt mithin eine Mutter voraus, und die Mutter doch auch wieder ein Kind. Der Mensch ist mithin ein unmögliches Thier.«[30]

Damit ist Oken an einer prekären Stelle seiner Argumentation angekommen. Denn in der phylogenetischen Paradoxie öffnet sich der Raum des Nicht-Wissens: »Der Mensch ist mithin ein unmögliches Thier.« Diese phylogenetische Paradoxie trennt auf fundamentale Weise die Anthropogenese von der Embryologie. Der Fötus ist Metapher der Menschwerdung, er ist aber nicht deren realer Grund. Die beiden Register, das ontogenetische und das phylogenetische, lassen sich zwar in Analogie zueinander konstruieren, doch das eine geht nicht kausal oder empirisch aus dem anderen hervor.

Auf diesem Punkt gilt es zu insistieren. Es steht hier nicht weniger auf dem Spiel als die Argumentationsstruktur dessen, was Ernst Haeckel 1866 in seiner *Generellen Morphologie* als biogenetische Grundregel etablieren wird: Ontogenese rekapituliert Phylogenese. Oder in der Formulierung von Oken: »[W]ie aber etwas jetzt entsteht, ist es entstanden; denn jetzt Entstehen ist nur Nachahmung oder vielmehr Fortdauer des ersten.«[31] Die Unmöglichkeit, die Entstehung der Menschheit aus der Entstehung eines einzelnen Menschen heraus zu erklären, kollidiert hier mit dem Anspruch, genau dies tun zu müssen. Nicht-Wissen und Wissen-Wollen prallen aufeinander. Aus diesem Aufprall entsteht bei Oken ein biogenetisches Narrativ, das Imagination und Empirie im grammatischen Tanz von Konjunktiv und Indikativ ineinander verwebt:

Ein Kind von zwey Jahren *wäre* ohne Zweifel im Stande, sein Leben zu erhalten [...]. Damit also ein Kind sich selbst, ohne Mutter *forthelfe*, *wäre* erforderlich, daß es erst nach zwey Jahren etwa geboren *würde*. Ein solch Kind *würde* ein Junge seyn, der *etwa aussähe* wie der Fig. 5, welcher Gelegenheit *hätte*, sich im Schwimmen zu

---

29. Ebd., 1119.
30. Ebd., 1121.
31. Ebd.

üben, und die Zähne weisen kann. Zwar hängt er noch an der Nabelschnur, wie er im Wasser verschlossen noch kiemenartig athmet, allein wie ein Fisch ist er hurtig in den Bewegungen, öffnet die Augen u. sucht, was er verschlinge.
Nun steht ohne Zweifel die Zeit der Schwangerschaft im Verhältnis mit der Größe des Menschen u. daher auch der Zeit der Reifheit. *Denkt nun,* der Fötus *reifte* gleich schnell, während seine Mutter so groß als ein Elephant *wäre,* mithin einen Uterus *hätte,* der bequem einen zweyjährigen Knaben fassen, ernähren und beathmen *könnte,* so *würde* er als ein zweyjähriger Knabe mit Zähnen geboren und mit brauchbaren Gliedern. Daß dieser also fortleben *könnte* ohne mütterliche Pflege, ist außer allem Zweifel.
Der erste Mensch *müßte* also sich in einem Uterus entwickelt haben, der weit größer gewesen wäre, als der menschliche.
Dieser Uterus ist das Meer.[32]

Diese Passage erinnert in ihrer narrativ-fiktionalen Energie an die Infusionstier-Narrationen bei Rösel und Gleichen: ein zwei Jahre alter Fötus, ein kecker Knabe, uteral umhüllt von seiner elefantengroßen Mutter, die wiederum, weil es sie ja noch gar nicht geben kann, nichts anderes ist als das Meer selbst, aus dem, wie Oken fortfährt, »alles Lebendige« kommt.[33] Der eindringliche Appell an die Imaginationskraft ist unüberhörbar; er wird gestützt von der Abbildung eines voll entwickelten Kleinkindes, das geschützt und zufrieden in einer übergroßen Fruchtblase schwimmt (Abb. 2). Ebenfalls unüberhörbar ist die eindringliche Absicherung der erzählten Geschichte in Gewissheiten: Insgesamt fünf Mal auf engem Raum benutzt Oken die rein rhetorische Formel »außer Zweifel« bzw. »ohne Zweifel«.[34]

Mit der Einführung des Meeres als »Weltbärmutter«[35] ist die Geschichte indes noch nicht zu Ende erzählt. Denn geklärt sind damit nur die Bedingungen, unter denen der Mensch entstehen kann, nicht aber die Entstehung selbst:

Daß also Kinder im Meer sich entwickeln [...] wäre gezeigt. Allein wie kommen sie in dasselbe?
Von außen offenbar nicht; denn im Wasser muß alles Organische entstehen. Sie sind also im Meer entstanden? Wie ist das möglich? Ohne Zweifel so, wie andere

---

32. Ebd. (Hervorhebungen R. B.).
33. Ebd.
34. Dreimal in der zitierten Passage, zwei weitere Male in unmittelbar folgenden Absätzen; vgl. ebd., 1121f.
35. Ebd., 1122.

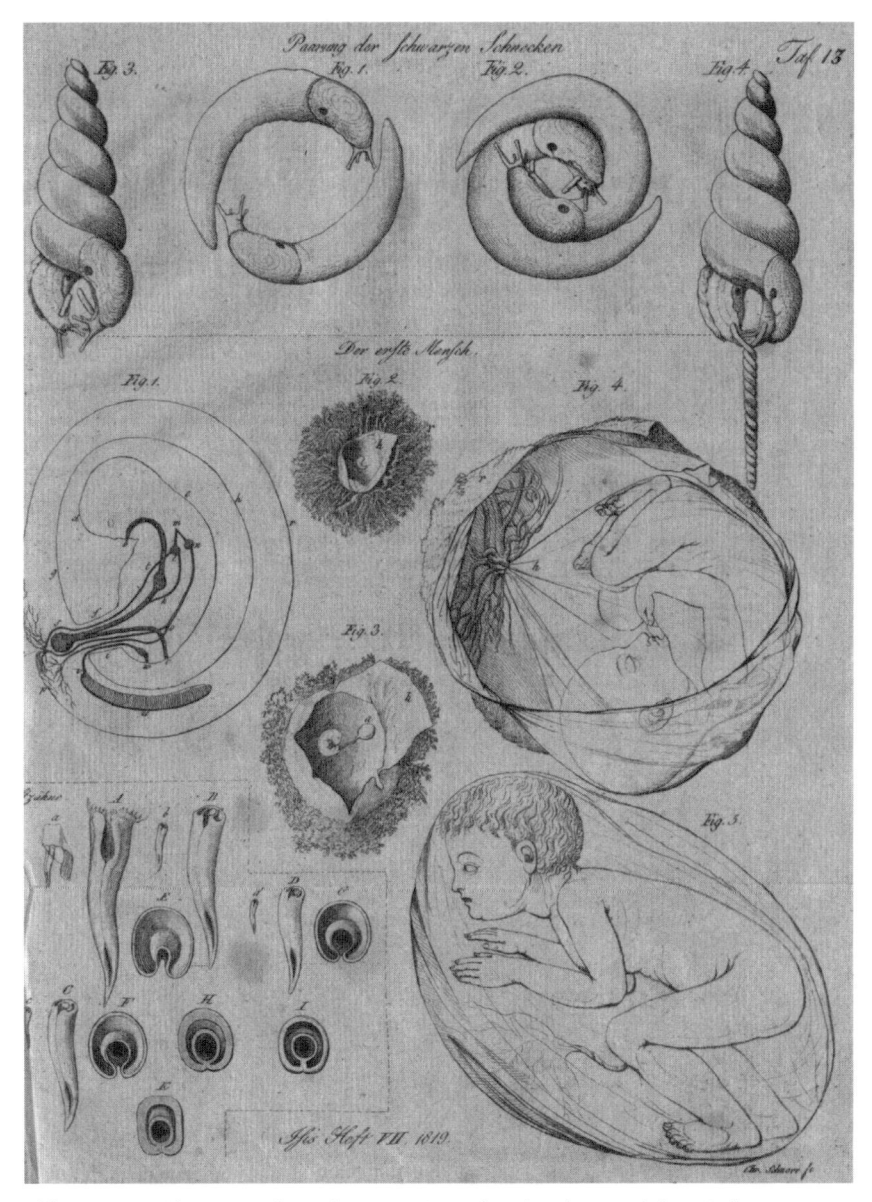

Abb. 2: Lorenz Oken: Entstehung des ersten Menschen (1819), unpaginierte Beilage.

Thiere entstanden sind, und die noch täglich in ihm entstehen, Infusorien, Medusen wenigstens.

Wie aus Schleim ein Infusorium zusammengerinnt, ist allenfalls begreiflich; denn ein Tropfen Schleim ist schon ein Infusorium. Daß dieses nach Umständen lang wird, nach Umständen sich andere mit ihm verbinden, und es also ein zusammengesetztes Thier wird, ist wohl auch zu begreifen. […] Warum sie aber hier rund, dort eckig werden, wissen wir zwar nicht, allein, daß durch äußere Einflüsse solche Aenderungen kommen können und müssen, ist natürlich […]. Daß mithin im Meer, aus einem Haufen Schleim eine menschliche Zeichnung entstehen könne, ist wohl mehr als gewiß. […] Der Mensch entsteht mithin als Embryo mit menschlichem Entwurf aus dem Schleim im Meere.[36]

Den Anfang des Lebens markiert – wie schon bei Rösel, Gleichen und Goethe – das Infusionstier. Aus dem Wasser heraus, von innen, nicht von außen, entsteht ein erstes Wesen, aus dem sich dann weitere Lebensformen entwickeln können, und zwar nach Maßgabe einer »Zeichnung«. Damit setzt diese Erzählung zwar ein narrativ-fiktional generiertes Wissen um die Anthropogenese aus dem Wasser und den Infusorien ein, führt dabei aber sofort eine neue Ungewissheit ein: Wer ist der Zeichner der Zeichnung?

Eine erste Antwort auf diese Frage könnte lauten: Gott. Denn Okens Text beginnt und endet mit Bibel-Zitaten. Am Anfang steht, in kleinerer Drucktype und zentriert vom Haupttext abgesetzt, ein Motto: »Lasset uns Menschen machen!«[37] Als *wörtliches* Bibelzitat sichert dieses Motto das naturwissenschaftliche Unternehmen im urchristlichen Schöpfungsnarrativ ab. Doch diese theologische Gewissheit wird von der Art, wie Oken die Bibel zitiert, zugleich zurückgenommen. Denn als ein *selektives* Bibelzitat schließt das Motto den ursprünglichen Sprecher des Satzes aus: »VND Gott sprach / Lasst vns Menschen machen«.[38] Das Personalpronomen ›uns‹ als grammatikalischer *shifter* lässt sich in der Bibel noch eindeutig zuordnen. Diese eindeutige Zuordnung wird bei Oken verunsichert. Das Personalpronomen kann sich zwar weiterhin auf den Gott der Bibel beziehen, es kann nun aber auch auf ein Kollektiv von Naturwissenschaftlern verweisen. Nicht Gott, sondern Oken und seine Kollegen kommen zu Wort. Hervorgehoben wäre damit die performative Geste, der Imperativ, der den nun folgenden Text als produktive Handlung ausweist.

---

36. Ebd.
37. Ebd., 1117.
38. 1. Mose 1, 26, zit. nach: Luther-Bibel von 1545: Biblia. Das ist: Die gantze Heilige Schrift: Deudsch, Auffs new zugericht. D. Martin Luther, Wittemberg 1545, 53 (Digitalisat auf CD-ROM: Digitale Bibliothek, Bd. 29).

Die Entstehung des Menschen, die Anthropogenese, wird, folgt man diesem Unterton des Mottos, durch den Text nicht nur beschrieben, sondern auch betrieben. Nicht Nachvollzug, sondern Vollzug der Anthropogenese, nicht die empirische Beschreibung der Menschwerdung, sondern die spekulative Produktion des ersten Menschen stünde also auf dem Programm: »Lasset uns Menschen machen!«

Am Ende seines Textes bezieht sich Oken erneut auf die Genesis. Zunächst in der gleichen Letterngröße wie der Text, aber durch Zentrierung von ihm abgesetzt: »Da entstanden Menschen.« Und dann, gleichfalls zentriert und zudem in kleinerer Drucktype: »Und Gott sprach: Es errege sich das Wasser mit webenden und lebendigen Thieren.«[39] Diese abschließenden Sätze sind ähnlich ambivalent wie das Eingangsmotto. Auch sie verankern einerseits die naturwissenschaftliche Spekulation im christlichen Schöpfungsnarrativ, gehen andererseits aber durch die Art ihrer Selektion und Kombination zum Schöpfungsnarrativ auf Distanz. Der erste Teil des abschließenden Bibel-Verweises bezieht sich auf 1. Mose 1, 27: »VND Gott schuff den Menschen«.[40] Wie schon im Eingangsmotto nimmt Oken Gott auch hier aus der Anthropogenese heraus. Wo die Bibel von einem handelnden Schöpfer spricht, bleibt bei Oken nur noch eine passive Formulierung: Menschen werden nicht geschaffen, sondern sie entstehen.

In die gleiche Richtung weist Okens Kombination von Eingangs- und Abschlussmotto: »Lasset uns Menschen machen! […] Da entstanden Menschen.«[41] Zwischen diesen beiden Sätzen findet sich in der Bibel, noch als Teil von 1. Mose 1, 26, erstens der Hinweis auf die Gottesebenbildlichkeit des Menschen (»ein Bild, das vns gleich sey«[42]) und zweitens der Auftrag zur Menschenherrschaft über die Tiere (»die da herrschen über die Fisch im Meer vnd vber die Vogel unter dem Himmel vnd vber das Vieh und über die gantzen Erde und vber alles Gewürm, das auff Erden kreucht«[43]). Dann erst geht es weiter mit 1. Mose 1, 27: »VND Gott schuff den Menschen«. Oken nimmt also eine charakteristische Auslassung vor, die sich sowohl der Sache als auch der Form nach interpretieren lässt. Der Sache nach herausgekürzt wird erstens Gott als möglicher Zeichner der »menschlichen Zeichnung«,[44] die laut Oken den Infusionsschleim des Meeres zu einem Menschen zu formen vermag. Die menschliche Zeichnung ist bei Oken kein Produkt Gottes, sondern ein auto-

---

39. Oken (Anm. 22), 1123.
40. Luther-Bibel (Anm. 38), 53.
41. Oken (Anm. 22), 1117 und 1123.
42. Luther-Bibel (Anm. 38), 53.
43. Ebd.
44. Oken (Anm. 22), 1122.

poietisches, sich selbst hervorbringendes Gebilde. Der Sache nach herausgekürzt wird zweitens die Herrschaft des Menschen über die Tiere. Der Mensch steht nicht über den Tieren, sondern geht aus deren »niedrigste[r] Stufe«,[45] aus den Infusionstieren hervor. Oken nimmt also in einen Prozess zusammen, was die Bibel in zwei Schöpfungsakten voneinander trennt: die Entstehung des tierischen Lebens und die Entstehung des Menschen. Unterstrichen wird diese gegenbiblische Zusammenfügung von Oken, indem er ganz an den Schluss seines Textes 1. Mose 1, 20 stellt und damit die biblische Schöpfungsreihenfolge unterläuft: »VND Gott sprach / Es errege sich das Wasser mit webenden vnd lebendigen Thieren«.[46]

Der Form nach schafft Oken durch die Auslassung einen narrativen Rahmen, in den er seine eigene naturphilosophische Erzählung einfügen kann. Der Rahmen liefert eine biblische Aufforderung zur Anthropogenese sowie die Vollzugsmeldung dieser Anthropogenese; eingepasst in den Rahmen wird die eigene Erzählung von der *Entstehung des ersten Menschen,* die mithin nicht nur durch das Spiel von Imagination und Empirie, von Konjunktiv und Indikativ, sondern auch durch die Technik der narrativen Rahmung als eigene, dem Raum des Literarischen affine Wissensform gekennzeichnet ist. Damit setzt Okens Text nicht einfach ein neues biologisches Grundwissen an die Stelle einer alten Wissenslücke, eines alten Nicht-Wissens vom Leben, sondern eine neue Wissensform, die als Erzählung markiert bleibt und damit ihren Bezug zum Nicht-Wissen, die Spannung von Nicht-Wissen und Wissen-Wollen deutlich hervorhebt.

III

Okens Narrativierung der Anthropogenese in der *Entstehung des ersten Menschen* findet ihren Widerhall in Goethes Dramatisierung der Anthropogenese in *Faust II,* in der Figur des Homunkulus: »Es wird ein Mensch gemacht.« (V. 6835)[47] Es ist der Famulus Wagner, der den Homunkulus in einem mittelalterlich anmutenden Laboratorium zunächst eingeschlossen in einer Phiole entstehen lässt und dabei sofort das Verhältnis von Wissen und Nicht-Wissen

---

45. Goethe, Schriften zur Morphologie (Anm. 13), 394.
46. Luther-Bibel (Anm. 38), 52.
47. Johann Wolfgang Goethe: Faust. Texte, hrsg. von Albrecht Schöne, Frankfurt a.M. 2005, hier und im Folgenden nachgewiesen über Versangaben in Klammern nach dem Zitat. Vgl. zu den Anleihen, die Goethe für seine dramatische Anthropogenese in den Wissenschaften macht, auch den Kommentar in Johann Wolfgang Goethe: Faust. Kommentare, hrsg. von Albrecht Schöne, Frankfurt a.M. 2005, bes. 504–576.

thematisiert: »Nicht länger kann das Ungewisse / Der ernstesten Erwartung dauern. / [...] Ein helles weißes Licht erscheint! / O daß ich's diesmal nicht verliere!« (V. 6821–6829) Angesprochen ist damit schon die ganze Laufbahn des Homunkulus, die in einer epistemologischen Ungewissheit beginnt und in einer materiellen Diffusion endet.

Wie Oken, so kombiniert auch Goethe das Problem der Anthropogenese mit der biologischen Grundfrage nach dem Lebensanfang, nach dem »zarte[n] Punkt aus dem das Leben sprang« (V. 6840). Wagner beschreibt seinen Anfangserfolg – »Ich seh' in zierlicher Gestalt / Ein artig Männlein sich gebärden« (V. 6873f.) – zunächst als die Auflösung eines Nicht-Wissens in ein Wissen: »Was wollen wir, was will die Welt nun mehr? / Denn das Geheimnis liegt am Tage.« (V. 6875f.) Doch zeigen sich schnell die neuen Grenzen dieses Wissens, denn ungeklärt bleibt nun, wie der Homunkulus auch außerhalb der Philole überleben kann. Die Anthropogenese ist also mit der Erschaffung des Homunkulus noch nicht vollzogen; sie hat, wie sich noch zeigen wird, noch gar nicht richtig begonnen. Dies geschieht erst in der klassischen Walpurgisnacht, die das Meer als große »Weltbärmutter«[48] in Szene setzt.

Der Meeresgott Nereus verweist den Homunkulus an den Meeresgott Proteus: »Hinweg zu Proteus! Fragt den Wundermann: / Wie man entstehn und sich verwandeln kann.« (V. 8152f.) Proteus ist in den 1830er Jahren wahrlich ein zoologischer Wundermann: Er ist Namensgeber nicht nur für ein epistemologisch-zoologisches Prinzip und für die eine bestimmte Amöbenart, sondern auch für eine Amphibienart, einen Grottenolm.[49] Diesen so vielgestaltigen wie vieldeutigen Proteus findet Homunkulus in den »Felsbuchten des Aegäischen Meeres« und vereinigt sich dort dank dessen Vermittlung mit Galathea.

Goethe dramatisiert nicht nur das »Ungewisse« als epistemologischen Hintergrund der Anthropogenese. Er setzt vielmehr auf eigne, dramatische Weise die phylogenetische Paradoxie in Szene, die bei Oken zum Ausgangspunkt der anthropogenetischen Erzählung geworden ist. Auch in Goethes Dramatisierung spielen die Infusionstiere wie schon bei Oken eine zentrale Rolle. In der Vereinigung von Homunkulus und Galatea beginnt das Meer zu leuchten: »Welch feuriges Wunder verklärt uns die Wellen, / Die gegeneinander sich funkelnd zerschellen? / So leuchtet's und schwanket und hellet hinan: / Die Körper sie glühen auf nächtlicher Bahn« (V. 8474–8477). Dieses optische

---

48. Oken (Anm. 22), 1122.
49. Zum Grottenolm ›Proteus Anguinus‹ bei Laurenti, Oken und Goethe vgl. ausführlicher meine wissensgeschichtliche Lektüre in Roland Borgards: Proteus. Liminale Zoologie bei Goethe und Büchner, in: ders., Jochen Achilles, Brigitte Burrichter (Hrsg.): Liminale Anthropologien. Zwischenzeiten, Schwellenphänomene, Zwischenräume in Literatur und Philosophie, Würzburg 2012.

Phänomen war 1830 Gegenstand von Gustav Adolf Michaelis' Abhandlung *Ueber das Leuchten der Ostsee:* »Auch den gewöhnlichen Beschauer ergötzt die mannichfaltige Schönheit dieses Schauspiels, wenn er im leichten Boote in nächtlicher Stunde die Fläche der See durchschneidet, und jeder Ruderschlag nach allen Seiten hellglänzende Funken sprüht«.[50] Die »nächtliche Stunde« (Michaelis) und die »nächtliche Bahn« (Goethe) geben den Hintergrund, vor dem sich das Leuchten abheben kann. Michaelis führt das Leuchten auf Infusionstiere zurück.[51] Die mikrobiologische Grundlagenforschung der 1830er Jahre bildet damit in einem sehr wörtlichen Sinn das Medium, in dem sich die abschließende Transformation des Homunkulus vollzieht.

Im Januar 1828 hatte Christian Gottfried Ehrenberg vor der Akademie der Wissenschaften einen Vortrag über *Die geographische Verbreitung der Infusionsthierchen in Nord-Afrika und West-Asien* gehalten.[52] Die Untersuchung der Infusorien wird auch von Ehrenberg als biologische Grundlagenforschung beschrieben, der es um »die Erklärung der Lebenserscheinungen, die Auffindung ihrer Bedingungen und die Feststellung des Begriffs des Lebens«[53] gehe. Ehrenberg referiert dabei Okens anthropogenetisches Narrativ:

> In der neuesten Zeit ist man sogar vielseitig auf das Resultat gekommen, daß hier wirklich die Werkstätte der bildenden Natur, der Anfang und das Ende aller Organismen sei [...], und aus diesen unsichtbaren und unscheinbaren Infusorien soll sich durch Verschmelzen mehrerer zu größeren Formen allmälig alles Organische bilden, selbst der Leib des Menschen soll ein Haufe solcher Monaden sein.[54]

Ehrenberg distanziert sich skeptisch von dieser »vorgreifenden speculativen Philosophie«.[55] Goethe nimmt sie auf eigene Weise wieder auf. Möglich sei – zumindest für die Literatur – »eine Gestaltung aus dem Wasser zu Mol-

---

50. Gustav Adolf Michaelis: Ueber das Leuchten der Ostsee nach eigenen Beobachtungen nebst einigen Bemerkungen über diese Erscheinung in andern Meeren, Hamburg 1830, 3. Vgl. hierzu Schönes Kommentar in Goethe: Faust. Kommentare (Anm. 47), 532 und 1000; Friedmann Harzer: »Hinweg zu Proteus!«. Goethes ›Poetische Metamorphosen‹ in der *Klassischen Walpurgisnacht*, in: Matthias Luserke (Hrsg.): Goethe nach 1999. Positionen und Perspektiven, Göttingen 2001, 31–42, hier: 40; Gottfried Wilhelm Hertz: Natur und Geist in Goethes Faust, Frankfurt a.M. 1931, 169–174.
51. Vgl. Michaelis (Anm. 50), 5 und 26f.
52. Vgl. Christian Gottfried Ehrenberg: Die geographische Verbreitung der Infusionsthierchen in Nord-Afrika und West-Asien, in: Abhandlungen der physikalischen Klasse der Königlichen Akademie der Wissenschaften zu Berlin. Aus dem Jahre 1829, Berlin 1832, 1–20. Vgl. zu Goethes Kontakt zu Ehrenberg auch die Hinweise bei Schöne, in: Goethe, Faust. Kommentare (Anm. 47), Harzer (Anm. 49) und Hertz (Anm. 49).
53. Ehrenberg (Anm. 52), 2.
54. Ebd., 2f.
55. Ebd., 3.

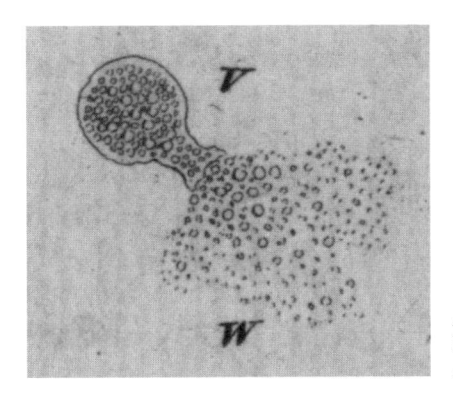

Abb. 3: August Johann Rösel von Rosenhof: Insecten-Belustigung (1755), Ausschnitt aus Abb. 1.

lusken, Polypen und dergleichen, bis endlich einmal ein Mensch entsteht.«[56] In der Kurzfassung des *Faust II* pointiert Thales: »Alles ist aus dem Wasser entsprungen!!« (V. 8435)

Entscheidend ist nun, dass Goethe das Ende der Klassischen Walpurgisnacht nicht als Abschluss der Anthropogenese, sondern als deren Beginn inszeniert. Auf die Bühne gebracht wird damit wieder kein anthropogenetisches Wissen, sondern eine dramatische Szene, die mögliche Richtungen der Menschwerdung skizziert. Darauf zielt der Rat des Thales: »Gib nach dem löblichen Verlangen / Von vorn die Schöpfung anzufangen, / Zu raschem Wirken sei bereit! / Da regst du dich nach ewigen Normen, / Durch tausend abertausend Formen, / Und bis zum Menschen hast du Zeit.« (V. 8321–8326) Darauf zielt auch der Rat des Proteus: »Im weiten Meere mußt du anbeginnen!« (V. 8260) Entsprechend endet die Geschichte des Homunkulus nicht im Vollzug der Menschwerdung, sondern in einer radikalen materiellen Diffusion: »Er wird sich zerschellen am glänzenden Thron; / Jetzt flammt es, nun blitzt es, ergießet sich schon.« (V. 8472f.) Aus dem Homunkulus, der geschützt in seiner Phiole eine eindeutig umrissene Gestalt hat und nicht von ungefähr an Okens von einem elefantengroßen Uterus umhülltes Kleinkind denken lässt, wird ein diffundierender Teilchenstrom, der sich in gestaltloser Menge in das Meer ergießt und dabei nicht von ungefähr an Rösels winzigen kleinen Proteus im letzten Auflösungsstadium erinnert (Abb. 2 und 3).

Der künstliche Homunkulus löst sich auf, um den Weg der biologischen Menschwerdung überhaupt betreten zu können. Dieser Weg beginnt in der

---

56. Gespräch Goethes mit Friedrich Wilhelm Riemer, Mitte November 1810, in: Goethes Gespräche in vier Bänden. Eine Sammlung zeitgenössischer Berichte aus seinem Umgang. Aufgrund der Ausgabe und des Nachlasses von Flodoard Freiherrn von Biedermann ergänzt und hrsg. von Wolfgang Herwig, Zürich/Stuttgart 1969, Bd. 2, 589, Nr. 3316.

animalischen Dimension der Infusionstiere. Eine solche dramatische Inszenierung weist einerseits voraus auf eine moderne Evolutionsbiologie, die den Entwurf der menschlichen Zeichnung nicht mehr einem göttlichen Zeichner zuschreiben möchte; sie unterscheidet sich aber noch in zwei Punkten fundamental von der Evolutionsbiologie, wie sie ab Mitte des 19. Jahrhunderts denkbar wird. Erstens ist Goethe noch weit von der antiteleologischen Stoßrichtung Darwins und der postdarwinistischen Tierliteratur des späteren 19. Jahrhunderts[57] entfernt: Der Mensch bleibt für die Entwicklung des Homunkulus das Ziel. Zweitens beschreibt er die Menschwerdung noch als einen durchgehend normengeleiteten Prozess, in dem für die Kontingenzen instabiler Existenzbedingungen[58] kein Platz ist: Der Mensch entsteht nicht zufällig, sondern notwendig.

Als Patron dieser anthropogenetischen Inszenierung erscheint im *Faust II* die Figur des Proteus. Er hilft dabei, das Nicht-Wissen um die Entstehungsgeschichte des Menschen in eine dramatische Inszenierung zu überführen. Er ist dabei erstens eine mythologische Figur, verweist zweitens auf zwei Orte der zoologischen Nomenklatur (die Amöbe namens Proteus und den Grottenolm namens Proteus), steht drittens doppelt mit dem epistemologischen Prinzip der Unbestimmtheit in Verbindung (über Goethes Begriff des Typus, der für ihn ein »wahrer Proteus ist«, und über Kastners naturwissenschaftliche Zeitschrift, die sich in ihrem Titel auf das dynamische Prinzip des Proteus bezieht) und steht schließlich viertens auch für das ästhetische Prinzip der Wandlungsfähigkeit und »Versatilität«,[59] das der formalen Gestaltung des *Faust II* zugrunde liegt.[60] Der biologische Gegenstand des Dramas (Menschwerdung unter der Aufsicht des Proteus) und dessen ästhetische Form (proteisches Bio-Drama) zeigen eine strukturelle Nähe.

Oken und Goethe stehen angesichts der Anthropogenese vor der gleichen, zeittypischen Erklärungsnot, vor einer phylogenetischen Paradoxie. Der Fötus kann Metapher der Menschwerdung sein, er ist aber nicht deren realer Grund. In dieser phylogenetischen Paradoxie prallen Nicht-Wissen und Wissen aufeinander. Aus diesem Aufprall entsteht narrative, figurative, dramatische Energie. Oken bietet einen naturwissenschaftlichen Text mit inkorporierter

---

57. Vgl. zu diesem Komplex z.B. Philip Ajouri: Erzählen nach Darwin. Die Krise der Teleologie im literarischen Realismus: Friedrich Theodor Vischer und Gottfried Keller, Berlin 2007.
58. Vgl. zu diesem Komplex z.B. Philipp Sarasin: Darwin und Foucault. Genealogie und Geschichte im Zeitalter der Biologie, Frankfurt a.M. 2009.
59. Goethe, Schriften zur Morphologie (Anm. 13), 234.
60. Zu »Goethes Polyphonie der Formen«, für die »Proteus als der wahre Schutzpatron«, erscheint, vgl. auch Otto Höfler: Homunkulus – eine Satire auf A. W. Schlegel, Wien/Köln/Graz 1972, 171 und 173; vgl. allgemein zur Polyphonie als Kompositionsprinzip den Kommentar von Schöne, in: Goethe, Faust. Kommentare (Anm. 47).

literarischer Narration. Goethe bietet einen literarischen Text mit inkorporiertem zoologischen Wissen. Oken entwirft eine Erzählung, die intern durch die Verschränkung von Imagination und Empirie, von Konjunktiv und Indikativ strukturiert und die von außen durch rahmende Bibelzitate in Fassung gehalten wird. Goethe nutzt eine mythologisch-zoologische Figur, die für zwei prekäre und dynamische Grenztiere sowie für ein dynamisches, Nicht-Wissen und Wissen miteinander vermittelndes Erkenntnisprinzip stehen kann. Vom Meer zum Mensch führt sowohl bei Oken als auch bei Goethe nur der prekäre Weg durch einen Raum des Nicht-Wissens, in dem sich allem animalen Leben voran die Infusionstierchen tummeln. Die retrospektive Prophetie[61] dieses prekären Wegs produziert indes in beiden Fällen literarische Figurationen, die an eine postdarwinistische Poetik, wie sie z.B. H. G. Wells mit seiner poetischen Futurologie entwirft,[62] noch nicht heranreichen.

---

61. Vgl. den Beitrag von Virginia Richter in diesem Band.
62. Vgl. den Beitrag von Stefan Willer in diesem Band.

NICHT-WISSEN DER MODERNE

Stefan Willer

Vom Nicht-Wissen der Zukunft
Prognostik und Literatur um 1800 und um 1900

Der programmatische Beitrag der Literaturwissenschaft zur Untersuchung historischer Wissensordnungen besteht darin, neben den kulturgeschichtlichen Voraussetzungen des Wissens in besonderer Weise die Modi seiner Darstellung, aber auch seine vermeintlich unbedeutenden oder marginalen Begleiterscheinungen und seine Kehrseiten in den Blick zu nehmen. Eine wie entscheidende Rolle dabei die Frage nach dem Nicht-Wissen spielt, soll in diesem Beitrag anhand des Zusammenhangs von Prognostik und Literatur untersucht werden. *Prognostik,* wörtlich ›Vor-Erkenntnis‹, ist ein Sammelbegriff für Aussagen über Zukünftiges; der Begriff der *Literatur* steht in weiter Bedeutung für das gesamte Spektrum zukunftsbezüglicher Schreibweisen, Rhetoriken und Sprechakte, wie sie sich nicht nur in fiktionalen Texten, sondern auch in der wissenschaftlichen Beschäftigung mit Zukunft aufweisen lassen.[1]

Im Folgenden möchte ich zunächst Überlegungen zum systematischen Stellenwert des Nicht-Wissens allgemein sowie zu seiner unumgänglichen Position in jeglicher Erforschung der Zukunft anstellen. Dann werde ich zwei historische Beispiele für den prognostisch-literarischen Umgang mit Nicht-Wissen näher untersuchen. Sie fallen mit den zwei Jahrhundertwenden um 1800 und um 1900 zusammen, die jeweils einen erheblichen Schub des Denkens und Schreibens über Zukunft brachten. Diese Futurisierung, die charakteristisch für das Denk- und Deutungsmuster der Jahrhundertwende ist,[2] soll in ihrer jeweiligen wissensgeschichtlichen Spezifik an den Texten aufgewiesen werden. Es handelt sich um Johann Gottfried Herders Essay *Vom Wissen und Nichtwissen der Zukunft* (1797) und um H. G. Wells' Kurzroman *The Time Machine* (1895). Während Herders Abhandlung das Problem des Nicht-Wissens schon im Titel trägt und sich mit seiner epistemologischen Bestimmung auseinandersetzt, behandelt Wells die Frage nach den Möglichkeiten und

---

1. Damit ist die institutionelle Verortung meiner Überlegungen genannt: der Forschungsschwerpunkt »Kulturgeschichte des Wissens« am Zentrum für Literatur- und Kulturforschung Berlin, und hier besonders der von mir geleitete Bereich »WissensOrdnungen« und das von mir gemeinsam mit Benjamin Bühler bearbeitete Projekt »Prognostik und Literatur« (Laufzeit 2011–2013).
2. Vgl. Arndt Brendecke: Die Jahrhundertwenden. Eine Geschichte ihrer Wahrnehmung, Frankfurt a.M./New York 1999; Julia S. Happ (Hrsg.): Jahrhundert(w)ende(n). Ästhetische und epochale Transformationen und Kontinuitäten 1800/1900, Berlin 2010.

Begrenzungen des Zukunftswissens in der narrativen Struktur seiner nachgerade klassischen Zeitreiseerzählung.

I. Zur Epistemologie des Nicht- und Zukunftswissens

Die Erforschung historischer Wissensordnungen gehörte in den letzten zwanzig Jahren sicherlich zu den wichtigsten Neuorientierungen der Kulturwissenschaften. Umgekehrt hat sich die Wissenschaftsgeschichtsschreibung in Ergänzung ihrer traditionell geschichtswissenschaftlichen Prägung vielfach kulturwissenschaftlichen Fragestellungen angenähert. Die Produktivität dieser zweifachen Wendung – hin zu ›Kultur‹ im Fall der Wissenschaftsgeschichte, hin zu ›Wissen‹ im Fall der Kulturgeschichte – liegt vor allem im Ausmessen der Distanz gegenüber einer bloßen Geschichte des *Gewussten*, die gleichsam protokollarisch die Erkenntnisse und Ergebnisse der ›harten‹ Wissenschaften verzeichnet.

Stattdessen kommen die notwendigen Supplemente einer solchen Erfolgs- und Zugewinngeschichte in den Blick: die wissensbildenden Effekte sprachlicher und visueller Darstellung, die erst mit text- und bildanalytischen Mitteln sichtbar zu machen sind;[3] die Bedeutung disziplinär ›unreiner‹ Konzepte, die zwischen verschiedenen Wissensbereichen zirkulieren;[4] das Einwirken der Akteure und Objekte des Wissens;[5] die Rolle sozialer Strukturen bis hin zu persönlichen Kontroversen.[6] Solche ›wissenskulturgeschichtlichen‹ For-

---

3. Vgl. hier und in den folgenden Fußnoten jeweils nur wenige Beispiele: Alan G. Gross: The Rhetoric of Science, Cambridge, Mass. 1990; Sabine Maasen, Peter Weingart (Hrsg.): Metaphors and the Dynamics of Knowledge, London 2000; Jens Ruchatz, Stefan Willer, Nicolas Pethes (Hrsg.): Das Beispiel. Epistemologie des Exemplarischen, Berlin 2007; Ernst Müller, Falko Schmieder (Hrsg.): Begriffsgeschichte der Naturwissenschaften. Zur historischen und kulturellen Dimension naturwissenschaftlicher Konzepte, Berlin/New York 2008. Für die bildwissenschaftliche Perspektive vgl. etwa Bildwelten des Wissens. Kunsthistorisches Jahrbuch für Bildkritik (seit 2003).
4. Vgl. Staffan Müller-Wille, Hans-Jörg Rheinberger: Heredity Produced. At the Crossroads of Biology, Politics, and Culture 1500–1870, Cambridge, Mass. 2007; Ohad Parnes, Ulrike Vedder, Stefan Willer: Das Konzept der Generation. Eine Wissenschafts- und Kulturgeschichte, Frankfurt a.M. 2008.
5. Vgl. bereits Steven Shapin, Simon Schaffer: Leviathan and the Air-Pump. Hobbes, Boyle, and the Experimental Life, Princeton, NJ 1985; des Weiteren Hans-Jörg Rheinberger: Experimentalsysteme und epistemische Dinge. Eine Geschichte der Proteinsynthese im Reagenzglas, Göttingen 2001; Mario Biagioli: Galileo's Instruments of Credit. Telescopes, Images, Secrecy, Chicago, Ill. 2006.
6. Vgl. Lorraine Daston, Hans Otto Sibum (Hrsg.): Scientific Personae. Special Issue of Science in Context 16 (2003); Jean-François Braunstein (Hrsg.): L'histoire des sciences. Méthodes, styles et controverses, Paris 2008; Georg Kneer, Stephan Moebius (Hrsg.): Soziologische Kontroversen. Beiträge zu einer anderen Geschichte der Wissenschaft vom Sozialen, Berlin 2010.

schungen – die ihren durchaus hybriden und eklektischen Charakter nicht verleugnen können, aber auch nicht müssen – wenden sich oft gezielt dem zu, was unter streng szientifischen Prämissen als ›falsch‹ gilt, was aber dennoch zum Verständnis wissenschaftlichen Wissens unabdingbar ist: Phänomenen wie Dilettantismus, Pseudowissenschaft oder Fälschungen.[7]

Wohlgemerkt gibt es schon vor dem mehr oder weniger explizit deklarierten *cultural turn* der historischen Wissenschaftsforschung einschlägige wissenschaftstheoretische Überlegungen, die über Funktionsbeschreibungen des Gewussten weit hinausgehen. Dabei handelt es sich um Analysen der impliziten Voraussetzungen wissenschaftlicher Erkenntnis, die vom jeweils bewusst geführten Methodendiskurs nicht abgedeckt werden. Zu nennen sind hier vor allem Michael Polanyis Theorie von der Funktion des impliziten Wissens *(tacit knowing)* als eines entscheidenden Moments persönlichen Forschungshandelns,[8] die Lehre von ›Denkstilen‹ und ›Denkkollektiven‹, die Ludwik Fleck schon in den 1930er Jahren als Einwand gegen individual- und bewusstseinspsychologische Theorien vom Entstehen wissenschaftlicher Innovation formulierte,[9] Bruno Latours Konzept der sozialen Konstruktion wissenschaftlicher Tatsachen[10] sowie Michel Foucaults programmatische Feststellung, es gebe ein »*positives Unbewusstes*« der Wissenschaften, das nicht etwa im individuellen Unbewussten einzelner Wissenschaftler, sondern in den überindividuellen diskursiven Regeln der Wissensproduktion zu suchen und in historischer Analyse »ans Licht« zu holen sei:[11] »Wir wissen nicht, was wir alles wissen, wir kennen die Wirkungen des Wissens nicht; deshalb scheint mir, dass der Intellektuelle die Rolle dessen spielen kann, der dieses Wissen, das als das Unbewusste unserer Gesellschaft herrscht, in ein Bewusstsein verändern kann.«[12]

---

7. Vgl. Anne-Kathrin Reulecke (Hrsg.): Fälschungen. Zu Autorschaft und Beweis in Wissenschaften und Künsten, Frankfurt a.M. 2006; Dirk Rupnow u.a. (Hrsg.): Pseudowissenschaft. Konzeptionen von Nichtwissenschaftlichkeit in der Wissenschaftsgeschichte, Frankfurt a.M. 2008; Safia Azzouni, Uwe Wirth (Hrsg.): Dilettantismus als Beruf, Berlin 2010.
8. Vgl. Michael Polanyi: Personal Knowledge. Towards a Post-Critical Philosophy, London 1958. Vgl. dazu Mikhael Dua: Tacit Knowing. Michael Polanyi's Exposition of Scientific Knowledge, München 2004.
9. Vgl. Ludwik Fleck: Entstehung und Entwicklung einer wissenschaftlichen Tatsache. Einführung in die Lehre vom Denkstil und Denkkollektiv [1935], hrsg. von Lothar Schäfer und Thomas Schnelle, Frankfurt a.M. 1980. Vgl. dazu Rainer Egloff (Hrsg.): Tatsache – Denkstil – Kontroverse. Auseinandersetzungen mit Ludwik Fleck, Zürich 2005.
10. Vgl. Bruno Latour, Steve Woolgar: Laboratory Life. The Social Construction of Scientific Facts, Beverly Hills, Calif. 1979.
11. Michel Foucault: Vorwort zur englischen Ausgabe [von Les mots et les choses] [1970], in: ders.: Schriften, hrsg. von Daniel Defert und François Ewald, übers. von Michael Bischoff u.a., Frankfurt a.M. 2002–2005, Bd. 2, 9–16, hier: 12.
12. Michel Foucault: Die Bühne der Philosophie [1978], in: ebd., Bd. 3, 718–747, hier: 747.

In den genannten Perspektiven bezeichnet Nicht-Wissen nicht die schlichte Abwesenheit von Wissen. Vielmehr geht es um Grenzbereiche und Übergangsphänomene, die zwar selbst nicht zum positiven Wissen gehören, die aber jegliches Wissen begleiten und zur Bestimmung seiner Voraussetzungen, Verfahren und Folgen unabdingbar sind. Systematische Leitfragen für die Auseinandersetzung mit dem Nicht-Wissen lauten etwa: Was und wie wird in bestimmten erkenntnisgeschichtlichen Situationen nicht gewusst? Wie lässt sich akzidentelles von unabdingbarem Nicht-Wissen unterscheiden, also von epistemologisch »blinden Flecken«, die allenfalls »erst nachträglich als solche erkannt werden, nachdem man den Fokus verändert hat«?[13] Wer sind die Akteure und welches sind die hierarchischen Abstufungen des Nicht-Wissens (zum Beispiel in Strategien des Verheimlichens und Verschweigens)? Und – anschließend an die zitierten Feststellungen Foucaults – wie rückt Nicht-Wissen ins Bewusstsein; wie wird es selbst zum Gegenstand von (wissenschaftlichem) Wissen? Anhand solcher Leitfragen lässt sich eine mögliche Typologie des Nicht-Wissens und seiner konkret exemplarisch zu untersuchenden Erscheinungsformen erstellen. Dazu gehören:

– *Diffuses Wissen*, etwa in Akten der Intuition, des Zögerns, der Begriffsstutzigkeit,

– *Methodologien des Irrtums*, etwa in Experimentalanordnungen, Techniken des Ratens und philologischen Konjekturen,

– *Verzicht auf Wissen*, in eher defizitärer Form wie im Fall von Ignoranz oder Dummheit, aber auch programmatisch als Wissensentsagung oder ›heilige Einfalt‹,

– *Ausfälle des Wissens*, etwa Verdrängen, Vergessen oder auch Demenz,

– *Noch-Nicht-Wissen*, etwa in Gestalt der Wissbegierde, des Staunens, der Neugier, des Lernens und des Interesses.

Was die Analytik des ›Interesses‹ betrifft, sei die methodologische Nebenbemerkung eingefügt, dass man gerade hier eine besondere literaturwissenschaftliche, philologische Kompetenz behaupten darf. Schließlich ist Philologie, mit Friedrich Schlegel formuliert, »Interesse für *bedingtes* Wissen«.[14] Ein in diesem Verständnis »*bedingtes* Wissen« hat seinen Wahrheitswert nicht unmittelbar, sondern enthüllt ihn erst im Durchgang durch philologische Lektüre – einer Lektüre, die nicht auf die Wissensinhalte (also wiederum das

---

13. Caroline Welsh, Stefan Willer: Die wechselseitige Bedingtheit der Wissenskulturen. Ein Gegenentwurf zur Trennungsgeschichte, in: dies. (Hrsg.): »Interesse für bedingtes Wissen«. Wechselbeziehungen zwischen den Wissenskulturen, München 2008, 9–18, hier: 15.

14. Friedrich Schlegel: Zur Philologie (1797), in: Kritische Friedrich-Schlegel-Ausgabe, hrsg. von Ernst Behler u.a., München/Paderborn/Wien 1958ff., Bd. 16, 33–81, hier: 46.

Gewusste) abzielt, sondern sich dem Prozessualen, Entwurfshaften, Unfertigen des Wissens widmet. Das philologische »Interesse« setzt dabei, trotz der wörtlichen Erläuterung von *inter-esse* als ›Dazwischen-Sein‹, immer dort an, wo man noch nicht mitten zwischen den zu wissenden Dingen ist, sondern erst dorthin gelangen möchte. Interesse für Wissen entsteht also dort, wo man nicht weiß; das im genauen Verständnis Interessante am Wissen ist das Noch-Nicht-Wissen.

Mit dieser Betonung des ›noch nicht‹ lässt sich nun der nähere Bezug von Nicht-Wissen und Zukünftigkeit bestimmen. Für die im vorliegenden Band versammelten Studien ist unter anderem die Überlegung leitend, dass es zwischen Wissen und Nicht-Wissen eine »Relation zeitlicher Art« gibt, die entsteht, wenn »ein als aktuell verstandenes Wissen gegenüber einem veralteten oder zukünftigen Wissen, einem Nicht-Mehr- oder Noch-Nicht-(Genau-)Wissen profiliert« wird.[15] In der Tat ist das ›noch nicht‹ eine der wesentlichen Bestimmungen der Zukünftigkeit von Wissen. Es impliziert, dass wir eines Tages wissen werden, was wir noch nicht wissen.

Seit Francis Bacon steht die Formel ›noch nicht‹ mustergültig für das neuzeitlich-futurische Fortschrittskonzept von Wissen. In Bacons *Novum Organon* ist die wiederholte Prognose, man werde dereinst wissen, was man noch nicht wisse, explizit gegen eine unzureichende Art des Vorherwissens *(anticipatio)* gerichtet, die sich bloßer spekulativer Deduktion verdanke.[16] Anders als in der tradierten Übereinkunft, »daß das, was bisher nicht entdeckt und begriffen worden ist, auch in alle Zukunft weder entdeckt noch begriffen werden kann«,[17] gelten für Bacon gerade die »Irrtümer der Vergangenheit« unmittelbar als »Argumente der Hoffnung für die Zukunft« (»quot enim fuerint errorum impedimenta in praeterito, tot sunt spei argumenta in futurum«[18]), wobei sich die Hoffnung nicht auf eine einstige vollkommene Erkenntnis, sondern auf immer neue produktive Irrtümer richtet.

Aber auch das besagte ›nicht mehr‹ hat eine futurische Komponente: Es muss nicht nur als Defizit der Gegenwart im Verhältnis zur Vergangenheit, sondern kann auch in Richtung Zukunft formuliert werden: ›Wir werden [x] nicht mehr wissen.‹ Das ist eigentlich eine Aussage im Futur II: ›Wir werden [x] vergessen haben‹, im Unterschied zu der im Futur I formulierten Aussage ›Wir werden wissen.‹ Hinzu kommt als weitere Möglichkeit, dass man wiederum im

---

15. Vgl. im vorliegenden Band: Michael Gamper: Einleitung, 12.
16. Francis Bacon: Neues Organon. Lateinisch-deutsch, hrsg. von Wolfgang Krohn, Darmstadt 1990, Bd. 1, 76 (praefatio) und 92 (1,26).
17. Ebd., 193 (1,88).
18. Ebd., 208 (1,93).

Futur I auch eine Zukunftsaussage über Nicht-Wiss*barkeit* formulieren kann: ›Wir werden nicht-wissen‹, im Sinne von ›Wir werden [x] niemals wissen können‹ – auf lateinisch: *ignorabimus*. Damit ist ein wissenshistorisch bekannter Fall aufgerufen: der ›Ignorabimus-Streit‹, der sich am Vortrag des Physikers und Physiologen Emil du Bois-Reymond *Über die Grenzen des Naturerkennens* (1872) entzündete.

In diesem Vortrag plädiert du Bois-Reymond dafür, das schlechthin philosophische Problem der Naturerkenntnis, nämlich die Verhältnisbestimmung von Materie und Bewusstsein, aus der modernen Naturwissenschaft definitiv auszugrenzen. Während bei lösbaren »Rätseln der Körperwelt« der Naturforscher sein Nicht-Wissen immerhin in dem Bewusstsein bekenne, dass, »wo er jetzt nicht weiß, er wenigstens unter Umständen wissen könnte, und dereinst vielleicht wissen wird«, müsse er gegenüber dem Rätsel, »was Materie und Kraft seien, und wie sie zu denken vermögen, [...] ein für allemal zu dem viel schwerer abzugebenden Wahrspruch sich entschließen: ›*Ignorabimus*‹.«[19] Die darauf folgende Debatte diente nicht zuletzt der Grenzbestimmung zwischen den sich im 19. Jahrhundert herausbildenden ›zwei Kulturen‹ des Wissens.[20] Du Bois-Reymonds Bekundung eines zukünftigen Nicht-Wissens erscheint somit als historische Grenzmarkierung in der Trennungsgeschichte zwischen Natur- und Geisteswissenschaften im späten 19. Jahrhundert.

Das bisher Gesagte betrifft die Frage, was (und wie) man *in Zukunft* wissen wird. Es stellt sich aber auch die Frage, was (und wie) man *von der Zukunft* wissen kann. Dabei ist der allgemeine erkenntnistheoretische Vorbehalt festzuhalten, dass es ein positives Wissen über zukünftige Zustände überhaupt nicht geben kann. So gesehen wird nie die Zukunft als solche erforscht, sondern nur die »*Erwartbarkeit* des Eintreffens zukünftiger Sachverhalte oder Verläufe auf der Basis des gegenwärtigen Wissens und gegenwärtiger Relevanzeinschätzungen«, wie der Technikphilosoph Armin Grunwald formuliert.[21] Was dem Wissen an Zukunft zugänglich ist, ist der prospektive Anteil von Gegenwart. Prognostik wird somit erkennbar als ein reflexives Konzept

---

19. Emil du Bois-Reymond: Über die Grenzen des Naturerkennens, in: ders.: Reden, hrsg. von Estelle du Bois-Reymond, 2. Aufl., Leipzig 1912, Bd. 1, 441–473, hier: 464.
20. Die zeitgenössische Debatte ist dokumentiert in: Kurt Bayertz, Myriam Gerhard, Walter Jaeschke (Hrsg.): Der Ignorabimus-Streit. Texte von E. du Bois-Reymond, W. Dilthey, E. von Hartmann, F. A. Lange, C. von Nägeli, W. Ostwald, W. Rathenau und M. Verworn, Hamburg 2011. Vgl. Ferdinando Vidoni: Ignorabimus! Emil du Bois-Reymond und die Debatte über die Grenzen wissenschaftlicher Erkenntnis im 19. Jahrhundert, Frankfurt a.M./Bern/New York 1991.
21. Armin Grunwald: Wovon ist die Zukunftsforschung eine Wissenschaft?, in: Reinhold Popp, Elmar Schüll (Hrsg.): Zukunftsforschung und Zukunftsgestaltung. Beiträge aus Wissenschaft und Praxis, Heidelberg 2009, 25–35, hier: 27.

aktueller Einschätzung künftiger Möglichkeiten, als Gegenwarts-Beobachtung zweiter Ordnung:

> Ein Diskurs über Geltungsfragen von Zukunftsaussagen wird dadurch zu einem Diskurs über die – jeweils *gegenwärtigen* – Voraussetzungen, die zu der Zukunftsaussage geführt haben. […] Aus der Immanenz der Gegenwart folgt unmittelbar, dass die *Geltung* von Aussagen über die Zukunft ausschließlich nach Kriterien der Gegenwart bemessen werden kann.[22]

Beide erwähnten Problemkomplexe, Wissen *von* Zukunft, also Zukunft als Gegenstand *einerseits,* und Wissen *in* Zukunft, also Zukünftigkeit als Zeitform oder Modus des Wissens *andererseits,* sind analytisch zu trennen, hängen aber historisch immer wieder aufs engste zusammen. Denn jede Beschäftigung mit der Zukunft als Wissensgegenstand führt in einen Bereich des ungewissen Wissens, des Unsicheren, Noch-Nicht-Bekannten – einen Bereich, in dem Wissen-Können als solches zur Debatte steht. Dieser Zusammenhang soll im Folgenden für die historischen Konstellationen um 1800 und um 1900 anhand der Texte von Herder und Wells erläutert werden.

II. Nicht-Wissen der Zukunft um 1800: Herder

Kennzeichnend für die Perspektivierung von Zukunft um 1800 ist das veränderte Verhältnis zwischen Erfahrung und Erwartung, wie es besonders prägnant Reinhart Koselleck in seiner Deutung der ›Sattelzeit‹ im Übergang zur Moderne beschrieben hat: als Erfahrung einer »Beschleunigung, kraft derer sich die eigene von der vorangegangenen Zeit unterscheidet«, und, damit einhergehend, als Erwartung einer »Andersartigkeit der Zukunft«.[23] In Absetzung vom Topos der *historia magistra vitae* hört die Vergangenheit auf, aus sich selbst heraus die Zukunft zu erhellen (»le passé n'éclairant plus l'avenir«[24]).

---

22. Ebd., 28 und 31.
23. Reinhart Koselleck: Das achtzehnte Jahrhundert als Beginn der Neuzeit, in: Reinhart Herzog, ders. (Hrsg.): Epochenschwelle und Epochenbewußtsein, München 1987, 269–282, hier: 280.
24. Alexis de Tocqueville: De la démocratie en Amérique, in: ders.: Œuvres, papiers et correspondances, Bd. 1, hrsg. von Jacob P. Mayer, Paris 1961, 336. Vgl. Reinhart Koselleck: Historia Magistra Vitae. Über die Auflösung des Topos im Horizont neuzeitlich bewegter Geschichte, in: ders.: Vergangene Zukunft. Zur Semantik geschichtlicher Zeiten, Frankfurt a.M. 1989, 38–66, hier: 47.

Daher bedarf es nun einer Kunst der Prognose, die stärker als zuvor das essenziell Neuartige und Unbekannte der Zukunft in Rechnung stellt.[25]

Eine solche Prognostik ist unmittelbarer Bestandteil der für die ›Sattelzeit‹ charakteristischen Zeitwahrnehmung einer ›Ungleichzeitigkeit des Gleichzeitigen‹, denn »jede Prognose nimmt Ereignisse vorweg, die zwar in der Gegenwart angelegt, insofern schon da, aber noch nicht eingetroffen sind.«[26] Somit entsteht eine prognostische Gemengelage: Die Zukunft soll sich aus Gegenwart und Vergangenheit ableiten lassen und dennoch das radikal Unbekannte sein. Symptomatisch dafür stehen Überlagerungen zwischen rationalem und mantischem Zukunftswissen, wie sie sich besonders deutlich in Herders Aufsatz über *Wissen und Nichtwissen der Zukunft* finden: »[W]arum soll nicht auch der weissagende Schwan des Apolls seine Stimme erheben und ein Lied singen *von dem, was sein wird, weil das Jetzige so ist und das Vorige so war.*«[27]

Herders Aufsatz, 1797 erschienen in der sechsten Folge seiner Schriftensammlung *Zerstreute Blätter,* ist ein Doppel-Essay, der den Komplex des Zukunftswissens in verschiedener Hinsicht entwickelt. Der Haupttext, *Vom Wissen und Nichtwissen der Zukunft,* liefert in dreißig kurzen Paragraphen einen erkenntnistheoretischen Entwurf des Zukunftswissens; darauf folgt ein Anhang *Über Wissen, Ahnen, Wünschen, Hoffen und Glauben,* der unter eben diesen fünf Stichworten verschiedene kognitive oder mentale Handlungen auffächert, mit denen der Mensch versucht, sich die Zukunft verfügbar zu machen. In der Erörterung des Wünschens – das ich in seiner Mittelposition zwischen Wissen und Glauben weiter unten diskutieren werde – schreibt Herder, es gebe »gewisse edlere Seelen, die nur *wünschen* sollten«; der »Dämon der Zukunft« stehe bereit, »ihre Wünsche in sein Buch einzuzeichnen und zu seiner Zeit zu gewähren [...]; ihre schöne Seele ist im Buch des Genius mit eingezeichnet« (299).

Über diesen »Dämon« oder »Genius« lässt sich ein genauerer Einblick in Herders Zukunftskonzept gewinnen. Zwar erscheint die Figur in der Abhandlung von 1797 nur an dieser einen Stelle, doch hatte Herder sie schon fast dreißig Jahre vorher, 1769, mit seinem Gedicht *Der Genius der Zukunft* angerufen, in frei gehandhabtem Odenmaß und erratischer Syntax: »Wer bist du, Dämon!

---

25. Reinhart Koselleck: Die unbekannte Zukunft und die Kunst der Prognose, in: ders.: Zeitschichten. Studien zur Historik, Frankfurt a.M. 2003, 203–221.
26. Reinhart Koselleck: Geschichte, Geschichten und formale Zeitstrukturen, in: ders., Vergangene Zukunft (Anm. 24), 130–143, hier: 130.
27. Johann Gottfried Herder: Vom Wissen und Nichtwissen der Zukunft; Über Wissen, Ahnen, Wünschen, Hoffen und Glauben, in: ders.: Werke in zehn Bänden, hrsg. von Günter Arnold u.a., Frankfurt a.M. 1985–2000, Bd. 8, 283–296 und 297–301, hier: 297. Weitere Nachweise aus diesem Doppelessay mit Angabe der Seitenzahl direkt im Text.

Kommst du leitend / mein Lebensschiff in die Höh dort auf / in die blaue Nebelferne dort auf [...]«.[28] Das Gedicht, das Herders eigener Anmerkung zufolge deshalb »in Meeresbildern wandelt«, weil es »zur See gemacht ist«[29] – nämlich auf seiner lebens- wie werkgeschichtlich wichtigen Schiffsreise von Riga nach Nantes[30] –, evoziert den Zukunfts-Genius als einen ›aufkommenden‹, *vor* und *über* dem Meerfahrer schwebenden Geist (»dort, wo die Zukunft graut / wo ihr Haupt der Saum der Wolke verhüllt«),[31] was offenkundig das antike Genius-Mythologem des über dem Menschen wachenden Schutzgeistes zitiert.[32] Dazu passt, dass der Genius als »der Götter Geschenk, Prophetengesicht! und der Ahndung / vorsingende Zauberstimme!« angerufen wird.[33] Mit solchen Kennzeichnungen – göttliche Gnade, Prophetie, Zauberei – scheint Zukunftswissen ganz im Bereich der Mantik, des Seher- und Wahrsagertums verortet zu sein. Wenn im Aufsatz von 1797 die Wünsche als »Boten der Zukunft« (299) bezeichnet werden, könnte man auch dies als ein unzeitgemäßes Lob der Wahrsagerei verstehen.

Doch schon in der frühen Ode orientiert sich das divinatorische Zukunftswissen immer auch in Richtung auf eine weltliche, immanente Prognostik. In seiner Anmerkung äußert Herder die Überzeugung, dass »aus der Summe der vergangenen Lebenserfahrungen im Grund des Gemüts gewisse Resultate, Axiome des Lebens liegen bleiben«, die in bestimmten Situationen »wie Blitze auffahren« und so »zu sichern Weissagern, TraumGöttern, Orakeln, AhndungsSchwestern« werden können.[34] Es wird also deutlich hervorgehoben, dass es sich bei den eigentlich relevanten mantischen Akten um Vorgänge des *Lebens* handle (»Lebenserfahrungen«, »Axiome des Lebens«) und dass Zukunftswissen ein ›Lebenswissen‹ sei. Letzteres ist eine Wortprägung Herders, die sich inmitten der lyrischen Anrede an den Genius in einem syntaktisch unverbundenen fragenden Ausruf (oder einer ausgerufenen Frage) findet: »Denn was ist Lebenswissen!«[35] Mit der emphatischen Umdeutung zur Erscheinungsform des Wissens vom Leben wird der »Genius der Zukunft« vom mantischen zum – im Sprachgebrauch des 18. Jahrhunderts – ›geneti-

---

28. Johann Gottfried Herder: Der Genius der Zukunft, in: ders., Werke (Anm. 27), Bd. 3, 793–795, hier: 793, v. 3–5.
29. Ebd., 793, Anm.
30. Über das dabei bzw. danach entstandene *Journal meiner Reise im Jahr 1769* vgl. Nikolaus Wegmann, Matthias Bickenbach: Herders *Reisejournal*. Ein Datenbankreport, in: Deutsche Vierteljahrsschrift für Literaturwissenschaft und Geistesgeschichte 71 (1997), 397–420.
31. Herder, Der Genius der Zukunft (Anm. 28), 793, v. 13f.
32. Vgl. Wendelin Schmidt-Dengler: Genius. Zur Wirkungsgeschichte antiker Mythologeme in der Goethezeit, München 1978.
33. Herder, Der Genius der Zukunft (Anm. 28), 794, v. 17f.
34. Ebd., 793, Anm.
35. Ebd., v. 16.

schen‹ oder ›epigenetischen‹ Genius, also zur angeborenen, als Movens individueller Entwicklung verstandenen Kraft, zum natürlich wie kulturell wirksamen Bildungstrieb. Für diese diskursgeschichtliche Verwandlung des antiken Schutzgeistes ins innere Genie hat Herder andernorts die einschlägigen Formulierungen vorgegeben.[36]

Der Aufsatz *Vom Wissen und Nichtwissen der Zukunft* knüpft an dieses ›lebenswissenschaftliche‹ Interesse an, allerdings mit einer wesentlichen Unterscheidung: derjenigen zwischen dem Leben vor und dem Leben nach dem Tod. Denn Herder gewinnt seine Problemstellung aus der skeptischen Bemerkung, »*daß man die Menschen von der Begierde, ihr Schicksal in jenem Leben zu wissen, eben so abhalten solle, als man ihnen abrät zu forschen, was ihr Schicksal in diesem Leben sei*« (283). Diese gedankliche Unterscheidung zweier Arten von Zukunftswissen entlang der terminologischen Unterscheidung zweier Arten von ›Leben‹ bezieht er aus einem Nachlassfragment Gotthold Ephraim Lessings, das er zum Einstieg seines Aufsatzes ausführlich zitiert und dem er die Provokation entnimmt, die religiöse Zukunftsgewissheit über ›jenes‹ Leben stehe gedanklich auf derselben Stufe wie die astrologische Zukunftsgewissheit über ›dieses‹.[37] Bevor sich Herder als Theologe mit Lessings scharfer Theologiekritik auseinandersetzt, wendet er sich ebenso ausführlich der ›diesseitigen‹ Prognostik zu, wodurch sein (erster) Essay in zwei gleich lange Hälften zerfällt.

Während sich Lessing in seinem Fragment mit der Position begnügt, es sei für den Menschen in jedem Fall besser, seine Zukunft nicht zu kennen, selbst wenn es »eine Kunst gäbe, das Zukünftige zu wissen«,[38] bemisst sich für Herder das Nicht-Wissen-*Sollen* einzig und allein nach dem Nicht-Wissen-*Können*. Er statuiert also keineswegs eine absolute, sondern nur eine relative Grenze des Zukunftswissens; und diese verschiebt sich je nach dem Ausmaß der Kenntnisse über Gegenwart und Vergangenheit. Um »sein künftiges Schicksal also zu wissen, daß diese Wissenschaft ihren Namen verdiene«, müsste man nämlich nach Herder »bis auf seine tiefsten Urgründe« zurückgehen und »das ganze Universum von Umständen wissen«, aus denen ein bestimmter gegen-

---

36. Vor allem in den *Ideen zur Philosophie der Geschichte der Menschheit*, wo es etwa heißt: »Angeboren, organisch, genetisch ist dies Vermögen: es ist der Grund meiner Natur-Kräfte, der innere Genius meines Daseins«. Herder, Werke (Anm. 27), Bd. 6, 273. Zur Geniedebatte vor ›lebenswissenschaftlichem‹ Hintergrund vgl. Parnes/Vedder/Willer (Anm. 4), 120–149, dort zu Herder 124f.
37. Vgl. Gotthold Ephraim Lessing: Womit sich die geoffenbarte Religion am meisten weiß, macht mir sie gerade am verdächtigsten, in: ders.: Werke, hrsg. von Herbert G. Göpfert, München 1976, Bd. 7, 643f. (zitiert bei Herder 283f. mit dem Nachweis »Leßings Leben und Nachlaß. Th. 2. S. 243«).
38. Ebd., 644 (zitiert bei Herder 283).

wärtiger Zustand resultiert. Die methodisch-epistemologische Frage nach der Zukunft führt also auf die kausale Herleitung der *Gegenwart*. Herder scheint nun zunächst die Gegenwartskenntnis zur alleinigen Richtschnur zu erklären, wenn er explizit »nicht die Wissenschaft des Zukünftigen und die Spekulation über dasselbe«, sondern den »*Gebrauch des Gegenwärtigen*« als Zielvorgabe nennt (285). Doch zeigt sich im weiteren Verlauf der ›diesseits‹-bezogenen Argumentation, dass durch die Optimierung der Vergangenheits- und Gegenwartskenntnis auch eine valide Zukunftswissenschaft entstehen soll: eine »*Wissenschaft der Zukunft wie der Vergangenheit*«, mit deren Hilfe die Menschen »so gut für die Nachwelt als für sich rechnen« (290).

Die Überzeugung, dass ein solches – in seinem vollen Umfang zwar nur vorstellbares, aber nicht unmögliches – Wissen über Gründe und Umstände auch ein vollkommenes Zukunftswissen ermöglichen würde, verdankt sich Herders entwicklungslogischen, ›lebenswissenschaftlichen‹ Grundannahmen. In zeittheoretischer Hinsicht führen sie zum Postulat einer natürlichen Konsequenz der Zeitformen, das heißt: der linearen Abstammung der Zukunft aus Vergangenheit und Gegenwart. Um Zukunftserkenntnis zu erlangen, muss man sich demnach die *genealogischen* Verläufe der Zeit vor Augen führen, die mit einer *formalen Logik* der Zeit identisch sind: »Die Zukunft ist eine Tochter der Gegenwart, wie diese der Vorzeit. Zwei Sätze liegen vor uns, um den dritten zu folgern.« (286)

Auf dieses Zusammengehen von Genealogie und Logik, also auf die Einpassung in das ›genetische‹ Prinzip, hat sich die wenig umfangreiche Forschung zu Herders Zukunftsvorstellungen bislang vorwiegend konzentriert.[39] Demgegenüber ist aber festzuhalten, dass nach Herders eigenen Worten ein solcher genealogischer Zukunfts-Syllogismus nicht strikt deduktiv umsetzbar ist, sondern immer mit Verfahren der Vermutung und der Konjektur zu tun hat. So heißt es im unmittelbaren Anschluss an das zuletzt Zitierte:

Wer jene beiden [Sätze] recht verstehet, recht anschauet, und sodann *richtig* aus ihnen folgert, hat keinen üblen Gebrauch von seiner Vernunft gemacht, die eben ja die Fähigkeit ist, *den Zusammenhang der Dinge einzusehen,* und wie Eins im Andern steckt, Eins durchs andre wird, zu schließen oder zu erraten.« (286f.)

---

39. Vgl. Hans Dietrich Irmscher: Die Geschichtlichkeit des menschlichen Daseins. Johann Gottfried Herders *Der Genius der Zukunft*, in: Karl Richter (Hrsg.): Gedichte und Interpretationen, Bd. 2: Aufklärung und Sturm und Drang, Stuttgart 1983, 276–293; ders.: Gegenwartskritik und Zukunftsbild in Herders Schrift *Auch eine Philosophie der Geschichte zur Bildung der Menschheit*, in: Recherches Germaniques 23 (1993), 33–44; Jost Schneider: Herders Vorstellung von der Zukunft, in: German Quarterly 75 (2002), 297–307.

In solchen konjekturalen Verfahren offenbart Herders Auffassung der Prognostik als ›Lebenswissen‹ nun doch wieder eine beträchtliche Nähe zu den Verfahren der Divination – denen er noch dazu auch explizit einige Aufmerksamkeit widmet. Im 10. Abschnitt des Essays unternimmt er eine Auflistung mantischer Wissenschaften wie Astrologie, Chiromantie, Metoposkopie, Auspizien und Auguralkünste: Techniken, mit denen aus der Deutung natürlicher Zeichen – ob nun an Sternen, Tieren oder dem menschlichen Körper – die Zukunft vorhergesagt wird. All dies nennt Herder zwar »verächtlich und lächerlich«, weil »grundlos« und noch dazu oft irreführend und betrügerisch: »Man suchte Vorbedeutungen, wo keine sein konnten, und hinterging die Gemüter durch eine *falsche* Wissenschaft, die man für eine wahre hielt oder ausgab.« (286) Doch liegt in diesem letzten »oder« zugleich eine historische Relativierung der Zuweisung von falscher und wahrer Zukunftswissenschaft: Auch eine falsche Wissenschaft kann sich demnach selbst für eine wahre halten. Folgerichtig zieht Herder die »falsche« Zukunftswissenschaft wiederholt zur Erläuterung der »wahren« heran. So heißt es zu Beginn des Anhangs *Über Wissen, Ahnen, Wünschen, Hoffen und Glauben,* die eigentliche »Wissenschaft der nächsten und einer ferneren Zukunft« müsse sich aus »Geschichte, Statistik und Philosophie« speisen; doch wird diese Wissenschaft dann als Summe von Auguralkünsten charakterisiert: »[F]ür ruhige denkende Seelen ist sie wenigstens ein *Witterungskalender,* eine *Philosophie der wandelbaren Naturerscheinungen, der Meteore*«. Auch von »Prophezeiungen«, also von einem göttlich inspirierten Zukunftswissen, ist in diesem Zusammenhang erneut die Rede (297).

Auf ähnlich uneindeutige Weise zwischen Mantik und Lebenswissen situiert ist auch das *Ahnen,* die zweite der im Anhang genannten fünf Geistesbeschäftigungen, der Herder auch schon in *Vom Wissen und Nichtwissen* eine lange Fußnote widmet. Hier spricht er zunächst von einem »Sinn für die Zukunft« (287), einem spezifischen Sensorium also, das somit wiederum aus dem Bereich des Lebendigen, der Lebensäußerungen stammt. Das Interesse für dieses »dunkle[ ] Gefühl«, wie er es im Anhang nennt (298), teilt er mit zahlreichen Psychologen, Anthropologen und selbst Zoologen seiner Zeit.[40] Daneben fasziniert ihn aber auch der etymologische Anklang zwischen Ahnen und ›Ahnden‹, »d.i. zürnend verweisen, rächen und strafen« (287) – ein Anklang,

---

40. Vgl. C[hristoph] Knape: Hat die Seele ein Vermögen, künftige Dinge vorher zu sehen?, in: Magazin zur Erfahrungsseelenkunde 1 (1783, Reprint hrsg. von Petra und Uwe Nettelbeck, Nördlingen 1986), 54–63; Justus Christian Hennings: Von den Ahndungen und Visionen, Leipzig 1777; ders.: Von den Ahndungen und Visionen. Zweyter Theil, der die Voraussehungen und Ahndungen der Thiere enthält, Leipzig 1783.

der im Sprachgebrauch des 18. Jahrhunderts meist zur Homonymie wird, weil dort auch ›Ahnen‹ und ›Ahnung‹ in der Regel als ›Ahnden‹ und ›Ahndung‹ erscheinen.[41] Herder scheint in seiner Anmerkung beides klar voneinander absetzen zu wollen, wenn er sich »gegen ein verwirrendes quid pro quo« ausspricht und vorschlägt, ›Ahnung‹ und ›Ahndung‹ lexikalisch zu trennen (ebd.). Dennoch ist es gerade das ›Ahnden‹ im Sinne des Rächens und Strafens, das seiner Argumentation eine entscheidende Wendung gibt. Denn nun bekommt die zunächst nur kausallogische »*Einsicht in die Konsequenz der Dinge*« deutlich schicksalhafte Beiklänge; die Zukunft wird zur »*unabwendbaren Folgezeit*«, in der sich zuvor verübte Taten selbst rächen (287f.).

Daher wählt Herder als antike Bezugsgröße nicht etwa Fortuna, sondern die Rachegöttin *Nemesis*: gerechte Vergeltung statt zukünftiger Kontingenz.[42] Wohlgemerkt handelt es sich um »die *Nemesis* in uns« (289), nicht etwa um eine von außen eingreifende Macht. Umso mehr ist angesichts der unweigerlichen Konsequenzen des eigenen Handelns ein je gegenwärtig wirksames, ethisch-pragmatisches Zukunftswissen geboten, das Herder »*Vorsicht*« und »*Voraussicht in die Zukunft*« nennt (287f.). In Zusammenfassung seiner Überlegungen zur diesseitigen Prognostik steigert er sich in einen für ihn charakteristischen terminologischen Überschwang und nennt die allererst zu begründende Wissenschaft der Zukunft »*Physiokratie* im reinsten höchsten Verstande, *Ethomantie* der Menschheit, die große *Nemesis der Zeiten*«, wobei er fußnotenweise erläutert, dass mit Physiokratie die »Kenntnis der Gesetze der Natur und ihrer Haushaltung«, mit Ethomantie das »Voraussehen der Zukunft aus Sitten und Handlungen« gemeint sei (290).

Herder fährt fort, dass sich aus dieser – in Aussicht gestellten – immanenten Prognostik die transzendente, mit dem »Schicksal *nach dem Tode*« befasste Prognostik »leicht und treffend« ableiten lasse (ebd.). Dennoch entsteht ein nicht zu leugnender Bruch in seiner Abhandlung dadurch, dass nun eine andere Seite seiner Autorschaft gefordert ist, nämlich die professionell und institutionell theologische. Bisweilen scheint er eine ziemlich säuberliche Trennung der Zuständigkeiten von wissenschaftlichem Wissen einerseits, religiösem Glauben andererseits vorzuschlagen. Demnach will keine Religion »die *Wissenschaft* des zukünftigen Zustandes, zumal seiner äußern Beschaffenheit nach, *demonstrativ* geben; als Religion will und gibt sie nur *Hoffnung, Zuver-*

---

41. Vgl. die Artikel »ahnden«, »ahndung«, »ahnen« und »ahnung«, in: Jacob und Wilhelm Grimm: Deutsches Wörterbuch, Bd. 1, Leipzig 1854, Sp. 192–197.
42. Zu Herders wiederkehrenden Nemesis-Bezügen vgl. Wulf Koepke: Nemesis und Geschichtsdialektik?, in: Kurt Mueller-Vollmer (Hrsg.): Herder Today. Contributions from the International Herder Conference 1987, Berlin/New York 1990, 85–96.

sicht, Glauben.« (284) Der Zukunftsbegriff der Religion ist letztlich exklusiv auf das Leben nach dem Tod ausgerichtet: »*Glaube* muß die Hoffnung der Fortdauer nach dem Tode allein bleiben; demonstrierte Wissenschaft kann sie nie werden.« (294)

Allerdings ist der Glaube nicht das ganz Andere des Wissens, sondern bleibt auf dieses bezogen und nur graduell von ihm unterschieden. Wie aus dem Titel des Anhangs *Über Wissen, Ahnen, Wünschen, Hoffen und Glauben* hervorgeht, stehen beide an entgegengesetzten Enden ein und derselben Skala. Auch im ersten Essay bezieht Herder Wissen und Glauben als immanentes und transzendentes Zukunftswissen aufeinander. Statt einen dogmatischen Begriff vom Leben nach dem Tod zu postulieren, argumentiert er weiterhin ›lebenswissenschaftlich‹, wenn er aus den »Veranstaltungen […], mit denen die Natur in diesem Leben ein *werdendes* Geschöpf ins Leben fördert«, folgert, dieselben »Naturgesetze«, »Kräfte« und »Triebe« müssten auch im jenseitigen Leben wirksam bleiben, so dass man den »Keim der Zukunft« mit hinübernehme (290f.). Umgekehrt muss sich das ›lebenswissenschaftliche‹ Zukunftswissen fortwährend die Intervention des religiösen Zukunftsglaubens gefallen lassen. Als Intervention ist sie deshalb epistemologisch ernst zu nehmen, weil jedes Zukunftswissen der Ungewissheit ausgesetzt bleibt. Solange die lückenlose Konsequenz der Zeitfolgen noch nicht durch empirische Befunde gesichert werden kann, bleibt die in Aussicht gestellte statistische, ›physiokratische‹ und ›ethomantische‹ Zukunftswissenschaft ebenso wenig demonstrierbar wie der Glaube eines zukünftigen Lebens.

Gerade weil somit das Zukunftswissen in Herders Darstellung ein Noch-Nicht-Wissen im emphatischen Sinn ist, wird ihm selbst eine Ausrichtung auf Zukunft eingeschrieben. Die Formel ›Wissen der Zukunft‹ hat den Sinn des objektiven und des subjektiven Genitivs; es geht nicht nur, nicht einmal vorrangig, um Wissen *von* der Zukunft, sondern vor allem um Wissen, das allererst der Zukunft angehört: zukünftiges Wissen. Entscheidend ist also die futurische Bewegung, die Herder in der Wissensgeschichte selbst am Werk sieht. In seiner oben bereits anzitierten Prognose einer Prognostik sind folglich besonders die modalen und temporalen Bestimmungen hervorzuheben, die eine *methodologische* Vermittlung von Wissen und Glauben darstellen:

> Auch, *glaube ich, müsse* eine Zeit erscheinen, da diese Gesetze [des Zukunftswissens] dem Menschenverstande so licht und klar vorliegen, als die Gesetze des physischen Drucks und Gegendrucks oder der natürlichen Schwere. Es *muß* eine Zeit kommen, da es eine *Wissenschaft der Zukunft* wie der Vergangenheit gibt, da *Kraft dieser Wis-*

senschaft die edelsten Menschen so gut für die Nachwelt als für sich rechnen. (289f., Hervorhebung S. W.)

Was hier neben dem Bezug auf eine künftige exakte Messbarkeit und Errechenbarkeit betont wird, ist der Glaube an die zukunftserzeugende Kraft des Wissens. Er hat seine präzise Entsprechung im Wissen von der zukunftserzeugenden Kraft des Glaubens: Für Herder entsteht der christlich-religiöse »*Glaube eines zukünftigen Lebens*« unmittelbar aus dem Drang nach Futurität, weil es dem Menschen »*natürlich* [ist], sich *fortzudenken* in seinen Wirkungen und Kräften.« (292f.) Mit dieser Betonung von Kategorien wie Bedürfnis, Vermögen, Kraft und Wirkung wird das Zukunftswissen als solches entschieden virtualisiert. Und dies ist auch der Grund, warum Herder im Anhangstext schließlich dem Wünschen eine so entscheidende Funktion zuschreibt. Die Zukunft muss per se offen gehalten werden; umso mehr erscheint sie aber als *wünschbar,* und das heißt: durch Wunschtätigkeit erzeugbar.

Auch wenn Herder im Anhang eher spielerisch-assoziativ formuliert, ist in der Fünferreihe *Wissen, Ahnen, Wünschen, Hoffen und Glauben* die Reihenfolge der Begriffe keineswegs willkürlich. Sie bilden eine Skala, vom kausal orientierten Wissen bis zum zuversichtlichen Glauben. Als ›Halbpositionen‹ fungieren das Sensorium des Ahnens (näher am Wissen) und das eher wirklichkeitsferne Hoffen (näher am Glauben), mit dem man oft »gelockt und gewissermaße getäuscht« werde (299). Das Wünschen steht in genauer Mittelposition zwischen Wissen und Glauben. Herder schreibt: »*Wünsche,* sagt man, fliegen in die Luft, oft gar in den Mond; wenn sie indes reife Früchte unsrer Erfahrungen sind, warum sollten sie nicht auch auf unsrer Erde zuweilen ein ihnen gedeihliches gutes Land finden?« (ebd.) Diese Rückbindung des Wünschens an die Erfahrung zeigt deutlich, dass es hier nicht um ein Lob der Träumerei geht. Gerade in Gemütern mit eher gering entwickelter Einbildungskraft können Wünsche die bereits erwähnten »Boten der Zukunft« sein:

Sie laden die Zukunft ein, sie zwingen sie sanft herbei, sie wallen ihr fröhlich entgegen. Es gibt gewisse edlere Seelen, die nur *wünschen* sollten; der Dämon der Zukunft steht unsichtbar da, ihre Wünsche in sein Buch einzuzeichnen und zu seiner Zeit zu gewähren. Was schadets, daß sie selbst sodann ihres erfüllten Wunsches nicht mit genießen? sie genossen ihn wünschend; ihre schöne Seele ist im Buch des Genius mit eingezeichnet. (ebd.)

Im Wünschen mag sich also immer ein Mangel an der Gegenwart ausdrücken – so wie im ›noch nicht‹ des Wissens –; dennoch liegt im Ausdruck selbst, in der Vollführung des Wunsches, bereits der Genuss, die Wunscherfüllung. Was hier betont wird, ist also der performative Aspekt des Wünschens. Damit wendet sich das zum Wunsch virtualisierte Zukunftswissen deutlich in Richtung Poetologie. Das Wünschen ist ein poetisches *Vermögen,* das zugleich eine schlechthin poetische *Handlung* darstellt. In dieser Doppelung von Vermögen und Handlung, von Potenzialität und Praxis, steht es geradezu mustergültig für den Herder'schen Kraft-Begriff. Angesiedelt auf halbem Weg zwischen Wissen und Glauben, kann das Wünschen Erkenntnisse erzeugen, die mit den Mitteln einer ›reinen‹ Erkenntnistheorie nicht beschreibbar sind (der Wunsch als Vater des Gedankens). So wird das Wünschen zum Testfall für das, was Poesie epistemisch vermag.

III. Nicht-Wissen der Zukunft um 1900: Wells

Im Gegensatz zu solchen poetologischen Virtualisierungsstrategien bevorzugen die Wissenschaften des 19. Jahrhunderts vor allem deterministische Zukunftsaussagen. Mehr und mehr wird die Physik mit ihren vermeintlich feststehenden Gesetzen zum Vorbild für theoretische Vorhersagbarkeit – auch und gerade in den Sozialwissenschaften. Auguste Comte bringt den entsprechenden positivistischen Begriff von Zukunftswissen auf den Punkt, indem er es als Extrapolation von Vergangenheit bestimmt und zudem den Nexus zwischen Prognostik und gegenwärtigem Handeln in den Vordergrund rückt: »*sehen um vorauszusehen*« (»voir pour prévoir«, oft zitiert als »voir pour savoir, savoir pour prévoir, prévoir pour prévenir«).[43] Auch die Marx-Engels'sche Gesellschaftstheorie nimmt für sich die Erstellung valider Prognosen in Anspruch, die auf der Kenntnis historischer Gesetzmäßigkeiten beruhen sollen. Engels sieht hier einen wesentlichen Gegensatz zur »Phantasterei« der frühsozialistischen Utopien, aus deren Überwindung erst der eigentlich wissenschaftliche Sozialismus entstehe.[44] Wie Koselleck bemerkt hat, tritt in solchen und anderen Programmatiken geschichtsmächtiger und zukunftswirksamer Gesetzmäßigkeiten das in der Moderne eigentlich überwundene Konzept der »geschichtlichen Lehren durch die Hintertür geschichtsphilo-

---

43. Auguste Comte: Rede über den Geist des Positivismus, hrsg. und übers. von Iring Fetscher, Hamburg 1994, 20.
44. Friedrich Engels: Die Entwicklung des Sozialismus von der Utopie zur Wissenschaft, in: Karl Marx, ders.: Werke, hrsg. vom Institut für Marxismus-Leninismus beim ZK der SED, Bd. 19, Berlin 1962, 177–228, hier: 194; Autorenkollektiv: Die Zukunft im theoretischen Denken, Berlin 1975, 42–69 (»Die marxistisch-leninistische Voraussicht«).

sophisch legitimierter Aktionsprogramme wieder in das politische Leben ein.«[45]

Dass Vorstellungen von allgemeingültigen Gesetzmäßigkeiten dennoch nicht unweigerlich deterministische Zukunftsgewissheit erzeugen müssen, zeigt sich in den stärker ›verzeitlichten‹ Wissenschaften des 19. Jahrhunderts, insbesondere in der biologischen Evolutionstheorie. Auch wenn dieser von Seiten der zeitgenössischen Physik mangelnde Prognosefähigkeit vorgeworfen wird,[46] bietet sie ein Beispiel für die Verfertigung wissenschaftlicher Prognosen mit Blick auf einen offenen Zukunftshorizont. So trifft Charles Darwin am Ende von *The Origin of Species* eine Vorhersage über künftige Forschungen (»open fields for far more important researches«), von der aus dann auch der Inhalt des Wissens, die Veränderbarkeit der Arten, in eine ferne Zukunft hinein verlängert wird: »Judging from the past, we may safely infer that not one living species will transmit its unaltered likeness to a distant futurity.« Dieses radikale prognostische Alteritätsdenken, das Darwin in prophetisch-visionärer Terminologie formuliert (»I see«, »take a prophetic glance«, »foretell«), wird nur wenig abgemildert durch den in Aussicht gestellten Fortgang der »ordinary succession by generation« und des »progress towards perfection«.[47]

Mit der Veränderbarkeit der Arten in einer überaus fernen Zukunft befasst sich am Ende des 19. Jahrhunderts eine stilprägende, ja diskursbegründende Science-Fiction-Erzählung: Herbert George Wells' 1895 erschienener Kurzroman *The Time Machine*. Wells lässt seinen Protagonisten ins Jahr 802 701 reisen, in dem die Gattung Mensch sich in zwei Subspezies aufgeteilt hat, die heiter-unbedarften, kindlich wirkenden Eloi und die unterirdisch lebenden, affenartigen Morlocks. Diese Zweiteilung ist die evolutionäre Konsequenz der Klassengegensätze des 19. Jahrhunderts – wobei aber die Trennung in Ober- und Unterirdische nicht mehr die einstigen Machtverhältnisse von Besitzenden und Besitzlosen repräsentiert, denn die Morlocks sind nicht etwa die Arbeitssklaven der Eloi, sondern ihre Fressfeinde.[48]

---

45. Koselleck, Historia Magistra Vitae (Anm. 24), 64.
46. Siehe Helmut Pulte: Darwin in der Physik und bei den Physikern des 19. Jahrhunderts. Eine vergleichende wissenschaftstheoretische und -historische Untersuchung, in: Eve-Marie Engels (Hrsg.): Die Rezeption von Evolutionstheorien im 19. Jahrhundert, Frankfurt a.M. 1995, 105–146.
47. Charles Darwin: On the Origin of Species by Means of Natural Selection, in: ders.: The Works, hrsg. von Paul H. Barrett, R. B. Freeman, London 1988, Bd. 15, 346f.
48. Zum Stellenwert der Evolutionstheorie in der englischen Literatur des ausgehenden 19. Jahrhunderts vgl. John Glendening: The Evolutionary Imagination in Late-Victorian Novels. An Entangled Bank, Aldershot 2007 (mit ausführlichen Bemerkungen zu H. G. Wells' *The Island of Doctor Moreau*, während *The Time Machine* nur am Rande erwähnt wird).

Die futurologische Relevanz von Wells' Zeitreiseerzählung liegt allerdings nicht in jenem bekannten dystopischen Szenario, also in der satirischen Überspitzung und Umkehrung der viktorianischen Gegenwart des späten 19. Jahrhunderts.[49] Viel wichtiger – jedenfalls für den Zusammenhang von Prognostik und Nicht-Wissen – ist die Art und Weise, in der sich die Wahrheit über die Verhältnisse des Jahres 802 701 dem Zeitreisenden erschließt. Der Besucher der fernen Zukunft wird erst nach und nach, auf dem Weg über zahlreiche Irrtümer und Fehlinterpretationen vom Nicht-Wissenden zum Wissenden, wobei auch dieses abschließend erworbene Wissen alles andere als stabil und abgesichert ist. Darin besteht der eigentliche Gegenstand seines als Binnenerzählung in der Ich-Form wiedergegebenen Reiseberichts. Es handelt sich um ein Drama der Erkenntnis, der Hypothesenbildung, des Spekulierens und immer neuen Überprüfens anhand der empirisch gemachten Zukunftserfahrungen. Darin liegt zugleich das – nach Wells' eigenen Prämissen – Wissenschaftliche des Erzählens: nicht im Ausmalen einer in sich geschlossenen zukünftigen Welt, sondern im Nachvollzug fiktiver Spekulationen und Recherchen.[50]

Bevor ich dies an einigen Charakteristika des Erzähltextes aufweise, möchte ich zur Erläuterung des hier tragenden Konzepts von wissenschaftlicher Fiktion und wissenschaftlicher Erzählung auf eine programmatische Feststellung hinweisen, die Wells in einem seiner zahlreichen futurologischen Essays getroffen hat: dem 1902 erschienenen Buch *Anticipations of the Reaction of Mechanical and Scientific Progress upon Human Life and Thought*.[51] Wie der umständliche Titel der knapp dreihundertseitigen Abhandlung aussagt, geht es um eine vorweggenommene, eine ›antizipierte Reaktion‹: um die Einwirkung des technisch-wissenschaftlichen Fortschritts auf das Leben und Denken zukünftiger Menschen. Bei der kompliziert-mehrstelligen Formulierung handelt es sich bereits um ein futurologisches Argument. Wells nimmt eine interne Abstufung der Zukunft nach den Graden ihrer Gewissheit und Ungewissheit vor: Der technische Fortschritt als solcher wird als relativ gewiss vorausgesetzt; die Reaktionen darauf sind etwas Ungewisseres, weswegen man es bei ihrer Vorwegnahme mit einem höheren Grad an Spekulation zu tun hat.

---

49. Vgl. zu diesen (anti-)utopischen Aspekten Mark L. Hillegas: The Future as Nightmare. H. G. Wells and the Anti-Utopians, New York 1967; Károly Pintér: The Anatomy of Utopia. Narration, Estrangement and Ambiguity in More, Wells, Huxley and Clarke, Jefferson, NC 2010.
50. Zum Konzept der Wissenschaftlichkeit bei Wells vgl. grundlegend Rosslyn D. Haynes: H. G. Wells: Discoverer of the Future. The Influence of Science on His Thought, London 1980; Steven McLean: The Early Fiction of H. G. Wells. Fantasies of Science, Basingstoke 2009.
51. Zu Wells' Abhandlungen über Zukunftsfragen vgl. Elmar Schenkel: H. G. Wells. Der Prophet im Labyrinth. Eine essayistische Erkundung, Wien 2001, 38–66.

Diese konzeptuell wichtige Mehrstelligkeit muss man im Sinn behalten, wenn man Wells' einzelne Prognosen über sozialen Wandel und soziale Konflikte, über die zu erwartenden Kriege des 20. Jahrhunderts und die letztlich unumgängliche Entwicklung hin zur ›New Republic‹, dem Weltstaat, zur Kenntnis nimmt. All diese Prognosen verstehen sich – wie es einleitend heißt – als »certain speculations about the trend of present forces«.[52] Das bedeutet, wie in Herders Verständnis von ›lebenswissenschaftlicher‹ und statistischer Prognostik, das Setzen auf eine natürliche Konsequenz der Zeitformen, weil nur so gegenwärtige Vorkommnisse überhaupt als zeitlich gerichtete verstanden und in die Zukunft hinein verlängert werden können. Beim näheren Hinsehen fällt allerdings ein Doppel-, ja Gegensinn der Wendung »certain speculations« ins Auge, der sich auch im Deutschen ergibt. ›Gewisse Spekulationen‹: das ist die formelhafte Bekundung von Gewissheit *und* ein Ausdruck von Vagheit zugleich. In diesem Zusammenhang distanziert sich Wells in den *Anticipations* gleich zu Beginn von bloßen Zukunfts-*Fiktionen,* unter anderem mit folgenden Formulierungen:

> Hitherto such forecasts have been presented almost invariably in the form of fiction, and commonly the provocation of the satirical opportunity has been too much for the writer; the narrative form becomes more and more of a nuisance as the speculative inductions become sincerer [...]. Fiction is necessarily concrete and definite; it permits of no open alternatives; its aim of illusion prevents a proper amplitude of demonstration, and modern prophecy should be, one submits, a branch of speculation, and should follow with all decorum the scientific method.[53]

Es ist bemerkenswert, dass Wells hier einiges von dem zurückweist, was man als heutiger Literaturwissenschaftler oft als den besonderen wissenspoetologischen Einsatz fiktionaler Literatur bestimmt: dass sie nicht für Gewissheit plädieren müsse, sondern das maximale poetische Potenzial der Ungewissheit ausschöpfen könne. Wells argumentiert genau umgekehrt: Die Fiktion ist demnach nicht der Bereich des Offenen, sich Öffnenden, sondern der der erzählerischen Schließung – was geradezu ein Ärgernis (»nuisance«) darstelle. Man muss allerdings hinzufügen, dass Wells hier von der eher einfachen Form utopischer oder dystopischer Satiren in der bis dato verfassten Zukunftsliteratur ausgeht, nicht von literarischen Experimenten in thematischer oder for-

---

52. H. G. Wells: Anticipations of the Reaction of Mechanical and Scientific Progress upon Human Life and Thought, Leipzig 1902, 7.
53. Ebd., 8 (der zweite Teil des Zitats in Anm.).

maler Hinsicht. Sich selbst reiht er folgerichtig nicht unter die inkriminierten Autoren von »Fiction of the Future«[54] ein.

In der Tat ist der sieben Jahre zuvor veröffentlichte Kurzroman *The Time Machine* der Versuch einer Wissenschafts-Fiktion, die ihrerseits entschieden wissenschaftlich operiert. Dafür steht der zeitgenössische Gattungsbegriff *scientific romance* deutlicher als der spätere der *science fiction,* der die Wissenschaftlichkeit eher im Gegenstand als in der Darstellung verortet.[55] Zu dieser wissenschaftlichen Darstellung gehört nun für Wells ganz entschieden die Spekulation: nicht so sehr im philosophischen als vielmehr im strikt szientifischen Sinn der »speculative inductions« in den für Wells bestimmenden Wissenschaften wie Physik und empirischer Psychologie. Auf die so verstandene spekulative Weise sollen literarische Experimente entstehen, die es mit den Wissenschaften aufnehmen können, indem sie sich den zu simplen narrativen Gestaltungsmerkmalen der Konkretion, Bestimmtheit und Schließung widersetzen.

In Wells' Zeitreise-Erzählung hat man es mit einem doppelten Fiktionskonzept zu tun. Zum einen gibt es die fiktive Forschungsexpedition, bei der Held der Erzählung, der unbenannte »Time Traveller«,[56] mit seiner selbstkonstruierten Maschine die zeitliche Distanz von zunächst über achthunderttausend Jahren, schließlich sogar »more than thirty million years hence« (130) überbrückt. Zum anderen werden innerhalb dieser Fiktion von einer Zeitreise und einer somit real erlebbaren zukünftigen Welt Fiktionen zweiter Ordnung, nämlich Theoriefiktionen, angestellt. Es entsteht also eine ähnliche Doppelung wie in den *Anticipations:* Zum prognostizierten Fortschritt – hier auf der ersten Fiktionsebene angesiedelt –, kommen »anticipations of the reactions« – hier auf der zweiten Fiktionsebene der Spekulation und Theoriebildung angesiedelt. Aus dieser Doppelung entsteht eine narrative Rhetorik der Potenzialität, mit der nicht nur »certain speculations« angestellt werden, sondern die zugleich vorführt, dass und wie diese fehlschlagen können.

Was den ›einfachen‹ Fortschritt angeht, so ist für Wells in den *Anticipations* die in Aussicht stehende optimierte technische Fortbewegung, also die praktischere und schnellere Überbrückung des *Raums,* von besonderer Bedeutung.

---

54. Ebd.
55. Als Begründer des Gattungsnamens ›scientific romance‹ gilt Charles Howard Hinton. Vgl. Charles H. Hinton: Scientific Romances, 2 Bde., London 1884/1896.
56. Der Protagonist wird mit den ersten Worten des Textes folgendermaßen eingeführt: »The Time Traveller (for so it will be convenient to speak of him) […]«. H. G. Wells: The Time Machine, hrsg. von Dieter Hamblock, Stuttgart 2003, 3. Etwas später wird das Aussparen des Namens ausdrücklich im Text markiert: »›Where's –‹ said I, naming our host.« Ebd., 19. Weitere Nachweise mit Angabe der Seitenzahl direkt im Text.

»Locomotion in the twentieth century« – so die erste Kapitelüberschrift der *Anticipations* – ist demnach die technische Grundlage für alle antizipierbaren »reactions«. Dasselbe gilt auch für *The Time Machine*. Hier ist *locomotion*, die Fortbewegung, der entscheidende Aspekt des vom Zeitreisenden erzielten wissenschaftlichen Fortschritts, denn die titelgebende Zeitmaschine ist eine Maschine, die die *räumliche* Fortbewegung auf der *Zeit*ebene durchführt – wofür Wells seinen Protagonisten eine Theorie des vierdimensionalen Zeit-Raum-Zusammenhangs entwickeln lässt (4-8). Die Schlüssigkeit dieser Theorie bleibt letztlich ebenso sehr eine Leerstelle wie die Funktionsweise der Maschine. Diese kommt zunächst als kleines Modell in den Blick, dessen glitzerndes, zierliches Aussehen so eingehend wie letztlich ungreifbar geschildert wird – mit ausdrücklichen Hinweisen auf die Undarstellbarkeit des rätselhaften Vorgangs, in dem die Maschine vor den Augen einer Gruppe von Zeugen verschwindet (»absolutely unaccountable«, 11).[57]

All das macht klar, warum die Reise, die dann mit der eigentlichen Maschine angetreten wird, in die Zukunft gehen muss, obwohl sie ja ebenso gut in die Vergangenheit führen könnte. Nur in der Zukunft ist das Spiel mit der offenen Spekulation zu spielen – einer Spekulation, die nicht an historiographischem Wissen oder an den in der entstehungsgeschichtlichen Gegenwart des Textes existierenden Relikten der Vergangenheit vorab zu überprüfen wäre. Was dennoch für die Hypothesenbildung des Zeitreisenden eine entscheidende Rolle spielt, ist das Konzept einer Ableitung der von ihm bereisten Zukunft aus seiner eigenen Zeit, gemäß dem futurologisch einschlägigen Denkmodell, dass sich aus einem empirischen Gegenwartsbefund die Zukunft extrapolieren lasse – umso verlässlicher, je ausführlicher, genauer und differenzierter der Datensatz der Gegenwart sei. Doch genau dieses Verfahren produziert laufend Irrtümer, wie Wells in *The Time Machine* mit einem wiederkehrenden erzählerischen Mittel vorführt: Er lässt den Zeitreisenden bestimmte Beobachtungen der bereisten Welt zusammentragen, die er auf sein Wissen über die ihm bekannte Welt des ausgehenden 19. Jahrhunderts zurückrechnet – um sich dann aber selbst zu korrigieren, indem er eine spätere Erkenntnis der eigenen Fehleinschätzung ankündigt.

So fasst der Zeitreisende seine ersten Eindrücke vom Zusammenleben der Eloi (die er zu diesem Zeitpunkt noch nicht so nennt)[58] dahingehend zusam-

---

57. Vgl. auch die absichtlich vage Erwähnung von »some transparent crystalline substance« (11), die den Antrieb der Maschine darzustellen scheint, und die Feststellung, das Objekt wirke, »as though it was in some way unreal« (13).
58. Die Benennung wird erst relativ spät und mit wiederum gezielter Beiläufigkeit nachgeholt: »the Morlocks – that, by the by, was the name by which these creatures were called – […]«, »the ›Eloi‹, the beautiful race that I already knew« (79). Bemerkenswert ist die Verwen-

men, die von ihnen praktizierte Aufhebung von Alters- und weitgehend auch von Geschlechtergrenzen entspreche den gesellschaftsgeschichtlichen Voraussagen des Kommunismus: »›Communism,‹ said I to myself.« (45) In seinen weiteren Schlussfolgerungen bezieht er das von ihm somit diagnostizierte Eintreffen einer prognostizierten Entwicklung auf die fast paradiesischen Lebensbedingungen der Eloi. Offenbar sei das Leben so einfach geworden, dass kein Kampf ums Dasein mehr geführt werden müsse und es folglich immer weniger Differenzen zwischen den einzelnen Individuen gebe: »We see some beginnings of this even in our own time, and in this future age it was complete.« (46) Auf diesen in sich stimmigen Abgleich von gegenwärtiger Extrapolation und zukünftigem Befund folgt dann die sofortige Zurücknahme: »This, I must remind you, was my speculation at the time. Later, I was to appreciate how far it fell short of the reality.« (ebd.)

Ähnliches geschieht, als der Zeitreisende vor der Notwendigkeit steht, die Existenz der Morlocks in seine entwicklungsgeschichtliche Theorie einzubinden, und er zunächst mutmaßt, sie seien die unterirdischen Sklaven der Eloi: »The notion was so plausible that I at once accepted it, and went on to assume the how of this splitting of the human species. I dare say you will anticipate the shape of my theory; though, for myself, I very soon felt that it fell far short of the truth.« (76) In diesem Fall folgt auf die Zurücknahme sogar noch eine ausführliche Erläuterung der als unzutreffend gekennzeichneten Überlegungen des Zeitreisenden: Man könne an der Gegenwart des späten 19. Jahrhunderts bereits erkennen, wie sich der Klassengegensatz zwischen »Capitalist« und »Labourer« mehr und mehr vertiefe und zu einer wechselseitigen Abschottung beider Gruppen führe; hinzu komme die Gewinnung des Unterirdischen als Arbeits-, Verkehrs- und Lebensraum. All diese »circumstances« und »tendencies« müssten schließlich zu einer räumlichen Aufteilung des Soziallebens führen (»above ground you must have the Haves [...] and below ground the Have-nots«), die ein Ende der biologischen Reproduktion zwischen den Gruppen bewirken werde, so dass durch Anpassung an die jeweiligen Lebensräume schließlich zwei getrennte Gattungen entstünden (76–79). Es folgt eine erneute Korrektur des soeben Elaborierten, die mit einer nochmaligen Kritik der zu simplen Machart utopischer Literatur einhergeht: »This, I must warn you, was my theory at the time. I had no convenient cicerone in the pattern of the Utopian book.« (79)

Die Denk- und Redefigur der Selbstzurücknahme ist ein überaus auffälliges Muster von *The Time Machine*. Es geht dabei nicht nur um die Fiktion theore-

---

dung von Anführungszeichen nur im Fall der (offenbar von sich selbst so benannten) Eloi, nicht in dem der (offenbar von den Eloi so benannten) Morlocks.

tischer Irrtümer, sondern immer auch um ein komplexes Spiel mit narrativen Vorausdeutungen – also mit einem Element des Zukunftswissens, das auf der Ebene der Erzählstruktur selbst angesiedelt ist. In einer Zeitreise-Erzählung stellt eine Formel wie ›ich sollte bald erfahren, dass ich unrecht hatte‹, eine prinzipielle Herausforderung an die Temporalität des Erzählens selbst dar. Wells verdeutlicht damit auf subtile und intrikate Weise das Grundproblem jeglicher Science Fiction (auch wenn dieses Problem nicht jedem Science-Fiction-Autor bewusst sein muss und bei weitem nicht in jedem diesbezüglichen Text manifest ist): das Problem, im *Präteritum* aus der *Zukunft* zu erzählen.

Wells trifft eine grundlegende Vorkehrung, um diesen Widerspruch plausibel zu machen: Er legt den Hauptteil von *The Time Machine* als Binnenerzählung an, mit dem Zeitreisenden als Ich-Erzähler. Demgegenüber wird die im Jahr 1895 angesiedelte Rahmenerzählung von einem anderen, mit dem Protagonisten persönlich bekannten Ich-Erzähler präsentiert. Dieser ist Teil der kleinen Gesellschaft, die der Zeitreisende um sich zu versammeln pflegt, der er zu Beginn der Erzählung seine Modell-Maschine vorführt und zu der er selbst nach seiner Reise zurückkehrt, um seinen Bericht zu erstatten. Er kommt also aus der Zukunft wieder in die Gegenwart, kann aber somit zugleich die Zeit des Jahres 802 701 (mitsamt dem Kurzbesuch in der noch weitere Jahrmillionen entfernten Zukunft) als seine persönliche Vergangenheit betrachten: als das von ihm selbst in der vergangenen Woche seiner eigenen Lebenszeit Erfahrene, von dem er folglich mit Recht im Präteritum berichten kann.

Trotz dieser erzählerischen Plausibilisierung ergibt sich ein tendenziell paradoxes Spiel des analeptischen Rückgriffs auf die Zukunft und des proleptischen Vorgriffs auf die Vergangenheit – etwa in Formulierungen wie dem bereits zitierten »I dare say you will anticipate the shape of my theory« (76). Besonders deutlich wird das am Schluss des Romans, in dem man sich wieder in der Rahmenerzählung befindet. Der Zeitreisende verlässt nun erneut die Gegenwart in Richtung Zukunft, um seinen tendenziell ungläubigen Zuhörern diesmal Beweise mitzubringen (vor allem Fotografien). »›I only want half an hour,‹ he said. […] ›If you'll stop to lunch I'll prove you this time-travelling up to the hilt, specimen and all. If you'll forgive my leaving you now?‹« (138) Die Zeitangaben sind hier in dichter Folge gesetzt: Die Reise soll in der Gegenwarts-Zeit nur eine halbe Stunde dauern und zum Mittagessen beendet sein; der Reisende wird sich ›jetzt‹ auf den Weg machen.

Ebenso ausdrücklich beschreibt der Rahmen-Erzähler die Zeit, in der er auf den Zeitreisenden wartet: »I stayed on, waiting for the Time Traveller […]. But I am beginning now to fear that I must wait a lifetime. The Time Traveller vanished three years ago. And, as everybody knows now, he has never returned.« (140) Es entsteht also ein Gegensatz zwischen der in alle Richtungen zu durchreisenden, somit potenziell endlosen Weltzeit und der begrenzten Lebenszeit (»lifetime«), sowohl der des Zeitreisenden als auch der des Erzählers, der auf ihn wartet. Somit muss dieser die Frage aufwerfen: »Will he ever return?« (ebd.) Dabei liegt ein nicht zu übersehender Widersinn darin, dass man *das Ende einer Zeitreise abwarten* soll: Schließlich könnte der Reisende ja ohne weiteres wiederkommen, *bevor* er abgereist ist.

Dies ist nur eine der notorischen Paradoxien von Zeitreise-Geschichten. Wells als der Erfinder dieses genuin modernen Erzählgenres hat eine auffällige Vorliebe für solche Paradoxien mentaler, rhetorischer und grammatischer Art. Sie zeigen sich nicht zuletzt im durchweg überdeterminierten Einsatz des Zentralsignifikanten ›time‹, der eine eigene Untersuchung wert wäre, und im auffälligen Einsatz temporaler Bestimmungen, insbesondere solchen der Vor- und Nachzeitigkeit. So beschreibt der Zeitreisende seine ambivalenten Gefühle angesichts seiner Begegnung mit den zwar scheinbar heiteren, aber doch intellektuell höchst unbedarften Eloi als Kontrast zu den hohen Erwartungen an die Menschen der Zukunft, mit denen er seine Zeitreise begonnen hatte. Die Rede ist hier von den Antizipationen einer zu erwartenden Nachkommenschaft (»posterity«), auf die sich nun die rückblickende Erinnerung (»memory«) des Protagonisten richtet:

> I had always anticipated that the people of the year Eight Hundred and Two Thousand odd would be incredibly in front of us in knowledge, art, everything. […] As I went with them the memory of my confident anticipations of a profoundly grave and intellectual posterity came, with irresistible merriment, to my mind. (38f.)

Diese Verschränkung der Zeitebenen fasst Wells an einer Stelle in ein topisches Bild. Der Zeitreisende stößt auf seinen Erkundungen auf ein in Ruinen befindliches natur- und kulturhistorisches Museum, in dem Reste vorgängiger Epochen (von »huge skeletons« bis »big machines«, 101–104) aufbewahrt werden. Diese Stätte des kulturellen Gedächtnisses ist allerdings kein Museum des 19. Jahrhunderts, sondern stammt aus einer historisch späteren Zeit (»some latter-day South Kensington«, 101). Dabei dürfte es sich um die vom Zeitreisenden erträumte intellektuelle Hochphase der Menschheit gehandelt haben, in der ein solches Museum ein Ort weiterentwickelter Sammlung und Pflege menschlichen Wissens war. In der weit entfernten Zukunft, in der sich der Zeitreisende nun befindet, handelt es sich hingegen um eine Stätte des Nicht-Mehr-Wissens, um das »ancient monument of an intellectual age« (102) – ein Monument, das für die Nachfahren der Menschen, die Eloi und Morlocks, kein Gedächtnis mehr stiften kann, weil diese keinen Begriff mehr von dem besitzen, was sie vergessen haben.

IV. Schluss

Im vorliegenden Beitrag wurden zwei sehr unterschiedlich argumentierende und funktionierende Texte auf ihren Umgang mit prognostischem Wissen und auf dessen Konfrontation mit Phänomenen des Nicht-Wissens untersucht. Sowohl Herder als auch Wells betonen dabei grundsätzlich, dass Zukunftswissen aus empirisch-statistischer Gegenwartserkenntnis ableitbar sei; beide betonen aber auch die Grenzen dieser epistemologischen Annahme und arbeiten an Bestimmungen ihrer möglichen Alternativen. Somit kommen – auf je eigene Weise – Momente der Spekulation und der Ahnung ins Spiel, des fiktionalen Entwerfens und des performativen Erzeugens von Zukünftigkeit. Der Hinweis auf solche Konzepte und Verfahren hilft nicht nur, den Zusammenhang von Wissen und Nicht-Wissen der Zukunft historisch aufzufächern; er liefert auch Beurteilungskriterien für die prognostischen Diskurse unserer Gegenwart.

Das Selbstverständnis heutiger prognostischer Wissenschaften liegt im szientifisch abgesicherten Umgang mit dem Ungewissen. Prognosen über künftige Zustände komplexer Systeme wie Populationen, Klima, Volks- und Weltwirtschaft resultieren aus ›Projektionen‹ oder ›Szenarien‹.[59] Hier werden ganze Spektren möglicher Zukünfte erstellt, indem für einzelne Parameter des jeweils untersuchten Systems verschiedene mögliche Veränderungen angenommen und in ihrem Verhältnis zueinander durchkalkuliert werden. Je mehr somit die Zukunftsexpertise an Computer delegiert wird, umso unterkomplexer und vereindeutigender mag den damit befassten Experten die Rückübersetzung von Zukunftsberechnungen in Zukunftsaussagen erscheinen. Dennoch sind aus Szenarien abgeleitete Prognosen politisch hochgradig effektiv und erhalten oftmals den Charakter von Handlungsanweisungen. Dieser Wirkungsaspekt ist integraler Bestandteil des Zukunftswissens, jedenfalls dort, wo menschliche Handlungen von Belang sind. Das Feedback der Akteure verändert fortwährend den Systemzustand und somit die immer

---

59. Vgl. etwa Falko E. P. Wilms: Szenariotechnik. Vom Umgang mit Zukunft, Bern 2006; Hannah Kosow, Robert Gaßner: Methods of Future and Scenario Analysis. Overview, Assessment, and Selection Criteria, Bonn 2008; Detlef P. van Vuuren u.a.: The Use of Scenarios as the Basis for Combined Assessment of Climate Change Mitigation and Adaptation, in: Global Environmental Change 21 (2011), 575–591.

neu zu berechnende Zukunft. Es sind solche Rückkopplungen, in denen sich das wissenschaftlich hergestellte und medial vermittelte Wissen um Zukünfte heute vollzieht.

Allerdings spielt in den soziologisch-ökonomischen und naturwissenschaftlichen Anwendungsbereichen heutiger Prognostik die Reflexion auf Sprachlichkeit zumeist eine nur geringe Rolle. Wissenschaftliche Prognosen suggerieren vielmehr Notwendigkeit, Exaktheit, praktische Interesselosigkeit und Beobachtungsdistanz. Da aber die Zukunft ihrem Wesen nach »nicht anders als sprachlich erfassbar« ist, »kommt der Art und Weise unseres Redens über Zukunft eine entscheidende Bedeutung zu«.[60] Vor diesem Hintergrund ist der Rekurs auf historisch vorgängige Konstellationen umso erhellender, wenn es darum geht, die unbewussten Vorannahmen, die Darstellungsweisen und Kehrseiten prognostischen Wissens zu bestimmen. Sowohl Herders Abzielen auf die Performanz zukunftserzeugender Sprechakte als auch Wells' Ausspielen fehlgehender zukunftsbezogener Spekulationen liefern dahingehende Ansätze zu einer systematischen Verknüpfung von futurischer Epistemologie und futurischen Aussageweisen – und somit einer Kritik prognostischen Wissens.

---

60. Grunwald (Anm. 21), 26.

Marcus Twellmann

Das Nicht-Wissen der Statistik
Von den Leuchtwürmchen im Normalbaum

I

Annette von Droste-Hülshoff hatte eine Ahnung: »So wird es nach vierzig Jahren nimmer seyn«.[1] In ihren *Westphälischen Schilderungen aus einer westphälischen Feder* beschreibt sie – wie zuvor die Staatskunde, auch genannt ›Statistik‹ – Land und Leute. Dass hier ein kausalgenetisches Verhältnis zu beobachten ist, hatte eine klimatheoretisch informierte Geographie gelehrt. In diesem Sinne fragt auch die Westfälin nach »Clima, Naturform, Erwerbsquellen« ihres Landes mit Blick auf »Cultur, Sitten, Charakter und selbst Körperbildung seiner Bewohner«.[2] Doch sieht sie im Westfalen der 1840er Jahre, einer Provinz des preußischen Königreichs, »die gewöhnliche Folgenreihe gestört«.[3] Als andere sich noch aufmachten, »das organische Erwachsen des Volksthumes aus dem Boden nachzuweisen«,[4] beschrieb Droste bereits unterschiedliche Aspekte eines später als ›Modernisierung‹ bezeichneten Wandels, der einen naturwüchsigen »Zusammenhang von Volksart und Landesart«[5] unwahrscheinlich werden ließ. Dass Erstere nicht etwa einseitig durch Letztere bestimmt ist, führt sie unter anderem auf einen Vorgang zurück, der schon Buffon und Herder bekannt war: Anstatt »sich der Natur nachzumetamorphisieren«,[6] transformieren die Leute das Land durch Ackerbau etwa oder durch Forstwirtschaft. Dass diese Umgestaltung mit einer Lösung aus traditionalen Bindungen einhergeht, entgeht der Dichterin nicht:

---

1. Annette von Droste-Hülshoff: Westphälische Schilderungen aus einer westphälischen Feder, in: dies.: Historisch-kritische Ausgabe. Werke. Briefwechsel, hrsg. von Winfried Woesler, Bd. V/1: Prosa, Text, bearb. von Walter Huge, Tübingen 1978, 43–76, hier: 48. In dem vorliegenden Aufsatz entfalte ich eine Überlegung, die an anderer Stelle berührt habe; siehe Marcus Twellmann: Sittengemälde statt Zahlentabelle: Annette von Droste-Hülshoffs »Westfalen-Werk« im Spannungsfeld von Volkskunde und Statistik, in: Michael Neumann, Kerstin Stüssel (Hrsg.): Magie der Geschichten. Schreiben, Forschen und Reisen in der zweiten Hälfte des 19. Jahrhunderts, Konstanz 2011, 53–76.
2. Droste-Hülshoff (Anm. 1), 45.
3. Ebd., 52.
4. Wilhelm Heinrich Riehl: Wanderbuch, Stuttgart 1869, 34.
5. Ebd.
6. Droste-Hülshoff (Anm. 1), 45.

Die Cultur des langsam wachsenden Laubwaldes wird vernachlässigt, um sich im Nadelholze einen schnellen Ertrag zu sichern, und bald werden auch hier Fichtenwälder und endlose Getraidseen den Charakter der Landschaft theilweise umgestaltet haben, wie auch ihre Bewohner von den uralten Sitten und Gebräuchen mehr und mehr ablassen.[7]

Der Literatur des Biedermeier gerät hier ein Sachverhalt in Blick, der sich auf eine ganz anders gerichtete Sichtweise zurückführen lässt. Am Beispiel der preußischen Forstwirtschaft um 1800 ist gezeigt worden, was es heißt, »wie ein Staat zu sehen«:[8] Die staatliche Sicht ist zunächst verengt, insofern sie ausgewählte, als praxisrelevant identifizierte Aspekte einer komplexen Wirklichkeit fokussiert, um diese ›lesbar‹ zu machen. Da die Wälder als Wirtschaftsbetriebe gesehen wurden, entsprach die spezifische Selektivität des administrativen Wirklichkeitsbezugs dem Vorhaben einer wirtschaftlichen Effektivierung. Im Zuge der Forsttaxation wurden die Baumbestände zunächst nach Anzahl, Größe und Art erfasst. Durch die Zusammenführung solcher Aspekte verschaffte man sich sodann einen Überblick. Die Forstbeamten organisierten ihr Wissen vom Wald in Form von Karten und Tabellen, um auf dieser Grundlage Bewirtschaftungspläne zu erstellen. Solche Praktiken der Erfassung und Planung – man sprach von ›geregelter Forstwirtschaft‹ – waren nur auf einem hohen Abstraktionsniveau möglich. Heinrich Cotta gab 1804 in seiner *Systematischen Anleitung zur Taxation der Waldungen* »Normalbestimmungen«[9] an. Auf der Grundlage von Messergebnissen hatte der Oberforstrat einen ›Normalbaum‹ ausgemittelt, der den forststatistischen Berechnungen zugrunde zu legen sei. Die Ergebnisse wurden in Form von ›Normaltafeln‹ präsentiert, die den Forstbeamten eine synoptische Sicht auf die gesamten Waldbestände gewährten. Der nächste, seit dem frühen 19. Jahrhundert als ›Forsteinrichtung‹ bezeichnete Schritt bestand darin, die Wälder den Erfordernissen dieser Evaluationsmethode gemäß einzurichten:[10] Bäume wurden so in Reihe gepflanzt und regelmäßig beschnitten, dass neben einem optimalen Wuchs auch ihre Zählbarkeit gewährleistet war. In der Folge wurde die mathematische Fiktion

---

7. Ebd., 48.
8. Siehe zum Folgenden James C. Scott: Seeing Like a State. How Certain Schemes to Improve the Human Condition Have Failed, New Haven, Conn. 1988, 11–52.
9. Heinrich Cotta: Systematische Anleitung zur Taxation der Waldungen. Erste Abtheilung, Berlin 1804, 122.
10. Siehe dazu Bernd-Stefan Grewe: Forst-Kultur: Die Ordnung der Wälder im 19. Jahrhundert, in: Stefan Haas, Mark Hengerer (Hrsg.): Im Schatten der Macht. Kommunikationskulturen in Politik und Verwaltung 1600–1950, Frankfurt/New York 2008, 145–170, hier: 162–165.

der Verwaltung allmählich Realität. Annette von Droste-Hülshoff stand der ›Normalbaum‹ vor Augen:

> Selbst der klassische Teutoburger Wald, das einzige zwar nicht durch Höhe, aber durch seine Ausdehnung und mitunter malerischen Formen imposante Waldgebirge, ist in neueren Zeiten so durchlichtet, und nach der Schnur beforstet worden, daß wir nur mit Hülfe der rothen (eisenhaltigen) Erde, die fortwährend unter unsern Tritten knistert, so wie der unzähligen fliegenden Leuchtwürmchen, die hier in Sommernächten an jeden Zweig ihr Laternchen hängen, und einer regen Phantasie von »Stein, Gras und Grein« träumen können.[11]

Offenkundig unterscheidet die Sicht der Dichterin auf das Land sich von jener der Administration. Ihre Verschriftlichung bezeugt, dass Menschen im Wald – in der Perspektive einer historischen Anthropologie ist das bemerkenswert – auch anderes tun können als wirtschaften. Diesen anderen Praktiken, dem Träumen etwa, entspricht ein eigentümlicher Wirklichkeitsbezug, der gleichfalls selektiv und darin mit dem administrativen durchaus vergleichbar ist. Eine besondere Selektivität unterscheidet ihn: Von Leuchtwürmchen etwa steht in den Übersichtstabellen der Forstwirtschaft nichts; in Drostes Westfalen-Werk finden sie Erwähnung.

Ausgehend von dieser Beobachtung ließe sich das Verhältnis der Literatur zu anderen, insbesondere verwaltungstechnischen Wissensformen befragen. Tatsächlich ist eine Berücksichtigung der Bürokratie und ihrer Praktiken der Wissenserzeugung für eine Literaturgeschichte des 19. Jahrhunderts unabdingbar. Wie die *Westphälischen Schilderungen* deutlich machen, war die administrative Durchdringung des Landes zu dieser Zeit bereits soweit fortgeschritten, dass seine literarische Beschreibung ihre Folgen nicht übergehen konnte. Auch die Phantasie konnte nur mehr von dem ausgehen, was die Verwaltungsmaßnahmen überdauert hatte: rote Erde, leuchtende Würmchen. Literaturgeschichtlich ist eine genealogische Betrachtung der bürokratischen Wissensformen und -praktiken mit der Frage zu verbinden, wie literarisches Schreiben sich dazu verhielt.

Für den deutschsprachigen Raum kann gesagt werden, dass eine Herrschaft durch Verwaltung sich nach einem längeren Vorlauf in der ersten Hälfte des 19. Jahrhunderts verfestigt.[12] Wie die neuere Forschung hervorhebt, wurde im Prozess der Staatsbildung nicht nur Macht, sondern auch Wissen zentral

---
11. Droste-Hülshoff (Anm. 1), 49.
12. Siehe dazu Bernd Wunder: Geschichte der Bürokratie in Deutschland, Frankfurt a.M. 1986.

akkumuliert.[13] Das Regieren ist demnach in der Neuzeit zunehmend zu einem wissensbasierten Handeln geworden. Mit dem »Wissen des Staates«[14] kam auch sein Nicht-Wissen in den Blick. Der Staat der so genannten ›Wissensgesellschaft‹ sieht sich heute mit einem paradoxen Verhältnis der wechselseitigen Steigerung von Wissen und Nicht-Wissen konfrontiert: So wächst mit dem technischen Wissen etwa auch das Nicht-Wissen um Anwendungsfolgen.[15] Mit einem Nicht-Wissen anderer Art, der Unvollständigkeit statistischer Daten nämlich, hatte man es um 1800 zu tun. Mittels der Wahrscheinlichkeitsrechnung sollte es jedoch gelingen, »das Nicht-Wissen […] im Kalkül zu überwinden«.[16] Allerdings konnte eine probabilistische Datenverarbeitung sich in Preußen erst nach 1850 durchsetzen.[17] In der ersten Jahrhunderthälfte wurde über eine Ignoranz der Statistik gestritten, die zunächst einer genaueren Bestimmung bedarf.

Als ›Nicht-Wissen‹ wird im Folgenden ein Korrelat jeder Wissenserzeugung angesprochen. Aufgrund der notwendigen Selektivität jedes Wirklichkeitsbezugs ist es unvermeidlich. Für Handlungswissen, das Wissen von Forstbeamten zum Beispiel, ist die Fokussierung einer überschaubaren Zahl relevanter Größen konstitutiv. Aber auch kontemplatives Wissen muss, wie gesagt, bestimmte Aspekte auswählen und andere vernachlässigen. Jede bestimmte Wissensform, so lautet eine abstrakte, aber einleuchtende Beschreibung dieses Sachverhalts, hat eine unbestimmte Außenseite, auf die man sich nicht beziehen kann.[18] Darum liegt die Zuspitzung nahe, jedes Wissen erzeuge seine je eigene Realität. Doch ist diese, das bleibt zu bedenken, von einem Realen zu unterscheiden, mit dem die Realität des Wissens nie zur Deckung kommt. Eben darum korreliert allem Wissen ein Nicht-Wissen. Da diese Tatsache durchaus zu einem Gegenstand des Wissens werden kann, handelt es sich dabei um ein potentiell bewusstes Nicht-Wissen. Allerdings ist eine positive Bestimmung des nicht Gewussten unmöglich. Sein anderes, dadurch ist es

---

13. Wie dies im ›Bauernstaat‹ Preußen gelingen konnte, hat früh Gerd Spittler gefragt: Abstraktes Wissen als Herrschaftsbasis. Zur Entstehungsgeschichte bürokratischer Herrschaft im Bauernstaat Preußen, in: Kölner Zeitschrift für Soziologie und Sozialpsychologie 32 (1980), 574–604. Zur »Regierung nach Aktenlage« im 18. Jahrhundert siehe Cornelia Vismann: Akten. Medientechnik und Recht, Frankfurt a.M. 2000, 204–217.
14. Siehe dazu den Band von Peter Collin und Thomas Horstmann (Hrsg.): Das Wissen des Staates. Geschichte, Theorie und Praxis, Baden-Baden 2004.
15. Siehe dazu Peter Wehling: Im Schatten des Nichtwissens? Perspektiven der Soziologie des Nichtwissens, Konstanz 2006, 83–88.
16. Wolfgang Schäffner: Nicht-Wissen um 1800. Buchführung und Statistik, in: Joseph Vogl (Hrsg.): Poetologien des Wissens um 1800, München 1999, 123–144, hier: 126.
17. So auch ebd., 141.
18. Vgl. Niklas Luhmann: Ökologie des Nichtwissens, in: ders.: Beobachtungen der Moderne, Opladen 1992, 149–220.

definiert, bleibt dem Wissen entzogen. Dass jede Hinsichtnahme Abschattungen erfordert, kann darum zunächst nur als abstrakter Gedanke mitgeführt werden. Es stellt sich die Frage, in welchen Situationen diese unvermeidliche Ignoranz zum Thema wird.

Erwartbar ist eine solche Thematisierung dann, wenn wissensbasiertes Handeln scheitert. So mussten die preußischen Forstbeamten im Laufe des 19. Jahrhunderts feststellen, dass ihre handlungsleitenden Simplifikationen wichtige Zusammenhänge außer Acht ließen. Die Rodung des Unterholzes etwa führte zu einer Verschlechterung der Böden und damit zu einer Abnahme des Waldwachstums und schließlich zu einer Verringerung des wirtschaftlichen Ertrags.[19] Auch war ein Befall durch Pilze und Insekten festzustellen, die in der Folge allmählich als ›Schädlinge‹ in den Blick genommen wurden.[20] Diese Erweiterung des Sichtfeldes ermöglichte der Forstwirtschaft die Entwicklung von Methoden der Schädlingsbekämpfung und damit eine gewisse Kontrolle der nicht beabsichtigten Folgen des eigenen Tuns. Kurz: Wo Interventionen das gesetzte Ziel verfehlen, macht das Reale sich bemerkbar und erzwingt eine Sichtkorrektur.

Um 1800 ist jedoch zu beobachten, dass Nicht-Wissen noch vor dem Scheitern gezielter Eingriffe in einer epistemischen Situation bereits problematisiert wird, in der unterschiedliche Wissenskonzepte sich begegnen. Konfliktär werden solche Begegnungen dort sein, wo Konzepte und Praktiken nicht in wechselseitiger Indifferenz nebeneinanderstehen oder sich in einem Verhältnis der Kooperation ergänzen, sondern sich gegenseitig eine gesellschaftliche Funktionsstelle streitig machen. Dass in solchen Situationen bestimmte Formen des Wissens disqualifiziert und in diesem Sinne zu ›Nicht-Wissen‹ erklärt werden, ist zu erwarten. Doch bleibt disqualifiziertes Wissen von jener Ignoranz zu unterscheiden, die mit jeder Hinsichtnahme einhergeht. Ersteres nämlich setzt eine gewisse Formbildung voraus, mag diese auch mangelhaft sein. Letztere bleibt als Außenseite einer Form unbestimmt.

Wenn diese unvermeidbare Ignoranz in epistemischen Konfliktsituationen zum Thema wird, eröffnet nicht etwa das eine Konzept einen Zugang zum Nicht-Wissen des jeweils anderen. Denn als ein Korrelat ist jedes Nicht-Wissen stets auf ein bestimmtes Wissen als *dessen* Nicht-Wissen bezogen und bleibt darum allein negativ bestimmbar. Aus diesem Grund kann es auch im Fall einer Kooperation, streng genommen, nicht – wie die Metaphorik der optischen Wahrnehmung es nahe legt – zu einer Addition und wechselseitigen

---
19. Vgl. Scott (Anm. 8), 20f.
20. Siehe Sarah Jansen: »Schädlinge«. Geschichte eines wissenschaftlichen und politischen Konstrukts, 1840–1920, Frankfurt a.M. 2004.

Ergänzung von Sichtweisen kommen. Doch bestehen in solchen Situationen besondere Möglichkeiten der Reflexion: Der Konflikt zwischen Wissenskonzepten eröffnet insofern einen Zugang zum Nicht-Wissen, als er die Inkongruenz der unterschiedlichen Eigenrealitäten hervortreten lässt wie auch deren Abhängigkeit von der jeweiligen Methode. Wissen wird stets, davon ist auszugehen, methodisch erzeugt. Die Rigidität der unterschiedlichen Verfahrensweisen variiert, doch ist alles Wissen das Ergebnis wiederholbarer Vollzüge. Wo strenge Methoden entwickelt und methodologisch expliziert werden, tritt die Selektivität des Wirklichkeitsbezugs hervor. Denn Verfahrensregeln bestimmen nicht zuletzt, was Gegenstand des Wissens sein soll, und damit indirekt, was zu vernachlässigen ist. So wird in Auseinandersetzungen über wissenschaftliche Methoden mitunter auch darüber verhandelt, welche Wirklichkeitssicht Grundlage politischen Handelns sein soll.

II

Während eine politische Epistemologie nach den Erkenntnisweisen zu fragen hätte, denen die Regierung ihre Informationsgrundlage verdankt, fällt es der politischen ›Agnotologie‹[21] zu, in diesem Zusammenhang die Verfertigung von Nicht-Wissen zu untersuchen. Nicht die Überwindung, sondern die Erzeugung von Nicht-Wissen ist ihr Gegenstand. Dabei kommen etwa Ungleichheiten der Wissensverteilung zwischen Regierenden und Regierten in den Blick.[22] So wurde in dem hier betrachteten Zeitraum das Wissen vom Staat zu einem Arkanwissen, dessen Publikation weitgehend unterbunden wurde. Infolge dessen konnte die Statistik eine öffentliche Regierungskontrolle und -kritik, wie August Ludwig Schlözer sie ihr zumutete,[23] nicht aus-

---

21. Neben dem Begriff ›epistemology‹ hat der schottische Philosoph James Frederick Ferrier auch den einer ›agnoiology‹ eingeführt: »We must examine and fix what ignorance is – what we are, and can be, ignorant of. And thus we are thrown upon an entirely new research, constituting an intermediate section of philosophy, which we term the agnoiology [...] the theory of true ignorance.« James Frederick Ferrier: Institutes of Metaphysic. The Theory of Knowing and Being, Edinburgh 1854, 51. Zu einer wissensgeschichtlichen Formulierung dieses Programms siehe Robert N. Proctor: Agnotology: A Missing Term to Describe the Cultural Production of Ignorance (and Its Study), in: ders., Londa Schiebinger (Hrsg.): Agnotology. The Making and Unmaking of Ignorance, Stanford, Calif. 2008, 1–33.
22. Siehe zum Beispiel Marcus Twellmann: Was das Volk nicht weiß ... Politische Agnotologie nach Kleist, in: Kleist-Jahrbuch 2010, 181–201.
23. »Statistik und Despotism vertragen sich nicht zusammen. Unzälige Gebrechen des Landes sind Feler der StaatsVerwaltung: die Statistik zeigt sie an, controliert dadurch die Regirung, wird gar ihr Ankläger.« August Ludwig Schlözer: Theorie der Statistik. Nebst Ideen über das Studium der Politik überhaupt, Göttingen 1804, 51.

üben. Dem oben eingeführten Begriff entsprechend soll hier jedoch nicht nach der Ungleichverteilung verfügbaren Wissens gefragt werden, sondern nach einem Nicht-Wissen, das im Prozess der Wissenserzeugung entsteht. Weil es nur als dessen Korrelat erfasst werden kann, ist die agnotologische Frage von der epistemologischen nicht zu trennen und muss also lauten: Welches Nicht-Wissen geht mit bestimmten politischen Erkenntnisweisen einher?

Gegenstand der folgenden Darstellung ist, anachronistisch gesprochen, das Verhältnis von ›qualitativer‹ und ›quantitativer‹ ›Sozialforschung‹ in der ersten Hälfte des 19. Jahrhunderts. Der epistemische Konflikt zwischen den unterschiedlichen Konzepten der Sozialforschung trat zuerst im so genannten ›Statistiker-Streit‹ hervor: Um 1800 standen im Königreich Preußen die Anhänger einer universitären Staats- und Staatenkunde denen einer vor allem außeruniversitär institutionalisierten Statistik gegenüber. Erstere, vor allem an der Universität Göttingen neben Schlözer durch Johann Christoph Gatterer, Arnold Hermann Ludwig Heeren, Ludwig Timotheus Spittler und Moritz Gottlieb Grellmann vertreten, erkannte ihren Gegenstand nach Gottfried Achenwall in ›Staatsmerkwürdigkeiten‹, die sie vor allem verbal beschreibend darstellte; numerische Informationen waren dabei von untergeordneter Bedeutung. Die Idee, das Staatswesen im Rahmen einer politischen Arithmetik in Zahlen zu erfassen, war zuerst in England verfolgt worden. Zwar wurden auch in Preußen Bevölkerungs-, Militär- und Gewerbestatistiken geführt,[24] zwar erschien 1741 Süßmilchs *Göttliche Ordnung in den Veränderungen des Menschengeschlechts*.[25] Eine durchgreifende Umstellung auf Methoden der quantitativen Erfassung zeichnete sich hier jedoch erst Anfang des 19. Jahrhunderts ab.[26]

Mitte des Jahrhunderts hatte das neue Wissenskonzept sich endgültig durchgesetzt und bestimmte auch den historischen Rückblick. 1850 bemühte sich Carl Gustav Knies, den Irrtum eines einheitlichen Ursprungs der Statistik zu beseitigen. Er sonderte die politische Arithmetik ab von der Universitätsstatistik und behauptete die »Unvereinbarkeit« dieser Traditionen nicht zuletzt mit Blick auf die unterschiedlichen »Darstellungsmittel«: Die von Achenwall ausgehende Statistik »beschreibt, schildert mit der Wortphrase«,[27] während in der Tradition der politischen Arithmetik »nur das von der Zahl begleitete

---

24. Siehe dazu Otto Behre: Geschichte der Statistik in Brandenburg-Preussen bis zur Gründung des Königlichen Statistischen Bureaus, Berlin 1905.
25. Johann Peter Süßmilch: Die göttliche Ordnung in den Veränderungen des Menschengeschlechts aus der Geburt, Tod und Fortpflanzung desselben erwiesen, Berlin 1741.
26. Siehe zu den Besonderheiten der Entwicklung in Preußen Ian Hacking: The Taming of Chance, Cambridge 1990, 16–46; Rüdiger Campe, Spiel der Wahrscheinlichkeit. Literatur und Berechnung zwischen Pascal und Kleist, Göttingen 2002, 211–238.
27. Carl Gustav Adolph Knies: Die Statistik als selbständige Wissenschaft. Zur Lösung des Wirrsals in der Theorie und Praxis dieser Wissenschaft, Kassel 1850, 171f.

exacte Factum« zugelassen wird: »Es soll nichts mit der Wortphrase geschildert und beschrieben, sondern Alles mit der Zahlenangabe gemessen und berechnet, ein exactes Facit gewonnen werden; alle Operationen zeigen den Charakter der mathematischen Exactheit.«[28]

Diese Veränderung der Konzeption statistischen Wissens hatte Konsequenzen im Bereich des Politischen. Seit jeher war die Statistik auf die Praxis ausgerichtet, verstand sich nämlich als »eine wichtige Gehilfin der erhabnen RegierungsWissenschaft«.[29] Auch die Universitätsstatistik hatte ein Wissen zu produzieren, das als Grundlage von politischen Entscheidungen und Verwaltungsmaßnahmen dienen sollte. Die amtliche Statistik war ohnehin in die Administration integriert. Ihr Ausbau erfolgte in Preußen im Zuge jener Reformen, die mit den Namen Stein und Hardenberg verbunden sind. Der Freiherr vom Stein nahm, 1804 als königlicher Finanz- und Wirtschaftsminister ins Generaldirektorium nach Berlin berufen,[30] den Nationalökonomen Leopold Krug in seine Dienste, der mit seinem *Abriß der neuesten Statistik des preußischen Staats*[31] im selben Jahr den ersten Versuch einer durchweg aus amtlichen Quellen geschöpften Darstellung des preußischen Staatszustands vorlegte. Im Folgejahr ließ Krug, ein Anhänger von Adam Smith, seine zweibändigen *Betrachtungen über den National-Reichthum des preußischen Staats, und über den Wohlstand seiner Bewohner*[32] erscheinen. Sie boten eine Bilanz des gesamten preußischen Staates in tabellarischer Übersicht. Stein fasste den Entschluss, die bisher zerstreut von den einzelnen Departments erstellten Statistiken von Krug sammeln, berichtigen und zusammenstellen zu lassen, um den Wohlstand der Provinzen arithmetisch vergleichen zu können. Noch im selben Jahr wurde das Königlich Preußische Statistische Büro gegründet.

Die Präferenz der Administration für numerische Daten hatte vermutlich nicht allein in deren vielberufener ›Exaktheit‹ ihren Grund, sondern auch in der logistischen Eignung für ein Regierungshandeln aus der Distanz. Numerische Informationen ließen sich besser akkumulieren und weiterverarbeiten als verbale Schilderungen von ›Merkwürdigkeiten‹. Wenn im Prozess der Staatsbildung auch regierungsrelevantes Wissen zentral akkumuliert wurde, liegt es nahe, die Präferenz für Zahlen auf deren Übertragbarkeit, Stabilität und Kombinierbarkeit zurückzuführen – durch diese Eigenschaften zeichnen sich nach Bruno Latour Inskriptionen aus, die es möglich machen, von einem Zentrum

---

28. Ebd., 173.
29. Schlözer (Anm. 23), 2.
30. Siehe zum Folgenden Behre (Anm. 24), 362–391.
31. Leopold Krug: Abriß der neuesten Statistik des preußischen Staats, Halle 1804.
32. Leopold Krug: Betrachtungen über den National-Reichthum des preußischen Staats, und über den Wohlstand seiner Bewohner, 2 Bde., Berlin 1805.

aus die Peripherie sowohl im Raum als auch in der Zeit zu beherrschen.[33] Einer der Gründe für die verspätete Entwicklung der Zahlenstatistik in Deutschland ist dann in der politischen Uneinheitlichkeit des Heiligen Römischen Reichs zu sehen. Unter dieser Bedingung wurde die Entwicklung der Staatskunde allein in größeren Territorialstaaten vorangetrieben. Die Administration des preußischen Königreichs, dem durch den Wiener Kongress neue, weit entfernt liegende Gebiete im Westen des ehemaligen Reichs zuerkannt worden waren, sah sich damit vor große Herausforderungen gestellt. Die im Zuge der Staats- und Verwaltungsreformen erfolgte Einrichtung ›statistischer Bureaus‹ ist als Versuch zu verstehen, die Effektivität der Regierung durch die Organisation eines Wissenskreislaufs zwischen Zentrum und Peripherie zu erhöhen. Im Büro zu Berlin wurden die aus den Provinzen eingehenden Meldungen zu Übersichtstabellen aufbereitet, die es der Regierung ermöglichen sollten, die gesellschaftlichen Prozesse an den Rändern des Königreichs zu lenken.

Auf den beginnenden Siegeszug der numerischen Statistik reagierten die Anhänger der »Schriftsteller-Statistik«[34] mit Polemik.[35] Sinnfällig wurde dieser Siegeszug in der nun vorherrschenden Darstellungsform. Tabellen hatten seit langem auch bei der Darbietung von semantischen Inhalten Verwendung gefunden, z.B. im Bereich der Historiographie.[36] Ihre Nützlichkeit stand auch für die Statistiker in der Nachfolge Achenwalls außer Frage. 1807 unterscheidet August Niemann in seinem *Abris der Statistik und der Statenkunde* eine »beschreibende« von einer »tabellarischen«[37] Darstellungsmethode und nennt die Vielzahl der Gegebenheiten, auf die Letztere zu seiner Zeit bereits angewandt wurde.[38] Unter der Voraussetzung richtiger Messung und regelmäßig wiederholter Zählung räumt Niemann ein, »daß die Uebersicht, welche eine

---

33. Vgl. Bruno Latour: Die Logistik der *immutable mobiles*, in: Jörg Döring, Tristan Thielmann (Hrsg.): Mediengeographie. Theorie – Analyse – Diskussion, Bielefeld 2009, 111–144, hier: 124, 137.
34. Schlözer (Anm. 23), 69.
35. Schlözer, der in seinen frühen Schriften selbst einen quantitativen Ansatz verfolgt hatte – siehe etwa August Ludwig Schlözer: Von der Unschädlichkeit der Pocken in Rußland, und von Rußlands Bevölkerung überhaupt, Göttingen 1763 – würdigte die Leistungen der politischen Arithmetik durchaus und enthielt sich im Statistiker-Streit weitgehend der Polemik; vgl. Horst Kern: Schlözers Bedeutung für die Methodologie der empirischen Sozialforschung, in: ders., Hans-Georg Herrlitz (Hrsg.): Anfänge Göttinger Sozialwissenschaft. Methoden, Inhalte und soziale Prozesse im 18. und 19. Jahrhundert, Göttingen 1987, 55–71, hier: 66–70.
36. Siehe dazu Benjamin Steiner: Die Ordnung der Geschichte. Historische Tabellenwerke in der Frühen Neuzeit, Köln/Weimar/Wien 2008. Für historiographische Zwecke verwendet auch Schlözer in der *Vorstellung seiner Universal-Historie*, 1772 erschienen in Göttingen und Gotha, Tabellen.
37. August Niemann: Abris der Statistik und der Statenkunde nebst Fragmenten zur Geschichte derselben, Altona 1807, 81.
38. Vgl. ebd., 86f.

solche Darstellung über das Ganze der Verwaltung gewährt, für Regenten und ihre Räthe in hohem Grade nüzlich sein könte«.³⁹ Nach solcher Übersicht hatte die Regierung ausdrücklich verlangt. Eine *Instruction für die Geheime Staats-Buchhalterey zur Anfertigung der Statistischen Tabellen* von 1799 handelt erstens von »Specialtabellen von den Provinzen«, zweites von einem »General-Tableaux[,] worin die Resultate aller Tabellen von einer und derselben Classe aus sämmtlichen Provinzen zusammengezogen werden«, und drittens von »Universal-Tabellen der ganzen Preußischen Monarchie«, die es dem König ermöglichen sollten, »den Zustand der ganzen Monarchie auf einem Bogen [zu] übersehen«.⁴⁰ Den Anforderungen der Verwaltungspraxis entsprechend hebt auch Schlözer in seiner *Theorie der Statistik* von 1804 hervor, dass »tabellarische Formen […] den ausnehmenden Vorteil leisten, daß auf Einer Folio-Seite mit wenig Blicken zu übersehen ist, wovon man sonst mere Bogen hätte durchlesen müssen.«⁴¹ Solche Übersichtlichkeit war auch bei der Darbietung semantischer Informationen anzustreben. Da die Tabelle für die numerische Statistik zur bevorzugten Darstellungsform wurde, konnte sie im ›Statistiker-Streit‹ jedoch als Scheidemarke fungieren. Weniger differenziert als Schlözer äußerten sich dessen Göttinger Kollege Arnold Heeren und der hannoversche Regierungsbeamte Ernst Brandes. So wurde in den *Göttingischen gelehrten Anzeigen* nicht nur polemisch festgestellt, dass »die politischen Rechner« sich der Statistik »fast ausschließend bemächtigt haben«,⁴² die Arithmetiker wurden auch »Tabellenknechte«⁴³ gescholten.

Aufschlussreich ist diese Schelte insofern, als sie einen gewissen Zwang hervorhebt, den die Tabelle dem Statistiker aufgrund ihrer formalen Beschaffenheit auferlegt. »Die Absicht der tabellarischen Darstellung ist«, so erläutert Niemann, »durch Nebeneinanderstellung von Thatsachen die Ansicht und Vergleichung derselben, und durch diese die Auffassung der Resultate, die sich daraus ergeben, zu erleichtern.«⁴⁴ Diesem Zweck entspricht eine bestimmte formale Struktur der »statistischen Tafel«, die ihre Aufnahmefähigkeit begrenzt: »Sie kan nur solche Data aufnehmen, die sich in Zahlen oder mit wenig Worten kentlich andeuten lassen«. Darin ist der Unterschied

---

39. Ebd., 89.
40. *Instruction für die Geheime Staats-Buchhalterey zur Anfertigung der Statistischen Tabellen* vom 14. Februar 1799, zit. nach Behre (Anm. 24), 377f.
41. Schlözer (Anm. 23), 90.
42. Arnold Heeren: Statistik der Europäischen Statten, bearbeitet von Conrad Mannert, Prof. der Geschichte zu Würzburg. 1805 Octav 458 S./ Statistik des Deutschen Reichs, von Conrad Mannert. 1806. Octav 96 S., in: Göttingische gelehrte Anzeigen, 1806, 833–839, hier: 835.
43. August Ludwig Schlözer: Theorie der Statistik, in: Göttingische gelehrte Anzeigen, 1808, 2089–2104, hier: 2093.
44. Niemann (Anm. 37), 85.

zwischen tabellarischer und beschreibender Darstellungsform begründet und damit auch der Unterschied möglicher Gegenstände. Denn tabellarisch darstellbar sind nur solche, die sich »mit derjenigen Bestimtheit andeuten [lassen], welche diese Form voraussetzt«.[45] Das heißt umgekehrt: »Umstände, zu deren kentlicher Angabe es der Beschreibung bedarf, sind nicht für die tabellarische Darstellung geeignet.«[46]

Niemanns Reflexion auf die Formansprüche der Tabelle macht sie zunächst als ein Medium kenntlich, das die Gegenstände der Statistik nur nach Maßgabe seiner Eigenstruktur zur Darstellung kommen lässt, »Data« also nicht nur aufnimmt, sondern vielmehr erst produziert: »Mit der Übertragung von Gesehenem, Gehörtem und Gelesenem in Tabellen werden aus Gütern, Kräften, Zuständen und Verhältnissen, Land und Leuten *Daten*. […] Data bezeichnen Gegebenes im Format eines tabellarischen Eintrags.«[47] Niemanns Bemerkungen legen des Weiteren die These nahe, dass die Durchsetzung eines neuen statistischen Wissenskonzepts nicht nur auf politische Strukturen oder Ideen, sondern auch auf mediale Formzwänge zurückzuführen ist. Wie in einem frühen Aufsatz zur Wissenschaftsgeschichte der Soziologie bereits am Rande vermerkt ist, waren die zweidimensionalen Schemata »naturally conducive to the use of figures wherever they were available, if for no other reason than that they took less space. This in turn favored topics which lent themselves to numerical presentation.«[48]

Allerdings hat die Tabelle ein systematisches Gegenstück im Formular,[49] das als eigentliche Möglichkeitsbedingung des statistischen Datenkonzepts anzusehen ist:[50] Als weitgehend standardisiertes Dokument eröffnet es durch seine Lücken einen kategorial genau definierten Raum der Variation und stellt damit sicher, dass schon bei der Datenerhebung nur erfasst wird, was tabellarisch darstellbar ist. Mit solchen Formularen wurden seit dem 14. Jahrhundert berittene »Executivbeamte«, sogenannte »Landreiter«[51] ausgestattet, durch

---

45. Ebd., 87.
46. Ebd., 85.
47. Vismann (Anm. 13), 208.
48. Paul F. Lazarsfeld: Notes on the History of Quantification in Sociology: Trends, Sources, and Problems, in: Isis 52 (1961), 277-333, hier: 292.
49. Vgl. Arndt Brendecke: Tabellen und Formulare als Regulative der Wissenserfassung und Wissensrepräsentation, in: Wulf Oesterreicher, Gerhard Regn, Winfried Schulze (Hrsg.): Autorität der Form – Autorisierung – institutionelle Autorität, Münster 2003, 37-53.
50. Vgl. Rüder Campe: Barocke Formulare, in: Bernhard Siegert, Joseph Vogl (Hrsg.): Europa. Kultur der Sekretäre, Zürich/Berlin 2003, 79-96, hier: 82.
51. »Jeder Districtsvogt hatte einen Executivbeamten, den Landreiter, equitator terrae, unter sich, der nicht nur, wie noch jezt, die Pfändungen vollzog, sondern auch die Schreiberei und das Rechnungswesen, die Erhebung der Abgaben u.s.w. besorgte.« Georg Wilhelm von Raumer (Hrsg.): Die Neumark Brandenburg im Jahre 1337 oder Markgraf Ludwig's des Aelteren

die man gezielt diejenigen Informationen einholen ließ, die in einem zentral organisierten Prozess der Wissensakkumulation weiter verarbeitet werden konnten.

Für eine politische Agnotologie sind die Medien der Statistik von besonderem Interesse, wird hier doch die Korrelation von Wissen und Nicht-Wissen greifbar: Die Nützlichkeit der Tabelle verdankt sich ihrer Eigenselektivität, beruht also auf der Vernachlässigung des vermeintlich nicht Bemerkenswerten wie auch auf dem Übersehen des gänzlich Unbemerkten. Während Niemann nur die Lückenhaftigkeit der bisher vorliegenden Tabellenwerke bemängelt, d.h. die Unvollständigkeit vorgesehener Einträge, wird in den *Göttingischen gelehrten Anzeigen* die Aussagekraft tabellarischer Aufstellungen generell infrage gestellt:

Die ewigen Wiederholungen von Flächeninhalt und Volksmenge, von Einkünften und Truppenzahl, geben gerade einen solchen Begriff von einem Staate, als die Angaben der Statur, des Maaßes der Arme und Beine, von einem Menschen geben können. Und doch glauben unsre Tabellenmacher große Statistiker zu heißen, wenn sie jene Rubriken mit Zahlen ausfüllen können! So ist aller Geist, alles Leben aus dieser edeln Wissenschaft verbannt.[52]

In dieser unbestimmten Klage über die Verbannung von »Geist« und »Leben« hat sich die Kritik an der neueren Statistik nicht erschöpft. Ihre Gegner haben klar gesehen, dass die Umstellung auf quantifizierende Methoden den grundlegenden Ausschluss numerisch nicht darstellbarer Gegebenheiten beinhaltet:

Man wollte [...] genau den Zustand [...] oder die Kräfte des Landes kennen. Aber was nannte man Zustand und Kräfte des Landes? Das Materielle, das sich zählen und verzeichnen ließ [...]. Aber hier war der Punct, wo die Statistiker und die practischen Politiker zusammentrafen. Die erstern lehrten die letztern Tabellen machen; und damit war der Stein der Weisen gefunden! Nun konnte man Alles in Zahlen angeben; nun war Alles so klar und so deutlich![53]

Neumärkisches Landbuch aus dieser Zeit, Berlin 1837, 53. Siehe dazu auch Behre (Anm. 24), 44–48.
52. Arnold Heeren: Ueber die Staatsverwaltung Deutscher Länder, und die Dienerschaft der Regenten, von A. W. Rehberg. 1807. 278 Seiten in Octav. Bey den Gebrüdern Hahn, in: Göttingische gelehrte Anzeigen, 1807, 1298–1308, hier: 1302.
53. Ebd., 1300f.

Damit wird im ›Statistiker-Streit‹ Nicht-Wissen zum Thema: Die zählende, rechnende und tabellierende Statistik erzeugt, wie die Anhänger des älteren Wissenskonzepts beobachten, nicht nur ein neuartiges, ›exaktes‹ Wissen vom Staat, sie verursacht auch eine aus ihrer Sicht beunruhigende Ignoranz der Politiker. Gegenstand dieses Streits ist also nicht etwa die politische Regulierung der Wissensverteilung; die aufklärerische Idee einer regierungskritischen Statistik scheint nur am Rande auf. Als Wissensträger kommt hier vor allem die Regierung in den Blick. Gegenstand des Streits ist dementsprechend die Korrelation von Regierungswissen und -Nicht-Wissen. So wird ironisch bemängelt, dass jene Gegebenheiten, die mittels der »Tabellen-Methode« nicht erfasst werden können, wie von den Statistikern so in der Folge auch von den Politikern vernachlässigt werden:

> Für Nationalgeist, Freyheitsliebe, das Genie und den Charakter großer oder kleiner Männer an der Spitze, gibt es keine Columnen. Dergleichen Dinge werden also auch nicht in Anschlag gebracht; wenn gleich der Augenschein und die Erfahrung aller Jahrhunderte lehrt, daß es viel weniger der Körper als der Geist ist, der die Kraft der Staaten bestimmt.[54]

Den erhöhten Anforderungen der Bürokratie an die Selektivität statistischer Wissenserzeugung konnte die universitäre Staats- und Staatenkunde nicht genügen. Ein Blick in ihre Programmschrift macht das unzweifelhaft deutlich: »Wenn ich einen einzelnen Staat ansehe, so erblicke ich eine unendliche Menge von Sachen, so darinnen als würklich angetroffen werden«, heißt es bei Achenwall, der seinen Gegenstand, die ›Staatsmerkwürdigkeiten‹, folgendermaßen bestimmt: »Unter diesen [Sachen] sind einige, welche seine [des Staates] Wohlfahrt in einem merklichen Grade angehen, entweder daß sie solche hindern oder befördern: wir nennen selbige *merkwürdig*.«[55] Das Geschäft des Statistikers besteht demnach darin, »aus dem unzählbaren Haufen derer Sachen, die man in einem Staatskörper antrifft, dasjenige fleißig heraus zu suchen«,[56] worauf die Regierung zu achten hat – das ist aber nicht weniger als »alles, was zu gründlicher Einsicht eines Reichs [...] etwas beytragen kann.«[57] Achenwall ist sich der Notwendigkeit einer Selektion durchaus bewusst – »der Umfang der Statistik bleibt noch allemal sehr weitläufig« –, gibt jedoch nur die

---
54. Heeren (Anm. 42), 834.
55. Gottfried Achenwall: Staatsverfassung der heutigen vornehmsten Europäischen Reiche im Grundriße [1749], 4. Aufl., Göttingen 1762, 2f.
56. Ebd., 4.
57. Ebd., 5.

unbestimmte Direktive aus, man müsse eben »aus den unendlichen Merkwürdigkeiten die nothwendigsten herausnehmen.«[58]

Doch hat auch die beschreibende Staatenkunde durchaus Selektionsmechanismen entwickelt. So versuchte man etwa durch die als ›Apodemik‹ bekannte Kunstlehre des richtigen Reisens die statistische Brauchbarkeit von Reisebeschreibungen zu erhöhen. Unter anderem wurden Aufzeichnungsmedien entwickelt, die hinsichtlich ihrer Funktion den Formularen und Tabellen der numerischen Statistik vergleichbar sind. Gelehrte arbeiteten Fragenkataloge aus, mit denen die Reisenden ähnlich den berittenen »Executivbeamten« ausgestattet wurden, um bestimmte Daten zu erheben. Ein berühmtes Beispiel sind Johann David Michaelis' *Fragen an eine Gesellschaft gelehrter Männer, die auf Befehl Ihro Majestät des Königs von Dännemark nach Arabien reisen*.[59] Auch hier wurde ein Wissenszuwachs durch methodische Selektion angestrebt. Ein derart diszipliniertes Reisen an die Ränder der Welt sollte die Fülle des Erfahrbaren systematisch erfassen und die so gewonnenen Informationen einer weiteren Auswertung in den Zentren der Wissenschaft zuführen.[60] Allerdings war diese Reisebeschreibungstechnik noch an einem frühneuzeitlichen Ideal umfassender Wissensgewinnung und -darstellung orientiert. Ende des 18. Jahrhunderts stellte Leopold Berchtold einen Katalog auf, der nicht weniger als 2443 Fragen aus allen Wissenszweigen enthielt.[61] Unternehmungen dieser Art erwiesen sich als praktisch nicht durchführbar, ihr polyhistorisches Wissenskonzept war überholt. Das ist nicht nur mit Blick auf die vielfach beschriebene Ausdifferenzierung der universitär institutionalisierten Wissenschaften zu sagen. Wenn es einem Forschungsreisenden gelungen wäre, einen Bericht nach Berchtolds Instruktionen zu verfertigen, dann hätte auch die Verwaltung damit nicht arbeiten können.

Die unter Druck geratene »Schriftsteller-Statistik« hat durchaus versucht, ihr Wissenskonzept zu präzisieren, verstand sich jedoch weiterhin in erster Linie als Universitätswissenschaft. Es war die zunehmende Spezialisierung der Nachbardisziplinen, durch die Schlözer sich zur Ausarbeitung seiner Theo-

---

58. Ebd.
59. Johann David Michaelis: Fragen an eine Gesellschaft Gelehrter Männer, die auf Befehl Ihro Majestät des Königes von Dännemark nach Arabien reisen, Frankfurt a.M. 1762.
60. Winfried Siebers: Darstellungsstrategien empirischen Wissens in der Apodemik und im Reisebericht des 18. Jahrhunderts, in: Cardanus. Jahrbuch für Wissenschaftsgeschichte 3 (2002) 29-49, hier: 31f.
61. Leopold Count Berchtold: An Essay to direct and extend the Inquiries of Patriotic Travellers; with further Observations on the Means of preserving the Life, Health, & Property of die unexperienced in their Journeis by Land and Sea. […] To which is Annexed a List of English and foreign Works, intended for die Instruction and Benefit of Travellers, & a Catalogue of the most interesting European Travels, which have been published in different Languages from the earliest Times, down to September, 8th 1787, 2 Bde., London 1789.

rie veranlasst sah: »Die Erweiterungen, die fast alle Wissenschaften in neueren Zeiten erhalten haben, lassen keine Pansophie, keine Polyhistorie, kein *ex omnibus aliquid,* mer zu.«[62] In dieser Situation war auch die Universitätsstatistik bestrebt, ihre Verfahrensweisen genauer zu bestimmen, strenger zu kontrollieren und durch »ein eignes, ser ernstes, weitläufiges, und mühsames Studium«[63] zu vermitteln. Von entscheidender Bedeutung war dabei die Frage der Quellen – man hatte in der Vergangenheit ja weniger Daten aktiv erhoben, als vor allem durch die Auswertung von Schriften gewonnen, an deren Zustandekommen man selbst nicht beteiligt war:[64] »Hier fängt die Kritik unsrer Wissenschaft an, die immer strenger werden muß, falls die Schriftsteller-Statistik bei Ehren bleiben soll.«[65] Neben Urkunden, Staats- und Landesschriften sowie Zeitungen werden auch Reiseberichte zum Gegenstand der Quellenkritik.[66] Die Achenwall'sche Gegenstandsbestimmung behält Schlözer jedoch ausdrücklich bei wie auch die Antwort seines Lehrers auf das daraus resultierende Mengenproblem.[67] Der Überfülle des Merkwürdigen versucht Schlözer weiterhin durch dessen Rubrizierung im Rahmen einer systematischen Gesamtordnung zu begegnen: »Ordnung, Plan und vollständiges System, müssen seyn«.[68] So vage die Gegenstandsdefinition, so offen und aufnahmebereit auch für Unvorhergesehenes bleibt jedoch ein System, das dem Statistiker – anders als die Tabelle – möglichst keinen Zwang auferlegen soll: »Für alles, was sich zu einer StatsMerkwürdigkeit qualificirt, muß ein Fach vorhanden seyn, in welches es ungezwungen niedergelegt werden kan.«[69] Die als »Tabellenknechte« Gescholtenen ließen es sich nicht entgehen, ihre Gegner an die Unbrauchbarkeit der älteren, formal freieren Schilderungen zu erinnern. Knies etwa hält »solchen Statistikern, welche von keinerlei Beschränkung […] etwas wissen wollen«,[70] vor: »In der Statistik konnte jede Materie auftreten. […] Das bunteste Conglomerat von den Ammen- und Schnürleiberanecdota an bis zu den Constitutionen und Heeren der Völker, Alles nahm in der neuen Wissenschaft seinen Platz.«[71] Das Festhalten an einem unterbestimmten Begriff der ›Staats-

---

62. Schlözer (Anm. 23), 63.
63. Ebd., 82.
64. Vgl. Mohammed Rassem, Justin Stagl: Einleitung, in: dies. (Hrsg.): Geschichte der Staatsbeschreibung. Ausgewählte Quellentexte, 1456–1813, Berlin 1994, 1–37, hier: 19.
65. Schlözer (Anm. 23), 69.
66. »Noch vor 30 Jaren«, das räumt Schlözer ein, waren die meisten Beschreibungen fremder Staaten »fast nichts als Rhapsodien aus ReiseBeschreibungen: jetzt sind wir vorsichtiger.« Ebd., 78.
67. Vgl. ebd., 55.
68. Ebd., 58.
69. Ebd., 58f.
70. Knies (Anm. 27), 27.
71. Ebd., 28.

merkwürdigkeiten‹ kam aus Sicht der Arithmetiker einer Selektionsverweigerung gleich, die unförmige und unbrauchbare Darstellungen zur Folge hatte. Durch die fortschreitende Distanzierung von einem enzyklopädischen Ideal des Allwissens erstrebte man dagegen jene formale Strenge der eigenen Wissensform, die zunehmend auch ihre Außenseite hervortreten ließ.

III

Die Universitätsstatistiker hatten nicht nur dieses Nicht-Wissen der Zahlenstatistik im Blick. Wie die Vertreter der politischen Arithmetik die staatskundlichen Beschreibungen, so drängten die ›Schriftsteller‹, um eine Präzisierung ihrer eigenen Konzepte und Verfahren bemüht, gewisse »Länder- und Völkerbeschreibungen« ab in den Außenbereich eines zweifelhaften Wissens, das den eigenen Kriterien nicht genügte und insofern als Nicht-Wissen disqualifiziert wurde. Um 1800 geht der professionelle Staatskundler auf Abstand zu einem »PrivatSchriftsteller«,[72] der ihm nun als ein »Dilettant«[73] gilt. Diese Ausgrenzung betrifft nicht nur Personen, sondern auch bestimmte Gegenstände, Betrachtungs- und Darstellungsweisen: »Was gehört also nicht in die Statistik, und wie ist sie von so vielen anderen Länder- und Völkerbeschreibungen verschieden? – Malerische Schilderungen entzückender Gegenden überlasse der Berichterstatter den Schöngeistern seiner Provinz.«[74]

Zu diesen »Schöngeistern« wäre nach Schlözer zweifellos auch Annette von Droste-Hülshoff zu zählen, deren Schilderungen dem Leser neben Leuchtwürmchen »farbig überhauchte Weidestrecken« vor Augen stellen, »aus denen jeder Schritt Schwärme blauer, gelber und milchweißer Schmetterlinge aufstäuben läßt«.[75] Wohlgemerkt wird die Ernsthaftigkeit ihres Vorhabens, die Provinz Westfalen mit der Perspektive eines »Reisenden für Völker- und Länderkunde«[76] darzustellen, durch solche Beschreibungen nicht infrage gestellt. Vielmehr ist festzuhalten, dass Droste hier als »gewissenhafte, ja im Sinne jener Zeit als wissenschaftliche Berichterstatterin über die volkskundlichen, wirtschaftlichen und geographischen Verhältnisse ihrer Heimatlandschaft«[77] schreibt. Mit Blick auf die epistemischen Konfliktlagen des 19. Jahrhunderts

---

72. Schlözer (Anm. 23), 69.
73. Ebd., 82.
74. Ebd., 37f.
75. Droste-Hülshoff (Anm. 1), 47.
76. Ebd., 58.
77. Friedrich Sengle: Biedermeierzeit. Deutsche Literatur im Spannungsfeld zwischen Restauration und Revolution 1815–1848, Bd. 3: Die Dichter, Stuttgart 1980, 634.

ist also nicht nur zu konstatieren, dass »der nichtquantifizierbare Rest der Statistik, also ihr eigentlich größter Teil«, »in verschiedene Nachbar- und Nachfolgedisziplinen [einging]«.[78] Bestimmte Teile der älteren Staatskunde, die »oft in behaglich ausmalende [...] Schilderungen verfiel«,[79] wurden einer schönen Literatur zugeordnet, von der sich die Wissenschaften zunehmend distanzieren sollten. Mitte des 19. Jahrhunderts allerdings war die Eignung deskriptiver Darstellungsweisen für wissenschaftliche Zwecke durchaus noch verhandelbar. So hat eine Nachbar- und Nachfolgedisziplin der Statistik sich im Moment ihrer Gründung zur Literatur bekannt.

Die Volkskunde zitiert in ihren Selbstdarstellungen als Gründungsdokument einen *Volkskunde als Wissenschaft* betitelten Vortrag, den Wilhelm Heinrich Riehl 1858 erscheinen ließ. Dass seine Geltung als Begründer der Volkskunde gleichwohl umstritten ist,[80] hat auch darin einen Grund, dass er bei der Abfassung seiner volkskundlichen Texte Maßgaben gefolgt ist, die für die schöne Literatur formuliert worden waren. Ausdrücklich bezeichnet er das wissenschaftliche Schreiben als eine »Doppelkunst«, deren Produkte »nicht blos der Wissenschaft, sondern auch der Literatur« angehören.[81] Dieses Bekenntnis zu literarischen Repräsentationsformen reagiert nicht zuletzt auf den Siegeszug der numerischen Statistik. Indem er seine Volkskunde, die er in die Achenwall-Tradition einreiht,[82] als Heilmittel gegen »die statistische Krankheit«[83] empfiehlt, setzt Riehl die Kritik an der ›Tabellenmethode‹ fort. »Die Statistik erleichtert die Kontrolle von oben und stärkt die Centralisation«, das weiß auch der Volkskundler, doch kritisiert er eine Einrichtung des Sozialen nach Maßgabe der vermeintlichen Mess- und Darstellungstechniken, bei denen es sich tatsächlich um Kontrolltechniken handelt und weiterhin um Techniken der Instituierung menschlichen Lebens. Riehl verdeutlicht dies am Beispiel der Schulstatistik, die auf der Bezifferung von Leistungen durch Noten basiert: Die schulische Erziehung werde so eingerichtet, dass sie »zur ziffernmäßig genauesten Taxierung der Schüler, zur mathematisch genauesten Kontrolle der Leh-

---

78. Rassem/Stagl (Anm. 64), 31.
79. Ebd., 3.
80. Siehe dazu Wolfgang Kaschuba: Einführung in die Europäische Ethnologie, München 2006, 42–46.
81. Vgl. Wilhelm Heinrich Riehl: Der Kampf des Schriftstellers und des Gelehrten, in: ders.: Freie Vorträge. Erste Sammlung, Stuttgart 1873, 3–29, hier: 9.
82. »Der Eifer, mit dem man seit mehr als hundert Jahren gearbeitet hat, die Statistik zu einer selbständigen Wissenschaft zu erheben, zielte bewußt oder unbewußt auf die Gründung dieser Lehre vom Volk.« Wilhelm Heinrich Riehl: Land und Leute [1854], 9. Aufl., Stuttgart 1894, 35.
83. Wilhelm Heinrich Riehl: Die statistische Krankheit, in: ders.: Freie Vorträge. Zweite Sammlung, Stuttgart 1885, 247–292.

rer führe«.⁸⁴ Wie die Wälder des 19. Jahrhunderts durch die Forststatistik und ihre ›Forsteinrichtungswerke‹, so wurde der menschliche Nachwuchs durch die Schulstatistik und ihre Lehrpläne den quantitativen Erfassungsmethoden gemäß eingerichtet. Hier wie dort und in vielen anderen Bereichen wurden Kontrollmechanismen installiert, die auf numerischen Informationskreisläufen beruhten. Durch die bürokratische Transformation der Gesellschaft entstand aus volkskundlicher Sicht eine »verkehrte Welt«:⁸⁵ Das Mittel werde zum Zweck verkehrt, »wenn man neue Institutionen zunächst darauf anlegt, daß sie statistisch greifbare und kontrollierbare Resultate liefern«.⁸⁶

Wohlgemerkt wollte Riehl der »selbstzufriedene[n] Zahlengenügsamkeit« seiner Zeit, die er als »bedenkliches Symptom«⁸⁷ der diagnostizierten »Krankheit« anführt, nicht durch eine Abschaffung der Zahlenstatistik begegnen: Man möge zählen, was in Staat und Gesellschaft nur irgend zählbar ist, aber man solle sich nicht bei der Zahl beruhigen, lautet seine Forderung. Auch hier zielt die Kritik an der ›Tabellenmethode‹ auf deren Selektivität. Wie seine Vorgänger so weist auch Riehl nicht einfach auf eine unbestimmte Außenseite dieser Wissensform hin, sondern unternimmt es, das Ausgeschlossene durch eine andere Methode zu erschließen: »Im weiten Gebiete der Wissenschaft vom Geiste ist eine mathematische Grundlage gar häufig nicht zu finden, die statistische Formel trügt oder versagt, und an die Stelle des Zählens, Messens und Wägens muß die schildernde Beobachtung treten.«⁸⁸ Was sich nicht zählen und berechnen lässt, »die unwägbare, unmeßbare, trotzdem aber doch als eine gewaltige politische Macht vorhandene Sitte des Volkes«⁸⁹ nämlich, das gelte es deskriptiv darzustellen.

Mit der verbalen Darstellungsweise sollte die Volkskunde auch die politische Funktion der Universitätsstatistik übernehmen: Es gelte, das Wissen vom Volk »nutzbar zu machen in der Lehre für die Idee des Staates, nutzbar in der Praxis für die Weiterbildung unseres Verfassungs- und Verwaltungswesens«.⁹⁰ Die Volkskunde sollte also jene gesellschaftliche Funktionsstelle einnehmen, die zu ihrer Zeit die numerische Statistik besetzt hielt. Riehl scheint zwar eine »›höhere Einheit‹ aus Zahlenstatistik und Ethnographie«⁹¹ im Sinn zu haben,

---

84. Ebd., 266.
85. Ebd.
86. Ebd., 256f.
87. Ebd., 277.
88. Wilhelm Heinrich Riehl: Der Kampf der Wissenschaften in der Neuzeit, in: ders., Freie Vorträge. Zweite Sammlung (Anm. 83), 130–195, hier: 177f.
89. Riehl, Land und Leute (Anm. 82), 19.
90. Ebd. 18.
91. Wolf-Dieter Könenkamp: Volkskunde und Statistik. Eine wissenschaftsgeschichtliche Korrektur, in: Zeitschrift für Volkskunde 84 (1988), 1–25, hier: 24.

wenn er fordert, zur Zahlenstatistik müsse sich »eine *geistige Statistik* der Sitten gesellen«.[92] Die konfligierenden Wissenskonzepte sollten demnach in ein kooperatives Verhältnis der wechselseitigen Ergänzung treten. Tatsächlich sah Riehl jedoch für die Volkskunde ausschließlich deskriptive Repräsentationsformen vor. Aus seiner Sicht galt es, die Regierung von jenen Gegebenheiten in Kenntnis zu setzen, die durch die Zahlenstatistik methodisch in den Bereich des Nicht-Wissens abgedrängt wurden. Denn erst eine Politik, die auf Kenntnissen von der ›Seele‹, dem ›Charakter‹ und dem ›Geist‹ des ›Volkes‹ beruhe, könne »sociale Politik«[93] heißen. »Im 19. Jahrhundert«, davon zeigt Riehl sich überzeugt, »werden die Staatsmänner ihre Texte in den naturgeschichtlichen Analysen des Volkes suchen müssen.«[94]

Ihren eigentlichen Grund hat die von Knies ausdrücklich erklärte Unvereinbarkeit der tabellarischen und der beschreibenden Methode jedoch nicht in der bevorzugten Darstellungsform. Auch die Universitätsstatistik griff auf die Form der Tabelle zurück, um semantische Informationen aufzubereiten. Der eigentliche Grund des ›Statistiker-Streits‹ ist die Differenz von Buchstabe und Zahl. Hier müsste eine politische Agnotologie ansetzen. Noch nicht die Schriftlichkeit ihrer Verfahren, erst der Zahlengebrauch und eine darauf basierende Datenverarbeitung, die später mechanisiert und elektrifiziert werden sollte, haben die Aufrichtung einer Herrschaft durch Verwaltung ermöglicht. 1905, hundert Jahre nach der Einrichtung des Statistischen Bureaus, stellt Otto Behre in seiner *Geschichte der Statistik in Brandenburg-Preussen* fest, dass »dieser bis in die Neuzeit reichende Streit über den wissenschaftlichen Charakter der Statistik, wenigstens soweit sie eine amtliche ist, zugunsten der Zahl als entschieden angesehen werden kann.«[95] Dass die Gegner des Zahlenstatistik hier als »Anhänger [...] der Buchstabenschrift«[96] bezeichnet werden, verdeutlicht die Zugehörigkeit der älteren »Schriftsteller-Statistik« zur ›Literatur‹ im weitesten Sinne des eben buchstabenschriftlich Verfassten.

---

92. Riehl, Land und Leute (Anm. 82), 20.
93. Ebd., 18.
94. Ebd., 5.
95. Behre (Anm. 24), 416.
96. Ebd.

Michael Bies

Naturgeschichten vom Nicht-Wissen
Alexander von Humboldts *Das nächtliche Thierleben im Urwalde*

I

Im Verlauf seines langen wissenschaftlichen Lebens steht Alexander von Humboldt nicht nur vor dem Problem, immer komplexere Wissensbestände zu ordnen und zu repräsentieren. Er sieht sich auch mit der Frage nach dem Umgang mit einem sich beständig ausweitenden und verfeinernden Nicht-Wissen oder, genauer, mit einem zunehmenden Wissen von diesem Nicht-Wissen konfrontiert – denn von Nicht-Wissen zu handeln, setzt stets ein bestimmtes Wissen von diesem Nicht-Wissen voraus.[1] Begründet liegt diese Proliferation von Nicht-Wissen bereits in der Fülle an neuen wissenschaftlichen Gegenständen und Methoden, um Wissen zu erlangen, zu legitimieren, zu formieren und zu stabilisieren, die seit dem Ende des 18. Jahrhunderts entdeckt und entwickelt worden sind. So hat die Forschung mit diesen neuen oder zumindest neu verhandelten Gegenständen und Methoden – wie etwa dem ›Leben‹ und der ›Elektrizität‹[2] oder aber der ›Hermeneutik‹ und der ›Statistik‹[3] – die vormals gültigen Wissensbestände mit einem zeitlichen Index versehen und in ein neues, historisch geordnetes Archiv eines Nicht-(Mehr-)Wissens verschoben. Außerdem hat sie sichtbar werden lassen, worüber man zuvor nichts wusste, wo man also mit einem Nicht-Wissen umgegangen war, ohne es erkannt zu haben oder ohne dass man es hätte erkennen und reflektieren sollen.[4]

Allerdings liegt die sich seit dem Ende des 18. Jahrhunderts beschleunigende Proliferation von Nicht-Wissen oder – um die charakteristische Ellipse noch

---

1. Für einen historischen, auf das 18. Jahrhundert konzentrierten Aufriss dieses dynamischen Verhältnisses von Wissen und Nicht-Wissen vgl. Hans Adler: Das gewisse Etwas der Aufklärung, in: ders., Rainer Godel (Hrsg.): Formen des Nichtwissens der Aufklärung, München 2010, 21–42.
2. Vgl. zuletzt Michael Gamper: Elektropoetologie. Fiktionen der Elektrizität 1740–1870, Göttingen 2009.
3. Vgl. hierzu etwa Wolfgang Schäffner: Nicht-Wissen um 1800. Buchführung und Statistik, in: Joseph Vogl (Hrsg.): Poetologien des Wissens um 1800, München 1999, 123–144; und den Beitrag von Marcus Twellmann im vorliegenden Band.
4. Zum damit angesprochenen Aspekt des Nicht-Wissen-Sollens vgl. auch Robert N. Proctor: Agnotology. A Missing Term to Describe the Cultural Production of Ignorance (and Its Study), in: ders., Londa Schiebinger (Hrsg.): Agnotology: The Making and Unmaking of Ignorance, Stanford, Calif. 2008, 1–33.

einmal auszuformulieren – von Wissen über Nicht-Wissen nicht nur in dem auf Innovation festgelegten Charakter der modernen Wissenschaften begründet. Fundiert liegt sie auch in dem, was durch das weiter ausgreifende Narrativ der Ausdifferenzierung der Wissenschaften beschrieben wird, in der Entstehung und Ausprägung verschiedener Wissensformen und Disziplinen, die sich über die Forschung an einem umgrenzten Gegenstandsbereich oder mithilfe einer bestimmten Methode konstituieren. Auch in die einzelnen Disziplinen, die sich zunächst nur in Bezug auf die eigene Forschung auszudifferenzieren scheinen, ist deshalb eine Differenz von Wissen und Nicht-Wissen eingetragen. Denn Forschung kann sich gerade zu Beginn nie allein durch das legitimieren, was sie möglicherweise in Zukunft als Wissen erarbeitet haben wird. Vielmehr ist hierzu auch nötig, dass sie sich von etwas abgrenzt – von einem Nicht-Wissen, das aber nie einfach vorhanden ist, sondern aus Sicht einer bestimmten Disziplin immer wieder neu rekonstruiert und produziert sowie mit einer individuellen, viel mehr aber noch mit einer sozialen Referenz versehen werden muss, indem es etwa diachron einer veralteten Form dieser Disziplin oder synchron einer anderen Disziplin zugeschrieben wird. Doch obgleich das, was als Wissen oder Nicht-Wissen beurteilt wird, insofern stets ›Ansichtssache‹ ist und von dem Standpunkt abhängt, von dem aus diese Einschätzung vorgenommen wird, ist die Unterscheidung beider aus wissensgeschichtlicher Sicht aufschlussreich. Gerade die Beobachtung von Nicht-Wissen nämlich bringt die verschiedenen Bedingungen in den Blick, die Wissen in einem bestimmten historischen und sozialen Kontext konstituieren und die mit diesem Wissen kaum kommuniziert werden, um seine Gültigkeit nicht infrage zu stellen.[5]

Dieses vielschichtige und komplexe Verhältnis von Wissen und Nicht-Wissen versucht Humboldt nun nicht nur abzubilden und in Inhalt und Form seiner Schriften zu reflektieren. In charakteristischer Weise kompliziert er dieses Verhältnis auch noch durch die ambivalente Haltung, mit der er Prozessen der Ausdifferenzierung begegnet. Zwar bejaht er die Ausdifferenzierung der Wissenschaften, doch nicht ohne die dadurch beförderte Separierung einzelner Wissensgebiete auch wieder auffangen und kompensieren zu wollen, um schließlich »ein tiefes und ernstes Studium einzelner Disciplinen« und »die genaueste Kenntniß des Speciellen«, so schreibt er 1845 im ersten Band des *Kosmos,* mit »einer allgemeinen, durch wissenschaftliche Erfahrungen

---

5. Mit Luhmann kann man auch davon sprechen, dass Wissen ›unmarkiert‹ kommuniziert werden muss – eine Einschränkung, die für Nicht-Wissen gerade nicht gilt. Vgl. Niklas Luhmann: Die Wissenschaft der Gesellschaft, Frankfurt a.M. 1992, 134.

begründeten Weltanschauung« zu vereinen.⁶ Insbesondere in seinen ästhetischen Implikationen ist dieses Programm einer Wissenschaft, die ebenso durch empirische Forschung wie durch eine das Ganze der Natur erfassende Anschauung charakterisiert ist, schon häufig untersucht worden.⁷ Weniger beachtet wurde allerdings, wie diese doppelte Epistemologie sich in einem wechselseitigen und oszillierenden Verhältnis von Wissen und Nicht-Wissen konkretisiert, das viele von Humboldts Schriften entwerfen. Am Beispiel der dritten Ausgabe der *Ansichten der Natur* und vor allem der dort aufgenommenen Abhandlung *Das nächtliche Thierleben im Urwalde* soll hier zumindest ein Schritt in diese Richtung unternommen werden. So ist diese Abhandlung nicht nur aus inhaltlicher Sicht interessant, weil sie in ihrer Beschreibung nächtlicher Tierlaute eine akustische Signatur der Tropen erstellt und damit gleichsam die Nachtseite von Humboldts bekanntester Form einer ästhetischen Wissenschaft, der auf visuelle Wahrnehmungen bei Tag festgelegten Pflanzen- und Landschaftsphysiognomik, erkundet.⁸ Bemerkenswert ist sie auch aus epistemologischer Sicht, da sie präzise nachvollziehbar werden lässt, wie Humboldt die Beobachtungen seiner Reisen in seinen Texten zu einem Wissen umarbeitet, das er immer wieder in Absetzung von einem vermeintlichen Nicht-Wissen profiliert, und wie er schließlich verschiedene, sich oft ausschließende Wissensordnungen zu konfrontieren und zu affirmieren sucht.

II

In noch größerem Maß als in den 1808 und 1826 publizierten ersten beiden Ausgaben der *Ansichten der Natur* steht die Reflexion auf Wissen und verschiedene Wissensformen in der 1849 veröffentlichten dritten Ausgabe von

---

6. Alexander von Humboldt: Kosmos. Entwurf einer physischen Weltbeschreibung, hrsg. von Ottmar Ette und Oliver Lubrich, Frankfurt a.M. 2004, 21 und 25.
7. Verwiesen sei hier nur auf Hartmut Böhme: Ästhetische Wissenschaft. Aporien der Forschung im Werk Alexander von Humboldts, in: Ottmar Ette u.a. (Hrsg.): Alexander von Humboldt – Aufbruch in die Moderne, Berlin 2001, 17-32; Ottmar Ette: Eine »Gemütsverfassung moralischer Unruhe« – *Humboldtian Writing*: Alexander von Humboldt und das Schreiben in der Moderne, in: ebd., 33-55; Bettina Hey'l: Das Ganze der Natur und die Differenzierung des Wissens. Alexander von Humboldt als Schriftsteller, Berlin/New York 2007.
8. Humboldt schreibt sich damit in den Prozess der »Entdeckung des sonoren Tiers im naturphysiognomischen Kontext« ein. Johanna Bohley: Tier/Zoologie. Einleitung, in: Jutta Müller-Tamm (Hrsg.): Verstandenes Lebensbild. Ästhetische Wissenschaft von Humboldt bis Vischer. Eine Anthologie, Berlin 2010, 393-398, hier: 393. Vgl. hierzu besonders Georg Ludwig Kriegk: Ueber ästhetische Geographie. Zweiter Teil, in: ders.: Schriften zur allgemeinen Erdkunde, Leipzig 1840, 293-370, hier: 353-359.

Humboldts eigenem »*Lieblingswerk*«[9] im Zentrum seiner argumentativen und darstellerischen Bemühungen. Deutlich wird das bereits im Blick auf die ›Vorrede zur zweiten und dritten Ausgabe‹. Zwar hatte Humboldt schon in der ›Vorrede zur ersten Ausgabe‹ der *Ansichten der Natur* erklärt, die dort versammelten Abhandlungen sollen den Lesern sowohl »einen Theil des Genusses gewähren, den ein empfänglicher Sinn in der unmittelbaren Anschauung findet«, als auch eine »Einsicht in den inneren Zusammenhang der Naturkräfte« ermöglichen, eine »Einsicht«, die insbesondere die im Anmerkungsapparat beigegebenen »wissenschaftliche[n] Erläuterungen und Zusätze« befördern sollten.[10] In der 1849 hinzugefügten ›Vorrede zur zweiten und dritten Ausgabe‹ präzisiert Humboldt diese doppelte Poetik, mit der er seine bereits angesprochene doppelte Epistemologie realisiert, jedoch noch einmal vor dem Hintergrund von gewandelten »Bedürfnissen der Zeit« und von drastisch veränderten Wissensformen und Wissensbeständen. »Fast alle wissenschaftliche Erläuterungen sind ergänzt oder durch neue, inhaltreichere ersetzt worden«, so erklärt Humboldt nun:

> Ich habe gehofft den Trieb zum Studium der Natur dadurch zu beleben, daß in dem kleinsten Raume die mannigfaltigsten Resultate gründlicher Beobachtung zusammengedrängt, die Wichtigkeit genauer numerischer Angaben und ihrer sinnigen Vergleichung unter einander erkannt und dem dogmatischen Halbwissen wie der vornehmen Zweifelsucht gesteuert werde, welche in den sogenannten höheren Kreisen des geselligen Lebens einen langen Besitz haben.[11]

Wie Humboldt das »dogmatische Halbwissen« und die »vornehme Zweifelsucht« der höheren Gesellschaft durch ein den »Bedürfnissen der Zeit« angepasstes, empirisch und mathematisch fundiertes Wissen zu ersetzen suchte, wird schon am Anmerkungsapparat von *Ueber die Steppen und Wüsten* erkennbar. So nehmen die ›Erläuterungen und Zusätze‹ zu dieser ersten Abhandlung der *Ansichten der Natur* 1849 fast doppelt so viel Raum wie in

---

9. Alexander von Humboldt: An Varnhagen von Ense, 15. Oktober 1849, in: Ludmilla Assing (Hrsg.): Briefe von Alexander von Humboldt an Varnhagen von Ense aus den Jahren 1827–1858. Nebst Auszügen aus Varnhagen's Tagebüchern und Briefen von Varnhagen und Andern an Humboldt, 2. Aufl., Leipzig 1860, 244.
10. Alexander von Humboldt: Ansichten der Natur, mit wissenschaftlichen Erläuterungen, Tübingen 1808, VII. Zitate aus dieser Ausgabe werden im Folgenden durch die Sigle AN 1 und die Angabe der Seitenzahl nachgewiesen.
11. Alexander von Humboldt: Ansichten der Natur, mit wissenschaftlichen Erläuterungen. Dritte verbesserte und vermehrte Ausgabe, Stuttgart/Tübingen 1849, Bd. 1, XIVf. Zitate aus dieser Ausgabe werden fortan durch die Sigle AN 3 und die Nennung des Bandes und der Seitenzahl nachgewiesen.

der kleinformatigeren ersten Ausgabe des Werks ein; anstelle von 109 umfassen sie nun nicht weniger als 209 Seiten und übertreffen den Haupttext der Abhandlung damit etwa um das Sechsfache.[12]

Weniger in quantitativer als in qualitativer Hinsicht drückt sich die dadurch entstandene Dominanz der ›Erläuterungen und Zusätze‹ auch in *Die Lebenskraft oder der rhodische Genius* aus. Diese fiktionale Erzählung, die Humboldt 1795 erstmals in Schillers *Horen* publiziert und 1826 in die *Ansichten der Natur* aufnimmt, ergänzt er in der dritten Ausgabe des Werks um eine bemerkenswerte ›Erläuterung‹. In dieser relativiert Humboldt die Vorstellung einer Lebenskraft, die der Naturphilosoph Epicharmus in der Erzählung durch die vergleichende Betrachtung zweier rätselhafter allegorischer Gemälde entdeckt, vor dem Hintergrund seiner eigenen Wissensgeschichte und der Geschichte des Wissens seiner Zeit. So bemerkt er in der ›Erläuterung‹, dass er die Existenz einer Lebenskraft schon zwei Jahre vor der ersten Publikation der Erzählung in den 1793 veröffentlichten Aphorismen der *Flora Fribergensis* postuliert habe, sie seit den *Versuchen über die gereizte Muskel- und Nervenfaser* von 1797 und 1799 jedoch nicht länger »für erwiesen halte«: »Ich nenne seitdem nicht mehr eigene Kräfte, was vielleicht nur durch das Zusammenwirken einzeln längst bekannter Stoffe und ihrer materiellen Kräfte bewirkt wird.« (AN 3/2, 311) Diese Annahme, dass das ›Leben‹ nicht auf einer gesonderten Kraft beruhe, die allen lebendigen Wesen ihre spezifische Struktur gibt, sondern dass es in dieser Struktur selbst, in einer Wechselwirkung zwischen den Teilen und dem Ganzen eines Organismus begründet liege, expliziert Humboldt in der ›Erläuterung‹ in Anlehnung an Kants Formulierung aus der *Kritik der Urteilskraft*, dass »im Organismus alles wechselseitig Zweck und Mittel« sei (AN 3/2, 311),[13] bevor er sie schließlich durch Verweise auf aktuelle Publikationen zu belegen sucht, durch Verweise etwa auf Jacob Henles *Allgemeine Anatomie* (1841), Matthias Jacob Schleidens *Die Botanik als inductive Wissenschaft behandelt* (1845/1846), Emil Du Bois-Reymonds ersten Band der *Untersuchungen über thierische Electricität* (1848) und auf den ab 1845 publizierten *Kosmos*. Im Rahmen der ›Erläuterung‹ zum *Rhodischen Genius* ist besonders der Rückgriff auf das große Alterswerk aufschlussreich. Denn Humboldt zitiert aus dem *Kosmos* nicht nur die Feststellung, die »grübelnde Vernunft«

---

12. Vgl. hierzu die Angaben bei Horst Fiedler, Ulrike Leitner: Alexander von Humboldts Schriften. Bibliographie der selbständig erschienenen Werke, Berlin 2000, 38–42. Die aus diesem Verhältnis von Haupttext und Anmerkungen resultierende ›Textur‹ beschreibt vor allem Böhme (Anm. 7), hier bes.: 24f.
13. Humboldt bezieht sich hier auf die Definition des Organismus, die Kant in § 66 der *Kritik der Urteilskraft* formuliert. Vgl. Immanuel Kant: Kritik der Urteilskraft [1790], in: ders.: Werke in sechs Bänden, hrsg. von Wilhelm Weischedel, Darmstadt 1998, Bd. 5, 488.

vermöge nur schwer »die alten Formen zu zerbrechen, durch welche man den widerstrebenden Stoff, wie durch mechanische Constructionen und Sinnbilder, zu beherrschen gewohnt ist.« Er übernimmt auch die Bemerkung, dass die Vorstellung der Lebenskraft ein solches »Sinnbild« sei: »Die Mythen von imponderablen Stoffen und von eigenen Lebenskräften in jeglichem Organismus verwickeln und trüben die Ansicht der Natur.« (AN 3/2, 313)[14]

Mit der Erzählung vom *Rhodischen Genius* und der ihr zugeordneten ›Erläuterung‹ präsentiert Humboldt in den *Ansichten der Natur* von 1849 somit ein auf epistemologische Fragen zugespitztes, doch keineswegs eindeutiges Textensemble. Zwar dementiert er in der ›Erläuterung‹ das Wissen von der Lebenskraft und erklärt es zu einem Nicht-(Mehr-)Wissen, zu einem aus wissenschaftlicher Sicht nicht haltbaren »Mythos«, der die »Ansicht der Natur« trübe und eine neue Erkenntnis des Lebens behindere. Zugleich affirmiert er das im *Rhodischen Genius* entwickelte Wissen aber auch, wenn er die Erzählung 1826, zu einem Zeitpunkt also, zu dem er der Theorie der Lebenskraft seit knapp dreißig Jahren nicht mehr angehangen haben will, in die *Ansichten der Natur* aufnimmt. Obgleich über die Gründe hierfür nur spekuliert werden kann, ist das Verhältnis von Erzählung und ›Erläuterung‹ nicht einfach widersprüchlich. Indem Humboldt in der ›Erläuterung‹ auch die »Schwierigkeit« erwähnt, »die *Lebenserscheinungen* des Organismus auf physikalische und chemische Gesetze befriedigend zurückzuführen« (AN 3/2, 312), verweist er auf ein Problem, von dem schon der *Rhodische Genius* erzählt: Denn auch Epicharmus gelingt es hier nicht, von den Erscheinungen der Natur auf einen gesetzmäßigen Zusammenhang ihrer »inneren Triebräder« zu schließen; vielmehr »ahndet[ ]« er diesen Zusammenhang bloß, bis ihm die beiden allegorischen Gemälde endlich das Wissen von der Lebenskraft entdecken (AN 3/2, 305).[15] Diese Auflösung nimmt Humboldt in der ›Erläuterung‹ zurück: An die Stelle eines fiktional entfalteten Wissens vom Leben setzt er hier die Erklärung vom Fehlen eines solchen naturwissenschaftlichen Wissens, das Faktum des Nicht-Wissens.

Damit ist das Textensemble von *Rhodischem Genius* und ›Erläuterung‹ durch ein temporal wie auch modal bestimmtes Verhältnis von Wissen und

---

14. Für die entsprechende Stelle im *Kosmos* vgl. Humboldt, Kosmos (Anm. 6), 36.
15. Zur ›Ahnung‹ als frühester Form eines möglichen zukünftigen Wissens vgl. Wolfram Hogrebe: Ahnung und Erkenntnis. Brouillon zu einer Theorie des natürlichen Erkennens, Frankfurt a.M. 1996. Im *Rhodischen Genius* wird Epicharmus' ›Ahnung‹ durch die vergleichende Betrachtung der Gemälde und das darauf folgende plötzliche Hinwegreißen des »Vorhang[s]« vor der lebendigen Natur ins Wissen von der Lebenskraft überführt (vgl. AN 3/2, 304f.). Einen genaueren Zusammenhang dieser beider Erkenntnisakte mit Epicharmus' initialer ›Ahnung‹ stellt Humboldt aber nicht her.

Nicht-Wissen gekennzeichnet: Ebenso wie Humboldt das in der Erzählung präsentierte Wissen von der Lebenskraft in seiner ›Erläuterung‹ zu einem Nicht-(Mehr-)Wissen erklärt, so erinnert er dort daran, dass das Leben durch Naturgesetze nicht »befriedigend« erfasst werden könne und aus wissenschaftlicher Sicht deshalb auch als ein Phänomen des Nicht-Wissens anzusehen sei. Anders als etwa Kant in den *Metaphysischen Anfangsgründen der Naturwissenschaft* und der *Kritik der Urteilskraft* versucht Humboldt dieses Nicht-Wissen in der Erzählung vom *Rhodischen Genius* aber nicht durch wissenschafts- und erkenntnistheoretische Reflexionen und damit auch nicht durch ein »*negatives Wissen*« zu kompensieren, wie man mit Karin Knorr Cetina sagen könnte, durch ein »Wissen über die Grenzen des Wissens« vom Leben und »über die Dinge, die diesem Wissen entgegenstehen und es verhindern«.[16] Stattdessen gleicht er dieses Nicht-Wissen hier durch eine Erzählung aus, die im Modus der Fiktion ein eigentlich überholtes Wissen vom Leben aktualisiert, zugleich aber die Rätselhaftigkeit und Deutungsbedürftigkeit des Lebens und darüber hinaus auch die Prozessualität der Erkenntnis des Lebens vor Augen führt. Dadurch erzeugt die Erzählung schließlich auch ein positives ästhetisches Wissen, das sich, so Ottmar Ette, »gerade nicht auf eine naturwissenschaftliche Theoriebildung vom Leben beschränken und begrenzen läßt.«[17]

III

In ähnlich komplexer Weise wie *Die Lebenskraft oder der rhodische Genius* ist auch die Abhandlung *Das nächtliche Thierleben im Urwalde*, die Humboldt für die dritte Ausgabe der *Ansichten der Natur* verfasst, um die Herausarbeitung von Wissen in Abgrenzung von Nicht-Wissen bemüht. Allerdings zeigt sich das hier nicht im Blick auf den der Abhandlung angehängten Anmerkungsapparat, der aus knappen ›Erläuterungen und Zusätzen‹ sowie aus ›Hypsometrischen Nachträgen‹ besteht, deren Angaben die fortgeschrittene Ausdifferenzierung der Wissenschaften gleichsam dadurch veranschaulichen, dass sie in keiner erkennbaren inhaltlichen Beziehung zu *Das nächtliche Thierleben im Urwalde* stehen. Stattdessen wird die Auseinandersetzung und Relationierung verschiedener Wissensformen hier im Haupttext, in der Erzählung der kurzen Abhandlung selbst vollzogen.

---

16. Karin Knorr Cetina: Wissenskulturen. Ein Vergleich naturwissenschaftlicher Wissensformen, Frankfurt a.M. 2002, 94.
17. Ottmar Ette: ÜberLebenswissen. Die Aufgabe der Philologie, Berlin 2004, 12.

Deutlich wird diese Konzentration auf epistemologische Problemstellungen bereits im einleitenden Abschnitt von *Das nächtliche Thierleben im Urwalde*, in dem Humboldt zunächst die Wissens-Poetik seiner nachfolgenden Ausführungen skizziert.[18] Dabei erklärt er, dass das »unablässige Streben« nach einer »*Naturwahrheit*« sowohl »im Auffassen der Erscheinungen wie in der Wahl des bezeichnenden Ausdruckes der Zweck aller Naturbeschreibung« sein müsse: »Es wird derselbe am leichtesten erreicht durch Einfachheit der Erzählung von dem Selbstbeobachteten, dem Selbsterlebten, durch die beschränkende Individualisirung der Lage, an welche sich die Erzählung knüpft.« (AN 3/1, 321) Im Unterschied zur »*Lehre vom Kosmos*«, die auf »Verallgemeinerung physischer Ansichten, Aufzählung der Resultate« zielt, solle die »lebendige Schilderung der Organismen (der Tiere und der Pflanzen)« in den *Ansichten der Natur* nur »das Material zu jener Lehre« entfalten, so erklärt Humboldt weiter: »Sie wirkt anregend auf das Gemüth da, wo sie einer ästhetischen Behandlung großer Naturerscheinungen fähig ist.« (AN 3/1, 321f.)[19] Die einzelnen Texte der *Ansichten der Natur* präsentieren demnach ein ästhetisches Wissen, das im Vorhof jenes gesetzmäßig verfassten Naturwissens zu situieren ist, das Humboldt im *Kosmos* vorstellt. Gekennzeichnet ist dieses ästhetische Wissen gerade dadurch, dass es hier als ein (Noch-)Nicht-Wissen erscheint, und zwar sowohl in temporaler Hinsicht, insofern es einen Vorgriff auf ein möglicherweise zu erlangendes wissenschaftliches Wissen beinhaltet, als auch in modaler Hinsicht, da es sich im Unterschied zu diesem wissenschaftlichen Wissen nicht durch Allgemeinheit und Notwendigkeit, sondern durch eine andere Art von ›Naturwahrheit‹ auszeichnet, die durch die Individualität sowohl des erkennenden Subjekts als auch des erkannten Objekts sowie durch eine noch nicht getilgte Materialität und Lokalität bestimmt ist.[20]

---

18. Zur Poetik von *Das nächtliche Thierleben im Urwalde* vgl. vor allem den grundlegenden Aufsatz von Claudia Albes: Getreues Abbild oder dichterische Komposition? Zur Darstellung der Natur bei Alexander von Humboldt, in: dies., Christiane Frey (Hrsg.): Darstellbarkeit. Zu einem ästhetisch-philosophischen Problem um 1800, Würzburg 2003, 209–233; sowie Ottmar Ette: Weltbewußtsein. Alexander von Humboldt und das unvollendete Projekt einer anderen Moderne, Weilerswist 2002, 106–114; ders.: Ein Ohr am Dschungel oder das hörbare Leben. Alexander von Humboldts *Das nächtliche Thierleben im Urwalde* und der Humboldt-Effekt, in: Romanistische Zeitschrift für Literaturgeschichte 33 (2009), 33–48; und Hey'l (Anm. 7), 270–272.
19. Dieses Programm der »ästhetische[n] Behandlung naturhistorischer Gegenstände« hatte Humboldt bereits in der ›Vorrede zur ersten Ausgabe‹ der *Ansichten der Natur* entworfen (AN 1, VI).
20. Diese die eigene Erfahrung betonende Konzeption von ›Naturwahrheit‹ vertritt Humboldt zuweilen auch im *Kosmos*: »Individualität des Beobachteten führt allein zur Naturwahrheit in der Darstellung«. Humboldt, Kosmos (Anm. 6), 216. In einem bemerkenswerten Gegensatz steht diese Auffassung zu derjenigen ›Naturwahrheit‹, die Schiller etwa für die klassische Landschaftsdichtung einfordert – denn statt auf Individuelles zu rekurrieren, soll diese den

In der Abhandlung über *Das nächtliche Thierleben im Urwalde* versucht Humboldt dieses ästhetische Wissen zunächst durch die Nähe seiner Ausführungen zu den von ihnen behandelten Naturerlebnissen und damit auch, um mit Clifford Geertz zu sprechen, durch die Inszenierung seines eigenen ›Dort-Seins‹ im Urwald zu fundieren.[21] Im Anschluss an den einleitenden Abschnitt umreißt er deshalb den Schauplatz der Abhandlung, das Gebiet »zwischen den Grassteppen von Venezuela (los Llanos de Caracas) und den Pampas von Buenos Aires« (AN 3/1, 324), und erklärt, dass er die folgenden Beschreibungen den »deutschen Tagebücher[n]« seiner Amerikareise entnommen habe, da diese »in der französisch von mir publicirten Reisebeschreibung nicht ganz erschöpft worden« seien:

> Sie enthalten eine ausführliche Schilderung des nächtlichen Thierlebens, ich könnte sagen der nächtlichen Thierstimmen, im Walde der Tropenländer. Ich halte diese Schilderung für vorzugsweise geeignet, einem Buche anzugehören, das den Titel: *Ansichten der Natur* führt. Was in Gegenwart der Erscheinung, oder bald nach den empfangenen Eindrücken niedergeschrieben ist, kann wenigstens auf mehr Lebensfrische Anspruch machen als der Nachklang später Erinnerung. (AN 3/1, 328)

Die hier angekündigte »Schilderung des nächtlichen Thierlebens« realisiert Humboldt sodann in drei exemplarischen, jeweils deutlich lokalisierten Naturszenen, die im Folgenden genauer betrachtet werden sollen. In der ersten dieser Szenen berichtet der Erzähler, wie er auf dem Orinoco gereist sei und jenseits »der Insel del Diamante« in die »große und wilde Natur« geblickt habe (AN 3/1, 329). Dabei sei ihm aufgefallen, dass die »großen vierfüßigen Thiere des Waldes« (AN 3/1, 330), die sich am Ufer des Flusses bewegt haben, von den sich nahenden Menschen keineswegs beunruhigt gewesen seien. Während der »Steuermann, ein alter Indianer«, sich das »mit frommer Miene« wie folgt erklärt: »›Hier geht es zu wie im Paradiese, es como en el Paraiso‹«, zeigt der Erzähler sich skeptischer und bemerkt: »Aber der süße Friede goldener Urzeit

---

Menschen allein als Gattung adressieren: »[I]n einem Gedicht darf aber nichts *wirkliche* (historische) *Natur* sein, denn alle Wirklichkeit ist mehr oder weniger Beschränkung jener allgemeinen Naturwahrheit.« Friedrich Schiller: Über Matthissons Gedichte [1794], in: ders.: Sämtliche Werke. Auf der Grundlage der Textedition von Herbert G. Göpfert hrsg. von Peter-André Alt, Albert Maier und Wolfgang Riedel, München 2004, Bd. 5, 992–1011, hier: 996. Vgl. hierzu auch Jörg Robert: Weltgemälde und Totalansicht. Ästhetische Naturerkenntnis und Poetik der Landschaft bei Schiller und Alexander von Humboldt, in: Hans Feger, Hans Richard Brittnacher (Hrsg.): Die Realität der Idealisten. Friedrich Schiller – Wilhelm von Humboldt – Alexander von Humboldt, Köln/Weimar/Wien 2008, 35–52.

21. Vgl. Clifford Geertz: Dort sein. Die Anthropologie und die literarische Szene [1988], in: ders.: Die künstlichen Wilden. Anthropologen als Schriftsteller, übers. von Martin Pfeiffer, München/Wien 1990, 9–30.

herrscht nicht in dem Paradiese der amerikanischen Thierwelt. Die Geschöpfe sondern, beobachten und meiden sich.« Das Wasserschwein etwa werde »im Flusse vom Crocodil, auf der Trockne vom Tiger gefressen. Es läuft dazu so schlecht, daß wir mehrmals einzelne aus der zahlreichen Heerde haben einholen und erhaschen können.« (AN 3/1, 331f.)

Ebenso wie diese erste Szene ist die zweite Naturszene aufgebaut, die sich nun auch dem nächtlichen Tierleben zuwendet: Auf die Schilderung einer Situation folgt erneut deren Deutung durch einen oder mehrere Indianer und deren Widerlegung durch den Erzähler. »Unterhalb der Mission von Santa Barbara de Arichuna«, so heißt es hier, hätten die Reisenden »die Nacht wie gewöhnlich unter freiem Himmel, auf einer Sandfläche am Ufer des Apure« zubringen wollen (AN 3/1, 332). Dabei habe zunächst bloß das »Schnarchen der *Süßwasser-Delphine*« die »tiefe Ruhe« durchbrochen. »Nach 11 Uhr« jedoch sei »ein solcher Lärmen in nahen Walde« entstanden,

> daß man die übrige Nacht hindurch auf jeden Schlaf verzichten mußte. Wildes Thiergeschrei durchtobte die Forst. Unter den vielen Stimmen, die gleichzeitig ertönten, konnten die Indianer nur die erkennen, welche nach kurzer Pause einzeln gehört wurden. Es waren das einförmig jammernde Geheul der Aluaten (Brüllaffen), der winselnde, fein flötende Ton der kleinen Sapajous, das schnarrende Murren des gestreiften Nachtaffen (Nyctipithecus trivirgatus, den ich zuerst beschrieben habe), das abgesetzte Geschrei des großen Tigers, des Cuguars oder ungemähnten amerikanischen Löwen, des Pecari, des Faulthiers, und einer Schaar von Papageien, Parraquas (Ortaliden) und anderer fasanenartigen Vögel. Wenn die Tiger dem Rande des Waldes nahe kamen, suchte unser Hund, der vorher ununterbrochen bellte, heulend Schutz unter den Hangematten. Bisweilen kam das Geschrei des Tigers von der Höhe eines Baumes herab. Es war dann stets von den klagenden Pfeifentönen der Affen begleitet, die der ungewohnten Nachstellung zu entgehen suchten. (AN 3/1, 333f.)

Neben der genauen und sich dramatisch steigernden Beschreibung sowie der lautmalerischen Wiedergabe der Tierlaute fällt hier die Vielsprachigkeit der verwendeten Benennungen auf: Nach Claudia Albes erzählt diese Passage deshalb nicht nur »von den durcheinander erklingenden Tierstimmen«, sie referiert auch »die vielfältigen Möglichkeiten, das beschriebene Phänomen sprachlich zu erfassen.«[22] Aufschlussreicher erscheint im hier behandelten Zusammenhang jedoch die Deutung des nächtlichen Aufruhrs. Nachdem die Indianer sich das Geschehen »lächelnd« wie folgt erklärt haben: »[D]ie Thiere

---

22. Albes (Anm. 18), 229.

freuen sich der schönen Mondhelle, sie feiern den Vollmond‹«, entgegnet der Erzähler:

> Mir schien die Scene ein zufällig entstandener, lang fortgesetzter, sich steigernd entwickelnder Thierkampf. Der Jaguar verfolgt die Nabelschweine und Tapirs, die dicht an einander gedrängt das baumartige Strauchwerk durchbrechen, welches ihre Flucht behindert. Davon erschreckt, mischen von dem Gipfel der Bäume herab die Affen ihr Geschrei in das der größeren Thiere. Sie erwecken die gesellig horstenden Vogelgeschlechter, und so kommt allmählich die ganze Thierwelt in Aufregung. Eine längere Erfahrung hat uns gelehrt, daß es keinesweges immer »die gefeierte Mondhelle« ist, welche die Ruhe der Wälder stört. (AN 3/1, 334f.).

In gleicher Weise wie in der ersten Szene widerspricht der Erzähler den Indianern, indem er ihrer abermals eher poetischen Deutung des nächtlichen Aufruhrs die Behauptung entgegensetzt, hier habe keine Feier des Vollmonds, sondern »ein zufällig entstandener, lang fortgesetzter, sich steigernd entwickelnder Thierkampf« stattgefunden. Diesen erneuten Rückgriff auf einen Krieg der Tiere[23] profiliert er zunächst in einer kausal verknüpften Narration, um die Erklärung der Indianer schließlich durch den Verweis auf seine »längere Erfahrung« zu entkräften. Aus wissensgeschichtlicher Perspektive ist an dieser wie auch an der vorangegangenen Szene zu beobachten, dass die Indianer hier keineswegs eine spezifisch ›indianische‹ Deutung der Naturereignisse präsentieren: So greift der alte Steuermann zu einer »physikotheologisch inspirierten Auslegung des Gesehenen«,[24] wenn er erklärt: »›Hier geht es zu wie im Paradiese, es como en el Paraiso‹«; in der zweiten Szene dagegen rekurrieren die Indianer eher auf ein altes naturgeschichtliches Wissen, wenn sie im Rückgriff auf den Topos der ›Affen als Mondanbeter‹ erläutern: »›Die Thiere freuen sich der schönen Mondhelle, sie feiern den Vollmond.‹«[25] Mithin prä-

---

23. Ganz ähnlich erklären Johann Baptist von Spix und Carl Friedrich Philipp von Martius, »dass Krieg und ewiger Krieg die Losung und die geheimnissvolle Bedingung alles thierischen Daseins« in den Tropen sei. Johann Baptist von Spix, Carl Friedrich Philipp von Martius: Reise in Brasilien in den Jahren 1817–1820. Unveränderter Neudruck des 1823–1831 in München in 3 Textbänden und 1 Tafelband erschienenen Werkes, hrsg. von Karl Mägdefrau, Stuttgart 1980, Bd. 2, 530. Geschuldet sind solche Verweise auf eine ›kriegerische‹ Tierwelt, der gelegentlich auch die Indianer zugezählt werden, sicher ebenso der Erwartung, es hier mit einer ›wilden Natur‹ zu tun zu haben, wie auch einem Abgrenzungsbedürfnis der sich als ›friedlich‹ verstehenden europäischen Forschungsreisenden.
24. Albes (Anm. 18), 228.
25. Roland Borgards, der mich auf diesen Topos der ›Affen als Mondanbeter‹ aufmerksam gemacht hat, sei hierfür herzlich gedankt. Vgl. etwa Gaius Plinius Secundus der Ältere: Naturkunde. Lateinisch – deutsch, hrsg. und übers. von Roderich König u.a., Buch VIII: Zoologie: Landtiere, München 1976, 156/157. Für ein Beispiel aus dem späteren 18. Jahrhundert

sentieren die Indianer kein anderes, ›wildes‹ Wissen, sondern etwas, das aus Sicht des Erzählers, des skeptischen, rational erklärenden europäischen Forschungsreisenden, als ein veraltetes eigenes Wissen, ein Nicht-(Mehr-)Wissen erscheinen muss.[26]

Die damit errichtete Ordnung des Wissens wird in der dritten Szene über das Tierleben, die an der »Flußenge des Baraguan« spielt, indes wieder durchkreuzt. Im Unterschied zur vorangegangenen Szene steht hier »die Stille« im Mittelpunkt, die »unter den Tropen an einem ungewöhnlich heißen Tage in der Mittagsstunde herrscht« (AN 3/1, 335). Wenn die Sonne sich im Zenit befindet, der Horizont abermals verschwimmt und alle »ferne[n] Gegenstände [...] wellenförmig wogende Umrisse« bekommen, dann scheine der Urwald, so erläutert der Erzähler, völlig ruhig zu sein:

> Die größeren Thiere verbergen sich dann in das Dickicht der Wälder, die Vögel unter das Laub der Bäume oder in die Klüfte der Felsen; aber lauscht man bei dieser scheinbaren Stille der Natur auf die schwächsten Töne, die uns zukommen, so vernimmt man ein dumpfes Geräusch, ein Schwirren und Sumsen der Insecten, dem Boden nahe und in den unteren Schichten des Luftkreises. Alles verkündigt eine Welt thätiger, organischer Kräfte. In jedem Strauche, in der gespaltenen Rinde des Baumes, in der von Hymenoptern bewohnten, aufgelockerten Erde regt sich hörbar das Leben. Es ist wie eine der vielen Stimmen der Natur, vernehmbar dem frommen, empfänglichen Gemüthe des Menschen. (AN 3/1, 336f.)

Im Vergleich mit den vorangegangenen Szenen fällt zunächst die veränderte Struktur dieser Beschreibung auf. Nicht nur verzichtet der Erzähler auf die Wiedergabe verschiedener Deutungen des Geschehens, zudem erscheint die sinnliche Erfahrung der »vielen Stimmen der Natur« hier untrennbar mit ihrer Erklärung verzahnt. Bemerkenswert ist darüber hinaus die Art dieser Erklärung. Während der Erzähler zuvor die »lächelnd« oder »mit frommer Miene« deutenden Indianer durch empirisch fundierte und kausal struktu-

---

vgl. Friedrich Wilhelm Otto: Gesammlete Nachrichten von den Affen. Von den verschiedenen Gattungen Affen und ihrer Geschicklichkeit, in: Neue Mannigfaltigkeiten. Eine gemeinnützige Wochenschrift 1 (1774), hrsg. von Friedrich Heinrich Wilhelm Martini, 523–525, hier: 524. Im Verweis auf *Das nächtliche Thierleben im Urwalde* betont Humboldt 1850, im dritten Band des *Kosmos*, noch einmal die belebende Kraft des Mondes. Vgl. Humboldt, Kosmos (Anm. 6), 582f.; und hierzu Ette, Ein Ohr am Dschungel (Anm. 18).

26. Wenn Humboldt die Indianer in den beiden Szenen somit als naive Träger von Nicht-Wissen inszeniert, dann schreibt er fort, was Fritz Breithaupt als das »Problem des Wilden in der Aufklärung« erklärt: dass ihm das »Wissen vom Nicht-Wissen« fehlt und »er sich selbst und ihm der andere kein Problem ist.« Fritz Breithaupt: Die Produktion des Nicht-Wissens vom Selbst. Autobiographie bei Hegel und Goethe, in: Adler/Godel (Hrsg.), Formen des Nichtwissens (Anm. 1), 311–323, hier: 311.

rierte Bemerkungen zu widerlegen gesucht hat, so greift er nun selbst zu einer eher poetischen Auslegung des Geschehens und zeigt sich als ein »frommes, empfängliches Gemüth«, das zu hören meint, wie noch das leiseste »Schwirren und Sumsen« sich endlich zu einer Harmonie des Lebens, und nicht mehr zum Kampf der Tiere untereinander, zusammenfügt. An die Stelle der Erscheinungen der *natura naturata* tritt damit die Stimme der *natura naturans,* der bildenden Natur – zu der der Erzähler jedoch nicht als empirisch forschendes und rational erklärendes, sondern nur als »frommes, empfängliches Gemüth« vordringt.

In der Abfolge dieser Szenen präsentiert *Das nächtliche Thierleben im Urwalde* somit eine ähnlich spannungsvolle Verschränkung verschiedener Deutungs- und Erklärungsmodelle von Natur wie der *Rhodische Genius*. Zwar mag die veränderte Einstellung zur Natur, die der Erzähler in der dritten Szene mit der Erklärung des »Schwirrens« und »Sumsens« als Ausdruck eines umfassenden natürlichen Lebens dokumentiert, zunächst als Öffnung gegenüber den zuvor kritisierten Indianern erscheinen.[27] Doch steht dem entgegen, dass die Indianer hier kein ›eigenes‹, sondern nur ein vom Erzähler nicht mehr anerkanntes ›europäisches‹ Wissen wiedergeben. Statt eine ›indianische‹ und eine ›europäische‹ Wissensordnung miteinander zu versöhnen, konfrontiert Humboldt hier vielmehr zwei Deutungs- und Erklärungsmodelle, die der ›Natur‹ der Tropen beide fremd bleiben und auch durch die Figur des Erzählers nicht vermittelt werden. Genau darin besteht aber der Reiz von *Das nächtliche Thierleben im Urwalde*: darin, dass diese Konfrontation und Verschränkung hier auf engstem Raum stattfindet, dass sie noch die Figur des Erzählers durchzieht und nicht, wie im *Rhodischen Genius,* im geordneten Nacheinander von Erzählung und revidierender ›Erläuterung‹ ausgetragen wird.

IV

Dass diese Konfrontation verschiedener Wissensordnungen nicht in dem ›Stoff‹ begründet liegt, den Humboldt in *Das nächtliche Thierleben im Urwalde* behandelt – in den eigenen Erlebnissen in Amerika –, sondern dass er diese Konfrontation erst in seinen Text hineingearbeitet hat, sie mithin ein ›Schreibtischwissen‹ wiedergibt, zeigt sich im Blick auf die früheren Schilderungen der Geschehnisse aus den drei Naturszenen in den noch in Amerika abgefassten Tagebüchern und in dem von 1819 bis 1821 publizierten zweiten Band der

---

27. Vgl. erneut Ette, Weltbewußtsein (Anm. 18), 106–114, hier bes.: 113.

Quartausgabe der Reisebeschreibung, der *Relation historique*.²⁸ Deutlich wird dabei auch, dass Humboldt diese Schilderungen bei weitem nicht in dem Maße seinen Tagebüchern entnommen hat, wie er in der Einleitung von *Das nächtliche Thierleben im Urwalde* behauptet. Die »Lebensfrische« der Naturszenen verdankt sich deshalb weniger einer in vergilbten Papieren bewahrten »Gegenwart der Erscheinung« als eher einer raffinierten »ästhetischen Behandlung« vorhandener Aufzeichnungen, mit der Humboldt jene durch eigene Beobachtungen und Erlebnisse verbürgte »*Naturwahrheit*« zu erzeugen sucht, von der er in der Einleitung der Abhandlung spricht (AN 3/1, 321f.).

Einen Eindruck von diesem Bearbeitungsprozess gibt bereits das Material zur ersten Szene, der Fahrt auf dem Orinoco jenseits der Insel del Diamante. Auch wenn die entsprechenden Tagebucheintragungen vom 31. März 1800 schon Formulierungen vorbilden, die Humboldt in *Das nächtliche Thierleben im Urwalde* wieder aufnimmt, fällt vor allem auf, dass die Figur des indianischen Steuermanns und damit auch die Deutung des Naturgeschehens als eines paradiesischen Lebens hier nicht vorkommen.²⁹ Beides findet sich erst in der Reisebeschreibung, der *Relation historique*, in der der Erzähler die Erklärung des Steuermanns jedoch nicht so schroff wie in *Das nächtliche Thierleben im Urwalde* zurückweist und in der er ihm auch keine »fromme Miene« zuschreibt: »›*Es como en el Paraíso*‹ (es ist wie im Paradies), sagte unser Steuermann, ein alter Indianer aus den Missionen«, so heißt es hier, und weiter: »Und wirklich, alles erinnert hier an den Urzustand der Welt [...]; beobachtet man aber das gegenseitige Verhalten der Tiere genau, so zeigt es sich, daß sie einander fürchten und meiden. Das goldene Zeitalter ist vorbei.«³⁰

Noch anschaulicher kann die damit skizzierte Bearbeitung der Reiseerlebnisse an den Texten zur zweiten Szene, der Beschreibung des nächtlichen Aufruhrs der Tiere, nachvollzogen werden. Beim Blick auf die korrespondierenden Tagebucheintragungen vom 1. April 1800 zeigt sich zunächst, wie sehr Humboldt diese Szene in *Das nächtliche Thierleben im Urwalde* dramatisiert und in ihrer Bildstruktur homogenisiert hat. Während etwa das bereits erwähnte »Schnarchen der *Süßwasser-Delphine*« (AN 3/1, 333) in der Abhandlung am Anfang eines sich langsam steigernden und plötzlich abreißenden Geschehens

---
28. Zur unübersichtlichen Publikationsgeschichte der *Relation historique* vgl. Fiedler/Leitner (Anm. 12), hier bes. 70–81.
29. Vgl. Alexander von Humboldt: Reise durch Venezuela. Auswahl aus den amerikanischen Tagebüchern, hrsg. von Margot Faak, Berlin 2000, 240–242.
30. Alexander von Humboldt: Reise durch die Äquinoktial-Gegenden des Neuen Kontinents, hrsg. von Ottmar Ette, Frankfurt a.M./Leipzig 1991, 779f.

steht, dem auch die Ordnung der Nennung und Benennung der Tiere folgt,[31] ist im Tagebuch kein solcher Spannungsbogen angelegt. Das »Schnaufen des Delphin[us] Phocaena« markiert dort bloß das Ende eines gleichförmigen nächtlichen Lärmens, das an einen »Hochzeitstanz im Wirtshause« und an »schwere Artillerie im Anzuge« erinnert habe;[32] in der *Relation historique* ersetzt Humboldt diese Assoziationen durch den nicht minder anschaulichen Vergleich mit »spanischen Herbergen« und insbesondere »den schrillen Klängen der Gitarren im Nebenzimmer«,[33] bevor er in *Das nächtliche Thierleben im Urwalde* schließlich darauf verzichtet, die Geschehnisse durch Analogien zwischen Tieren und Menschen, zwischen einer wilden Natur und einer ebenso wilden, durch festliche und kriegerische Ausschweifungen gekennzeichneten Kultur zu veranschaulichen. Dennoch hat Humboldt diese Analogien in der Abhandlung nicht völlig fallen gelassen. Vielmehr scheint es, als habe er sie dort sowohl zur Erklärung der Indianer, bei dem nächtlichen Aufruhr der Tiere handle es sich um eine Feier des Vollmonds, als auch zur Entgegnung des Erzählers, der Lärm sei auf einen Kampf der Tiere zurückzuführen, umgearbeitet, zu jenen Elementen der Erzählung also, die in den Tagebucheintragungen abermals fehlen – der Schreiber selbst ruft dort zu Beginn der Geschehnisse aus: »Welche prachtvoll mondhelle Nacht!«[34] – und die in der *Relation historique* erneut weniger stark herausgearbeitet und miteinander konfrontiert werden. Auf die Frage, »warum die Tiere des Waldes zu gewissen Stunden einen so furchtbaren Lärm erheben«, geben die Indianer zwar auch dort »die fröhliche Antwort: ›Sie feiern den Vollmond‹«, doch entgegnet der Erzähler darauf nur vorsichtig: »*Ich glaube,* die Unruhe rührt *meist* daher, daß im Waldesinnern sich irgendwo ein Kampf entsponnen hat. Die Jaguare *zum*

---

31. Im Vergleich mit vorherigen Beschreibungen des ›nächtlichen Lärmens‹ lässt sich vor allem beobachten, dass Humboldt die Laute der Tiere in *Das nächtliche Thierleben im Urwalde* durch ausführlichere Attribuierungen spezifiziert, nach steigender Lautstärke ordnet und auch die Benennung der Tiere diversifiziert. Während das »Geschrei« im Tagebuch noch durch die Aufzählung: »Araguatos (Simia seniculus [...]), das Au des Amerik[anischen] Löwen Felis concolor, das Faulthier, Crax Paují und vor allem das Katzenartige Geschrei des Tigers« skizziert wird (Humboldt, Reise durch Venezuela [Anm. 29], 245), unterscheidet die *Relation historique* »die leisen Flötentöne des Sapajous, die Seufzer der Alouatos, das Brüllen des Tigers und des Cuguars, d.h. des amerikanischen Löwen ohne Mähne« (Humboldt, Reise durch die Äquinoktial-Gegenden [Anm. 30], 790). In *Das nächtliche Thierleben im Urwalde* werden zu Beginn dieser Beschreibung erwähnt: »das einförmig jammernde Geheul der Aluaten (Brüllaffen), der winselnde, fein flötende Ton der kleinen Sapajous, das schnarrende Murren des gestreiften Nachtaffen (Nyctipithecus trivirgatus [...]), das abgesetzte Geschrei des großen Tigers, des Cuguars oder ungemähnten amerikanischen Löwen« (AN 3/1, 333f.).
32. Humboldt, Reise durch Venezuela (Anm. 29), 245.
33. Humboldt, Reise durch die Äquinoktial-Gegenden (Anm. 30), 791f.
34. Humboldt, Reise durch Venezuela (Anm. 29), 245.

Beispiel machen Jagd auf die Bisamschweine und Tapirs«, und dann setze sich das Geschehen fort, bis letztlich »die ganze Menagerie in Aufruhr« sei.[35]

In einer ähnlichen Nähe zu den Ausführungen der Reisebeschreibung steht schließlich auch die Schilderung der dritten Naturszene. Auch wenn Humboldt in *Das nächtliche Thierleben im Urwalde* erneut betont, dass die hier bearbeitete »Erinnerung an die Flußenge des Baraguan« seinem »Tagebuche« entlehnt sei (AN 3/1, 335), so beschreibt er dort doch nur, wie die heiße Sonne »ein Zittern der Lüfte« und ein »Kochen des Sandes« hervorgebracht und welches Gefühl der »Einsamkeit« das bei dem »Reisenden« erzeugt habe.[36] Erst in der *Relation historique* erwähnt er auch das »Brausen und Summen der Insekten«, das in der späten Abhandlung dann im Zentrum dieser Szene steht, und deutet diese Wahrnehmung als eine Erfahrung nicht mehr der Einsamkeit, sondern eines allumfassenden Lebens in der Natur: »All diese Stimmen rufen uns zu, daß alles in der Natur atmet«.[37] Im Unterschied zu *Das nächtliche Thierleben im Urwalde* fehlt hier bloß der Verweis, dass diese »Stimmen der Natur« sich allein »dem frommen, empfänglichen Gemüthe des Menschen« offenbaren (AN 3/1, 337).

V

Der Blick auf die früheren Schilderungen der Geschehnisse aus den drei Naturszenen hat damit gezeigt, dass Humboldt sich in *Das nächtliche Thierleben im Urwalde* nur indirekt auf die eigenen Reiseerlebnisse bezieht. Entgegen seinen Behauptungen greift er hier nicht zuerst auf die in Amerika verfassten Tagebücher, sondern auf die in der *Relation historique* veröffentlichten Beschreibungen zurück, für die er die Aufzeichnungen aus den Tagebüchern schon einmal großzügig bearbeitet und als Ausgangsmaterial von ausführlichen, dort kaum angedeuteten Erzählungen genutzt hat. Diese große textuelle Vermitteltheit versucht er in *Das nächtliche Thierleben im Urwalde* vor allem durch die Inszenierung einer zeitlichen und räumlichen Nähe der Beschreibungen zu den beschriebenen Erlebnissen zu kaschieren. Hierzu betont Humboldt nicht nur wiederholt sein eigenes ›Dort-Sein‹ im Urwald, er bedient sich auch jener ›Realitätseffekte‹, die Roland Barthes als Kennzeichen der realistischen Erzählweisen vor allem des 19. Jahrhunderts

---

35. Humboldt, Reise durch die Äquinoktial-Gegenden (Anm. 30), 791 (Hervorhebungen M. B.).
36. Humboldt, Reise durch Venezuela (Anm. 29), 271.
37. Humboldt, Reise durch die Äquinoktial-Gegenden (Anm. 30), 836.

charakterisiert hat.[38] Offenkundig werden diese ›Realitätseffekte‹, die innerhalb der auf ›Naturwahrheit‹ zielenden Beschreibungspoetik der Abhandlung auch als epistemisch relevante »Wahrheitseffekte«[39] aufzufassen sind, wenn Humboldt erst in der *Relation historique* und in *Das nächtliche Thierleben im Urwalde* auf die Figur des indianischen Steuermanns zurückgreift und dessen Deutung des Naturschauspiels am Ufer des Orinoco: »›Hier geht es zu wie im Paradiese, es como en el Paraiso‹«, auch auf Spanisch, und nicht wie sonst nur auf Deutsch, wiedergibt.

Im Vergleich mit den Schilderungen aus dem Tagebuch und der *Relation historique* ist außerdem deutlich geworden, wie sehr Humboldt das Problem, ein Wissen von der beobachteten Natur zu erlangen und zu begründen, in seiner späten Abhandlung durch die Einführung von Nicht-Wissen neu anzugehen sucht. Innerhalb der betrachteten drei Szenen zeigt sich das daran, dass er die Deutungsbedürftigkeit der Natur durch die allmähliche Ausarbeitung zweier Naturverhältnisse nicht nur betont, sondern zugleich auch wieder aufhebt, indem er die wissenschaftliche, auf empirisch fundierten und kausal strukturierten Erklärungen beruhende Naturauffassung des Erzählers gegenüber dem physikotheologisch und poetisch geprägten Naturverhältnis der Indianer profiliert und beide in ein Verhältnis von Wissen und Nicht-(Mehr-)Wissen setzt – ein Verhältnis, das mit der dritten Szene jedoch wieder durchkreuzt und destabilisiert wird.

Verstärkt wird diese Einarbeitung epistemologischer Fragestellungen schließlich durch die Rahmung und die Ordnung, die die drei Szenen in *Das nächtliche Thierleben im Urwalde* erhalten. Während sie in den Tagebüchern und der *Relation historique* nur einzelne Erlebnisse seiner Reise festhalten und wiedergeben sollten, erklärt Humboldt sie in der Einleitung der Abhandlung zu exemplarischen Veranschaulichungen seines Strebens nach ›Naturwahrheit‹ und nach einem ästhetischen Wissen, das er durch Beobachtung und Beschreibung gewonnen haben will und das er gleichsam im Vorhof des im *Kosmos* präsentierten allgemeinen Naturwissens ansiedelt. Bemerkenswert ist darüber hinaus, welches Wissen vom nächtlichen Tierleben Humboldt durch die Auswahl gerade dieser Szenen entfaltet. Denn nachdem die erste Szene bloß visuelle Eindrücke wiedergegeben hat, die zudem noch bei Tag gewonnen waren – der Erzähler präsentiert hier somit genau das, was von einem Text

---

38. Vgl. Roland Barthes: L'effet de réel [1968], in: ders.: Œuvres complètes. Nouvelle édition, hrsg. von Éric Marty, Paris 2002, Bd. 3, 25–32. Dass Humboldt sich immer wieder solcher ›Realitätseffekte‹ bediente, um »den Artefaktcharakter seiner Veröffentlichungen« zu verbergen, bemerkt schon Ette, Eine »Gemütsverfassung moralischer Unruhe« (Anm. 7), 52.
39. Knorr Cetina (Anm. 16), 23.

aus den *Ansichten der Natur* erwartet werden musste –, stellt die zweite Szene die Fülle und Stärke akustischer Wahrnehmungen bei Nacht dar. Diese konträren Schilderungen werden durch die dritte Szene, die die kaum hörbaren akustischen Eindrücke bei Tag beschreibt, miteinander vergleichbar gemacht und verbunden. Damit erzeugt die Abhandlung schließlich ein Wissen davon, dass es in den Tropen nachts lauter und nicht, wie europäische Leser es vielleicht vorausgesetzt haben, leiser als am Tage ist.[40] Allerdings scheint die dritte Szene in *Das nächtliche Thierleben im Urwalde* die ersten beiden Szenen nicht nur zu verbinden, sondern sie auch erneut zu durchkreuzen. Denn indem Humboldt gegenüber der Opposition von visuellen Eindrücken bei Tag und akustischen Eindrücken bei Nacht hervorhebt, dass das Leben der *natura naturans* nur bei Tag gehört werden könne, beschreibt er in seinem Text mehr als den Umstand, dass einen das nächtliche Tierleben im Urwald zuweilen um den Schlaf bringt. Entgegen dem Titel seiner Abhandlung und dem Titel seines Buches, den auf Visuelles fokussierenden *Ansichten der Natur,* verweist er auch darauf, dass das tiefere, allumfassende Leben der Natur allein bei Tag wahrgenommen werden kann und dass es sich nicht dem Sehen, sondern nur dem aufmerksamen Hören entdeckt.

Die vorangegangenen Betrachtungen haben damit nicht bloß das wachsende Bewusstsein dokumentiert, das Humboldt den verschiedenen Formen von Wissen und Nicht-Wissen entgegenbringt, die durch Prozesse der Ausdifferenzierung der Wissenschaften und Künste freigesetzt und produziert werden. Sie haben auch gezeigt, wie er diese unterschiedlichen Formen von Wissen immer wieder legitimiert, indem er sie in textuelle Konstellationen einspannt, die ein nicht eindeutig auflösbares und dadurch wechselseitiges und oszillierendes Verhältnis von Wissen und Nicht-Wissen herstellen: Das Ensemble der Erzählung vom *Rhodischen Genius* und der 1849 hinzugefügten

---

40. Dass die Tropennächte keineswegs still sind, kann als Topos der zeitgenössischen Amerikaliteratur gelten. Eine Erklärung dafür gibt diese typische Beschreibung einer Mondnacht bei Carl Friedrich Philipp von Martius: »Der Mond trat aus dem Urwald hervor, warf seine silbernen Glanzlichter über den Strom, und beleuchtete, im Wechselspiel, bald nah bald fern, die schönen Hügel des Ufers. Hie und da erschien ein einsames Feuer oder eine dunkle Rauchsäule – sonst keine Spur von Bewohnern in dieser stillen Wildniß. Es war als wenn das lärmende Geheul der Affen aus den Laubgewölben an dem hohen Ufer mit Übermuth bezeugen wollte, hier sey der Mensch noch nicht Herr der Schöpfung.« Carl Friedrich Philipp von Martius: Frey Apollonio. Ein Roman aus Brasilien, erlebt und erzählt von Hartoman, nach der handschriftlichen Urschrift von 1831 hrsg. von Erwin Theodor Rosenthal, Berlin 1992, 28. Eine etwas anders gelagerte Epistemologie des Akustischen und ein naturwissenschaftliches Wissen davon, dass besonders in den Tropen die Nächte lauter als die Tage erscheinen, entwickelt Humboldt in seiner Erklärung des inzwischen so genannten ›Humboldt-Effekts‹. Vgl. Alexander von Humboldt: Ueber die nächtliche Verstärkung des Schalles, in: ders.: Kleinere Schriften. Erster Band: Geognostische und physikalische Erinnerungen, Stuttgart/Tübingen 1853, 371–397.

Erläuterung hat das ebenso verdeutlicht wie die Verknüpfung verschiedener Naturszenen in *Das nächtliche Thierleben im Urwalde*. Auf die mit der Ausdifferenzierung der modernen Wissenschaften einhergehende »Desintegration der Naturgeschichte«[41] und die ihr korrespondierende Pluralisierung von Wissensformen reagiert Humboldt hier also mit Mitteln, die Literatur und Erzählen ihm bereitstellen – mit der Verfertigung von Naturgeschichten, die an der erzählerischen Re-Integration verschiedener Formen und Verhältnisse von Wissen und Nicht-Wissen arbeiten.

---

41. Rudolf Stichweh: Zur Entstehung des modernen Systems wissenschaftlicher Disziplinen. Physik in Deutschland, 1740–1890, Frankfurt a.M. 1984, 45.

Eva Johach

Fourier'sche Transformationen
Zur generativen Funktion esoterischen Wissens in Charles Fouriers *Théorie des quatre mouvements*

I. Erleuchtungen im Dunkel des Nicht-Wissens

Am 3. Dezember 1803, genauer: am 11. Frimaire XII nach dem französischen Revolutionskalender, erhält die Menschheit eine freudige Nachricht: Sie könne sich auf ein großes Ereignis vorbereiten, den plötzlichen Übergang vom sozialen Chaos in die »universelle Harmonie«. Die Nachricht entstammt der Feder eines gewissen Charles Fourier (1772–1837), eines Handelsangestellten aus Besançon, und erscheint in dem von Pierre Simon Ballanche herausgegebenen *Bulletin de Lyon*.[1] Eine Erneuerung des Versprechens in ausführlicherer Fassung unternimmt das 1808 anonym und im Selbstverlag publizierte Werk mit dem Titel *Théorie des quatre mouvements et des destinées générales*.[2] Entsprechend der von Fourier erschlossenen wissenschaftlichen Methode soll die soziale »Harmonie« nun kalkulierbar werden: »Le calcul de l'harmonie [...] est une théorie mathématique des destinées de tous les globes et de leurs habitants«;[3] es mag also noch andere Planeten geben, deren Bewohner sich auf das Kommen der Harmonie einstimmen sollten. Die von Fourier entwickelte Theorie nämlich verspricht nichts Geringeres, als sämtliche vom sozialen Chaos gebeutelte Gesellschaften ihrer wahren Bestimmung zuzuführen: ihrer Bestimmung zur Harmonie, die im Kosmos latent angelegt ist und durch geeignete Methoden freigesetzt werden muss. Die neue Wissenschaft werde für eine Explosion des Wissens sorgen und so zugleich den Gang der Geschichte beschleunigen: »Sie wird uns plötzlich in Kenntnisse einweihen, die zu erwerben noch zehntausend Jahre gekostet haben würde, nach der Langsamkeit der gegenwärtigen Methoden zu schließen.«[4]

---

1. Charles Fourrier [= Fourier]: Harmonie universelle, in: Bulletin de Lyon, 11 frimaire an XII, 83f. Eine englische Übersetzung von Fouriers Artikel findet sich in Jonathan Beecher: Charles Fourier. The Visionary and His World, Berkeley/Los Angeles/London 1986, 104f.
2. Charles Fourier: Theorie der vier Bewegungen und der allgemeinen Bestimmungen, hrsg. von Theodor W. Adorno, übers. von Gertrud von Holzhausen, Frankfurt a.M./Wien 1966, 44.
3. Fourier, Harmonie universelle (Anm. 1), 83.
4. Fourier, Vier Bewegungen (Anm. 2), 45.

Alles, was Fourier vorträgt, soll den Charakter exakter und beweisbarer Tatsachen bzw. Aussagen besitzen – und wenn nicht alles sogleich verständlich sei (eine Befürchtung, die er an mehreren Stellen in sein Buch einstreut), liege das an der Unzulänglichkeit der sprachlichen Mittel sowie daran, dass wir durch die auf dem Gebiet des Sozialen vorherrschende »Methode der unexakten Wissenschaften« nachhaltig verwirrt wurden.[5] Für die Richtigkeit seiner eigenen Theorie soll nun aber gerade die Tatsache bürgen, dass »zu dieser Entdeckung keine wissenschaftliche Anstrengung vonnöten war und daß die unbedeutendsten Gelehrten sie vor mir gemacht haben könnten«, wären sie nur vorurteilsfrei an die Sache herangegangen.[6] Fourier belässt es aber nicht bei seiner Schelte, sondern meint, in geradezu rührender Anmaßung, die Protagonisten aller Wissenschaften trösten zu müssen, indem er ihnen eine ähnlich pleromatische Zukunft in Aussicht stellt wie allen anderen Zeitgenossen. Auch wenn es sie kränken müsse, dass ausgerechnet ihm, dem Außenseiter, der »Schlüssel« zu so vielen neuen Wissenschaften in die Hände gefallen sei, steht ja durch diese epistemische Eruption der Umschlag »von völliger Armut zu äußerster Üppigkeit« in Aussicht, und die »Ernte wird so reichlich ausfallen, daß alle sich ihrer erfreuen können.« Neben der Wissenschaft des Sozialen, deren Entwicklung er für sich selbst in Anspruch nimmt, tun sich noch unzählige weitere »wissenschaftliche Minen« auf, die erschlossen werden wollen.[7]

Fourier präsentiert seinen Entwurf also mit großer Geste. Das Soziale wird dargestellt als ein Gebiet, das bislang von Nicht-Wissen und falschem Wissen bestimmt ist – beherrscht von Vorurteilen und unzulänglichen Methoden. Fourier errichtet so eine doppelt dunkle Folie, vor der sich sein eigener Entwurf umso strahlender abheben soll. Sich selbst spricht er das Verdienst zu, ohne jeden Vorläufer und unter Berücksichtigung von lediglich zwei Grundsätzen, dem »unbedingten Zweifel« und der »völlige[n] Abweichung«,[8] eine echte Wissenschaft vom Sozialen *(science sociale)* entwickelt zu haben, basierend auf einer Methode, die »alles auf unsere Leidenschaften bezieht«.[9] Dreh- und Angelpunkt dieser Wissenschaft ist eine Kraft, die Fourier als das exakte Pendant zur Newton'schen Gravitation ausgemacht und als »leidenschaftliche Anziehung« *(attraction passionelle)* bezeichnet hat:

---

5. Ebd., 47.
6. Ebd., 45f.
7. Ebd., 59.
8. Ebd., 49.
9. Ebd., 59.

Ich erkannte bald, daß die Gesetze der leidenschaftlichen Anziehungskraft in allen Punkten mit denen der körperlichen Anziehungskraft übereinstimmen, wie sie Newton und Leibniz erklärt haben... [...] So wurde eine neue exakte Wissenschaft entdeckt: *die Analogie der vier Bewegungen, der materiellen, organischen, tierischen und sozialen oder die Analogie der Veränderungen der Materie mit der mathematischen Theorie der menschlichen und tierischen Leidenschaften.*[10]

Wie sein Zeitgenosse Saint-Simon sucht auch Fourier sich als der Newton einer neuen Gesellschaftswissenschaft zu inszenieren. Während dank Newtons Wirken die Gesetze auf dem Gebiet der Physik und Astronomie ergründet seien, stehe Ähnliches für das Gebiet der gesellschaftlichen Entwicklung noch aus, und entsprechend hätten auch die anderen drei Bewegungen noch keinen Sinn. Vonnöten ist demnach eine Wissenschaft von den Entsprechungen zwischen den vier Bewegungen: die ›Analogie‹, für Fourier weit mehr als eine Stilfigur, nämlich eine »science fixe«:[11] »L'analogie s'accomplit, en effet, quand Fourier relie toutes choses à la connaissance la plus certaine: les mathématiques.«[12] Die Mathematik, die Fourier im Sinn hat, hat freilich wenig gemein mit der von seinem Namensvetter Joseph Fourier (1768–1830) begründeten Wissenschaft der Fourier-Transformationen; sie trägt weit eher die Züge der veralteten, in eine esoterische Kosmologie eingebetteten Mathematik von Keplers *harmonices mundi.*[13] Beiden Entwürfen gemeinsam ist ein Konzept arithmetischer Reihen (lat. seria), das bei Fourier von der kosmischen auf die soziale Ordnung übergreift.

Fouriers Text führt in die Gemengelage am Beginn einer Wissensformation, die den Namen *science sociale* für sich reklamiert. Tatsächlich war Fourier einer der ersten, der – vor Comte und auch vor Mill – den Anspruch erhob, Begründer einer solchen Wissenschaft vom Sozialen zu sein. Um 1808 mag es nicht mehr die richtige Strategie sein, einer solchen Wissenschaft dadurch den Weg bereiten zu wollen, dass ihr zugleich Erklärungskraft für das gesamte Universum zugesprochen wird.[14] Genau dies aber tut Fourier: Sein *système*

---

10. Ebd., 57f. (Übersetzung leicht modifiziert).
11. Charles Fourier: Théorie des quatre mouvements, in: ders.: Œuvres complètes, Paris 1966–1968, Bd. 1, 12.
12. Simone Debout-Oleszkiewicz: L'analogie ou ›Le poème mathématique‹ de Charles Fourier, in: Revue Internationale de Philosophie 16 (1962), 176–199, hier: 184.
13. Eine hervorragende rhetorische, ja poetologische Analyse von Keplers Kosmologie leistet Fernand Hallyn: La structure poétique du monde: Copernic, Kepler, Paris 1987.
14. Dieser Einschätzung kann mit gutem Recht widersprochen werden, lässt sich doch gerade an Comte, ja selbst noch an Tarde zeigen, in welchem Maße ein nahezu kosmologischer Erkenntnisanspruch die Genese der Soziologie begleitet und soziologische Entwürfe allem ›Positivismus‹ zum Trotz nicht selten in die Nähe esoterischer Großentwürfe gebracht hat. Vgl. auch Hanns-Peter Neumann: Moderne Monaden. Monadologische Physiognomien in

social ist durchdrungen von und verwoben mit einem Gesamtblick auf die materielle und organische Natur. Es ist nicht zu haben ohne den gleichzeitigen, durch Analogie gestifteten und aktiv unterhaltenen Zugriff auf die Reiche des Anorganischen, der Pflanzen und der Tiere. Damit schien klar zu sein, dass es sich nicht um eine Gründungsschrift der Sozialtheorie, sondern lediglich um »in romanhaftes Detail ausgemalte Zukunftsphantasien« handelte.[15] Die Sympathien, die etwa Friedrich Engels – wie übrigens auch August Bebel – diesem wilden Denken dennoch entgegenbrachte, vermögen jedoch fast mehr zu überraschen als der Umstand, dass Fouriers *science sociale* aufgrund des Anspruchs, eine ›exakte‹ Wissenschaft zu sein, zur Wissenschaftsimitation, ja zur Pseudowissenschaft erklärt worden ist.[16]

In Fouriers Text wimmelt es von Versatzstücken veralteter und esoterisch gewordener Wissensbestände – einem Analogie- und Korrespondenzdenken, das mit Michel Foucault der längst vergangenen ›Episteme der Ähnlichkeit‹ des 17. Jahrhunderts zugeschlagen werden müsste,[17] sowie spätmesmeristischen Imponderabilien, die in den ersten Jahrzehnten nach 1800 zwischen endgültiger Verwerfung und erneutem Aufschwung schweben. Ist diese Reaktivierung veralteten Wissens nun aber bereits ausreichend, um einen Text der Kategorie ›Esoterik‹ oder ›Pseudowissenschaft‹ zuzuschlagen?[18] Verläuft

---

der Soziologie und Kriminalistik des französischen Soziologen Gabriel Tarde (1843–1904), in: Renko Geffarth, Markus Meumann, Monika Neugebauer-Wölk (Hrsg.): Aufklärung und Esoterik. Wege in die Moderne, Berlin/New York 2012 (im Erscheinen).

15. So Friedrich Engels in Anlehnung an Dührings Fourierkritik, in: Herrn Eugen Dührings Umwälzung der Wissenschaft [1878], in: Karl Marx, Friedrich Engels: Werke, Berlin-Ost 1956–1990, Bd. 20, 239–303, hier: 246. Trotz seines Bestrebens, einen ›wissenschaftlichen Sozialismus‹ zu begründen, zeigt sich Engels gegenüber dem phantastischen Entwurf Fouriers erstaunlich versöhnlich, und er spielt ihn regelrecht gegen Dühring aus: »Wir können es literarischen Kleinkrämern à la Dühring überlassen, an diesen, heute nur noch erheiternden Phantastereien feierlich herumzuklauben und die Überlegenheit ihrer eignen nüchternen Denkungsart geltend zu machen gegenüber solchem ›Wahnwitz‹. Wir freuen uns lieber der genialen Gedankenkeime und Gedanken, die unter der phantastischen Hülle überall hervorbrechen, und für die jene Philister blind sind.« Ebd., 241.

16. Michael Spencer: A(na)logie de Fourier, in: Romantisme. Revue du Dix-Neuvieme Siècle 34 (1981), 31–46, hier: 32f.

17. Vgl. Michel Foucault: Die Ordnung der Dinge. Eine Archäologie der Humanwissenschaften, übers. von Ulrich Köppen, Frankfurt a.M. 1995, bes. 46–77.

18. Das Verhältnis zwischen Esoterik und Pseudowissenschaft ist methodologisch wenig geklärt – was vor allem daran zu liegen scheint, dass sie in die Zuständigkeitsbereiche zweier verschiedener Disziplinen fallen: eine religionswissenschaftlich und ideengeschichtlich geprägte Esoterikforschung einerseits und eine vor allem an (historischen) Demarkationsprozessen orientierte Wissenschaftsforschung andererseits. Hilfreich für die Präzisierung dieses Verhältnisses erscheint mir der von Robert Matthias Erdbeer und Christina Wessely formulierte Vorschlag, die Esoterik der Moderne nicht als ›Pseudo-‹, sondern als ›Parawissenschaft‹ zu bestimmen. Als solche ist sie nicht vorrangig durch ihren Mangel an wissenschaftlichen Standards, sondern durch ihren maximalen »metaszientifischen« Erkenntnisanspruch charakterisiert, der es auf eine Synthese zwischen exakter Wissenschaft und diskreditierter

hier die Demarkationslinie zwischen Wissenschaft und Literatur? Fouriers Werk ist keineswegs dem Genre der Literatur zugehörig, doch es entstammt einer historischen Konkurrenz- und Trennungsphase zwischen Literatur und Soziologie, in der, wie Wolf Lepenies herausgearbeitet hat, die Profilierung der neuen Wissenschaft mit scharfem Szientismus gegen ›bloße Literatur‹ einherging.[19] Diese Opposition unterminierend, möchte ich Fouriers Entwurf, Roland Barthes folgend, die Qualität des ›Romanesken‹[20] zusprechen und als einen Text betrachten, in dem Elemente von Wissenschaft, Literatur und esoterischem ›Nicht-Wissen‹ gleichzeitig anwesend sind und in ihrem Zusammenwirken einen eigenartigen epistemischen ›Aufflug‹ erzeugen. Im Vordergrund der folgenden Analyse wird die Frage stehen, in welcher Weise bei Fourier esoterisches Wissen zu einer sozialen Wissenschaft ausgesponnen wird und wie sich diese Präsenz poetologisch auswirkt. Sofern man sie nicht als unzulängliche Derivate wissenschaftlichen Wissens behandelt, eröffnen sowohl Esoterik wie auch Literatur Schauplätze, auf denen die in der Moderne stattfindenden Grenzziehungen, Demarkationen und Ausgrenzungen von Wissen und Nicht-Wissen ebenso beobachtbar werden wie die produktiven Dynamiken, die gerade das ›veraltetete‹ bzw. im Veralten begriffene Wissen im Wechselspiel von Wissenschaft, Literatur und Esoterik entfalten kann. Erst in dieser Perspektive erschließt sich die immense Dynamik, die ganze Wildheit der semiotischen Operationen, die Fouriers Text entfaltet und die für die Genese dieser spekulativen *science sociale* kennzeichnend ist.

II. Keimzelle neuen Wissens: Die passionelle ›Serie‹

Die menschlichen Leidenschaften bilden in Fouriers Theorie sowohl den Ausgangs- wie den Angriffspunkt jener Kraft, die er in newtonischer Beschwörung als *attraction passionelle* bezeichnet. In der künftigen harmonischen Ordnung werden sie die Hauptrolle spielen. Jede einzelne Leidenschaft hat ihre ›Bestimmung‹ *(destination)*, eine innere Zweckhaftigkeit, die auf Verwirklichung

---

Naturphilosophie anlegt. Christina Wessely, Robert Matthias Erdbeer: Kosmische Resonanz. Theorie und Körper in der Esoterischen Moderne, in: Viktoria Tkazcyk, Karsten Lichau, Rebecca Wolf von Fink (Hrsg.): Resonanz. Potentiale einer akustischen Figur. Paderborn 2009, 143–184, bes. 170–184, hier: 171.
19. Wolf Lepenies: Die drei Kulturen. Soziologie zwischen Literatur und Wissenschaft [1985], Frankfurt a.M. 2002. Auguste Comte gehörte zu denjenigen, die am schärfsten gegen die »littérateurs« und »metaphysiciens« auf soziologischem Gebiet wetterten. Vgl. etwa den Brief von Comte an M. Valat vom 8. September 1824, zitiert nach Mary Pickering: Auguste Comte: An Intellectual Biography, Bd. 1, Cambridge, Mass. 1993, 587.
20. Roland Barthes: S/Z, übers. von Jürgen Hoch, Frankfurt a.M. 1987, 9.

Abb. 1: Ansicht eines Phalanstère. Grafik von Jean-Jacques Champin. Quelle: *L'Illustration* vom 07.03.1846, abgedruckt in: André Breton: Ode à Fourier, 2. Aufl., Paris 1961, 57.

drängt: »[L]es attractions sont proportionnelles aux destinées.«[21] Wie nützlich sich selbst unsere verworfensten Leidenschaften einst erweisen werden, können wir derzeit noch kaum ahnen. Während sie unter dem Einfluss der derzeit gegebenen gesellschaftlichen Einrichtungen als Störfaktoren, als »freigelassene Tiger, unfaßbare Rätsel« erscheinen, wird sich die wahre Bestimmung der Leidenschaften erst in einer kollektiven Lebensform erfüllen.[22] Dies impliziert eine erstaunliche und, denkt man an die Einrichtungen, die Fourier für das leidenschaftliche Leben in der Phalange vorgeschlagen hat,[23] in ihrer Radikalität geradezu libertäre Rechtfertigung der menschlichen Laster. Denn wenn Leidenschaften als Laster erscheinen, dann ist dies in moralischer Hinsicht geradezu ein Frevel an den Intentionen Gottes, während es in sozialtheoretischer Hinsicht lediglich davon zeugt, dass noch nicht der richtige Schlüssel zu ihrer ›Organisation‹ gefunden wurde. Die Auffassung von Leidenschaften

---

21. Charles Fourier: Théorie de l'Unité universelle, in: ders., Œuvres complètes (Anm. 11), Bd. 2, 194.
22. Fourier, Vier Bewegungen (Anm. 2), 54.
23. Vgl. Charles Fourier: Aus der Neuen Liebeswelt. Mit einem Vorwort von Daniel Guérin, übersetzt von Eva Moldenhauer, Berlin 1977.

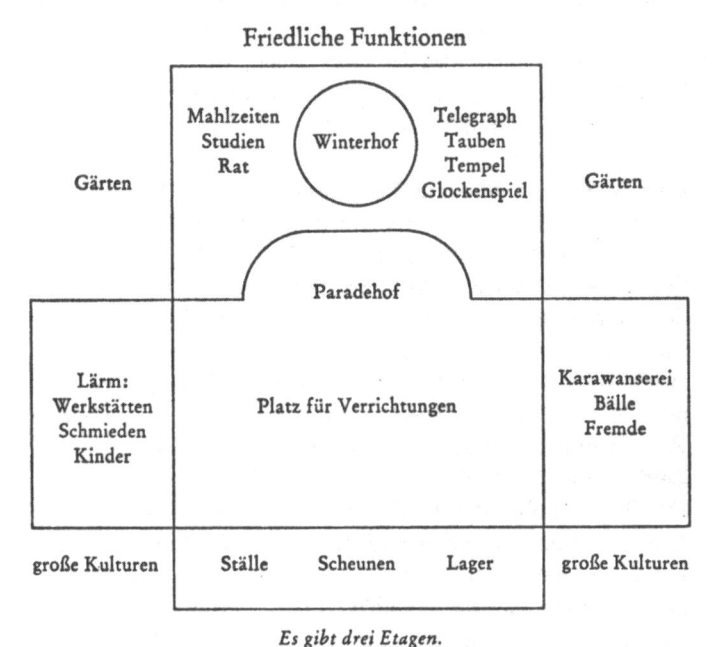

Friedliche Funktionen

```
                    ┌─────────────────────────────────┐
                    │  Mahlzeiten  ╱─────╲  Telegraph │
                    │  Studien    │Winterhof│ Tauben  │
          Gärten    │  Rat         ╲─────╱  Tempel    │   Gärten
                    │                       Glockenspiel│
                    │          ╱─────────╲            │
                    │         │ Paradehof │           │
          ┌─────────┴─────────┴───────────┴───────────┴─────────┐
          │ Lärm:                                    Karawanserei│
          │ Werkstätten     Platz für Verrichtungen   Bälle      │
          │ Schmieden                                 Fremde     │
          │ Kinder                                               │
          └──────────┬───────────────────────────────┬──────────┘
          große      │ Ställe   Scheunen    Lager   │  große
          Kulturen   │                              │  Kulturen
```

Es gibt drei Etagen.
Die Kinder sind im Zwischengeschoß

Abb. 2: Funktionale Differenzierung einer Phalange. Quelle: Roland Barthes: Sade Fourier Loyola, übers. von Maren Sell und Jürgen Hoch, Frankfurt a.M. 1974, 130.

als Laster besitzt damit nur für den beschränkten Horizont der gegenwärtigen Periode der Zivilisation Gültigkeit. In der Ordnung der ›Harmonie‹, die auf den Zustand der zivilisatorischen Unverbundenheit folgen wird, gelten hingegen andere Erfordernisse: Sie »verlangt nach glühenden und verfeinerten Leidenschaften. Je lebhafter und zahlreicher sie sind, desto besser stimmen die Leidenschaften in der einmal gebildeten Vereinigung zusammen«.[24]

In der Phalange, jener größeren sozialen Einheit, in der sich das Zusammenleben und -arbeiten der Zukunft abspielen soll (Abb. 1 und 2), ist alles auf die Leidenschaften ausgerichtet. Die auf Basis einer passionellen Kombinationskunst gebildeten »*Serien der Leidenschaften* oder *progressive[n] Serien*« sollen »in allen Punkten den geometrischen Reihen analog« sein und deren Eigenschaften teilen.[25] Als generatives Prinzip einer Wissenschaft vom Sozialen macht die Serie den Schritt von der mathematischen Kosmologie zur

---

24. Fourier, Vier Bewegungen (Anm. 2), 54.
25. Ebd., 53f.

sozialen Ästhetik.[26] Aus ihrer traditionellen, esoterischen Verankerung heraus wird sie zur Keimzelle einer neuen Wissenschaft.

Zunächst einmal geht Fourier davon aus, dass die Serie das ursprüngliche Organisationsprinzip des Kosmos darstellt; mit Beginn der Zivilisation zerbrachen die Serien und wurden korrumpiert. Theologie- oder esoterikgeschichtlich ausgedrückt, liegt Fouriers Entwicklungsvision also eine post-lapsistische Naturvorstellung zugrunde: Auch die Tiere und Pflanzen wurden vom Sündenfall erfasst, und die derzeit ›schlechte‹ Einrichtung von Natur und Kosmos steht in unmittelbarem Zusammenhang mit dem menschlichen Wirken. Bei Fourier ist der ›korrumpierte‹ Zustand der Gegenwart derjenige der Zivilisation oder ›unverbundenen Ordnung‹ *(industrie incohérente)*, gemahnt also nicht an eine individuelle Buße und Läuterung, sondern an die Notwendigkeit zur Transformation der gesellschaftlichen Verhältnisse. Die Serie bildet somit ein Scharnier für den Übergang in den Zustand der ›verbundenen Ordnung‹ *(industrie combinée)*; die Serie soll den Leidenschaften den bislang versagten Aufschwung oder ›Aufflug‹ *(essor)* verschaffen, so dass sie nicht nur das Glück der Menschheit vermehren, sondern auch ungeahnte ökonomische Potenziale freisetzen: nicht indem sie unterdrückt, sondern indem sie gesteigert und »durch gegenlaufende Leidenschaften nutzbar« gemacht werden.[27]

Ein berühmtes Beispiel ist die Serie der Birnenzüchter (Abb. 3). Sie besteht aus 32 Gruppen, die sich zu sieben Einheiten verbinden – dies sind die ›Serien‹, die nun untereinander rivalisieren und durch Kultivierung je einer Birnensorte zugleich für eine Kultivierung und Verfeinerung der kulinarischen Vorlieben sorgen. Dass der Gipfel der Beliebtheit bei den Butterbirnen liegt, bringt Fourier durch eine Art graphische ›Aufmarschordnung‹ zum Ausdruck, die gut mit dem militärischen Metaphernfeld der Phalanx-Ordnung korrespondiert.[28]

Eng verbunden mit dieser sozial-utopischen Ausmalung des Serienprinzips ist der Einsatz der Serie als semiotisches Prinzip. In seiner Studie *Sade Fourier*

---

26. »La série fouriériste n'est pas la traduction sociale des séries naturelles, mais la prise de conscience d'une raison combinatoire complexe, de type mathématique, qui conduit de l'ordre de la nature à l'esthétique sociale harmonisant le travail des sens et la signification collective des destinées personelles.« Patrick Tacussel: Charles Fourier. Le jeu des passions. Actualité d'une pensée utopique, Paris 2000, 176.
27. Fourier, Aus der Neuen Liebeswelt (Anm. 23), 111.
28. Christine Blättler hat dies treffend ausgedrückt: »Typographisch ist eine Kurve angedeutet: Die Reihe steigt zu einem Zentrumsbereich auf, der die beliebtesten Birnen (Butterbirnen) kultiviert und entsprechend mehr Gruppen als die anderen vereint, und fällt dann symmetrisch wieder ab, bis zur kleinen ›Nachhut‹, die sich Mispeln und weichen Hybriden widmet.« Christine Blättler: »Alles ist Vorwand für die Zahl.« Charles Fouriers Kunst des Kalküls, in: Caroline Welsh, Stefan Willer (Hrsg.): »Interesse für bedingtes Wissen«. Wechselbeziehungen zwischen den Wissenskulturen, München/Paderborn 2008, 361–377, hier: 364.

SÉRIE DE LA CULTURE DES POIRIERS,
Composée de 32 groupes.

Divisions.	PROGRESSION numérique.	Genres de culture.
1° Avant-poste.....	2 groupes.	Coings et sortes bâtardes dures.
2° Aileron ascendant.	4 groupes.	Poires dures à cuire.
3° Aile ascendante.	6 groupes.	Poires cassantes.
4° Centre de Série.	8 groupes.	Poires fondantes.
5° Aile descendante.	6 groupes.	Poires compactes.
6° Aileron descendant.	4 groupes.	Poires farineuses.
7° Arrière-poste....	2 groupes.	Nèfles et sortes bâtardes molles.

Abb. 3: Serie der Birnenzüchter. Quelle: Charles Fourier: Théorie des quatre mouvements, in: ders.: Œuvres complètes, Paris 1966–1968, Bd. 1, 433.

Loyola hat Roland Barthes eindrucksvoll gezeigt, wie die Serie in Fouriers Text zu einer generativen Grammatik wird und derart proliferiert, dass jede statische Ordnung verunmöglicht wird.[29] Während sie in linguistischen Einteilungen unbekannt ist, werde sie bei Fourier zu einem »ausgedehnte[n] Paradigma, gebildet aus Unterschieden und Verwandtschaften«,[30] das sowohl die semiotische Organisation seines Textes wie auch die imaginierte Lebens- und Liebeswelt der künftigen harmonischen Ordnung strukturiert. Diese Analyse lässt sich im hier verhandelten Zusammenhang nutzen, um die, wie ich behaupten möchte, höchst produktive Schwellenzone zwischen Wissen und Esoterik zu erkunden, in der sich Fouriers sozialtheoretische Assemblage ausbreitet.

Barthes hat vorgeschlagen, den Fourier'schen Entwurf unter den Begriff des »Realwunderbaren« zu fassen, dem er das »Idealwunderbare« der Literatur gegenüberstellt.[31] Gerade der Fourier'sche Text, von ihm intensiv auf seine Textualität hin gelesen, unterminiert für Barthes die Grenze zwischen literarischem und nicht-literarischem Schreiben – und wird so zu einem Paradefall für die von ihm eingeführte Trennung zwischen dem ›Roman‹ und dem ›Romanesken‹.[32] Was den Fourier'schen Text zum potenziell unabgeschlossenen Text werden lässt, ist das Prinzip der ins Unendliche weitergesponnenen Serie. Es ist jedoch nicht die Serie an sich, sondern zwei gut beobachtete

---

29. Roland Barthes: Sade Fourier Loyola, übers. von Maren Sell und Jürgen Hoch, Frankfurt a.M. 1974, 89–138.
30. Ebd., 114.
31. Ebd., 112.
32. »Das Realwunderbare ist genau der Signifikant oder, wenn man so will, die im Vergleich zum wissenschaftlich Realen von ihrer phantasmatischen Schleppe markierte ›Realität‹.« Ebd.

Details: das häufige Auftauchen der Zahl 1/8, mit der Fourier den Geltungsbereich seiner Aussagen numerisch ›exakt‹ einschränkt, sowie die Bedeutung von Übergangsgliedern in Fouriers Serien – zwei Befunde, die Barthes seinerseits kombiniert und zu eben jenem Element erklärt, dem die entscheidende strukturale Funktion zukommt: In jeder Serie gibt es Elemente des Undefinierten, Zweideutigen, Halbwesen, Zwitter oder Neutren wie die Mispel, die Mimose oder die Fledermaus. Für Barthes sind es diese Übergangsglieder im durchaus taxonomischen Sinne, die Fouriers kombinatorischen Apparat funktionieren lassen, da sie das gleitende Überwechseln in eine weitere ›Klasse‹ ermöglichen: »Die Kunst, Übergänge zu gebrauchen, ist die hohe Kunst des Harmoniekalküls: das neutrale Prinzip steht der Mathematik zu Gebote, eine reine Sprache der Kombinatorik, des Kompositums, also die Chiffre des Spiels.«[33] Der dabei entstehende Aus- oder Überschuss, nach Barthes die »Zugabe«,[34] ist eben jenes 1/8 jeder Serie.

Barthes' semiotische Analyse ist insofern kongenial zu Fouriers Vorhaben, als auch dessen größte Sorge nicht die war, die Leidenschaften einfach zu befriedigen und zu saturieren, sondern durch permanente Dynamisierung der Serien jenen ›Aufflug‹ *(essor)* zu erhalten, von dem bereits die Rede war. Den Leidenschaften kommt dabei auch eine antagonistische, ja katalysierende Funktion zu. Neben der Begeisterung und Solidarität *(passion composite)* identifiziert Fourier den Schmetterlings- oder Veränderungstrieb *(passion papillonne)* sowie die Intrigen- und Streitlust *(passion cabaliste)*. Während der Schmetterlingstrieb den raschen Wechsel der Arbeiten gebietet, sorgt die Streitlust für produktive Rivalität, und der Begeisterungstrieb – der bestimmend werden kann, sobald die Entscheidung für eine Tätigkeit aus Leidenschaft getroffen wird – bewirkt, dass die Gruppen bei ihren Tätigkeiten permanent ›elektrisiert‹ werden. Dass auf Basis verfeinerter und gesteigerter Leidenschaften ein soziales Kunstwerk entsteht, ist ernst zu nehmen: Fouriers Seriosophie bringt keine romantischen Seelen-Zwillinge hervor, die sich aufgrund von chemisch-physikalischen Gesetzen der Anziehung finden müssen – und sie begründet auch nicht, wie etwa Kleist im *Allerneuesten Erziehungsplan*, eine negative Pädagogik, die auf der latenten Vorbildfunktion des Verbotenen beruht.[35]

Da sich die Leidenschaften erst unter sozialen Bedingungen voll entfalten und ausdifferenzieren, ergeben sich auch die Empfindungen für eine Person

---

33. Ebd., 125.
34. Ebd.
35. Zu diesem satirischen Text vgl. Roland Borgards: ›Allerneuester Erziehungsplan‹. Ein Beitrag Heinrich von Kleists zur Experimentalkultur um 1800 (Literatur, Physik), in: Marcus Krause, Nicolas Pethes (Hrsg.), Literarische Experimentalkulturen. Poetologien des Experiments im 19. Jahrhundert, Würzburg 2005, 75–101.

erst aus einem sozialen Beziehungsgeflecht mit weiteren Personen und müssen gewissermaßen auf Basis einer sozialen Netzwerkanalyse ›errechnet‹ werden. Dies verdeutlicht Fourier unter anderem anhand der Beziehung zwischen dem Jüngling Valère und der achtzigjährigen Urgèle.[36] Unter den Bedingungen der Harmonie setzt sich die Zuneigung Valères aus zwei freundschaftlichen Gefühlen F 1 und F 2 sowie zwei sozietären Gefühlen G 3 und G 4 zusammen, die aus der Zusammenarbeit der beiden in verschiedenen ›Gruppen‹ und aus Urgèles Lehrmeisterschaft hervorgegangen sind. Aus der Interaktion dieser vier Gefühle entsteht zwar keine leidenschaftliche Liebe, aber ein auf Dankbarkeit beruhendes Äquivalent: »Urgèle bekommt etwas vom Kuchen ab«.[37] Wie einfach gestrickt ist dagegen doch Goethes Viererbeziehung aus den *Wahlverwandtschaften*! In Fouriers *Nouveau monde amoureux* sind die erotischen Beziehungen vervielfältigt und Verbindungen aus Liebe, Freundschaft und Leidenschaft mit solchen für Fortpflanzung und Kinderpflege frei kombinierbar. Neu justiert werden die passionellen Wechselwirkungen z.B. durch sogenannte »Auflöser«, die »in eine Gruppe introjiziert werden, die noch nicht ihre richtige Kombinatorik, ihre ›Harmonie‹ gefunden hat«;[38] die neue Aufgabe für die Beichtväter besteht darin, die verborgenen Sympathien herauszufinden, die bisher nicht zugelassen werden konnten. Für den Fall, dass es dabei um die sexuelle Orientierung geht, kommt sogenannten »Wendern« (in der Terminologie von Barthes), indem sie »ihresgleichen […] erkennen«, die Aufgabe zu, »einen guten Teil der Paare auseinanderzubringen, die der Zufall vereinigt hatte«.[39] Perversionen sind in Fouriers Utopie ein Ding der Unmöglichkeit; solange sie in ›organisierter‹ Form ausgelebt werden, werden auch die abgelegensten Neigungen ebenso produktiv wie die Laster insgesamt. Die einzige ›Sünde‹, die noch bleibt, wäre damit das Privatisieren.[40]

---

36. Fourier, Aus der Neuen Liebeswelt (Anm. 23), 152f. Entworfen hat Fourier diese beiden Charaktere anhand einer literarischen Vorlage, Voltaires Erzählung *Ce qui plaît aux dames*, die Charles-Simon Favart zu einem Libretto für die Oper *La Fée Urgèle ou Ce qui plaît aux dames* (erstaufgeführt 1765) verarbeitet hat.
37. Fourier, Aus der Neuen Liebeswelt (Anm. 23), 153. Ein nicht unwichtiges Detail der Fourier'schen Transformation: Anders als bei Voltaire hat es Urgèle nach ihrer Erwählung durch den Jüngling nicht nötig, sich quasi zur Belohnung in ein bezauberndes junges Mädchen zu verwandeln. In Fouriers *Neuer Liebeswelt* sind es gerade die Älteren, die erotische Möglichkeiten hinzugewinnen.
38. Barthes, Sade Fourier Loyola (Anm. 29), 123.
39. Zitiert nach Ebd.
40. »Was fehlt, sind Zwischenräume, in denen man Wünsche für sich behalten könnte, etwas wollen, ohne gleich auf Erfüllungsofferten zu stoßen, Tätigkeiten durchführen, die nötig scheinen, aber nicht unmittelbar mit Genuss verbunden sind.« Tilman Reitz: Utopie, Spiel, Menschenmaschine. Charles Fourier und die Avantgarde, in: Arbeitsgruppe Kunst und Politik beim Bildungskollektiv Biko (Hrsg.): Kunst, Spektakel, Revolution, Nr. 2, Erfurt 2011.

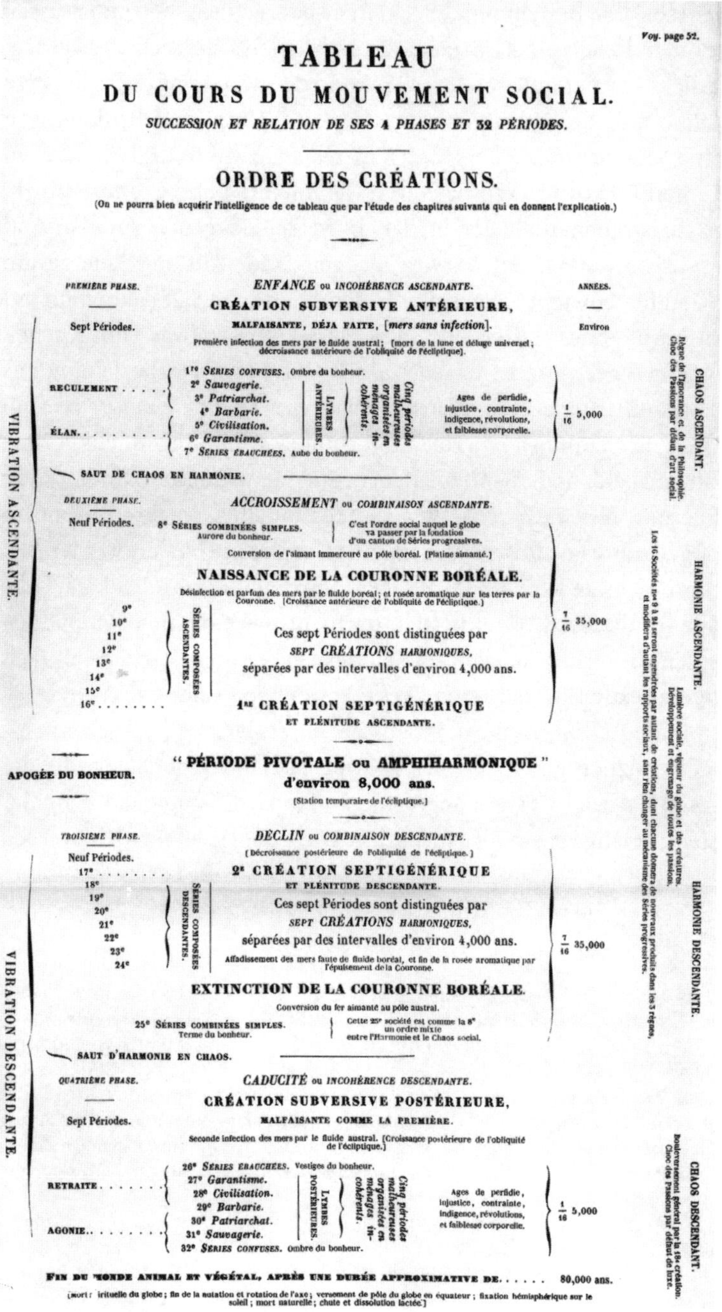

Voy. page 52.

TABLEAU

DU COURS DU MOUVEMENT SOCIAL.

SUCCESSION ET RELATION DE SES 4 PHASES ET 32 PÉRIODES.

ORDRE DES CRÉATIONS.

(On ne pourra bien acquérir l'intelligence de ce tableau que par l'étude des chapitres suivants qui en donnent l'explication.)

PREMIÈRE PHASE. — Sept Périodes.

ENFANCE ou INCOHÉRENCE ASCENDANTE.

CRÉATION SUBVERSIVE ANTÉRIEURE,

MALFAISANTE, DÉJA FAITE, [mers sans infection].

Première infection des mers par le fluide austral; [mort de la lune et déluge universel; décroissance antérieure de l'obliquité de l'écliptique].

RECULEMENT: 1re Séries confuses. Ombre du bonheur. 2e Sauvagerie. 3e Patriarchat.

ÉLAN: 4e Barbarie. 5e Civilisation. 6e Garantisme. 7e Séries ébauchées. Aube du bonheur.

Lymbes antérieures. Cinq périodes malheureuses organisées en ménages incohérents. Ages de perfidie, injustice, contrainte, indigence, révolutions, et faiblesse corporelle.

ANNÉES. — Environ 1/16 5,000

CHAOS ASCENDANT. Règne de l'Ignorance et de la Philosophie. Choc des Passions par défaut d'art social.

SAUT DE CHAOS EN HARMONIE.

DEUXIÈME PHASE. Neuf Périodes.

ACCROISSEMENT ou COMBINAISON ASCENDANTE.

8e Séries combinées simples. Aurore du bonheur. — C'est l'ordre social auquel le globe va passer par la fondation d'un canton de Séries progressives.

Conversion de l'aimant immercuré au pôle boréal. [Platine aimanté.]

NAISSANCE DE LA COURONNE BORÉALE.

Désinfection et parfum des mers par le fluide boréal; et rosée aromatique sur les terres par la Couronne. [Croissance antérieure de l'obliquité de l'écliptique.]

9e, 10e, 11e, 12e, 13e, 14e, 15e, 16e — Séries composées ascendantes.

Ces sept Périodes sont distinguées par SEPT CRÉATIONS HARMONIQUES, séparées par des intervalles d'environ 4,000 ans.

1re CRÉATION SEPTIGÉNÉRIQUE ET PLÉNITUDE ASCENDANTE.

7/16 35,000

HARMONIE ASCENDANTE. Lumière sociale, vigueur du globe et des créatures. Développement et engrenage de toutes les passions.

Les 16 Sociétés nos 9 à 24 seront encombrées par autant de créations, dont chacune donnera de nouveaux produits dans les 3 règnes, et modifiera d'autant les rapports sociaux, sans rien changer au mécanisme des Séries progressives.

VIBRATION ASCENDANTE.

APOGÉE DU BONHEUR.

"PÉRIODE PIVOTALE ou AMPHIHARMONIQUE" d'environ 8,000 ans.

[Station temporaire de l'écliptique.]

TROISIÈME PHASE. Neuf Périodes.

DÉCLIN ou COMBINAISON DESCENDANTE.

[Décroissance postérieure de l'obliquité de l'écliptique.]

17e — 2e CRÉATION SEPTIGÉNÉRIQUE ET PLÉNITUDE DESCENDANTE.

18e, 19e, 20e, 21e, 22e, 23e, 24e — Séries composées descendantes.

Ces sept Périodes sont distinguées par SEPT CRÉATIONS HARMONIQUES, séparées par des intervalles d'environ 4,000 ans.

Affadissement des mers faute de fluide boréal, et fin de la rosée aromatique par l'épuisement de la Couronne.

7/16 35,000

HARMONIE DESCENDANTE.

EXTINCTION DE LA COURONNE BORÉALE.

Conversion du fer aimanté au pôle austral.

25e Séries combinées simples. Terme du bonheur. — Cette 25e société est comme la 8e un ordre mixte entre l'Harmonie et le Chaos social.

SAUT D'HARMONIE EN CHAOS.

QUATRIÈME PHASE. — Sept Périodes.

CADUCITÉ ou INCOHÉRENCE DESCENDANTE.

CRÉATION SUBVERSIVE POSTÉRIEURE,

MALFAISANTE COMME LA PREMIÈRE.

Seconde infection des mers par le fluide austral. [Croissance postérieure de l'obliquité de l'écliptique.]

RETRAITE: 26e Séries ébauchées. Vestiges du bonheur. 27e Garantisme. 28e Civilisation. 29e Barbarie.

AGONIE: 30e Patriarchat. 31e Sauvagerie. 32e Séries confuses. Ombre du bonheur.

Lymbes postérieures. Cinq périodes malheureuses organisées en ménages incohérents. Ages de perfidie, injustice, contrainte, indigence, révolutions, et faiblesse corporelle.

1/16 5,000

CHAOS DESCENDANT. Bouleversement général par la 18e création. Choc des Passions par défaut de luxe.

VIBRATION DESCENDANTE.

FIN DU MONDE ANIMAL ET VÉGÉTAL, APRÈS UNE DURÉE APPROXIMATIVE DE...... 80,000 ans.

[mort spirituelle du globe; fin de la nutation et rotation de l'axe; versement de pôle du globe en équateur; fixation hémisphérique sur le soleil; mort naturelle; chute et dissolution lactée.]

Abb. 4: Tableau du Cours du Mouvement Social. Quelle: Loseblatt-Beilage zu Charles Fourier: Théorie des quatre mouvements, in: ders.: Œuvres complètes, Paris 1966–1968, Bd. 1.

Offen bleibt, inwiefern sich Fourier für das Geschäft der Leidenschafts-Kombinatorik eine zentrale Agentur vorgestellt oder ob er auf die Selbstorganisation der leidenschaftlichen Serien vertraut hat. Er spricht stellenweise tatsächlich von einer solchen Instanz, einem »Ministerium der zufälligen Sympathien«.[41] Hat Fourier damit, wie in neueren Veröffentlichungen gerne gefragt wird,[42] eine Sozialtechnologie vorweggenommen, die heute in entstellter Form realisiert worden ist? Die Computer in Partnervermittlungsagenturen wie *parship* scheinen in der Lage, die Menschen gemäß einer Kombinatorik aus Kontrasten und Affinitäten passgenau zu Paaren zusammenzuführen. Ein virtuelles *job center* allerdings, das sie nach Maßgabe ihrer (temporären) Neigungen zu passionellen Serien anordnet und zugleich ihre Arbeitszeit auf vier Stunden täglich reduziert, harrt weiterhin der Realisierung.

III. Die Welt als utopisches Tableau

Neben der detaillierten Ausmalung einer Kunst der Serie äußert sich Fouriers Utopie in einer großdimensionierten Prognostik. Die erwartbare Entwicklung hat Fourier in einem *Tableau du Cours du Mouvement Social* festgehalten (Abb. 4). Man mag sich an Condorcet erinnert fühlen, insbesondere an seine *Esquisse d'un tableau historique des progrès de l'esprit humain* von 1795, deren letztes Kapitel ebenfalls einen atemberaubenden Ausblick auf die Zukunft der Menschheit enthält – eine Vision, die von Condorcet mit dem Anspruch vertreten wird, ihre Parameter *more geometrico* berechnet zu haben. Wie Condorcet nutzt auch Fourier die Form des Tableaus, um die Parameter künftiger Entwicklungen zu bestimmen, und setzt dies auch graphisch um. Für die nähere Zukunft, deren ›exaktes‹ Eintreffen Fourier offen gelassen bzw. unterschiedlich angegeben hat, steht eine rund 40 000 Jahre währende Harmonie in Aussicht, an die sich dann ein erneuter Abstieg in den Zustand der Unverbundenheit anschließen wird. Für das Eintreten aller insgesamt 32 gesellschaftlichen Perioden sei allerdings mit einem Vorbehalt von 1/8 zu rechnen. Doch trotz dieses Vorbehalts, mit dem selbst das Nicht-Wissen noch exakt beziffert wird, enthält Fouriers kosmologisches Tableau die Garantie auf eine bessere Zukunft, und die gründet sich auf nichts anderes als die Einheit des Kosmos selbst. Wenn nämlich, so Fouriers Argument, das System der Natur einheitlich ist und die Natur – was anthropozentrisch vorausgesetzt wird – im

---

41. Fourier, Aus der Neuen Liebeswelt (Anm. 23), 153.
42. Vgl. hierzu neben Reitz (Anm. 40) auch Martin Burckart (Hrsg.): Der Philosoph der Kleinanzeige. Ein Fourier-Lesebuch, Berlin 2006.

Bündnis mit der Menschheit steht, dann müssen die drei Reiche außerhalb des Sozialen ein »hieroglyphisches Tableau der menschlichen Leidenschaften bilden«.[43] Die Stärke und die unter den jetzigen Umständen bedauerliche Dysfunktionalität unserer Leidenschaften ist für Fourier aber der beste Indikator für die notwendige Umwälzung der gesellschaftlichen Verhältnisse. Aus einem einfachen Grund: Gott nämlich hat uns bereits jetzt mit denjenigen Leidenschaften ausgestattet, die sich erst in einem künftigen Zustand, in einer noch nicht verwirklichten Sozialform, als Tugenden erweisen werden.[44]

Aus diesem grundlegenden Zusammenhang ergibt sich für Fourier die schier unendliche Aufgabe, die im kosmischen Tableau ausgebreiteten Sinnbilder *(emblèmes, hiéroglyphes)* lesen zu lernen.[45] Es geht jedoch nicht mehr wie in der frühneuzeitlichen Signaturenlehre darum, den im Buch der Natur verzeichneten göttlichen Heilsplan zu dechiffrieren und damit die existierende Welt zu rechtfertigen. Im romantischen Sinne transformiert sich das Analogiedenken vielmehr in eine aktive Lektürepraxis, die das Kryptogramm des Kosmos nicht als Spiegel des gegenwärtigen, sondern als verheißungsvolles Vor-Bild eines künftigen Zustands behandelt, »a rich source of symbols that could be used to evoke the promise of a more perfect order.«[46] Fourier, so schreibt Barthes, »will die Welt entziffern, um sie neu zu machen (denn wie soll sie neu gemacht werden, wenn sie nicht entziffert wird?).«[47] Entsprechend dient die Analogie dazu, radikal über die existierende Welt hinauszuweisen, eine neue Welt herbeizuschreiben. Als Methode zielt sie darauf ab, durch ein systematisches Lesen im Buch der Natur die Bewegungsgesetze des Kosmos in ›soziale Bewegung‹ zu übersetzen.

Fouriers Embleme sind zugleich Bilder und Zeichen,[48] die ein System von Verweisen zwischen den vier Reichen des Materiellen, Organischen, Animali-

---

43. »Si le système de la nature est un, il faut, pour s'allier à l'humain, que les trois règnes soient miroirs ou tableaux hiéroglyphiques des passions humaines et comme elles ne produisent dans l'ordre subversif que des horreurs [...].« Charles Fourier: Manuscrits, Paris 1851–1858, Bd. 2, 325.
44. »Wäre die trostlose Zivilisation unsere Bestimmung, dann hätte uns Gott schwache und stumpfe Leidenschaften gegeben, wie die Philosophie sie uns empfiehlt, Leidenschaften, die der elenden Existenz angemessen sind, in der wir seit fünftausend Jahren verharren. Die Heftigkeit unserer Leidenschaften, über die wir uns beklagen, verbürgt unser zukünftiges Glück. Gott mußte unsere Seelen für die Zeiten des Glücks ausstatten, die siebenmal länger dauern werden als die des Unglücks.« Fourier, Vier Bewegungen (Anm. 2), 148.
45. Vgl. die ausführliche Ausbreitung dieser emblematischen Operationen in Charles Fourier: Über die Analogie. Erstübersetzung von Peter Geble in: ilinx. Berliner Beiträge zur Kulturwissenschaft 2 (2011), 163–177.
46. Beecher (Anm. 1), 348.
47. Barthes, Sade Fourier Loyola (Anm. 29), 111.
48. Neben ›emblème‹ greift Fourier auch auf die Begriffe ›image‹ und ›tableau‹ zurück, oftmals dann, wenn die Analogieverhältnisse an äußeren Ähnlichkeiten besonders deutlich ablesbar

schen und Sozialen sowie zwischen der existierenden und der künftigen Welt bilden. Es gibt schlechterdings nichts, was nicht für Fouriers utopische Emblematik in Dienst genommen werden kann, um immer neue Entsprechungen und Korrespondenzen innerhalb des kosmischen Tableaus lesbar zu machen. Tiere und Pflanzen werden nicht nur in einzelne Charakterzüge, sondern in sämtliche morphologische Einzelteile zerlegt, um Embleme abgeben zu können. In der Nahsicht werden sie dann mitunter erneut zu Tableaus, Übersichtstafeln ihrer selbst.[49]

In unzähligen Sinnbildern, die wie Kipp-, Zerr- oder Wunschbilder die zivilisatorische Gegenwart gegen die verheißungsvolle Welt der Harmonie ausspielen, soll gleichsam mit der schlechten Realität gebrochen und deren noch uneingelöstes Versprechen auf eine bessere Zukunft freigesetzt werden. Die Verpflichtung der Welt auf eine künftige Harmonie trägt Fourier freilich selbst in den Kosmos ein und liest sie aus unzähligen kreativ konstruierten Emblemen wieder heraus. Gewissermaßen als »Erwartungsbegriff« im Sinne Kosellecks[50] bezeichnet die Harmonie keine statische Eigenschaft des wohleingerichteten Universums, sondern die unabdingbare Bewegung der Perfektibilisierung und antizipiert so bereits die bessere Zukunft. Paradoxerweise ist es also gerade das Medium der Prädestination, das gewährleistet, dass die Menschen zu Akteuren ihres eigenen Geschicks werden können, und zwar in einer Weise, die Marx blass aussehen lässt:

L'analogie [...] est une manière fantastique et radicale de montrer la présence pratique de l'homme dans les choses et les êtres naturels. L'homme fait le monde et soi-même, devait dire Marx; mais cette affirmation pâlit auprès de celle de Fourier qui, sans crainte de délirer, montre le jeu des passions à la charnière de l'être. Le mouvement total de l'existence sociale modèle la nature et sculpte dans les choses son image fidèle: le monde réel est un prolongement de nos intentions et actes; il nous montre à l'évidence ce qu'elles impliquaient. Mais l'ordre extérieur lui-même

---

sein sollen. In seinem Text *Analogie et Cosmogonie*, in: Œuvres complètes (Anm. 11), Bd. 11, 35–200, wird statt ›emblème‹ der in der Romantik gebräuchliche Begriff der ›hiéroglyphe‹ verwendet.

49. Das französische Wort ›tableau‹ bringt dieses Kippmoment zwischen Gemälde, Tafel und Verzeichnis zum Ausdruck. Mit ›Tabelle‹ ist es in der Regel falsch übersetzt. Mit Dank an Peter Geble für ein intensives und epistemisch produktives Ringen um übersetzerische Präzision.

50. Reinhart Koselleck: Einleitung, in: Otto Brunner, Werner Conze, Reinhart Koselleck (Hrsg.): Geschichtliche Grundbegriffe. Historisches Lexikon zur politisch-sozialen Sprache in Deutschland, Stuttgart 1972–1997, Bd. 1, XIII–XXVII, hier: XVIf.

n'est pas immunable; »rien n'est stationnaire dans l'ordre de la nature et si un globe ne fait pas de progrès vers le bien, il en fait vers le mal«.⁵¹

Die Dringlichkeit, unterstützt durch wissenschaftliche ›Analogie‹ unsere sozialen Reformen zu befördern und zu beschleunigen, erhöht sich dadurch noch einmal dramatisch; unterlassen wir diese Anstrengungen, wird sich nicht nur keine Verbesserung, sondern sogar eine Verschlechterung ergeben. Fouriers Rückgriff auf die Gravitation impliziert, dass die Kräfte der vier Bewegungen sich gegen nicht näher bestimmte Antagonisten durchzusetzen haben; der verheißene Aufstieg wird somit permanent durch den Niedergang bedroht.⁵²

Die in ein utopisches Tableau gefasste Transformation des Kosmos legt davon Zeugnis ab, dass die existierende Welt beileibe nicht die beste aller Welten ist – und doch soll gerade ihre ›planmäßige‹ Umwälzung einem göttlichen ›Willen‹ folgen; um die Parameter dieser Umwälzung zu entschlüsseln, musste ihr Entdecker demnach Kenntnis von den »noch nicht erwachten Absichten Gottes«⁵³ besitzen. Vermeintliche Fehler, wie etwa die von Fourier diagnostizierte Fehlstellung der Erdachse, »diesen scheinbaren Schnitzer Gottes«,⁵⁴ gilt es im Hinblick auf die vorgesehene Entwicklung des Kosmos richtig zu deuten. Der Umschlag von Kosmologie in Sozialutopie beruht auf dem perfektibilistischen Grundargument, dass sich Teile des Kosmos noch in der Latenz befinden – sie konnten sich noch nicht entwickeln, da die Bedingungen ihre Entfaltung oder Transformation noch nicht erlaubt haben. Die Welt ist aber allein schon deshalb noch unvollendet, weil Gott lieber einen langen Schöpfungsakt genießen will.⁵⁵

IV. Fouriers kosmologischer Übertragungsraum

Den Gang der Geschichte auf die soziale Harmonie hinzutreiben, erfordert nach Fouriers Diktion also zum Ersten, die Gesetze des Kosmos und der *attraction passionelle* zu kennen, zum Zweiten, die Wissenschaft der ›universellen

---

51. Debout-Oleszkiewicz (Anm. 12), 181. Das integrierte Fourier-Zitat stammt aus: Charles Fourier, Manuscrits (Anm. 43), Bd. 2, 327.
52. Wie Fouriers *Tableau* zeigt, verhält es sich aber mit dem Niedergang ebenso paradox wie mit dem Aufstieg: Er ist bereits auf Jahrhunderte hinaus vorherbestimmt.
53. Dies und ein »bewußte[r] Utopismus, der die Wirklichkeit nicht scheut, wohl aber als Aufgabe und Erfindung behandelt«, kennzeichnet den Möglichkeitssinn nach Robert Musil: Der Mann ohne Eigenschaften. Roman, hrsg. von Adolf Frisé, Reinbek bei Hamburg 1978, Bd. 1, 16.
54. Fourier, Vier Bewegungen (Anm. 2), 99.
55. Ebd., 89.

Analogie‹ zu entwickeln und immer weiter zu verfeinern, und zum Dritten ein soziales Handeln, das den Leidenschaften soziétäre Entwicklungsmöglichkeiten erschließt – also etwa die Gründung einer Phalange und den Übergang zu sozialer Serienbildung. Für die Finanzierung einer solchen initialen Phalange schaltete Fourier Anzeigen und wartete jahrelang zur selben Tageszeit auf die Person, die das gewinnträchtige soziale Experiment mit einer Million Francs unterstützen würde.[56]

Fouriers visionärer kosmologischer Entwurf zeugt vom Versuch, die statische Ordnung des kosmischen Tableaus zu dynamisieren. Die Etablierung eines solchen in die Zukunft erweiterten historischen Raums gelingt ihm aber nur durch den Rekurs auf eine einheitliche Kraft, die organisierend hinter den Erscheinungen steht, bisher aber im Verborgenen wirksam und nicht zu erkennen war. Ihren Charakter als unbekannte, ›okkulte‹ Kraft teilt die von Fourier postulierte *attraction passionelle* mit einem anderen Agens, um dessen wissenschaftlichen Status seit den Zeiten Mesmers heftig gestritten wurde: dem Agens des animalischen Magnetismus, Mesmers feinstofflichem Fluidum, das nach seinem *System der Wechselwirkungen* die Körper der Lebewesen ebenso durchdrang wie den Kosmos und so aufgrund seiner doppelten Verwandtschaft zum Äther wie zur ›Nervenkraft‹ besonders dazu geeignet war, (Fern-)Beziehungen zwischen physischen und psychischen Prozessen zu konzipieren. Die politisch bewegte Zeit zwischen den Revolutionen von 1789 und 1848 war geprägt von Versuchen, Mesmers animalischen Magnetismus endgültig aus dem Bereich der zugelassenen Naturkräfte auszuscheiden, aber auch davon, dem Mesmerismus erneut zu wissenschaftlichem Ansehen zu verhelfen.[57] Nicht zufällig war es die wiederkehrende Berufung auf Newton

---

56. Der umstürzenden sozialen Bewegung, die er initiieren wollte, war jedoch keine große Reichweite beschieden, und sie blieb deutlich hinter der des Saint-Simonismus zurück. Nach einigen mehr oder weniger gescheiterten Versuchsgründungen von Phalanges in den USA, Rumänien und einigen anderen Ländern kam der Fourierismus nach einer kurzen Blütezeit in den 1830er und 1840er Jahren zum Erliegen. Zum Fourierismus als Bewegung vgl. Henri Desroche: La Societé festive. Du Fourierisme écrit aux Fourierismes pratiques, Paris 1975; sowie Carl J. Guarneri: The Utopian Alternative: Fourierism in nineteenth century America, Ithaca, N.Y. 1991.

57. Für eine ›Zweitblüte‹ des Mesmerismus in Deutschland sorgten unter anderem die Bemühungen Schellings in den 1810er Jahren. Martin Blankenburg: Der »thierische Magnetismus« in Deutschland. Nachrichten aus dem Zwischenreich, in: Robert Darnton: Der Mesmerismus und das Ende der Aufklärung in Frankreich, übers. von Martin Blankenburg, München/Wien 1983, 191–228. Als symptomatisch für das endgültige wissenschaftliche Ende des animalischen Magnetismus in den 1850er Jahren kann die Auseinandersetzung zwischen Theodor Fechner und Karl von Reichenbach gelten, die für ein Abwandern des ›Od‹ ins Reich der Esoterik und ›Pseudowissenschaft‹ sorgten. Vgl. dazu Robert Matthias Erdbeer: Epistemisches Prekariat. Die *qualitas occulta* Reichenbachs und Fechners Traum vom Od, in: Dirk Rupnow u.a. (Hrsg.): Pseudowissenschaft. Konzeptionen von Nichtwissenschaftlichkeit in der Wissenschaftsgeschichte, Frankfurt a.M. 2008, 127–162, sowie das Kapitel »Nachsommer,

und die Gravitation, also ›die‹ Naturkraft *par excellence,* die für die erwünschte epistemische Erhärtung lebensmagnetischer Imponderabilien sorgen sollte.

Fourier spricht überwiegend von Kräften – ohne ein zugehöriges Medium. Bei näherer Betrachtung zeigt sich aber, dass gerade seine Transformation eines lediglich auf Deutung und Entzifferung gerichteten Analogiedenkens in ein Denken sozialer Bewegung, dass also gerade seine historische Dynamisierung des Tableaus ein solches Medium unabdingbar macht. Seinem Programm zufolge soll die Lektüre ja, indem sie den Gang der sozialen Entwicklung beschleunigt, Wirkung im Kosmos hinterlassen. Doch ohne ein feinstoffliches Medium wäre nichts vorhanden, wodurch die bewegende Kraft übertragen werden könnte. Fouriers auf Analogie beruhende Kosmologie ist damit auf spätmesmeristische Imponderabilien angewiesen, um der postulierten Übertragung günstiger Veränderungen von einem der vier Reiche in ein anderes Rechnung tragen zu können. Dies zeigt sich besonders dort, wo sich Fourier die Transformation des Planeten Erde am Beginn des harmonischen Zeitalters ausmalt: Bei den dramatischen Umgestaltungen des Kosmos, der Erde und unserer sozialen Einrichtungen, die uns in den nächsten 70 000 Jahren erwarten werden, ist ein kosmisches Fluidum im Spiel. Gemäß der Fourier'schen Vision wird dieses Fluidum, sobald die Wechselwirkung der vier Bewegungen bis zu einem bestimmten Punkt vorangeschritten ist, zunächst die Verhältnisse auf unserem Planeten verbessern und schließlich die Zeugung neuer Planeten einläuten: »Jede Schöpfung vollzieht sich durch die Verbindung eines borealen Fluidums, das männlich ist, mit einem australen Fluidum, das weiblich ist.«[58] Die beginnende Transformation wird sich durch ein häufig auftretendes Nordlicht[59] ankündigen, das nun gedeutet wird als »ein Symptom der Brunft eines Planeten, eine unnütze Ausschüttung seines Zeugungsstoffes«,[60] der sich nach und nach zu einer ›borealen Krone‹ um den Nordpol akkumulieren wird. Die eigentliche Zeugung ist dann allerdings erneut abhängig von der erfolgreichen Bewegung im Reich des Sozialen, konkret: von einem Bevölkerungswachstum, das zuerst die Zweimilliardengrenze passieren

---

Reichenbach, Du Bois-Reymond: Differenzierung von Wissenschaft, Pseudo-Wissenschaft und Literatur«, in: Michael Gamper: Elektropoetologie. Fiktionen der Elektrizität 1740–1870, Göttingen 2009, 297–308.

58. Fourier, Vier Bewegungen (Anm. 2), 89. In der deutschen Ausgabe werden die Begriffe von der Übersetzerin Gertrud von Holzhausen erläutert mit »boreal gleich arktisch, austral gleich antarktisch«.

59. Auch das Nordlicht gehört, aufgrund der Spekulationen über die elektrischen Phänomene der Atmosphäre, in das Gebiet der Imponderabilien. Vgl. hierzu Jutta Müller-Tamm: »... es schoß ein wildes Feur durchs gantze Firmament«. Das Nordlicht in Physik, Kulturgeschichte und Literatur des 18. Jahrhunderts, in: Georg Braungart, Urs Büttner (Hrsg.): Atmosphären. Wetter und Klima: Kultur, Wissen, Ästhetik (in Vorbereitung).

60. Fourier, Vier Bewegungen (Anm. 2), 91.

muss. Doch bereits die Krone, die sich Fourier offenbar in Analogie zu den Saturnringen vorstellt, wird sich günstig auf unseren Planeten auswirken und ihm eine »Gnade« verleihen, die bisher nur Saturn genießen durfte.[61] Im Gegensatz zu den unwirtlichen Lebensverhältnissen auf diesem fernen Planeten aber wird die boreale Krone der Erde eine neue Atmosphäre und ein weitaus besseres Klima verschaffen. Die Erdatmosphäre wird gereinigt, die klimatischen Bedingungen auf den Kontinenten werden sich mäßigen, so dass die Weinberge in Petersburg besser gedeihen werden als heute in Mainz und die Sommer im Senegal erträglicher sein werden als heute in Frankreich. Darüber hinaus wird die Korrektur der derzeitigen Fehlstellung der Erdachse (wie gesagt: nur scheinbar ein »Schnitzer Gottes«!)[62] bewirken, dass auch bislang unwirtliche Landstriche besiedelbar werden. Selbst das Meerwasser erfährt unter dem Einfluss der borealen Krone eine günstige chemische Reaktion, so dass es einen limonadenartigen Geschmack annimmt.[63] Von der fundamentalen Metamorphose des Planeten Erde, die mit dem glücklichen Übergang von der siebten in die achte Gesellschaftsform einsetzen wird, erwartet Fourier zudem die Entstehung von genau 549 neuen Tierarten, davon 7/8 zähmbare, die nützliche Gegenentwürfe zu ihren derzeit existierenden schädlichen und räuberischen Pendants darstellen. Die künftige Welt wird von Antiratten, Antihaien und Antilöwen bevölkert sein. Jedoch: »Die neuen Schöpfungen können nicht eintreten, bevor die Menschheit nicht die achte soziale Periode organisiert hat. Solange die ersten sieben Perioden auch dauern mögen, die zweite Schöpfung kann doch erst nach ihrem Abschluß beginnen.«[64]

V. Esoterik und die Imponderabilien des Wissens[65]

Zu den konstanten Zuschreibungen an esoterische Denksysteme gehört, dass sich in ihnen sowohl die Suche nach wie der Anspruch auf ein ›absolutes Wissen‹ ausdrückt, »the claim to a wisdom that is superior to other interpretati-

---

61. Ebd., 100.
62. Das nämlich ist die bestechende Logik: Hätte Gott nicht gewollt, dass wir eine boreale Krone bekommen, dann hätte er doch die Erdachse von vornherein richtiggestellt! Vgl. ebd., 98.
63. Ebd., 95.
64. Ebd., 91.
65. Die methodisch-theoretischen Überlegungen in diesem Abschnitt sind zu großen Teilen aus den intensiven Diskussionen mit Diethard Sawicki und Robert Matthias Erdbeer hervorgegangen, denen ich herzlich danken möchte. Für die Freuden gleichzeitiger Fourier-Entdeckung und Parallellektüre geht mein Dank an Tilman Reitz.

ons of cosmos and history«.⁶⁶ Inwiefern ist Fouriers Entwurf mit einer solchen Bestimmung zu erfassen? Man erinnere sich an die eingangs erwähnte Verdunkelung der Szene, mit der Fourier seine Theorie einführt und die es zunächst naheliegend macht, die Frage zu bejahen: Alles bisher entwickelte Wissen wird ins Dunkel des Nicht-Wissens versenkt, und der Auftritt der von ihm er- bzw. gefundenen *science sociale* soll für den Umschlag von Nicht-Wissen in ein ›höheres Wissen‹ sorgen. Bisher ergab nichts Sinn, mit dem Schlüssel der Bewegungs-Analogie in Händen jedoch ergibt urplötzlich alles Sinn. Nimmt man den Gestus der Eröffnung aber als das, was er ist, nämlich Rhetorik, dann stellt sich die Rede vom ›Schlüssel‹, der in die Hände eines unvorbelasteten Außenseiters gefallen ist, aber gleichwohl zu ›höherem‹ Wissen führen wird, als ein Topos dar, eine konventionalisierte Formel, die auf einen gewünschten Effekt bei der Leserschaft abzielt.⁶⁷ Zudem ist hier eine besondere affektiv-emotionale Qualität am Werk, die nicht auf die (quasi-)religiöse Empfängnis einer höheren Weisheit, sondern auf das leidenschaftliche Hin-, Mit- und Fortgerissensein des Autors durch eine assoziativ und analogisch funktionierende *écriture* hindeutet. Der stolpernde Gang seiner folgenden Darlegungen, der von Verzögerung, Abschweifung und Aufschub geprägt ist und von der wiederkehrenden Vertröstung lebt, das ›volle‹ Verständnis werde sich in Kürze erschließen, erweist sich dabei wiederum als eine rhetorische Struktur, die sich nur schwer in die religiöse Terminologie von ›Verbergen und Offenbaren‹ fügt.⁶⁸

Typisch für moderne Formen von Esoterik sind, wie Diethard Sawicki kürzlich ausgeführt hat, »literarische Verfahren des suggestiven Assoziierens, der Anspielung, des immer neuen Infragestellens von Gesagtem« sowie ein gewisser ironischer Vorbehalt.⁶⁹ Wie viel Selbstironie in den Entwürfen Fouriers, dieses »Buster Keaton der Utopie« (Pascal Bruckner), steckt, von dem eine folgenreiche Anekdote behauptet, er habe nie gelacht, darüber kann

---

66. Kocku von Stuckrad: Western Esotericism: Towards an integrative model of interpretation, in: Religion 35 (2005), 78–97, hier: 88.
67. Robert Darnton hat darauf hingewiesen, dass in diesem antiwissenschaftlichen Ressentiment ein rousseauistischer Zug zum Ausdruck kommt, der für den politischen Mesmerismus nach 1789 kennzeichnend ist. Entsprechend versucht sich Fourier hier über ein gesundes, laienhaftes Nicht-Wissen zu authentifizieren, das für seinen unverbildeten Charakter sprechen soll. Darnton (Anm. 57), 124.
68. Nach Kocku von Stuckrad verliert esoterisches Wissen in der Moderne zwar zum Teil seinen traditionellen Charakter als ›geheimes Wissen‹, hört jedoch nicht auf, eine Suche nach ›absolutem Wissen‹ zu demonstrieren. ›Verborgen‹ sei dieses insofern, als es um eine Dialektik von Verbergen und Offenbaren gehe. Von Stuckrad (Anm. 66), 89.
69. Diethard Sawicki: Dirty Thinking. Moderne Esoterik als theoretische und methodische Herausforderung, in: Geffarth/Meumann/Neugebauer-Wölk (Hrsg.), Aufklärung und Esoterik (Anm. 14).

man geteilter Meinung sein. Für Friedrich Engels war Fourier immerhin einer
»der größten Satiriker aller Zeiten«,[70] und es finden sich zumindest vereinzelt Stellen, an denen Fourier den so nachdrücklich betonten wissenschaftlichen Charakter seiner Analogie selbst in die Schwebe versetzt, etwa wenn er schreibt: »Die Analogie ist von allen Wissenschaften die amüsanteste; sie stattet die gesamte Natur mit einer Seele aus.«[71]

Unter den zahlreichen Überschüssen, die Fouriers »glücklicher« Diskurs produziert,[72] mag daher auch ein gewisser Überschuss an Ironie sein. Seine überbordenden Analogie- und Serienbildungen, seine »orgiastischen Kombinationen«,[73] nehmen gleichsam Anleihen bei der Fülle, die er seinen Zeitgenossen für das Zeitalter der Harmonie in Aussicht stellt. Die Explosion an Möglichkeitssinn, die dieses Unterfangen anfeuert, ist dabei aber – so meine These – nur möglich, weil diese Fülle im kosmischen Tableau verbürgt ist.

Damit ist noch einmal auf die proliferierende Semiotik der Serie zurückzukommen, die Barthes an Fouriers Text herausgearbeitet hat. Seine luzide textuelle Analyse wäre aus meiner Sicht insofern zu modifizieren, als Fouriers Prinzip der Serie sich nicht nur aus textuellen Mechanismen (sowie einer Lust am Text, die Barthes Fourier implizit bescheinigt, sich selbst aber explizit zuspricht)[74] speist. Auch wenn sich dieses Prinzip durch semiotisch-romaneskes Überborden permanent selbst an die Grenze bringt, es sich also tatsächlich um alles andere als ein geschlossenes esoterisches System handelt – ohne das Beharren darauf, dass seine Theorie der vier Bewegungen durch Newton'sche ›Gesetze‹ gestützt ist, käme die Fourier'sche Utopiemaschine gar nicht in Gang. Erst im Schutz dieser Behauptung wird ein potenziell unendliches Spiel mit Analogien und Korrespondenzen möglich. Fouriers ›Zeichen‹ werden von ihm nicht zufällig in esoterisierender Wortwahl als Hieroglyphen bezeichnet, und das von ihm entworfene kosmische Tableau ist die Organisationsform eines Wissens, das sich notwendig im Schwebezustand zwischen Aufklärung und Esoterik befindet. Als lesbar gemachtes Kryptogramm soll die Welt zugleich dem menschlichen Eingriff geöffnet und mit einem Garantieschein auf eine prädestinierte harmonische

---

70. Engels (Anm. 15), 242.
71. Fourier, Über die Analogie (Anm. 45), 163.
72. Barthes, Sade Fourier Loyola (Anm. 29), 106. Vgl. auch das gleichlautende Kapitel in Astrid Deuber-Mankowski: Praktiken der Illusion. Kant, Nietzsche, Cohen, Benjamin bis Donna J. Haraway, Berlin 2007, 256–260.
73. Blättler (Anm. 28), 368f.
74. Barthes lässt keinen Zweifel daran, dass die Lust am Text ganz seinerseits ist: »Ich bin ganz außer mir, geblendet, überzeugt durch eine Art Charme des Ausdrucks, der sein Glücksfall ist. […] Diesen Glücksfällen kann ich nicht widerstehen, sie erscheinen mir als ›wahr‹: die Form hat mich gepackt.« Barthes, Sade Fourier Loyola (Anm. 29), 106.

Zukunft versehen werden. Diese charakteristische Spannung zwischen Verfügbarkeit und Determination – aufrecht und in Gang gehalten durch das Postulat aktiver Lektüre (›Analogie‹) und sozialer Bewegung – bildet, wie ich behaupten möchte, den epistemischen Motor, der Fourier die Entwicklung seiner *science sociale* erst erlaubt. Insbesondere sein zwischen esoterischer Kosmologie und utopischer Sozialtheorie changierendes Konzept der Serie setzt eine Dynamisierung statischer Ordnungssysteme ins Werk, wenngleich es permanent in eine Art taxonomischen Ordnungswahn zurückführt. Der Hang zur Kompletterfassung der Welt in der Form des Tableaus und der ›Bewegungen‹ aller Reiche mithilfe eines einzigen, zum Naturgesetz erhobenen Prinzips kann kaum anders denn als esoterisch bezeichnet werden. Und dennoch gibt gerade die generative Offenheit dieser Erfassung durch die Gesetze der Serie den permanenten Anstoß zur Entwicklung neuen Wissens über das Soziale. Mit anderen Worten, Esoterisierung wird bei Fourier selbst epistemisch produktiv.

Der hier am Beispiel Fouriers verhandelte poetologische Umgang mit Wissen unterschiedlicher Veraltungs- und Esoterisierungsgrade – den Elementen eines längst vergangenen frühneuzeitlichen Ähnlichkeitsdenkens und einer kosmischen Harmonielehre sowie dem erst im Veralten begriffenen Wissen von den Imponderabilien – hat sich nicht nur in der politischen Utopie, sondern auch in der Literatur vielfach als produktiv erwiesen. Ebenso wenig Sinn wie im Fall von Fouriers Assemblagen hätte es nun aber, den literarischen Einsatz von Imponderabilien, von Analogie- oder Korrespondenzdenken als Belege für eine Wiederkehr ›klassisch‹ esoterischer Wissensbestände zu deuten und die entsprechenden Texte als historisch verspätete und verwässerte Wiedergänger ihrer weitaus elaborierteren Vorbilder zu behandeln. Vielmehr geht es hier um vielfältige Formen der produktiven Aneignung esoterischer Denkfiguren, die Fouriers Text mit etlichen literarischen Strömungen in der Moderne teilt. Inwieweit seine Lektüre der Kryptogramme und ihre Übersetzung in eine als »maliziös« bezeichnete »Metonymie« bereits, wie Barthes schreibt, den »surrealistische[n] Mechanismus« vorzeichnet, sei dahingestellt;[75] Bréton selbst hat die spezifisch surrealistische Analogie gerade als eine Überwindung der Fourier'schen präsentiert, die im Kosmos »vorfabriziert« sei und damit indirekt ihre endgültige Loslösung aus esoterischen Denkweisen behauptet.[76] Der Nachhall eines romantischen, vielleicht auch Fourier'schen

---

75. Ebd., 107.
76. André Breton gehört zu den Literaten, die sich am emphatischsten auf Fourier bezogen haben. Noch bevor er sich 1947 in einer Ode an Fourier wandte, verortete er diese Affinität just auf dem Gebiet der Analogie und jener Kryptogramme, aus denen Fourier eine bessere

Analogiedenkens lässt sich aber von den *correspondances* bei Baudelaire bis zu den ›objektiven Ideogrammen‹ bei Roger Caillois finden.

Literatur tritt in epistemischen Diffusions- und Zirkulationsprozessen also nicht als bloße Speicherungsinstanz für veraltete, unwissenschaftlich gewordene Wissensbestände auf.[77] Der Fall der Imponderabilien des animalischen Magnetismus bietet hierfür ein besonders gutes Beispiel: Insbesondere in Situationen, die durch eine gewisse epistemologische Offenheit gekennzeichnet sind, kann sich Literatur auf poetologische Weise epistemologisch involvieren, indem sie »Fragen nach dem Wissen und dem Nicht-Wissen von Verfahren und Disziplinen« aufwirft.[78] Im Anschluss an Michael Gamper ließe sich von verschiedenen ›Phasen‹ sprechen: Während es privilegierte Phasen gibt, in denen der Literatur eine eigene epistemische Funktion zuwächst, mag in anderen Phasen die genuin literarische Funktion im Vordergrund stehen.[79] In Bezug auf die Elektrizitätsmetaphern in Texten Stifters kommt Gamper zu dem Ergebnis, dass in den 1850er Jahren – und damit zeitgleich zu den disziplinären Reinigungsprozessen, in denen vitalistische und spekulative Anteile endgültig aus dem Elektrizitätskonzept ausgeschieden werden – »die epistemologischen Aspekte der Thematisierung von Wissen und Nicht-Wissen in den narrativen Arrangements aufgehoben werden und damit in die Diskursqualität von Literatur eingehen«.[80]

Eine *wissens*geschichtliche Neufokussierung macht es aus meiner Sicht erforderlich, sowohl im Hinblick auf literarische wie auf esoterische Wissensformen einen szientistischen Blickwinkel aufzugeben. Ein solcher Blickwinkel erweist sich meines Erachtens besonders dort als unproduktiv, wo das ›Wissen der Literatur‹ dadurch aufgewertet werden soll, dass man ihm einen Grad der Exaktheit zuspricht, der wissenschaftlichem Wissen ranggleich ist. Wer aber wollte einen Roman lesen, der nur ›exaktes Wissen‹ enthält? Umgekehrt ist

---

Welt herauslesen wollte. In seinem Manifest *Was der Surrealismus will* schreibt Breton 1935: »Man kann nicht oft genug darauf hinweisen, daß die Metapher, die im Surrealismus jede Freiheit genießt, die Analogie (die vorfabrizierte), welche in Frankreich bereits Charles Fourier und sein Schüler Alphonse Toussenel zu fordern suchten, weit hinter sich läßt. Beide, Metapher und Analogie, gereichen zwar dem System der ›Korrespondenzen‹ zur Ehre, doch sind sie voneinander entfernt wie Höhenflug und Tiefflug.« André Breton: Was der Surrealismus will [1935], in: ders.: Die Manifeste des Surrealismus, übers. von Ruth Henry, Reinbek bei Hamburg 1986, 130f.
77. Vgl. Lepenies (Anm. 19), V.
78. Gamper (Anm. 57), 307.
79. Ebd. Zur genuinen Funktion von Literatur im Umgang mit Wissen (d.h. außerhalb besonderer Phasen epistemischer Involvierung) gehöre es, nach dem »kulturellen Wert von wissenschaftlichem Wissen für die Lebensgestaltung von Individuen und sozialen Einheiten« (ebd.) zu fragen – wie es etwa in Stifters *Nachsommer* (1857) der Fall ist.
80. Ebd.

in Bezug auf die Geschichte der Wissenschaften der normative Standpunkt von Bachelards Historischer Epistemologie aufzugeben, wonach es sich bei esoterischem Wissen stets nur um ein Nicht-Wissen handeln kann, das an ›epistemologischen Hindernissen‹ und den rationalen Ansprüchen ›echter‹ Wissenschaft scheitert. Statt zwei durch Demarkation getrennte Sphären von Wissen und Nicht-Wissen zugrunde zu legen, ist zum einen der Prozess der Esoterisierung von Wissen selbst als historischer Prozess zu untersuchen, der nicht am Gradmesser szientistischer Normen von Rationalität gemessen werden sollte. Zum andern, und das sollte am Beispiel Fouriers demonstriert werden, ist die dynamische Beziehung und mitunter selbst epistemisch wirksame Präsenz esoterisierten Wissens im Entwurf neuer Theorien in Rechnung zu stellen – mit all seinen Umschlagmöglichkeiten ins Groteske, Lächerliche oder Größenwahnsinnige, die dabei jederzeit gegeben sind und im hier untersuchten Fall die Gestalt von Limonadenmeeren und Antilöwen angenommen haben.

Ludwik Fleck hat in radikaler Weise erkannt, dass es oft gerade mythische Vorstellungen sind, die die Generierung von neuem Wissen antreiben. Er sprach von sogenannten ›Urideen‹, die bei aller wissenschaftlichen Unschärfe ihre Produktivität gerade darin erweisen, dass sie unabgegoltene Versprechen transportieren.[81] Es ist in diesem Sinne insbesondere das veraltete Wissen, das mit dazu beiträgt, neue Forschungsfragen zu generieren, und dabei für eine gewisse Voreinstellung der Suchbewegungen sorgt. In der gegenwärtigen Wissenschaftsforschung findet eine solche Auffassung immer mehr Anklang, was sich nicht zuletzt an einer ausgeprägten Berufung auf Fleck zeigt. Neben dessen bereits 1935 entstandenen Überlegungen könnte sich ein wissensgeschichtlicher Forschungsansatz aber auch an Paul Feyerabend orientieren, der 1975 schrieb,

> daß auch die fortgeschrittensten und scheinbar gesichtertsten Theorien nicht sicher sind, daß sie mit Hilfe von Auffassungen verändert und gänzlich gestürzt werden können, die eine hochmütige Unwissenheit schon in den Mülleimer der Geschichte geworfen hat, und daß *jede beliebige Anschauung*, wie ausgefallen oder ›veraltet‹ sie auch erscheinen mag, zum Ausgangspunkt einleuchtender Erklärungen und fruchtbarer Entdeckungen werden kann.[82]

---

81. Ludwik Fleck: Entstehung und Entwicklung einer wissenschaftlichen Tatsache. Einführung in die Lehre vom Denkstil und Denkkollektiv [1935], hrsg. von Thomas Schäfer und Lothar Schnelle, 4. Aufl., Frankfurt a.M. 1999.
82. Paul Feyerabend: Wider den Methodenzwang [1975], Frankfurt a.M. 1986, 67 (Hervorhebungen im Original).

Veraltetes Wissen kann also in der Geschichte der Wissenschaften nicht nur als ›epistemologisches Hindernis‹ (Bachelard), sondern auch als vorantreibende Kraft auftreten. Von dieser Einsicht aus müsste mit mehr Mut über die epistemologische Produktivität esoterischen Wissens – auch und gerade in der Moderne – nachgedacht werden.

Rüdiger Campe

Ereignis der Wirklichkeit
Über Erzählung und Probabilität bei Balzac *(Ferragus)*
und Poe *(Marie Rogêt)*

I

In seinem Buch über die Gesetze des sozialen Systems von 1848 hat der belgische Astronom, Mathematiker und Statistiker Lambert Adolphe Quetelet einen großen Roman versteckt. Man kann ihn hinsichtlich der Weite des Unternehmens mit der *Comédie Humaine* vergleichen, deren erste Gesamtpublikation im selben Jahr 1848 zum Abschluss kam. In Quetelets *Du système social* handelt es sich allerdings nur um eine Bemerkung am Rande. Die Geschichte des Menschen im sozialen System, so erwägt Quetelet, manifestiere sich vielleicht im allmählichen Hervortreten der Durchschnittswerte in allen auf den Menschen bezogenen physischen und moralischen Hinsichten, denen er statistische Untersuchungen gewidmet hatte: im Durchschnitt der Körpergröße, im Durchschnitt der Neigung zum Raubmord oder im Durchschnitt der Selbstmorde.[1] Drei Arten der Reaktion auf dieses Projekt kommen sofort ins Gedächtnis: der schriftstellerische Hohn Henri Stendhals, die philosophische Kritik Friedrich Nietzsches und die konzeptuelle Ausarbeitung des Arguments als Soziologie bei Émile Durkheim. Jedenfalls aber ist dieser Roman – wie sehr auch immer die Schriftsteller ihn verachten, die Philosophen ihn kritisieren und die Soziologen ihn zur Methode machen – ein Kandidat für das Verständnis des realistischen Romans. Damit ist einerseits die literarische Form des Romans im Realismus gemeint,[2] andererseits aber auch das, was seit Quetelet im Wissen der Zeit den Charakter eines Romans hat. Wir kennen den Roman in dieser doppelten Bedeutung heute nicht nur in der Interpretation erst des neokantianischen und dann des marxistischen Lukács, sondern auch in den Relektüren, die Michel Foucault, François Ewald und Jürgen Link unter dem Stichwort ›Normalismus‹ vorgelegt haben.

Im Mittelpunkt steht im Folgenden die Machart oder das Verfahren dieses Romans. Offenbar ist es ein Roman der Statistik. Man sieht förmlich, wie Que-

---
1. Siehe Adolphe Lambert Jacques Quetelet: Zur Naturgeschichte der Gesellschaft, Hamburg 1856, 245–249.
2. Zu dem hier zugrundeliegenden, wenn auch nicht ausgeführten Stand der Diskussion vgl. Joachim Küpper: Balzac und der *Effet de Réel*, Amsterdam 1986, 15–75.

telet sich von der Evidenz der Glockenkurve faszinieren lässt – von der Kurve der statistischen Normalverteilung, mit der charakteristischen Abflachung von den steil fallenden Seiten der Abweichungen hin zur Mitte der Näherung an den Mittelwert. Man kann nun entweder sagen, dass Quetelet nacherzählt, was die Kurve ihm in ihrer Gestalt zeigt; oder man kann sagen, dass er in die Verlaufsform einer Geschichte übersetzt, wie das statistisch-probabilistische Verfahren die Kurve erzeugt. Wovon die Linearität der Geschichte erzählen kann, wird entweder durch die Kurve bestimmt, die in diesem Fall als das Bild eines bestimmten sozialen Zustands wahrgenommen wird. Oder die Art der Erzählung transponiert die Auswahl, Konstitution und Auswertung der Daten in ihren eigentümlichen narrativen Ablauf. Beide Versionen sind einleuchtend, sie schließen einander aber auch aus. Um diese Figur, die gleichzeitige Möglichkeit und den wechselseitigen Ausschluss beider Beziehungen von Erzählen und Statistik, geht es in den hier angebotenen Lektüren von Balzacs *Ferragus* und Poes *The Mystery of Marie Rogêt*.

Zuerst ist aber genauer zu klären, was ein solcher Vorschlag für unsere Lese- und Verstehensgewohnheiten bedeutet. Wir akzeptieren gern, dass das Erzählen im realistischen Roman und das aufkommende statistische Denken in Verwaltung und Wissenschaft des 19. Jahrhunderts thematisch zusammengehören. Andererseits sind wir aber auch davon überzeugt, dass Erzählen und statistisches Auszählen und Berechnen dem Verfahren nach nichts miteinander zu tun haben. Entgegen dieser ersten Intuition, von der wir als Leser und Kritiker ausgehen, ist die These im Folgenden aber gerade, dass das Erzählen im Roman und die Theorie der Wahrscheinlichkeit bzw. das probabilistische Denken historisch und der Sache nach sehr wohl zusammengehören. Das gilt vor allem für zwei Kategorien, die für die modernen Theorien der Narration grundlegend sind, die aber auch basale Begriffe der Probabilistik sind. Das eine ist der Begriff des Ereignisses; das andere ist der des Weltzustandes.[3] Lässt sich nun ein verfahrensmäßiger Zusammenhang von Zählen und Erzählen erweisen, dann verändert sich damit auch, wie die rein thematische Verwandtschaft der beiden Seiten zu sehen ist. Die Statistik der Durchschnittswerte erscheint dann weniger als eine Vorausgabe des Wissens an die Literatur; stattdessen

---

3. Die hier zur Einleitung entwickelte Sicht führt weiter, was ich hinsichtlich des Ereignisses als Element von Probabilistik und modernem Erzählen begonnen habe, in: Rüdiger Campe: Die Sorge der Prinzessin und die Zukunft des Ereignisses, in: Arne Höcker, Jeannie Moser, Philippe Weber (Hrsg.): Wissen. Erzählen. Narrative der Humanwissenschaften, Bielefeld 2006, 65–82. Dort siehe nähere Angaben besonders zu Arnaulds Logik und zur Geschichte des Normalismus im 19. Jahrhundert.

zeigt sich das Erzählen im Roman teils verstrickt in die Möglichkeit des statistischen Wissens, teils als seine immanente Kritik.[4]

Dem Kultursemiotiker Jurij Lotman zufolge braucht jedes Erzählwerk mindestens ein Ereignis. Ohne Ereignis handelt es sich bei einem narrativen Text – so müsste man der traditionellen Unterscheidung nach sagen – um eine Beschreibung, aber nicht eine Erzählung. Lotman erklärt das Ereignis als das Überqueren einer semantischen Grenze.[5] Von einem Ereignis sprechen wir dann, wenn eine Episode aus einem Weltzustand in einen anderen führt. Nach dem Ereignis ist die Welt nicht mehr dieselbe; sie ist eine andere Welt oder ist anders Welt. Erkennbar macht der Begriff des Ereignisses bereits Gebrauch vom Konzept des Weltzustandes. Insofern liegt, bei aller Eleganz, eine gewisse Zirkularität vor. Denn Lotman kann den Begriff des Weltzustandes wiederum nicht ohne Hinsicht auf das Ereignis bestimmen. Der Zustand der Welt ist nämlich der Rahmen, durch den mitbestimmt wird, was überhaupt ein Ereignis sein kann. Vom Zustand der Welt, den wir als gegeben annehmen, hängt es also ab, was diese Welt zu einer anderen machen kann.

Es gibt wenige Fällen der Begriffsgeschichte, in denen wir einen Terminus so gut datieren können wie den des ›Ereignisses‹. Wir kommen dabei weit zurück in unserer Zeitrechnung der Moderne. Der französische Philosoph und Theologe Antoine Arnauld hat den Begriff in den letzten Kapiteln seines Buches *L'art de penser* von 1662, einem wichtigen Werk der Logik im Zeitalter der französischen Klassik, eingeführt. »Les evenemens qui dépendent de la foye humaine« ist der Titel des Kapitels, in dem er das Thema exponiert. Man sieht leicht, warum dieser Gegenstand für einen Theologen und philosophischen Logiker von Interesse sein kann.[6] Es geht um Kriterien für das Urteil, in dem

---

4. Zum Zusammenhang zwischen der Entwicklung des modernen Romans und der Probabilistik siehe Thomas Kavanagh: Enlightenment and the Shadows of Chance. The Novel and the Culture of Gambling in Eighteenth-Century France, Baltimore 1993: Kavanagh behandelt den französischen Roman des 18. Jahrhunderts und erläutert seine Beziehung zur Wahrscheinlichkeitstheorie kulturgeschichtlich mit dem Motiv der Kontingenzbeherrschung; Rüdiger Campe: Spiel der Wahrscheinlichkeit. Literatur und Berechnung zwischen Pascal und Kleist, Göttingen 2002: Ich suche den Ansatzpunkt für den Roman im Zusammenhang einer epistemischen und ästhetischen *Logica Probabilium* im späteren 17. und im 18. Jahrhundert, die Erfahrung und Berechnung des ›Scheins des Wahren‹ meint; Joseph Vogl: Kalkül und Leidenschaft. Poetik des ökonomischen Menschen, München 2002: Vogl behandelt die Frage der Darstellung im Roman beispielhaft an Leibniz und Schnabel und zeigt dabei die konstitutive Verbindung zwischen der Formel von den möglichen Welten, der Denkform der Probabilistik und des Ökonomischen als Bestimmung des Menschen im 18. Jahrhundert; Peter Schnyder: Alea. Zählen und Erzählen im Zeichen des Glücksspiels. 1650–1850, Göttingen 2009: Schnyder diskutiert den modernen Roman im Sinne des *circumstantial realism* im Kontext seiner Untersuchung des Spiel- als Rationalitätsmodells im 18. und frühen 19. Jahrhundert.
5. Jurij M. Lotman: Die Struktur literarischer Texte, München 1972.
6. Antoine Arnauld, Pierre Nicole: La logique, ou L'art de penser [1662], hrsg. von Louis Marin, Paris 1970.

Menschen Ereignissen Glauben beilegen oder nicht. Das ist eine Frage für Historiker (hat das Ereignis stattgefunden?), für Juristen (ist dies hier ein authentisches Dokument?) und für Statistiker (mit welcher Wahrscheinlichkeit wird dies oder jenes eintreten?). Zuallererst interessiert sich Arnauld unter der Überschrift der ›Ereignisse, die vom Glauben der Menschen abhängen‹ aber für Wunder und Wunderzeugnisse. Hier greifen zwei Fragen ineinander und begründen dabei den Begriff des Ereignisses: Das eine ist die Frage nach dem Ereignis, das man erzählen kann, das andere die Frage nach der Glaubwürdigkeit eines Dokuments, das Ereignissen Gültigkeit verleiht. Diese Überkreuzung wird noch auffälliger, wenn Arnauld das Ereignis der Zukunft behandelt, d.h. die Frage der Wahrscheinlichkeit stellt. Als gegenwärtige und, vor allem, vergangene waren Ereignisse nur überhaupt singuläre Ereignisse gewesen. Das sind Ereignisse, die sich in ihrem jeweiligen Vorkommen erschöpfen und darum, nach antiker und frühmoderner Epistemologie, in Naturgeschichten aller Art vorkommen können; sie lassen aber keine wissenschaftliche oder philosophische Erkenntnis zu. Singuläre Ereignisse in der Zukunft haben eine weitere Eigenschaft: Die Aussage über ein jeweiliges Ereignis in der Zukunft kann wahr oder auch falsch sein. Sie hat keinen bestimmten Wahrheitswert. Das ist es, was Logiker seit Aristoteles als Kontingenz bezeichnen. Ereignisse, von denen man sonst nur sagen kann, dass sie ein jeweiliges – oder eben: singuläres – Geschehen sind, erscheinen als kontingent, wenn man von ihnen im Futur spricht. Dann nämlich ist nicht zu klären, ob die Aussage über ihr Eintreten zutrifft oder nicht. Kontingent ist, was sein kann oder auch nicht. Nur unter diesem Gesichtspunkt kann man aber beginnen, mit Ereignissen wie mit Chancen im Spiel zu rechnen. Gewinn oder Verlust bei Eintritt von Ereignissen, die wir erst als Ereignisse herbeiführen, deren Art es ist, entweder eintreten oder nicht eintreten zu können: So lautet die Grundidee der Wahrscheinlichkeitstheorie und der Anfang der probabilistischen Statistik. Arnauld beschreibt nun die Modellierung des singulären zum kontingenten Ereignis als Aufklärung: Betrachten wir ein Ereignis nur darauf hin, dass es eintreten kann, können wir in ausweglose Furcht versinken. Dafür erzählt Arnauld eine kleine Anekdote von einer Prinzessin, die fürchtet, Dächer fremder Häuser könnten bei ihrem Besuch einstürzen, weil sie die Geschichte eines solchen Falls gehört hat. Singularität ist die Domäne der Erzählungen. Dagegen setzt Arnauld die Szene eines Glücksspiels, das in gelassener Geselligkeit in einem Adelspalais gespielt wird. Hier kalkulieren abwägende Spieler ihre Chancen, die Wahrscheinlichkeit von kontingent singulären Ereignissen. Mit dem Schritt von der Erzählung des singulären Geschehens zur Szene der Berechnung der kontingenten Ereignisse soll offenbar gezeigt werden, wie Furcht von Wissen durchkreuzt wird. Das unterstellt eine Einheit des singulär-kontingenten, des erzähl- und berechenbaren Ereignisses, aber es weist auch auf einen Unterschied hin. Es gilt ja, in der Geschichte vom singulären Ereignis schon die Matrix des Spiels der kontingenten Ereignisse zu sehen. Das ist bei Arnauld ein aufklärerisches Programm der Logik. Es gibt bei ihm keine Geschichte, die die Einheit dieser beiden Seiten erzählte bzw. den Leser sehen und verstehen ließe. Wie in einem Vexierbild wechseln Furcht und Berechnung, Jeweiligkeit und Kontingenz, Geschichte im engeren Sinn und Szene der Berechnung.

Um von dieser Ausgangslage der Probabilistik im 17. und frühen 18. Jahrhundert zu derjenigen Problemfassung zu gelangen, die dem Erzählen im realistischen Roman zugrunde liegt, muss man einen Sprung hin zu Pierre Simon de Laplace und seiner *Théorie analytique des probabilités* von 1812 machen.[7] Die Sichtweise eines Antoine Arnauld ist von Laplace aus gesehen bloße Verwechslung: Einzelne Ereignisse, die in unserer erleb- und erzählbaren Welt in einfacher Weise eintreten oder ausbleiben, haben nichts zu tun mit denjenigen Ereignissen, die wir darauf hin betrachten können, dass sie (in einem bestimmten Verhältnis, nach einer bestimmten Wahrscheinlichkeit) die messbare Eigenschaft haben, eintreten oder nicht eintreten zu können. Um sie als messbar kontingente Ereignisse zu betrachten, dürfen wir sie nicht mehr einfach als Teil unserer Welt sehen. Wir müssen in ihnen Elemente eines bestimmten Weltzustandes erkennen, dessen Rahmen und Bedingungen uns bekannt sind. Kant hatte diesen Punkt in seinen Logikvorlesungen bereits in einem kurzen Abschnitt ein für alle Mal abgetan: Die Wahrscheinlichkeit von Ereignissen, über die wir alltäglich reden (von denen wir erzählen), hat nichts zu tun mit Ereignissen, deren Wahrscheinlichkeit der Mathematiker in seinem idealen Raum der Kontingenz berechnet.[8] Arnauld bestand darauf, trotz des Doppelcharakters des Singulären und des Kontingenten, die Einheit der Erfahrung eines Ereignisses festzuhalten, das uns einerseits widerfährt und mit dem wir andererseits rechnen können. Diese Einheit von Erfahrung des Plausiblen und Berechnung des Wahrscheinlichen geben Kant und Laplace auf. Trotzdem retten auch sie die Einheit von Erfahrung und Berechnung noch einmal: nun aber nicht mehr auf der Ebene des Ereignisses, sondern auf der des Ganzen, des Systems oder Weltzustandes, in dem das Ereignis stattfindet. Das entspricht als methodisches Vorgehen dem, was moderne Romantheore-

---

7. Pierre-Simon Laplace: Théorie analytique des probabilities, Paris 1812. Die Formel von der System-Intelligenz, die meist mit dem Vorwort zu diesem Werk verbunden wird, taucht allerdings schon früher auf: Laplace verwendet sie zum ersten Mal 1773, ihr Erfinder ist Condorcet, der sie 1768 formuliert. Vgl. Roger Hahn: Pierre Simon Laplace, 1749–1827, Cambridge, Mass./London 2005, 53 und 168f.
8. Vgl. dazu Campe, Spiel der Wahrscheinlichkeit (Anm. 4), 380–417.

tiker tun, wenn sie zur Klärung der Frage nach der Wirklichkeit von der Ebene der erzählten Ereignisse zur ›erzählten Welt‹ übergehen, die durch die inneren Verhältnisse des Romans vorausgesetzt ist. Laplace setzt für diese Operation nicht mehr einen Schöpfergott voraus, dem alle Einzelgeschehnisse als Teil seines Plans augenblicklich und in der abgeschlossenen Gänze der vollendeten Geschichte vor Augen stehen. Einen Weltzustand zu einem beliebigen Zeitpunkt zu erfassen, erfordert nur einen, allerdings immer noch idealen, Beobachter. Der Beobachter rekonstruiert das Ganze aus seiner Perspektive und zu seiner Zeit. Das erfordert die Allwissenheit vom Typus des Romanerzählers, der, als unbeobachteter Beobachter, außerhalb des Geschehens bleibt, aber nur als Funktion der Beobachtung des Geschehens in Betracht kommt. Der Laplace'sche Beobachter muss entsprechend, erstens, einen bestimmten Weltzustand in allen Einzelheiten kennen; und er muss, zweitens, die nötigen Formeln beherrschen, die die physikalischen Abläufe in dieser Welt modellieren. Unter dem Blick dieses Beobachters wird die Welt, in der Ereignisse geschehen, eine, in denen sie berechenbar sind. Der hypothetische Beobachter ist Laplaces Dämon. Der Dämon als Beobachter ist genau dadurch ausgezeichnet, dass er die eine Welt (in der wir leben) als einen (bestimmten) Weltzustand, einen Kosmos, sehen kann, der Kontingenzen modelliert. Singuläre Ereignisse, die schlechthinnigen Jeweiligkeiten, werden dadurch für ihn Kontingenzen, die Wahrscheinlichkeitsverteilungen unterliegen. Das zu sehen, ist – wenn man sich auf das Wortspiel einlassen will – die Dämonie dieses Beobachters.

Einerseits ist also mit der Kant-Laplace'schen Hypothese die Trennung zwischen dem Erzählen (von Ereignissen) und dem Berechnen (von Chancen) ein für alle Mal vollzogen. Die beiden Seiten, von denen bei Arnauld zu sprechen ist, waren in seinem Fall unter dem Aspekt ihrer Einheit behandelt. ›Ereignisse, die vom Glauben der Menschen abhängen‹ lautete der Aspekt, unter dem die Unterscheidung zwischen Singularität und Kontingenz in ihrer Einheit erschien. Für Laplace bringt nun nur noch die Annahme des Dämons als Beobachter die physikalische Erfahrungswelt und den Kosmos zusammen. Die Annahme des Dämons ist eine Fiktion. Aber es ist eine notwendige Fiktion, um die Welt überhaupt als ein physikalisches System behandeln zu können. Die Analogie zum Roman läuft jetzt also nicht mehr über das Erzählen, sondern über die Fiktion; und sie liegt nicht mehr im Ereignis als dem Element der erzählten Welt, sondern in der internen Konstruktion der Welt als Weltzustand. Diejenige Fiktion, die den Beobachter als Voraussetzung für die Zusammenfügung der unterschiedlichen Seiten der Welt fingiert, betrachtet Erfahrungswelt und Kosmos von ihrer Differenz her. Das macht die Analogie der Annahme des Laplace'schen Dämons zum Roman und seiner Erzählerfunktion aus. Es geht nicht mehr um die Einheit eines Erschaffenen, sondern um die Fiktion der Einheit.

Arnauld und Laplace markieren, so gesehen, Stationen in der Wissensgeschichte der Literatur. Damit ist nicht nur gemeint, dass sie Positionen in der Geschichte des probabilistischen Denkens besetzen, die wir auf die eine oder andere Weise in literarischen Werken wiederfinden können. Es ist auch nicht ohne Weiteres schon gesagt, dass Arnauld und Laplace ihrerseits literarische Verfahren in ihren Argumentationen verwendeten. Die andere, aber viel weitergehende Behauptung ist, dass ihre Operationen die Art und Weise betreffen, wie Erzählen und Fingieren (also Verfahren der Literatur) in der jeweiligen Konstellation der Wissenschaften und des Wissens einer Zeit verankert sind. Diese Frage betrifft nicht nur Austauschvorgänge zwischen Literatur und Wissen, sondern den Ort der Literatur im Hinblick auf das Wissen, oder, wie man auch sagen könnte, im Hinblick auf den Unterschied, den literarische Verfahren im Wissen ausmachen.[9] Wenn die Fragen, die hier anstehen, so bestimmt und vor allem so untersucht werden können, dann bedeutet das: Der Geschichte der Beziehungen zwischen Literatur und Wissen ist ein offenes Feld vorgelagert, auf dem sich Literatur und Wissen in ihrer Beziehung zueinander erst formieren. Auf diesem Feld muss man nach dem Ort der Literatur im Wissen fragen, bevor man Austauschbeziehungen zwischen den souveränen Gebieten des Literarischen und der Wissenschaft nachgehen kann. Was Arnauld und Laplace zur Geschichte der Probabilistik beitragen, betrifft – so die hier zugrundeliegende Annahme – die Auszeichnung und die Justierung dieses Orts der Literatur hinsichtlich des Wissens.

Was folgt, geht einer ungleich bescheideneren Frage nach, die man aber beantworten können muss, wenn man über die formulierte Hypothese einer Meta-Konstellation von Literatur und Wissen urteilen möchte: Kann man aus den skizzierten Argumenten von Arnauld und Laplace ein Modell oder eine Figur gewinnen, die sich für das Verständnis modernen Erzählens und besonders des Erzählens im Roman verwenden lässt? Diesem Versuch gelten die folgenden Lesevorschläge zu Honoré de Balzacs *Ferragus* und Edgar Allan Poes *Mystery of Marie Rogêt*. Das gemeinte Modell lässt sich mithilfe der literarischen (und piktoralen) Gattung des Vexierbildes beschreiben, die Rainer Nägele in einer Folge von Aufsätzen als eine Grundfigur moderner Literatur

---

9. Zum Gedanken einer solchen tiefer liegenden Ebene in der Beziehung zwischen Literatur und Wissen vgl. Rüdiger Campe: Form und Leben in der Theorie des Romans, in: Armen Avanessian, Winfried Menninghaus, Jan Völker (Hrsg.): Vita aesthetica. Szenarien ästhetischer Lebendigkeit, Zürich 2009, 193–211, hier: 193f.

herausgestellt hat.[10] Im Vexierbild erlaubt ein und derselbe Bestand materialer Elemente, zwei unterschiedliche Bilder zu sehen oder zwei verschiedene Interpretationen zu geben. Diese Bilder oder Interpretationen waren im mittelalterlichen Vexierbild nach den Parametern ›hässlich‹ und ›schön‹, ›furchterregend‹ und ›anziehend‹ sortiert. In jedem Fall aber bildeten sie einen Gegensatz, und vor allem erlaubten sie jeweils nicht, auch das andere Bild zur gleichen Zeit mitzusehen und die andere Bedeutung instantan mitzuverstehen. In diesem (nicht unbedingt auch in einem logischen) Sinne schließen sie einander aus. Der Vorschlag lautet nun, das Erzählen jeweiliger und das Berechnen kontingenter Ereignisse in den beiden Erzählungen als Vexierbilder aufzufassen und damit diesen Erzählungen Weisen der Verortung der Literatur im Hinblick auf das Wissen abzulesen. Wenn sich das für Balzac und in Poes Erzählung zeigen lässt und wenn man bereit ist, beide Autoren mit Lukács im Vorhof des Realismus des 19. Jahrhunderts angesiedelt zu sehen, dann hieße das am Ende auch, dass der Realismus seiner entscheidenden Bauform nach ein Vexierbild ist.

II

Ferragus, chef des dévorants erscheint von März bis April 1833 in der *Revue de Paris*.[11] Es ist der erste Teil einer Trilogie, der *Histoire des Treize;* sie erzählt von der Geheimgesellschaft zwölf verschworener Jünger und ihrem *chef,* Ferragus. Allmacht und Allwissenheit einerseits und Dezentrierung andererseits kennzeichnen schon den Gesamtplan der *Geschichte der Dreizehn:* Als eine Vereinigung unbeschränkten Überblicks und übergesetzlicher Interventionsmöglichkeiten sind die Dreizehn das Gegenstück zur Geheimpolizei Charles Vidocques. Es scheint zu dieser unbeschränkten Durchgriffsmacht dazuzugehören, dass man von keinem politischen Programm und keinem strategischen Ziel der *dévorants* hört. Über alle Mittel verfügend, greifen sie nur im Besonderen ein. Dieses Verhältnis von zentraler Stellung und ans Einzelne gebundener Wirksamkeit deutet sich schon in der im *Préface* der drei Erzählungen niedergelegten Geschichte der Dreizehn an. Zu der Zeit, in der der Autor von ihnen berichtet, sind sie unter die Ordnung der Polizei zurückgekehrt. Unter dem Gesetz leben sie verstreut und ohne Kontakt. Aber die Dispersion

---

10. Rainer Nägele: Literarische Vexierbilder. Drei Versuche zu einer Figur, Eggingen 2001.
11. Hier zitiert nach Honoré de Balzac: Histoire des Treize, in: ders.: La comédie humaine, hrsg. von Pierre-George Castex, Paris 1976–1981, Bd. 5, 787–904. In der *Comédie Humaine* bildet die *Histoire des Treize* den Beginn der *Études des mœurs: Scènes de la vie parisienne I*.

nach dem Ende der Bandenherrschaft ähnelt doch gerade wieder dem Prinzip ihrer höchsten Wirksamkeit, von der die drei Erzählungen Zeugnis ablegen: Schon – und gerade – in den Taten der Dreizehn erscheint der alles überschauende Wille und Blick im Zentrum in die Einzelheiten dessen, was er sieht und begehrt, zerstreut.[12]

Ferragus[13] ist zwar Teil der Gesamtgeschichte der *Dreizehn,* als Erzählung für sich genommen aber die Geschichte einer großen und unvergleichlichen Liebe.[14] So verhält es bei allen drei Geschichten: Die Episode in der angedeuteten, wenn auch nur beispielhaft ausgeführten Großformation des Bandenepos ist ein vollkommener kleiner Roman, der keine Erklärung braucht und keine Außenwelt duldet. Im Mittelpunkt dieser Geschichte, des in sich selbst kreisenden Liebesromans, steht Madame Jules; so wie in den folgenden Geschichten Madame de Langeais und das Mädchen mit den Goldaugen im Mittelpunkt stehen werden. *Ferragus* ist als erste Geschichte hervorgehoben, weil in ihr der *chef* der Bande selbst und in eigener Sache eingreift. Damit ist in besonderer Weise die Gesamtgeschichte der *Dreizehn* thematisch. Betroffen und zur Intervention gereizt wird Ferragus aber als Vater Madame Jules'. In die anderen Geschichten wird die Bande nur durch einfache Mitglieder verwickelt sein; und das ist dann der Fall, weil sie auch die Liebenden sind. Die Mittel, die ihnen ihre Zugehörigkeit zu den *dévorants* bietet, setzen sie ein, wenn nötig und wo es jeweils geboten scheint. Nur im Fall der indirekten Verwicklung von *Ferragus* wird aber in der Geschichte die Existenz der Bande selbst zum Thema.

So wie Balzac sie erzählt, hat die Geschichte um Madame Jules zwei deutlich unterschiedene Teile. Der erste Teil nimmt seinen Anfang von einem Liebhaber Madame Jules'; es geht um Passion und Eifersucht, pathetische Zufälle und tödliche Anschläge. Der junge Offizier des königlichen Regiments *Maison Rouge,* Auguste de Maulincourt, verehrt Madame Jules. Sein Begehren

---

12. Vgl. in diesem Zusammenhang Chantal Massol: Une poétique de l'énigme. Le récit herméneutique balzacien, Genf 2006; im Besonderen zur *Histoire des Treize* ebd., 297–304.
13. David Bell hat zum ersten Mal in Balzacs Erzählung *Ferragus* und besonders im Komplex der *trois accidents* eine grundlegende Konstellation aus Probabilistik und Realismus erkannt. Seiner Studie verdankt die vorliegende Interpretation darum viel, auch wenn die Argumente und Beobachtungen weitgehend andere sind. Vgl. David F. Bell: Circumstances: Chance in the Literary Text, Lincoln/London 1993, Kap. 3. Bell hat den Themenkreis später unter anderem mit Bezug auf Balzac um eine Analyse von temporalen Strukturen ergänzt; vgl. David F. Bell: Real Time. Accelerating Narrative from Balzac to Zola, Urbana, Ill./Chicago 2004. Zu Roman und Probabilistik bei Balzac siehe auch Schnyder (Anm. 4), 329–347. – Grundsätzlich zur Kontingenz in der *Comédie Humaine* aus erzähltheoretischer Sicht: Rainer Warning: Chaos und Kosmos. Kontingenzbewältigung in der *Comédie Humaine*, in: Hans Ulrich Gumbrecht, Karlheinz Stierle, ders. (Hrsg.): Honoré de Balzac, München 1980, 9–55.
14. Dazu immer noch eindrucksvoll: Ernst Robert Curtius: Balzac, Bonn 1923, 73–167.

artikuliert sich im Vokabular der klassischen *ars amatoria*. De Maulincourt entstammt einer Familie nicht allzu alten Amtsadels aus der Zeit des *ancien régime*. Er ist ohne Eltern aus der Emigration in das Frankreich der Restauration zurückgeholt worden und in der Erziehung einer alten Tante und eines ebenso alten Freundes des Hauses aufgewachsen. Auguste de Maulincourt beobachtet nun – offenbar zufälligerweise – Madame Jules in einer besonders schlecht beleumdeten Straße eines verrufenen Pariser Viertels. Ihr Urteil ist in seinen Augen damit gesprochen. Der junge Liebhaber wird, wie es bei Balzac heißt, zum Spion. Während seine Ausspähungen zuerst noch das Ziel verfolgen, herauszufinden, wen Madame Jules an diesem dunklen Ort getroffen hat, wird Spionage mehr und mehr selbst zur Passion, die ihn beherrscht. Das verschärft sich, wenn Auguste de Maulincourt seinerseits Gegenstand von Zufällen und Unfällen wird, die wie geplante Attentate auf sein Leben erscheinen. Die »trois accidents«, wie Madame Jules sie ihrem Mann gegenüber bezeichnen wird,[15] bilden Höhe- und Schlusspunkt dieses ersten Teils: Als de Maulincourt in seinem Wagen an einer Baustelle vorbeifährt, erschlägt ein zufällig herunterstürzender Balken zwar nicht ihn selbst, aber seinen Bedienten. Die Ursache bleibt ungeklärt. Wenige Wochen später bricht in schneller Fahrt die Achse seines Wagens und es kommt zu einem schweren Unfall, den de Maulincourt aber überlebt. Diesmal recherchiert der junge Offizier und bringt in Erfahrung, dass die Achse manipuliert worden sein muss. Als er sich von seinen Verletzungen erholt hat, wird er schließlich auf einem Ball unversehens in ein Duell verwickelt, wobei die Beleidigung, die es auslöst, wie eine Falle vorbereitet erscheint. De Maulincourt empfängt eine schwere Wunde. Nachdem er auch diesen anscheinend geplanten Zwischenfall überlebt hat, gilt de Maulincourts Recherche nun nicht mehr eigentlich Madame Jules und einem möglicherweise ihm vorgezogenen Liebhaber, sondern dem angenommenen Urheber der *trois accidents*, dem Herrn über Zufall, Unfall und Zwischenfall. Er kommt dabei auf die Spur Ferragus', dem er zweimal begegnet. Beim zweiten Mal fährt Ferragus ihm in einer grotesken, an E.T.A. Hoffmanns Figurenwelt erinnernden Weise in die Haare. Von dem Augenblick an sieht de Maulincourt an einer rätselhaften Krankheit dem Tod entgegen.

An diesem Punkt der Erzählung scheint die Liebesgeschichte wenn nicht vergessen, so doch transformiert in die Geschichte von der Aufklärung der Serie von *accidents* und der Suche nach ihrem Urheber. »Le démon« heißt Ferragus für de Maulincourt und seine paranoide Sicht der Erzählung.[16] An diesem Punkt beginnt aber auch der zweite Teil, oder die zweite Geschichte innerhalb

---

15. Balzac, Histoire des Treize (Anm. 11), 837.
16. Ebd., 859.

der Erzählung. Es ist die Geschichte Jules Desmarets', des Ehemanns und seiner ehelichen und, im Unterschied zu de Maulincourts aristokratischer Liebeskunst, bürgerlich sexuellen Leidenschaft für Madame Jules. Der todkranke de Maulincourt setzt Jules Desmarets von dem Verdacht in Kenntnis, seine Frau sei in ein komplottartiges Verbrechen verwickelt. Für Jules Desmarets beginnt damit die unaufhaltsame Zerstörung seiner leidenschaftlichen Ehe. Auch er wird zum Spion. Der Gegenstand seiner Nachforschungen führt aber nicht wie beim Liebhaber de Maulincourt zu einem paranoiden System von *accidents* und nicht zu Ferragus als der Spinne im Netz der Attacken. Der Ehemann geht den umgekehrten Weg zurück zum Verdacht der Untreue und zur Möglichkeit eines Rivalen. Im großen Drama der Gefühle, das sich zwischen Madame Jules und ihrem Mann entwickelt, verblasst nicht nur de Maulincourt, der fast unbemerkt von der Erzählung stirbt. Auch der *démon,* der alle Fäden in der Hand hält oder jedenfalls alles überblickt, gerät aus dem Visier des Erzählers. Jules Desmarets geht es nur um seine Frau; und die Person, die er in der Leidenschaft seiner Art von Spionage entdeckt, ist der Vater. Der Ferragus dieser zweiten Geschichte ist nur noch akzidentell der *chef* der Verschworenen. Der Hauptsache nach ist er Madame Jules' Vater.

Pragmatisch und den handelnden Personen nach sind die beiden Geschichten nahtlos verbunden: Auguste de Maulincourts Treffen mit dem Ehemann schafft die äußere Verbindung. Madame Jules ist nachdrücklich dieselbe in beiden Geschichten; und für diese eine Person, die sie in beiden Geschichten ist, ist jeweils die Rolle wichtig, die sie in der anderen spielt. Wenn sie also die Einheit der beiden Geschichten darstellt, dann verkörpert Ferragus die Getrenntheit, ja Gegensätzlichkeit der Geschichten. *Chef des dévorants* und Vater sind zwei Rollen, die keinen Bezug zueinander haben und sich höchstens wie Tarnung und zuhilfe genommenes Mittel zueinander verhalten. Der Sache und der Wirkung nach aber reißt Balzacs Erzählung hier auseinander und lässt die Geschichte entweder in zwei Teile zerfallen oder ganz aus den Fugen geraten. Das große Rätsel der ersten Geschichte wird einfach vergessen; so wie derjenige, der nach ihm fahndete, fast unbemerkt verschwindet. Am Ende erscheint als folgerichtiger Fluchtpunkt der zweiten Geschichte ein Vater, für den der erste Teil gar keine Verwendung hatte.

Was beide Geschichten in der Tiefe voneinander unterscheidet, ist aber, dass die erste eine Geschichte der Stadt und ihrer Topographie, der Zufälle und der Wahrscheinlichkeiten ist, während die zweite Geschichte die der einen und einzigen Liebe des Ehepaars Desmarets und noch mehr der einen und einzigen Liebe von Madame Jules' Vater ist. Ort und Möglichkeitsbedingung der ersten Geschichte ist die Stadt Paris, die sich in eine semiotisch-moralische

Klassifikation ihrer Straßen und *quartiers* fächert.[17] Ohne noch Figuren und handelnde Subjekte einzuführen, beginnt die Erzählung wie in einem zentrumslosen und anonymen Vorspiel mit Balzacs vielleicht berühmtester Physiognomik von Paris:

> Il est dans Paris certaines rues deshonorées autant que peut l'être un homme coupable d'infamie; puis il existe des rues nobles, puis des rues simplement honnêtes, puis de jeunes rues sur la moralité desquelles le public ne s'est pas encore formé d'opinion; puis des rues assassines, des rues plus vieilles que de vieilles douairières ne sont vieilles, des rues estimables, des rues toujours propres, des rues toujours sales, des rues ouvrières, travailleuses, mercantiles.[18]

Wenn nach mehreren Seiten, die die zitierten Zeilen zu einer umfassenden Topographie von Paris ausweiten, ein junger Mann – Auguste de Maulincourt – »infolge einer jener Zufälle, die sich im Leben nicht zwei Mal ereignen«,[19] um die Ecke der Rue Pagevin biegt und dort – am verrufenen Ort – der Geliebten begegnet, dann ist das trotz der Wortwahl des Erzählers und trotz des Anklangs an Baudelaires *À une passante* kein Zufall der singulären Art. Auguste de Maulincourt und Madame Jules sind an dieser Stelle nicht nur die Vordergrundfiguren, die sich in dramatischem Zufall vor der Kulisse von Paris begegnen. Mehr als das sind sie Figurinen, deren Treffen sich im Netzwerk der Straßen und in den Symbolstrukturen der Physiognomie von Paris ereignet und von daher seine Bedeutung erhält. Das gilt nicht erst für den Leser, sondern schon für die Figuren: Zumindest August de Maulincourt muss die imaginäre Karte von Paris geläufig sein, damit das Treffen an diesem Ort für ihn eine unumstößliche Bedeutung haben und ein dramatischer Zufall sein kann. Dieser Zufall, der mit dem Auftritt der Figuren in der Erzählung zusammenfällt, erscheint vom Ende dieser ersten Teilgeschichte aus denn auch als der erste, sozusagen noch schwach ausgebildete, *accident*. Von de Maulincourts späterer Spionage aus gesehen, erscheint auch er von einem *démon* gelenkt und bestimmt – wenn auch nicht von der Figur Ferragus', sondern von einem Ferragus ähnelnden Erzähler. Von diesem Moment an verwandelt Augustes Spionage aus Liebe, die sich immer mehr in Liebe zur Spionage verkehrt, den Raum um ihn herum in einen Raum der Kontingenz. Das Areal,

---

17. Henri Mitterand: Formes et fonctions de l'espace dans le récit: *Ferragus* de Balzac, in: Roland Le Huenen, Paul Perron (Hrsg.): Le roman de Balzac: Recherches critiques, méthodes, lectures, Montréal 1980, 5–17.
18. Balzac, Histoire des Treize (Anm. 11), 793.
19. »[…] un jeune homme, par l'un de ces hazards qui n'arrivent pas deux fois dans la vie […].« Ebd., 796.

das de Maulincourt observiert, ist ein *setting*, in dem Ereignisse statthaben können oder nicht.

In dichtester Weise demonstriert Balzac Auguste de Maulincourts Einstellung auf Kontingenz in der zweiten großen Digression der ersten Geschichte.[20] Sie erfolgt, wenn de Maulincourt zum ersten Mal Ferragus begegnet. Um nur zwei Momente aus dieser komplexen Stelle herauszuheben: Das Treffen findet unter einem Torbogen statt, unter den sich Passanten bei Ausbruch des Regens flüchten. Um diesen Ort und seine Verhältnisse als Raum der Kontingenz auszuweisen, schichtet der Erzähler zwei Reihen von Typologien über die Person von Ferragus, um die es im Erzählzusammenhang einzig geht: Noch bevor de Maulincourt Ferragus wirklich wahrgenommen hat, hört man etwas über die Klassifikation und Verteilung von Zufallsgesellschaften (Balzac spricht von einer »société fortuite«),[21] d.h. von Passanten im Allgemeinen, die sich in Pariser Straßen bei Regen unterstellen. Nachdem dann de Maulincourt beim ersten Blick in Ferragus eine Art Bettler zu erkennen meint, folgt eine Typenlehre von Bettlern. Zwischen der Typologie von Passanten überhaupt und der Untergliederung der Bettler, zu denen in de Maulincourts Augen Ferragus gehört, gibt es schließlich eine weitere, vorbereitende Ebene der Zeichen- und Distributionslehre. Sie zeigt das Modell, nach dem de Maulincourt sich sammelt und vorbereitet, um Klassifikationen und Verteilungsmuster überhaupt aufzufassen. In diesem Zwischenmoment konzentriert sich sein Blick darauf, wie die Concierge durch den Torbogen, unter den die *famille de piétons* sich versammelt, Abfall aus dem Innenhof mit dem Regenwasser auf die Straße fegt. Beim Blick auf den im Regenwasser aufgelösten, aber darum auch gesammelten Abfall lernt er das typologisierende und zufallstheoretische Lesen der Phänomene. Was dort auf die Straße gefegt wird, verrät ihm durch Art und Zusammensetzung »das Leben und die Gewohnheiten von jedem einzelnen Hausbewohner«.[22] Teeblätter, künstliche Blumen, Reste geputzten Gemüses, Papierfetzen, Stücke aus Metall. Um Typologien und Muster in Dinge – oder Menschen – hineinlesen zu können, muss man zuerst den typologischen Blick erlernen, d.h. Unterschiede und Verteilungen im Insignifikanten sehen lernen. Das ist die Bedeutung des zerstreuten Blicks auf den Abfall. Die Typologie der Bettler und Passanten stammt nicht einfach aus vorgegebenen Physiognomien, sondern aus einer ihnen wieder vorausliegenden Sphäre des Abfalls. Der

---

20. Vgl. Aude Déruelle: Balzac et la digression. Une nouvelle prose romanesque, Saint-Cyr-au-Loire 2004.
21. Balzac, Histoire des Treize (Anm. 11), 815.
22. »[…] et qui [la portière] poussait dans la rue mille débris dont l'inventaire curieux révélait la vie et les habitudes de chaque locataire de la maison.« Ebd., 815.

Abfall ist zufällig zusammengekehrt, und gerade darum zeichnen sich in ihm Verteilungsmuster ab. Das zu sehen, heißt hier, als ›Spion‹ auf die ›Jagd‹ zu gehen. Dass der Jagd der Spionage unter Bedingungen der Stadt eine Theorie der Chancen oder Wahrscheinlichkeitstheorie zugrunde liegt, sagt der Erzähler ausdrücklich. Dabei wird auch gesagt, dass es bei ihr um diejenigen Zu- und Unfälle, *accidents*, geht, denen de Maulincourt mit Gefahr seines Lebens selbst ausgesetzt sein wird: »Mais c'est la chasse, la chasse dans Paris, la chasse avec tous ses accidents, moins les chiens, le fusil et le taïaut! Il n'est de comparable à ces scènes que celles de la vie des joueurs.«[23]

Nun wird auch Monsieur Jules, der Ehemann, zum Spion – oder genauer, auch wenn Balzac das Wort nicht zur Verfügung steht, zum Detektiv.[24] Auch er verfällt der Leidenschaft des Ausforschens. Aber es ist in seinem Fall ein indiziengeleitetes, immer auf den Einzelfall bezogenes Forschen. So wenn er die Wassertropfen auf dem Hut seiner Frau bemerkt, nachdem sie behauptet hat, nicht ausgegangen zu sein. Die Jagd des Ehemanns als Detektiv bezieht ihre Sichtweise nicht projektiv auf den universalen Beobachter und Arrangeur, den Dämon, der der *chef des dévorants* ist. Stattdessen führt die Jagd nach vielen Wendungen, aber ohne dass ein Abirren möglich wäre, auf den großen Signifikanten der familialen und sexuellen Ordnung: den Vater. Nichts erinnert in der Welt und in der Interaktion des Ehepaars Desmarets an den Kontingenzraum, in dem sich die *accidents* der ersten Geschichte abspielen. Alles aber spricht von, ja pocht auf Einzigkeit und Individualität. Keine *société fortuite* findet sich hier bei Regen unter dem Torbogen zusammen, sondern Vater, Tochter und Schwiegersohn repräsentieren den Kern der legalen und der symbolischen Familie. So wie der Torbogen auf den Straßen von Paris den charakteristischen Ort der ersten Geschichte bildete, so ist nun der prägende Ort der zweiten das Schlafzimmer. Es ist dieser Ort, den Madame Jules dem Kult der ehelichen Sexualität weiht. Es ist der Ort des »fanatisme de l'individualité«.[25] Die damastenen Wandteppiche, das opalene Licht einer marmorierten Lampe, mit Seide ausgeschlagene Wände, ein Raum, in dem die Straße und jede Außenwelt versinkt:[26] das ist die *chambre à coucher*, das absolute *intérieur*, das nur Madame Jules und ihr Mann betreten. Wenn am Ende hier der Arzt erscheint, ist der *fanatisme de l'indivualité* gebrochen und der Tod nahe.

---

23. Ebd., 813.
24. De Maulincourt ist Spion in dem Sinne, dass er in einem fremden Gelände nach Spuren sucht, die zu einem Verdacht führen könnten. Der Ehemann Jules Desmarets ist ein Detektiv, der von einem Verdacht ausgeht, zu dessen Aufklärung er nach Spuren sucht.
25. Balzac, Histoire des Treize (Anm. 11), 839.
26. Ebd., 838–840.

Wichtig ist, die Unvereinbarkeit beider Teilgeschichten festzuhalten. Sieht man die eine, hält man sie notwendig für den dominanten Erzählsinn und vergisst die andere. Entweder Auguste de Maulincourt und seine Jagd und sein Gejagtwerden im Kontingenzraum von Paris – oder Monsieur Jules, der Fanatismus der Individualität und die Insistenz auf dem Singulären. Die beiden Geschichten stecken sicherlich mit Zacken und Enden ineinander. Die Geschichte der Intimität beginnt schon in den Vorgeschichten von Monsieur und Madame Desmarets, die im ersten Teil erzählt werden, und der wegsterbende Auguste de Maulincourt tritt noch mehrmals in der zweiten Geschichte auf. Aber der entscheidende Riss verläuft durch Ferragus hindurch, den *chef des dévorants* und den Vater Madame Jules'. Er ist die eine Figur, an der Einheit und Doppelheit der Geschichten hängen. Seine in der Erzählung faktisch fungierende Einheit ist hermeneutisch nicht nachvollziehbar. Das ist der Realismus der Gesamtgeschichte. Könnte man diese wie doppelt verwendete Figur, den Bandenchef und den Vater, im Verstehen der Geschichte zu einer Gestalt zusammenfügen – und damit die Teile der Geschichte zusammenfügen –, dann würde in diesem Ferragus der Dämon von Laplace tatsächlich als Romanfigur real.[27]

Damit ist der Struktursinn des eigentümlichen Vexierbildes von Kontingenz und Singularität ausgesprochen, wie man ihn in dieser Erzählung Balzacs findet. Es ist das Vexierbild ihres Realismus. Von einem frühen Realismus in *Ferragus* zu sprechen, macht aber nur dann Sinn, wenn man weiter ausführte, was hier nur angedeutet werden kann. Zur Verdichtung der Doppelstruktur der Geschichte und ihrer vexierbildhaften Machart trägt nämlich gerade eine chiastische Bauweise bei, die die Merkmale der einen Hälfte wieder in der anderen unterbringt. Auguste de Maulincourt fällt zwar aufgrund seiner *passion* dem Kontingenzregime der Stadt Paris und ihrer *accidents* anheim. Von Standes und Berufs wegen ist aber nicht er, sondern sein Widerpart Monsieur Jules vom Typus des Spielers. Monsieur Jules ist Makler und verdient sein Geld mit dem Kalkül der Schwankungen an der Börse. Dagegen gehört Auguste de Maulincourt der *jeunesse d'orée* eines Restaurationsadels an, die mit den Erinnerungen an das *ancien régime* und die Bitterkeiten des Exils großgezogen wurde. Madame Jules wiederum, die Innenarchitektin des Individualismus, ist in Wahrheit eine Waise, der der arbiträre Verwaltungsakt eines Notars zu ihrem Namen verholfen hat. Nicht umsonst konstatiert der Erzähler mit Luhmann'schem Sarkasmus: »Aujourd'hui plus que jamais règne le fanatisme de l'individualité. Plus nos lois tendront à une impossible

---

27. Zur Lektüre dieser Erzählung Balzacs im Kontext der Wahrscheinlichkeitslehre und der physikalistischen Kosmologie von Laplace siehe David F. Bell, Circumstances (Anm. 13).

égalité, plus nous nous écarterons par les mœurs.«[28] Diese Beobachtung der Überkreuzung von Merkmalen aus den gegensätzlichen Teilen der Erzählung ließe sich immer weiter in die Lebensumstände und die sozialen Bedingungen der Helden und ihrer Sphären fortsetzen: Die Gespaltenheit von Kontingenzpolitik und Singularität, die die Handlungsformen der Personen prägt, kehrt in ihren sozialen Verhältnissen wieder, aber sie kehrt spiegelverkehrt wieder. Die vexierbildhafte Struktur der beiden Teilgeschichten erhält ihren gesellschaftstheoretischen Sinn erst, wenn man diese chiastische Gegenläufigkeit in den sozialen Lagen und den Verhaltensformen ausbuchstabiert.

III

Von Dezember 1842 bis Februar 1843 erscheint Poes *The Mystery of Marie Rogêt* in drei Fortsetzungen in dem Journal *Ladies' Companion*.[29] Es ist die mittlere der drei Dupin-Geschichten. Ein Mittleres ist sie dem ersten Eindruck nach auch hinsichtlich der Art und Weise, eine *mystery story* zu sein: Während *The Murders in the Rue Morgue* von 1841 das Geheimnis herausstellt und seine Lösung im Unerwartbaren findet (der Affe war der Täter), spielt *The Purloined Letter* von 1844 das Spiel des Geheimnisses, dessen Lösung im Offenkundigen und Alltäglichen liegt (der Brief liegt da vor aller Augen). In *The Mystery of Marie Rogêt,* der Geschichte vom Mord an einer jungen Verkäuferin, oszilliert die mögliche Auflösung dagegen zwischen zwar spektakulären, aber auch erwartbaren Varianten wie Mord aus Eifersucht, tödlich endender Abtreibung, die als Mord getarnt wird, oder Bandenverbrechen mit Vergewaltigung des Opfers. Die Pointe dieser mittleren Dupin-Geschichte liegt also nicht so klar an einem der Pole entweder des Extravaganten oder des allzu Offenkundigen der detektivischen Lösung. Sie liegt in der Weise, wie die Erzählung der Untersuchung das Fallsein der Geschichte und damit die Ereignishaftigkeit der zu ermittelnden und aufzuklärenden Ereignisse berührt und mitformt. Darum ist *The Mystery of Marie Rogêt* zwar die in der literarischen Kritik am wenigsten diskutierte und bei den Lesern – mit der berühmten Ausnahme einer kollegialen Leserin wie Dorothy Sayers – am wenigsten beliebte.[30] Aber in ihr kommt

---

28. Balzac, Histoire des Treize (Anm. 11), 839.
29. Hier zitiert nach: Edgar Allan Poe: The Mystery of Marie Rogêt, in: ders.: Collected Works, hrsg. von Thomas O. Mabbott, Cambridge, Mass./London 1969–1978, Bd. 3: Tales and Sketches 1843–1849, 715–788.
30. Vgl. Thomas Joswick: Moods of Mind: The Tales of Detection, Crime, and Punishment, in: Eric W. Carlson (Hrsg.): A Companion to Poe Studies, Westport, Conn./London 1996, 236–256; hier: 241f.

eine vielleicht noch tiefer liegende Reflexion auf die entstehende Gattung und das Realismusproblem der *mystery story* zum Zuge – eine Reflexion, die sich bis in gegenwärtige Tendenzen hinein verlängern lässt. Poes *Mystery of Marie Rogêt* zielt vielleicht schon über die hier entstehende analytische Detektivgeschichte und ihren Gegensatz zu den späteren Spielarten der existenzialen oder sozialethischen *hard-boiled story* hinaus[31] und nimmt die mathematisch unterstützten Visualisierungen möglicher Geschehensabläufe in den Bildern heutiger *Crime Scene Investigation*-Serien vorweg. Man kann diese Besonderheit von *Mary Rogêt* in Zusammenhang bringen mit dem theoretischen Thema, für das es im Arsenal von Poes reflektierenden Digressionen steht. Während *Murders in the Rue Morgue* auf die Frage der analytischen Intelligenz bezogen war und *The Purloined Letter* zu Recht mit den Themen der Meditation und der Beobachtung verknüpft wird, geht es in *The Mystery of Marie Rogêt* um Probabilität. Gleich zu Anfang spricht der Erzähler von »*Zufällen*«, die wie Wunder, also reine Singularitäten, erscheinen und denen gegenüber man den mathematischen Kalkül der Kontingenz wie eine Zuflucht aufsucht:

coincidences of so seemingly marvellous a character that, as *mere* coincidences, the intellect has been unable to receive them. Such sentiments – for the half-credences of which I speak have never the full force of *thought* – are seldom thoroughly stifled out unless by reference to the doctrine of chance, or, as it is technically termed, the Calculus of Probabilities.[32]

Diese Spannung zwischen Singulärem und berechenbarer Kontingenz ist das entscheidende Thema von *Marie Rogêt*.

Der Geschichte und ihrer Erzählung liegt nicht nur ein zeitgenössischer Fall zugrunde, die Tötung des stadtbekannten *cigar girls* Mary Rogers aus New York. Poe schreibt seine Geschichte sogar auch zeitgleich mit den Ermittlungen der New Yorker Polizei, um die Leistungskraft der Dupin'schen Methode zu beweisen.[33] Indem er behauptet, Dupin habe in Paris bereits einen parallelen Fall gelöst, und diesen Fall dann erzählt, wird die erzählerische Einkleidung in die Dupin-Geschichte zum Mittel, den New Yorker Fall literarisch zu lösen.

---
31. Vgl. John T. Irwin: The Mystery To a Solution: Poe, Borges, and the Analytic Detective Story, Baltimore 1994.
32. Poe, The Mystery of Marie Rogêt (Anm. 29), 723f.
33. Siehe John Walsh: Poe the Detective: The Curious Circumstances behind *The Mystery of Marie Rogêt*, New Brunswick, N.J. 1968; Karl Maurer: Le cas authentique. La ›Vérité‹ dans le roman policier en Occident et en Orient: Du *Mystère de Marie Rogêt* d'Edgar Poe au *Meurtre du canal d'Amsterdam* de Seichô Matsumoto, in: Revue de Littérature Comparée 65 (1991), 193–206; und Richard Kopley: *The Mystery of Marie Rogêt* and *Various Newspaper Files*, in: ders.: Edgar Allan Poe and the Dupin Mysteries, New York 2008, 45–63.

Die Fiktion ist also nicht einfach nur realiengetränkt, sie befindet sich vielmehr im Wettlauf mit dem, was im Realen geschieht. Der entscheidende Punkt des *Mystery of Marie Rogêt* steckt in der mit dem realen Untersuchungsverlauf gleichzeitigen und nahtlosen Fiktionalisierung des Falles. Aber von Interesse ist es nicht, die jeweiligen Anteile von Faktum und Fiktion zu sortieren. Wichtig ist es stattdessen, wie und wie weit das Geschehen durch die Fiktion seines Fallwerdens und das Fallwerden der Fiktion zu einer Geschichte aus dem Blickwinkel eines probabilistischen *set-up* wird.

Die Erzählung der Dupin-Geschichte folgt der nicht erzählten, aber gemeinten Geschichte der Mary Rogers in fast perfekter Parallele. Die Erzählung, die französische Namen und Pariser Straßenadressen verwendet, zeigt sich als treue Übersetzung der Geschichte mit ihren amerikanischen Personen und ihrer New Yorker Topographie. ›Marie Rogêt‹, sagt die Erzählstimme, sozusagen mit englischer Aussprache des französischen Namens, während sie ›Mary Rogers‹ meint. Poe sorgt in Fußnoten dafür, jeden französischen fiktiven Namen mit der Rückübersetzung in den New Yorker Fall zu versehen. Die Lektüre des Texts beginnt also unter der Annahme, dass die Erzählung der Pariser Geschichte die unerzählte Geschichte in New York zur Darstellung bringt. Sie tut das, indem sie nur eine Figur und Perspektive hinzufügt: diejenige Dupins. Dupins Persona steht dafür, dass die Zufälle und Besonderheiten des New Yorker Falles in berechenbare Pariser Kontingenzen verwandelt werden.

Gibt es also am Ende gar nicht wirklich zwei verschiedene Geschichten: die aktuelle, die sich in New York abspielt, während Poe schreibt, und die fiktive Geschichte, die ihm in Dupins Maske zu schlüpfen erlaubt, sondern nur eine, die *histoire* des amerikanischen *cigar girls*, die Poe aber im *discours* von der Pariser Parfumverkäuferin erzählt? Hält man sich eng an den Wortlaut von Poes Text, dann gibt es allerdings zunächst nicht nur nicht zwei, sondern eigentlich gar keine Geschichte. Oder genauer: Es gibt nur eine Art Nullgeschichte, deren Legitimierung ganz ungedeckt bleibt. Eine Geschichte wird am Anfang zwar erzählt: »This event occurred about two years after the atrocity in the Rue Morgue.«[34] Es folgt ein bisschen Vorgeschichte über die Halbwaise, die schon einmal für eine Woche verschwunden war und gesucht wurde; die danach aufhörte, im Parfümerieladen des Monsieur Le Blanc (alias Mr. Anderson) zu arbeiten; und die nun, drei Jahre später, wieder verschwunden ist und deren Leiche am vierten Tag nach dem Verschwinden am Ufer der Seine gefunden wird. Aber der Leser kann nicht ausmachen, wessen Worte der

---

34. Poe, The Mystery of Marie Rogêt (Anm. 29), 725.

Erzähler zusammenfasst und aufgrund welcher Informationen entweder diese Person in der Geschichte oder auch der Erzähler in eigener Verantwortung hier spricht. Zwar wird später berichtet, der Polizeipräfekt habe Dupin und seinem Freund den Fall vorgetragen. Der Bericht des Präfekten selbst wird dem Leser aber vorenthalten, so dass es kein Kriterium dafür gibt, ob er dem ähnelt, was dem Leser zu Anfang als Fallgeschichte geboten wird. Gegen eine Identität von Präfektenvortrag und mitgeteilter Fallgeschichte spricht nicht nur, dass angedeutet wird, Dupin habe die Ausführungen des Polizeichefs im Schutz seiner grüngetönten Brille komplett verschlafen. Wichtiger ist noch, dass die Erklärungen des Präfekten der Pariser Polizei als für Dupin und seinen Freund, den Erzähler, weitgehend unverständlich charakterisiert werden. Der Polizeichef kommentiert nämlich Fakten, über die seine beiden Zuhörer zum Zeitpunkt des Vortrags noch gar nicht verfügen. Nun wird der ganze Rest von *Marie Rogêt* in der Tat aus einem Bericht der verfügbaren Fakten in Gestalt von Zeitungslektüren des Erzählers bestehen, die Dupin dann seinerseits ausgiebigen Kommentaren und Interpretationen unterziehen wird. Aber diesem Spiel von journalistisch vermittelter *evidence* und eigener Interpretation entspricht der Bericht, den der Leser zu Anfang des Textes erhalten hat, keineswegs: Schon die im anfänglichen Bericht einfach vorausgesetzte Annahme, dass die am vierten Tag nach Marie Rogêts Verschwinden gefundene Leiche diejenige der Vermissten ist, wird von einigen Quellen zum Teil heftig in Zweifel gezogen. Kurz: Der Fallbericht, den man zu Anfang hört und der die einzige zusammenhängende Fassung einer Erzählung der Geschichte ist und bleibt, ist ein Phantomtext. Er stellt einfach die Nullform eines ›Falles‹ zwischen Geschichte und Erzählung dar; und diese Nullform wird dem Verhältnis von Geschichte und Erzählung, das ja nichts anderes als der Gang der Untersuchung des Falles ist,[35] als problematische Annahme zugrunde gelegt. Diese Nullform hat selbst keinen Anker oder Autor in irgendeiner Wirklichkeit oder Institutionalität. Sie ist das Ereignis des Wirklichen, der Fall.

Die ganze Geschichte vom *Mystery of Marie Rogêt* besteht, so ist gesagt worden, in einer Abfolge von oftmals verstreuter *evidence* und in Kommentaren dazu, die sich unübersichtlich hinziehen. Für die *evidence* im engeren Sinne stehen die Zeitungsberichte und ihre Lektüre. Der Ich-Erzähler, Dupins Freund, präsentiert diese Berichte, in denen Zeugenaussagen und Beweisstücke aufgezählt und bereits ein erstes Mal gewichtet werden, in direkten Zitaten und ergänzenden Zusammenfassungen. Auch die *evidence* ist demnach Interpretation. Dass sie den Status von *evidence* hat, heißt, dass dies die Interpreta-

---

35. Tzvetan Todorov: Typologie des Kriminalromans, in: Jochen Vogt (Hrsg.): Der Kriminalroman. Poetik – Theorie – Geschichte, München 1998, 208–215.

tion ist, hinter die man nicht auf ›wirklichere Wirklichkeit‹ zurückgehen kann. Ihre Unhinterfragbarkeit ist die Evidenz der *evidence*. Auf die Referate des Freundes folgen dann wieder Dupins Kommentare und Interpretationen zu den Zeitungsberichten. Am Ende bietet Dupin eine Lösung des Falles an. Aber niemals, auch am Ende nicht, wird jemals wieder eine ganze Geschichte des Falls, weder des Falls von Marie Rogêt noch von Mary Rogers, erzählt werden. Die Fallgeschichte, die zwischen der New Yorker Geschichte und der Erzählung im Paris Dupins liegt, ist der Blankoscheck, der dem Text am Anfang ausgestellt wird, damit er die Geschichte erzählen kann.

Die Zeitungslektüre der *evidence* bildet also den Schauplatz für die Pariser Erzählung der New Yorker Geschichte. Sieht man etwas genauer zu, wie sich das abspielt, dann wird klar: In *Marie Rogêt* ist es dieses Verhältnis zwischen Erzählung und Geschichte, durch das die Spannung zwischen Singularität und Kontingenz ausgetragen wird. Das muss man in einigen Schritten erläutern. Die Zeitungslektüre isoliert zunächst einige Grundannahmen, die niemand bezweifelt, und eine begrenzte Zahl von Grundgeschichten, die sich damit erzählen lassen. Man ist sich einig, wann Marie Rogêt das Haus verließ; dass sie angab, eine Tante besuchen zu wollen; schließlich, dass sie ihrem Verlobten davon erzählt und ihn gebeten hatte, sie bei Einbruch der Dunkelheit abzuholen. Der Verlobte gibt weiterhin an, dass er, weil es noch am Nachmittag zu regnen begann, dieses Versprechen nicht eingelöst hat. Er ging nämlich davon aus, dass Marie die Nacht über bei der Tante bleiben werde. Es gibt darüber hinaus als *evidence* die Leiche und ihren Fundort, die Beschaffenheit des Körpers und weitere physikalische und physiologische Umstände des Todes durch Ertrinken. Drittens gibt es nachträgliche *evidence:* vor allem die später auftauchende Geschichte von einer Frau, die in einem Gasthaus an der Seine gesehen wurde, in dessen Nähe einerseits eine Bande junger Männer bemerkt wurde und man andererseits einen Ort ausmacht, an dem ein Kampf stattgefunden haben könnte. Dort findet sich dann sogar ein Kleidungsstück Marie Rogêts. Soweit die wichtigsten Fakten der *evidence*. Die Grundgeschichten haben wieder mit drei Komplexen zu tun: Eine extreme Interpretation besagt, dass es sich beim Leichenfund gar nicht um Marie Rogêt handelt. Eine zweite Interpretationslinie stellt infrage, dass der zunächst verdächtige Verlobte der Täter ist. Dabei geht man davon aus, dass Marie schon in der Nähe ihrer Wohnung getötet wurde. Bei dieser Annahme stellt sich dann aber die Frage, wie der Mörder die Leiche unbemerkt bis ans Ufer der Seine schaffen konnte. Daraus ergibt sich die in der Presse vorherrschende Bandenthese. Die Bandenthese ist offenbar wieder davon abhängig, wie die zusätzlichen Aussagen und Beweisstücke gewertet werden, die mit dem Gasthaus, der Wirtin und den

Kampfspuren am Ufer zusammenhängen. Hier taucht dann am Ende neben der Bandenthese noch die Variante von der verunglückten Abtreibung auf.

Dupin unterzieht diese *evidence* samt der möglichen Grundgeschichten zwei Durchgängen von kritischer Auslegung. Dabei kommt es, wie man sehen wird, zu einer inneren Spannung zwischen Erzählung und Geschichte. Beim ersten Durchgang geht es Dupin verwirrenderweise kaum darum, selbst eine Hypothese zu entwickeln. Vielmehr fragt er, welche Annahmen den jeweiligen Interpretationen zugrunde liegen und wie in ihnen die wichtigen Aussagen verstanden und die relevanten Fakten erklärt werden. Hier läuft Dupin zu hoher Form auf. Die Geschichte und ihre Erzählung drohen sich aber zu verheddern. Denn auf zwei Ebenen verbiegt Dupins Kritik der Fakten der Geschichte den Fortgang des Erzählens. Zum einen wird hier der jeder Detektivgeschichte eigene Richtungssinn infrage gestellt. In der Detektivgeschichte ist typischerweise die Klärung der Geschichte, die der Fall ist, der Fortgang in der Geschichte, die erzählt wird. Wenn aber Dupin mit seinen Überlegungen hier gar nicht eindeutig auf Auflösung zielt, gerät der fundamentale Zusammenhang zwischen erzählter Geschichte und Fallgeschichte ins Wanken. Tiefer liegt ein zweites, damit verbundenes Moment: Dupins Überlegungen verwandeln eine ganze Reihe von Punkten und Einzelheiten des Falls (und seiner ungedeckten Nullgeschichte) in oszillierende Mikrokosmen von Möglichkeiten und Modellüberlegungen. Jegliche Gerichtetheit einer erzählbaren Geschichte stülpt sich hier in Miniaturkosmen von Potenzialitäten und Wahrscheinlichkeiten an einer einzelnen gegebenen Stelle um. Das Verhältnis zwischen der Erzählung und der Geschichte, zwischen dem Fortgang der Erzählung und dem Ganzen der Geschichte wird an diesen Stellen umgedreht. Dieses Ausbuchten von Durchgangspunkten der Erzählung zu eigenen Welten reicht von hermeneutischen zu probabilistischen Kosmen, die wie Vulkane in der Erzählung der Geschichte ausbrechen. Zwei Beispiele dafür: Eher noch hermeneutischer Art ist die Ausbuchtung, die sich durch Dupins Untersuchung zu der Annahme ergibt, der Verlobte habe Maries Leiche nicht unbemerkt durch Paris tragen können. Dupin entfaltet an dieser Stelle eine ganze Ethnologie des Alltags *avant la lettre*. Wann gehen welche Menschen mit welcher Art der Aufmerksamkeit füreinander und Kenntnis voneinander durch Paris? Dupins Reflexion ähnelt hier überraschend einer Balzac'schen Digression. Dieser Punkt der Überlegung passt auf jeden Fall in keine gerichtete Erzählung hinein, sondern droht sich zum Modell von Geschichten umzustülpen. Noch extremer und mehr auf die Seite der probabilistischen Statistik neigend ist die Überlegung zum Leichenfund. Hier geht es um die Frage, wie lange eine Leiche unter welchen Umständen benötigt, um nach dem Absinken wieder aufzutauchen bzw. auch überhaupt erst unter die Oberfläche zu sinken:

›The corpse, being supposed at the bottom of the river, will there remain until, by some means, its specific gravity again becomes less than that of the bulk of water which it displaces. This effect is brought about by decomposition, or otherwise. The result of decomposition is the generation of gas, distending the cellular tissues and all the cavities, and giving the *puffed* appearance which is so horrible. When this distention has so far progressed that the bulk of the corpse is materially increased without a corresponding increase of *mass* or weight, its specific gravity becomes less than that of the water displaced, and it forthwith makes its appearance at the surface. But decomposition is modified by innumerable circumstances – is hastened or retarded by innumerable agencies; for example, by the heat or cold of the season, by the mineral impregnation or purity of the water, by its depth or shallowness, by its currency or stagnation, by the temperament of the body, by its infection or freedom from disease before death.‹[36]

Extrem und entscheidend ist dieser über mehrere Seiten sich hinstreckende Passus aus mehreren Gründen: Er ist besonders lang und besonders untauglich, die Erzählung voranzubringen. Dupin hat die Hypothese, innerhalb derer der Punkt wichtig wäre, aus anderen Gründen ohnehin verworfen. Vor allem ist der Passus wichtig für Poes Auffassung von Wahrscheinlichkeitstheorie. Die Betonung der »innumerable circumstances« und »innumerable agencies« ist charakteristisch. Probabilität macht nicht so sehr Kontingenz beherrschbar für Poe: Dass Probabilität Kontingenz bändigt, bestreitet er zwar nicht. Aber probabilistische Berechnung demonstriert Poe zufolge mit ihrer Beherrschung des Zufälligen als Kontingenz geradezu die Unmöglichkeit, ein je einzelnes Vorkommen, Singularität, jemals ausreichend bestimmen zu können. Das ist Poes Punkt. Kontingenz ist nicht, nach hinten gewandt, Domestizierung des Zufälligen für ihn; sondern, nach vorne gerichtet, exponentielle Vermehrung der Möglichkeiten in jedem Moment einer Ereignisfolge.

Poe, so sieht man, verhandelt seine Geschichte nicht im Hinblick auf den Weltzustand, in dem Zufälle anfallen. Poe kommt auf das Ereignis selbst zurück, so wie man es in der hier vorangestellten Kurzgeschichte der Probabilistik für literaturwissenschaftliche Zwecke bei Arnauld angegeben fand. Er kommt darauf zurück, wie das Singuläre zum Kontingenten wird und wie es erst nach seiner Transformation in das System eines Laplace'schen Weltzu-

---

36. Poe, The Mystery of Marie Rogêt (Anm. 29), 742.

standes Eingang finden kann. Je erfolgreicher die Beherrschung der Ereignisse als Kontingenzen ist, desto heftiger kehrt sich hervor, dass ihr bloßes Vorkommen in der unerzählten Geschichte absolut und singulär ist. Für die Geschichte *Marie Rogêt* heißt das: Wie Balzacs Geschichte hat auch sie eine Doppelstruktur. Aber es ist die doppelte Struktur von zwei aufeinandergelegten Geschichten: Auf die Geschichte von den singulären Ereignissen um Mary Roger, dem *cigar girl* aus New York (die eigentlich gar nicht erzählt wird), wird die Pariser Geschichte der Marie Rogêt gelegt (die eigentlich nur die Erzählung dieser ersten Geschichte ist). Die zweite Geschichte ist die Kontingentsetzung der ersten Geschichte; oder, weil ja die zweite Geschichte die Erzählung der ersten ist: die Erzählung ist die Kontingentsetzung der Geschichte. Kein Dämon tritt hier auf als die letzte Intelligenz, von der aus sich die Welt als System sehen ließe. Dämonisch sind die schwindelerregenden Schleifen und Rückbindungen von Singularitäten und Kontingenzen, in denen die Abgrenzung der Geschichte von ihrer Erzählung verschwindet.

Diese Modellbeschreibung von Poes *Marie Rogêt* ist noch einmal weiter zu präzisieren. Zu diesem Zweck muss man aber noch auf die zweite Runde von Dupins Interpretationen zu sprechen kommen. Hier trägt er nun endlich seine eigene Hypothese zur Lösung des Falles vor, ergänzend dazu radikalisiert er seine Kritik der zugrundeliegenden *evidence:* Dupin nimmt nämlich an, Marie Rogêt sei von einem unbekannten Liebhaber ermordet worden, mit dem sie entlaufen wollte – eine konsensuelle Entführung, die das frühere Verschwinden Maries wiederholt. Dass diese Lösungsmöglichkeit vor ihm vollkommen übersehen wurde, erklärt Dupin damit, dass in der Darstellung des Falles in der Öffentlichkeit, ja man muss sagen: im Fallwerden unbewusst eine andere Wiederholung wirksam war. Bei dieser anderen Wiederholung geht es um die Erinnerung an ein nur kurze Zeit vorangegangenes Bandenverbrechen, dem ebenfalls eine junge Frau zum Opfer gefallen war. In Dupins abschließender Kritik und Lektüre gibt es also eine richtige und eine falsche Wiederholung: Falsch (aber vorherrschend) ist die Bandentheorie. Sie hat ihren Grund darin, dass gerade die Journalisten von dem Fall beeinflusst sind, den sie kurz zuvor zu berichten hatten. Richtig (aber bisher unbemerkt) ist es dagegen, in dem Mordgeschehen etwas zu sehen, in dem sich eine frühere Episode in Maries Leben wiederholt. Richtig, mit anderen Worten, ist die Wiederholung auf der Ebene der Geschehnisse; falsch ist die Wiederholung auf der Ebene der Interpretationen. Aber gerade diese Unterscheidung ist nicht so einfach, wie Dupin es hier zu unterstellen scheint. Das führt zum letzten Punkt.

Dupins Spiel mit der Wiederholung klingt nämlich an diejenige Wiederholung an, die die Geschichte von Marie Rogêt und ihre Erzählung gegenüber der unerzählten Geschichte der Mary Rogers ist. Wenn man genauer nachsieht, trifft hier die Frage der Wahrscheinlichkeit mit der eigentümlichen Verdopplung der Geschichten zusammen. So hatte der Ich-Erzähler und Freund Dupins erläutert, wie sich seine Erzählung von Marie Rogêt zur Geschichte von Mary Rogers verhalte:

> The extraordinary details which I am now called upon to make public, will be found to form, as regards sequence of time, the primary branch of a series of scarcely intelligible *coincidences,* whose secondary or concluding branch will be recognized by all readers in the late murder of Mary Cecilia Rogers, at New York.[37]

Die Reihe der Zufälle, die nach der Pointe der probabilistischen Berechnung rufen, tritt also eigentümlicherweise nicht nur in beiden Geschichten parallel auf. Sie durchzieht auch als ein und dieselbe Zufallsreihe die Verkettung, die metanarrativ die Geschichte in Paris mit der Geschichte aus New York verbindet. Zu den Koinzidenzen in jeder Geschichte kommt also die Koinzidenz der Geschichten selbst hinzu: der Zufall, dass sich die Ermordung Marie Rogêts in Paris im Mord an Mary Rogers in New York wiederholt. Das heißt aber nach der vorangegangen Analyse nichts anderes als: Die Erzählung (von Marie Rogêts Fall, den Dupin gelöst hat) steht selbst in einer zufälligen Verkettung mit der Geschichte (von Mary Rogers, deren Fall die Erzählung lösen soll). Man muss sich in diesem Zusammenhang ins Gedächtnis rufen, was der Erzähler über die probabilistische Aufklärung der *coincidences* gesagt hatte: Der Kalkül des Wahrscheinlichen unterstreicht mit der Berechnung der Kontingenzen nur Unvorhersehbarkeit und Unberechenbarkeit des Singulären, des je einzelnen Eintretens. Es ist darum ganz wörtlich zu nehmen, wie der Erzähler seine Geschichte schließt:

> I repeat, then, that I speak of these things only as of coincidences. And farther: in what I relate it will be seen that between the fate of the unhappy Mary Cecelia Rogers, in so far as that fate is known, and the fate of one Marie Rogêt up to a certain epoch in her history, there has existed a parallel in the contemplation of whose wonderful exactitude the reason becomes embarrassed. I say all this will be seen. But let it not for a moment be supposed that, proceeding with the sad narrative of Marie from the epoch just mentioned, and in tracing to its *dénouement* the mystery which enshrouded her, it is my covert design to hint at an extension of the parallel, or even to suggest that the measures adopted in Paris for the discovery of the assassin of a

---

37. Poe, The Mystery of Marie Rogêt (Anm. 29), 724.

grisette, or measure founded in any similar ratiocination, would produce any similar results.[38]

Das heißt: Die Beziehung, in der die Erzählung der Geschichte, durch die die wunderbaren Zufälle als Kontingenzen in Rechnung gestellt und beherrscht werden, zur Geschichte steht, um deren Zufallsereignisse es geht, ist selbst ein wunderbarer Zufall. Damit kehrt aber in Bezug auf eben diese Beziehung das Problem wieder, das gerade gelöst schien. Die Frage, ob die Singularitäten sich als Kontingenzen berechnen lassen, tritt wieder auf. Abstrakter gefasst unter der Voraussetzung, dass die Geschichte von Marie Rogêt, die erzählt wird, sich zur Geschichte der Mary Rogers, die gemeint ist, wie der *discours* zur *histoire* verhält: Wenn die Geschichte in einem singulär-kontingenten Verhältnis zu ihrer Erzählung steht, kehrt in der Erzählung der Geschichte das Problem der Unverrechenbarkeit des Singulären im Kontingenten wieder, das die erzählerische Beherrschung der Zufälle als Kontingenzen gelöst hatte. Man kann diese, zugegeben kompliziert erscheinende Formel auf die Beobachtung am Anfang zurückbeziehen: Weil sich im Verhältnis der Erzählung zur Geschichte das Ausgangsproblem der Spannung zwischen Singularität und Kontingenz wiederholt, ist die ›Fallgeschichte‹, wie sie zu Beginn erzählt wurde, eine ungedeckte Nullgeschichte.

IV

Zusammengefasst: Balzac und Poe bieten zwei unterschiedliche Arten, eine Geschichte der prinzipiell beherrsch- und berechenbaren Kontingenzen und eine Geschichte des je einzelnen Sichereignenden und Geschehenden, des Singulären, zusammenzustellen. In beiden Fällen geschieht das vexierbildhaft: d.h. beide Sichtweisen, die der Kontingenz und die der Singularität, sind sukzessiv oder abwechselnd in der jeweils einen oder der jeweils anderen Geschichte möglich. Aber man kann die Zusammengehörigkeit der beiden Geschichten nicht gleichzeitig zu Bewusstsein bringen. Balzacs Doppelgeschichte stellt zwei Geschichten nebeneinander (syntagmatisch). In der einen herrscht die Sicht der Kontingenz vor, in der anderen die des einzelnen, singulären Geschehens. Beide Geschichten zentrieren sich in der Gestalt Ferragus', die aber in ihnen in verschiedenen Rollen auftritt. Es ist einmal die Rolle des mysteriösen Dämons von Paris, dann die des symbolischen Vaters. Obwohl Ferragus

---

38. Poe, The Mystery of Marie Rogêt (Anm. 29), 772f.

in der Geschichte eine kohärente Figur ist, kann doch im Lesen immer nur eine seiner beiden Rollen zu Bewusstsein gebracht werden. Eben das – so die These – ist der frühe Realismus des Textes. Bei Poe ist es einfacher und auch wieder verwickelter. Die beiden Geschichten, um die es hier geht, stehen nicht in einer Geschichte nebeneinander, sondern sie sind in einem beispielhaften Verhältnis übereinandergelegt (paradigmatisch). Man kann sogar ihre jeweilige Geschichtenhaftigkeit herauskürzen und sagen, dass es sich eigentlich um das paradigmatische Verhältnis zwischen der (unerzählten) ›Geschichte‹ und der ›Erzählung‹ (einer anderen, aber gleichartigen Geschichte) handelt. Während nun die Erzählung der Geschichte die Perspektive des Detektivs einführt, der Ereignisse einer zunehmenden Interpretation und probabilistischen Beherrschung unterwirft, tritt darüber umso vehementer die Unverrechenbarkeit zwischen Berechnung und singulärem Sichereignen hervor. Die letzte und eigentliche Lösung Dupins besteht darin, die richtige von der falschen Verkettungsstruktur zu unterscheiden – eine Unterscheidung, die nicht eine weitere Beherrschung der Kontingenz des Ereignisses ist, sondern eine Folgerung aus der Erkenntnis der Beschränktheit solcher Beherrschung. Was der Leser hier zuletzt vexierbildartig wissen, aber nicht in einem Akt zu Bewusstsein bringen kann, ist, dass die ›Erzählung‹ von der Geschichte der Kontingenzen in einem zuletzt zufälligen Verhältnis zur erzählten ›Geschichte‹ und ihren je einzelnen Ereignissen steht.

Uwe Wirth

»His ignorance was as remarkable as his knowledge«
Weiß Sherlock Holmes, was er tut?

»His ignorance«, so lesen wir im zweiten Kapitel von Conan Doyles *A Study in Scarlet*, das den Titel »Science of Deduction« trägt, »his ignorance was as remarkable as his knowledge«.[1] Sherlock Holmes, seines Zeichens Meisterdetektiv und Fürsprecher exakten Detailwissens, überrascht seinen Freund durch eklatantes Nicht-Wissen: von Gegenwartsliteratur, Philosophie und Politik; »he appeared to know next to nothing«, schreibt Watson, und seine Überraschung erreicht ihren Höhepunkt, als er herausfindet, dass Holmes nichts über die Zusammensetzung unseres Sonnensystems weiß: »[H]e was ignorant of the Copernican Theory«.[2] Wie kann es sein, so fragt sich Watson, dass ein zivilisierter Mensch des neunzehnten Jahrhunderts nicht weiß, dass sich die Erde um die Sonne dreht? Wie kann sich ein Sherlock Holmes derartige Lücken im Feld des Allgemeinwissens leisten? Die Antwort, die Holmes seinem Freund gibt, setzt Nicht-Wissen und Wissen in ein strategisches Verhältnis, das unter dem Vorzeichen einer professionalisierten, dem Gesetz der Ökonomie gehorchenden *episteme* steht: Nur das nützliche Wissen – das Wissen, das für die spezielle Arbeitsaufgabe eines *consulting detectives* nötig ist – erhält überhaupt Zugang zu seinem Gedächtnis, wobei dieses, topologisch nicht allzu originell, als Dachboden eines *oikos* beschrieben wird, in dem – hier wird das Grundgesetz der Ökonomie, die Verknappung, auch in räumlicher Hinsicht in Anschlag gebracht – nur wenig Platz ist:

> I consider that a man's brain originally is like a little empty attic, and you have to stock it with such furniture as you choose. A fool takes in all the lumber of every sort that he comes across, so that the knowledge which might be useful to him gets crowded out, or at best is jumbled up with a lot of other things so that he has a difficulty in laying his hands upon it. Now the skilful workman is very careful indeed as to what he takes into his brain-attic. He will have nothing but the tools which may help him in doing his work, but of these he has a large assortment, and all in the most perfect order.[3]

---

1. Arthur Conan Doyle: A Study in Scarlet [1887], in: ders.: The new annotated Sherlock Holmes, hrsg. von Leslie S. Klinger, New York 2007, 3–207, hier: 32.
2. Ebd.
3. Ebd., 32–34.

Die in dieser Passage beschriebene Knappheit von Speicher-Ressourcen, die Holmes zur Begründung für sein Nicht-Wissen anführt, impliziert ein Wissensmodell, in dem die Gegenstände des Wissens zunächst als Mobiliar, und damit als »immutable mobile«,[4] beschrieben werden. Kurz darauf wechselt das metaphorische Register: Aus dem Besitzer eines durch Wissensgerümpel angefüllten Speichers wird ein Handwerker, ein »skilful workman«, der auf dem Dachboden seine Werkstatt eingerichtet hat, in der er nicht nur für eine Ordnung der Dinge, sondern vor allem auch für eine ›perfekte‹ Ordnung der Werkzeuge sorgt. Damit erfährt der Wissensbegriff im Verlauf der zitierten Passage unter der Hand eine Transformation: Wurde Wissen zunächst als Ensemble von Gegenständen beschrieben, erscheint es nun als Ensemble von Werkzeugen, die für »epistemische Praktiken«[5] aller Art bereitstehen. Zugleich vollzieht sich hier eine Modulation des Konzepts »Wissensraum«:[6] Aus dem »little empty attic«, der in Gefahr steht, zu einer Gerümpelkammer des Gedächtnisses zu verkommen, ist eine wohlgeordnete Werkstatt des Wissens geworden. Das heißt, die positivistisch angehauchte »bucket theory of the mind«,[7] der zufolge wir unser Wissen durch die Beobachtung der Welt wie in Kübeln sammeln (eine Vorstellung, die offensichtlich mit der von Holmes präsentierten *attic-theory of his mind* koinzidiert), wird im weiteren Verlauf der zitierten Passage von einer *tool-theory of the mind* abgelöst, die den Wissensraum nicht mehr als Speicher, sondern als Operations- und »Experimentalraum«,[8] nämlich als Werkstatt im weitesten Sinne des Wortes begreift. In diesem Raum werden keine Gegenstände des Wissens mehr gesammelt, sondern hier wird Wissen verarbeitet und bedarfsgerecht hergestellt.

Damit hat sich aber auch der Status des Nicht-Wissens als Kontrastfolie des Wissens verändert, und zwar sowohl in räumlicher als auch in modaler Hinsicht:

Zum einen wird der *brain-attic* zu einem Operations- und Experimentalraum, in dem man nicht mehr einfach nur Tatsachen-Wissen versammelt, sondern in dem Wissen aus dem Herstellen von Tatsachen-Wissen entsteht: Das bloße *knowing that* einer statisch gedachten Ordnung des Wissens tritt

---

4. Vgl. Bruno Latour: Die Hoffnung der Pandora. Untersuchungen zur Wirklichkeit der Wissenschaft, übers. von Gustav Roßler, Frankfurt a.M. 2002, 372.
5. Hans-Jörg Rheinberger: Experiment, Differenz, Schrift. Zur Geschichte epistemischer Dinge, Marburg an der Lahn 1992, 13.
6. Vgl. hierzu: Hans-Jörg Rheinberger: Wissensräume und experimentelle Praxis, in: Helmar Schramm u.a. (Hrsg.): Bühnen des Wissens. Interferenzen zwischen Wissenschaft und Kunst, Berlin 2003, 366–382.
7. Karl R. Popper: Objective Knowledge. An Evolutionary Approach, Oxford 1979, 3.
8. Rheinberger, Experiment, Differenz, Schrift (Anm. 5), 13.

gegenüber dem dynamischen *knowing how* epistemischer Praktiken der Wissensverarbeitung in den Hintergrund.[9]

Zum anderen erweist sich die Eigenschaftsbestimmung »empty« in der oben zitierten Passage als ambivalente Bezeichnung: Zunächst bezieht sie sich auf einen *tabula rasa*-Zustand vollständiger Unwissenheit, der nach und nach durch die unsystematische Ansammlung nützlicher, vor allem aber auch weniger nützlicher Wissensgegenstände in einen Zustand der Fülle, ja der Überfüllung überführt wird. Dann jedoch wird die *emptiness* zum Resultat eines Ausleseprozesses, in dessen Verlauf darüber entschieden wurde, welche Gegenstände des Wissens überhaupt eine Eintrittserlaubnis erhalten. Diese Form der *emptiness* bedeutet nicht mehr Unwissenheit, sondern ist das Resultat eines epistemischen Kalküls, das die Leer- und Zwischenräume des Nicht-Wissens als Ordnungsfaktoren in Dienst nimmt, um die Operationen der Wissensverarbeitung nicht durch unnützes Wissensgerümpel zu behindern. In eben diesem Sinne erklärt Holmes: »[T]here comes a time when for every addition of knowledge you forget something that you knew before. It is of the highest importance, therefore, not to have useless facts elbowing out the useful ones.«[10]

Der *brain-attic* ist mithin nicht nur dem ökonomischen Dispositiv knappen Raums, sondern auch einem pragmatischen Prinzip der epistemischen Auslese unterworfen, das quasi darwinistische Züge trägt: Nur das nützliche Wissen überlebt. Dieser Verdrängungskampf der Gegenstände des Wissens, eine Antizipation dessen, was Peirce und Popper später als *evolutionary theory of knowledge* propagieren werden,[11] offenbart den strategischen Aspekt des Nicht-Wissens: Angesichts begrenzter Raumkapazitäten wird das Leerräumen überfüllter Wissensspeicher zur Voraussetzung dafür, dass sich neues Wissen einrichten kann. Anders gewendet: Nur das Vergessen von bereits Gewusstem schafft Raum für zukünftiges Wissen – und unter dieser Prämisse wird das Nicht-Wissen zu einem ebenso bemerkenswerten Phänomen wie das Wissen.

---

9. Vgl. hierzu Gilbert Ryle: Knowing How and Knowing That: The Presidential Address, in: Proceedings of the Aristotelian Society. New Series 46 (1945/1946), 1–16, der feststellt: »In their theories of knowledge they [the philosophers] concentrate on the discovery of truths or facts, and they either ignore the discovery of ways and methods of doing things or else they try to reduce it to the discovery of facts«. Ebd., 4.
10. Doyle, A Study in Scarlet (Anm. 1), 34.
11. Vgl. Charles Sanders Peirce: Guessing, in: The Hound and the Horn 2 (Nr. 3) (1929), 267–282, sowie Popper (Anm. 7).

Diese Auffassung bildet den Grund, auf dem seit einigen Jahren unter Schlagworten wie »Negatives Wissen«,[12] »Agnotology«,[13] »Kultur der Ignoranz«,[14] »Nichtwissenskulturen«[15] die Debatte um die Relevanz von Nicht-Wissen für die Produktion von Wissen geführt wird.[16] Nicht mehr nur die Frage, »*wie wir wissen, was wir wissen*«,[17] interessiert, sondern die Frage, wie sich die Grenzen zwischen Wissen und Nicht-Wissen bestimmen lassen, wie man die Übergänge von Zuständen des Nicht-Wissens in Zustände des Wissens und *vice versa* beschreibt. Dies ist indes keine ganz neue Fragestellung – genau genommen bildet sie den Ausgangspunkt einer szientistisch forcierten Auseinandersetzung mit dem Verhältnis von Wissen und Nicht-Wissen, die das ganze neunzehnte Jahrhundert beherrscht. Im Jahr 1840 schreibt William Whewell im ersten Band seiner *Philosophy of the Inductive Sciences:* »[B]y tracing the boundary-line between our knowledge and our ignorance, we may ascertain in some measure the extent of the powers of man's understanding«.[18] Obwohl nicht neu, ist diese Aufgabe aktueller denn je – angesichts einer Gesellschaft, die sich selbst als Wissensgesellschaft begreift und in der demgemäß »Wissen *und* Nichtwissen« eine zentrale Rolle spielen.[19]

Die eigentümliche Interferenz von Wissen und Nicht-Wissen wird auch von Dr. Watson in *A Study in Scarlet* festgestellt – in Form einer Liste, die überschrieben ist mit: »SHERLOCK HOLMES – his limits«.[20] Es folgt eine insgesamt

---

12. Karin Knorr-Cetina: Wissenskulturen. Ein Vergleich naturwissenschaftlicher Wissensformen, Frankfurt a.M. 2002, 94.
13. Vgl. Robert N. Proctor: Agnotology. A Missing Term to Describe the Cultural Production of Ignorance (and Its Study), in: ders., Londa Schiebinger (Hrsg.): Agnotology: The Making and Unmaking of Ignorance, Stanford, Calif. 2008, 1–33, sowie im selben Band: Michael Smithson: Social Theories of Ignorance, 209–229.
14. Achim Geisenhanslüke, Hans Rott: Vorwort Ignoranz, in: dies. (Hrsg.): Ignoranz. Nichtwissen, Vergessen und Missverstehen in Prozessen kultureller Transformationen, Bielefeld 2008, 7–14, hier: 10.
15. Peter Krause, Torger Möller: Vorwort: Die Förderinitiative ›Wissen für Entscheidungsprozesse – Forschung zum Verhältnis von Wissenschaft, Politik und Gesellschaft‹, in: Renate Mayntz u.a. (Hrsg.): Wissensproduktion und Wissenstransfer. Wissen im Spannungsfeld von Wissenschaft, Politik und Öffentlichkeit, Bielefeld 2008, 11–18, hier: 15.
16. Vgl. hierzu auch den geplanten Schwerpunkt des Konstanzer Kulturwissenschaftlichen Kollegs zu den »kulturellen Praxen des Nichtwissens« http://www.exc16.de/cms/kolleg-nichtwissen.html [konsultiert am 25.08.2011].
17. Knorr-Cetina (Anm. 12), 11.
18. William Whewell: The Philosophy of the Inductive Sciences, founded upon their history, London 1840, Bd. 1, 18.
19. Peter Weingart, Martin Carrier, Wolfgang Krohn (Hrsg.): Nachrichten aus der Wissensgesellschaft. Analysen zur Veränderung der Wissenschaft, Weilerswist 2007, 37.
20. Doyle, A Study in Scarlet (Anm. 1), 34.

12 Punkte umfassende Liste, die ein Protokoll seines *personal knowledge*,[21] vor allem aber auch seiner *personal ignorance* ist:

1. Knowledge of Literature.—Nil.
2. Philosophy.—Nil.
3. Astronomy.—Nil.
4. Politics.—Feeble.
5. Botany.—Variable. Well up in belladonna, opium, and poisons generally. Knows nothing of practical gardening.
6. Geology.—Practical, but limited. Tells at a glance different soils from each other. After walks has shown me splashes upon his trousers, and told me by their colour and consistence in what part of London he had received them.
7. Chemistry.—Profound.
8. Anatomy.—Accurate, but unsystematic.
9. Sensational Literature.—Immense. He appears to know every detail of every horror perpetrated in the century.
10. Plays the violin well.
11. Is an expert singlestick player, boxer, and swordsman.
12. Has a good practical knowledge of British law.[22]

Diese Liste ist mehr als eine Inventurliste des Holmes'schen *brain-attic;* sie ist ein epistemisches Charakterbild. Holmes wird als Figur dargestellt, die sich durch einen »besonderen Grenzgebiet-Stil«[23] des Denkens auszeichnet: ein Denken, das durch das Gefälle zwischen Spezialwissen und Ignoranz überhaupt erst in Gang zu kommen scheint.

In der gegenwärtigen Debatte um die *boundary line* zwischen Nicht-Wissen und Wissen kommt indes noch ein Aspekt dazu, der in den wissenschaftstheoretischen Auseinandersetzungen des neunzehnten Jahrhunderts zumeist latent geblieben war: die Einsicht nämlich, dass die Trennung von Wissen und

---

21. Vgl. hierzu auch Michael Polanyi: Personal Knowledge. Towards a Post-Critical Philosophy, London 1958.
22. Doyle, A Study in Scarlet (Anm. 1), 34f.
23. Ludwik Fleck: Entstehung und Entwicklung einer wissenschaftlichen Tatsache. Einführung in die Lehre vom Denkstil und Denkkollektiv [1935], hrsg. von Lothar Schäfer und Thomas Schnelle, Frankfurt a.M. 1980, 145.

Nicht-Wissen auf einem Machteffekt beruht, dass sie »immer nur ideologische Demarkation zwischen mächtigem Wissen und willentlich erzeugtem angeblichem Nicht-Wissen« ist.[24] Dies rückt auch all jene forschungspolitisch motivierten »Akte der Grenzziehung«[25] ins Schlaglicht, denen sich die *boundary line* von Wissen und Nicht-Wissen verdankt. Diese Aufmerksamkeitsverschiebung wird von einer historischen Epistemologie vollzogen, die sich darum bemüht, die unterschiedlichen Formen zu rekonstruieren, wie die Grenzen zwischen Wissen und Nicht-Wissen im Zuge der Professionalisierungsschübe des neunzehnten Jahrhunderts disziplinär bestimmt wurden, und wie sich zugleich das herausbildete, was Kuhn als *normal science paradigm* bezeichnet hat.[26] Dabei kann man dem Kuhn'schen Begriff des Paradigma eine Art Grenzwächter-Funktion zuschreiben: Das Paradigma, verstanden als »disziplinäre Matrix«,[27] erweist sich nicht nur als das zu einer bestimmten Zeit von einer bestimmten *scientific community* akzeptierte Wissen, sondern als »Bollwerk gegen veraltetes wie neues Nicht-Wissen, also gegen überwundene Anschauungen und die Häresien der Jungen«.[28] Der Generalschlüssel zu diesem Bollwerk ist – damals wie heute – die Frage nach der wissenschaftlichen Methode: Nur das methodisch gewonnene Wissen wird als »wissenschaftlich qualifiziert«[29] akzeptiert. Insbesondere das ausgehende neunzehnte Jahrhundert beruft sich immer wieder auf die »feste Sicherheit der Arbeitsmethode«,[30] durch die sich die Verarbeitung und Beurteilung von Wissen seitens eines »speziellen Fach-

---

24. David Gugerli, Philipp Sarasin: Editorial, in: Nach Feierabend. Zürcher Jahrbuch für Wissensgeschichte 5 (2009): Nicht-Wissen, 7–9, hier: 7.
25. Vgl. Michel de Certeau: Kunst des Handelns, übers. von Ronald Voullié, Berlin 1988, 227.
26. Für die Geschichte der Naturwissenschaften vgl. hierzu Michel Serres (Hrsg.): Elemente einer Geschichte der Wissenschaften, übers. von Horst Brühmann, Frankfurt a.M. 1994, sowie Michael Hagner (Hrsg.): Ansichten der Wissenschaftsgeschichte, Frankfurt a.M. 2001. Für die Geschichte der Geisteswissenschaften, insbesondere der Germanistik: Jürgen Fohrmann, Wilhelm Voßkamp (Hrsg.): Wissenschaftsgeschichte der Germanistik im 19. Jahrhundert, Stuttgart/Weimar 1994.
27. Thomas S. Kuhn: Neue Überlegungen zum Begriff des Paradigma, in: ders.: Die Entstehung des Neuen. Studien zur Struktur der Wissenschaftsgeschichte, hrsg. von Lorenz Krüger, übers. von Hermann Vetter, Frankfurt a.M. 1978, 389–420, hier: 392. Vgl. hierzu auch Weingart/Carrier/Krohn (Hrsg.), Nachrichten aus der Wissensgesellschaft (Anm. 19), 41f., wo Disziplinen als »Organisationsformen der Wissensproduktion« gefasst werden, die die Entwicklung der Inhalte des Wissens »mit der gesellschaftlichen Verbreitung und Verwendung des Wissens auf verschiedene Weise koppeln«.
28. Gugerli/Sarasin (Anm. 24), 8.
29. Michel Foucault: Dispositive der Macht. Über Sexualität, Wissen und Wahrheit, übers. von Elke Wehr, Walter Seitter und Ulrich Raulf, Berlin 1978, 124.
30. Max Weber: Wissenschaft als Beruf [1919], in: ders.: Gesammelte Aufsätze zur Wissenschaftslehre, hrsg. von Marianne Weber, Tübingen 1924, 524–555, hier: 532.

manns«[31] von den epistemischen Praktiken eines Dilettanten unterscheidet:[32] Die »Einfälle« und »Konjekturen«[33] der Dilettanten mögen, so Weber, genauso fruchtbar sein wie die der Fachleute – dennoch: Ihnen fehlen die Ausbildung und das Gerät, um diese Einfälle in ihrer Tragweite »nachzukontrollieren«.[34] Mithin bleibt diesen wissenschaftlichen Amateuren, diesen *scientifiques amateurs*, wie Latour sie nennt, nichts anderes übrig, als zu versuchen, die Resultate der Wissenschaften unter nicht-professionellen Bedingungen außerhalb der Institution, »in ihren Werkstätten, Garagen und Speichern in kleinerem Maßstab zu reproduzieren«.[35]

Vor dem Hintergrund dieser Überlegungen muss man sich freilich fragen, wie es um den *brain-attic* von Sherlock Holmes bestellt ist: Handelt es sich um die Dach-Werkstatt eines *scientifique amateur* – oder um das Labor eines »scientific detective«?[36] Tatsächlich kann man in den Romanen und Geschichten von Conan Doyle immer wieder eine ironische Überblendung dieser beiden Aspekte beobachten.[37] Zu Beginn des Romans *A Study in Scarlet* bemerkt Stamford, ein Freund von Dr. Watson, der ihn wenig später mit Holmes bekannt machen wird: »Holmes is a little too scientific for my tastes«, denn Holmes habe nur eine Leidenschaft: »a passion for definite and exact knowledge«.[38]

Allerdings ist das exakte Spezialwissen allein noch kein Garant für Wissenschaftlichkeit: Die stellt sich erst im Zusammenspiel mit zwei weiteren Quellen des Wissens ein. Dies wird deutlich, wenn Holmes über einen seiner Kollegen, François Le Villard, sagt: »He has the power of observation and that of deduction. He is only wanting in knowledge«.[39] Der hier angesprochene Mangel an Wissen bezieht sich offensichtlich auf das von Holmes so hoch geschätzte

---

31. Fleck (Anm. 23), 147.
32. Vgl. hierzu Safia Azzouni, Uwe Wirth (Hrsg.): Dilettantismus als Beruf, Berlin 2010.
33. Weber (Anm. 30), 532.
34. Ebd.
35. Bruno Latour: Die Liebhaber der Wissenschaft [1993], in: ders.: Der Berliner Schlüssel. Erkundungen eines Liebhabers der Wissenschaft, übers. von Gustav Roßler, Berlin 1996, 7–13, hier: 7.
36. Arthur Conan Doyle: The Sign of Four [1890], in: ders., The new annotated Sherlock Holmes (Anm. 1), 209–381, hier: 220.
37. Vgl. diesbezüglich das Ende von *A Study in Scarlet* (Anm. 1), wo die Meriten für den von Holmes gelösten Fall den institutionalisierten *professionals* zugesprochen werden: »It is an open secret that the credit of this smart capture belongs entirely to the well-known Scotland Yard officials, Messrs. Lestrade and Gregson. The man was apprehended, it appears, in the rooms of a certain Mr. Sherlock Holmes, who has himself, as an amateur, shown some talent in the detective line, and who, with such instructors, may hope in time to attain to some degree of their skill«. Ebd., 202.
38. Doyle, A Study in Scarlet (Anm. 1), 19.
39. Doyle, The Sign of Four (Anm. 36), 219.

exakte Wissen, das der Macht der Beobachtung als direkter Wissensquelle an die Seite gestellt werden soll.

Signifikant ist in diesem Zusammenhang der in den Geschichten von Holmes immer wieder anzutreffende Hinweis auf die *deduction*. Die *deduction* ist nämlich in der gerade erwähnten Trias der Motor des Denkens: Sie wird nicht nur als inferentieller *modus operandi* der Wissensverarbeitung eingeführt, sondern markiert die Wissenschaftlichkeit des Prozesses der Wissensverarbeitung. Nicht zufällig findet sich sowohl in *A Study in Scarlet* als auch in *The Sign of Four* – jeweils zu Beginn – ein Kapitel mit der gleichlautenden Überschrift: »Science of Deduction«.[40] Die *deduction* wird von Holmes – »you know my methods«[41] – als einzig mögliche Arbeitsmethode für einen *scientific detective* gepriesen. Durch diese *science of deduction* glaubt er seinem Vorgänger, Edgar Allan Poes Meisterdetektiv Auguste Dupin, überlegen zu sein.[42] Hieß es zu Beginn der *Murders in the Rue Morgue:* »His results, brought about by the very soul and essence of method, have, in truth, the whole air of intuition«,[43] so scheint es bei Holmes genau umgekehrt zu sein: Die Kategorien der *intuition* oder des *analytic genius* spielen nur noch eine untergeordnete Rolle – der Schlüssel zum Erfolg ist die Methode der *deduction*.

Dies wird in der berühmten ›Uhr-Episode‹ in *The Sign of Four* deutlich, wo Holmes anhand einer Uhr bis ins Kleinste die Lebensumstände von Watsons Bruder erschließt. Watson vermutet zunächst einen Trick: »You have made inquires into the history of my unhappy brother, and you now pretend to deduce this knowledge in some fanciful way«.[44] Doch Holmes demonstriert Schritt für Schritt, aufgrund welcher Beobachtungen er zu seinen Schlussfolgerungen gelangt ist.

Bemerkenswert ist in diesem Zusammenhang zunächst die Formulierung »to deduce this knowledge«: Offenbar ist die *deduction* eine Maschine zur Produktion von Wissen, die anders als die Beobachtung *(observation)* keinen

---

40. Vgl. Doyle, A Study in Scarlet (Anm. 1), 28–46, Kapitel II und ders., The Sign of Four (Anm. 36), 213–225, Kapitel I.
41. Doyle, The Sign of Four (Anm. 36), 276. Vgl. hierzu Thomas A. Sebeok, Jean Umiker-Sebeok: »Sie kennen ja meine Methode«. Ein Vergleich von Charles S. Peirce und Sherlock Holmes, in: Umberto Eco, Thomas A. Sebeok (Hrsg.): Der Zirkel oder Im Zeichen der Drei. Dupin. Holmes. Peirce, München 1985, 28–87, hier: 54.
42. Vgl. Doyle, A Study in Scarlet (Anm. 1), 42f., wo Holmes von Watson auf seine Ähnlichkeit mit Dupin angesprochen wird: »Now, in my opinion, Dupin was a very inferior fellow. That trick of his of breaking in on his friends' thoughts with an apropos remark after a quarter of an hour's silence is really very showy and superficial. He had some analytical genius, no doubt; but he was by no means such a phenomenon as Poe appeared to imagine.«
43. Edgar Allan Poe: The Murders in the Rue Morgue [1848], in: ders.: The Complete Tales and Poems. With an Introduction by Hervey Allen, New York 1938, 141.
44. Doyle, The Sign of Four (Anm. 36), 223.

direkten Zugang zu den Quellen des Wissens hat, sondern nur auf indirektem Weg zu ihrem Wissen gelangt: dem Weg der logischen Inferenz. Dieses, wie ich es nennen möchte, Folgerungswissen, wird jedoch erst dann nützlich, wenn es zu einer Verbindung von *deduction* und *observation* kommt: »Surely the one to some extent implies the other«,[45] stellt Holmes fest.

Bemerkenswert ist aber auch noch etwas anderes: die Vehemenz, mit der Holmes verneint, seine Methode basiere auf bloßem Raten, es handele sich bei seinen Folgerungen womöglich um »mere guess-work«:

> No, no: I never guess. It is a shocking habit, – destructive to the logical faculty. What seems strange to you is only so because you do not follow my train of thought or observe the small facts upon which large inferences may depend.[46]

Dieses »No, no« ist Ausdruck einer *scientific attitude,* die sich von dem explizit als *guessing* markierten Denkstil in Poes *Murders in the Rue Morgue* abheben will.[47] Dies ist deshalb signifikant, weil mit dem Begriff des *guessing* ein Konzept von Nicht-Wissen aufgerufen wird, das einen ganz anderen Grenzgebiet-Stil des Denkens impliziert als er in den Sherlock Holmes-Geschichten zum Ausdruck kommt. Man kann die Grenze zwischen Wissen und Nicht-Wissen nämlich auch als eine noch nicht vollständig disziplinär konfigurierte epistemische Zone fassen, die durch keine definitiven Demarkationslinien gekennzeichnet ist, sondern als eine Art Niemandsland erscheint: zwischen bereits exakt vermessenen Provinzen des Wissens auf der einen Seite und einer *terra incognita* des Noch-Nicht-Gewussten respektive des Noch-Nicht-Genau-Gewussten auf der anderen. Diese Zone zwischen Wissen und Nicht-Wissen ist durch eine Situation der Unbestimmtheit, der Unsicherheit, der Vagheit gekennzeichnet, die das in diesem Modus Gewusste als ›mutmaßliches Wissen‹, als Vermutung klassifiziert. Die für diese epistemische Übergangssituation des Wissens häufig verwendeten Begriffe sind neben dem *guessing* die ›Konjektur‹ und die ›Hypothese‹.

Die Definition der *conjectura* in dem von Johannes Micraelius verfassten Philosophie-Lexikon aus dem Jahre 1653 bringt diese Grenzsituation auf den Punkt, wenn es heißt: »Conjectura est media inter scientiam et ignorantiam«:[48] eine Vermutung, die zwar Wahrscheinlichkeit besitzt, dabei aber dennoch

---

45. Ebd., 220.
46. Ebd., 224.
47. Vgl. Poe (Anm. 43), 152, 159, 162, 163.
48. Johannes Micraelius: Art. »conjectura«, in: ders.: Lexicon philosophicum, Jena 1653, 269.

ungewiss *(incerto)* bleibt. Dergestalt wird die Konjektur zu einer Denkfigur, die zwischen dem Bereich des als gewusst Geltenden und dem offenen Bezirk des Noch-Nicht-Gewussten respektive des Noch-Nicht-Genau-Gewussten vermittelt.[49] Im philosophischen Sprachgebrauch bezeichnet die Konjektur das Auffinden einer wahren Konklusion ohne Hilfe beweisender Mittel: Sie verdankt sich dem Vermögen, hypothetische Behauptungen über das Wahre, sprich: ›Annahmen‹ auf ihre möglichen Konsequenzen hin abzuschätzen.[50] Basiert die Konjektur auf einem Sachverhalt, so kann mit dem Begriff auch ein kausaler Rückschluss gemeint sein, den etwa ein indexikalisches Zeichen provoziert.

Wissensgeschichtlich betrachtet hat die Konjektur lange Zeit eine zentrale Rolle gespielt, und zwar insbesondere bei Verfahren der Prognose (etwa im Rahmen der Mantik in Form der Divination) als auch bei Verfahren der Diagnose (etwa im Rahmen der Konjektural-Medizin). Wie Carlo Ginzburg ausführlich gezeigt hat, beruhen fast alle Formen der vorwissenschaftlichen Wissensverarbeitung auf einem Zusammenspiel von »Indizien-Paradigma«[51] und »konjekturale[m] Paradigma«.[52] Die Konjektur tritt dabei als eine durch Erfahrung geschärfte Vermutung zutage, die »das *Individuelle* an Fällen, Situationen und Dokumenten« zum Gegenstand hat und dieses in seiner symptomatischen Bedeutsamkeit zu erschließen sucht.[53] Eben deshalb fehlt den Ergebnissen, die im Rahmen des konjekturalen Paradigmas hervorgebracht werden, die ›Strenge‹ der modernen, quantitativen Wissenschaft.

Insofern ist es sicherlich kein Zufall, dass sich im Verlauf des neunzehnten Jahrhunderts – im Zuge einer allgemeinen Tendenz zur »Verwissenschaftlichung«[54] – eine zunehmende Problematisierung der Konjektur als Verfahren

---

49. Vgl. hierzu Uwe Wirth: Die Konjektur als blinder Fleck einer Geschichte bedingten Wissens, in: Caroline Welsh, Stefan Willer (Hrsg.): »Interesse für bedingtes Wissen«. Wechselbeziehungen zwischen den Wissenskulturen, München 2008, 269–294.
50. Gert König: Art. »Konjekturalsätze«, in: Historisches Wörterbuch der Philosophie, hrsg. von Joachim Ritter, Karlfried Gründer, Gottfried Gabriel, Basel/Stuttgart 1971–2007, Bd. 4, 960–966. Zum Begriff der Konjektur aus philologischer Sicht: Kai Bremer, Uwe Wirth: Konjektur und Krux. Methodentheoretische und begriffsgeschichtliche Vorüberlegungen, in: Anne Bohnenkamp-Renken u.a. (Hrsg.): Konjektur und Krux. Zur Methodenpolitik der Philologie, Göttingen 2010, 13–33.
51. Carlo Ginzburg: Spurensicherung. Der Jäger entziffert die Fährte, Sherlock Holmes nimmt die Lupe, Freud liest Morelli – Die Wissenschaft auf der Suche nach sich selbst, in: ders. (Hrsg.): Spurensicherung. Die Wissenschaft auf der Suche nach sich selbst, Berlin 1995, 7–44, hier: 18.
52. Carlo Ginzburg: Indizien: Morelli, Freud und Sherlock Holmes, in: Eco/Sebeok (Hrsg.), Der Zirkel (Anm. 41), 125–179, hier: 140.
53. Ginzburg, Spurensicherung (Anm. 51), 19.
54. Weingart/Carrier/Krohn (Hrsg.), Nachrichten aus der Wissensgesellschaft (Anm. 19), 38.

der Wissensverarbeitung beobachten lässt. Das konjekturale Paradigma wird abgelöst durch ein *normal science paradigm,* dessen Aushängeschild nicht etwa die Induktion oder das Experiment, sondern die deduktive Methode ist: Sie allein fungiert nämlich als Garant für Wissenschaftlichkeit.

Die Protagonisten dieser epistemologischen Neuausrichtung sind William Whewell und John Stuart Mill, die in den 1840er Jahren die wissenschaftstheoretischen Grundlagen für den szientistischen Positivismus der zweiten Hälfte des neunzehnten Jahrhunderts legen. Im zweiten Band seiner *Philosophy of Inductive Sciences* beschreibt Whewell die Konjektur als Verbindungsglied zwischen Begriff und Tatsache. Der »process of conjecture« besteht darin, einen Begriff zu finden, »which will justly represent a train of observed facts«,[55] und das heißt auch: Die Aufgabe der Konjektur besteht darin, zwischen verschiedenen möglichen Begriffen abzuwägen, mit dem Ziel, denjenigen Begriff auszuwählen, »which most agrees with what we know of the observed facts«.[56] Insofern das, was wir über die beobachteten Tatsachen wissen, mit in den Prozess der Wissensverarbeitung eingeht, kommt der Konjektur die Aufgabe zu, in einem »act of knowledge«[57] die *conception of the mind* und die *observed facts* zu einer Einheit zu bringen. Insofern erweist sich die Konjektur als erster Schritt jeder Induktion, deren Erkenntnisziel letztlich »real general knowledge«[58] ist. Dieses induktive Wissen verdankt sich genau genommen der Verallgemeinerung einzelner konjekturaler Verknüpfungsakte, in denen verschiedene Möglichkeiten des »binding together«[59] erprobt wurden.

Das epistemologische Problem der Konjektur (ebenso wie der *guesses* und *hypotheses,* die bei Whewell als Quasi-Synonyme des Begriffs der *conjecture* verwendet werden) besteht darin, dass sie selbst keinen klar festgelegten, in jedem Fall gültigen Regeln folgt. Die Konjektur verfährt nach erfahrungsgeleiteten, situativen Regeln, die tentativ angewendet werden.[60] Hieraus leitet sich die epistemologische Aufgabe ab, die *conjectures, guesses* und *hypotheses* zu disziplinieren.[61] So bemerkt Mill im Rekurs auf Whewell: »The guesses which

---

55. William Whewell (Anm. 18), Bd. 2, 219.
56. Ebd.
57. Ebd., Bd. 1, 38.
58. Ebd., Bd. 2, 212.
59. Ebd., 213.
60. Vgl. hierzu Friedrich Schleiermacher: Hermeneutik und Kritik [1838], hrsg. von Manfred Frank, Frankfurt a.M. 1977, der auf die Frage, ob sich für die Konjekturalkritik Regeln geben lassen, antwortet: »Nein, keine positiven Regeln, sondern nur Kautelen. Positive Regeln aber so wenig, als es für das Erfinden eine Kunstlehre gibt. Die Konjektur ist Sache des durch Übung gebildeten Talents.« Ebd., 283.
61. Vgl. hierzu die wissenschaftstheoretische Argumentation von Karl R. Popper in *Objective Knowledge* (Anm. 7), die diesen Gedanken im zwanzigsten Jahrhundert weitergeführt und auf den gesamten Bereich der Hypothesenbildung angewendet hat. Im ersten Kapitel, das

serve to give mental unity and wholeness to a chaos of scattered particulars, are accidents which occur to no minds but those abounding in knowledge and disciplined in scientific combinations«.[62]

Man könnte auch sagen: Die einheitsstiftenden *guesses* und *conjectures* müssen diszipliniert werden, um als *scientific combination* gelten und so zum ersten Schritt eines induktiven Wissensprozesses werden zu können, dessen Wissen das Prädikat ›wissenschaftliches Wissen‹ verdient.

An dieser Stelle kommt nun die Deduktion ins Spiel: Sie ist eine Maschine der methodischen Verwissenschaftlichung von Wissen. In diesem Sinne schreibt Whewell:

Deduction descends steadily and methodically, step by step: Induction mounts by a leap which is out of the reach of method. She bounds to the top of the stair at once; and then it is the business of Deduction, by trying each step in order, to establish the solidity of her companions footing. Yet these must be processes of the same mind. The Inductive Intellect makes an assertion which is subsequently justified by demonstration.[63]

Das hier beschriebene methodische »step by step« der Deduktion dient der Rechtfertigung einer induktiv gewonnenen Behauptung, die sich ihrerseits einer *conjecture* oder einem *guess* verdankt. Die *conjecture* und der *guess* stehen für einen Zustand des Noch-Nicht-Wissens respektive des Noch-Nicht-Genau-Wissens, während die deduktiv gerechtfertigten Ergebnisse der Induktion als durch die wissenschaftliche Methode gesichertes Wissen erscheinen.[64]

Interessant ist in meinen Augen die metaphorische Implikatur, die durch das deduktive »step by step« respektive durch den induktiven Sprung »to the top of the stair« geweckt wird. Durch die Analogie zwischen verschiedenen Inferenzverfahren und den Treppenstufen wird nämlich die Existenz eines

---

den Titel »Conjectural Knowledge« trägt, stellt er fest, wir müssten all unsere Theorien »as hypothetical or conjectural; that is, as guesses« (ebd., 9) ansehen und deshalb einem Prozess der »refutation« im Sinne einer kritischen Diskussion unterwerfen. Das Zusammenspiel beider Momente ergibt dann eine Methode des »critical guessing« (ebd., 16). Michael Polanyi hat in seinem Aufsatz *The Logic of Tacit Inference* einen alternativen Begriff vorgeschlagen, nämlich den des »scientific guessing«. Michel Polanyi: The Logic of Tacit Inference, in: ders.: Knowing and Being, hrsg. von Marjorie Grene, Chicago 1969, 138–158, hier: 144.

62. John Mill: A system of logic, ratiocinative and inductive: being a connected view of the principles of evidence and the methods of scientific investigation, Bd. 1, London 1843, 364.

63. Whewell (Anm. 18), Bd. 2, 257.

64. Vgl. zu den wissenschaftstheoretischen Implikationen des Begriffs des gesicherten Wissens Weingart/Carrier/Krohn (Hrsg.), Nachrichten aus der Wissensgesellschaft (Anm. 19), 109f.

logischen Raums nahegelegt, der ein *in-between space* ist:[65] Das Treppenhaus als Verbindungsraum zwischen allen Stockwerken eines Hauses, bis hinauf zum Dachboden, wird damit wie der *brain-attic* zu einem Wissensraum, der zugleich epistemologischer Zwischenraum ist.[66] Man könnte sich sogar fragen, ob die Funktion dieses Treppenhauses womöglich darin besteht, die Verbindung zwischen dem im *brain-attic* gespeicherten Spezialwissen und dem außer Haus gewonnenen Beobachtungswissen herzustellen.

Nun sollte man die Wissensraum-Metaphorik nicht überreizen – aber es liegt nahe, den *step* auch in den Erzählungen Conan Doyles als ›Schritt‹ in einem Gedankengang aufzufassen. So erschließt Holmes am Anfang von *A Study in Scarlet,* dass Watson in Afghanistan gedient hat: »I *knew* you came from Afghanistan«, stellt er fest und schiebt eine kurze Reflexion nach, auf welchem logischen Weg er zu diesem Folgerungswissen gekommen ist: »From long habit the train of thoughts ran so swiftly through my mind, that I arrived at the conclusion without being conscious of intermediate steps. There were such steps, however«.[67]

Hatte Holmes an anderer Stelle vehement geleugnet, bei seinen Folgerungen könnte es sich um »mere guess-work«[68] handeln und sich stattdessen als Meister einer *science of deduction* präsentiert, gibt er an dieser Stelle unumwunden zu, dass er seine Folgerungen vollzieht, ohne dass ihm die einzelnen Schritte des Folgerungsprozesses bewusst sind. Damit wird aber auch klar, dass er *de facto* durch das Überspringen der Zwischenschritte zu seinen Konklusionen gelangt, also gerade nicht *step by step,* methodisch-deduktiv, sondern konjektural-induktiv.

Bereits vor vielen Jahren wurde von Jean und Thomas Sebeok festgestellt, dass das, was Holmes so stolz als Ergebnis seiner deduktiven Fähigkeiten ausgibt, »in den meisten Fällen das Ergebnis einer komplizierten Kette von ›guesses‹« ist.[69] Doch damit nicht genug: Die Verfahrensweise von Holmes ist genau genommen das Gegenteil einer gültigen Deduktion – es handelt sich, wie er Watson erklärt, um ein *reasoning backwards:*

---

65. Vgl. Homi Bhabha: The Location of Culture, London 2003, 5, wo das Treppenhaus sowohl als »liminal space« beschrieben wird als auch als »interstitial passage«.
66. Vgl. Bernhard Dotzler, Henning Schmidgen: Einleitung. Zu einer Epistemologie der Zwischenräume, in: dies. (Hrsg.): Parasiten und Sirenen. Zwischenräume als Orte der materiellen Wissensproduktion, Bielefeld 2008, 7–18.
67. Doyle, A Study in Scarlet (Anm. 1), 42.
68. Doyle, The Sign of Four (Anm. 36), 224.
69. Sebeok/Umiker-Sebeok (Anm. 41), 41.

Most people, if you describe a train of events to them, will tell you what the result would be. They can put those events together in their minds, and argue from them that something will come to pass. There are few people, however, who, if you told them a result, would be able to evolve from their own inner consciousness what the steps were which led up to that result. This power is what I mean when I talk of reasoning backwards, or analytically.[70]

Dieses Vermögen, ausgehend von einer Ereignisfolge rückschlüssig die Schritte zu ermitteln, die zu dieser Ereignisfolge geführt haben, entspricht dem, was Charles Sanders Peirce wenige Jahre später in seinen *Lessons of the History of Science* (1896) als »retroductive reasoning« bezeichnet,[71] nämlich als, wie Peirce an anderer Stelle schreibt, »reasoning from consequent to antecedent«.[72] Für Peirce wird die *retroduction* durch ein erfahrungsgeleitetes »*guessing*«[73] respektive durch eine »*conjecture*«[74] ausgelöst und mündet anschließend in eine deduktive Explikation der damit implizierten Konsequenzen. Insofern ist für Peirce, der den Begriff der Retroduktion (später auch Abduktion genannt) im Rahmen seiner Überlegungen zu einer pragmatischen *logic of discovery* einführte,[75] klar, dass die Retroduktion als »first step of scientific reasoning«[76] zu gelten habe, nämlich als erster Schritt im Prozess des Hypothesenaufstellens: ein Prozess, der aber erst durch die nachfolgenden deduktiven und induktiven Schritte – *step by step* – den Geltungsanspruch der Wissenschaftlichkeit erheben und einlösen kann.

Interessant ist unter einem wissensgeschichtlichen Gesichtspunkt weniger der Nachweis, dass das *reasoning backwards* von Holmes und das *retroductive reasoning* von Peirce die gleiche Denkbewegung beschreiben.[77] Interessant ist vielmehr, dass Sherlock Holmes – und mit ihm natürlich sein ›Vater‹, Conan Doyle – offensichtlich die Differenz zwischen deduktiven und retroduktiven Inferenzen ignoriert: Beide Formen der Wissensverarbeitung firmieren bei Doyle unter demselben Namen: *deduction*. Signifikant ist darüber hinaus aber

---

70. Doyle, A Study in Scarlet (Anm. 1), 197–198.
71. Charles Sanders Peirce: Collected Papers, Bd. I-VI, hrsg. von Charles Hartshorne und Paul Weiss, Cambridge 1931–1935; Bd. VII und VIII, hrsg. von Arthur W. Burks, Cambridge 1958, hier: 1.81 (zitiert wird nach Bandnummer und Abschnitt).
72. Ebd., 6.469.
73. Ebd., 2.755.
74. Ebd.
75. Vgl. hierzu Uwe Wirth: Die Phantasie des Neuen als Abduktion, in: Deutsche Vierteljahrsschrift für Literaturwissenschaft und Geistesgeschichte 77 (2003), 591–618.
76. Peirce, Collected Papers (Anm. 71), 7.218.
77. Diese Aufgabe haben Thomas Sebeok und Jean Umiker-Sebeok in ihrem schon mehrfach erwähnten Aufsatz *Sie kennen ja meine Methode* (Anm. 41) gründlich erledigt.

auch die feste Kopplung von *science* und *deduction* auf der einen Seite und die Abgrenzung von *deduction* und *guessing* auf der anderen.

Damit zeigt sich in den Detektiv-Geschichten Conan Doyles ein »Problem der Wörter«[78] im Sinne Rancières: Was Holmes als *deduction* bezeichnet, hat nur sehr wenig mit dem zu tun, was in den philosophischen und wissenschaftstheoretischen Auseinandersetzungen des neunzehnten Jahrhunderts als Deduktion beschrieben wird, denn Holmes bezeichnet auch jene Prozesse der Wissensverarbeitung als *deduction,* die den Charakter von Induktionen, Konjekturen und *guesses* haben. Das heißt: Zum einen wird die *deduction* immer wieder offensiv als Spielmarke wissenschaftlichen Wissens ins Spiel gebracht; zum anderen wird der Begriff der *deduction* jedoch auch für Folgerungsarten verwendet, die offensichtlich nicht-deduktiven Charakter haben. Und so muss man sich fragen: Was bedeutet dieses offensichtliche Nicht-Wissen? Weiß Sherlock Holmes überhaupt, was er tut?

Statt einer Antwort möchte ich abschließend drei Vermutungen äußern.

Auch wenn wir von der Möglichkeit absehen, dass der Autor Conan Doyle nicht um alle epistemologischen Implikationen des Deduktionsbegriffs wusste, oder dass er seine literarische Figur Sherlock Holmes absichtlich nicht wissen ließ, was der Unterschied zwischen *reasoning backwards* und *deduction* ist, oder dass er die *deduction* nur einführte, um Holmes einen methodologischen *unique point of selling* gegenüber seinem Vorläufer Dupin zu verschaffen, so kann man doch festhalten:

Erstens: In den Detektiv-Geschichten Doyles wird das Verhältnis von *deduction, observation* und *knowledge* unter dem Vorzeichen der methodischen Verarbeitung von Wissen verhandelt.

Zweitens: Der wissens*poetische* Aspekt dieser Verhandlung besteht darin, dass sie zum Symptom einer wissens*politischen* Tendenz wird, das Wort *deduction* gewissermaßen als *nom de guerre* für alle wissenschaftlichen Verfahren der Gewinnung gesicherten Wissens zu verwenden. Dabei ist die literarische Rede von einer *science of deduction* nicht nur Ausdruck eines neuen, paradigmatischen Denkstils in den Wissenschaften, sondern auch Ausdruck einer bemerkenswerten Ignoranz.

Drittens – und hier kommt es zu einer Interferenz wissenspoetischer und wissenspolitischer Aspekte – demonstrieren die Holmes-Geschichten die Machteffekte der Literatur, wenn es um die Popularisierung wissenschaftlicher Ideen geht: Der ostentative Hinweis auf die *deduction* als wissenschaft-

---

78. Vgl. Jacques Rancière: Die Namen der Geschichte. Versuch einer Poetik des Wissens [1991], übers. von Eva Moldenhauer, Frankfurt a.M. 1994, 17.

liche Methode hat fast schon propagandistischen Charakter.[79] So zeigt sich Sherlock Holmes zu Beginn einer seiner *adventures* zwar erfreut darüber, dass Watson all die gemeinsam erlebten detektivischen Abenteuer in seinen »little records« dokumentiert hat, doch was ihm viel wichtiger zu sein scheint, ist die Tatsache, dass mit der Veröffentlichung ihrer Abenteuer die *deduction* als Methode prominent gemacht worden ist: »[Y]ou have given prominence«, so Holmes zu Watson, »to those incidents which may have been trivial in themselves, but which have given room for those faculties of deduction and of logical synthesis which I have made my special province«.[80]

Dergestalt tragen die Holmes-Geschichten auch zur Propagation eines neuen Wissensraum-Konzepts bei: Sie schaffen Raum für die *deduction* und zeigen ihre verblüffenden Effekte in der *special province* des Detektiv-Genres.

---

79. Es handelt sich, um mit Isabelle Stengers zu sprechen, um eine »propagation des concepts«. Vgl. Isabelle Stengers: La propagation des concepts, in: dies. (Hrsg.): D'une science à l'autre. Des concepts nomads, Paris 1987, 9–26, hier: 16.
80. Arthur Conan Doyle: The Adventure of the Copper Beeches, in: ders., The new annotated Sherlock Holmes (Anm. 1), 351–384, hier: 351.

DAS NICHT-WISSEN NEUER WISSENSCHAFTEN

Manuela Günter

Geschichtsklitterung
Vom Nicht-Wissen der Literaturwissenschaft am Beispiel des historischen Romans – Naubert und Scott

Für Erich Kleinschmidt

Nicht der Mann allein macht die Geschichte und die Poesie
[...] auch zum Kulturprozeß [gehört] das ›Ewig-Weibliche.‹[1]

Die Ausgangsfrage der folgenden Überlegungen ist so paradox wie folgenreich: Wie kann eine wissenschaftliche Disziplin, die sich der steten Verwandlung von Nicht- und Noch-Nicht-Wissen in Wissen verschrieben hat, strukturell Nicht-Wissen produzieren? Ich möchte diesem Problem anhand eines zwar marginalen, aber dennoch aussagekräftigen Beispiels der Literaturwissenschaft nachgehen, wobei zunächst zu fragen ist, unter welchen epistemologischen Bedingungen sich Literatur selbst als Gegenstand von Wissen im Laufe des 19. Jahrhunderts formiert hat. Erst danach kann der hier verwendete Begriff des Nicht-Wissens im Sinn von Ignoranz – als Unkenntnis, Unwissenheit bzw. Nicht-(Mehr)-Wissen-Wollen – genauer bestimmt werden. Zwar produziert neues Wissen stets synchron neues Nicht-Wissen,[2] jedoch ist damit jener Prozess der Verwerfung – der ›Abjektion‹[3] – von Autorinnen noch nicht erfasst, der im Folgenden am Beispiel des historischen Romans und seiner Anfänge um 1800 rekonstruiert werden soll. Diese Verwerfung entspringt weniger einer allgemeinen Misogynie, sondern stellt eine epistemologische Eigenart im Umgang mit Autorinnen dar: Während in der Wissenschaft (neues) Wissen in der Regel altes (Nicht-)Wissen wenn nicht revidiert, so doch nachhaltig ergänzt bzw. relativiert, beharrt die germanistische Literaturwissenschaft, sofern es sich um Wissen über Autorinnen des 18. und 19. Jahrhunderts handelt, auf einer bemerkenswerten Position des Nicht-Wissen-Wollens. Neue Erkenntnisse scheinen gleichsam als apokryphes Wissen, als eingeschlossenes Nicht-Wissen *neben* der germanistischen Literaturwis-

---

1. Johannes Scherr: Geschichte der Deutschen Frauen. In drei Büchern nach den Quellen, Leipzig 1860, 467.
2. Vgl. die Einleitung zu diesem Band.
3. Zum Begriff des Abjekts im Sinne eines als niedrig und gemein Verworfenen vgl. Julia Kristeva: Pouvoirs de l'horreur. Essai sur l'abjection, Paris 1980. Kristeva geht davon aus, dass dieses Verworfene Ekel und Aversion bis hin zur Phobie verursacht.

senschaft. Nicht nur dem Wissen, sondern offenbar auch dem Nicht-Wissen ist also eine Geschlechterdifferenz eingeschrieben, und diese Tatsache berührt die zentrale Frage nach dem Konnex von Erkenntnis und Interesse in der Germanistik.

I. Germanistische Urszenen

Die Germanistik ist bekanntlich aus dem Geist einer Anekdote geboren, die ihr ›Gründervater‹ Jacob Grimm über seine erste Begegnung mit Savignys Bibliothek kolportierte: »[I]ch entsinne mich, von der thür eintretend an der wand zur rechten hand ganz hinten fand sich auch ein quartant, Bodmers samlung der minnelieder, den ich ergrif und zum ersten mal aufschlug«. Die »gedichte[] in seltsamem, halb unverständlichem deutsch« erfüllen den Betrachter sogleich »mit eigner ahnung«, und noch später hielten »solche anblicke […] die gröste lust in mir wach, unsere alten dichter genau zu lesen und verstehn zu lernen.«[4]

Die Authentizität dieser Anekdote »spontaner Evidenz«[5] ist weitgehend unbestritten, doch, und darauf hat die Wissenschaftsgeschichte verschiedentlich aufmerksam gemacht, interessant ist ihre besondere erzählerische Modellierung.[6] Ulrich Wyss hat den hartnäckig sich haltenden Gründungsmythos in der ›Ökonomie‹ der Disziplin verankert, wobei die Konstruktion einer ›Urszene‹ um einen ›Gründervater‹ nur die Angst vor der Unfähigkeit überdecke, den eigenen Anfang zu denken.[7] Diese These scheint mir indes zu kurz zu greifen, bietet doch gerade der Mythos immer schon Wege aus der Angst vor dem eigenen Anfang. Mit der Stilisierung dieser Begegnung »an einem sommertag des jahrs 1803«[8] als »Erweckungserlebnis«, das ihn die juristischen Studien auf- und sich ganz der neuen Beschäftigung mit deutscher Literatur hingeben ließ, inszeniert sich Grimm nämlich zugleich als jene ›Persönlichkeit‹, die diesem Anblick zu antworten vermag. Er nimmt damit jenen Hang zur Sakralisierung bereits vorweg, welcher dann die Ende des 19. Jahrhunderts sich etablierende Neugermanistik Wilhelm Scherers und Erich Schmidts als

---

4. Jacob Grimm: Das Wort des Besitzes, in: ders.: Kleinere Schriften, Bd. 1: Reden und Abhandlungen, Berlin 1864, 113–144, hier: 115f.
5. Ulrich Wyss: Die wilde Philologie. Jacob Grimm und der Historismus, München 1979, 56.
6. Vgl. Lothar Blum: Die Brüder Grimm und der Beginn der Deutschen Philologie. Eine Studie zu Kommunikation und Wissenschaftsbildung im frühen 19. Jahrhundert, Hildesheim 1997, 77. Vgl. auch Wyss (Anm. 5), 55.
7. Vgl. Wyss (Anm. 5), 58.
8. Grimm (Anm. 4), 115.

»Wissenschaft von der Persönlichkeit« grundlegend charakterisiert: als quasi-religiöse »Andacht« für das »neuschöpfende Genie«, dem nur ein kongeniales Individuum verstehend gerecht werden kann.[9] Der dichterischen Persönlichkeit wird also von den Grimms zu Scherer und Schmidt die wissenschaftliche zur Seite gestellt, und diese Operation führt in eine überaus tragfähige wissenschaftliche Konstruktion, in der die eigenen Abjekte – das Verworfene, von dem man nichts wissen will – wirksam verborgen werden können.

Der Gegenstand dieser Wissenschaft – die schöne Literatur – ist ein historischer, und auch dieser muss natürlich zunächst konstruiert werden. Zentral ist dabei die Formatierung der Literaturgeschichte als Geschichte der deutschen Nationalliteratur, mithin die unauflösbare Verbindung von Geschichte, Poesie und Nation. Während die ›Litterärgeschichten‹ des 18. Jahrhunderts das literarische Wissen durch aggregierende und additive Verfahren mit dem Ziel eines verlässlichen Thesaurus sortiert haben, ordnet die moderne Literaturgeschichtsschreibung des 19. Jahrhunderts ihr Wissen systematisch: »Dadurch aber kann als Wissenschaft nichts mehr gelten, was nur zu sammeln, nicht aber Plurales zeitlich zu systematisieren versteht.«[10] Das Prinzip der Sammlung wird als veraltetes aus der wissenschaftlichen Ordnung des Diskurses ausgeschlossen, »Historiographie (auch) der Literatur wird nun die Kunst, *Zusammenhänge herzustellen*«.[11] Diese Ablösung einer Außen- durch eine Innenperspektive leistet bekanntlich erstmals Georg Gottfried Gervinus' *Geschichte der Poetischen National-Literatur der Deutschen* (1835–1842), die zum Maßstab und Bezugspunkt der Literaturgeschichtsschreibung des 19. Jahrhunderts avanciert. Darin werden die historisch kontingenten und disparaten literarischen Erscheinungen so sortiert, dass der Zusammenhang nationaler Dichtung, der als Idee der Nation vorausgesetzt wird, sich bestätigt:

Denn der Historiker hat ja keineswegs nach seinem subjektiven Ermessen die Ordnung selbst erst zu *machen,* sondern vielmehr die Ordnung, den Zusammenhang und die immanente Nothwendigkeit, die in der *Sache* selbst *liegt,* nur zu finden. Aber dann fragt sich sogleich: *worin* besteht die rechte Ordnung, welcher *Art* ist der Zusammenhang, der Nothwendigkeit, die gesucht werden soll; denn man muß

---

9. Erich Schmidt: Die litterarische Persönlichkeit, Berlin 1909, 22.
10. Jürgen Fohrmann: Deutsche Literaturgeschichte und historisches Projekt in der ersten Hälfte des 19. Jahrhunderts, in: ders., Wilhelm Voßkamp (Hrsg.): Wissenschaft und Nation. Studien zur Entstehungsgeschichte der deutschen Literaturwissenschaft, München 1991, 205–215, hier: 207.
11. Ebd. (Hervorhebungen M. G.).

nothwendig wissen, *wonach* man zu suchen hat, wenn man überhaupt etwas finden will.[12]

Präzise beschreibt der Rezensent Hermann Ulrici in seiner Gervinus-Rezension den Zirkel, der am Ursprung der modernen Literaturgeschichtsschreibung steht. Die Ablösung der pragmatischen (kausalen, rationalen und vor allem thesaurierenden) ›Litterärgeschichte‹ und die damit verbundene Absage an die Gefahr des ›bunten Aggregats‹ von kontingenten Handlungen und Phänomenen wird geleitet von der esoterischen Vorstellung, dass auch die literarische Welt von der Idee einer ›organischen‹ Entwicklung bestimmt sei.

Den wichtigsten Fluchtpunkt dieser sinnhaften Verknüpfungen des Kontingenten zur Idee bildet bereits hier die literarische Persönlichkeit bzw. das, was nach ihrem Tod übrig geblieben ist: die Verbindung von Werk und Name, in der das Schicksal des großen Individuums dasjenige der Nation vermeintlich vorwegnimmt. Nicht umsonst figurieren Goethe und Schiller als Fluchtpunkte dieser Konstruktion. Der Autor(-Name) bildet das Zentrum der sich ausdifferenzierenden Literaturwissenschaft, über den die heterogenen historischen Phänomene homogenisiert, hierarchisiert und wenn nötig externalisiert werden.[13] Er ist Gegenstand und Zielpunkt von Entwicklungen, denen eine Richtung – die Nation – eingeschrieben ist. Dabei ist und bleibt auch für Grimm »ein zeichen tüchtiger dichter [...] unter andern, dasz sich ihre weiber von dem mit- und nachdichten neben ihnen frei halten.«[14]

Die Tendenz zur Monumentalisierung der literarischen Persönlichkeit, die im besten Falle das ›Volk‹ selbst und in keinem Fall eine Frau ist, folgt dem hermeneutischen »Kurzschluß zwischen Leben und Werk«,[15] in dem literarische Texte letztlich zu Quellen von Wissen über ihren Autor werden, der wiederum das Wissen in den Texten und dessen Wahrhaftigkeit durch seine Person beglaubigt. Die Wirkmächtigkeit dieser zirkulären Argumentationsfigur wird noch von der jüngsten Forschung bestätigt:

---

12. Hermann Ulrici: Rezension zu Gervinus' *Geschichte der Poetischen National-Literatur*, zitiert nach ebd., 208.
13. Mit der Entdeckung der ›Volksliteratur‹ seit Herder ordnet man mithilfe des fiktiven Autors ›Volk‹ literarische Phänomene wie Märchen, Sagen usw., die man für die Entwicklung der ›Nation‹ als positiv evaluiert hat, die sich aber nicht individuell zuordnen lassen.
14. Jacob Grimm: die deutschen schriftstellerinnen des neunzehnten jahrhunderts von Carl Wilhelm Otto August von Schindel, in: ders.: Kleinere Schriften, Bd. 7: Recensionen und vermischte Aufsätze, Berlin 1869, 171–174, hier: 173.
15. Jürgen Fohrmann: Geschichte der deutschen Literaturgeschichtsschreibung zwischen Aufklärung und Kaiserreich, in: ders., Wilhelm Voßkamp (Hrsg.): Wissenschaftsgeschichte der Germanistik im 19. Jahrhundert, Stuttgart 1994, 576–604, hier: 576.

Der Name des empirischen Autors verbürgt die Authentizität eines ›Werkes‹, dessen Einheit mit dem ›Leben‹ und den Erfahrungs- und Wissensbeständen seines Urhebers von Lesern wie von Literaturwissenschaftlern immer wieder vorausgesetzt und gesucht wird.[16]

»Gesichertes Wissen über Literatur«[17] braucht, wie das Wissen in der Literatur, Namen, die das Zeug zur ›Persönlichkeit‹ haben, die wiederum die Nation würdig repräsentieren.

Wenn Hinrich Seeba davon spricht, dass die Erfindung der Germanistik und die Konstruktion von »Nationalbüchern«[18] vom *Nibelungenlied* zum *Faust* insofern als ein Krisenphänomen verstanden werden müsse, als gegen eine ›heillose Gegenwart‹ die monumentale Fiktion einer heroischen Vergangenheit gestellt worden sei, und wenn Jürgen Fohrmann davon ausgeht, dass die Idee der Nation zum Selektionskriterium der Literarhistoriker und Literaturwissenschaftler wurde, um der Gefahr heterogener Akkumulation durch Einheit und strenge Auswahl zu begegnen, so kann man ergänzen: Mit der Erfindung der Germanistik reagierte man auch auf das exponentielle Wachstum des Marktes für ›schöne Literatur‹ seit dem Ende des 18. Jahrhunderts. Indem nämlich die (exklusive) Autorfiktion des Genies Autorschaft von allen Zugangsvoraussetzungen befreite, wurde paradoxerweise der Weg frei für eine große Zahl von Autoren und Autorinnen, die, jenseits aller genialen Ambitionen und von der Literaturkritik geschmäht, unterhaltende Texte für ein Unterhaltung forderndes Publikum produzierten und damit zugleich das wichtigste Charakteristikum des freien Schriftstellers – den materiellen Unterhalt durch Schreiben – erfüllten. Es ist die Zeit von Vulpius und Kotzebue, von Iffland, Spieß und Clauren, aber eben auch die Zeit Wallenrodts und Ungers, Hubers, Albrechts, Nauberts und Pichlers, die sich aller populären Genres – Geheimbund-, Ritter-, Räuber-, Familienroman usw. – ausführlich bedienten, abgesehen natürlich davon, dass sie Gedichte, Autobiographien oder Satiren schrieben[19] oder Märchen sammelten. Ihre Präsenz ist spätestens in der ersten

---

16. Ralf Klausnitzer: Literatur und Wissen. Zugänge – Modelle – Analysen, Berlin/New York 2008, 171.
17. Ebd., 179.
18. »Der monumentalen Fiktionalisierung der Vergangenheit als Gegenentwurf zur heillosen Gegenwart, der Verinnerlichung der sprachlichen ›Denkmäler‹ zu einem Bollwerk der Nationalgesinnung gegen die äußere Unfreiheit verdankt sich, so scheint es, auch die institutionelle Begründung der deutschen Sprach- und Literaturwissenschaft.« Hinrich C. Seeba: Nationalbücher. Zur Kanonisierung nationaler Bildungsmuster in der frühen Germanistik, in: Fohrmann/Voßkamp (Hrsg.), Wissenschaft und Nation (Anm. 10), 57–71, hier: 61.
19. Johanna Isabella Eleonore von Wallenrodt schreibt nicht nur bereits 1797 eine sehr aufschlussreiche Autobiographie, sie vergreift sich auch an den Heroen der Literatur, indem sie etwa zu Schillers *Räubern* eine Fortsetzung mit dem Titel *Karl Moor und seine Genossen*

Hälfte des 19. Jahrhunderts unübersehbar. So konstatieren die *Blätter für literarische Unterhaltung* bereits 1837: »Männer lesen nicht mehr Romane, außer um sie zu recensiren. Wer Romane schreibt, muß an die Damen denken, wenn er gelesen sein will. Sie herrschen schon jetzt.«[20] Diese Rezeptionsseite der Literatur wird wenige Jahre später durch Robert Prutz um die Produktionsseite ergänzt: »Die Frauen sind eine Macht in unserer Literatur geworden; gleich den Juden begegnet man ihnen auf Schritt und Tritt.«[21] Ihre Präsenz auf dem literarischen Markt hat bereits Mitte des Jahrhunderts »einen so außerordentlichen Umfang gewonnen, daß es kaum noch einen einzigen Zweig literarischer Täthigkeit giebt [...], der nicht von weiblichen Händen gepflegt würde; ja auf manchen Gebieten, wie z.B. im Roman, haben sie sogar entschieden die Oberhand.«[22] Wenn sie auch, wie Prutz feststellt, »nicht leicht eine neue Richtung in Kunst oder Wissenschaft einschlagen«, so werden sie sich doch nicht damit »begnügen, bloß in den Bahnen fortzuwandeln, welche die Männer ihnen vorgezeichnet haben«.[23] Ihre innovative Leistung beschränke sich aber auf die verdienstvolle Thematisierung weiblicher Lebenszusammenhänge – im ›Frauenroman‹.[24] Damit ist jene Nische geschaffen, in der man das, was von Frauen um 1800 geschrieben wurde, schon aufgrund seiner Popularität noch eine Weile aufbewahrte, um es schon bald der Vergessenheit bzw. dem Nicht-Wissen zu überantworten.

Im 19. Jahrhundert wurde also jenes, für die Systematik einer nationalen Literaturgeschichtsschreibung bereits irrelevante Wissen einer ›Frauenliteratur‹ schon gründlich entsorgt. Alle Bemühungen, das Prinzip einer ›inneren Geschichte‹ in eigene ›Frauenliteraturgeschichten‹ zu übertragen, schreiben

---

nach der Abschiedsscene beim alten Turm publiziert. Wie zum Hohn auf ihre empfindsamen Kolleginnen benennt sie ihren Verbrecherroman *Goldfritzel oder des Muttersöhnchens Fritz Nickel Schnitzers Leben und Thaten, von ihm selbst erzählt*, der 1797 zuerst erschien, in der zweiten Auflage kurzerhand um in *Fritz, der Mann wie er nicht seyn sollte* – gleichsam als parodistische Antwort auf Karoline von Wobesers 1795 erschienenen empfindsamen Roman *Elisa oder das Weib wie es seyn soll*. Auch Wallenrodt muss in der Literaturgeschichte als verschollen gelten.

20. Blätter für literarische Unterhaltung 12/103 (13. April 1837), 414.
21. Robert Prutz: Dichtende Frauen, in: ders.: Die deutsche Literatur der Gegenwart. 1848–1858, Leipzig 1859, Bd. 1, 247–270, hier: 249.
22. Ebd.
23. Ebd., 251f.
24. So jammert Wilhelm Heinrich Riehl 1855: »Unsere Buchhändler speculiren auf nichts eifriger als auf Damenlectüre: ein Dichter, den die Frauen kaufen, ist ein gemachter Mann. Die Frauen sind jetzt ›ein Publikum‹ geworden für den Poeten, wie sie vor zweihundert Jahren ein Kunstrichtercollegium im Hotel Rambouillet waren. Am Ende sind sie gar ›das Publikum‹, und das Publikum erzieht sich seine Poeten.« Wilhelm Heinrich Riehl: Die Naturgeschichte des Volkes als Grundlage einer deutschen Socialpolitik, 4 Bde., Stuttgart 1851–1869, Bd. 3: Die Familie, 100.

deren Ort außerhalb der Nationalliteratur fest.[25] Dasselbe gilt für die Ordnung dieses Wissens in zeitgenössischen Autorinnenlexika: Sowohl Carl Wilhelm Otto August von Schindels *Die deutschen Schriftstellerinnen des neunzehnten Jahrhunderts* aus dem Jahr 1823 [sic!] wie auch Heinrich Gross' *Deutschlands Dichterinen und Schriftstellerinen* [sic!] von 1882[26] verschieben durch das wissenschaftlich längst überholte Verfahren der alphabetischen Sammlung dieses Wissen ins Apokryphe. Indem beide auf das ›litterärgeschichtliche‹ Ordnungsprinzip zurückgreifen, verweigern sie den Autorinnen eine Systemstelle innerhalb der Nationalliteratur. So verdienstvoll die Unternehmungen von Schindel und Gross (die heute übrigens gleichfalls weitgehend vergessen und mithin Gegenstand literaturgeschichtlichen Nicht-Wissens sind) aus heutiger kulturwissenschaftlicher Sicht auch aussehen mögen – von ›Sprachdenkmälern‹ kann bei den biobibliographischen Einträgen schon deshalb keine Rede sein, weil weibliche Autorschaft seit den einschlägigen Studien Goethes und Schillers unter dem Generalverdacht des Dilettantismus stand. In dieser Hinsicht wenigstens herrschte von den Theoretikern bis zu den Hobbyliterarhistorikern große Einigkeit. Das bestätigt Jacob Grimm in einer Rezension über Schindels ›Lexikon‹:

> frauen [...] ist die gabe eigen [...], mit zartester feder die beobachtungen innig vertrauten personen mitzuteilen; fast jede litteratur besitzt einige solcher sammlungen voll unnachahmlicher natürlichkeit, die nach dem tode ihrer verfasserinnen zuweilen bekannt gemacht worden sind. alles glückliche, was frauen schreiben, sollte wie briefe behandelt und unter denselben bedingungen, mit denselben vorsichten öffentlich werden [...].[27]

---

25. Vgl. z.B. Tinette Homberg: Geschichte der schönen Literatur der Deutschen für Frauen, Düsseldorf 1853; Edmund Hoefer: Deutsche Literaturgeschichte für Frauen und Jungfrauen, Stuttgart 1876.
26. Carl Wilhelm August von Schindel: Die deutschen Schriftstellerinnen des neunzehnten Jahrhunderts. Drei Teile in einem Band, Leipzig 1823–1825, Reprint, Hildesheim 2000; Heinrich Gross: Deutschlands Dichterinen und Schriftstellerinen. Eine literarhistorische Skizze. 2. Ausg., Wien 1882. Gross entschuldigt sich gleich im Vorwort für seinen »Grundriss der deutschen Frauenliteratur«: »Der beschränkte Raum, der zur Verfügung stand, machte die gedrängteste Kürze notwendig und gestattete fast nur eine trockene Aufzählung von Namen und Titeln und lediglich bei den hervorragenderen Vertreterinen [sic!] des Frauenschrifttums eine knappe Charakteristik.« Ebd., III. Schindel wiederum betonte ausdrücklich seine »eifrige Bemühung des Sammelns« (ebd., XVI) und konnte in den drei Bänden seiner Sammlung immerhin weit über 1000 Einträge verzeichnen.
27. Grimm (Anm. 14), 172. Diese Festlegung auf die kleine Form, auf den Brief, auf Mündlichkeit usw. wird im Dilettantismus-Projekt Goethes und Schillers implizit, in der frühromantischen Ästhetik, etwa bei Friedrich Schlegel, ganz ausdrücklich festgeschrieben.

Wie vollkommen diese Disqualifizierung weiblichen Schreibens als einer privaten, keiner wissenschaftlichen Beschäftigung würdigen Praxis in gewisser Weise auch in der jüngsten Literaturwissenschaft angekommen ist, zeigen nicht nur sämtliche Untersuchungen zur Wissenschaftsgeschichte der Germanistik, in der es ein Gender-Problem schlicht nicht gibt, sondern beispielsweise auch der für das hier zur Diskussion stehende Thema einschlägige Band Ralf Klausnitzers zum Verhältnis von *Literatur und Wissen,* der den Regeln der literaturwissenschaftlichen Wissensproduktion und ihren Strukturen ausführlich nachgeht und in dem man eigentlich auch Reflexionen zu den hier diskutierten Ausschlussstrategien und blinden Flecken der Literaturwissenschaft erwarten könnte, denn:

> Was ›Literatur‹ ist, wird durch das Unterscheidungswissen der Literaturkritik ebenso bestimmt wie durch die zeitinvestiven [sic!] Beobachtungen von Literaturwissenschaftlern, die im Verbund mit anderen Instanzen jene Prozesse der Kanonbildung und -bearbeitung in Gang halten, die bewahrenswerten Bestände des Produzierten in das kulturelle Gedächtnis überführen und damit einen Wissensspeicher schaffen, der normen- und regelbildend wirken kann. Gerade eine Zeit und Aufmerksamkeit investierende Literaturwissenschaft kann aber auch ›vergessene‹ Autoren und Werke sowie bislang übersehene oder ignorierte Konstellationen wieder ans Licht holen: und damit nicht nur ihre eigene Beschäftigung mit neuem Material versorgen, sondern auch zeigen, wie die (stets wissenskulturell bedingten) Praktiken von Akzeptanz und Ignoranz, von Einschluss und Ausschluss funktionieren.[28]

Verharren solche Reflexionen über die Konstitutionsbedingungen der Literaturwissenschaft im Allgemein-Unverbindlichen bzw. erweisen sie ihre Überzeugungskraft einzig an ihrem hochkanonischen Textbeispiel, Goethes *Werther,* so zeigt vor allem Klausnitzers Rekonstruktion des rasant sich verändernden literarischen Marktes um 1800, was diese Argumentation für die Geschichte der belletristischen Literatur bedeutet. Während bei ihm Millers *Siegwart* die Empfindsamkeit repräsentiert, stehen die Namen Zschokke, Cramer, Lafontaine und Vulpius ein für die populären Genres des Geheimbund-, Ritter- und Räuberromans.[29] Klausnitzer kommt mithin für den Zeitraum, für den Schindel noch ein dreibändiges Lexikon füllen konnte, ohne eine einzige Autorin aus. Damit wird vor allem eines deutlich: Es geht nicht etwa um das Vergessen und letztliche Nicht-Wissen der populären (nichtkanonisierten) Literatur insgesamt – diese wird in der literaturwissenschaftlichen Forschung

---

28. Klausnitzer (Anm. 16), 167.
29. Ebd., 177.

seit dem *cultural turn* immer öfter thematisiert, wenn auch immer noch zu selten eingehender Interpretationen und Analysen gewürdigt.[30] Es geht vielmehr um eine Lücke, die jenseits der Dichotomie ›hoch‹/›niedrig‹ klafft. Während die mit berühmten Männernamen verbundenen Romantikerinnen (Brentano, Arnim, Schlegel, Schelling) über diese Lücke hinweg mühsam ins literaturgeschichtliche Wissen gerettet werden konnten,[31] scheint der Ausschluss der populären Autorinnen um 1800 systemisch und irreversibel. Ich möchte im Folgenden dieses strukturelle Nicht-Wissen der Literaturwissenschaft am Beispiel des historischen Romans rekonstruieren.

II. Zur Verwandlung von literaturgeschichtlichem Wissen in Nicht-Wissen

Die ›wissenschaftliche‹ Beschäftigung mit der Leipziger Professorentochter Christiane Eugenie Benedikte Naubert, geb. Hebenstreit (1756–1819), ist schnell resümiert. Nachdem ihre über viele Jahre strikt gewahrte Anonymität ohne das Einverständnis der Autorin 1817 in der *Zeitung für die elegante Welt*[32] gelüftet worden war, widmete ihr Schindel im zweiten Teil der *Deutschen Schriftstellerinnen des neunzehnten Jahrhunderts* von 1825 einen für seine lexikalische Sammlung relativ ausführlichen Artikel, dem auch das erste provisorische Werkverzeichnis zu verdanken ist. Mit ihren *Neuen Volksmärchen der Deutschen* (1789–1793) sowie mehr als fünfzig Romanen und Novellen eröffnete sich die kinderlose Naubert nicht nur gute Einkommensmöglichkeiten, sondern zugleich, so Schindel einfühlend, auch eine Alternative zur Enge, Dürftigkeit und Langeweile im provinziellen Naumburg, wo sie seit ihrer Verheiratung lebte.[33] Bereits der Eintrag in diesem Lexikon fädelt Naubert sorgfältig und irreversibel in das zeitgenössische Bild von treusorgender Tochter, bescheidener Ehefrau und hingebender Mutter ein, obgleich Naubert dieses Bild in ihren Texten immer wieder problematisiert hat. Nicht nur treusorgende Mütter, auch bedrohliche Stiefmütter und dämonische Verführerinnen werden als »böse Hälften einer aufgespalteten Mutter-Imago«[34] fast schon lüstern

---

30. Eine der wenigen Ausnahmen, die sich aber vor allem dem populärsten der populären Autoren um 1800 widmet, ist Roberto Simanowski: Die Verwaltung des Abenteuers. Massenkultur um 1800 am Beispiel Christian August Vulpius, Göttingen 1998.
31. Vgl. z.B. Barbara Hahn: Unter falschem Namen. Von der schwierigen Autorschaft der Frauen, Frankfurt a.M. 1991.
32. Zeitung für die elegante Welt 17/36 (20. Februar 1817), 290–294.
33. Das Argument der Langeweile als Grund für literarisches Schreiben fällt merkwürdigerweise immer nur im Kontext der ›Würdigung‹ von Autorinnen.
34. Silke Arnold-de Simine: Leichen im Keller. Zu Fragen des Gender in Angstinszenierungen der Schauer- und Kriminalliteratur (1790–1830), St. Ingbert 2000, 311. »Die Protagonistin

inszeniert. Hinsichtlich des familiären Orts der Frau in der populären Literatur von Frauen um 1800 resümiert Silke Arnold-de Simine, dass die von ihr untersuchten Romane »zwar auf der bürgerlichen Familienideologie [fußen], diese aber im weiteren Handlungsverlauf subversiv [umwerten], indem der familiäre Schutzraum – der zum genuin ›weiblichen‹ Ort erklärte Innenraum – für die Frauenfiguren zum Ort der Gefahr«, zur »Quelle der Angst« wird.[35] Doch derlei kritische Distanz zur Empfindsamkeit können Zeitgenossen wie Schindel unmöglich beobachten.[36] Er ignoriert also nicht nur ihre offensichtlichen Probleme mit dem »weiblichen Berufe«,[37] sondern auch ihre literaturgeschichtlich bemerkenswerte Positionierung zwischen Aufklärung und Romantik. Wenn »sich ihre Schriften übrigens bei jenem Charakter derselben überhaupt auszeichnen, daß sie für das weibliche Geschlecht wegen ihrer Reinheit ganz besonders empfohlen werden können«,[38] dann folgt Schindel damit exakt dem Muster, das um 1800 für die literaturgeschichtliche Würdigung von Autorinnen stereotyp wiederholt wird: dass Autorinnen, der ›weiblichen Natur‹ gemäß, immer nur ›Leben schreiben‹. Diese Ansicht wird von den meisten Autorinnen wie Sophie von La Roche, Therese Huber und eben auch von Naubert durchaus geteilt, wenn sie ihr Schreiben »als leichte Stickerei von Arabesken« bezeichnet, »so treu gestickt, als es die Nadel vermag, welche freilich nicht die Hand des Künstlers ist.«[39] Da für diese bescheidene weibliche Natur freie Entscheidungen und Handlungen sowie eine Berufstätigkeit

---

Ida in Nauberts Roman *Herrmann von Unna* ist in ein noch komplexeres Mutter-Netzwerk eingespannt: zur Mutter als Heiliger (Kaiserin Sophie) und als intrigantem ›Machtweib‹ (Gräfin Ratibor) kommen noch die naive, dumme (Pflege-)Mutter (die Münsterin, ihre ehemalige Amme) und die böse Stiefmutter hinzu, vor deren Anschlag auf ihr Leben [...] der bürgerliche Münster sie retten konnte. Keine dieser Mutterfiguren ist Idas leibliche Mutter, diese starb bereits früh.« Ebd., 312.

35. Ebd., 284. Diese Absage an Empfindsamkeit und ihre Ideologie führt dazu, dass die Autorinnen selbst aus diesem Kontext, in dem manchmal noch Frauen auftauchen, gelöscht werden.

36. Wie hartnäckig diese Zuschreibung von Frauenliteratur und empfindsamem Tugendideal funktioniert, zeigt die frühe Studie über den Frauenroman von Christine Touaillon aus dem Jahr 1919, die beispielsweise gegen die ›antiempfindsamen‹ Texte Johanna von Wallenrodts regelrecht ausfällig wird. Vgl. Christine Touaillon: Der deutsche Frauenroman des 18. Jahrhunderts, Wien/Leipzig 1919, 341ff. Auch Naubert bescheinigt Touaillon, dass sie für die Empfindsamkeit »kein Organ« habe (ebd., 404), allerdings gesteht sie ihr eine Ironie zu, die Nauberts Texte immerhin in den »Weiten der Romantik« enden lassen würde (ebd., 407).

37. Ihrer »gelehrten Bildung ungeachtet versäumte sie nie die dem weiblichen Berufe eigenthümlich angewiesenen Pflichten. Sie war häuslich und lebte eingezogen [...].« Schindel (Anm. 26), 33.

38. Ebd., 38f.

39. Naubert an Friedrich Rochlitz, 20.09.1817, in: Nikolaus Dorsch (Hrsg.): »Sich rettend aus der kalten Würklichkeit«. Die Briefe Benedikte Nauberts. Edition – Kritik – Kommentar, Frankfurt a.M./Bern/New York 1986, 112.

nicht vorgesehen sind, bleibt auch kein Spielraum für eine Persönlichkeit, die mit Autorschaft verbunden werden kann. Entsprechend wird Naubert in der für das 19. Jahrhundert maßgeblichen *Geschichte der Poetischen National-Literatur* in dem einzigen ihr gewidmeten Nebensatz bereits zu »Neubert«;[40] aus Gervinus' *Geschichte der deutschen Dichtung* von 1853 ist dann auch diese Erwähnung getilgt.[41]

Anonymität oder Pseudonymität erwiesen sich für den Schutz der einzig zulässigen weiblichen Identität als bürgerliche (Ehe-)Frau um 1800 als unverzichtbar, ja lebensnotwendig. Apodiktisch formulierte Samuel Baur noch 1790: »[E]in Frauenzimmer, das Bücher schreibt, legt seine Weiblichkeit ab.«[42] Folglich hütete Naubert ihre Namenlosigkeit so strikt, dass sich auch hierzu eine Anekdote findet, die wiederum als ›Urszene‹ anonymer weiblicher Autorschaft fungieren könnte. Danach schenkte ihr der Verlobte »zur Hochzeit ihre eigenen Werke in sauberen Maroquinbänden [...], weil er eine Neigung zu historischen Schriften in ihr bemerkte und sich selbst zu den Büchern seiner nachmaligen Braut, als deren Schöpferin er sie natürlich nicht kannte, vorzugsweise hingezogen gefühlt hatte.«[43] Diese offenbar sehr gut gehütete Anonymität führte dann auch dazu, dass Nauberts Texte beim Spiel der Autorsuche immer wieder den verschiedensten (männlichen) Autornamen zugeschrieben wurden.[44] Für die Zeitgenossen war also der Reiz groß, ›den Verfasser‹ zu ermitteln. Doch als der Suche spätestens 1817 Erfolg beschieden und der Name öffentlich bekannt geworden war, führte dies keineswegs zu einer stabilen Verbindung von Name und Werk, die eine Überlieferung ermöglicht hätte. Während Naubert in Abhandlungen des 19. Jahrhunderts nur noch im Kontext des Ritter- und Schauerromans vereinzelt Erwähnung findet,

---

40. So heißt es bei Gervinus: »Etwas mehr von dem ritterlichen Anstrich, wie ihn nachher Fouqué und die Romantiker suchten, [...] hatte Veit Weber (Leonhard Wächter) in seinen Sagen der Vorzeit (1787-1798) und Benedicte Neubert [sic!], die seit ihrem Eginhard und Emma (1785) eine lange Reihe historischer Romane, meist mittelaltrigen Stoffs, geschrieben hat.« Georg Gottfried Gervinus: Geschichte der poetischen National-Literatur der Deutschen, 5 Bde., Leipzig 1835–1842, Bd. 5, 345f. Allerdings lässt die bloße Nennung des (falschen) Autornamens darauf schließen, dass dem Verfasser die Texte selbst nicht bekannt waren.
41. Georg Gottfried Gervinus: Geschichte der deutschen Dichtung, Leipzig 1853.
42. Samuel Baur: Charakteristik der Erziehungsschriftsteller Deutschlands. Ein Handbuch für Erzieher, Leipzig 1790, XIV.
43. Zitiert nach Kurt Schreinert: Benedikte Naubert. Ein Beitrag zur Entstehungsgeschichte des historischen Romans in Deutschland, Berlin 1941, 33. Eine Rekonstruktion ihres Schaffens, die das Gesamtwerk berücksichtigt, hat jüngst vorgelegt Claudia Hareter-Kroiss: Benedikte Naubert. Eine Untersuchung der Lage einer Schriftstellerin in der Goethezeit, Saarbrücken 2010; dem Spätwerk widmete sich Victoria Scheibler: Phantasie und Wirklichkeit. Benedikte Naubert im Spiegel ihrer späten Romane und Erzählungen (1802–1820), Frankfurt a.M./Berlin/Bern 1997; beide Studien bestätigen im Kern den hier dargestellten Befund.
44. Vgl. Schindel (Anm. 26), 37.

verschwindet sie im 20. Jahrhundert in der Schublade Frauen- bzw. (und das ist bereits ein Synonym) Trivialliteratur, wobei die Abwertung Martin Greiners geradezu die Steilvorlage für eine kulturwissenschaftliche Beschäftigung böte: Aus seiner Sicht sind Nauberts Romane nämlich ›trivial‹, »weil Geschichte etwas ist, was durch eine Idee erst Gestalt gewinnt, aber nicht ein Haufen altes Zeugs in der Rumpelkammer des Gedächtnisses, das man nur vergessen hat, zu vergessen.«[45] Auf der Ebene dieses Vergessens Nauberts verliert sich in der Forschung zum historischen Roman ihre Spur deshalb fast ganz, oder besser: sie taucht eigentlich nie dort auf.

III. Nauberts historische Romane und der historische Roman

Für die Löschung Nauberts aus dem Diskurs ›vaterländische Literatur‹ bzw. für ihr dortiges Nichtankommen sorgte vor allem derjenige deutsche Autor, der sich gerne zum alleinigen Vertreter des historischen Romans in Deutschland stilisierte: Willibald Alexis. Nach einer relativen Abwertung des gesamten Genres als einer Zwittergattung, die die Geschichte zwangsläufig entstelle, weil für vergangene Charaktere keine ›Wahrscheinlichkeit‹ herzustellen und damit für die historische Rekonstruktion nichts zu gewinnen sei – prominent vertreten durch Jacob Grimm in seiner Kritik an Achim von Arnims *Die Kronenwächter*[46] –, konnte Willibald Alexis Anfang der 1820er Jahre das Genre für die ›vaterländische Literatur‹ rekrutieren. In einer Rezension über Walter Scott aus dem Jahr 1823, die wiederum in Eberhard Lämmerts Textsammlung zur Theorie des Romans das Genre des historischen Romans repräsentiert,[47] begründet Alexis die Tradition der Gattung gerade nicht über den deutschen historischen Roman des 18. Jahrhunderts, sondern über Shakespeare und die Weimarer Klassiker. Nur Genies wie ihnen sei es vergönnt gewesen, die Helden der Geschichte im historischen Drama selbst auf die Bühne zu bringen,

---

45. Martin Greiner: Die Entstehung der modernen Unterhaltungsliteratur. Studien zum Trivialroman des 18. Jahrhunderts, Reinbek 1964, 110.
46. Zur Kritik vgl. Jacob Grimm an Achim von Arnim, 3. Juli 1817, zitiert nach Reinhold Steig: Achim von Arnim und die ihm nahestanden, 3 Bde., Stuttgart 1894–1903, Bd. 3, 389. Noch deutlicher formuliert die Ablehnung Carl Nicolai: »Er ist eigentlich ein Bastard, oder, wenn wir wollen, eine Satyre auf die Geschichte, eine Täuschung, welche die letztere sich wohl nicht gefallen lassen sollte«, zitiert nach Michael Meyer: Die Entstehung des historischen Romans in Deutschland und seine Stellung zwischen Geschichtsschreibung und Dichtung. Die Polemik um eine Zwittergattung, Frankfurt a.M. 1973, 195.
47. Eberhard Lämmert u.a. (Hrsg.): Romantheorie. Dokumentation ihrer Geschichte in Deutschland 1620–1880, Köln/Berlin 1971, 270–273.

während die ›vaterländischen Dichter‹ der Gegenwart sich damit bescheiden müssten,

> die ganze Geschichte der Vorzeit in ihren Dichtungen aufleben zu lassen, indem sie das Wesen jener Zeiten, die Eigenthümlichkeiten, die Sitten, die Ansichten und Meinungen vorführen, ihre Personen in diesem Geiste auftreten und dagegen nur im Hintergrunde die wirklich geschichtlichen Personen [...] erscheinen lassen.[48]

Die Entwicklung dieses Erzählmodells eines geschichteten fiktiven Vorder- und historischen Hintergrundes verdanke man Walter Scott, und bei aller Kritik, die die späteren Romane auf sich zögen, bleibe doch »seine Erfindung und Ausmittelung des *echten historischen Romans* immer ein Verdienst«.[49]

Nun gibt es verschiedene Indizien, die die Vermutung nahelegen, dass eben diese »Ausmittelung« das Verdienst Nauberts sei, auf das wiederum Scott zurückgreift, der selbst im Vorwort zu seiner Übersetzung des *Goetz von Berlichingen* von den beiden »excellent romances called Herman of Unna and Alf von Duilman«[50] schwärmte. Diese wurden, wie viele andere Romane Nauberts auch, bald nach der deutschen Ausgabe ins Englische übersetzt.[51] In ihrer komparatistischen Studie zum historischen Roman in England und Deutschland kommt Frauke Reitemeier, wenn auch etwas defensiv, zu dem Ergebnis, dass das Scott'sche Erzählmodell keine englischen, sondern deutsche Vorläufer habe – genauer: dass es in dieser Form von Benedikte Naubert entwickelt worden sei.[52] Die Besonderheit ihrer historischen Romane besteht, im Unterschied zur Tradition des historisch-galanten Romans, bereits seit dem Erstling *Walter von Montbarry* (1786) darin, das historische Bewusstsein der behandelten Zeit zu thematisieren. Im Gegensatz zu den eher gelehrten historischen Romanen ihrer Zeitgenossen Feßler oder Meißner erschafft Naubert pseudohistorische Hauptfiguren, deren Leben vor einem möglichst exakt ermittelten historischen Hintergrund erzählt wird. Im Laufe der Handlung treten diese Figuren mit berühmten historischen Gestalten in Kontakt, so dass auf diese

---

48. Willibald Alexis: The Romances of Walter Scott (1823), zitiert nach ebd., 271.
49. Ebd., 275.
50. Walter Scott: Goetz of Berlichingen with the iron hand, London 1799, XI, zitiert nach Schreinert (Anm. 43), 102.
51. 1794 erschien in London nicht nur *Herman of Unna, a series of adventures oft the fifteenth century*, sondern auch *Alf von Deulmen, or The history of the Emperor Philip, and his daughters*; 1803 erschien, ebenfalls in London, *Walter de Montbary, grandmaster of the Knights Templars*. Vgl. hierzu Hareter-Kroiss (Anm. 43), 53.
52. Frauke Reitemeier: Deutsch-englische Literaturbeziehungen. Der historische Roman Sir Walter Scotts und seine deutschen Vorläufer, Paderborn/München/Wien 2001, 252.

Weise der historische Hintergrund und der fiktionale Vordergrund geschickt miteinander verknüpft werden können.

Nauberts historische Romane artikulieren eine »Geschichte jenseits der Akademie«,[53] in der gerade die Tendenz der zeitgenössischen Geschichtsschreibung, ihre eigene interpretatorische Tätigkeit und ihre narrativen Strategien gegenüber den oft gar nicht so eindeutigen ›Fakten‹ zu verschleiern und sich als positive Wissenschaft *einer* historischen Wahrheit zu etablieren, problematisiert wird. Doch nicht nur mit dieser Leugnung der eigenen narrativen Wurzeln, vor allem auch mit der heroischen Formatierung der historischen Figuren hat Naubert ihre Probleme. Indem sie diese allesamt höchst ambivalent zeichnet und mithin auf menschliches Normalmaß zurückstutzt, vermag sie die Konstruktion der Geschichte über historische Helden, deren souveräne Aktionen den Geschichtsverlauf maßgeblich bestimmen, ein Stück weit aufzubrechen. Bereits die bloße Möglichkeit, dass die großen historischen Konstellationen durch kontingente Ereignisse sowie nicht überlieferte und überdies wenig heldenhafte Nebenfiguren irgendwie beeinflusst sein könnten, irritiert dieses Geschichtsbild: »Die Ereignisse der Vergangenheit werden nicht so sehr wie etwas unerschütterlich Gewisses als wie etwas Fragliches behandelt«.[54] Nicht zufällig wird der Roman *Werner, Graf von Bernburg* im Text explizit als »Beytrag[ ] zur Geschichte mißlungener menschlicher Anschläge« bezeichnet.[55]

Nicht nur die verstärkte Leseradressierung, die den Kontakt zum impliziten Leser und damit den Kontrakt faktualer Fiktionalität immer wieder erneuert, die Berufung auf Quellen oder auch der Detailreichtum, der historisches Wissen, z.B. über Kleidung, juristische Praxis usw. wie nebenbei vermittelt, sondern vor allem auch die sogenannte »Zwei-Schichten-Technik, die eine fiktive Figur vor einem historischen Hintergrund handeln läßt«,[56] finden sich im Werk Sir Walter Scotts (1771–1834) wieder. Dieser beschloss 1814 angesichts der finanziellen Schwierigkeiten seines Verlages, mit seinem Roman *Waverley* – selbstverständlich anonym – einen Bestseller zu schreiben. Dass

---

53. Jeannine Blackwell: Die verlorene Lehre der Benedikte Naubert: die Verbindung zwischen Phantasie und Geschichtsschreibung, in: Helga Gallas, Magdalene Heuser (Hrsg.): Untersuchungen zum Roman von Frauen um 1800, Tübingen 1990, 148–159, hier: 148. Blackwell interessiert sich vor allem für das Verhältnis von Sage und Geschichte im Werk Nauberts und rekonstruiert in ihren historischen Romanen eine »verborgene Geschichte«, eine »Psycho-Historie«, in der auch die in der frühen Historiographie vom historischen Prozess ausgeschlossenen Nichtadligen und Frauen eine wichtige Rolle spielten (ebd., 158).
54. Touaillon (Anm. 36), 388f.
55. Christiane Benedikte Naubert: Werner, Graf von Bernburg, 2 Bde., Hohenzollern 1792, Bd. 2, 350.
56. Reitemeier (Anm. 52), 251f.

er sich dazu bereits bewährter narrativer Verfahren bediente, bemerkte ein Scott-Rezensent im *Literarischen Conversations-Blatt* von 1827 lapidar: »[D]er Kitt, womit er [Scott] das Geschichtliche mit der freien Erfindung fest und unmerklich zusammenbindet, ist bis jetzt noch ein Arcanum (d.h. den jetzigen Romanschreibern, denn Benedicte Naubert verstand die Sache auch)«.[57] In den nächsten fünf Jahren folgten mehrere Romane ähnlicher Machart. Diese ließ er gleichfalls anonym als ›Der Autor von Waverley‹ oder als ›Geschichten von ...‹ erscheinen, und bediente sich damit exakt jener Strategie, die Naubert und viele andere Autorinnen zur Wahrung ihrer Anonymität genutzt hatten. Selbst als längst kein Zweifel mehr daran bestand, dass seine Romane seinem Namen nur Ehre machten, hielt Scott diese Scharade aufrecht. 1820 verlagerte er mit seiner historischen Romanze *Ivanhoe* den Schauplatz erstmals ins Mittelalter. Auch dieser Roman war sehr erfolgreich und auch hier folgten weitere Erzählungen nach dem gleichen Muster. Scott war mithin alles das, was Naubert nachgesagt wurde: ein ›Brotschreiber‹, ein Vielschreiber von Schemaliteratur, schlicht ein populärer Autor, dem jedoch weder seine Anonymität noch seine Popularität schadete, sondern der es zu Ehrentiteln wie ›The Wizard of the North‹ und zu einem Stammplatz in der Literaturgeschichte weit über England hinaus brachte. In Deutschland bestätigte dies der Stuttgarter ›Literaturpapst‹ Wolfgang Menzel:

> Noch nie ist ein Dichter so allgemein bey allen Nationen der gebildeten Welt [...] bekannt geworden, als Walter Scott. Der ersten Bekanntschaft mit ihm ist aber wirklich überall eine grenzenlose Werthschätzung und Vorliebe gefolgt. [...] Noch nie hat ein Dichter oder eine Dichtungsart sich so auffallend vervielfältigt.[58]

Scott verhilft also einem Genre zum Durchbruch, das in der deutschen Spätaufklärung bereits völlig entwickelt war und das Vergangenes, und damit der direkten Anschauung für immer Entzogenes, zu verlebendigen versprach. Diese Wiedererweckung der historischen Vergangenheit in Gestalt von spannenden und abenteuerlichen Geschichten wurde im Laufe des 19. Jahrhunderts zunehmend nicht mehr als mindere Konkurrenz der Geschichtsschreibung betrachtet (wie noch bei Grimm), sondern als durchaus plausible Ergänzung der Historiographie und damit auch als bedeutender Bestandteil einer nationalen Literaturgeschichtsschreibung.

Michael Meyer hat bereits 1973 das hier skizzierte Kuriosum eindrücklich beschrieben – dass durch Scott »und seine erfolgreichen Romane literarisches

---

57. Literarisches Conversations-Blatt 8/39 (1827), zitiert nach Meyer (Anm. 46), 209.
58. Wolfgang Menzel: Walter Scott und sein Jahrhundert, in: Literatur-Blatt 1 (1827).

Saatgut, das einstmals aus Deutschland nach England exportiert worden war, nun, rund zwanzig Jahre später, den Weg zurück ins Ursprungsland fand und den deutschen historischen Roman entscheidend befruchtete.«[59] Nichtsdestoweniger ist sich die gesamte neuere germanistische Forschung zum historischen Roman selten wie nie einig darüber, dass Scott der ›Erfinder‹ des historischen Romans sei. Dass diese paradoxe Konstruktion (eines englischen Ursprungs des deutschen ›vaterländischen Romans‹) einer nationalen Literaturgeschichtsschreibung und Literaturwissenschaft des 19. Jahrhunderts in diesem Punkt offenbar sehr viel näher lag als auch nur der Verdacht, am ›Ursprung‹ könnte eine (populäre) Autorin stehen, lässt verschiedene Hypothesen zu. Sicher ist, dass Scott als Gründerfigur im Unterschied zu Naubert eine ›Persönlichkeit‹ vorweisen kann, mit der sich die literarischen Genealogien einer Nationalliteratur begründen lassen.

IV. Die Verschollene

Diese Unmöglichkeit und die daraus resultierende Ignoranz erstrecken sich auch auf das zweite wichtige Feld ›deutscher Nationalliteratur‹: die Märchenforschung. Während die Märchensammlungen der Arnims, Brentanos und Grimms aus dem Konstitutionsprozess der Nationalliteratur nicht wegzudenken sind, weil hier prominent ein ›Volk‹[60] zum Autor und damit zum Helden der Geschichte erklärt wurde, woran sich dann elegant männliche Autornamen anschließen konnten, spielt Nauberts Märchensammlung in diesem Kontext praktisch keine Rolle. Man könnte jetzt natürlich entgegnen, dass eine solche Rekonstruktion der Geschichte der Literaturwissenschaft als Geschichte des Nicht-Wissens der Literatur von Frauen Eulen nach Athen trage, haben sich doch spätestens die feministische Literaturwissenschaft seit den 1970er Jahren und dann vor allem ihre kulturwissenschaftliche Nachfolgerin, die *gender studies,* ausführlich diesem Problem gewidmet und die Fragen der mangelnden Präsenz von Autorinnen im Kanon sowie die strukturellen Bedingungen des Ausschlusses erforscht. Nun scheint es aber so, dass die Ergebnisse dieser vielfältigen Bemühungen auch die kulturwissenschaftlich gewendete Litera-

---

59. Meyer (Anm. 46), 209. Meyer beruft sich dabei nicht nur auf Schreinert, sondern darüber hinaus auf Friedrich Sommerkamp: Sir Walter Scotts englische und deutsche Belesenheit, Masch. Diss., Berlin 1924.
60. ›Volk‹ meint in diesem Kontext »keine empirische, sondern eine historisch-transzendentale Kategorie«, als »jener Bewegungsgrund nationaler Geschichte, der stets präsent, jedoch nie vollständig emaniert erscheint und nur ab und an sich Ausdruck gibt in Zeitaltern, Dichterheroen oder aber in ›Volkspoesie‹.« Fohrmann (Anm. 10), 213.

turwissenschaft – und zwar sowohl den *mainstream* als auch die avancierte – nicht tangieren. Das bestätigt auf der einen Seite die gesamte neuere Forschung zur Geschichte der Germanistik wie auch zum historischen Roman, in der Scott selbstverständlich den Ausgangspunkt bildet,[61] auf der anderen Seite jeder Blick in die diversen, in Schule und Studium empfohlenen Nachschlagewerke: So findet Naubert in den Einträgen zum historischen Roman in Killys *Literaturlexikon*, in Wilperts *Sachwörterbuch der Literatur*, im *Reallexikon der deutschen Literaturwissenschaft* und auch im *Reallexikon der deutschen Literaturgeschichte* keine Erwähnung. Besonders signifikant erscheint der Eintrag in Metzlers *Literaturlexikon*, der die systemische Ignoranz, gleichsam in Klammern, ›exekutiert‹: »Eine erste Welle h[istorischer] R[oman]e mit dieser Erzähltechnik [des ›Zweischichtenmodells‹, M. G.] gab es in Deutschland allerdings schon vor Scott (B. Naubert).«[62] Konsequenzen für die Behauptung, dass Scott der Begründer der Gattung sei, hat dies nicht. Vielmehr vollzieht gerade die Erwähnung in Klammern, die auf ein Wissen schließen lassen soll, den Ausschluss aus diesem Wissen.

Die Ignoranz der Literaturwissenschaft bezüglich der spezifischen Leistungen von Autorinnen bei der Ausdifferenzierung des Literatursystems berührt das Problem des Anfangs: So könnte eine Erklärung für diese Ignoranz darin liegen, dass Grimms ›Ahnung‹ beim Betreten von Savignys Bibliothek und beim Anblick der Bodmer'schen Minnelieder bereits ›infiziert‹ war durch ein breites zeitgenössisches Wissen übers Mittelalter, das auch durch die Romane Nauberts zu Beginn des 19. Jahrhunderts äußerst populär war. Ein Anfang im diffusen und anrüchigen Dunst des Populären könnte vielleicht Grimms ›Angst‹ erklären, von der Wyss gesprochen hat – dennoch gründet sich das Genre des historischen Romans auf einen populären Autor. Eine andere Erklärung könnte in der Anonymität gesucht werden – Literatur braucht Namen, mit denen sie eine Persönlichkeit verbinden kann. Doch offenbar gibt es auch hierfür zwei Optionen: Führte die Autorsuche bei Naubert zu Ernüchterung und Enttäuschung und über die Entstellung des Namens zum Vergessen,

---

61. Vgl. unter anderem Moritz Baßler u.a. (Hrsg.): Historismus und literarische Moderne, Tübingen 1996; Harro Müller: Historische Romane, in: Hansers Sozialgeschichte der deutschen Literatur vom 16. Jahrhundert bis zur Gegenwart, Bd. 6: Bürgerlicher Realismus und Gründerzeit 1848–1890, hrsg. von Rolf Grimminger, München/Wien 1996, 690–708; Barbara Potthast: Historische Romane und ästhetischer Historismus. Text-Bild-Relationen in der ersten Hälfte des 19. Jahrhunderts, in: Daniel Fulda, Silvia Serena Tschopp (Hrsg.): Literatur und Geschichte. Ein Kompendium zu ihrem Verhältnis von der Aufklärung bis zur Gegenwart, Berlin 2002, 323–342.
62. Daniel Fulda: Art. »Historischer Roman«, in: Metzler Lexikon Literatur. Begriffe und Definitionen, begründet von Günther und Irmgard Schweikle, hrsg. von Dieter Burdorf, Christoph Fasbender und Burkhard Moenninghoff, 3. Aufl., Stuttgart/Weimar 2007, 318f.

fügten sich an Scotts Namen nach dessen *coming out* der Adelstitel und die Monumentalisierung auch in Deutschland. Schließlich bleibt noch die Option des extremen Geschichtspessimismus, von dem Nauberts Texte zeugen – die Helden kommen in der Regel nicht an ihr Ziel, die Vorstellung eines Glücks am Ende ist aus den Texten verbannt. Dieser Pessimismus ist mit der Idee einer nationalen Fortschrittsgeschichte nicht zu vermitteln und mag vielleicht die Ignoranz des 19. Jahrhunderts erklären. Aber die heutige Literaturwissenschaft könnte sich, etwa im Zeichen von Benjamins Geschichtsphilosophie, geradezu darauf stürzen. Doch nichts davon. Die populäre Literatur von Frauen um 1800 ist deshalb mit Kristevas ›Abjekt‹-Begriff durchaus sinnvoll beschrieben: als das immer schon Verworfene, das die Literaturwissenschaft mit ihren eigenen Grenzen, mit dem blinden Fleck ihres Anfangs, konfrontiert.

Eine Alternative zum literaturwissenschaftlichen Nicht-Wissen bieten die neuen, populären Medien des kulturellen Gedächtnisses, die freilich aus fachwissenschaftlicher Perspektive immer noch verpönt sind. Die präzisesten Informationen zu Naubert finden sich bei *Wikipedia*:

> Christiane Benedikte Naubert war eine deutsche Schriftstellerin, die – überwiegend anonym – über 50 historische Romane veröffentlichte. Sie gilt als eine der Begründerinnen des historischen Romans in Deutschland. [...] Ihre historischen Romane wurden teilweise auch ins Französische und Englische übersetzt, wodurch Walter Scott sie kennen lernte. In Romanen wie *Ulrich Holzer* oder *Walter von Montbarry* nutzt sie bereits das Prinzip, Nebenpersonen der Geschichte zu Hauptpersonen ihrer Romane zu machen [...] literarische Techniken, die Walter Scott dann übernahm. Daneben ist sie auch durch ihre Sammlung der Neuen Volksmärchen der Deutschen (1789–1793; Neuauflage 2001) lange vor der Sammlung der Brüder Grimm (1812–15) wichtig geworden. [...] Heute ist Benedikte Naubert weitgehend unbekannt.[63]

---

63. Art. »Benedikte Naubert«, in: http://de.wikipedia.org/wiki/Benedikte_Naubert [konsultiert am 09.09.2010]. Auch wenn Reinhard Wittmann in einem jüngst erschienenen Aufsatz über den Roman um 1800 völlig zu Recht konstatiert, dass der größte Teil der Romanproduktion der Spätaufklärung immer noch verschollen ist, so bleibt es doch dabei, dass die Romanproduktion von Frauen am untersten Rand des von ihm so bezeichneten »Romaneisbergs« anzusiedeln ist, handelt doch auch der hier vorgelegte Band von dem schon längst nicht mehr unbekannten August Lafontaine. Vgl. Reinhard Wittmann: Der Roman um 1800 auf dem Buchmarkt. Eine Handvoll Digressionen, in: Cord-Friedrich Berghahn, Dirk Sangmeister (Hrsg.): August Lafontaine (1758–1831). Ein Bestsellerautor zwischen Spätaufklärung und Romantik, Bielefeld 2010, 21–40, hier: 23.

Michael Gamper

Wetterrätsel
Zu Adalbert Stifters *Kazensilber*

I

Es ist eine Eigentümlichkeit zahlreicher Texte von Adalbert Stifter, dass sie in der Form von Rätseln gebaut sind. In ihnen treten Figuren auf, die in unerfindlicher Weise handeln, es werden Dinge beschrieben, deren Seins- und Funktionsweisen undeutlich bleiben, es wird von Ereignissen berichtet, die auf unerklärliche Weise geschehen, und die Handlungsführung und der sprachliche Ausdruck umkreisen dieses Geheimnisvolle in immer neuen Windungen und Wendungen. Der Erzähler scheint in diesen Texten ein Wissen zurückzuhalten, über das er verfügt, das er aber nur Zug um Zug preiszugeben bereit ist, und es ist dies ein Wissen von Gegenständen, die in einer Weise rätselhaft sind, die kein klares Frageziel präsent werden lässt, so dass also auch die Richtung der Erkenntnisführung selbst geheimnisvoll bleibt und die Rätselstruktur nicht nur in der *histoire* des Textes das Geschehen bestimmt, sondern auch in dessen *discours* die Form entscheidend tangiert. Vom eigentlichen Genre des literarischen Rätsels, das gerade in der ersten Hälfte des 19. Jahrhunderts sich einiger Beliebtheit erfreute,[1] unterscheiden sich die Stifter'schen Texte durch ihre Länge und die Eigenheit, dass das Rätsel sich oft als unaufgelöstes, ja gar als unauflösliches erweist. In Stifters Texten kommt der Struktur des Rätsels deswegen eine entscheidende Bedeutung zu, ohne dass damit der Gattungspoetik Genüge getan wäre.

Beispiele für diese Tendenz des Stifter'schen Schreibens sind etwa die Erzählungen *Der Condor* (1840/44), *Das Haidedorf* (1840/44), *Abdias* (1842/47), *Kalkstein* (1847/52) oder *Kazensilber* (1852), womit auch schon deutlich wird, dass die hier namhaft gemachte Eigenheit sich nicht auf eine partikulare Werkphase einschränken lässt und sowohl in den Textsammlungen der *Studien* als auch in derjenigen der *Bunten Steine* auftritt. Weitere Erzählungen könnten aufgezählt werden, den genannten ist aber eine zusätzliche Eigentümlichkeit gemeinsam, nämlich dass in ihnen das verstellte Wissen von einem rätselhaften Menschen in Verbindung steht mit rätselhaften Äußerungen der Natur,

---

1. Siehe Heike Bismark, Tomas Tomasek: Art. »Rätsel«, in: Reallexikon der deutschen Literaturwissenschaft, hrsg. von Klaus Weimar, Harald Fricke, Jan-Dirk Müller, Berlin/New York 1997–2003, Bd. 3, 212–214, hier: 214.

genauer: mit überraschenden Wetterereignissen. Das Rätselhafte dient dabei zunächst als spannungsbildendes Moment, das beim Rezipienten durch Informationsaufschub Interesse wecken und ihn zum Weiterlesen animieren soll. Neben dieser ästhetischen Funktion kommt ihm darüber hinaus aber auch eine eminent wissenspoetologische Bedeutung zu. Denn in diesen Erzählungen wird die epistemologische Eigenheit des zeitgenössischen meteorologischen Wissens in Beziehung gesetzt mit der Struktur der Kenntnis von den literarischen Protagonisten, wodurch der literarische Text, in allgemeinerer Hinsicht gesprochen, in den Stand gesetzt wird, über den dialektischen Zusammenhang von sicherem und unsicherem Wissen zu reflektieren. Und gleichzeitig, in einer spezielleren Perspektive, legt der literarische Text so Rechenschaft über die eigene Wissenspoetik ab und gibt Auskunft über die epistemologische Valenz literarischen Erzählens.

Ostentativ wird dieses doppelte Engagement einer ›literarischen Meteorologie‹, wie ich dieses Verfahren nennen möchte, in einer der frühesten der genannten Erzählungen angesprochen, in *Das Haidedorf*. Denn dort ist im vierten Teil des Textes von einem zugleich existenzbedrohenden und geheimnisvollen, weil gegen alle meteorologische Kenntnis und Wetterregeln verstoßenden Ausbleiben des Regens die Rede, und zugleich wird berichtet vom einzelgängerischen Protagonisten Felix, der nach langen Reisen in sein Heimatdorf zurückgekehrt ist und in seinem Wesen und Verhalten den anderen Dorfbewohnern fremd bleibt. Die Erzählung exponiert also ein doppeltes »Räthsel«, das sowohl den Dorfbewohnern als auch den Lesenden aufgegeben ist: einerseits das »Räthsel« des seltsamen Heimkehrers, andererseits dasjenige des ausbleibenden Regens.[2] Und weiter verknüpft die Erzählung auch die Auflösung der beiden Rätsel aufs Engste miteinander, nicht ohne damit neue unerklärte Problematiken aufzuwerfen.

Die wissenspoetologische Dynamik dieser Konstellation im *Haidedorf* ist bereits an anderer Stelle dargestellt worden.[3] Hier soll es nun um die Profilierung der ›literarischen Meteorologie‹ in einem späteren Text aus den *Bunten Steinen*, nämlich in der Erzählung *Kazensilber* gehen. Es soll gezeigt werden, wie in diesem Text aus dem Nicht-Wissen der Meteorologie ein poetologisches

---

2. Adalbert Stifter: Werke und Briefe. Historisch-Kritische Gesamtausgabe, im Auftrag der Kommission für Neuere deutsche Literatur der Bayerischen Akademie der Wissenschaften hrsg. von Alfred Doppler und Wolfgang Frühwald, seit 2000 hrsg. von Alfred Doppler und Hartmut Laufhütte, Stuttgart u. a. 1978ff., hier: Bd. 1,1, 181. Nachweise von Zitaten aus dieser Ausgabe werden unter Angabe der Sigle HKG sowie der Band- und Seitenzahlen in der Folge direkt im Text erbracht.
3. Siehe Michael Gamper: Literarische Meteorologie. Am Beispiel von Stifters *Das Haidedorf*, erscheint in: Georg Braungart, Urs Büttner (Hrsg.): Atmosphären. Wetter und Klima: Kultur, Wissen, Ästhetik (in Vorbereitung).

Potential freigesetzt wird, das zum einen Stellung bezieht zur Verfassung des Wetterwissens seiner Zeit und das zum anderen die erkenntnistheoretische und erkenntnispraktische Bedeutung literarischen Erzählens betrifft.

II

Der äußerliche Handlungsverlauf von *Kazensilber* ist in seinen wichtigsten Zügen rasch skizziert. Erzählt wird die Geschichte einer Familie, die auf einem abgelegenen Gutshof wohnt und aus den Eltern, der Großmutter und drei Kindern, zwei Töchtern und einem Sohn namens Emma, Clementia und Sigismund, die aber nach ihren Haarfarben meist »Blondköpfchen«, »Schwarzköpfchen« und »Braunköpfchen« genannt werden, besteht. Die drei Kinder besuchen auf ihren Ausflügen zusammen mit der Großmutter oft den »Nußberg«, wo sie den Tag verbringen und die Großmutter sie mit Volkssagen, Märchen und Geschichtsschilderungen unterhält.[4] Dort lernen sie das »braune Mädchen« (HKG 2,2, 258 et passim) kennen, ein offensichtlich fernab der Zivilisation aufwachsendes Kind, dessen unbekannte Herkunft sich intradiegetisch auch durch mehrmalige Untersuchungen des Vaters nicht klären lässt. Das scheue Mädchen wird zunehmend zutraulicher und lässt sich sukzessive in den Haushalt der Familie integrieren, ohne aber je ganz Teil davon zu werden oder das Geheimnis ihres Ursprungs und Schicksals zu lüften. Die Eltern betreiben diese Erziehung, die das Mädchen »demjenigen Glüke zuzuführen« sucht, »dessen es nur immer fähig wäre« (HKG 2,2, 311), vor allem deshalb, weil das Mädchen zunächst den Kindern bei einem heftigen Gewitter und später Sigismund beim Brand des Hofs das Leben rettet. Das Mädchen wird aber dann nach Jahren des Lebens auf dem Hof immer trauriger und schließlich krank, und ähnlich wie die »braune Magd« (HKG 2,2, 248) aus einer der Volkssagen der Großmutter verlässt auch das Mädchen den Hof mit den Worten »Sture Mure ist todt« (HKG 2,2, 313 bzw. 248), eine Aussage, die auf den Untergang einer ursprünglichen und mythisch gewordenen Naturerfahrung verweist. Zurück bleibt nur die lebendige Erinnerung an jenes Wesen, die Sigismund auch nicht verlässt, als er längst den Hof von seinem Vater übernommen hat und als Einziger noch am Ort des Geschehens lebt.

---

4. Die erzählerische Relevanz dieser Binnengeschichten behandelt Edda Polheim: »Darum war die dunkle Blume da, daß die lichten leben«. Zu Stifters *Katzensilber*, in: Heinz-Peter Niewerth (Hrsg.): Von Goethe zu Krolow. Analysen und Interpretationen zu deutscher Literatur. In memoriam Karl Konrad Polheim, Frankfurt a.M. 2008, 35–55.

Soweit also die Grobstruktur der Erzählung, die in dieser Weise, wie Christian Begemann und Stefani Kugler überzeugend herausgearbeitet haben,[5] die Konfrontation von Kultur und Natur thematisiert. So stehen auf der einen Seite der Vater und seine landwirtschaftliche Akkulturierung sowie die Mutter und ihre innerhäusliche Zivilisierung dem »braunen Mädchen« und den sich ereignenden Naturkatastrophen gegenüber, während die Großmutter und die Kinder die beiden Sphären verbinden und der »Nußberg« der Ort ist, wo eine solche Verschränkung im Zeichen von Fiktion und Poesie geschehen kann. In diese Auseinandersetzung von Natur und Kultur ist in der Erzählung auch die Gestaltung von Wetterwissen und dessen Verknüpfung mit der Thematik des rätselhaften Mädchens eingelassen, deren Analyse im Folgenden im Zentrum stehen wird.

III

In *Kazensilber* wird schon recht früh der Bereich der meteorologischen Phänomene als einer gekennzeichnet, der von einem eigentümlichen Nicht-Wissen durchzogen ist. Denn als die Großmutter den Kindern auf dem Nußberg die Gegend zeigt und dabei die sichtbaren Objekte bestimmt, sagt sie »die wunderlichen Namen der Berge«, nennt sie »manches Feld«, erklärt sie »die weißen Pünktlein, die kaum zu sehen waren, und ein Haus oder eine Ortschaft bedeuteten«, »enträthselt[ ]« sie »die seltsamen Spitzen, die hinauf ragten«, und »erzählt[ ] [sie] von manchem Rüken, der sich dehnte«. Gelingt auf diese Weise die identifizierende Zuweisung der Landschaftspunkte zu einem semiotischen Bezeichnungssystem, so wird dieses Verfahren in entscheidender Weise irritiert, wenn es im Folgenden um zwischen Erde und Himmel befindliche Gegenstände geht. Denn über die »schwache[n] Wolken über dem Gebirge« sagt die Großmutter, dass sie »wirklichen Palläasten oder Städten oder Ländern oder Dingen, die niemand kennt«, »gleichen« würden. (HKG 2,2, 252) Die Wolken ›sind‹ also nicht, sondern sie ›gleichen‹ bloß, sie lassen sich demnach nicht semiotisch festlegen, sondern stehen bloß in einem Ähnlichkeitsverhältnis. In diesem Ähnlichkeitsverhältnis aber stehen sie wiederum mit Gegenständen, »die niemand kennt«, von denen also in der Wirklichkeit der erzählten Figuren kein Erfahrungswissen existiert, sondern die

---

5. Christian Begemann: Die Welt der Zeichen. Stifter-Lektüren, Stuttgart/Weimar 1995, 300–326; Stefani Kugler: Katastrophale Ordnung. Natur und Kultur in Adalbert Stifters Erzählung *Kazensilber*, in: Ulrich Kittstein, dies. (Hrsg.): Poetische Ordnungen. Zur Erzählprosa des deutschen Realismus, Würzburg 2007, 121–141.

in der Phantasie ihren Ort haben. Meteorologische Phänomene, so wird in dieser Passage des Textes deutlich gemacht, fallen aus den festen kulturellen Ordnungen heraus, die von den Menschen über die Natur gezogen werden, sie sind lediglich durch analogische Verfahren und fiktionale Operationen allenfalls momenthaft fassbar.

Aufgrund dieser Disposition ist es auch verständlich, dass die »Wolken« zum Auftakt der Gewitter-Episode eine täuschende Wirkung entfalten können. Es wird von ihnen berichtet, dass sie sich als »eine Wand« am Himmel aufbauten, dass sie »mit den Bergen verschmolzen, daß alles in einem lieblichen Dufte war, und die Stoppelfelder noch heller und glänzender schimmerten und leuchteten«. Diese Ästhetik der Wolken, evoziert durch beschreibende Verfahren des Erzählers, hat hier die Funktion, mit ihrer Schönheit darüber hinwegzutäuschen, dass sich gerade in ihnen das kommende Unheil verbirgt, und sie bewirkt gar, dass die »Kinder [...] auf dem Berge« bleiben und nicht rechtzeitig nach Hause zurückkehren. (HKG 2,2, 260)

Dieser erzählerischen Inszenierung der Wolken als semiotisch unsicherer Bereich[6] bei Stifter entspricht die Einschätzung der Meteorologie als einer prekären Wissenschaft bei Andreas Baumgartner. Baumgartner, Professor für Physik und angewandte Mathematik an der Universität Wien und in dieser Funktion der akademische Lehrer von Stifter, berichtete in seiner erstmals 1824 veröffentlichten *Naturlehre nach ihrem gegenwärtigen Zustande mit Rücksicht auf mathematische Begründung* von einem großräumigen dynamischen Geschehen zwischen Himmel und Erde, in das viele und disparate Faktoren involviert seien und das sich den dominanten Praktiken der Wissenschaften weitgehend entziehe:

Die Atmosphäre unserer Erde ist beständig inneren Bewegungen und Veränderungen unterworfen, unaufhörlich wird das Gleichgewicht in ihr gestört, weil bald dort bald da eine Änderung in der Ausdehnsamkeit der Luft vorgeht und auch durch das Leben der Thiere und der Pflanzen die Bestandtheile der Atmosphäre beständig geändert werden, mithin immer neue Ausgleichungen nöthig sind. Dazu kommen noch diejenigen Erscheinungen im Luftkreise, welche durch das Licht, die Electricität und vielleicht auch durch manche unseren physikalischen Laboratorien ganz fremde Thätigkeiten hervorgebracht werden. Diese Phänomene folgen bald ganz

---

6. Siehe dazu Joseph Vogl: Wolkenbotschaft, in: Archiv für Mediengeschichte 5: Wolken, hrsg. von Lorenz Engell, Bernhard Siegert, Joseph Vogl, Weimar 2005, 69–79; zur besonderen Herausforderung der Wolkendarstellung an die Sprache siehe auch Christian Begemann: Wolken. Sprache. Goethe, Howard, die Wissenschaft und die Poesie, in: Gerhard Neumann, David E. Wellbery (Hrsg.): Die Gabe des Gedichts. Goethes Lyrik im Wechsel der Töne, Freiburg i.Br. 2008, 225–242.

regelmäßig, bald ohne erkennbare Regelmäßigkeit mit verschiedenem Grade der Geschwindigkeit auf einander und machen zusammen die *Witterung,* oder wie man zu sagen pflegt, das *Wetter* aus.[7]

Zu den Eigenheiten, welche die systematische Erforschung des Wetters erschwerten, zählten laut Baumgartners Kompendium also, erstens, die stets im Wandel begriffenen spatialen und temporalen Ausdehnungen, also die »Bewegungen« im Raum und die »Veränderungen« in der Zeit, die sich in der Atmosphäre ständig und kontinuierlich ereigneten und die deshalb eine Beschreibung in allgemein und universell gültigen Kategorien behinderten. Die Klassifikationssysteme der Naturgeschichte eigneten sich deshalb nur partiell für die Meteorologie und die Herstellung einer systematischen räumlichen Ordnung in diesem Gebiet.[8] Durch die radikale, nicht als identische Wiederholung begreifbare Zeitlichkeit ihrer Phänomene transzendierte sie die auf eindeutige Identifizierung ausgerichtete Ordnung der Naturgeschichte. Weiter erwies sich das Wetter, zweitens, auch gegenüber den experimentellen Verfahren der Wissensproduktion als widerspenstig, weil es sich, obwohl es mit verschiedenen, durch eine methodische Versuchspraxis gut erforschten Phänomenen in Beziehung stand, in seinen Dimensionen und Beschaffenheiten nicht in die »physikalischen Laboratorien« fügte.[9] Dazu kam, drittens, noch, dass das Wetter sich wechselweise »regelmäßig« und dann wieder »ohne erkennbare Regelmäßigkeit« präsentierte und damit auch nur eingeschränkt

---

7. Andreas Baumgartner: Die Naturlehre nach ihrem gegenwärtigen Zustande mit Rücksicht auf mathematische Begründung [1824], 5. umgearbeitete und vermehrte Aufl., Wien 1836, 769.
8. Gleichwohl kommt der Nomenklatur der Wolken von Luke Howard aus dem Jahre 1802 eine wissenschaftshistorisch bedeutende Stellung zu. Schon in Howards Beschreibungsverfahren in seiner Schrift *On the Modifications of Clouds* selbst, vor allem aber in den Auseinandersetzungen Goethes mit dessen Klassifikationen wird deutlich, dass die zuschreibende und identifizierende Tendenz stets durchzogen ist von Versuchen, dem dynamischen, ständig in Verwandlung begriffenen Charakter der Wolken gerecht zu werden. Zu Howard siehe Richard Hamblyn: Die Erfindung der Wolken. Wie ein unbekannter Meteorologe die Sprache des Himmels erforschte [2000], übers. von Ilse Strassmann, Frankfurt a.M. 2003, zu den epistemologischen Herausforderungen der Wolkenklassifikation siehe mit Verweisen auf die dazu bestehende weitere Forschungsliteratur Michael Gamper: Meteorologie als vergleichende Wissenschaft zwischen Empirie und Fiktion, ca. 1770–1850, in: Michael Eggers (Hrsg.): Von Ähnlichkeiten und Unterschieden. Vergleich, Analogie und Klassifikation in Wissenschaft und Literatur (18./19. Jahrhundert), Heidelberg 2011, hier: 221–248.
9. Darauf verweist schon mit Nachdruck einer der Begründer der modernen wissenschaftlichen Meteorologie, Jean-André Deluc; dieser unterschied scharf zwischen einer Wirklichkeit im »Laboratorium der Atmosphäre« und den Gegebenheiten in den »verschlossenen Gefäßen« der Experimentierstuben. Jean-André Deluc: Neue Ideen über die Meteorologie [1787], übers. von J. H. Wittekop, Berlin/Stettin 1787/1788, Bd. 2, 347f.

mathematisierbar war.¹⁰ Baumgartner beschrieb so in seinem weit verbreiteten und oft wieder aufgelegten Werk die Meteorologie als eine heterogene Wissenschaft, die sich zwar mit verschiedenen anerkannten Wissenspraktiken und Leitwissenschaften in Beziehung setzen ließ, die aber einer einheitlichen Theoriebildung entbehrte und deren Wissen deshalb innerhalb der physikalischen Naturlehre zwangsläufig ein vergleichsweise unsicheres war.

Angesichts dieser wissenschaftlichen Einsicht in die Unberechenbarkeit des Wetters erscheint denn auch wenig erstaunlich, was sich im Folgenden in der fiktionalen Wirklichkeit von *Kazensilber* auf dem Nußberg abspielt. Die Großmutter, eigentlich vertraut mit der Gegend und ihren Wetterlagen, sieht zwar die aufziehenden Wolken, glaubt aber nicht an ein Gewitter. Über sie heißt es: »Wenn es Sommer gewesen wäre, würde sie gedacht haben, daß ein Gewitter kommen könnte; aber in dieser Jahreszeit [die Szene spielt sich Mitte Oktober ab] war das nicht möglich, und es war daran nicht zu denken.« (HKG 2,2, 260f.) Diese Fehleinschätzungen der Großmutter setzen sich in der Folge fort: Als sie Donner hört, erkennt sie das kommende Gewitter, glaubt aber nicht, dass es heftig ausfallen werde. Und auch als die »Gestalt der Wolken [sich] verändert«, als diese nun eine »dunkle Wand« bilden, auf deren »Grund [sich] weißliche leichte Floken« zeigen und erste »Blize« sichtbar werden, sorgt sich die Großmutter bloß wegen der Blitze und sucht einen sicheren Unterstand. (HKG 2,2, 261) Dabei vertraut sie auf ein familiär tradiertes biblisches Wissen, das besagt, dass in Haselstauden keine Blitze einschlagen würden, weil schon Maria auf dem Weg zu ihrer Kusine Elisabeth unter einer selbigen gestanden habe. (HKG 2,2, 262) Das »braune Mädchen« aber schafft währenddessen Reisigbündel herbei, aus denen sie einen kleinen, zusätzlich durch Haselstauden geschützten Unterstand errichtet. Als die Kinder und die Großmutter unter ihrer Haselstaude kauern, läuft das Mädchen zu ihnen »und sagte etwas, das sie nicht verstanden«. (HKG 2,2, 263)

Ähnlich, wie sie die Zeichen der Natur nicht lesen können, begreifen Großmutter und Kinder auch die Rede des Mädchens nicht, und erst als dieses mit

---

10. Schon Aristoteles verstand die meteorologische Sphäre der sublunaren Phänomene, im Gegensatz zu den supralunaren Verhältnissen der Astronomie, als Bereich, wo exakte Berechenbarkeit aufgrund der fehlenden Regelmäßigkeiten in den Bewegungen der Erscheinungen nicht möglich sei; siehe Aristoteles: Meteorologie, übers. von Hans Strohm, in: ders.: Werke in deutscher Übersetzung, hrsg. von Ernst Grumach, fortgeführt von Hellmut Flashar, Bd. 12, 3. Aufl., Berlin 1984, 7–117, hier: 9. Noch Ludwig Friedrich Kämtz erteilte in seinem *Lehrbuch der Meteorologie* (3 Bde., Leipzig 1831–1836, Bd. 1, X) den Bemühungen von Jean-Baptiste Le Rond d'Alembert, Joseph Fourier, Pierre-Simon Laplace und Johann Georg Tralles um eine Mathematisierung der Meteorologie eine scharfe Absage. Erst in der Verbindung von Wahrscheinlichkeitsrechnung und Statistik in der Nachfolge von Adolphe Quetelet wurde Mathematik um die Mitte des 19. Jahrhunderts in der Meteorologie zu einem praktikablen Instrument.

Handzeichen den sich ankündigenden Hagelsturm darstellt, begibt sich die Großmutter nochmals aus ihrem Unterstand, schaut in den Himmel und sieht Wolken, die »grünlich und fast weißlich licht« waren, unter denen »aber troz dieses Lichtes […] auf den Hügeln eine Finsterniß [war], als wollte die Nacht anbrechen«, und in denen man »ein Murmeln [hörte], als ob tausend Kessel sötten«. Schlagartig begreift die Großmutter und ruft aus: »Heiliger Himmel, Hagel!« (HKG 2,2, 263) Gemeinsam mit den Kindern begibt sie sich nun in das Reisigbündelhäuschen, und kurz darauf bricht ein Sturm los, bei dem die »Hagelkörner […] so groß [waren] daß sie einen erwachsenen Menschen hätten tödten können«. (HKG 2,2, 264) Weiter heißt es über den Sturm: »Was Widerstand leistete, wurde zermalmt, was fest war, wurde zerschmettert, was Leben hatte, wurde getödtet. Nur weiche Dinge widerstanden, wie die durch die Schlossen zerstampfte Erde und die Reisigbündel.« (HKG 2,2, 265)

Das Mädchen rettet damit seinen Begleitern das Leben, und später, nach der Rückkehr auf den ebenfalls stark in Mitleidenschaft gezogenen Gutshof, legt die Großmutter gegenüber den Eltern Rechenschaft über ihre Fehleinschätzung der Wetterlage ab. Ihre Verteidigungsrede gegenüber ihrem Sohn lautet folgendermaßen:

> Es ist häufig [in den Himmel] geblikt worden, […] aber wenn Gott zur Rettung kleiner Engel ein sichtbares Wunder thun will, daß wir uns daran erbauen, so hilft alle menschliche Vorsicht nichts. Ich habe in siebenzig Jahren alle Wolken gesehen, die in diesem Lande sind; aber wenn es heute nicht wie ein Nebel ausgesehen hat, der in dem Herbste blau auf allen fernen Wäldern liegt, an den Rändern weiß funkelt, gegen Abend in die Thäler und auf das Land herunter steigt, und Morgens doch wieder weg geht, und die helle Sonne scheinen läßt: so will ich eine sehr harte Strafe hier und dort erdulden. Und sind in dieser Zeit des Jahres schon öfter Gewitter gewesen? Ein altes Wort sagt: Um das Fest der Geburt der heiligen Jungfrau ziehen die Wetter heim, und heute ist es sechs Wochen nach jenem Feste. Dein alter Vater wird sich in der Ewigkeit wundern, wenn er es weiß, oder wenn ich komme, und es ihm sage, daß nach Gallus ein so großes außerordentliches Gewitter gewesen sei, und daß es die Bäume und Häuser zerschlagen habe. Es ist ein Wunder, wie Gott in dem Haupte des braunen wilden Kindes die Gedanken wekte, daß es die Wolken sah, und daß es die Bündel herbei trug. (HKG 2,2, 276)

Zu ihrer Rechtfertigung verweist die Großmutter auf ein dreifaches Wissen, aufgrund dessen mit dem Eintreffen des Hagels nicht zu rechnen war: erstens die Kenntnis der Gegend und seiner regelmäßig wiederkehrenden Wettervorgänge, zweitens die Vorgaben der Bauernregeln und drittens das Vertrauen auf die göttliche Vorsehung. Die Großmutter führt damit ein heterogenes, aber je für sich auf allgemeine Gültigkeit seiner regelhaften Bestimmungen hin organisiertes Wissen ins Feld, das aber vor dem konkreten Ereignis des Hagels ebenso versagt wie die Bemühungen der zeitgenössischen Wissenschaft um ein sicheres Wissen vom Hagel. Denn auch Baumgartners Ausführungen über dieses Phänomen in seiner *Naturlehre* sind von Komparativen wie »öfter« und »seltener« durchzogen, strotzen vor relativierenden Wendungen wie »in der Regel« und »meistens« oder sind durch das Verb »scheinen« in ihrer Bestimmtheit abgeschwächt. Vor allem aber muss Baumgartner einräumen, dass über den Hagel zwar »sehr verdiente Gelehrte, wie z.B. Volta, v. Buch, Lichtenberg etc. ihre Ansichten an den Tag gelegt« hätten, dass aber keiner »derselben sich eines allgemeinen Beifalls […] erfreuen« könne.[11] Alle diskursiven Wissensformationen stoßen also um 1850 bezüglich ihrer Kenntnis vom Hagel an Grenzen; sie wissen zwar viele Einzelheiten, diese lassen sich aber nicht zu einer schlüssigen Theorie vereinigen. Und wird dies trotzdem getan, so läuft diese Theorie, wie Stifters Erzählung und Baumgartners relativierende Formulierungen zeigen, Gefahr, in der Praxis vor der Wirklichkeit des konkret eintretenden Wetters nicht bloß zu versagen, sondern gar in die Irre zu führen.

Die einzigen Wissensformen, die dem Hagel gewachsen sind, sind die »Kenntniß und Vorsicht des braunen Mädchens«. (HKG 2,2, 263) Nur es allein ist in der Lage, situativ die Wettervorgänge in adäquater Weise als Zeichen im Hinblick auf die zukünftige Entwicklung hin zu verstehen. Diese »Vorsicht«, die aufgrund von in der Erzählung nicht geklärten Fähigkeiten zukünftige Ereignisse voraussehen und entsprechende Maßnahmen für deren Bewältigung treffen kann, kontrastiert so in ihrer Vorgehensweise mit dem Wissensverfahren der Großmutter. Denn während diese die heraufziehenden Wolken als kontingente Ereignisse versteht, die sich dem Kalkül der Wahrscheinlichkeit gesetzter Wetterregeln fügen, fasst das Mädchen sie als singuläres Geschehen auf, das als Einzelnes zu betrachten, zu untersuchen und zu behandeln ist. Die »Vorsicht« des Mädchens unterscheidet sich damit in der Klassifizierung des ›Ereignisses‹ von einer probabilistisch verfassten Epistemologie, die sich auch in einer Form der Vorsorge äußert, wie sie der Vater als Vertreter der Kulturmacht trifft. Denn dieser stellt nach dem Unglück allgemeine Überlegungen zur Wahrscheinlichkeit des Eintreffens von weiteren solchen Wetterereignis-

---

11. Baumgartner (Anm. 7), 828.

sen an und agiert präventiv im Hinblick auf alle weiteren Unglücksfälle, indem er ein Schutzhäuschen erstellt. (HKG 2,2, 275f.)[12]

Die Behandlung des Naturvorgangs als nicht verallgemeinerbare Singularität durch das »braune Mädchen« verknüpft sich hingegen in der Erzählung mit einem Wissen, das intuitiv und nicht-diskursiv ist. Mädchen und Wetter sind sich insofern ähnlich, als sie sich beide keinem geregelten wortsprachlichen Austausch fügen, der über Begriffe kommunizierbare und gültige Bedeutungen transportiert, und auch die Rätselhaftigkeit des ungewohnt auftretenden Hagelwetters und die rätselhafte »Vorsicht« des Mädchens korrespondieren dabei mit dem Rätsel des Mädchens selbst. Dieses Rätsel des Mädchens wird intradiegetisch durch Befragungen des Vaters inszeniert. Denn dessen Erkundigungen beim »Pfarrer« und beim »Jäger« ergeben das gleiche Ergebnis wie die weiteren Nachforschungen bei »Nachbarn und Bekannte[n]«, »Landleute[n]«, »armen Häusler[n]«, »Holzhauer[n]«, »Pechbrenner[n]«, »Waldhüttler[n]«, »Steinbrecher[n]« und »Haideleuten«, nämlich: »Sie wußten dort nichts.« (HKG 2,2, 280, 292) Extradiegetisch wiederum hat sich Stifter zu diesem Moment seiner Erzählung in einem Brief vom 31. März 1853 gegenüber Louise von Eichendorff geäußert; er schreibt dort:

> Sie sprechen auf die schönste Weise von dem armen Zigeunermädchen das aus, was ich bei der Arbeit fühlte. Ich hielt das *Kazensilber* für das beste und zarteste Stük, und das unausgesprochene Gefühl des braunen Mädchens, als sie [sic] die Kinder suchte und endlich wieder fliehen mußte, für das wehmüthigste, daher ich mich bestimmt fühlte, das arme Kind mit der größten Schonung und seine Lage mit dem liebevollsten Schleier zu behandeln. (HKG 2,4, 179)

Diese Aussage Stifters legt es nahe, die Rätselhaftigkeit des Mädchens nicht allein als Element der Handlung, sondern auch als Bestandteil des erzählerischen Verfahrens zu verstehen – eines erzählerischen Verfahrens mithin, das auch im *discours* die in der *histoire* wirksamen oppositionellen Kräfte von Kultur und Natur in Momenten des sprachlich Fassbaren bzw. des sprachlich Nichtfassbaren repräsentiert. Stifter entschied sich seinen eigenen Aussagen zufolge für die Darstellung des naturhaften Mädchens zu einem paradoxal anmutenden Kunstgriff: Er entschloss sich nämlich im

---

12. Der Vater versichert sich damit in einer Weise gegen das Risiko weiterer Unfälle, wie dies seit dem Beginn des 19. Jahrhunderts auch die westeuropäischen Staaten zu tun beginnen, indem sie eine Politik der Sicherheit als Versicherungspolitik anlegen; siehe hierzu François Ewald: Der Vorsorgestaat [1986], übers. von Wolfram Bayer, Hermann Kocyba, mit einem Essay von Ulrich Beck, Frankfurt a.M. 1993.

Medium der sprachlich verfassten Erzählung zu einer Repräsentation durch sprachliche Nicht-Realisierung, durch das ›Unausgesprochene‹ des Gefühls und das ›Verschleierte‹ der Lage. Zwar wird berichtet, dass das Mädchen im Verlauf der Handlung zunehmend in gelingende Kommunikation zunächst mit den Kindern, später auch mit den Erwachsenen tritt (HKG 2,2, 282, 288), der Gegenstand, die Weise und die Form dieser Kommunikation bleiben aber erzählerisch ausgespart. Das Mädchen wird so nur als Objekt der Beschreibung anderer kenntlich, nur als passiv Beschriebenes, nicht aber als aktiv Beschreibendes, was einen doppelten Effekt erzeugt: zum einen wird die Aufdeckung seines äußeren Schicksals erschwert, zum anderen aber eine Perspektive auf die subjektive Befindlichkeit des Mädchens verunmöglicht. Die Figuren der Erzählung sprechen zwar wiederholt *über* das Mädchen, ohne aber zum Geheimnis seines Wesens und seiner Herkunft vorzudringen, und der Erzähler berichtet vom Aussehen, Verhalten und Handeln des Mädchens, doch auch diese Beschreibungen bleiben äußerlich und umgarnen so bloß das Rätsel, ohne es zu lösen. Die Konstruktion dieser Leerstelle war Stifter so wichtig, dass er bewusst, wie er im gleichen Brief selbst einräumte, das Risiko einging, »nicht überall verstanden zu werden«. (HKG 2,4, 179) Und tatsächlich musste er auch, etwa von Emmerich Ranzoni, Kritik wegen der »flimmernden stofflichen Unbestimmtheit« seiner Erzählung hinnehmen.[13] Die grundlegende Konstruktion der Erzählung, die in Bezug auf ihre sprachliche Performanz und Repräsentation asymmetrische Entgegensetzung der polaren Kräfte von Natur und Kultur, sollte auch auf der Ebene der Darstellung fortgeführt werden und musste so zur Konsequenz haben, dass das Rätsel des »braunen Mädchens« nicht aufgelöst werden durfte, ja dass seine Herkunft soweit verschleiert werden musste, dass von ihm nicht einmal gesagt werden konnte, was für die zeitgenössischen Leser wohl naheliegend war und was Stifter in der Briefkorrespondenz beiläufig eingestand, nämlich: dass es sich beim »braunen Mädchen« um ein »Zigeunermädchen« handelte.[14]

Damit ist ein Anstoß gegeben, auch das Nicht-Wissen vom Hagel nochmals zu überdenken hinsichtlich seiner Relevanz für den Erzählprozess und die Poetik des Textes. Es wurde bereits festgestellt, dass die Erzählung den Hagel als diskursiv unverstandenes und nicht verstehbares Geschehen darstellt; die Figuren der Erzählung, die über Diskursmacht verfügen, versagen in ihren Deutungen, und das einzige Wesen, das die Zeichen der Natur zu lesen

---

13. So die Formulierung von Emmerich Ranzoni in seiner Rezension in *Der Salon* von 1853, zitiert nach HKG 2,4, 179.
14. Zur Einbettung der Erzählung in den Kontext der ziganistischen Literatur des 19. Jahrhunderts siehe Kugler (Anm. 5), 121–125.

versteht, entzieht sich allen verallgemeinerbaren Ordnungen und sogar dem erzählerischen Zugriff. Angesichts dieser Situation lässt sich behaupten, Stifter habe die Haltung der Wissenschaft der Zeit zum Hagel adaptiert und daraus Konsequenzen für sein eigenes Darstellungsmedium gezogen. Denn wie der Wissenschaftler Baumgartner einräumen muss, dass es angesichts eines fehlenden anerkannten Wissens nur viele nebeneinander stehende Theorien vom Hagel gibt, so gibt es auch für den Schriftsteller Stifter nur viele mögliche Geschichten vom Hagel, von denen in *Kazensilber* eine erzählt wird. Ebenso, wie es über die vom Vater zur Herkunft des Mädchens befragten Leute heißt, dass, »wenn sie das Mädchen beschrieben«, »es der eine so, der andere anders, ein jeder auf seine Weise« schilderte (HKG 2,2, 292), so erzählt auch die Stifter'sche Literatur auf ihre Art ein Wetter-Geschehen, das andere anders erzählen würden.

Diese Logik der sich auch in epistemologischer Hinsicht ergänzenden Erzählungen offenbart sich auch in der Stifter'schen Praktik der Überarbeitung seiner eigenen Texte, die den Schriftsteller dazu führte, die in Almanachen und Zeitschriften erschienenen Erstdrucke seiner Erzählungen für die Buchfassung gründlich zu überarbeiten und dabei auch Handlungsführung und Bedeutung des Textes zu revidieren. Dieses Verfahren der ›Umstellung‹ bzw. der ›Einkreisung‹ eines Problems, das zugleich Erkennbarkeit und Darstellbarkeit des fraglichen Gegenstandes betrifft, gibt sich als ein Verfahren zu erkennen, das der Goethe'schen Poetik exemplarischer Symbolik entgegensteht. Goethe hatte die Wahrnehmung des Symbolischen, also die Auffassung von »eminente[n] Fälle[n], die, in einer charakteristischen Mannigfaltigkeit, als Repräsentanten von vielen anderen dastehen, eine gewisse Totalität in sich schließen, eine gewisse Reihe fordern, ähnliches und fremdes in meinem Geiste aufregen und so von außen wie von innen an eine gewisse Einheit und Allheit Anspruch machen«, als eine Technik entdeckt, um »mit der millionenfachen Hydra der Empirie« fertigzuwerden.[15] Später hat er diese dann für seine dichterische Tätigkeit fruchtbar gemacht, so für die Abfassung der *Wahlverwandtschaften*, in denen »sociale Verhältnisse und die Konflicte derselben symbolisch gefaßt« dargestellt werden sollten.[16] Stifter hingegen erzählte jeweils mit den gleichen

---

15. Johann Wolfgang Goethe: Sämtliche Werke nach Epochen seines Schaffens. Münchner Ausgabe, hrsg. von Karl Richter u.a., München/Wien 1985–1998, Bd. 8/1, 391, 393 (Brief an Schiller vom 16./17. August 1797).
16. So Riemer über eine gesprächsweise Äußerung Goethes, Tagebucheintrag vom 28. August 1808 (ebd., Bd. 9, 1215). Ähnlich argumentiert für die Darstellungsverfahren von Goethe und Stifter auch Robert Stockhammer: Zusammen Stellen. Adalbert Stifters Kritik der Synekdoche, in: ders.: ›Literatur‹, nach einem Genozid. Äußerungsakte, Äußerungsformen, Äußerungsdelikte, Aachen 2010, 81–96, hier bes. 86–93.

Figuren und Motiven neu akzentuierte Geschichten mit neuen Pointen, was in Bezug auf die Wetter-Thematik besonders deutlich wird in der Umarbeitung der Gewitter-Szene aus *Der arme Wohlthäter* für die *Bunte Steine*-Version *Kalkstein*. Während in der Journal-Version die eigentliche Beschreibung des Gewitters in zwölf Partien aufgeteilt ist, sich in intermittierenden Einschüben über die ganze Zeit des Besuchs hinzieht und so die Erwartung schürt, dass sich unter dem Eindruck des erhabenen Naturereignisses die erzählerisch aufgestaute Spannung entladen und das Geheimnis des Pfarrers aufklären würde (HKG 2,1, 62), ist die Schilderung in der überarbeiteten Fassung kompakt gehalten und lässt die Eigenheit des Naturgeschehens in besonderer Präzision und Eindringlichkeit zur Geltung kommen. (HKG 2,2, 76–78)

Allerdings zeichnet sich die Stifter'sche Art des Erzählens, neben der minutiösen Detailliertheit ihrer Schilderungen gerade von Wetterereignissen, auch dadurch aus, dass sie in Form und Inhalt und vor allem durch deren Verschränkung die epistemologischen Bedingungen des eigenen und des fremden Schreibens über das Wetter reflektiert und in die Darstellung einbezieht. Mit dieser Haltung und mit diesem Vorgehen verbunden ist deshalb auch die Aufwertung der Erzählliteratur zu einer Darstellungs- und Wissensform, die sich durch ihre spezifische Expertise auf denjenigen Feldern bewährt, auf denen die Wissenschaft ihr Nicht-Wissen eingestehen muss. Und bewähren kann sich die Literatur, weil sie eine Genauigkeit der Beobachtung paart mit einer durch die Verschiedenartigkeit der Figuren realisierten Multiperspektivität, die nach dem Wissen vom Wissen über das Wetter fragt, also nach den Bedingungen der Möglichkeit von meteorologischer Erkenntnis, eine Frage, die angesichts der erwähnten epistemologischen Schwierigkeiten der Wetterkunde unabdingbar ist.

In der *Vorrede* zu *Bunte Steine* hat Stifter sein Verfahren folgendermaßen umschrieben: Er sei »manche Erfahrungen zu sammeln bemüht gewesen«, und er habe »Einzelnes aus diesen Erfahrungen zu dichtenden Versuchen zusammengestellt«. (HKG 2,2, 16) Es ist also die verdichtete gesammelte Erfahrung eines scharfen Beobachters, die in diesen Texten aufgehoben ist und die diese Texte zu Expeditionen in den Bereich des Nicht-Wissens macht. Im Gegensatz zur Meteorologie jener Zeit, die bereits zu einer vergleichenden Wissenschaft geworden war, welche auf die Quantität der gesammelten Ereignisse zielte und diese der statistischen Auswertung im Hinblick auf Regeln und Gesetze zuführte, setzen Stifters literarische Beschreibungen auf eine Qualität, die in der Sprachkunst der Schilderungen die singuläre Ereignishaftigkeit des Geschehens zu evozieren sucht. Dabei sind diese Texte aber nicht als auf die Ewigkeit berechnete gültige Kunstwerke zu verstehen, sondern sie sind eben »dichtende Versuche« – mithin also immer wieder neu am Nicht-Wissen der Diskurse und an der flüchtigen und transienten Dynamik des Geschehens ansetzende Erzählakte, die ein freilich nur partikulares Wissen erzeugen, die dieses partikulare Wissen aber erzeugen auf Gebieten, wo es kein adäquateres Wissen gibt, und die dieses partikulare Wissen durch immer neue Partikularitäten vermehren und akkumulieren. Das spannungsgeladene Drama des Wetterrätsels und des Menschenrätsels in *Kazensilber* ist so immer auch ein Ringen um das intradiegetische und das extradiegetische Verhältnis von Wissen und Nicht-Wissen, das sich in immer wieder neuen Konstellationen zeigt und das Schreiben Stifters antreibt.

Peter Schnyder

Gewusstes Nicht-Wissen
Erdgeschichtliche Konjekturen und Hypothesen um 1800

I

Der Begriff der *scientific revolution* – das Konzept eines revolutionären, plötzlichen Umbruchs in den Wissenschaften im 17. und 18. Jahrhundert – wurde in den vergangenen Jahren verschiedentlich kritisch beleuchtet. So beispielsweise auch im einschlägigen, 2006 von Lorraine Daston und Katharine Park herausgegebenen Band der *Cambridge History of Science*.[1] Darüber aber, dass seit der Frühen Neuzeit eine grundlegende Veränderung in den Wissenschaften stattgefunden hat, besteht Konsens. Bis dahin klar gezogene Grenzen des Wissens wurden damals überschritten, wobei nicht nur die vielbesprochene ›Säkularisierung‹ eine wichtige Rolle spielte, sondern auch eine neuartige, wissenschaftsimmanente Dynamisierung. Das Verhältnis zum schriftlich tradierten Wissen aus vergangenen Jahrhunderten begann sich im Zuge eines neuen experimentellen Zugriffs auf die Natur zu wandeln, und die Autorität der Antike wurde in allen Bereichen infrage gestellt, wie sich anschaulich in der sogenannten ›Querelle des Anciens et des Modernes‹ verfolgen lässt.[2]

Als Charles Perrault diese Debatte mit seinem Gedicht *Le Siècle de Louis le Grand* (1687) und mit seiner vierbändigen *Parallèle des Anciens et des Modernes* (1688–1697) lancierte, ging es ihm nicht nur je um die Vorzüge und Mängel der antiken und der modernen Literatur und Kunst, sondern auch um den Punkt, dass die neuzeitlichen Wissenschaftler ihre antiken Vorläufer bei weitem überflügelt hätten. Das bringt Perrault schon zu Beginn seines Gedichts über das Jahrhundert von Louis XIV. zum Ausdruck, indem er meint, seine Gegenwart könne der alten Welt zuversichtlich den »Preis der Wissenschaft« (»le prix de la science«) streitig machen, wenn sie sich endlich von ihrem überhöhten Antikenbild befreien würde; wenn »wir« – seine Zeitgenossen und er – nur endlich den »trügerischen Schleier« des »Vorurteils« entfernen und »uns,

---

1. Lorraine Daston, Katharine Park (Hrsg.): The Cambridge History of Science, Bd. 3: Early Modern Science, Cambridge, Mass. 2006.
2. Vgl. dazu Hans Robert Jauß: Ästhetische Normen und geschichtliche Reflexion in der »Querelle des Anciens et des Modernes«, in: Charles Perrault: Parallèle des Anciens et des Modernes en ce qui regarde les arts et les sciences [1688–1697], mit einer einleitenden Abhandlung von Hans Robert Jauß und kunstgeschichtlichen Exkursen von Max Imdahl, München 1964, 8–64.

ermüdet vom Beifallspenden für tausend grobe Irrtümer, zuweilen unseres eigenen Verstandes bedienen wollten.«[3] Stolz verweist Perrault auf die Eröffnung ganz neuer Forschungshorizonte durch die ›Modernen‹, wobei ihm die Erschließung bis dahin unbekannter Welten durch das »bewundernswerte [Fern-]Glas« (»ce Verre admirable«) und die Entdeckung bis dahin unbekannter Kleinigkeiten durch das Mikroskop zum anschaulichsten Beispiel für die Expansion des »menschlichen Wissens« (»l'humaine connoissance«) wird:

> Grand Dieu depuis le jour qu'une art incomparable,
> Trouva l'heureux secret de ce Verre admirable,
> Par qui rien sur la Terre & dans le haut des Cieux,
> Quelque éloigné qu'il soit, n'est trop loin de nos yeux,
> De quel nombre d'objets d'une grandeur immense,
> S'est accruë en nos jours l'humaine connoissance.
> Dans l'enclos incertain de ce vaste univers,
> Mille Mondes nouveaux ont esté découvers,
> [...]
> Par des Verres encor non moins ingenieux,
> L'oeil voit croistre sous luy mille objets curieux[.][4]

Mit dieser Expansion des Wissens wurden freilich nicht nur neue gesicherte Erkenntnisse erschlossen. Vielmehr kamen damit immer auch neue, noch ganz unbekannte und erst in der Zukunft zu erschließende Wissensbereiche in den Blick. Mit dem dynamischen Fortschritt, in dessen Zeichen die Grenzen des bisherigen Wissens kühn überschritten wurden, wuchs demnach nicht nur das Wissen, sondern auch das Nicht-Wissen. Diese Grunderfahrung der kulturgeschichtlichen Moderne zeichnet sich schon in der Zeit Perraults ab, doch ihr Irritationspotential blieb im Zeichen einer optimistischen Aufklärung noch beschränkt. Denn der Bereich des Nicht-Wissens wurde oft noch als dunkler Kontinent konzeptualisiert, den es einfach zu entdecken und zu erschließen gelte, dessen Territorium sich aber nicht mehr verändern würde, weder in seiner Lage noch in seiner Ausdehnung. Diese Auffassung kommt

---

3. Charles Perrault: Le Siècle de Louis le Grand. Poème, Paris 1687, 3f.: »Si nous voulions oster le voile specieux, / Que la prevention nous met devant les yeux, / Et lassez d'applaudir à mille erreurs großieres, / Nous servir quelquefois de nos propres lumieres, / Nous verrions clairement que sans temerité, / On peut n'adorer pas toute l'Antiquité, / Et qu'enfin dans nos jours, sans trop de confiance, / On luy peut disputer le prix de la science.« Das Gedicht ist auch abgedruckt in Perrault, Parallèle (Anm. 2), 165f. –, allerdings mit falscher Seitenabfolge, wie sich gerade bei den hier zitierten Versen zeigt!
4. Perrault, Le Siècle de Louis le Grand (Anm. 3), 5.

besonders anschaulich in der verbreiteten aufklärerischen Metaphorik der weißen Flecke des Nicht-Wissens auf der Landkarte des Wissens zum Ausdruck.[5] Gegen Ende des 18. Jahrhunderts wurde freilich das epistemologische Irritationspotential des dynamisierten Konzepts von (Nicht-)Wissen zunehmend aktualisiert. Nun rückte das intrikate und immer wieder neu zu bestimmende Verhältnis von Wissen und Nicht-Wissen im Zeichen einer gesteigerten Fortschrittserfahrung verstärkt in den Fokus. Das lässt sich zum Beispiel paradigmatisch bei Friedrich Schlegel verfolgen, der in seinen frühen Schriften in verschiedenen Anläufen darum gerungen hat, im Anschluss an spätaufklärerische Autoren wie Condorcet den spezifisch ›progressiven‹ Charakter der Moderne theoretisch zu erfassen.[6] Dabei standen für den Frühromantiker literarisch-ästhetische Fragen im Vordergrund, die er nicht zuletzt durch eine Wiederbelebung von Perraults *Parallèle des Anciens et des Modernes* zu klären versuchte.[7] Doch genau wie schon bei Perrault das Problem der Progressivität nicht auf Kunst und Literatur beschränkt blieb, reflektierte auch Schlegel in einem ganz grundlegenden Sinne die spezifisch moderne Dynamisierung des Wissens. Das kommt in lakonischer Verdichtung im folgenden *Athenäum*-Fragment zum Ausdruck, das ein sinnreiches Motto für jedes Buch zum Nicht-Wissen abgibt: »Je mehr man schon weiß, je mehr hat man noch zu lernen. Mit dem Wissen nimmt das Nichtwissen in gleichem Grade zu, oder vielmehr das Wissen des Nichtwissens.«[8]

Dieses Fragment, es wurde 1798 publiziert, lässt deutlich auf seinen Entstehungszusammenhang schließen. Der frühromantische Hintergrund ist kaum zu verkennen: Hier wird im ersten Satz – »Je mehr man schon weiß, je mehr hat man noch zu lernen« – dezidiert Stellung gegen eine platt-aufklärerische Konzeption von Wissen und Wissenserwerb bezogen. Die ideale Gesamtheit des Wissens ist demnach nicht zu denken als großes, fest umrissenes Tableau

---

5. Vgl. zu dieser ›kartographischen‹ Konzeptualisierung des Nicht-Wissen-Problems Hans Adler: Das gewisse Etwas der Aufklärung, in: ders., Rainer Godel (Hrsg.): Formen des Nichtwissens der Aufklärung, München 2010, 21–42, hier: 24f.; zugleich werden in diesem konzisen Überblicksaufsatz auch weitere Erscheinungsweisen des Nicht-Wissens in der Aufklärung herausgearbeitet.
6. Vgl. zur Progressivität, die den Gedanken einer unendlichen Perfektibilität mit einschließt, Schlegels 116. *Athenäum*-Fragment: »Die romantische Poesie ist eine progressive Universalpoesie«, in: Friedrich Schlegel: Kritische Friedrich-Schlegel-Ausgabe, hrsg. von Ernst Behler u.a., München/Paderborn/Wien 1958ff., Bd. 2, 182, Nr. 116; allgemein dazu Ernst Behler: Unendliche Perfektibilität. Europäische Romantik und Französische Revolution, Paderborn/München/Wien 1989.
7. Hans Robert Jauß: Schlegels und Schillers Replik auf die »Querelle des Anciens et des Modernes« [1967], in: ders.: Literaturgeschichte als Provokation, Frankfurt a.M. 1970, 67–106.
8. Schlegel, Kritische Friedrich Schlegel-Ausgabe (Anm. 6), Bd. 2, 210, Nr. 267.

mit tausenden von kleinen Teilwissensfächern, die Schritt für Schritt erschlossen werden können, bis schließlich auch noch das letzte dunkelste Fach vom Lichte der Aufklärungsfackel ausgeleuchtet ist. Der Wissenserwerb findet nicht in einem statischen Bezugsrahmen statt, sondern mit jeder neuen Einzelerkenntnis wird auch der Bezugsrahmen des Gesamtwissens modifiziert und erweitert. Die Zunahme des Wissens führt mithin eben nicht zu einem Schwinden des Nicht-Wissens, sondern zu dessen Zunahme.

Aber war das damals tatsächlich eine neue Erkenntnis? Schließlich meinte schon Sokrates in Platons *Apologie*, das Resultat seines Wissenserwerbs sei ein umfassendes Nicht-Wissen: »ἐμαυτῷ γὰρ συνῄδη οὐδὲν ἐπισταμένῳ«, oder in der Übersetzung von Schlegels Freund Schleiermacher: »Denn von mir selbst wusste ich, dass ich gar nichts weiß«.[9] Es ist ganz unübersehbar, dass die frühromantische Konzeption des Nicht-Wissens von dieser sokratischen Tradition zehrt, und es lassen sich darin zweifellos auch Spuren einer christlich-mystischen Nicht-Wissenstradition ausmachen.[10] Dennoch trägt das Schlegel-Fragment einen klaren historischen Index, der auf die Zeit um 1800 verweist, denn darin wird in paradigmatischer Form die typisch frühromantische Denkfigur der unendlichen Progressivität erkennbar. Im Zeichen dieser Progressivität erschienen alle traditionsverbürgten Ordnungen und alle fixen Relationen zwischen den Worten und den Dingen – »les mots et les choses« – relativiert.[11] Ganz gleich ob in der Literatur, der Philosophie, der Geschichte oder der Wissenschaft, überall wurde die weitere Entwicklung der nun dynamisch konzipierten Ordnung des Wissens als *zukunftsoffen* gedacht. Es kam mithin zu jenem Phänomen der ›Verzeitlichung‹, das vor allem Reinhart Koselleck so eindringlich beschrieben hat.[12]

Friedrich Schlegels Fragment fügt sich passgenau in diesen Prozess der Verzeitlichung ein und bringt in knapper Form eben jenen Befund auf den Punkt,

---

9. Platon: Apologie, in: Sämtliche Werke. Griechisch und Deutsch. Nach der Übersetzung Friedrich Schleiermachers, ergänzt durch Übersetzungen von Franz Susemihl und anderen, hrsg. von Karlheinz Hülser, Frankfurt a.M. 1991, Bd. 1, 197–261, hier: 212f. (Stephanus 22c). Vgl. auch ebd., 210f. (21d): »[A]llein dieser [ein Gesprächspartner von Sokrates] doch meint zu wissen, da er nicht weiß, ich aber wie ich eben nicht weiß, so meine ich es auch nicht. Ich scheine also um dieses wenige doch weiser zu sein als er, daß ich, was ich nicht weiß, auch nicht glaube zu wissen.« Vgl. dazu auch Gerhard Müller: Art. »Nichtwissen, sokratisches«, in: Historisches Wörterbuch der Philosophie, hrsg. von Joachim Ritter, Karlfried Gründer, Gottfried Gabriel, Basel/Stuttgart 1971–2007, Bd. 6, 836–838.
10. Vgl. zu dieser Tradition Adler (Anm. 5), 25–27; zu ihrer Rezeption durch Schlegel Ulrike Zeuch: Das Unendliche – Höchste Fülle oder Nichts? Zur Problematik von Friedrich Schlegels Geist-Begriff und dessen geistesgeschichtlichen Voraussetzungen, Würzburg 1991.
11. Vgl. dazu den zweiten Teil von Michel Foucault: Les mots et les choses. Une archéologie des sciences humaines, Paris 1966.
12. Vgl. insbesondere Reinhart Koselleck: Vergangene Zukunft. Zur Semantik geschichtlicher Zeiten, Frankfurt a.M. 1989.

der für das Thema des vorliegenden Bandes so wichtig ist: Um 1800 kommt eine besondere, spezifisch moderne Dynamik in das Gefüge des Wissens; ganz neue Wissenshorizonte werden erschlossen, die Konstellation von Wissen und Nicht-Wissen wird neu arrangiert, und im Zusammenhang mit der Etablierung und Konsolidierung verschiedener neuer Wissenschaftsdisziplinen wird auch das Verhältnis von Literatur und Wissen, respektive Literatur und Nicht-Wissen neu ausgehandelt. Kürzer, und mit Friedrich Schlegel gesprochen, könnte man auch formulieren: Das »Wissen des Nichtwissens« hat sich verändert.

Damit kommt der intrikate zweite Satz des zitierten Schlegel-Fragments ins Spiel: »Mit dem Wissen nimmt das Nichtwissen in gleichem Grade zu, oder vielmehr das Wissen des Nichtwissens.« In der ersten Satzhälfte bis zum Komma wird hier in anderer Wendung noch einmal der paradoxe Sachverhalt des ersten Satzes formuliert. Dann wird aber in einer angehängten *correctio* eine verbesserte Formulierungsvariante geboten, die den ursprünglichen Sachverhalt in einem neuen Lichte erscheinen lässt: Hätte man bis dahin glauben können, dass Wissen und Nicht-Wissen sich als komplementäre Bereiche parallel nebeneinander entwickeln, wird nun in der typisch frühromantischen Genitiv-Konstruktion »Wissen des Nichtwissens« deutlich, dass Wissen und Nicht-Wissen nicht einfach nebeneinander existieren, sondern dass das neue Nicht-Wissen auch gewusst wird, also nicht nur Gegen-, sondern auch Unterbereich des Wissens ist. Damit wird über die temporale, die modale und die hierarchisch-räumliche Relation zwischen Wissen und Nicht-Wissen hinaus noch eine vierte Beziehung erkennbar, die allerdings auf einer anderen kategorialen Ebene anzusiedeln ist, da sie die genannten drei gleichsam umfasst und überwölbt: Die *temporale* Relation ergibt sich da, wo Wissen veraltet und im Lichte von neuem Wissen nun als Nicht-Wissen erscheint. Die *modale* Relation lässt sich da beobachten, wo bloß mögliches Wissen angesichts indikativischen Wissens als Nicht-Wissen bezeichnet wird. Und eine *hierarchisch-räumliche* Relation liegt schließlich vor, wenn das Wissen einer Wissenselite gegen populäres Nicht-Wissen (zu dem dann auch ›Halbwissen‹ zählt) ausgespielt wird.[13] Durch die vierte Relation, wie sie in der Formel vom »Wissen des Nichtwissens« zum Ausdruck kommt, wird nun aber eben deutlich, dass Wissen und Nicht-Wissen nicht nur komplementäre Bereiche ausmachen. Vielmehr wird der Bereich des Nicht-Wissens jeweils vom Bereich des Wissens insofern mit umfasst, als das jeweilige Nicht-Wissen – aus der

---

13. Vgl. dazu ausführlicher und mit den notwendigen Differenzierungen die Einleitung zum vorliegenden Band sowie Robert N. Proctor, Londa Schiebinger (Hrsg.): Agnotology. The Making and Unmaking of Ignorance, Stanford, Calif. 2008.

Innenperspektive einer Wissensgemeinschaft – nur als solches in den Blick geraten kann, wenn man sich *bewusst* ist, dass man hier etwas nicht (sicher) weiß, oder wenn man veraltetes Wissen *bewusst* zu Nicht-Wissen deklariert. Das lässt sich vielleicht am besten am Beispiel der temporalen Relation von Wissen und Nicht-Wissen zeigen: Zunächst ist man vielleicht versucht, diese Relation mit dem Begriff des Vergessens zu beschreiben, also zu denken, dass das, was eine Generation an altem Wissen vergisst, zu deren Nicht-Wissen werde. Spricht man freilich im Zusammenhang mit dem Nicht-Mehr-Wissen von einem Vergessen, so sind die vergessenen Wissensbestände nur aus der Außenperspektive auf eine historisch oder kulturell spezifische Wissenskultur als Nicht-Wissen zu beschreiben. Für die Angehörigen jener Wissenskultur selbst ist das vergessene Wissen aber kein Nicht-Wissen, da solches eben als Nicht-Wissen gewusst werden muss. Mithin kann aus der Innenperspektive einer Wissenskultur nur veraltetes Wissen, an das man sich noch erinnert, als Nicht-Wissen zählen. Und dasselbe, was für das *nicht mehr* aktuelle Wissen gilt, gilt auch für das *noch nicht* aktuelle Wissen, denn auch hier kann für den Angehörigen einer spezifischen Wissenskultur nur *das* als Nicht-Wissen in den Blick geraten, was als Nicht-Gewusstes bewusst ist. Allein für den außenstehenden Beobachter ist es möglich, ein Nicht-Wissen jener Wissenskultur zu beschreiben, von dem diese nichts weiß – eben nicht einmal, dass sie nichts davon weiß.

Die Besonderheit der dynamisierten Wissensordnung um 1800 bestand mithin darin, dass nicht nur in zuvor unbekanntem Maße neue Wissensbestände erschlossen, sondern auch viele ältere Wissensbestände in den Bereich des Nicht-Wissens verschoben wurden und darüber hinaus viele neue Nicht-Wissensbereiche in den Blick gerieten. Staunend stand man unversehens vor immer mehr bis dahin unbekannten, unabsehbaren und damit nicht konturierbaren Feldern des Nicht-Wissens, Feldern, deren Existenz jetzt erst ins Bewusstsein rückte und in die man sich nur unsicher mit kühnen Hypothesen und Konjekturen vortasten konnte.

Eines der wichtigsten dieser im 18. Jahrhundert neu entdeckten Nicht-Wissensfelder war nun aber zweifellos jenes der (Proto-)Geologie, das heißt jenes (Nicht-)Wissensfeld, das sich der Forschung mit der Entdeckung eröffnete, dass die Erde nicht nur, wie aufgrund der Bibel berechnet worden war, 6000, sondern mehrere 10 000, 100 000 oder gar Millionen Jahre alt sein musste. Hatte Perrault für das 16. und 17. Jahrhundert in der Erschließung zuvor unbekannter Nähen und Fernen durch Mikroskop und Teleskop – also im Bereich der *Dimension des Raums* – das anschaulichste Bild für die Expansion des Wissens (und Nicht-Wissens) gefunden, so griff diese Expansion im 18. und

19. Jahrhundert auf die *Dimension der Zeit* über. Und die Entdeckung der geologischen Zeitabgründe ging einher mit der zunächst nur vagen Vorstellung, dass sich sowohl die Erde selbst wie auch die Flora und Fauna auf ihr im Laufe der Zeit teilweise grundlegend verändert haben mussten. Offenbar erstreckten sich einst da, wo heute hohe Berge in den Himmel ragen, weite Meere, und Land und Meer wurden einst von ganz unbekannten, teilweise furchterregend großen Tieren bevölkert, die sich von ebenso unbekannten, exotischen Tieren und Pflanzen ernährten. Es wurden frühere Weltzustände erahnbar, deren Ursprünge und Abfolge noch gänzlich unbekannt waren. Damit eröffneten sich neue weite Bereiche des Nicht-Wissens, und diese sollen im Folgenden, wenigstens punktuell, in den Fokus gerückt werden.[14] Oder genauer: Es soll anhand einiger weniger Beispiele vorgeführt werden, wie in den wissenschaftlichen Versuchen zur Erschließung jener Nicht-Wissensbereiche mit Mitteln wie der Konjektur und der Hypothese gearbeitet wurde, mit Mitteln also, deren Nähe zur Fiktion gerade um 1800 immer wieder zu Diskussionen Anlass gab.[15]

II

In der Geologie, wie sie sich erst im letzten Drittel des 18. Jahrhundert ausdifferenzierte, verbanden sich um 1800 mehrere Wissensbereiche, die nicht alle gleichermaßen bedeutend waren für die Eröffnung des umrissenen Nicht-Wissensfeldes:[16] Erstens gab es die Mineralogie, die in enger Verknüpfung mit der altehrwürdigen Bergwerkswissenschaft entstanden war. Hier fragte man nach Formen und Fundorten, aber nicht nach Entwicklungen. Dann gab es, zweitens, die Geognosie, wie sie im 18. Jahrhundert in Deutschland besonders prominent von Abraham Gottlob Werner im sächsischen Freiberg gelehrt wurde. Hauptaufgabe dieser ebenfalls vor allem auf den praktischen Bergbau ausgerichteten ›Erderkenntnis‹ war die Beschreibung der Schichtabfolgen in der Erde und die Klassifizierung verschiedener Gebirgsarten. Sowohl in der Mineralogie wie in der Geognosie herrschte mithin das taxonomische Moment vor. Fragen der Erdentstehung und der dynamischen Erdentwicklung standen im Hintergrund; solche Fragen wurden fast nur in einem dritten proto-geo-

---

14. Vgl. dazu auch den Beitrag von Virginia Richter im vorliegenden Band.
15. Vgl. zur Konjektur Denis Thouard: La sagacité de l'esprit. La conjecture au XVIIIe siècle, in: Adler/Godel (Hrsg.), Formen des Nichtwissens (Anm. 5), 141–155.
16. Vgl. zur Emergenz der Geologie Martin J. S. Rudwick: Bursting the Limits of Time. Geohistory in the Age of Revolution, Chicago 2005.

logischen Wissenschaftszweig behandelt, der im 18. Jahrhundert als *physique de la terre* bezeichnet wurde.

In diesem Zweig der Proto-Geologie wurde zwar noch nicht ausgehend von breit angelegten empirischen Studien die Rekonstruktion einer konkreten Erdgeschichte betrieben; das geschah erst seit dem frühen 19. Jahrhundert. Doch in der *physique de la terre* – die sich in ihrem abstrakten Zugriff ungefähr so zur Erdgeschichte verhält wie die Geschichtsphilosophie zur Geschichte – wurde mit einer bis dahin unbekannten Intensität nach den Veränderungsprozessen der Erde gefragt. Im Blick auf diese Veränderungsprozesse wurde auch deutlich, dass viel längere Zeiträume für die Erdentwicklung veranschlagt werden mussten, als bis dahin angenommen. So formulierte beispielsweise Buffon, als einer der wichtigsten Vertreter der *physique de la terre*, in der Mitte des 18. Jahrhunderts die These, dass die Erde ursprünglich eine glühend heiße Feuerkugel gewesen sei, die dann allmählich abgekühlt sei, und um zu berechnen, wie lange dieser Auskühlungsprozess gedauert haben musste, stellte er in seinem Labor Versuche mit glühenden Eisenkugeln an. Dann übertrug er die errechneten Abkühlungszeiten maßstäblich auf die große Kugel der Erde und kam so zum Schluss, dass die Erde eben mindestens einige zehntausend und nicht bloß 6000 Jahre alt sein musste.[17] Damit eröffnete sich ein zuvor undenkbarer Zeitabgrund, der zugleich ein Abgrund des Nicht-Wissens war. Geradezu beispielhaft bestätigt sich hier Schlegels Beobachtung, dass die Erschließung von neuem Wissen immer begleitet ist von der Erschließung neuen Nicht-Wissens.

Für Buffon war das neue Wissen des neuen Nicht-Wissens freilich kein Grund zur Resignation. Vielmehr griff er zunächst im ersten Band seiner *Histoire naturelle* von 1749 und dann vor allem in den *Epoques de la Nature* von 1778 kühn in den Raum des Nicht-Wissens aus. In letzterem Werk, das 1781 in deutscher Übersetzung erschien, schätzte er das Alter der Erde auf rund 75 000 Jahre[18] und unterschied in ihrer Geschichte sieben verschiedene »Epochen«, deren Hauptcharakteristika er in großartigen – wie er sie selber nennt – »Gemälde[n]«[19] vor Augen stellte, freilich nur im Medium des Textes und nicht mit Illustrationen. Die Entstehung des Urmeers zum Beispiel, oder

---

17. Vgl. zu Buffons Experimenten ebd., 127f.
18. Vgl. zu Buffons Chronologie Jacques Roger: Introduction, in: Georges-Louis Leclerc de Buffon: Les Epoques de la nature. Edition critique avec le manuscrit, une introduction et des notes par Jacques Roger, Paris 1962, IX–CLII, hier: IX–LXVII. Die Zeit vom Ursprung der Erde bis zu ihrer schließlichen Vereisung in der Zukunft veranschlagte Buffon mit etwas über 168 000 Jahren; vgl. ebd., LXIII.
19. [Georges-Louis Leclerc de Buffon:] Epochen der Natur [1778], übersetzt aus dem Französischen des Herrn Grafen von Buffon [von Johann Friedrich Hackmann], 2 Bde., St. Petersburg 1781, Bd. 2, 134.

die Epoche, da »das Wasser abfloß und die Vulcane zu brennen anfiengen«, boten reichlich Gelegenheit für im emphatischen Sinne erhabene Schilderungen.[20] Doch diese Schilderungen beruhten kaum auf gesicherten Erkenntnissen, sondern vor allem auf gewagten Konjekturen und Hypothesen – was Buffon selbst auch bewusst war, wie aus dem zweiten Teil seines im doppelten Sinne epochemachenden Werks hervorgeht. Dort bemerkt er zunächst einschränkend, er habe sich lediglich bemüht, »nach meinen Hypothesen, das aufeinander folgende Gemälde der großen Revolutionen der Natur zu entwerfen ohne indessen zu behaupten, daß ich ihre eigentliche Entstehung entdeckt, und noch weniger ihre ganze Dauer umfasst habe.«[21] Und in einem zweiten Schritt treibt er seine apologetische Vorsicht noch weiter, indem er darauf hinweist, dass auch diejenigen, die seine »Hypothesen« gar nicht teilen wollen, durch seine »Skizzen« doch immerhin ästhetisch unterhalten und zu tiefen philosophischen Gedanken angeregt würden:

Sollten aber auch meine Hypothesen Zweifeln ausgesetzt, und mein Gemälde nur eine sehr unvollkommene Skizze der wahren Natur seyn, so bin ich dennoch versichert, dass alle, welche diese Skizze unpartheyisch prüfen, und sie mit dem Original vergleichen, Aehnlichkeit genug darin finden werden, um wenigstens ihre Augen zu vergnügen, und ihre Gedanken auf die größten Gegenstände der natürlichen Philosophie zu richten.[22]

Mit der Verteidigung seines hypothetischen Ausgriffs in die weiten Gefilde des Nicht-Wissens nahm Buffon rückwirkend Bezug auf jene Kritiker, die seine erste »Théorie de la terre« im ersten Band der *Histoire naturelle* von 1749 als reine Hypothese ohne hinreichende empirische Unterfütterung abgelehnt hatten.[23] Trotz dieser rhetorischen Vorsichtsmaßnahme und trotz der

---

20. Ebd., Bd. 2, 3. Vgl. zum Erhabenheitspotential der damaligen Erdtheorien Georg Braungart: Die Geologie und das Erhabene, in: ders., Bernhard Greiner (Hrsg.): Schillers Natur. Leben, Denken und literarisches Schaffen, Hamburg 2005, 157–176, hier bes.: 159–161.
21. Buffon, Epochen (Anm. 19), Bd. 2, 134.
22. Ebd.
23. Buffon hatte sich in seiner ersten Erdtheorie vergeblich, wie die Kritik zeigt, darum bemüht, seine Art der Hypothesenbildung von derjenigen früherer Autoren, wie zum Beispiel Thomas Burnets, abzugrenzen. Vgl. zu dieser Abgrenzung Georges-Louis Leclerc de Buffon: Histoire naturelle, générale et particulière, avec la description du cabinet du Roy, Paris 1749–1789, Bd. 1, 98: »Je ne parle point de ces causes éloignées qu'on prévoit moins qu'on ne les devine, de ces secousses de la Nature dont le moindre effet seroit la catastrophe du monde: le choc ou l'approche d'une comète, l'absence de la lune, la présence d'une nouvelle planète, &c. sont des suppositions sur lesquelles il est aisé de donner carrière à son imagination; de pareilles causes produisent tout ce qu'on veut, & *d'une seule de ces hypothèses on va tirer mille romans physiques* que leurs Auteurs appelleront Théorie de la Terre« (Hervorhebung P. S.). Vgl. auch ebd., 182.

engagierten Apologie der Hypothesen und Konjekturen durch Albrecht von Haller in der Einleitung zur deutschen Übersetzung der *Histoire naturelle*[24] wurden Buffons *Epoques de la Nature* allerdings von vielen als Fiktion kritisiert, und selbst bei Wissenschaftlern, die Buffon bewunderten, war oft von dessen ›Roman‹ die Rede, womit ihr Lob zuweilen eine ambivalente Note erhielt. Das lässt sich beispielsweise in einem – 1780 im *Göttingischen Magazin der Wissenschaften und Litteratur* publizierten – Brief von Johann Reinhold Forster an Lichtenberg beobachten, in dem von Buffons »Roman« und seinen »Träumen« gesprochen wird:

> Sie werden ohne Zweifel schon des Herren von Büffons kürzlich herausgegebene Epochen der Natur, den wunderschönen Roman gelesen haben. Es ist doch allemahl etwas ansteckendes, wenn man ein wohlgeschrieben Buch lieset, wenn es auch nur süsse Träume enthält; wenigstens wird die Seele dadurch so gestimmet, daß man in ähnlichen Träumen fortfährt. Ich mag eine tiefgelehrte Metaphysik oder eine wahre und richtige Demonstration eines geometrischen Satzes lesen, er wird selten dasselbe Vergnügen, selten die Aehnlichkeit der Gedanken so stark, so fortreissend erregen, als eine in Anmuth eingekleidete Schrift. Diese letztgemeldeten Vorzüge besitzt Büffons Buch unstreitig, und nachdem ich es gelesen hatte, träumete ich noch immer weg.[25]

Die Ambivalenz dieses Lobes wird deutlich, wenn man sieht, wie zum Beispiel Goethe auf die Rede von Buffons »wunderschönem Roman« reagiert hat. Er, der sich nicht zuletzt von Buffon zu seinem Text *Über den Granit* inspirie-

---

24. Albrecht von Haller: Vorrede, in: [Georges-Louis Leclerc de Buffon:] Allgemeine Historie der Natur nach allen ihren besonderen Theilen abgehandelt [...]. Erster Theil, Hamburg/Leipzig 1750, IX–XXII, hier: XI und XIV; vgl. auch ebd., XIX, zur Verteidigung der Irrtümer.
25. [Johann Reinhold Forster:] Dr. Forster an Prof. Lichtenberg. Ueber Büffons Epochen der Natur. London den 20ten Okt. 1779, in: Göttingisches Magazin der Wissenschaften und Litteratur 1 (1780), 1. Stück, 140–157, hier: 140. – Dieser Brief wird zuweilen Georg Forster zugeschrieben, weil der in einem Brief (vom 24. Oktober 1779) an seinen Vater eine Buffon-Rezension für das *Magazin*, das er zusammen mit Lichtenberg herausgab, ankündigte. Die Autorangabe »Dr. Forster« muss sich aber auf den Vater Johann Reinhold beziehen, weil nur der zu diesem Zeitpunkt den Doktortitel trug und in London war, woher der Brief abgeschickt wurde; Georg war in Kassel. Bei dessen angekündigter Abhandlung handelt es sich offenbar nicht um den hier zitierten Brief. Georg scheint auch viel kritischer als sein Vater gewesen zu sein, wie aus seinem genannten Brief an diesen hervorgeht: »Es freut mich, daß Sie Buffons *Epochen* gelesen haben. Allein mir deucht, es schmeckt nicht nach dem kühlen Mann, sondern nach dem französischen Hypothesenkrämer [...]. Gewiß muß man die Geschichte der Natur einen Roman nennen. Der gute Teil daran sind die eingestreuten Tatsachen [...]. Aber seine brennende Welt ist nur zum Lachen.« Georg Forster an Johann Reinhold Forster, 24. Okt. 1779, in: Georg Forster: Werke in vier Bänden, hrsg. von Gerhard Steiner, Frankfurt a.M. 1967–1970, Bd. 4, 134f.

ren ließ,²⁶ verstand diese Etikettierung als Kritik und verwahrte sich dagegen, wie aus einem Brief an Merck vom April 1780 hervorgeht:

> Die Epochen de la nature von Buffon sind ganz vortrefflich. Ich [...] leide nicht, daß Jemand sagt, es sei eine Hypothese oder ein Roman. [...] Es soll mir keiner etwas gegen ihn im Einzelnen sagen, als der ein größeres und zusammenhängenderes Ganze machen kann. Wenigstens scheint mir das Buch weniger Hypothese etc. als das erste Kapitel Mosis zu sein.²⁷

Aus diesen knappen Zeugnissen zur Diskussion um den ›Roman‹-Charakter von Buffons Werk lassen sich mindestens zwei Aspekte ablesen, die für die Abgrenzungsproblematik von Wissen und Nicht-Wissen bedeutsam sind, Aspekte, die zugleich aufs engste mit der Frage nach dem Stellenwert der Literatur und literarischer Verfahren in dieser Problematik zusammenhängen: Erstens kommt in der wiederholten Bezugnahme auf den eleganten Stil und die gekonnte sprachliche Darstellung Buffons ein Punkt zum Ausdruck, der in den Diskussionen um die adäquate Repräsentation von Wissen seit der Antike topisch ist. Immer wieder wurde – oft unter Rückgriff auf die Auseinandersetzung zwischen Platon und den Sophisten – die Frage diskutiert, welchen Stellenwert die Rhetorik und überhaupt ästhetische Verfahren in der Wissensvermittlung einnehmen dürfen und sollen, wobei in der platonisch-rhetorikfeindlichen Tradition immer der Verdacht genährt wurde, dass ein zu brillanter Stil dem sachbezogenen Wissen abträglich sein könne und nur zu oft der Kaschierung von Nicht-Wissen diene. Man kann hier mithin, als Ergänzung zu den bereits genannten zeitlichen, modalen und hierarchisch-räumlichen Relationen von Wissen und Nicht-Wissen (die überwölbt werden von der Relation, in der Nicht-Wissen auch gewusst wird) noch eine *darstellungsbezogene* Differenzierung von Wissen und Nicht-Wissen festmachen. Denn in der genannten, wirkungsmächtigen Tradition stand etwas seit je umso eher im

---

26. Vgl. dazu Peter Schnyder: Grund-Fragen. Goethes Text *Über den Granit* als »Ur-Ei« der Wissensrepräsentation, in: Barbara Naumann, Margrit Wyder (Hrsg.): »Ein Unendliches in Bewegung«. Das Ensemble der Künste im Wechselspiel mit der Literatur bei Goethe, Bielefeld 2012 (im Erscheinen).
27. Brief vom 7. April 1780, in: Johann Wolfgang Goethe: Die Schriften zur Naturwissenschaft. Vollständige mit Erläuterungen versehene Ausgabe, im Auftrage der Deutschen Akademie der Naturforscher (Leopoldina) zu Halle, Bd. 7: Zur Geologie und Mineralogie, von den Anfängen bis 1805, bearbeitet von Wolf von Engelhardt unter Mitwirkung von Dorothea Kuhn, Weimar 1989, 286. Im Kommentar ebd. wird vermutet, Goethe sei durch den in Anm. 25 erwähnten Text von Forster zu dieser Apologie Buffons angeregt worden, wobei der Text fälschlicherweise Georg und nicht Johann Reinhold Forster zugeschrieben wird.

Verdacht, zum Nicht-Wissen zu gehören, je offensichtlicher der ästhetische Aspekt seiner Darstellung ist.

Zweitens ergibt sich über den bewussten Einsatz von Hypothesen und Konjekturen insofern ein Bezug zur Literatur, als Letzterer schon seit Aristoteles als Kernkompetenz immer wieder das Erfinden von möglichen Welten zugeschrieben wurde. Da, wo Literatur fiktive Welten entwirft, experimentiert sie im Modus des bloß mehr oder weniger Wahrscheinlichen und findet sich deshalb im Zeichen der modalen Unterscheidung von Wissen und Nicht-Wissen zusammen mit allem hypothetischen und konjekturalen Wissen auf der Seite des Nicht-Wissens. Damit scheint sich bezüglich der Modalität eine recht klare Dichotomie zu ergeben. Doch in all den Fällen, wo es - sei es in der Literatur oder der Wissenschaft - um das Entwerfen möglicher Welten geht, die sich nicht nur einer empirischen wissenschaftlichen Erkundung entziehen, sondern auch in Konkurrenz zu biblischem Wissen stehen, präsentiert sich die Situation komplexer. Das lässt sich geradezu paradigmatisch an der Rezeption von Buffons Erdtheorie beobachten, die - wie sich indirekt auch aus Goethes zitiertem Brief entnehmen lässt - eben nicht nur von Vertretern der Wissenschaft, sondern auch, mit ganz anderer Motivation, von Seiten der Kirche kritisiert wurde. Dabei rangen die Theologen mit ihrer Kritik zugleich um den Wissens-Status der biblischen Überlieferung, die im Zuge von Aufklärung und Säkularisierung zunehmend in den Bereich des Nicht-Wissens abgedrängt zu werden drohte. Die biblische Schöpfungsgeschichte konnte im Zuge dieses Prozesses, wie Goethes Brief zeigt, unversehens bloß noch als *eine* Hypothese unter anderen - und erst noch als eine sehr unwahrscheinliche - verstanden werden.

Die Frage der Modalität ist mithin überall da komplexer, als es auf den ersten Blick scheinen mag, wo die Religion mit ins Spiel kommt. Und diese Komplexitätssteigerung ist nicht nur einfach dem Umstand geschuldet, dass sich der »französische Hypothesenkrämer«[28] Buffon mit seinen kühnen Annahmen in einer doppelten Frontstellung - einerseits gegenüber anderen Wissenschaftlern, andererseits gegenüber Theologen - befand. Vielmehr ergibt sie sich daraus, dass die beiden genannten Fronten sowie vor allem auch die Front zwischen der Wissenschaft und der Theologie im 18. Jahrhundert keineswegs so klar verliefen, wie das oft suggeriert wird. Das zeigt sich schon im Falle von Buffon selbst, der seine *Epochen der Natur* mit einem ausführlichen Kommentar zur biblischen Schöpfungsgeschichte begann,[29] und es zeigt sich bis weit

---

28. So das Urteil von Georg Forster im zitierten Brief (Anm. 25).
29. Vgl. zur kontrovers diskutierten Bedeutung dieses Kommentars sowie überhaupt zu Buffons Einstellung zur Religion Roger, Introduction (Anm. 18), XCIV–CXIV; ebenso

ins 19. Jahrhundert an vielen bekannten Geologen – wie zum Beispiel William Buckland oder Louis Agassiz –, die ihr wissenschaftliches und ihr biblisches Wissen in verschiedenen Varianten kombinieren konnten.

III

Buffons Erdtheorie ist also sowohl unter dem Aspekt der modalen Differenzierung von Wissen und Nicht-Wissen (zu der eben auch das Problem des Status der biblischen Überlieferung gezählt werden kann), als auch unter dem Aspekt der darstellungsbezogenen Differenzierung von Wissen und Nicht-Wissen von größtem Interesse. Bei ihm zeichnen sich bereits paradigmatisch jene Punkte ab, die im Zusammenhang mit der Nicht-Wissensproblematik auch in der weiteren Entwicklung der Geologie vom 18. ins 19. Jahrhundert von besonderer Bedeutung waren. Denn auch hier wurde darum gerungen, erstens einen adäquaten Einsatz ästhetischer Darstellungsmittel und zweitens einen verantwortungsvollen und wissenschaftlich zulässigen Umgang mit Hypothesen und Konjekturen zu finden. Auf Schritt und Tritt waren die Wissenschaftler mit dem Problem konfrontiert, ausgehend von oft sehr spärlichen geologischen und paläontologischen Spuren die Vergangenheit der Erde zu rekonstruieren, und als je komplexer und zeitlich länger sich diese Vergangenheit im Zuge der Forschungsarbeiten um 1800 erwies, desto anspruchsvoller wurde die konjekturale Ergänzungsarbeit. War Buffon noch von einer Erdvergangenheit von rund 75 000 Jahren ausgegangen, und hatte er angenommen, dass sich die Flora und Fauna der Erde im Laufe der Zeit nicht verändert, sondern lediglich teilweise in andere Zonen des Globus verlagert hatte, so wurde im frühen 19. Jahrhundert bereits mit einer Vergangenheit von mehreren Millionen Jahren gerechnet, und es wurde deutlich, dass es in früheren Epochen ganz andere, unterdessen ausgestorbene Tier- und Pflanzenarten auf der Erde gegeben haben musste. Fasziniert machte man sich also daran, diese untergegangenen Weltzustände zu rekonstruieren, sie – wie auch noch Darwin mit unmittelbarem Bezug auf die Praxis der Philologen formulierte – durch kühne Konjekturen zu erschließen. So heißt es in der 1860 publizierten ersten deutschen Übersetzung von *On the Origin of Species* (1859):

> Ich für meinen Theil betrachte (um Lyell's bildlichen Ausdruck durchzuführen) den Natürlichen Schöpfungs-Bericht [the natural geological record] als eine Geschichte

---

Rudwick, Bursting the Limits of Time (Anm. 16), 149.

der Erde, unvollständig erhalten und in wechselnden Dialekten geschrieben, – wovon aber nur der letzte bloss auf einige Theile der Erd-Oberfläche sich beziehende Band bis auf uns gekommen ist. Doch auch von diesem Bande ist nun [rectius: nur] hier und da ein kurzes Kapitel erhalten, und von jeder Seite sind nur da und dort einige Zeilen übrig.[30]

Darwin schloss mit diesem Vergleich ganz allgemein an den alten Topos von der Lektüre im *liber naturae* an, doch dieser Topos erhielt im Zusammenhang mit der Rekonstruktion der Erdgeschichte seit dem ausgehenden 18. Jahrhundert eine spezifischere Bedeutung, und er lässt sich in den einschlägigen Werken in vielen Varianten ausmachen; so zum Beispiel auch beim vielleicht berühmtesten Geologen der ersten Hälfte des 19. Jahrhunderts, bei Charles Lyell, auf den sich Darwin an der zitierten Stelle ja auch direkt bezieht. Und bei Lyell wird auch in wünschenswerter Deutlichkeit klar, wie nahe die Arbeit des rekonstruierenden Geologen und diejenige des konstruierenden Künstlers und Schriftstellers im Zeichen von Hypothese und Konjektur zusammenrücken können. Nicht umsonst meint er in seinen *Principles of Geology* (1830–1833), den deutschen Historiker Niebuhr zitierend: »[H]e who calls what has vanished back again into being, enjoys a bliss like that of creating.«[31] Vielleicht am prägnantesten wurde die mögliche Verwandtschaft von rekonstruierender Wissenschaft und schöpferischer Kunst in jener Zeit aber von Balzac auf den Punkt gebracht, als er den Erzähler in *La Peau de Chagrin* (1831) zu einem begeisterten Lob von Georges Cuvier als einem »Dichter« untergegangener Welten ausholen ließ: »Ist nicht Cuvier der größte Dichter unseres Jahrhunderts? Wohl hat Lord Byron einige Seelenvorgänge mit Worten trefflich wiedergegeben; aber unser unsterblicher Naturforscher hat Welten wiedererrichtet aus verblichenen Knochen.«[32]

Cuvier selbst war allerdings zurückhaltender, als diese Schilderung Balzacs vermuten lassen würde. Er konzentrierte sich vor allem auf die Rekonstruktion ausgestorbener Tierarten. Die Rekonstruktion ganzer Urzeit-Welten hingegen war noch nicht seine Sache. Er fürchtete sich vor möglicherweise

---

30. Charles Darwin: Über die Entstehung der Arten im Thier- und Pflanzen-Reich durch natürliche Züchtung. Nach der 2. Aufl. übers. und mit Anm. versehen von Dr. H. G. Bronn, Stuttgart 1860, 317f. Im Original: Charles Darwin: On the Origin of Species by Means of Natural Selection, London 1859, 310f. Vgl. das ganze Kapitel »Of the Imperfection of the Geological Record«, ebd., 279–311.
31. Charles Lyell: Principles of Geology, hrsg. von James A. Secord, Harmondsworth 1997, 25. Er zitiert Barthold Georg Niebuhr: Römische Geschichte. Erster Theil. Dritte, vermehrte und verbesserte Ausgabe, Berlin 1828, 6: »Wer Verschwundenes wieder ins Daseyn zurückruft, genießt die Seligkeit des Schaffens.«
32. Honoré de Balzac: Das Chagrinleder, übers. von Christel Gersch, Berlin 1999, hier: 24f.

unseriösen Ausgriffen in den Bereich des Nicht-Wissens.[33] Doch was Balzac ausgehend von Cuviers Forschungsarbeit entwarf, wurde dann gegen Mitte des Jahrhunderts von immer mehr Wissenschaftlern in die Tat umgesetzt. Das heißt, urweltliche Pflanzen und Tiere wurden nun immer detaillierter in ihrem Gesamtzusammenhang in wissenschaftlichen Texten beschrieben und in Illustrationen im eigentlichen Sinne evident gemacht und vor Augen gestellt.[34] Es kam zu einer zunehmenden Verbreitung von Darstellungen vergangener Weltzustände, und um 1850 erschienen auch schon Publikationen, in denen nicht mehr nur chronologisch mehr oder weniger unspezifische Einzelszenen, sondern ganze, nach Flora und Fauna sorgfältig differenzierte Erdzeitalter-Folgen abgebildet waren; so zum Beispiel auch in dem kommentierten erdgeschichtlichen Bilderzyklus, den der österreichische Paläontologe Franz Xaver Unger 1851 in erster und 1858 in erweiterter zweiter Auflage unter dem Titel *Die Urwelt in ihren verschiedenen Bildungsperioden* vorlegte. Unger tat sich für diese aufwendig gestaltete Publikation mit Joseph Kuwasseg, einem angesehenen Landschaftsmaler, zusammen, und beschrieb den Zweck seines Werkes einleitend wie folgt: »Vorliegende Blätter sollen eine landschaftliche Darstellung der grösseren geologischen Perioden sein, von der Zeit an, als die ersten organischen Wesen die Oberfläche der Erde zu beleben anfingen, bis zu der Erscheinung des Menschen« (U 7).[35] Unger wollte demnach mit der Hilfe Kuwassegs jene unendlich langen Epochen aus dem Zeitabgrund der Erdgeschichte, respektive der Geschichte des Lebens, erschließen, während derer es, wie man erschrocken hatte feststellen müssen, noch keine Menschen gegeben hatte. Es ging, mit Gillian Beer zu sprechen, um die konjekturale Erschließung der ur- und vorzeitlichen »plots without man«.[36] Um diese vergangenen »plots without man« zu rekonstruieren und anschaulich zu machen, musste allerdings, wie vermittelt auch immer, der Mensch in die menschenlose Vergangenheit eingeführt werden. Welten, die nie von einem Menschen gesehen worden waren – was übrigens Buffon als großes Glück gepriesen hatte, weil die Menschen den Schrecken gewisser Szenen aus der Erdgeschichte sozusa-

---

33. Vgl. dazu Martin J. S. Rudwick: Scenes From Deep Time. Early Pictorial Representations of the Prehistoric World [1992], Chicago/London 1995, 36.
34. Vgl. dazu ebd. sowie Ralph O'Connor: The Earth on Show. Fossils and the Poetics of Popular Science, 1802–1856, Chicago/London 2007.
35. Mit der Sigle U und Seitenangabe direkt im Text wird hier und im Folgenden verwiesen auf Franz Unger: Die Urwelt in ihren verschiedenen Bildungsperioden. XIV landschaftliche Darstellungen [von Joseph Kuwasseg] mit erläuterndem Text [1851], 2., erweiterte Aufl., Wien 1858.
36. Gillian Beer: Darwins Plot. Evolutionary Narrative in Darwin, George Eliot and Nineteenth-Century Fiction [1983], 3. Aufl., Cambridge 2009, 17.

gen optisch nicht gewachsen gewesen wären[37] – mussten dem menschlichen Auge zugänglich gemacht werden. Am einfachsten war das aber, wenn man die Urzeit-Bilder wie herkömmliche Landschaftsbilder aus einer menschlichen Perspektive darstellte; wenn man also den Illustrator als einen fiktiven menschlichen Augenzeugen in die prähumane Vergangenheit versetzte. Das lässt sich auch bei Unger beobachten, der in seiner Einleitung bemerkt, seine von Kuwasseg ausgeführten Illustrationen könnten »füglich als ein Resultat von Detailstudien« angesehen werden, »die ein zu jener Zeit [d.h. in der entsprechenden Erdepoche] herumwandelnder Künstler gemacht und zu einem malerischen Ganzen vereinigte« (U 8).

Wie ein solches »malerisches Ganzes« – das vom Konzept her deutlich an Alexander von Humboldts Landschaftsphysiognomik erinnert[38] – in der konkreten Umsetzung aussah, lässt sich beispielsweise schon am ersten Schaubild in Ungers Zyklus, an der Illustration zur »Silurischen Periode«, erkennen (Abb. 1), wo der Blick über ein düsteres Urmeer schweift und im Begleittext mit Bezugnahme auf die menschliche Perspektive erklärt wird:

> Eine Versinnlichung dieser Zustände, wie das vorliegende Bild anstrebt, kann uns, da ein Blick in die Meerestiefen versagt ist, nur die oberflächliche, unabsehbare Wasserwüste, auf der ein umflorter auf Wolkensäulen gestützter Himmel lastet, darstellen. Der Schleier ist dort und da zerrissen und lässt den Geist Gottes über den Wassern schwebend ahnen. (U, unpaginierter Abschnitt A)

Dieser kurze Kommentarausschnitt ist aber nicht nur geeignet, die dezidiert menschliche Perspektive auf die vormenschlichen Weltzustände zu beleuchten. Vielmehr wird darin auch das bereits im Zusammenhang mit Buffon angesprochene intrikate Verhältnis von geologisch-paläontologischem Wissen und biblischer Überlieferung pointiert fassbar. Für Unger ist es, entgegen einer einsinnigen Säkularisierungsthese, auch noch um die Mitte des 19. Jahrhunderts ganz unproblematisch, seine wissenschaftlichen Ausführungen mit religiösen Versatzstücken anzureichern. Das biblische Wissen, das für andere populärwissenschaftliche Autoren – wie zum Beispiel für Ludwig Büchner als Verfasser von *Kraft und Stoff* (1855) – in der Tat zu bloßem Nicht-Wissen

---

37. Buffon, Epochen (Anm. 19), Bd. 2, 35: »Glücklicher Weise aber hatten diese Scenen [am Ende der vierten Epoche], die furchtbarsten der Natur, keine Zuschauer: denn erst ans Ende derselben kann man die Entstehung der Landthiere setzen.«
38. Nicht umsonst lautet der (in der zitierten zweisprachigen Wiener Ausgabe mit angegebene) französische Titel von Ungers Werk *Tableaux physionomiques de la végétation des diverses périodes du monde primitif*. Vgl. zu Humboldt den Beitrag von Michael Bies im vorliegenden Band.

Abb. 1: Silurische Periode, in: Franz Unger: Die Urwelt in ihren verschiedenen Bildungsperioden. XIV landschaftliche Darstellungen [von Joseph Kuwasseg] mit erläuterndem Text [1851], 2., erweiterte Aufl., Wien 1858, ohne Paginierung (Zentralbibliothek Zürich).

abgesunken war, konnte hier rhetorisch fugenlos in die wissenschaftliche Rekonstruktion der Erdgeschichte eingehen; und Ungers Werk ist in dieser Hinsicht keine Ausnahme, sondern findet seine Entsprechung in Publikationen wie Louis Figuiers *La terre avant le Déluge. Ouvrage contenant 24 vues idéales de paysages de l'ancien monde dessinées par Riou* (Paris 1863) oder in Oskar von Fraas' *Vor der Sündfluth! Eine Geschichte der Urwelt. Mit vielen Abbildungen ausgestorbener Thiergeschlechter und urweltlicher Landschaftsbilder* (Stuttgart 1866).

Abgesehen von der religiösen Sprache – die im Medium der Illustrationen in zahlreichen ikonographischen Versatzstücken aus älteren Darstellungen der Schöpfungsgeschichte ihre Entsprechung findet[39] – fällt an Ungers Texten auf, wie stark seine Beschreibungen von Stimmungen und dezidiert menschlichen Gefühlen geprägt sind; wie also auch hier die Perspektive des menschlichen Subjekts für die Wahrnehmung einer Welt stark gemacht wird, in der es über-

---

39. Vgl. dazu Rudwick, Scenes (Anm. 33), 1–26 et passim.

haupt keine Form von Subjektivität gegeben hat. Das lässt sich zum Beispiel an dem folgenden Ausschnitt aus dem Kommentar zur Darstellung der »Periode des Muschelkalkes« (Abb. 2) illustrieren:

> Nur kleine Eilande, vom Meere umfluthet, blieben noch als Zeugen früherer Zustände mit sparsamer einförmiger Vegetation bekleidet.
> Nicht ferne dem Rande eines solchen Flachlandes, in trostloser Oede versunken, gleitet auf dem ewig gleichen Spiele der Wellen hinaus unser Blick. Welch eine Scene ernst und schauderhaft zugleich! [...] Mit gierigem Blicke betrachtet sie [zuvor aufgezählte Tiere] als willkommene Beute ein seltsames Ungeheuer von crocodilartiger Gestalt, das den Meeresbewohnern durch die Schwimmfüsse die Flossen abgeborgt zu haben scheint. Es ist der *Nothosaurus giganteus,* der diese Korallenbank zu erklimmen sucht, um sich da seine Nahrung zu verschaffen. [...]
> Die unendliche Schwermuth, welche sich über diese Gegend ausbreitet, und uns ein ansprechendes Bild der Zustände jener Bildungsepoche gibt, wird durch den Schleier der Nacht, in welchen dasselbe gehüllt ist, noch ungemein erhöht. Nicht das uns so freundlich scheinende volle Licht des Mondes, sondern ein mattes, blasses Leichenantlitz einer fernen Welt scheint klagend über diese[r] grause[n] Meereswüste auf Momente zu weilen. (U 22f.)

Während Unger seine auffällige Kombination und Verflechtung von wissenschaftlichem und religiösem Diskurs nirgends in seiner Einleitung thematisiert, geht er explizit auf die Wissens-Problematik ein, die sich aus solchen Schilderungen ergibt. Es ist ihm bewusst, welche Kritik gegen solche in einem unspezifischen Sinne ästhetischen Stimmungs-Bilder, die auf kühnen Konjekturen beruhen, vorgebracht werden kann, und so berichtet er apologetisch, dass es ihn einige Zeit gekostet habe, »die Scheu« zu überwinden, »von dem Gebiete strenger wissenschaftlicher Untersuchung in das der Phantasie überzutreten« (U 3). Gelungen sei ihm dies schließlich – wie er eine bemerkenswerte Konfiguration von Wissen und Nicht-Wissen umreißend meint – dank des Künstlers Kuwasseg, der nie »ermüdete, durch oftmals wiederholte Versuche nach und nach in meine [also Ungers] Vorstellungen einzugehen, und mir so ein Bild um das andere aus der dunkeln unbestimmten Nebelatmosphäre ins Tageslicht überzuführen« (U 4). Unger, der Wissenschaftler, beschreibt seine eigenen Visionen der Urwelt mithin als »traumartig verworrene[ ] Anschauungen« (U 4), die erst durch die Arbeit des Künstlers konkretisiert werden konnten; das geologisch-paläontologische Wissen über die Urzeit, das seinerseits von konjekturalen Ausgriffen ins Nicht-Wissen geprägt ist, konnte nur im Durchgang durch die ästhetische Darstellungskunst Kuwassegs, die aus der

Abb. 2: Periode des Muschelkalkes, in: Franz Unger: Die Urwelt in ihren verschiedenen Bildungsperioden. XIV landschaftliche Darstellungen [von Joseph Kuwasseg] mit erläuterndem Text [1851], 2., erweiterte Aufl., Wien 1858, ohne Paginierung (Zentralbibliothek Zürich).

Warte der Wissenschaft zum Nicht-Wissen gehört, überzeugend anschaulich gemacht werden.

Dass solche ›wissenschaftliche Traumarbeit‹ nicht allen »strengen Prüfern« (U 9) standhalten konnte, war Unger bewusst, doch für ihn heiligte der Zweck (die zukünftige Wissensgewinnung) die Mittel (den strategischen Einsatz von Nicht-Wissen). So antizipierte er die Frage, »ob durch solches halb Wahre und eben so viel Irrthümliches an sich tragende der Kenntnis und der Fortbildung der Wissenschaft nicht eher geschadet als genützt« (U 10) werde, führte dagegen aber Argumente ins Feld, die schon früher zur Apologie von Konjektur und Hypothese formuliert wurden. Schon oft habe sich »die Entwicklung der Naturwissenschaften […] dieser Krücken mit Vortheil« bedient, und man dürfe deshalb auch den Wert seiner »hypothetischen Darstellungen« nicht schmälern, regten sie doch – wie er in einer dreifachen Anapher ausführt – zur Wissensgewinnung an:

Haben dieselben die tausend und tausend einzelnen Erfahrungen unter einen Gesichtspunct vereiniget, und dadurch die Anschauung des Ganzen gefördert, haben sie die Erforschung von geologischen Thatsachen auch bei den weniger damit Vertrauten belebt und ihre Ergänzung zum Verlangen gemacht, haben sie im Kreise der Gebildeten überhaupt Sinn für Betrachtung längst entschwundener Zustände geweckt und die Gegenwart als das Resultat einer grossen Vergangenheit anzusehen gelehrt, dann mögen sie immerhin anderen, besser gelungenen Darstellungen Platz machen, und wie abgefallene Blätter eines Baumes verworfen werden, die man belächelt und sich wundert, wie sie einmal grünen konnten. (U 10)

Damit wird entlang von Argumentationslinien, die schon in Buffons und Hallers Apologie der Hypothesen und Konjekturen angelegt waren, die mögliche Produktivität von Nicht-Wissen für die Wissensgewinnung stark gemacht. Oder vielleicht genauer und noch einmal an Friedrich Schlegels Nicht-Wissens-Fragment anknüpfend formuliert: Es wird in wünschenswerter Deutlichkeit auf den Punkt gebracht, wie gewusstes Nicht-Wissen durch seinen bewussten Einsatz in den Prozess der Wissensgenese eingebunden ist.

Virginia Richter

Anschauung des Unsichtbaren
Rhetoriken des Nicht-Wissens im Umfeld des Darwinismus

I. »This Abstract [...] must necessarily be imperfect«:[1]
Darwins Rhetorik des Nicht-Wissens

Die Veröffentlichung von *On the Origin of Species* im Jahr 1859 verglich Charles Darwins erster Biograph Grant Allen mit einem Vulkanausbruch, der die Menschen bis ins Mark erschüttert und in der Folge nicht nur die Biologie, sondern alle Wissensgebiete tiefgreifend umgewälzt habe:

> Long predestined, it [the eruption] was yet wholly unexpected. Men at large had known nothing or next to nothing of this colossal but hidden revolutionary force which had been gathering head and energy for so many years unseen within the bowels of the earth; and now that its outer manifestation had actually burst upon them, they felt the solid ground of dogmatic security bodily giving way beneath their feet, and knew not where to turn in their extremity for support.[2]

Mit der vulkanischen Metapher greift Allen auf die Rhetorik der ›Katastrophisten‹ zurück, einer Gruppe von Geologen, die das Aussehen der Erdoberfläche durch die Einwirkung außerordentlicher Katastrophen wie Erdbeben, Vulkanausbrüchen und Überschwemmungen erklärten. Ein derartige ›Konvulsion‹ würde eine Landschaft plötzlich und unerwartet bis zur Unkenntlichkeit verändern.[3] Auch wenn Darwins Wirkung in diesem Sinn als ›katastrophisch‹ bezeichnet werden kann und in viele Richtungen eine große »Sprengkraft« entfaltete,[4] so widerspricht doch diese bis heute geläufige Bildlichkeit der Eruptionen und Explosionen Darwins eigener Positionierung als Wissenschaftler. Wie sein Mentor, der Geologe Charles Lyell, war Darwin ›Uniformitarier‹ und ›Aktualist‹, d.h. er vertrat die Theorie, geologische Prozesse, etwa Erosion

---

1. Charles Darwin: On the Origin of Species [1859], hrsg. von Gillian Beer, Oxford 1996, 3. Im Folgenden werden Zitate aus dieser Ausgabe mit der Sigle OS und der Seitenangabe direkt im Text nachgewiesen.
2. Grant Allen: Charles Darwin, London 1885, 115.
3. Michael Ruse: The Darwinian Revolution. Science Red in Tooth and Claw, Chicago 1999, 36–38.
4. Eve-Marie Engels: Charles Darwin: Person, Theorie, Rezeption. Zur Einführung, in: dies. (Hrsg.): Charles Darwin und seine Wirkung, Frankfurt a.M. 2009, 9–57, hier: 9.

und Sedimentbildung, vollzögen sich stetig und allmählich, unter Einwirkung gleichbleibend intensiver und bis heute wirkender Naturgesetze. Die geologischen Prinzipien Lyells übertrug Darwin auf die Biologie: Seine Erklärung der Artenvielfalt durch die drei Mechanismen der zufälligen Variation, Vererbung und natürlichen Auslese der Organismen ist ebenso ›uniformitarisch‹ und ›aktualistisch‹ wie Lyells Modell; wie dieses setzt Darwins Evolutionstheorie lange Zeiträume für die Entstehung neuer Arten voraus.

Aber auch auf einer anderen Ebene ist die Metapher vom ›Vulkan Darwin‹ irreführend. Die sprachliche Repräsentation der Evolutionstheorie ist einer Rhetorik des Zögerns und Verzögerns, des Tastens und Mutmaßens, kurz des Nicht-Wissens und Noch-Nicht-Wissens verpflichtet. Der ›Eruption‹ der Evolutionstheorie, der Erschütterung der britischen Wissenschaftslandschaft durch die Veröffentlichung von *On the Origin of Species,* ging eine lange, widerständige Genese voraus. Bereits während seiner Weltumseglung an Bord des Vermessungsschiffs H. M. S. Beagle (1831–1836) bemerkte Darwin verschiedene Phänomene, etwa die Ähnlichkeit zwischen südamerikanischen Fossilien und lebenden Arten, die der damals allgemein gültigen Vorstellung von der Sonderschöpfung und Stabilität jeder einzelnen Spezies zu widersprechen schienen. Erst nach der systematischen Sichtung seiner auf dieser Reise erworbenen Naturaliensammlung konnte sich Darwin wirklich sicher sein, dass zwischen den geographischen Bedingungen und der Distribution einzelner Populationen ein Zusammenhang bestand. Die Lektüre von Thomas Robert Malthus' Bevölkerungsgesetz (*An Essay on the Principle of Population,* 1798) gab Darwin 1838 den entscheidenden Anstoß zur Entwicklung der Theorie der natürlichen Auslese. 1844 schrieb er seine bahnbrechende Hypothese in einem vorläufigen ›Sketch‹ nieder. Und dann ließ er sie liegen.

Oder besser gesagt, Darwin schlug nun einen – fünfzehn Jahre dauernden – Umweg ein, um seine Theorie so weit wie möglich auf sicheren Grund zu stellen. Methodologisch ist die Evolutionstheorie ja einer besonderen Schwierigkeit ausgesetzt: Sie kann ihren empirischen Gegenstand – die »Weiterentwicklung von Arten in der Zeit (Transformation) und ihre Aufspaltung im Raum (Speziation)«[5] – aufgrund der ein Menschenalter weit übersteigenden Dauer dieser Prozesse weder in der Natur beobachten noch im Laborexperiment nachstellen. Die Theoriebildung des Darwinismus ist daher, wie Michael Gamper argumentiert hat, »in sehr grundsätzlicher Art mit dem Nicht-Wissen befasst«:

---

5. Thomas Junker, Uwe Hoßfeld: Die Entdeckung der Evolution. Eine revolutionäre Theorie und ihre Geschichte, Darmstadt 2001, 17.

Die Theoriebildung der Evolutionslehre musste deshalb, bei allem Materialreichtum in der Argumentation, notwendig starke spekulative Anteile aufweisen. Sie umfasste zwar eine dem ›Versuch‹ strukturell ähnliche hypothesengeleitete variierende Rekombination von arrangierten und kontrollierten Objekt-Dispositionen, doch lief dabei weder ein vom Forscher-Subjekt unabhängiges Naturgeschehen ab noch waren dadurch quantifizierbare Resultate zu erzielen.[6]

Da Darwin seine Hypothese von der natürlichen Auslese also nicht mit einem Experiment nachweisen konnte und auch ein Bindeglied zwischen verschiedenen Spezies nur als Denkfigur – eben als *missing link* – vorstellbar war, musste er eine alternative Überzeugungsstrategie anwenden, die viel stärker als die Experimentalwissenschaften auf eigentlich literarische und nur indirekt wissenschaftliche Mittel setzte.[7] Diese Strategie entwickelte Darwin teils in bewusster Abgrenzung vom wissenschaftlichen Skandalon der *Vestiges of the Natural History of Creation,* einer 1844 – also im selben Jahr, als Darwin seine Transmutationshypothese erstmals ausformulierte – anonym erschienenen Schrift.[8] Deren Autor, postum als der schottische Publizist Robert Chambers identifiziert, schlug darin eine Theorie der progressiven Evolution vor, in die der Mensch explizit eingeschlossen war: »It has pleased Providence to arrange that one species should give birth to another, until the second highest gave birth to man, who is the very highest: be it so, it is our part to admire and submit.«[9] Damit leistete Chambers einen wichtigen Zwischenschritt von einer statischen Naturanschauung, die in der aristotelischen Metapher der ›Kette der Seinswesen‹ ausgedrückt wird, zu einer »Dynamisierung des Statischen«,[10] die die Wissenschaftsnarrative ebenso wie die fiktionale Literatur des 19. Jahrhunderts prägen sollte: Die hierarchische Abstufung der Arten wird nicht in Frage gestellt, aber jede Art kann in die nächste Stufe ›aufrücken‹. Obwohl Chambers in einem Punkt weniger Anstoß erregte als später Darwin – der Vorstellung einer Vorsehung, die diese *upward mobility* der Arten steuert, im Gegensatz zu Darwins Idee der Kontingenz –, stieß die Publikation auf ein-

---

6. Michael Gamper: Experimentelles Nicht-Wissen. Zur poetologischen und epistemologischen Produktivität unsicherer Erkenntnis, in: ders. (Hrsg.): Experiment und Literatur. Themen, Methoden, Theorien, Göttingen 2010, 511–545, hier: 538.
7. Zu Darwins ›literarischer‹ Schreibweise siehe George Levine: Darwin the Writer, Oxford 2011.
8. Zu Darwins Reaktion auf die *Vestiges* siehe Janet Browne: Charles Darwin. A Biography, Bd. 1: Voyaging, Princeton/Oxford 1995, 461f.
9. Robert Chambers: Vestiges of the Natural History of Creation and Other Evolutionary Writings [1844], hrsg. von James A. Secord, Chicago/London 1994, 234.
10. Peter Schnyder: Die Dynamisierung des Statischen. Geologisches Wissen bei Goethe und Stifter, in: Zeitschrift für Germanistik. Neue Folge 19 (2009), 540–555, hier: 544.

hellige Ablehnung sowohl in der wissenschaftlichen Gemeinschaft als auch in der breiteren Öffentlichkeit.

Wie sah also Darwins aus dem strukturellen Nicht-Wissen der Evolutionstheorie geborene Strategie aus? Zunächst zog er aus der anonymen Publikation der *Vestiges* die Lehre, dass Autorschaft im britischen Wissenschaftssystem – einem eng geknüpften Netzwerk von Gentlemen – eine entscheidende Rolle spielte. Die soziale Herkunft eines Autors und seine Verbindung zur etablierten Wissenschaftsgemeinschaft bürgten a priori dafür, dass seine Thesen wohlwollend geprüft – und überhaupt erst wahrgenommen – wurden. Darwin selbst war Teil des ›Cambridge Network‹, dem die einflussreichsten Naturwissenschaftler seiner Zeit angehörten; er hatte sich auch durch seine Veröffentlichungen im Anschluss an die Reise der Beagle bereits einen guten Ruf erworben. Nach 1844 machte er sich jedoch systematisch daran, zur Autorität in Schlüsseldisziplinen zu werden, in denen er bisher kaum Kompetenzen besaß, etwa der vergleichenden Anatomie und Taxonomie: Darwin wurde zum Spezialisten für Rankenfußkrebse *(Cirripedia)*. Wie fast alles, was er zwischen seiner Rückkehr von der Weltumseglung 1836 und dem Beginn der Niederschrift der *Origin* 1858 unternahm, lässt sich diese acht Jahre dauernde Forschung retrospektiv als ›Vorarbeit‹ zur Transmutationshypothese einordnen: »The Cirripedes form a highly varying and difficult group of species to class; and my work was of considerable use to me, when I had to discuss in the *Origin of Species* the principles of a natural classification.«[11] Parallel dazu baute Darwin ein internationales Korrespondentennetzwerk auf, das ihn mit Informationen zu den verschiedensten, mit der Evolutionstheorie verbundenen Fragen versorgte. Nach Jahren des Sammelns und Zusammentragens ging Darwin schließlich daran, die enorme Masse an empirischen Fakten zu synthetisieren: »From September 1854 onwards I devoted all my time to arranging my huge pile of notes, to observing, and experimenting, in relation to the transmutation of species.«[12] Diese Arbeit wurde 1858 jäh unterbrochen, als ihm der junge Naturforscher Alfred Russell Wallace einen handschriftlichen Essay zusandte, der eine mit Darwins Theorie fast identische Erklärung der Artenentwicklung durch natürliche Auslese enthielt.[13] Erst diese Bedrohung

---

11. Charles Darwin: The Autobiography of Charles Darwin [1876], hrsg. von Nora Barlow, New York/London 2005, 97.
12. Ebd.
13. Vgl. Janet Browne: Charles Darwin. A Biography, Bd. 2: The Power of Place, Princeton/Oxford 2002, 14–17. Die mit Darwin befreundeten Wissenschaftler Charles Lyell und Joseph Hooker sorgten dafür, dass Wallaces Essay zusammen mit unveröffentlichten Schriften Darwins in einem Treffen der Linnean Society verlesen und anschließend in den *Proceedings* der Gesellschaft publiziert wurde; beide Autoren wurden damit als ›Co-Entdecker‹ der natürlichen Auslese etabliert (ebd., 33–42).

von Darwins Erstautorschaft zwang ihn also dazu, sein bis dahin angesammeltes Wissen über Evolution in einem Buch zu veröffentlichen, das er selbst als vorläufigen ›Abstract‹ betrachtete.

Diese Vorgeschichte, die in der unvermuteten und halb unfreiwilligen Publikation von *On the Origin of Species* kulminiert, beeinflusste entscheidend die Präsentation der Evolutionstheorie. Auch stilistisch lernte Darwin in positiver wie negativer Hinsicht von Chambers. Waren die narrativen Elemente und damit die Anschaulichkeit für den Verkaufserfolg der *Vestiges* äußerst förderlich gewesen, so hatte die fehlende empirische Unterfütterung zur Verdammung des Buches durch die wissenschaftlichen Rezensenten geführt. Darwin entwickelt nun eine Schreibweise, die man als Verschränkung einer ›Rhetorik der empirischen Fülle‹ mit einer ›Rhetorik des Nicht-Wissens‹ bezeichnen könnte. Auf der einen Seite versucht er, durch eine Anhäufung von Beispielen und Analogieserien eine eindeutige Position innerhalb der britischen, empirisch fundierten Wissenschaftstradition zu beziehen und dabei durch die schiere Masse von Fakten zu überzeugen. Auf der anderen Seite nimmt er mögliche Einwände vorweg, indem er selbst auf die Lücken in seiner Theorie – insbesondere das fehlende Wissen über Vererbung sowie das unvollständige Archiv fossiler Funde – hinweist und auch den hypothetischen Charakter seiner Theoriebildung immer wieder betont. Zusammengenommen entfalten diese beiden Strategien eine starke persuasive Wirkung. Gerade die ›Rhetorik des Nicht-Wissens‹, gekoppelt an den Habitus des redlichen, sorgfältig prüfenden, reflektierenden Wissenschaftlers, verleiht paradoxerweise dem Werk eine Autorität, die ein weniger vorsichtiges und auch weniger an den sozialen Standards des ›Gentleman‹ orientiertes Plädoyer für die Evolutionstheorie nicht hätte erlangen können.[14]

Die ›Verschleppung‹ der Publikation wird damit selbst zu einem Element in Darwins Autorisierungsstrategie: Gerade weil der Autor so langsam war und mehr als zwanzig Jahre seines Lebens der Transmutationshypothese opferte, kann ihm die viktorianische Leserschaft nun Glauben schenken. In seiner Einleitung rekapituliert Darwin den langen Entstehungsprozess, dabei stets das Vorläufige und Unabgeschlossene betonend, und präsentiert gleichsam eine Theorie im Konjunktiv. Gleichzeitig stellt er aber auch seine ›Augenzeugenschaft‹ heraus, also die Verankerung der Theorie im Leben, in der Empirie. *On the Origin of Species* hebt an mit einer markierten Positionierung des Autors als Naturforscher, Weltreisender und Beobachter: »When on board HMS *Beagle*, as naturalist, I was much struck with certain facts in the distribution of

---

14. Vgl. Gowan Dawson: Darwin, Literature and Victorian Respectability, Cambridge 2007, 14.

the inhabitants of South America, and in the geological relations of the present to the past inhabitants of that continent.« Hier ist Darwin von vornherein als teilnehmendes, beobachtendes und erzählendes Ich präsent und bürgt persönlich für seinen Bericht. Zugleich nimmt er eine beinahe passive Rolle im Beobachtungsprozess ein: Es sind die ›gewissen Fakten‹, die ihm eine vom bisherigen Modell abweichende Interpretation der Naturgeschichte geradezu aufdrängen. Mit der gleichen Vorsicht und Bescheidenheit geht es weiter. Darwins Beobachtungen in Südamerika »seemed to me to throw some light on the origin of species – that mystery of mysteries« und regten ihn zu ungerichteten Spekulationen an, die jedoch nicht zur großen Theoriebildung im Stil von Chambers, sondern erst einmal nur zu ›Notizen‹ führten: »After five years' work I allowed myself to speculate on the subject, and I drew up some short notes«. Das spekulative Moment wird immer wieder methodisch an die empirische Wissenschaft rückgebunden: »[S]omething might perhaps be made out on this question by patiently accumulating and reflecting on all sorts of facts«. Erst allmählich entsteht hier aus dem passiven Medium, das die empirischen Fakten nur aufnimmt, ein gestaltendes Ich, ein Wissenschaftler als Autor, der endlich die ›Notizen‹ zu einer, immer noch vorläufigen, ›Skizze‹ zusammenstellt: »[T]hese I enlarged in 1844 into a sketch of the conclusions, which then seemed to me probable«. Diese Arbeit habe er seitdem, bis zur Niederschrift dieser Worte vierzehn Jahre später, ebenso geduldig und sorgsam fortgesetzt: »[F]rom that period to the present day I have steadily pursued the same object.« Der apologetische und um Vertrauen werbende Charakter dieses ersten Absatzes der Einleitung wird im Schlusssatz explizit benannt; zugleich wird die Uneitelkeit des Wissenschaftlers, der völlig im Dienst der Sache steht, betont: »I hope that I may be excused for entering on these personal details, as I give them to show that I have not been hasty in coming to a decision.«[15] Perfekt!

Darwin gelingt es hier, dem Text seinen persönlichen Stempel aufzudrücken – das Personalpronomen ›I‹ kommt in diesem kurzen Abschnitt immerhin acht Mal vor – und zugleich den Anschein vollkommener Objektivität zu erwecken, indem er dieses ›Ich‹ durch Passivkonstruktionen wie »it occurred to me« und »it seemed to me« wieder zurücknimmt und die Fakten scheinbar ›für sich selbst sprechen‹ lässt. Damit schlägt er im Eröffnungsabsatz einen Ton an, der ihm im Folgenden auf geradezu tollkühne Weise erlaubt, das Nicht-Wissen um die Evolutionstheorie in einem Ermöglichungsraum zu situieren, in dem gerade ihm, Charles Darwin, aufgrund der anfangs etablier-

---

15. Alle Zitate in diesem Absatz: OS 3.

ten Wissenschaftler-Persona die größtmögliche Autorität zufällt. Nach einem kurzen Bericht über die Ereignisse, die ihn zur verfrühten Veröffentlichung des vorliegenden ›Abstracts‹ zwangen, fasst er im dritten Absatz die Leerstellen in seiner Theoriebildung zusammen:

> This Abstract, which I now publish, must necessarily be imperfect. I cannot give references and authorities for my several statements; and I must trust to the reader reposing some confidence in my accuracy. No doubt errors will have crept in, though I hope I have always been cautious in trusting to good authorities alone. I can here give only the general conclusions at which I have arrived, with a few facts in illustration, but which, I hope, in most cases will suffice. No one can feel more sensible than I do of the necessity of hereafter publishing in detail all the facts, with references, on which my conclusions have been grounded; and I hope in a future work to do this. (OS 3f.)

Nach dieser Deklaration seines Nicht-Wissens kann Darwin immer selbstbewusster gegen die Vertreter der Schöpfungstheorie wie auch, noch wichtiger, gegen die ›Konkurrenten‹ auf dem Feld der Evolutionstheorie wie den »author of the *Vestiges of Creation*« (OS 5) Position beziehen. Ohne seinen eigenen Beitrag, die Entdeckung der natürlichen Auslese als wichtigsten Mechanismus der Artentransformation, seien all diese Theorien »unsatisfactory« (OS 4). Nachdem der Boden solchermaßen bereitet ist, kann Darwin die Einleitung mit einem entschiedenen ›Glaubensbekenntnis‹ abschließen, in dem das Nicht-Wissen von einem methodischen Problem zu einem kreativen Potential verkehrt worden ist, das eine zukünftige Gewissheit verspricht:

> Although much remains obscure, and will long remain obscure, *I can entertain no doubt*, after the most deliberate study and dispassionate judgement of which I am capable, that the view which most naturalists entertain, and which I have formerly entertained – namely, that each species has been independently created – is erroneous. *I am fully convinced* that species are not immutable; but that those belonging to what are called the same genera are lineal descendents of some other and extinct species, in the same manner as the acknowledged varieties of any one species are the descendants of that species. Furthermore, *I am convinced* that Natural Selection has been the main but not exclusive means of modification. (OS 7, Hervorhebungen V. R.)

Hier ist Darwin vom Konjunktiv in den Indikativ, vom Modus des Vermutens und Tasten zur Gewissheit, und damit vom Nicht-Wissen zu einem Versprechen zukünftigen Wissens übergegangen. Zugleich platziert er hier, gut versteckt, die größte ›Bombe‹ seiner explosiven Schrift: die Abstammung der Menschen und der Affen, die alle dem Genus der Primaten angehören, von einem gemeinsamen, ausgestorbenen Vorfahren. In einer charakteristischen Mischung aus Zurückhaltung und Kühnheit steckt Darwin das Terrain für die nachfolgende Debatte ab.

Darwins Strategie ist aufgegangen. Auch wenn die Veröffentlichung seines ›Abstracts‹ zunächst von den Zeitgenossen tatsächlich als jener Vulkanausbruch empfunden wurde, den Grant Allen beschrieben hat, so wurde doch bald auf den Trümmern gleichsam ein neues Pompeji aufgebaut. Trotz heftigen Widerstands einzelner Wissenschaftler und Vertreter der Kirche wurden die Evolutionstheorie im Allgemeinen und der Darwinismus im Besonderen bald als der neue *grand récit* über die Entstehungsgeschichte der Menschheit akzeptiert. Bei der Popularisierung des Darwinismus spielte auch die erzählende Literatur eine entscheidende Rolle. Zu seiner literarischen Anschlussfähigkeit trugen nicht nur die kontroversen Inhalte von Darwins Schriften bei, sondern eben auch die darin verwendeten ›literarischen‹ Techniken wie die zahlreichen Metaphern, Analogien und Vergleiche und, nicht zuletzt, die »skizzenhaften Umrisse imaginierter Geschichten, die Wesen aus unvordenklichen Zeiten entstehen ließen – womit wissenschaftliche Defizite durch dichterische Techniken ausgemerzt wurden«.[16] Die Denkfigur des *missing link* erwies sich als besonders produktiv für literarische Projektionen in die Vergangenheit, die Zukunft und in exotische Räume, in denen die Konfrontation des modernen Menschen mit seinen affenähnlichen Vorfahren bzw. mit überlegenen Menschen der Zukunft fiktional ausagiert wurde.[17]

In *On the Origin of Species* zeigt sich Darwin als Meister der ›Rhetorik des Nicht-Wissens‹. Die Frage ist jedoch, inwieweit Darwins Schreibstrategien idiosynkratisch sind oder nicht doch repräsentativ für den Wissenschaftsdiskurs seiner Zeit. Rhetoriken des Nicht-Wissens sind, so meine These, nicht nur bei Darwin selbst, sondern auch im Umfeld der Darwin'schen Evolutionstheorie in unterschiedlicher Ausprägung verbreitet. Dies hängt mit der Genese neuer Disziplinen aus dem Geist der Konjektur zusammen. In epistemologischen Reflexionen zur Geologie, Biologie und Paläoanthropologie wird literarischen Momenten wie der Imagination ein erstaunlich großer Raum gewährt, wie im Folgenden am Beispiel von Lyell und Huxley gezeigt werden soll.

---

16. Gamper, Experimentelles Nicht-Wissen (Anm. 6), 541.
17. Siehe Virginia Richter: Literature After Darwin. Human Beasts in Western Fiction, 1859–1939, Basingstoke 2011.

II. »The defective archives of former ages«:[18]
Lyells Geologie der Imagination

Charles Lyells Geologie ist mit ähnlichen methodologischen Problemen konfrontiert wie Darwins Evolutionstheorie. Die zu untersuchenden Naturprozesse spielen sich über extrem lange Zeiträume ab und sind der Beobachtung des Forschers oft durch ihre räumliche und zeitliche Verortung entzogen: »[M]any distinguishing features of the surface may often be ascribed to the operation at a remote era of slow and tranquil causes – to the gradual deposition of sediment in a lake or in the ocean« (PG I, 2). Trotz der Parallelen, die Lyell immer wieder zwischen Menschheits- und Erdgeschichte zieht, gibt die neue Geologie den bisherigen Anthropozentrismus der Naturgeschichte auf: »Hier wird ein Entwicklungsrhythmus wenn nicht sicht- so doch denkbar, der in seiner Langsamkeit jenseits jeden menschlichen Maßstabs liegt.«[19] Dennoch postuliert Lyell, im Gegensatz zu Darwins rhetorischer Strategie, zunächst einmal die Möglichkeit des Wissens. Er positioniert sein Projekt als eine *new science* im Sinne Francis Bacons, als Forschungsprogramm, das mit den alten Autoritäten bricht und die moderne Geologie auf eine neue systematische Basis stellt. Die Erde wird nun lesbar: Die Spuren an der Erdoberfläche geben Auskunft über die verborgenen Vorgänge in der Tiefe des Meeres oder der Erde; heute beobachtete Ereignisse erzählen von vergangenen, und umgekehrt. Diese Interdependenz von Oberfläche und Tiefe, von Vergangenheit und Gegenwart ist in Analogie zur Geschichtsschreibung der Schlüssel zum Verständnis der Natur:

> By these researches into the state of the earth and its inhabitants at former periods, we acquire a more perfect knowledge of its *present* condition, and more comprehensive views concerning the laws *now* governing its animate and inanimate productions. When we study history, we obtain a more profound insight into human nature, by instituting a comparison between the present and former states of society. [...] As the present condition of nations is the result of many antecedent changes, some extremely remote and others recent, some gradual, others sudden and violent,

---

18. Charles Lyell: Principles of Geology. An Attempt to Explain the Former Changes of the Earth's Surface, by Reference to Causes now in Operation [1830–1833], 3 Bde., Cambridge 2009, I, 3. Im Folgenden werden Zitate aus dieser Ausgabe mit der Sigle PG und der Band- und Seitenangabe direkt im Text nachgewiesen.
19. Schnyder (Anm. 10), 541. Diese »temporale[ ] Marginalisierung des Menschen« (ebd.) könnte zu den ›narzisstischen Kränkungen‹ des Menschen hinzugefügt werden, zu denen Sigmund Freud, neben seiner eigenen Psychoanalyse, den kopernikanischen Heliozentrismus und die Darwin'sche Evolutionstheorie zählte.

so the state of the natural world is the result of a long succession of events, and if we would enlarge our experience of the present economy of nature, we must investigate the effects of her operations in former epochs. (PG I, 1)

Lyell stellt hier ein Programm der Perfektibilität des Wissens auf, das dank der Prinzipien der modernen Geologie – *uniformitarianism, actualism, steady-state view of the earth* – trotz der genannten methodologischen Schwierigkeiten grundsätzlich einlösbar ist. Mit seinen drei Prinzipien, die auf der Kontinuität von Naturprozessen insistieren, besagt Lyell, dass das Buch der Natur in einer lebenden Sprache geschrieben – »a considerable part of the ancient memorials of nature were written in a living language« (PG I, 73) – und somit lesbar ist.[20] Die tieferen Schichten der Erde und der Zeit sind ein Archiv der Naturgeschichte, das erschlossen werden muss, um die Prozesse der Gegenwart zu verstehen, während umgekehrt die Naturbeobachtung heute die Spuren der Vergangenheit zu entziffern erlaubt.

Das ›Buch der Natur‹ ist eine der gängigsten Metaphern der europäischen Naturgeschichte. Wie Hans Blumenberg argumentiert hat, ist das eigentlich überraschend, da die Bücherwelt zunächst einen Gegensatz zur Natur bildet. Bücher stehen für Unnatur und Derealisierung, auch in einem alltäglichen und räumlichen Sinn: Bücherregale stehen im Allgemeinen in Bibliotheken und nicht auf der Wiese.[21] Trotz dieses ›antipodischen‹ Verhältnisses zwischen Büchern und erfahrbarer Wirklichkeit ist das ›Buch der Natur‹ zu einer allerdings komplexen und widersprüchlichen Denkfigur für Erkenntnis geworden.[22] Von den vielen Aspekten, die Blumenberg herausgearbeitet hat, sind zwei hier von besonderer Relevanz: das Buch als Figur für Totalität und als »Figur der heimlichen Sehnsucht nach einer vertrauteren Begreiflichkeit«.[23] In wissenschaftlichen Texten des 19. Jahrhunderts hängen diese beiden Aspekte, Ganzheit und Anschaulichkeit, eng zusammen. Der von Blumenberg betonte Gegensatz von Buch und Natur wird im Topos des Naturspaziergangs aufgehoben. Hier verlässt der Gelehrte seine Bücherstube und wendet sich der Natur zu, deren Bedeutungssystem sich ihm durch die sinnliche Erfahrung unmittelbar erschließt. So entwickelt Darwin seine berühmte Vision einer komplexen, interdependenten Natur aus dem Anblick einer wuchern-

---

20. Vgl. Stephen A. Norwick: Geology, in: Bruce Clarke, Manuela Rossini (Hrsg.): The Routledge Companion to Literature and Science, London/New York 2011, 135–144, hier: 135.
21. Hans Blumenberg: Die Lesbarkeit der Welt, Frankfurt a.M. 1986, 17.
22. Für einen umfassenden historischen Überblick siehe das Kapitel »The Book of Nature and Life«, in: Stephen A. Norwick: The History of Metaphors of Nature, Bd. 2: Science and Literature from Homer to Al Gore, Lewiston, N.Y./Queenston/Lampeter 2006, 695–755.
23. Blumenberg (Anm. 21), 19.

den Böschung, »an entangled bank« (OS 395) voller Insekten, Würmer und Vögel. Hier führt die Anschauung scheinbar unvermittelt zur Einsicht in die dem wimmelnden Leben zugrundeliegenden Naturgesetze. Vom Anblick der bescheidenen Bewohner der Böschung springt der Beobachter direkt zur natürlichen Auslese und zum »most exalted object« (OS 396) der Naturforschung, dem Menschen. Anschaulichkeit und Ganzheit, in diesem Fall das eine, dreifaltige Gesetz von Reproduktion, Variation und Selektion, das die unendliche Vielfalt der Formen hervorbringt, werden hier vom Beobachter zusammengeführt. Nach Blumenberg wird diese ›Begreiflichkeit‹ jedoch immer wieder durch die Unlesbarkeit des Buches der Natur konterkariert:

> Die Natur, einmal als Buch verbildlicht, soll eben diese Qualität eines Ganzen aus *einem* Wurf schon haben und sich darin bewähren, die im Begriff vorweg erzwungene Einheit unter Gesetzen als auch nachvollziehbare, erwerbbare Einsicht zu begründen. Den Vorgriff der Vertraulichkeit dann wieder zu ernüchtern, erfordert einen so ärgerlichen Zugriff wie den, ein Buch sei die Natur zwar, aber ein in Hieroglyphen, in Chiffren, in mathematischen Formeln geschriebenes – das Paradox eines Buches, das sich dagegen verwahrt, Leser zu haben.[24]

Die Lektüre der Natur hat also zwei gegenläufige Aspekte: das unmittelbare Verständnis und die verzögerte, schwierige, vielleicht scheiternde Entzifferung. Die Widerständigkeit des Buchs der Natur gegen seine Entzifferung wird aber paradoxerweise zu einer Figur der produktiven Ermächtigung umgedeutet. Im 19. Jahrhundert hört die Metapher auf, in erster Linie auf die Fülle und Vollständigkeit einer harmonischen Schöpfung zu verweisen; stattdessen wird ein sehr viel beunruhigenderes Bild aufgerufen: das zerfledderte, unvollständige, womöglich in einer unlesbaren Schrift und unbekannten Sprache geschriebene Buch – am deutlichsten bei Darwin:

> For my part, following out Lyell's metaphor, I look at the natural geological record, as a history of the world imperfectly kept, and written in a changing dialect; of this history we possess the last volume alone, relating only to two or three countries. Of this volume, only here and there a short chapter has been preserved; and of each page, only here and there a few lines. Each word of the slowly-changing language, in which the history is supposed to be written, being more or less different in the interrupted succession of chapters, may represent the apparently abruptly changed forms of life, entombed in our consecutive, but widely separated, formations. (OS 251)

---

24. Ebd., 18.

Erst diese Annahme der Lückenhaftigkeit erlaubt es jedoch, eines der wichtigsten Argumente gegen die Evolutionstheorie, das Fehlen von »transitional links between the many species which now exist« (OS 251), auszuhebeln. Die Anwendung von Lyells Kontinuitätsprinzipien gestattet es Darwin, die fehlenden Seiten zu supplementieren und ein *missing link* anzunehmen: »On this view, the difficulties above discussed are greatly diminished, or even disappear.« (OS 251) Gerade das Nicht-Wissen über die früheren Kapitel des Buchs der Natur ermöglicht so die einheitliche Lektüre des ganzen Buches. Die Transmutation wird zum neuen Schlüssel für das Verständnis der Natur insgesamt.

Dieser Wandel der Metapher hängt mit einer grundlegenden epistemologischen Verschiebung zusammen, deren nachdrücklichste Formulierung in der Darwin'schen Evolutionstheorie zu finden ist. Im Zuge dieser Verschiebung wird ein Narrativ über die Schöpfung, wie etwa das von William Paley in seiner populären *Natural Theology*, das Totalität und Teleologie zu seiner unverhandelbaren Voraussetzung hat,[25] durch ein anderes ersetzt, das die Fragmentarität und Kontingenz der Naturgeschichte postuliert. Dabei wird auch die Metapher vom Buch der Natur anders aufgeladen. Der ontologische Gehalt der Evolutionstheorie wird zu einer epistemologischen Argumentationsfigur. Die Vorstellung einer Naturordnung, die sich durch ungeplante und unvorhersehbare Prozesse entwickelt und dabei auch ›Verluste‹ erleidet, nämlich die Auslöschung ganzer Arten, wird in der Figur des zerfledderten und unlesbaren Buches der Natur veranschaulicht.

Diese Metaphorik und damit die Darwin'sche Rhetorik des Nicht-Wissens ist schon bei Lyell, bei allem Wissensoptimismus, angelegt. Der zu Beginn der *Principles of Geology* postulierte Erkenntnisfortschritt wird durch drei Faktoren gehemmt: erstens durch die Unvollständigkeit der Informationen, die mit dem schlechten ›konservatorischen Zustand‹ des Buchs der Natur zu tun haben. Dieses Defizit kann allerdings durch ein Analogiedenken auf Grundlage der Lyell'schen Prinzipien geheilt werden: »They [the historian and geologist] would know to what combination of causes analogous effects were referrible, and they would often be enabled to supply by inference, informa-

---

25. In Paleys *Natural Theology, or Evidence of the Existence and Attributes of the Deity, collected from the appearances of nature* (1802) steht die Metapher der Uhr, die auf die Existenz eines Uhrmachers verweist, für eine von Gott sozusagen eigenhändig konstruierte Natur. Auch Darwin war, wie die meisten seiner Zeitgenossen, von Paleys Naturmodell überzeugt, bis es sich mit der Kontingenz, die aus der natürlichen Selektion folgt, als inkompatibel erwies: »The old argument of design in nature, as given by Paley, which formerly seemed to me so conclusive, fails, now that the law of natural selection has been discovered.« Darwin, Autobiography (Anm. 11), 73.

tion concerning many events unrecorded in the defective archives of former ages.« (PG I, 3) Hier wird deutlich, dass die Metapher vom unlesbaren Buch in der Lyell'schen und Darwin'schen Formulierung die traditionelle Naturtrope nicht nur fortführt, sondern dass sie sich auch auf die neue Wissenschaft der Philologie und ihre Gesetzmäßigkeiten bezieht, die in analoger Weise erlauben, alte Sprachen und Kulturen zu entziffern.[26]

Zweitens wird der Weg der wahren Erkenntnis durch falsches Wissen blockiert, d.h. durch die Dominanz des biblischen Modells bis ins 19. Jahrhundert hinein und damit, beispielsweise, die Beschränkung des Erdalters auf etwa 6000 Jahre. Dieses falsche Wissen sei eines der größten Hemmnisse für den Wissensfortschritt, die Ursache für »the slow and reluctant adoption of the simplest truths in geology«, wenn etwa marine Fossilien im Landesinneren nicht im Lichte der Lyell'schen Prinzipien, sondern »as proofs of an event related in Scripture« (PG I, 67), also als Beleg der Sintflut, interpretiert werden. Das dritte Problem ist die Unbeobachtbarkeit der Prozesse an sich. Der Geologe kann immer nur einen Ausschnitt der Naturvorgänge beobachten, wie beispielsweise die Ablagerung von Sedimenten im Verlauf einiger Jahre, nicht aber die Entstehung eines Gebirges über Tausende von Jahren. Um von hier zu einer allgemeinen Theorie geologischer Formationen zu kommen, gilt es, eine »Lücke des Nicht-Wissens«[27] zu überspringen, die noch größer ist als im Fall der Experimentalwissenschaften. Lyell zufolge liegt die Hauptquelle für Irrtümer in der modernen Geologie in der mangelnden Reflexion über diese Begrenztheit der Beobachterposition:

> In consequence to our inattention to this subject, we are liable to the greatest mistakes in contrasting the present with former states of the globe. We inhabit about a fourth part of the surface; and that portion is almost exclusively the theatre of decay and not of reproduction. We know, indeed, that new deposits are annually formed in seas and lakes, and that every year some new igneous rocks are produced in the bowels of the earth, but we cannot watch the progress of their formation; and, as they are only present to our minds by the aid of reflection, it requires an effort both of the reason and the imagination to appreciate duly their importance. It is, therefore, not surprising that we imperfectly estimate the result of operations invisible to us; and

---

26. Und mit ähnlichem Effekt, nämlich dem Untergraben der biblischen Autorität. Für den Zusammenhang zwischen Philologie, Religionsgeschichte und Evolutionstheorie siehe Hans G. Kippenberg: Die Entdeckung der Religionsgeschichte. Religionswissenschaft und Moderne, München 1997, bes. 49 und 56–59.
27. Michael Gamper: Nicht-Wissen und Literatur. Eine Poetik des Irrtums bei Bacon, Lichtenberg, Novalis, Goethe, in: Internationales Archiv für Sozialgeschichte der Deutschen Literatur 34/2 (2009), 92–120, hier: 99.

that, when analogous results of some former epoch are presented to our inspection, we cannot recognise the analogy. (PG I, 81)

Hier zeigt sich ein interessanter Unterschied zu Darwin, der, bei gleichzeitiger Betonung des Nicht-Wissens, die Rolle des Beobachters viel weniger problematisiert und hinter der Maske der Bescheidenheit dem beobachtenden Ich große Autorität zuschreibt. Dem Lyell'schen Beobachter hingegen sind nicht nur die Naturphänomene an sich verschlossen, sondern zunächst auch das Wissen über sein Nicht-Wissen. Lyell selbst hat jedoch die Voraussetzungen geschaffen, um diese doppelte Lücke des Nicht-Wissens zu überbrücken. Die Kontinuität der Naturgesetze ist die Voraussetzung für ein Denken in Analogien: »to reason from analogy, by the strict rules of induction, respecting the events of former ages« (PG I, 165). Obwohl dieses Denken systematisch und regelgeleitet sein und damit, trotz der mangelnden empirischen Evidenz, gesichertes Wissen produzieren soll, ist neben der Anwendung der Induktion *(reason)* noch eine weitere, weniger kontrollierbare Komponente unentbehrlich: die Vorstellungskraft *(imagination)*. Der Blick in die verborgenen Tiefen der Erdschichten und auf die Ereignisse der Vergangenheit muss imaginativ verbildlicht werden. Der Geologe muss sich die verschwundenen oder unzugänglichen Topographien vorstellen und dann die überall geltenden Naturgesetze anwenden. Dann kann er trotz, oder gerade wegen, der beschränkten und prekären Beobachterposition des Menschen die Lücke füllen und eine Erkenntnisleistung vollbringen, die in ihrer Totalität dem geschlossenen Modell Paleys in nichts nachsteht:

The uniformity of the plan being once assumed, events which have occurred at the most distant periods in the animate and inanimate world will be acknowledged to throw light on each other, and the deficiency of our information respecting some of the most obscure parts of the present creation will be removed. […] For as by studying the external configuration of the existing land and its inhabitants, we may restore in imagination the appearance of the ancient continents which have passed away, so may we obtain from the deposits of ancient seas and lakes an insight into the nature of the subaqueous processes now in operation, and of many forms of organic life, which, though now existing, are veiled from our sight. […] Thus, although we are mere sojourners on the surface of the planet, chained to a mere point in space, enduring but for a moment of time, the human mind is not only enabled to number worlds beyond the unassisted ken of mortal eye, but to trace the events of indefinite ages before the creation of our race […]. (PG I, 165f.)

Das Nicht-Wissen wird hier zum Ausgangspunkt einer Ermächtigungsphantasie des erkennenden Subjekts, das jetzt in die göttliche Position eines unendlichen, weder zeitlich noch räumlich beschränkten Wissens eindringen kann. Die narzisstische Kränkung des Menschen durch seine zeitliche Marginalisierung wird hier wieder aufgehoben: Bei allem Verlorensein in Zeit und Raum, bei aller Bedeutungslosigkeit des menschlichen Daseins angesichts der enormen Zeitspannen der Erdgeschichte ist es der ›menschliche Geist‹ allein, der in die unendlichen Tiefen der Zeit eindringen und der nicht länger anthropozentrischen Natur doch einen Sinn zuschreiben, einen ›Plan‹ in ihr erkennen kann.

III. Retrospektive Prophezeiung in Wissenschaft und Literatur

Die unentbehrliche Rolle, die Lyell der Imagination im Erkenntnisprozess zubilligt, scheint einer Wissenschaftsgeschichte zu widerstreben, die das 19. Jahrhundert, wie Lorraine Daston und Peter Galison dies kürzlich getan haben, als die Epoche der ›mechanischen Objektivität‹ beschreibt.[28] Ließe sich diese ›Anomalie‹ im Fall des Geologen noch mit seiner Verortung in der Romantik erklären, so zeigt ein notwendigerweise kurzer Blick auf Thomas Henry Huxleys epistemologische Reflexionen, dass das von Daston und Galison entworfene Bild zu einseitig ist. Daston und Galison definieren Objektivität als »knowledge that bears no trace of the knower«.[29] Wie wir bereits bei Darwin und Lyell gesehen haben, verschwindet das Subjekt der Erkenntnis keineswegs aus dem Prozess der Beobachtung und Theoriebildung, im Gegenteil. Aber auch als die Kodifizierung der epistemologischen Protokolle im Sinne einer wissenschaftlichen Objektivität bereits viel weiter fortgeschritten ist als bei diesen Begründern einer dynamischen Naturanschauung, finden sich Beispiele für eine Erkenntnispraxis, die die Person des Wissenschaftlers nicht einfach hinter den für sich sprechenden Fakten zum Verschwinden bringt.

Dies gilt auch für Huxley, der den neuen objektiven Habitus, so Daston und Galison, vollendet verkörpert.[30] Dagegen möchte ich behaupten, dass Huxley zumindest in seinen populären Texten eine Erkenntnispraxis bejaht hat, die zunächst vom Nicht-Wissen ausgeht und dann, wie Lyells Geologie, auf einem subjektiven, wenn auch nicht willkürlichen Sprung der Imagination beruht. Damit ähnelt seine Praxis der des literarischen Detektivs, der zwar ›wissen-

---

28. Lorraine Daston, Peter Galison: Objectivity, New York 2007.
29. Ebd., 17.
30. Ebd., 230.

schaftlich‹ und ›objektiv‹ vorgeht, im entscheidenden Moment aber einen ebensolchen imaginativen Sprung vollführt, wie er in Huxleys Methode der ›rückwärtsgewandten Prophezeiung‹ zwingend vorgesehen ist. Hier finden wir somit eine der Schnittstellen zwischen der Naturwissenschaft einerseits, die eine methodologische Schwachstelle – die ›verschüttete‹ Naturgeschichte, die sich dem empirischen Zugriff entzieht – zu einer Ermöglichungsfantasie für den imaginierenden Wissenschaftler umdeutet, und der Literatur andererseits, die dieses Angebot annimmt und fiktional weiter ausdeutet.

Huxleys *retrospective prophecy* hat ihren literarischen Ursprung in Voltaires Roman *Zadig* (1747/1748), in dem der Philosoph gleichen Namens aus Spuren im Sand das genaue Aussehen der Tiere, die hier vorübergegangen sind, rekonstruiert. Wie in Lyells Geologie der Imagination geht es also in ›Zadigs Methode‹ um das Erfassen des Unsichtbaren – »the apprehension of that which lies out of the sphere of immediate knowledge; the seeing of that which, to the natural sense of the seer, is invisible«[31] – durch den geschulten Blick des Wissenschaftlers, der nicht einfach rät, sondern uniformitarische und aktualistische Prinzipien anwendet. Die Metapher des unvollständigen Buchs der Natur wird hier implizit vorausgesetzt: Aus einem vereinzelten Buchstaben, der von einem verschollenen Kapitel übriggeblieben ist, wird das Ganze abgeleitet. Von der Wirkung wird so retrospektiv auf die vorangegangene Ursache geschlossen. In dieser Erkenntnispraxis sieht Huxley die methodologische Grundlage für Wissenschaften, die auf der Absenz von Daten, auf Wissenslücken, gegründet sind, wie beispielsweise die Geologie, Evolutionstheorie, vergleichende Anatomie, Paläoarchäologie und Paläoanthropologie:

> The whole fabric of palaeontology, in fact, falls to the ground unless we admit the validity of Zadig's great principle, that like effects imply like causes, and that the process of reasoning from a shell, or a tooth, or a bone, to the nature of the animal to which it belonged, rests absolutely on the assumption that the likeness of this shell, or tooth, or bone, to that of some animal with which we are already acquainted, is such that we are justified in inferring a corresponding degree of likeness in the rest of the two organisms.[32]

Durch vergleichende Analogieschlüsse gelangen diese konjekturalen Wissenschaften vom Nicht-Wissen zu schlüssigen, kompletten Gebäuden des Wis-

---

31. Thomas Henry Huxley: The Method of Zadig [1880], in: The Major Prose of Thomas Henry Huxley, hrsg. von Alan P. Barr, Athens, Ga./London 1997, 239–252, hier: 242. Vgl. ausführlicher: Richter (Anm. 17), 48–50.
32. Huxley (Anm. 31), 246.

sens. Zadigs Methode erlaubt dem Biologen, »to reconstruct the scheme of life from its beginning, and to speak as confidently of the character of long extinct beings, no trace of which has been preserved, as Zadig did of the queen's spaniel and the king's horse«.[33]

Die epistemologische Konfiguration der *retrospective prophecy* ist, wie ja schon in Huxleys Bezug auf Voltaire kenntlich gemacht wird, literarisch präfiguriert, etwa in Edgar Allan Poes Detektiv Dupin. Nachdem die Methode in den Rhetoriken des Nicht-Wissens von Lyell, Darwin und Huxley wissenschaftliche Dignität erhalten hat, wird sie wiederum von der populären Literatur des späten 19. Jahrhunderts aufgenommen, besonders prominent in den Wissenschaftsromanen von H. G. Wells und den Detektivgeschichten von Arthur Conan Doyle. Wells, ein Schüler Huxleys an der Normal School of Science, greift nicht nur in seinen Zukunftsromanen, sondern vor allem in seinen weniger bekannten Steinzeitgeschichten darauf zurück. Aus prähistorischen, für den Laien unlesbaren Knochensplittern rekonstruieren die Experten das Aussehen und die Geschichte der menschlichen Vorfahren, während die Schriftsteller daraus eine neue Genesis der Menschheit imaginieren:

> Could anything be more dead, more mute and inexpressive to the inexpert eye than the ochreous fragments of bone and the fractured lumps of flint that constitute the first traces of something human in the world? [...] Few of us realise yet how much the subtle indefatigable cross-examination of the scientific worker has been extracting from the evidence of these rusty and obstinate witnesses during the last few years.[34]

Aus dieser Meditation über das Schweigen der Museumsexponate entfaltet Wells eine Erzählung über die erste Begegnung zwischen dem frühen *Homo sapiens* und dem Neandertaler. Seine Fiktion situiert sich damit bewusst in einem Übergangsraum zwischen Wissenschaft und Literatur, die beide durch Imagination aus dem Nicht-Wissen heraus ein vollständiges Narrativ über die Anfänge der Menschheit konstruieren.

Ihre Vollendung erfährt diese Verschränkung von strikt empirischer Methode und imaginativen Sprüngen in der Figur des Sherlock Holmes. Wie der Geologe, der Evolutionstheoretiker oder der Paläoanthropologe beginnt Conan Doyles Detektiv mit der Beobachtung winziger und scheinbar insignifikanter Fakten, die sich gesetzmäßig auf ihre jeweiligen Verursacher zurück-

---

33. Ebd., 252.
34. H. G. Wells: The Grisly Folk [1921], in: The Short Stories of H. G. Wells, London 1948, 677–692, hier: 677.

führen lassen. Was ihm jedoch, anders als etwa seinem ›Biografen‹ Dr. Watson, erlaubt, eine vollständige ›Retrospection‹ (so der Titel des letzten Kapitels von *The Hound of the Baskervilles*) des Verbrechens durchzuführen, ist stets ein Moment inspirierter Einsicht, eben der Imagination, der die Parameter der faktengeleiteten, unpersönlichen Erkenntnis sprengt.

Abschließend sei kurz auf ein solches Aufblitzen des unmittelbaren Erkennens verwiesen, das Dr. Watson nur als ›Wunder‹ bestaunen kann. In *The Hound of the Baskervilles* erschließt sich dem Meisterdetektiv die Identität des Verbrechers plötzlich und unmittelbar: »He [Sherlock Holmes] stopped suddenly and stared fixedly up over my head into the air. The lamp beat upon his face, and so intent was it and so still that it might have been that of a clear-cut classical statue, a personification of alertness and expectation.«[35] Beim zufälligen Blick auf das Porträt des Ahnherrn der Baskervilles, Sir Hugo, *sieht* Holmes dessen Ähnlichkeit mit dem Nachbarn Stapleton, der somit nicht nur als sein erbberechtigter Nachfahre erkannt wird (das Motiv des Verbrechens), sondern als evolutionärer Atavismus, als skrupelloser Wiedergänger des bösen Ur-Baskerville. Während diese Verknüpfungen in der *black box* von Sherlock Holmes' Gehirn ablaufen, sieht Watson gar nichts. Erst als Holmes die ›Verkleidung‹ aus dem 17. Jahrhundert verdeckt, kann sein Freund die Gesichtszüge zuordnen und den ›Sprung‹ der Erkenntnis nachvollziehen:

›Good heavens!‹ I cried, in amazement.
The face of Stapleton had *sprung out* of the canvas.
›Ha, you see it now. My eyes have been trained to examine faces and not their trimmings. It is the first quality of a criminal investigator that he should see through a disguise.‹
›But this is marvellous. It might be his portrait.‹[36]

Hinter diesem ›wunderbaren‹ Sehen des (Un-)Sichtbaren steht eine jahrelange Schulung der Beobachtungsgabe, die Holmes von Watson unterscheidet. Wie bei den Wissenschaftlern im Umfeld des Darwinismus erscheint die plötzliche Erkenntnis somit nicht zufällig, sondern als kombiniertes Ergebnis aus empirischer Beobachtung, Analogiedenken und einer Imagination, die zwischen dem Sichtbaren und dem Vorstellbaren vermittelt.

Zusammenfassend lässt sich sagen, dass sich gerade das Nicht-Wissen der Evolutionstheorie, die mit Hypothesen und Analogien arbeiten muss, als

---

35. Arthur Conan Doyle: The Hound of the Baskervilles. Another Adventure of Sherlock Holmes [1902], hrsg. von Christopher Frayling, London 2001, 136.
36. Ebd., 138 (Hervorhebung V. R.).

besonders produktiv für die Literatur des 19. Jahrhunderts erweist. Figuren des Nicht-Wissens wie das *missing link* werden in zahlreichen Abenteuerromanen, in der Science Fiction und in Detektivgeschichten als präsent imaginiert, als direkte Konfrontation des modernen Menschen mit seiner verloren geglaubten tierischen Vergangenheit. Dabei ist es gerade die ›Dynamisierung des Statischen‹ (Schnyder), die sowohl der Lyell'schen Geologie wie auch der Darwin'schen Evolutionstheorie zugrunde liegt, die nun die Plots und die Erzählformen bestimmt. Vom großen Gesellschaftsroman einer George Eliot bis zur Detektivgeschichte eines Arthur Conan Doyle interessiert sich die Literatur nach Darwin für die vielfältigen, gesetzmäßigen Verknüpfungen einer als »entangled bank« wahrgenommenen Gesellschaft ebenso wie für Kontingenzen und Leerstellen des Wissens, die imaginativ gefüllt werden. Der experimentelle Raum der Fiktion erlaubt es, »Zusammenhänge in geordneter und regulierter, aber unkonventioneller und relativ freier Weise« zu erproben.[37] Allerdings gibt es, wie ich zu zeigen versucht habe, keinen absoluten Gegensatz zwischen den Argumentationsstrategien der Wissenschaft und den Repräsentationsverfahren der Literatur. Gerade auch solche Schriften, die als Gründungstexte der modernen Wissenschaft gelten, berufen sich auf ein eigentlich literarisches Moment, die Imagination, um in die Problembereiche des Wissens ihrer Zeit vordringen zu können.

---

37. Gamper, Nicht-Wissen und Literatur (Anm. 27), 101.

POETOLOGISCHE EFFEKTE PRINZIPIELLER UNSICHERHEIT

Anne Seitz

Wimmeln und Wabern
Zu einer Poetik des Unsichtbaren bei Joris-Karl Huysmans

Das späte 19. Jahrhundert war nicht nur Ausgangspunkt für Projektionen in die nähere und fernere Zukunft, sondern wurde von euphorischen Zeitgenossen auch zu einem Wendepunkt der Wissenschaften stilisiert. Erkenntnisse und Neuerungen verschoben die Horizonte des Denkbaren und stellten die umfassende Erklärbarkeit der Welt in Aussicht, während der Positivismus seit Auguste Comte eine analoge Entwicklung von fortschreitendem Wissen und fortschreitender Geschichte proklamierte, in der Ignoranz und Unwissenheit befristet schienen.[1] Das Fortschrittsparadigma erfasste auch die Literatur: Das Genre des Zukunftsromans wurde populär, und der Naturalist Emile Zola erarbeitete mit seinem *Roman expérimental* (1879) ein literarisches Instrumentarium zur Auslotung der Tiefen und Abgründe der menschlichen Seele, um auf dieser Grundlage neue Formen einer gesellschaftlichen Ordnung zu postulieren.[2]

Das Ausleuchten der Zukunft generierte allerdings auch Schattenseiten. Der französische Fin de Siècle war gekennzeichnet von einer intensiven literarischen Auseinandersetzung mit dem Unergründlichen, dem Dunklen und dem Unerschlossenen. In Schauerromanen, phantastischen Erzählungen und nicht zuletzt in der religiösen Erneuerungsbewegung des *renouveau catholique* gerieten düstere Momente in den Blick. An der literarischen Schnittstelle von positivistischem Wissensstreben und dem Faszinosum des Mysteriösen zeigte sich ein Spannungsverhältnis, das zwischen Erkenntnissuche und Sinnverweigerung oszillierte. In dieses Spannungsfeld zwischen Wissen und Nicht-Wissen schrieb sich der französische Romancier Joris-Karl Huysmans ein, der in seinem Werk und mit der Forderung nach einem spiritualistischen Naturalismus verschiedene, zum Teil konträre Konzepte von Wissen vereinte.

---

1. Vgl. Sabine Haupt, Stefan Bodo Würffel (Hrsg.): Fin de siècle, Stuttgart 2008, insbesondere die Kapitel »Technik und Kultur« (Mikael Hard, 680–692) und »Medizin und Biologie« (Werner Sohn, Bettina Wahrig, 694–708); zur Ambivalenz des Fortschrittsdenkens vgl. Wolfgang Drost (Hrsg.): Fortschrittsglaube und Dekadenzbewusstsein im Europa des 19. Jahrhunderts, Heidelberg 1986.
2. »Etre maître du bien et du mal, régler la société, résoudre à la longue tous les problèmes du socialisme, apporter surtout des bases solides à la justice en résolvant par l'expérience les questions de criminalité, n'est-ce pas là être les ouvriers les plus utiles et les plus moraux du travail humain?« Émile Zola: Le roman expérimental [1879], Paris 1929, 28f.

Der vorliegende Beitrag setzt sich zum Ziel, die Darstellungen von Wissen und Nicht-Wissen am Übergang zweier in sich widersprüchlicher literarischer Erkenntnismodelle, dem Naturalismus und dem *renouveau catholique*, aufzuzeigen. Dabei wird am Beispiel der Hysterie zunächst die Überlagerung der ›schulnaturalistischen‹ Darstellungsästhetik mit den (topologischen) Wissensgrenzen der Medizin aufgezeigt. Vor diesem Hintergrund werden die Darstellungsverfahren des Nicht-Wissens auf der narratologischen Ebene reflektiert und als Versuch einer Poetik des Unsichtbaren problematisiert, um schließlich das ästhetische Potential des Nicht-Wissens herauszustellen, gleichermaßen im Hinblick auf die verhandelten Gegenstände wie auch auf die Art und Weise der Darstellung.

I. Nicht-Wissen in der Diagnose: Hysterie und der ärztliche Blick

Huysmans' Frühwerk entstand unter dem Einfluss der naturalistischen Schule von Émile Zola, dem er seinen zweiten Roman, *Les sœurs Vatard* (1879), widmete. Größerer Erfolg war Huysmans jedoch als ›dekadenter‹ Autor durch seine späteren Werke beschieden, in denen er sich zunehmend von Zolas naturalistischer Experimentalästhetik entfernte. Zu diesen späteren Romanen gehört die 1891 erschienene Erzählung *Là-bas*.[3] Als erster Teil des Durtal-Zyklus leitet der Roman die Sinnsuche des eponymen Protagonisten ein. Dabei werden drei Handlungs- oder vielmehr Erzählstränge verfolgt, von denen zwei allerdings als relativ handlungsarm bezeichnet werden müssen. Der erste verfolgt das Projekt des Schriftstellers und Historikers Durtal, eine Biographie von Gilles de Rais zu verfassen, jenem mysteriösen Weggefährten Jeanne d'Arcs, der 1440 wegen Sodomie, Hexerei und Mord zum Tode verurteilt wurde. Eine zwischengeschaltete Geschichte behandelt die Liebesbeziehung zwischen Durtal und der geheimnisvollen Hyacinthe Chantelouve, die den Protagonisten in satanistische Kreise einführt. Den dritten Erzählstrang bilden wiederum die ›Turmgespräche‹ und die Diskussionen mit dem befreundeten Arzt des Hermies, die bei Carhaix, dem Glöckner der Pariser Kirche Saint-Sulpice, stattfinden und in deren Verlauf grundlegende Fragen des Glaubens und des Übersinnlichen verhandelt werden.

Obgleich in der Forschung bislang vor allem auf den satanistischen Handlungsstrang fokussiert wurde, kann der Roman auch im Hinblick auf die Frage nach den Grenzen des Wissens gelesen werden. Die Absage an den literari-

---

3. Joris-Karl Huysmans: Là-bas, Paris 1985. Im Folgenden werden Zitate aus dieser Ausgabe mit der Sigle LB und der Seitenangabe direkt im Text nachgewiesen.

schen Naturalismus, den »cloportisme« (LB 27), und die Zweifel an den Medizinern, die nur offene Türen einzurennen verstünden (»enfonceurs de portes ouvertes«, LB 175), verweisen auf die Problematisierung erkenntnistheoretischer Positionen und auf eine grundsätzliche Infragestellung positiven Wissens. In der Thematisierung der Wissensgrenzen postuliert Huysmans aber nicht nur ein Nicht-Wissen, das den materialistischen Prämissen des Positivismus entgegenläuft. *Là-bas* kann auch insofern als produktive – und ironische – Auseinandersetzung mit Nicht-Wissen gelesen werden, als der Roman immer wieder den Versuch einer literarischen Darstellung des Undarstellbaren unternimmt und dabei die Bedingungen seines Scheiterns offenlegt.

Bevor das Augenmerk auf die Diagnose und Darstellung der verhandelten Wissensgrenzen gelenkt wird, soll allerdings auf die dem Roman inhärente Topologisierung der Wissensordnungen hingewiesen werden. Der häufige Verweis auf die ›Türen‹[4] des Wissens legt nahe, das Wissen als ein räumliches Konzept aufzufassen, bei dem die Raumgrenzen zu einer Art Demarkationslinie werden, die Wissen von Nicht-Wissen trennt. Die geschlossenen und die offenen Türen suggerieren eine Topologie des Wissens im Sinne epistemologischer Grenzüberschreitungen zwischen Wissensordnungen, deren Überschreitungen allerdings nicht als gerichtete und koordinierte Bewegungen verstanden werden, sondern vielmehr ein Oszillieren zwischen den Ordnungen beinhalten, das als die Konstitution eines (instabilen) Schwellenraums verstanden werden kann. Die Räumlichkeit des Wissens und die Oszillation der Grenzüberschreitung sollen dabei insofern als Struktur des Romans begriffen werden, als nicht nur auf der Ebene des Erzählten Brücken und Übergänge geschaffen werden, sondern auch auf der Erzählebene selbst und, darüber hinausgehend, in dem außerhalb des Romans situierten referentiellen System der zeitgenössischen Erkenntnisdispositive.

Aus literaturhistorischer Sicht stellt der Roman *Là-bas* in der Werkgenese seines Autors selbst schon eine Art Schwelle dar. Der Roman steht zwischen *En rade* (1887), der physiologisch angelegten und einem naturalistischen Topos verpflichteten Krankengeschichte eines zunehmend hysterisch erscheinenden Ehepaars, und *En route* (1895), in dem der Aufbruch in die Glaubensgemeinschaft des Katholizismus dargestellt und die Hinwendung zum *renouveau*

---

4. Eine systematische Betrachtung der Türmetaphorik kann in diesem Rahmen leider nicht geleistet werden. Andere Arbeiten zu dem Thema sind nicht bekannt, Rainer Warning bezeichnet aber den ›Fensterblick‹ in *La Curée* als *mise en abyme* für das kataklysmische Moment des Zola'schen Erzählprinzips. Vgl. Rainer Warning: Chronotopik und Heterotopik, in: ders.: Heterotopien als Räume ästhetischer Erfahrung, München 2009, 145–168, hier: 153. Vgl. außerdem Heinz Brüggemann: Das andere Fenster: Einblicke in Häuser und Menschen. Zur Literaturgeschichte einer urbanen Wahrnehmungsform, Frankfurt a.M. 1989.

catholique vollzogen wird. Darüber hinaus wird der Roman sowohl von den Zeitgenossen als auch von der Forschung als Dokument des endgültigen Zerwürfnisses zwischen Huysmans und Zola gelesen, beginnt *Là-bas* doch mit einer expliziten Abrechnung mit dem »materialistischen« Naturalismus und »ses romans sans portes et sans fenêtres« (LB 34).

Die aus der Perspektive verschiedener Figuren vorgebrachte Kritik richtet sich nun gegen die verschlossenen Türen des Naturalismus auf der einen und die offenen Türen der Medizin auf der anderen Seite. Öffnungen und Schließungen stehen dabei beide für eine Begrenztheit des Wissens. Der Vorwurf des naturalistischen *cloportisme* wendet sich gegen die Festschreibung materialistischer Literatur sowie gegen einen blind von der Wissenschaft übernommen Positivismus; die offenen Türen der Medizin verweisen auf eine bloße Beschreibungstätigkeit der Ärzte, die sich in ihrer Beobachtung auf die physiologische Erscheinung beschränken. Vor den verschlossenen bzw. hinter den offenen Türen aber wabert das Geheimnisvolle, das Unheimliche, das Mysteriöse. Dieses wird aus der Sicht Durtals angesichts des zu geschlossenen oder zu offenen Zugangs zum Wissen von Naturalisten und Medizinern ignoriert bzw. in seiner Existenz negiert – und dies trotz einer für den Protagonisten unleugbaren alltäglichen Evidenz: »[C]omment nier le mystère qui surgit, chez nous, à nos côtés, dans la rue, partout?« (LB 38)

Die Verwunderung über die Aussparung des Geheimnisvollen wird vor dem Hintergrund des umfassenden Forschungselans deutlich, den der Zola'sche Naturalismus vertritt und in dem die Medizin wiederum als besonders erkenntnisfähig ausgewiesen wird. Zola hebt dabei vor allem auf den observierenden Blick als Erkenntnisinstrument ab. Die experimentelle Methode besteht für ihn in einer »expérience provoquée« und der anschließenden Beobachtung ihrer Ergebnisse.[5] Der forcierte Versuch beschränkt sich dabei nicht auf die Laborsituation, sondern kann auch auf die Literatur übertragen werden. In dem programmatischen *Roman expérimental* wie auch im Untertitel des Zyklus der *Rougon-Macquart* (1871–1893), der *Histoire naturelle et sociale d'une famille sous le Second Empire*, bringt Zola den Anspruch, der sozio-medizinischen Forschung eine literarische Beweisführung an die Seite zu stellen, deutlich zum Ausdruck.[6] Das Nicht-Wissen gerät bei ihm zum Noch-Nicht-Gewussten, und es fällt der Literatur zu, den Weg der Wissen-

---

5. Zola, Le roman expérimental (Anm. 2), 15.
6. »Nous préparerons les voies, nous fournirons des faits d'observation, des documents humains qui pourront devenir très utiles.« Ebd., 48f. Vgl. zur Bedeutung der Beobachtung auch Irene Albers: »Der Photograph der Erscheinungen.« Émile Zolas Experimentalroman, in: Peter Geimer (Hrsg.), Ordnungen der Sichtbarkeit. Fotografie in Wissenschaft, Kunst und Technologie, Frankfurt a.M. 2002, 211–252, hier: 223–225.

schaften auszuleuchten und ihr als Vorhut, als *avant-garde,* voranzuschreiten, indem sie literarische Versuchsaufbauten für die unsicheren Kenntnisse anderer Wissensfelder ersinnt. Im Zyklus der *Rougon-Macquart* wird etwa die Annahme einer Bestimmung des Menschen durch Milieu und Vererbung – so die dem zwanzigbändigen Werk zugrunde liegende Hypothese – in Form eines literarischen Experiments an fünf Generationen der gleichnamigen Familie durchgespielt. Die Wissenschaft wird dabei zu einer *pierre de voûte,* zu einem Pfeiler, um den sich die Intrigen der einzelnen Familienmitglieder ranken. Die Lichtfigur der Familie, der Arzt Pascal Rougon, dessen Lebensgeschichte den Romanzyklus abschließt, erscheint in diesem Zusammenhang als wissenschaftliche Heilsfigur und steht als fiktionaler Bürge für die Erwartungen an die Zukunft ein.[7]

In *Là-bas* formuliert Huysmans nun eine Art Gegenentwurf zu dieser Überformung medizinischen Wissens und des Erkenntnisinstruments der medizinischen Beobachtung. Schematisch betrachtet schreibt er damit gegen zwei Größen seiner Zeit an: gegen den materialistischen Naturalismus, den er mit Zola identifiziert, und gegen die moderne Neurologie, wie sie Jean-Martin Charcot verkörpert. Beide werden explizit genannt, und beide werden in ihrer Funktion als *chef d'école* adressiert und vorgeführt. Beide stehen schließlich für die positivistische Schule des Blickes, der *observation,* die zu Erkenntnis führt und diese experimentell festschreibt.

Die Kritik ist nicht neu: Sämtliche Romane Huysmans' thematisieren Unzulänglichkeiten wissenschaftlicher Erklärung, allen voran der psychopathologischen Medizin. Sein bekanntester Roman, *À rebours* (1884), steht für das unaufhaltsame Scheitern einer Selbsttherapie, an deren Ende das nicht geheilte Subjekt in eine ebenfalls zum Scheitern verurteilte Schulmedizin entlassen wird. Im Folgeroman *En rade* wiederholen sich Kreislauf und Darbietung des Unvermögens: Die Ratlosigkeit der Mediziner leitet die Fluchtbewegung der Protagonisten ein, an deren Ende eine Verschlechterung sämtlicher Symptome steht. Beide Romane nehmen die Kapitulation der Medizin vorweg, ohne eine alternative Lösung anzubieten. Die Medizin begleitet damit den unaufhaltsamen Niedergang, ohne diesen aufzuhalten oder auch nur zu verlangsamen.

In *Là-bas* verdichtet sich die Skepsis an der medizinischen Erkenntnis nun in der Figur des Arztes des Hermies, der aus der Innenperspektive heraus mit seinem Berufsstand abrechnet. Des Hermies polemisiert dabei insbesondere

---
7. Der letzte Roman des Zyklus lässt sich als fortlaufende Bezugnahme auf die Hypothesen des *Roman expérimental* verstehen, zum Teil mit fast wortgleichen Passagen. Vgl. dazu Émile Zola: Le Docteur Pascal, Paris 1993, 165f. und 174f.

gegen die Notwendigkeit permanenter ärztlicher Selbsterfindung.[8] In diesem Zusammenhang wendet er sich gegen das System einer Fragmentierung des Wissens, in dem sich die Mediziner spezialisieren müssten und dabei den Körper als Ganzes aus dem Blick verlören.[9] In Form einer *boutade* erklärt der verbitterte *docteur ès sciences*,[10] dass ein medizinischer Erfolg schon dann gegeben sei, wenn gelegentlich *nicht* ganze Städte entvölkert würden – wozu allerdings ein wenig Erfahrung und sehr viel Glück vonnöten seien.[11] Das Vorführen medizinischer Wissensgrenzen hängt wiederum mit dem privilegierten Darstellungsobjekt zusammen, in dessen Gewand sich die dargestellten Pathologien präsentieren: Es ist das Krankheitsbild der Hysterie, das bei Huysmans sinnbildlich für das Versagen medizinischer Erkenntnis steht. Festzuhalten ist dabei, dass unter die Hysterie auch die satanistischen Praktiken subsumiert werden, derer Durtal dank der Vermittlung seiner Geliebten ansichtig wird.[12]

Die Hysterie, für Huysmans eine »maladie spirituelle«,[13] galt seit 1850 als eine neuro-zerebrale Krankheit,[14] bereitete den Medizinern jedoch insofern definitorische Schwierigkeiten, als Ätiologie und Diagnose mit den mannigfaltigen Symptomen schwankten und die Grenzen zwischen Psyche und Physis undurchsichtig waren.[15] Das ätiologische Dunkel der Hysterie stand daher in einem Spannungsverhältnis zum medizinischen Anspruch, sämtliche Krankheitsbilder auf ihre notwendige Ursache zurückzuführen.[16] Das

---

8. »Tout le monde découvre une maladie nouvelle ou perdue, tambourine une méthode oubliée ou neuve, et personne ne sait rien.« (LB 129).
9. »Puis maintenant, chaque médecin se spécialise; les oculistes ne voient que les yeux et pour les guérir, ils empoisonnent tranquillement le corps. [...] Il n'y a aucun ensemble; on s'attaque à une partie au détriment des autres; c'est le gâchis!« (LB 129).
10. »Non, je t'assure, c'est dégoûtant d'être médecin.« (LB 130).
11. »Avec un peu d'expérience et beaucoup de veine, l'on parvient quelquefois à ne pas trop dépeupler les villes.« (LB 131).
12. Zur strukturellen Nähe des dämonischen und des hysterischen Diskurses siehe Dorothea Dornhof: Orte des Wissens im Verborgenen. Kulturhistorische Studien zum Herrschaftsbereich des Dämonischen, Königstein im Taunus 2005, 162. Zu den Interferenzen beider Diskurse in *Là-bas* siehe Ieme van der Poel: Entre Satan et Charcot. L'imaginaire de l'hystérie chez J.-K. Huysmans, in: Arlette Bouloumié (Hrsg.): Écriture et maladie: »Du bon usage des maladies«, Paris 2003, 56–71, hier: 60. Zur Darstellung der Hysterie in *Là-bas* vgl. Gerhard Regn: Satanismus als Diskurs. Grenzen der Mimesis und negative Ästhetik in Huysmans' *Là-Bas*, in: Zeitschrift für französische Sprache und Literatur 104 (1994), 269–291; Hendrik Schlieper: Vom Zauber der Hysterie. Die Forschungen Jean-Martin Charcots und ihre literarischen Darstellungen bei Zola, Maupassant und Huysmans, Bochum 2008 (Magisterarbeit).
13. Joris-Karl Huysmans: En rade, Paris 1984, 42. Im Folgenden werden Zitate aus dieser Ausgabe mit der Sigle ER und der Seitenangabe direkt im Text nachgewiesen.
14. Nicole Edelman: Les métamorphoses de l'hystérique. Du début du XIXe siècle à la Grande Guerre, Paris 2003, 75.
15. Ebd., 10.
16. Thomas Schlich: Die Kontrolle notwendiger Krankheitsursachen als Strategie der Krankheitsbeherrschung im 19. und 20. Jahrhundert, in: Christoph Gradmann, ders. (Hrsg.): Stra-

von der Unerklärlichkeit der Krankheit ausgehende ›Subversionspotential‹ wird bei Huysmans dabei erneut in eine Raumästhetik eingebunden, denn die Mediziner verlaufen sich in einem »brouillard de maux inconnus et vagues« (ER 118).[17] Noch ›räumlicher‹ ist die Semantisierung des weiblichen Körpers als ›sakrale Krypta‹, die sich dem ›Zugang‹ der Mediziner verweigert:

> Après être descendus dans les cryptes du corps où ils recherchaient les traces de cette sensation obtuse qui pesait habituellement sur la malade, les médecins, inquiets de ne rien trouver, changeaient de tactique, les uns après les autres, attribuaient au malaise de l'organisme entier cette maladie dont les racines s'étendaient partout et n'étaient nulle part. (ER 118)

Die doppelte Besetzung der ›Krypta‹ – als Chiffre des Sakralen und als Metapher für die weiblichen Reproduktionsorgane – verweist auf die Verfasstheit der Krankheit als ein genuin weibliches Leiden, dem die männlichen Ärzte mit Ratlosigkeit gegenüberstanden. Charcots Klinik wiederum gerät in der Kritik des Hermies' zu einer bloßen Schreibwerkstatt. Der Pariser Neurologe sei lediglich in der Lage, die verschiedenen Phasen eines Anfalls zu notieren und unter geschickter Einwirkung auf die Eierstöcke (»en maniant adroitement les ovaires«, LB 178) – womit der Arzt zu einem fingerfertigen Handwerker deklassiert wird – den Verlauf der Krisen zu beschleunigen oder zu verlangsamen. Jedoch sei er unfähig, die Krankheit aufzuhalten und auch nur zu erklären:

> Tout échoue sur cette maladie inexplicable, stupéfiante, qui comporte par conséquent les interprétations les plus diverses, sans qu'aucune d'elles puisse jamais être déclarée juste! car il y a de l'âme là-dedans, de l'âme en conflit avec le corps, de l'âme renversée dans de la folie de nerfs! [...] [L]e mystère est partout et la raison bute dans les ténèbres, dès qu'elle veut se mettre en marche. (LB 178)

Die Hysterie lässt sich nicht in ätiologische Gewissheit überführen, und kann von den Medizinern nur dokumentiert, nicht aber durchdrungen werden. Auch den Grund des medizinischen Versagens benennt Durtal an dieser Stelle: Es ist die *âme,* die Seele, die mit dem Körper in Konflikt steht und deren Unzugänglichkeit dazu führt, dass die Medizin ihrer nicht habhaft werden kann,

---

tegien der Kausalität. Konzepte der Krankheitsverursachung im 19. und 20. Jahrhundert, Pfaffenweiler 1999, 3–28, hier: 15. Schlich weist dabei auf die paradigmatische Vorbildrolle der Bakteriologie in der Vereindeutigung von Krankheiten hin.

17. »[U]ne maladie dont les incompréhensibles phases déroutaient les spécialistes« (ER 42).

die Krankheit sich ihrer Festschreibung entzieht. Anders als in Huysmans' frühen Romanen – und im Vorgriff auf die späteren – ist dem Durtal-Zyklus die Gesundheit als Folge der Einheit bzw. des harmonischen Gleichgewichts von Körper und Seele eingeschrieben. Die Medizin, die aus Durtals Sicht nur die materielle Beschaffenheit der Organe in den Blick nimmt, kann für ihn also nicht zu einer Überwindung der verlorenen Einheit führen, zumal sie die Ursache-Wirkungs-Relation aus seiner Sicht gänzlich ungeklärt lässt:

> Il resterait à savoir, pour une femme atteinte de démonomanie par exemple, si la lésion s'est produite parce qu'elle est démonomane ou si elle est devenue démonomane par suite de cette lésion, – en admettant qu'il y en ait une! (LB 140)

Die Grenzen des Wissens ergeben sich in *Là-bas* somit aus dem Unvermögen des ärztlichen Blickes, der aus der mangelnden ›Evidenz der Materie‹ heraus keine Diagnose zu treffen vermag. Wenn aber der diagnostische Blick versagt, dann wird damit auch dem Positivismus seine (wichtigste) Erkenntnisinstanz entzogen.

II. Das mystische Wimmeln: Eine Poetik des Unsichtbaren?

Die Relativierung wissenschaftlicher Erkenntnis wurde nicht nur bei Huysmans in Szene gesetzt. Auch Guy de Maupassant spielte in seiner berühmten Novelle *Le Horla* die Insuffizienz des Blickes und die Möglichkeit unsichtbarer Einflussnahmen auf den Menschen an zwei unterschiedlichen Textsorten durch.[18] Im Unterschied zu Maupassant hat Huysmans seinen Roman aber mit einigen poetologischen Grundüberlegungen versehen, die die ästhetische Erfassung und Beschreibung unsichtbarer Phänomene in Aussicht stellen.

Huysmans' Absage an den Positivismus mündet deshalb nicht in die Abkehr von einer naturalistischen Ästhetik, sondern forciert vielmehr die Genese eines neuen Naturalismus, der sich gleichzeitig als eine Poetik des Unsichtbaren und des Ungewissen zu erkennen gibt. Dass das Unsichtbare dabei nicht mit dem Nicht-Wissen zusammenfällt, sondern dass die Literatur gerade eine Brücke schlagen kann zwischen dem Materiellen und dem Perzeptiblen, rückt den spiritualistischen Naturalismus in die Kontinuität literarischer Erkennt-

---

18. Es handelt sich um die erste Version von 1886 in Form einer (mündlichen) Selbst-Anamnese vor einem ärztlichen Konsilium, in der zweiten Version von 1887 um fiktive Tagebuchaufzeichnungen. Vgl. dazu Jutta Fortin: The Diary as a Transitional Object in Maupassant's *Le Horla* [1887], in: Australian Journal of French Studies 3 (2004), 39–47.

nissuche. Dieser Brückenschlag, dessen bipolare Ausrichtung in *En rade* in Form eines in den Himmel ragenden Brunnens versinnbildlicht wird, erfolgt anders als bei Zola nicht durch eine Überführung von Nicht-Wissen in Wissen, sondern über die bereits angesprochene Oszillation zwischen den verschiedenen Wissensordnungen und -konzepten, denen immer auch ein Moment des Zögerns eingeschrieben ist.

Der *naturalisme spirituel*, den Huysmans auf den ersten Seiten seines Romans entwirft, meint zunächst eine Verbindung der Zola'schen Methoden, die auf die Beschreibung des Körpers abheben, mit der Sphäre des Mysteriösen, des Geheimnisvollen und des Spirituellen, die Huysmans mit der Seele assoziiert:

> Il faudrait [...] garder la véracité du document, la précision du détail, la langue étoffée et nerveuse du réalisme, mais il faudrait aussi se faire puisatier d'âme et ne pas vouloir expliquer le mystère par les maladies des sens; le roman, si cela se pouvait, devrait se diviser de lui-même en deux parts, néanmoins soudées ou plutôt confondues, comme elles le sont dans la vie, celle de l'âme, celle du corps, et s'occuper de leurs réactifs, de leurs conflits, de leur entente. Il faudrait [...] suivre la grande voie si profondément creusée par Zola, mais il serait nécessaire aussi de tracer en l'air un chemin parallèle, une autre route, d'atteindre les en deçà et les après, de faire, en un mot, un naturalisme spiritualiste; ce serait autrement fier, autrement complet, autrement fort! (LB 30f.)

Die literarische Abbildung der Beziehung zwischen Körper und Seele birgt aber eine Aporie, die Durtal bewusst ist (»si cela se pouvait«). Noch deutlicher wird diese Aporie freilich in der Unvereinbarkeit der unauflöslichen Einheit von körperlichen und seelischen Regungen und ihrer topologischen ›Aufteilung‹ auf zwei distinkte und parallele Wege.

Die systematische Rückbindung an das wissenschaftliche Bezugssystem verleitet zunächst zu der Annahme, der Roman bliebe einer positivistischen Weltdeutung verhaftet und würde mit der Perpetuierung wissenschaftlicher Referenzen seine eigene Poetik unterlaufen. Den Widerspruch einer Ablehnung des Positivismus bei gleichzeitiger Substantialisierung des *surnaturel* hat Gerhard Regn in seiner Studie *Satanismus als Diskurs* dargelegt.[19] Der Versuch mimetischer Abbildungsverfahren des *surnaturel* gehorche laut Regn »recht eigentlich« nicht der poetologischen Programmatik, die der Roman eröffne. Denn entweder lasse der Satanismus sich eben gerade nicht in eine mimetische Darstellung überführen, wie etwa in der Darstellung Gilles de Rais', oder

---

19. Regn (Anm. 12).

aber er verlöre im Moment seiner mimetischen Abbildung seine ›mystische‹ Dimension und werde, wie in der schwarzen Messe, zu jenem pathologischen Symptom, das er eigentlich ersetzen soll.[20]

Aus diesem Grund ist es auch nicht die Bezugnahme auf das wissenschaftliche Wissen, das ja gerade invalidiert wird, auf welche die Poetik abzielt, sondern die Übernahme wissenschaftlicher Beschreibung. Dass diese sich aber nicht nur im Einnehmen einer abgesicherten Beobachtungsposition erschöpft,[21] sondern vielmehr zu einem umfassenden Analogiespender wird, zeigt sich in der thematischen Auseinandersetzung mit dem Feld des Unsichtbaren. Die Unzulänglichkeiten des neurologischen Wissens negieren eben nicht die grundsätzliche Erkenntnisfähigkeit der Medizin. Nur so ist es zu erklären, dass die gerade noch abgekanzelte Wissenschaft zur Matrix der Darstellung werden und die Unsichtbarkeit im Modus des bakteriologischen Paradigmas behandelt werden kann. Das medizinische Wissen wird also inhaltlich preisgegeben, als Beschreibungskategorie des Übernatürlichen und gewissermaßen durch die Hintertür jedoch wieder in die Romanästhetik integriert.

Das Übersinnliche wird dabei in der Semantik des Unsichtbaren ausgewiesen und in seiner Beweisführung immer wieder an den medizinischen Diskurs zurückgebunden. Erscheint das Nicht-Wissen der Medizin angesichts ihrer Erklärungsnöte als evident, so sind die Diskussionen, Reflektionen und Recherchen, die Durtal unternimmt, Ausdruck eines systematisch betriebenen Erkenntnisinteresses, das sich der medizinischen Argumentation bedient. Das Pendeln zwischen einer Unterminierung des wissenschaftlichen Diskurses bei gleichzeitiger Inanspruchnahme seiner Argumentation verdichtet sich dabei in der Analogie übernatürlicher Kräfte und bakteriologischen Wissens.

Der wissenschaftshistorisch orientierte Sammelband über die *Bakteriologie der Moderne* wurde von den Zürcher Wissenschaftshistorikern um Philipp Sarasin mit dem Zusatz *Biopolitik des Unsichtbaren* versehen.[22] Sie argumentieren darin für eine genealogische Geschichte des mikrobiologischen Wissens unter Einbeziehung ›kontaminierender‹ Einflüsse aus Alltagswissen und -sprache. Ähnlich wie die Laboratorien und ihre Kulturtechniken trügen auch die Bezeichnungen und insbesondere die Metaphern dazu bei, Unsichtbares zu ›konturieren‹ und ihm Gestalt zu verleihen.[23] In der Sichtbarmachung des ›genuin‹ Unsichtbaren, in der Materialisierung des Immateriellen und Ima-

---

20. Ebd., 272.
21. Zur naturalistischen Beobachtungsposition von Durtal siehe ebd., 274.
22. Philipp Sarasin u.a. (Hrsg.): Bakteriologie und Moderne. Studien zur Biopolitik des Unsichtbaren 1870-1920, Frankfurt a.M. 2007.
23. Philipp Sarasin: Die Visualisierung des Feindes. Über metaphorische Technologien der frühen Bakteriologie, in: Sarasin u.a. (Hrsg.), Bakteriologie (Anm. 22), 427-461, hier: 430f.

ginären, gründet daher sowohl die Autorität der Bakteriologen als auch der Bedarf an wissenschaftlicher Vermittlung. An diese doppelte Leerstelle – des Nicht-Sichtbaren und des Nicht-Darstellbaren – knüpft Huysmans in *Là-bas* an, indem er die Bereiche von Bakteriologie und Mystik analogisch in Beziehung zueinander setzt.

Im Laufe der Turmgespräche nimmt der Astrologe Gévingey die Gleichsetzung von Mikroben und übernatürlichen Kräften vor, indem er die medizinische Beweisführung als vordergründigen Beleg für die Annahme weiterer unsichtbar wirkender Mächte zitiert:

> L'espace est peuplé de microbes; est-il plus surprenant qu'il regorge aussi d'esprits et de larves? L'eau, le vinaigre, foisonnent d'animalcules, le microscope nous les montre; pourquoi l'air, inaccessible à la vue et aux instruments de l'homme, ne fourmillerait-il pas, comme les autres éléments, d'êtres plus ou moins corporels, d'embryons plus ou moins mûrs? (LB 167)

Insbesondere die Figur der *larve* steht dabei insofern an einer Schnittstelle zwischen Bakteriologie und Geisterglaube, als sie gleichzeitig durch biologisch-parasitäre sowie durch okkulte Attribute bestimmt ist. Wird sie in dem Zitat auch eindeutig den *esprits* zugerechnet, so verkörpert sie doch ein Zwischenwesen und wird in der Ausführung des Arguments von Mikroben und Kleinstlebewesen (»animalcules«) gerahmt. An dieser Stelle sei an die Miasmentheorie und die frühen Vorstellungen von Ansteckungen erinnert, in denen Übertragungswege über die Luft eine zentrale Rolle gespielt haben.[24] Die rhetorische Frage, die als Argument für die Existenz eines ›belebten‹ Unsichtbaren, in diesem Fall für »esprits« und »larves«, in Stellung gebracht wird, ist natürlich eine unzureichende Beweisführung. Anstatt positives Wissen zu formulieren, begnügt sich Gévingey mit einem Verweis auf das grundsätzlich Mögliche. Dass die Analogie auf der Bakteriologie, und damit auf einem Modell der Infektion, aufruht, wird in der Parallelisierung von Fluch und Krankheit ersichtlich.[25] Die Folgen eines Fluches manifestieren sich in unspezifischen Krankheitssymptomen; der Fluch gibt sich mithin erst durch den Ausschluss der Krankheitshypothese zu erkennen.[26] Die Engführung von

---

24. Owsei Temkin: Eine historische Analyse des Infektionsbegriffs, in: Sarasin u.a. (Hrsg.), Bakteriologie (Anm. 22), 44–69.
25. »Et certaines maladies telles que le choléra, on ne les dépêche pas par lettres? [...] C'est la question de transmission, d'invisibilité, de distance, qui vous étonne!« (LB 270).
26. Des Hermies berichtet etwa über die Erkrankung oder Verfluchung von Gévingey: »J'ai constaté des troubles nerveux et c'est tout; ce qui est plus inquiétant, c'est un état de dépérissement inexplicable pour un homme qui n'est ni cancéreux, ni diabétique.« (LB 231).

Mikroben und bösen Geistern ruft damit nicht nur ein Modell aggressiver Grenzüberschreitung auf, die durch die Übertragungswege der Luft ermöglicht wird, sondern eröffnet in ihrer Verschränkung einen medizinischen Diskurs des Übersinnlichen:

> Une larve, un esprit volant, n'est pas, en somme, plus extraordinaire qu'un microbe venu de loin et qui vous empoisonne sans qu'on s'en doute; l'atmosphère peut, tout aussi bien charrier des esprits que des bacilles. (LB 237)

Die Aneignung des Mikrobenwissens – wenn auch nur in Form von Klischees (»venu de loin«, »empoisonne sans qu'on s'en doute«) – und das gleichzeitige Unterlaufen der wissenschaftlichen Terminologie (»surprenant«, »extraordinaire«) konstruieren somit ein Modell des Übersinnlichen, das sich jeglicher Verifizierung entzieht. Auf narratologischer Ebene ist das Zitat schließlich vor allem deshalb von Bedeutung, weil es einem inneren ›Zwiegespräch‹ Durtals entstammt. Durtal ist die Figur, auf die der Erzähler fokalisiert und in der die mitunter widersprüchlichen Ansichten seiner Gesprächspartner synthetisiert werden. Die Reflektion des Arguments steht daher für eine Prüfung und Übernahme durch Durtal als ›Filterinstanz‹. Durtals Suche nach der ›Wahrheit‹ wird auch durch den Abschluss des Romans nicht beendet, zögert er doch bis zuletzt in der Anerkennung des Spiritualismus wie in der Annahme des katholischen Glaubens.[27] In dem Moment des Zögerns klingt aber nicht nur die Oszillation an – verstanden als dialektisches Prüfen von einander ausschließenden Realitäten –, sondern auch die Bestimmung und Festigung einer agnostischen Position, die sich der wissenschaftlichen Argumentation bedient, ohne jedoch ihre aporetische Ungewissheit aufzulösen.

III. Aporien des Wissens und ästhetisches Potential des Nicht-Wissens

Das medizinische Wissen wird in *Là-bas* somit einerseits in seiner Unzulänglichkeit vorgeführt, andererseits als Matrix zur Beschreibung des Übernatürlichen herangezogen. Die doppelte Referentialisierung ist dabei weniger dem Status der unterschiedlichen Bezugssysteme zuzuschreiben – beide, das bakteriologische Wissen und die Hysteriediskurse, beanspruchen schließ-

---

27. Durtal betrachtet den Spiritualismus als verrückt und verführend, den Katholizismus als entmutigend: »Ah! […] que croire? la moitié de ces doctrines est folle et l'autre est si mystérieuse qu'elle entraîne« (LB 332); »Il y a là-dedans un tas de dogmes qui me découragent et me révoltent!« (LB 333).

lich eine experimentelle Evidenz[28] – als vielmehr der unterschiedlichen Vereinnahmung im Roman. Während die Erklärungen der Hysterie inhaltlich hinterfragt und als ein Fehlen von Wissen erkennbar werden, gereicht das mikrobiologische Wissen zu einer Erkenntnisschablone, auf deren Grundlage Agenten der Unsichtbarkeit konfiguriert werden. Der Roman erscheint damit als Archiv eines genealogischen Wissens, innerhalb dessen sowohl das medizinische Wissen als auch das Nicht-Wissen neu perspektiviert werden. Das Nicht-Wissen hinsichtlich des Geheimnisvollen wird dabei vor allem diskursiv zur Geltung gebracht. Die in den Gesprächen evozierte Analogiebildung des Unsichtbaren, also der Mikroben und des Mysteriösen, funktioniert allerdings nur vordergründig. Die Annahme einer strukturellen Analogie erzeugt eben kein positives Wissen, sondern ein beständiges Oszillieren zwischen Wissensordnungen, Wissensmöglichkeiten und nicht zuletzt auch zwischen Wissen und Nicht-Wissen.

Im Rückgriff auf die eingangs angeführte Bestimmung von Wissenstopologien können die Analogien zwischen einer mikrobiologischen und einer übersinnlichen Welt nur funktionieren, wenn es stabile Entitäten gibt. So werden in Là-bas zwar ›Wissensräume‹ und ›Wissensobjekte‹ benannt – etwa die Wissenschaft, die Religion, der Körper oder die Seele –, doch diese sind labil oder stehen in so großen Interdependenzen, dass die Übergänge unscharf werden. Damit werden dem räumlichen Wissensmodell Grenzen gesetzt, zumal der Roman weder ›Orte‹ noch ›Formen‹ der Erkenntnis postuliert. Der Verweis auf offene und geschlossene Türen, der zunächst eine Unterscheidung von Wissen und Nicht-Wissen suggeriert, erweist sich insofern als irreführend, als der Roman mithin gerade den Verzicht auf diese Grenze postuliert. In dieser Perspektive lassen sich satanistische Praktiken und gottesfürchtige Demut innerhalb eines Systems denken, in dem es keine kategoriellen Differenzen im Sinne medizinischer Zuschreibungen gibt:

C'est absolument comme les démonomanes, conscients ou inconscients, qui font le mal pour le mal; ils ne sont pas plus fous que le moine ravi dans sa cellule, que l'homme qui fait le bien pour le bien. Ils sont, loin de toute médecine, aux deux pôles opposés de l'âme, et voilà tout! (LB 141)

---

28. Vgl. dazu etwa die öffentlichen Darbietungen von Versuchsanordnungen, etwa in Pasteurs Impfexperiment von Pouilly-le-Fort, und die Vorlesungsreihen von Charcot, in denen Patienten in ihrem Leiden vorgeführt wurden. Zur Inszenierung der Hysterie als ›Evidenz des Schauspiels‹ vgl. außerdem Georges Didi-Huberman: Die Erfindung der Hysterie. Die photographische Klinik von Jean-Martin Charcot, München 1997.

Analog dazu verwischen in der Ergründung des ›Phänomens‹ Gilles de Rais die Grenzen: »Or du mysticisme exalté au satanisme exaspéré, il n'y a qu'un pas. Dans l'au-delà, tout se touche.« (LB 78) Das Jenseits wird dabei als Sublimation der Grenzauflösung begriffen: Im Jenseits berührt sich alles. Aus diesem Grund erscheinen auch Spiritualismus und Wissenschaft schließlich komplementär, bezeichnet Gévingey den Spiritualismus doch als die Wissenschaft, die die Schwelle des Unbekannten überschritten, die Türen des Heiligtums aufgebrochen und im Übersinnlichen eine ähnliche Revolution bewirkt habe wie die Franzosen in ihrer irdischen Ordnung 1789.[29] Die Türmetaphorik offenbart sich spätestens an diesem Punkt als subversive Transgressionssemantik, indem sie gerade die Instabilität von Raumgrenzen zum Ausdruck bringt. Aus diesem Grund ist es nicht nur die Oszillation, die Unbeständigkeit in die Kategorien bringt – es sind die Kategorien selbst, deren Grenzen durchlässig werden.

Symptomatisch für diesen Prozess steht die Überlagerung von satanistischen Praktiken und klinischer Hysterie. In der permanenten Diskursivierung der beiden Phänomene werden zwei Konstellationen von Nicht-Wissen nicht nur zueinander in Beziehung gesetzt, sondern auch über das permanente Schwanken zwischen Unsichtbarkeit und Sichtbarkeit verklammert: das eine in Form eines antiszientistischen, das andere in Form eines unerschlossenen Wissens. Die Mystik als Gegenmodell zu den Wissenschaften wird in der diskursiven Rahmung zu einem Erkenntnisobjekt, das durch die Einbettung in eine medizinische Argumentation die antiszientistische Gegenläufigkeit gerade einbüßt. Alle ›Erkenntnisschablonen‹, Mystik, Religion und Medizin, werden schließlich als unzureichend ausgewiesen. Die Aporien des Wissens und die Aporien der Darstellung entfalten aber ein ästhetisches Potential, indem die Literatur neue Vorstellungskategorien jenseits epistemologischer Grenzen zu errichten vermag: Die Überblendung des mystischen Wimmelns der Bakterien und des mikrobiologischen Waberns mystischer Kräfte verweist auf eine Engführung zweier Wissensordnungen, in der auch zwischen Wissen und Nicht-Wissen nicht mehr unterschieden werden kann.

In gewisser Weise transportiert *Là-bas* damit die Diagnose, ohne die Therapie zu benennen – und knüpft direkt an die Erzähllogik von *À rebours* an. Wie in *À rebours* die möglichen Therapeutika ›experimentell‹ verworfen werden, so verwehrt sich auch die Erkenntnisumgebung Durtals einer Klarheit. Angesichts der Unzulänglichkeiten der zeitgenössischen Literatur – des Hermies

---

29. »Il a violé le seuil de l'inconnu, brisé les portes du sanctuaire. Il a opéré dans l'extranaturel une révolution semblable à celle qu'effectua, dans l'ordre terrestre, 1789 en France!« (LB 167f.).

bezeichnet den Realismus als Phrasierung in homöopathischen Dosen, Durtal vergleicht die psychologische Literatur in ihrer Effizienz mit Vichy-Pastillen –, vermag nur der spiritualistische Naturalismus Abhilfe in Aussicht zu stellen.[30] Dass diese Hoffnung selbst wiederum beständig zwischen den Anforderungen einer ästhetischen und einer erkenntnistheoretischen Ordnung oszilliert, tut ihr keinen Abbruch: »Puisque tout est soutenable et que rien n'est certain, va pour le Succubat! au fond c'est plus littéraire et plus propre!« (LB 179)

---

30. »Ils se bornaient à jeter dans les juleps de Feuillet les sels secs de Stendhal; c'étaient des pastilles mi-sel, mi-sucre, de la littérature de Vichy!« (LB 31); »[J]e me suis châtré l'âme à temps d'un bas instinct, celui du plagiat. J'aurais pu faire Flaubert aussi bien sinon mieux que tous les regrattiers qui le débitent; mais à quoi bon? J'ai préféré phraser les médicaments occultes à des doses rares; ce n'est peut-être pas bien nécessaire, mais c'est moins vil!« (LB 49).

Sören Stange

Das Gespenst des Nicht-Wissens
Mathematik als Schriftspiel in David Hilberts Formalismus
und in Robert Musils *Der Mann ohne Eigenschaften*

I. Poetologie des Nicht-Wissens

Von ihren Anfängen bis heute hat die Forschung zu Robert Musils *Der Mann ohne Eigenschaften* eine Vielzahl von wissenschaftshistorischen Kontextualisierungen des Romans vorgenommen. Neben den Bezügen zur Gestaltpsychologie sind es vor allem die Anspielungen auf die moderne Mathematik, die schon fast als eines der klassischen Untersuchungsobjekte der Musil-Forschung zu bezeichnen sind, da sie immer wieder Aufmerksamkeit auf sich ziehen und nicht zuletzt auch einige Mathematiker zu interdisziplinären Beiträgen inspirieren konnten.[1] Dieses traditionsreiche Feld der Forschung wurde in jüngster Zeit durch Arbeiten einer grundsätzlich wissenshistorisch orientierten Literaturwissenschaft ergänzt. So wurde der Roman ganz allgemein in Hinblick auf eine »Text-*episteme*« und spezieller in Hinblick auf seine Verflechtung mit dem zeitgenössischen physikalischen, vor allem thermodynamischen Wissen oder gleich einer Fülle konkreter Wissensformationen gelesen.[2]

Der hier unternommene Versuch zu Nicht-Wissen in Musils Roman und der zeitgenössischen Mathematik unterscheidet sich von den vorliegenden Beiträgen der Musil-Forschung zur Mathematik, indem er – wie der Tendenz nach

---

1. Gerolf Jäßl: Mathematik und Mystik in Robert Musils Roman *Der Mann ohne Eigenschaften*. Eine Untersuchung über das Weltbild Ulrichs, München 1963; Jürgen Kaizik: Die Mathematik im Werk Robert Musils. Zur Rolle des Rationalismus in der Kunst, Wien 1980; Wilhelm P. A. Klingenberg: Mathematik und Melancholie. Von Albrecht Dürer bis Robert Musil, Stuttgart 1997; Knut Radbruch: Mathematische Spuren in der Literatur, Darmstadt 1997, 144–155; Franz Gustav Kollmann: Robert Musil und die Mathematik, Mainz 2007. Zwar nicht zum *Mann ohne Eigenschaften*, dennoch in jedem Fall erwähnenswert: Andrea Albrecht: Mathematische und ästhetische Moderne. Zu Robert Musils Essay *Der mathematische Mensch*, in: Scientia Poetica 12 (2008), 218–250.
2. Andreas Dittrich: Glauben, Wissen und Sagen. Studien zu Wissen und Wissenskritik im *Zauberberg*, in den *Schlafwandlern* und im *Mann ohne Eigenschaften*, Tübingen 2009, hier: 25; Christian Kassung: Entropie-Geschichten. Robert Musils *Der Mann ohne Eigenschaften* im Diskurs der modernen Physik, München 2001; Wolf Kittler: Der Roman im Zeitalter der Zustandsgleichung. Über die kinetische Gastheorie in Robert Musils *Der Mann ohne Eigenschaften*, in: Bernhard J. Dotzler, Sigrid Weigel (Hrsg.): »fülle der combination«. Literaturforschung und Wissenschaftsgeschichte, München 2005, 189–215; Robert Stockhammer: Wahr-Falsch-Spiele und andere Sprachspiele. Übertragbarkeit des Wissens bei Musil und Wittgenstein, in: Ulrich J. Beil, Michael Gamper, Karl Wagner (Hrsg.): Medien, Technik, Wissenschaft. Wissensübertragung bei Robert Musil und in seiner Zeit, Zürich 2011, 255–286.

einige der zuletzt erwähnten Arbeiten – wissenspoetologisch orientiert ist.[3] So setzt er anders als die bisherigen Arbeiten zur Mathematik nicht einfach voraus, dass ein historisch gegebener invarianter Wissens-Gehalt der zeitgenössischen Mathematik rational rekonstruierbar und dann sinnvollerweise als Folie der Lektüre des Romans verwendbar ist. Denn ein solches Vorgehen scheint auf problematische Weise die grundsätzliche Vernachlässigbarkeit der spezifischen Art und Weise des Gegebenseins von Wissen zu implizieren. Der folgende Beitrag nimmt stattdessen zum Ausgangspunkt, dass bei einer Orientierung vor allem an der Praxis und nicht nur an den Ergebnissen der wissenschaftlichen Forschung ein gegebenes Wissen immer auch eine konkrete Form zeigt:[4] »Eine Poetologie des Wissens [orientiert sich] nicht am Gesagten, sondern am Sagen und folgt damit der These, dass jede Wissensform einen eigenen performativen Charakter, eigene Formen der Darstellung und der Inszenierung entwickelt.«[5] Die grundsätzliche Orientierung an gegebenen Formen des Wissens birgt den Vorteil, dass auf diese Weise der literarische Text nicht zwangsläufig in eine Position der strukturellen Nachträglichkeit zu konkreten Konstitutionen von Wissen gerückt wird. Es stellt sich so nicht mehr nur die Frage, ob Musils Roman vorgängig gegebenes mathematisches Wissen poetisch ›verarbeitet‹, ›reflektiert‹ oder lebensweltlich ›exploriert‹, sondern es lässt »sich umgekehrt auch nach den verschiedenen auf seiten der Wissenschaft ausgebildeten Ordnungsmustern fragen, die zugleich die Literatur organisieren«. Eine »strukturvergleichende Korrelation beider Seiten« ist auf diese Weise mithin möglich, ohne dass eine Seite die andere dominiert, ohne dass eine Seite die andere erklärt.[6] Zudem birgt die Orientierung an konkreten Formen den weiteren Vorteil, dass mit ihr eine »spezifische Zuständigkeit« der Literaturwissenschaft in der Erforschung der Geschichte des Wissens eröffnet ist.[7] Eine Auseinandersetzung mit der Mathematik in Musils Roman ist gerade auch dadurch kompetent möglich, dass mathematische Fachpublikationen in vergleichender Betrachtung ebenfalls mit literaturwissenschaftlichen Mitteln untersucht werden.

---

3. Vgl. allerdings Stockhammer (Anm. 2), insbes. 268–272, wo schon im Rahmen eines genuin wissenshistorischen Ansatzes die Mathematik in Musils Roman thematisiert wird.
4. Vgl. zu dieser grundsätzlichen Orientierung an der wissenschaftlichen Praxis Bruno Latour: Die Hoffnung der Pandora. Untersuchungen zur Wirklichkeit der Wissenschaft, übers. von Gustav Roßler, Frankfurt a.M. 2002, insbes. 24–27, 327–329, 360f., 378f.
5. Joseph Vogl: Für eine Poetologie des Wissens, in: Karl Richter, Jörg Schönert, Michael Titzmann (Hrsg.): Die Literatur und die Wissenschaften 1770–1930. Festschrift zum 75. Geburtstag von Walter Müller-Seidel, Stuttgart 1997, 107–127, hier: 121.
6. Bernhard J. Dotzler: Explorationen. Literaturforschung und die Geschichte des Wissens und der Wissenschaften, in: Berlin-Brandenburgische Akademie der Wissenschaften. Berichte und Abhandlungen 9 (2002), 311–327, hier: 321f.
7. Ebd., 318.

Der hier vollzogene Zugriff unterscheidet sich allerdings in einer entscheidenden Hinsicht von wissenspoetologischen Ansätzen, und zwar wegen seines divergierenden Fluchtpunkts: Es werden nicht Formen von Wissen, sondern es wird eine ganz bestimmte Form von Nicht-Wissen perspektiviert. Anders als in wissenspoetologischen Ansätzen tendenziell üblich wird also die Anwesenheit einer diskursiven Formation nicht schlechthin mit Wissen identifiziert.[8] Denn auf diese Weise würde gerade aus dem Blick geraten, dass in Diskursen häufig auch eine »structural production« von Nicht-Wissen stattfindet.[9] Diskursive Anwesenheit nicht schlechthin mit Wissen gleichzusetzen, könnte allerdings insofern fragwürdig erscheinen, als man die Position vertreten könnte: Alles, was diskursiv vorliegt, wird oder wurde auch gewusst. Die Berechtigung, von einer diskursiven Anwesenheit von Nicht-Wissen zu sprechen, ohne das Nicht-Wissen gleich dem Wissen als ein Wissen vom Nicht-Wissen komplett einzuverleiben, wird sich also nicht zuletzt in der nun folgenden Nachzeichnung einer spezifischen Form von Nicht-Wissen in Musils Roman sowie in der zeitgenössischen Mathematik erweisen müssen. Die im Folgenden durch eine abwechselnde Analyse von Musils Roman und von Publikationen des Mathematikers David Hilbert entfaltete These lautet: Im mathematischen Diskurs um 1925 wird einerseits Nicht-Wissen in Form eines bedrohlich erscheinenden Nicht-Wissen-Könnens, andererseits ein Nicht-Gewusstes in Form einer irreduziblen anwesenden Abwesenheit konstituiert. Unter anderem aufgrund dieser strukturalen Merkmale lässt sich das so entstehende Nicht-Wissen mit der Metaphorik des Gespenstischen umschreiben. Ein solches ›gespenstisches Nicht-Wissen‹ scheint dabei, wie dann in einem weiteren Schritt gezeigt wird, auf verschiedenen Ebenen auch eine grundlegende Rolle in bzw. für Musils

---

8. In Joseph Vogls programmatischer Namensprägung ›Wissenspoetologie‹ scheint sich jedenfalls der Foucault'sche Wissens-Positivismus fortzuschreiben, wie er etwa in folgender Aussage aus der *Archäologie des Wissens* zum Ausdruck kommt: »Ein Wissen ist das, wovon man in einer diskursiven Praxis sprechen kann, die dadurch spezifiziert wird.« Michel Foucault: Archäologie des Wissens, übers. von Ulrich Köppen, Frankfurt a.M. 1981, 259. Vgl. dazu die Feststellung von Arnold I. Davidson: »*Wissen (savoir)* [...] [ist] ein Begriff, den er [gemeint ist Foucault] soweit ich sehe, oft gleichbedeutend mit dem der *diskursiven Formationen* benutzt.« Arnold I. Davidson: Über Epistemologie und Archäologie. Von Canguilhem zu Foucault, in: Axel Honneth, Martin Saar (Hrsg.): Michel Foucault. Zwischenbilanz einer Rezeption. Frankfurter Foucault-Konferenz 2001, Frankfurt a.M. 2003, 192–211, hier: 193. Vgl. zur Abweichung vom historiographisch-terminologischen Wissenspositivismus Achim Geisenhanslüke, Hans Rott (Hrsg.): Ignoranz. Nichtwissen, Vergessen und Missverstehen in Prozessen kultureller Transformationen, Bielefeld 2008; Michael Gamper: Experimentelles Nicht-Wissen. Zur poetologischen und epistemologischen Produktivität unsicherer Erkenntnis, in: ders. (Hrsg.): Experiment und Literatur: Themen, Methoden, Theorien, Göttingen 2010, 511–545.
9. Robert N. Proctor: Agnotology. A Missing Term to Describe the Cultural Production of Ignorance (and Its Study), in: ders., Londa Schiebinger (Hrsg.): Agnotology: The Making and Unmaking of Ignorance, Stanford, Calif. 2008, 1–33, hier: 3.

Roman zu spielen, und zwar im Rahmen der Thematisierung des Ethischen einerseits, in Bezug auf die konkrete Form des Romans anderseits. Zudem scheint es sich, wie abschließend ausgeführt wird, um eine Form von Nicht-Wissen zu handeln, die gerade eine restlose Identifizierung von Nicht-Wissen mit einem Wissen vom Nicht-Wissen herausfordern kann.

II. Ulrichs mathematische Schriftspiele

Die Engführung des *Mann ohne Eigenschaften* mit Publikationen des Mathematikers David Hilbert lässt sich vom Roman aus motivieren. Der Protagonist des Romans, Ulrich, ist bekanntlich Mathematiker.[10] Ulrichs Ort im mathematischen Diskurs wird wie folgt bestimmt: »Er gehörte zu jenen, Logistiker genannten, Mathematikern, die überhaupt nichts richtig fanden und eine neue Fundamentallehre aufbauten.« (865) An anderer Stelle heißt es: Mathematik durchlebe gerade eine »Aufrollung ihrer Grundfragen« (1261). Die Rede von »Grundfragen« und von einer »Fundamentallehre«, also die epistemologische Metaphorik des Grundes und der Fundierung im Zusammenhang mit Mathematik, muss um 1925 als eine Anspielung auf das verstanden werden, was Mathematiker der Zeit als »Grundlagenkrise der Mathematik«[11] bezeichneten. Was es mit diesen Anspielungen genauer auf sich hat, kann die Lektüre einer Szene vor Augen führen, in der geschildert wird, wie Ulrich Mathematik betreibt.

Die Szene beginnt mit der Begebenheit, dass »Ulrich [...] zu Hause an seinem Schreibtisch [saß] und arbeitete« (dieses und die folgenden Zitate: 111f.). Der vermeintlichen Banalität der Situation steht das sich mathematisch Ereignende entgegen; Ulrich, so der Erzähler, »arbeitete wie ein Akrobat, der in einem halbdunklen Zirkus, ehe noch Zuschauer zugelassen sind, einem Parkett von Kennern gefährliche neue Sprünge vorführt«. Mit einer »Genauigkeit, Kraft und Sicherheit des Denkens, die nirgends im Leben ihresgleichen hat«, gelingt es ihm schließlich ein »mit Formeln und Zeichen bedeckte[s] Papier« zu produzieren. Genauer: Auf das Blatt Papier hat er »zuletzt eine Zustandsgleichung des Wassers [...] geschrieben, als physikalisches Beispiel, um einen neuen mathematischen Vorgang anzuwenden, den er beschrieb«. Auch wenn

---

10. Robert Musil: Der Mann ohne Eigenschaften. Roman, hrsg. von Adolf Frisé, Reinbek bei Hamburg 1987. Alle Zitate aus diesem Werk werden durch Angabe der Seitenzahlen direkt im Text nachgewiesen.
11. Vgl. Hermann Weyl: Über die neue Grundlagenkrise der Mathematik, in: Mathematische Zeitschrift 10 (1921), 39–79.

er »zuletzt« ein physikalisches Beispiel aufgeschrieben hat, so bildet dieses Beispiel doch nur einen abschließenden Anwendungsversuch, hauptsächlich arbeitet Ulrich offenbar an einem »neuen mathematischen Vorgang«.[12]

Nachdem der Erzähler auf diese Weise die mathematische Arbeit geschildert hat, stellt er fest: »Es ist leider in der schönen Literatur nichts so schwer wiederzugeben wie ein denkender Mensch.« Dies sei deshalb »schwer«, weil die »Mitteilung an die Welt« die »Form des Gedankens« immer schon in »die des Gedachten« transformiert habe. Nun könnte man sagen: Die Form dessen, was Ulrich mathematisch gedacht hat, ist die Formelschreibweise, sie besteht aus den Zeichen, die am Ende auf dem Papier stehen. Was ist dann aber die »Form des Gedankens«? Ein Gedanke entsteht, erfährt man, durch die »Affinität und Zusammengehörigkeit der Sachen selbst«. Man könne je nur feststellen, dass sich die »Gedanken selbst gemacht haben, statt auf ihren Urheber zu warten«. Die schwer wiederzugebende »Form des Gedankens« hängt also mit so etwas wie der Operativität des Denkens zusammen.

Die Szene stellt, so könnte man zusammenfassen, Mathematik als schriftliche Arbeit an Formeln dar. Die Körper, die einem Publikum von Kennern akrobatische Sprünge vorführen, sind Zeichen-Körper, die Affinität der »Sachen selbst« ist folglich die von mathematischen Dingen einer Schriftwelt. Die Arbeit an den Formeln zeichnet sich dadurch aus, dass sie sich gleichsam von selbst vollzieht. Von diesem Auto-Vollzug bleiben am Ende nur die Formeln auf dem Papier übrig. Das Operative des operativen Symbolismus, die »Form des Gedankens« ist in der »des Gedachten« vollständig aufgehoben.[13] Ob die angeschriebenen Formeln dabei über sich selbst als anschauliche Zeichen hinaus etwas bedeuten, ist völlig offen. Sie existieren unabhängig von einer nicht-mathematischen, etwa physikalischen Bedeutungskonstitution. Wenn es schwierig ist, Ulrichs mathematisches Denken in der »schönen Literatur« wiederzugeben, dann also deshalb, weil solche mathematischen Zeichen in ihrer operativen Verflochtenheit nicht einfach in Wortsprache übersetzt werden können.[14]

---

12. Wie Robert Stockhammer schon betont hat, gibt Ulrich sich hier, anders als Wolf Kittler argumentiert hat, also nicht als »theoretischer Physiker« zu erkennen. Vgl. Kittler (Anm. 2), 200; Stockhammer (Anm. 2), 270.
13. Vgl. zum Vokabular dieser zugegeben aktiven Reformulierung Sybille Krämer: ›Operationsraum Schrift‹: Über einen Perspektivenwechsel in der Betrachtung der Schrift, in: Gernot Grube, Werner Kogge, dies. (Hrsg.): Schrift. Kulturtechnik zwischen Auge, Hand und Maschine, München 2005, 23–57.
14. Siehe zu dieser prinzipiellen medialen Differenz in jüngster Zeit ebd., 28; Friedrich Kittler: Zahl und Ziffer, in: Horst Bredekamp, Sybille Krämer (Hrsg.): Bild – Schrift – Zahl, München 2003, 193–204, hier: 198; Dieter Mersch: Die Geburt der Mathematik aus der Struktur der Schrift, in: Grube/Kogge/Krämer (Hrsg.), Schrift (Anm. 13), 211–233. Siehe zu einer gleichwohl gegebenen ›Verwobenheit‹ von Zahlen- und Wortsprache Sigrid Weigel: Die »innere

Die nun folgende Parallelisierung des *Mann ohne Eigenschaften* mit dem zeitgenössischen mathematischen Diskurs nimmt zum Ausgangspunkt, dass die solchermaßen vollzogene Darstellung der Mathematik als Schriftspiel der Konzeption von Mathematik einer spezifischen Position des um 1925 stattfindenden mathematischen Grundlagenstreits, und zwar der des sogenannten mathematischen Formalismus, ähnelt. Im Roman wird mithin nicht nur ein fundamentales Nicht-Wissen der mathematischen Forschung von ihren Grundlagen angedeutet – Ulrich hielt nichts für »richtig« –, sondern szenisch auch auf eine spezifische Position im zeitgenössischen mathematischen Diskurs angespielt.[15] Wie nun zunächst gezeigt werden soll, spielt in Publikationen des Begründers des mathematischen Formalismus, Hilbert, eine spezifische Form von Nicht-Wissen eine entscheidende Rolle, und zwar eine Form von Nicht-Wissen, der, wie anschließend argumentiert werden soll, im Ausgang von der gerade behandelten Szene eine potenzielle metapoetische Signifikanz für den gesamten Roman zugesprochen werden kann.

III. David Hilbert und das Gespenst des Nicht-Wissen-Könnens

»[W]ie wäre es mit der Wahrheit unseres Wissens [...] bestellt, wenn es nicht einmal in der Mathematik sichere Wahrheit gäbe?«,[16] fragt Hilbert 1928 in einem Vortrag mit dem Titel *Probleme der Grundlegung der Mathematik*.[17] Es sähe schlecht um das Wissen aus, weil, so Hilbert in einer Vorlesung von 1922/ 1923 mit dem Titel *Wissen und mathematisches Denken,* »in jeder besonderen Naturwissenschaft nur soviel eigentliche Wissenschaft angetroffen werden

---

Spannung im alphanumerischen Code«. Buchstabe und Zahl in grammatologischer und wissenschaftsgeschichtlicher Perspektive, in: Dotzler/dies. (Hrsg.), »fülle der combination« (Anm. 2), 357–380, hier: 366–368.

15. Die hier via *close reading* rekonstruierte formalistische Signatur des Mathematischen im *Mann ohne Eigenschaften* wird generell auch von Stockhammer (Anm. 2), 268–272 und Kaizik (Anm. 1) betont. Jäßl (Anm. 1) hebt eher allgemein auf die Abwesenheit mathematischer Grundlagen ab. Vornehmlich die (Nicht-)Richtigkeit der Darstellung des Mathematischen im Roman untersucht Kollmann (Anm. 1). So etwas wie das ›Andere‹ des Mathematischen interessiert die Mathematiker Klingenberg (Anm. 1) und Radbruch (Anm. 1).
16. David Hilbert: Probleme der Grundlegung der Mathematik, in: Mathematische Annalen 102 (1930), 1–9, hier: 9.
17. Die folgende Darstellung des Hilbert'schen Formalismus orientiert sich an Herbert Mehrtens: Moderne – Sprache – Mathematik: Eine Geschichte des Streits um die Grundlagen der Disziplin und des Subjekts formaler Systeme, Frankfurt a.M. 1990; und Sybille Krämer: Symbolische Maschinen. Die Idee der Formalisierung in geschichtlichem Abriss, Darmstadt 1988.

kann, als darin Mathematik enthalten ist«.[18] Wie konsensfähig auch immer diese traditionell anmutende Gleichsetzung von Mathematik und Wissenschaftlichkeit sowie von Mathematik und sicherer Wahrheit um 1925 gewesen sein mag, deutlich wird, dass das Vorhandensein eines Nicht-Wissens in Bezug auf die Sicherheit der Wahrheit der Mathematik auf Hilbert bedrohlich wirkt. Nun war es im mathematischen Diskurs seit dem Nachweis von Antinomien in der Mengenlehre in der Zeit um 1900 bekanntlich evident geworden, dass die Sicherheit der Wahrheit der Mathematik tatsächlich ungeklärt war.[19] Die mathematische Forschung wurde gleichsam von einem Nicht-Wissen darüber heimgesucht, welche Geltung ihrem Wissen zukommt. Das, was Hilbert als eine Bedrohung darstellt, war also Realität in der mathematischen Forschung. Richtiger müsste man andersherum sagen: Hilbert stilisiert das Nicht-Wissen, welches in der mathematischen Forschung in Bezug auf grundlegende Begriffe manifest geworden war, zu einer Bedrohung, zu einer Gefahr für die Wissenschaft, zu einer Art Schreckgespenst, das es zu bekämpfen gilt: »[I]n der Mathematik gibt es kein Ignorabimus«,[20] verlautbart Hilbert apodiktisch und wortwörtlich identisch in gleich drei unterschiedlichen Publikationen in den 1920er Jahren. Der Ende des 19. Jahrhunderts in einem anderen Zusammenhang von Emil du Bois-Reymond geprägte Begriff des ›Ignorabimus‹ bedeutet dem *Historischen Wörterbuch der Philosophie* zufolge wörtlich übersetzt soviel wie: »[W]ir wissen es nicht – wir können es nicht wissen«.[21] Hilbert insistiert also darauf, dass sich in der mathematischen Forschung kein Nicht-Wissen als irreduzibel erweise. Die eingangs erwähnten Vorlesungen schließen mit den fast beschwörend anmutenden Worten: »Wenn wir von griesgrämigen Laien und bedenklichen Philosophen reden hören: / Wir können es nicht wissen. / Wir werden es nicht wissen, / so wollen wir lieber auf unsere Fahne setzen: / Wir müssen es wissen, / wir werden es wissen!«[22]

---

18. David Hilbert: Wissen und mathematisches Denken. Vorlesung, hrsg. von Wilhelm Ackermann, Göttingen 1988, 5.
19. Vgl. Mehrtens (Anm. 17), 150–164, 289–299, wo allerdings die »Standardinterpretation« des Grundlagenstreits, derzufolge die »›Krise‹ eine der Sachen«, nämlich der »Antinomien« gewesen sei, als ein »Mythos« (ebd., 298) zurückgewiesen wird, als das Ergebnis einer historisch ungenauen »rationale[n] Rekonstruktion« (ebd., 151). Da jedoch diese »rationale Rekonstruktion« insbesondere schon von Hilbert in den 1920er Jahren betrieben wurde, kann in der hiesigen Nachzeichnung von Hilberts Position gleichwohl an der »Standardinterpretation« festgehalten werden.
20. Die Formulierung findet sich identisch in Hilbert, Wissen (Anm. 18), 98; Hilbert, Probleme (Anm. 16), 9; David Hilbert: Über das Unendliche, in: Mathematische Annalen 95 (1925), 161–190, hier: 180.
21. Horst Hillermann: Art. »Ignoramus, Ignorabimus«, in: Historisches Wörterbuch der Philosophie, hrsg. von Joachim Ritter, Karlfried Gründer, Gottfried Gabriel, Basel/Stuttgart 1971–2007, Bd. 4, 198f., hier: 198.
22. Hilbert, Wissen (Anm. 18), 99.

Hilbert spricht in diesem Zusammenhang zwar selbst nicht von einer Heimsuchung und einem Schreckgespenst, doch scheint die Verwendung der Metaphorik der Heimsuchung, Beschwörung und des Gespenstes zur Beschreibung seiner Darstellung des Nicht-Wissens der Mathematik in Bezug auf die Sicherheit ihrer Geltung durch die spezifische Inszenierung dieses Nicht-Wissens legitimiert zu sein, mithin durch die *Form* der textuellen Konstitution dieses Nicht-Wissens für die mathematische Forschung. Wenn man davon ausgeht, dass es zur Logik der überkommenen gespenstischen Form gehört, dass »gerade der Versuch, das Gespenst zu bannen, es zu exorzieren, es allererst herbeiruft«, sodass die »spezifische Anwesenheit des Gespensts [...] in erster Linie eine sprachlich-diskursive«[23] ist, dann könnte man in Hilberts Beschwörung eines die Wahrheit der Mathematik bedrohenden Nicht-Wissens und in seiner gleichzeitigen Behauptung der Bannbarkeit einer von diesem Nicht-Wissen ausgehenden Gefahr eben die Erzeugung eines sprachlich-diskursiven Gespensts sehen. Hilbert hat, natürlich nicht allein, aber, wie die zitierten Textstellen zeigen, doch nachweislich überaus aktiv, das Nicht-Wissen in Bezug auf die Sicherheit der Geltung der Mathematik als solches für die mathematische Forschung überhaupt erst hervorgebracht, und zwar nicht zuletzt durch die Vehemenz, mit der er die Gefährlichkeit des Nicht-Wissens und damit das Nicht-Wissen als fundamentales Problem in Szene setzte. Dass er es auf diese Weise für die Forschung überhaupt erst als aktuelles Problem hervorrief, wird zudem ersichtlich, wenn man mit dem Mathematikhistoriker Herbert Mehrtens davon ausgeht, dass »in den Texten, die als Ort der ›Entdeckung‹ der Antinomien gelten, [...] von Antinomien nicht die Rede« ist, und dass »die ›Grundlagen‹ mathematischer Erkenntnisgewissheit weder vorher [vor der Grundlagenkrise] noch nachher klar und unerschütterlich«[24] waren.

Eine der berühmtesten Sentenzen Hilberts kann die wissenspoetologische Lesart einer gleichzeitig beschworenen und als kontrollierbar präsentierten Gefährdung des mathematischen Wissens durch ein gespenstisch erscheinendes fundamentales Nicht-Wissen zusätzlich legitimieren. Sie lautet: »Aus dem Paradies, das Cantor uns geschaffen, soll uns niemand vertreiben können.«[25] Das gerade auch in Anbetracht der Widersprüche in Cantors Konzeption der Mengenlehre von Hilbert konstatierte Nicht-Wissen der Mathematik von der Sicherheit ihrer Geltung ähnelt also strukturell einer Heimsuchung im Paradies. Das Nicht-Wissen ist in einen paradiesischen Zustand der mathemati-

---

23. Moritz Baßler, Bettina Gruber, Martina Wagner-Egelhaaf: Einleitung, in: dies. (Hrsg.): Gespenster. Erscheinungen, Medien, Theorien, Würzburg 2005, 9–21, hier: 9f.
24. Mehrtens (Anm. 17), 150 und 298.
25. Hilbert, Über das Unendliche (Anm. 20), 170.

schen Forschung eingebrochen und birgt das gefährliche Potenzial, diesen Zustand ein für alle Mal zu zerstören.

IV. David Hilbert und das Gespenst des Noch-Nicht-Wissens

Das Nicht-Wissen der Mathematik von ihrer sicheren Geltung lässt sich auch in einer weiteren Hinsicht mit der Metapher des Gespensts in Verbindung bringen. Hilbert schreibt im Rahmen der Frage nach der Wirklichkeitsreferenzialität der Idee der Unendlichkeit, dass ein anderer Mathematiker »Widersprüche – Gespenstern gleich – auch dann zu erblicken« glaube, »wenn überhaupt niemand etwas behauptet hat«.[26] Gespenstisch erscheint also nicht nur die paradoxe Konstitution eines Phänomens im Versuch, die von ihm ausgehende Gefahr zu bannen, sondern auch die Anwesenheit von etwas, das gar nicht existieren kann, weil seine Existenzvoraussetzungen nicht erfüllt sind. Wenn keine Behauptung getätigt worden ist, kann es auch keine Widersprüche geben. Trotzdem Widersprüche zu »erblicken«, hieße, Gespenster zu sehen. Eben diese gespenstische Form der Anwesenheit, so die im Folgenden vorgestellte These, scheint im Zuge der Entfaltung des Hilbert'schen Formalismus mehr und mehr den von Hilbert begehrten sicheren Grundlagen der Mathematik zuzukommen.

Ein Ausgangspunkt der Entstehung der formalistischen Position der mathematischen Grundlagenforschung ist der Ausschluss eines Nicht-Wissen-Könnens. Ein Nicht-Wissen-Können kann es in der Mathematik nicht geben, so Hilbert am Ende der Vorlesungen über *Wissen und mathematisches Denken*. Das Nicht-Wissen in Bezug auf die Sicherheit der Wahrheit der Mathematik legte er daher als ein Noch-Nicht-Wissen aus. Damit das Nicht-Wissen in Bezug auf die Sicherheit der Wahrheit zu einem Noch-Nicht-Wissen der mathematischen Forschung werden konnte, musste Hilbert es sozusagen mathematisieren, in ein Problem, das durch mathematische Forschung prinzipiell lösbar ist, verwandeln. Den Weg, den Hilbert hierzu einschlug, beschrieb der Mathematiker Hermann Weyl 1928 wie folgt: Hilbert habe versucht, »die klassische Mathematik *durch eine radikale Umdeutung ihres Sinnes* […] zu retten«, indem er sie, »prinzipiell gesprochen«, »aus einem System einsichtiger Erkenntnisse verwandelt [habe] in ein nach festen Regeln sich vollziehendes Spiel mit Formeln«.[27] Hilbert beschreibt seinen Formalismus wie folgt:

---
26. Ebd., 163.
27. Hermann Weyl: Diskussionsbemerkungen zu dem zweiten Hilbertschen Vortrag über die Grundlagen der Mathematik, in: Abhandlungen aus dem mathematischen Seminar der

> Alles was im bisherigen Sinne die Mathematik ausmacht, wird streng formalisiert, so daß die eigentliche Mathematik oder die Mathematik in engerem Sinne zu einem Bestande an Formeln wird. [...] Gewisse Formeln, die als Bausteine des formalen Gebäudes der Mathematik dienen, werden Axiome genannt. Ein Beweis ist eine Figur, die uns als solche anschaulich vorliegen muß.[28]

Die überkommene Mathematik verwandelt sich demnach in anschauliche Figuren oder Formelspiele auf Papier, in »Zeichen, die nichts bedeuten«.[29] Und sie wird um eine neue Mathematik ergänzt, eine Mathematik, die Hilbert primär interessieren wird und die er wie folgt beschreibt:

> Zu der eigentlichen so formalisierten Mathematik kommt eine gewissermaßen neue Mathematik, eine Metamathematik, die zur Sicherung jener notwendig ist, in der – im Gegensatz zu den rein formalen Schlußweisen der eigentlichen Mathematik – das inhaltliche Schließen zur Anwendung kommt, aber lediglich zum Nachweis der Widerspruchsfreiheit der Axiome. In dieser Metamathematik wird mit den Beweisen der eigentlichen Mathematik operiert und diese letzteren bilden selbst den Gegenstand der inhaltlichen Untersuchung.[30]

Die formalistische Auslegung der Mathematik und ihre Ergänzung durch eine »Metamathematik«, deren Inhalt die überkommene Mathematik ist, mündet in eine »Beweistheorie«, die mathematisch definiert, was ›sichere Wahrheit‹ in der mathematischen Wissenschaft bedeutet:

> Die Axiome und beweisbaren Sätze, d.h. die Formeln, die in diesem Wechselspiel entstehen, sind die Abbilder der Gedanken, die das übliche Verfahren der bisherigen Mathematik ausmachen, aber sie sind nicht selbst die Wahrheiten im absoluten Sinne. Als die absoluten Wahrheiten sind vielmehr die Einsichten anzusehen, die durch meine Beweistheorie hinsichtlich der Beweisbarkeit und der Widerspruchsfreiheit jener Formelsysteme geliefert werden.[31]

Mit anderen Worten: Die absolute oder sichere Wahrheit der Mathematik besteht in metamathematischen Widerspruchsfreiheitsbeweisen. Das Nicht-Wissen von der Sicherheit der Wahrheit der Mathematik oder, genauer, von

---

Hamburgischen Universität 6 (1928), 86–88, hier: 87.
28. David Hilbert: Die logischen Grundlagen der Mathematik, in: Mathematische Annalen 88 (1922), 151–165, hier: 152.
29. Mehrtens (Anm. 17), 96.
30. Hilbert, Die logischen Grundlagen (Anm. 28), 153.
31. Ebd.

der Geltung eines konkreten mathematischen Formelspiels ist demnach nichts anderes als das Noch-Nicht-Wissen, wie diese konkreten Beweise jeweils durchzuführen sind. Die vom Nicht-Wissen vermeintlich ausgehende Gefahr für das wissenschaftliche Wissen schien durch die Aufstellung dieses Beweisprogramms gebannt bzw. prinzipiell gebannt werden zu können. Denn da nun definiert war, was ›sichere Wahrheit‹ mathematisch bedeuten sollte, konnte Hilbert mithilfe seiner Beweistheorie ein Programm aufstellen, das die von ihm beschworene Unmöglichkeit eines mathematischen Nicht-Wissen-Könnens mathematisch zu beweisen versuchte:

> Als Beispiel für die Behandlung grundsätzlicher Fragen möchte ich die These wählen, daß jedes mathematische Problem einer Lösung fähig ist. Wir sind alle davon überzeugt. Es bildet ja gerade einen Hauptreiz bei der Beschäftigung mit einem mathematischen Problem, daß wir in uns den steten Zuruf hören: da ist das Problem, suche die Lösung; du kannst sie durch reines Denken finden; denn in der Mathematik gibt es kein Ignorabimus. Nun kann zwar meine Beweistheorie nicht allgemein einen Weg angeben, auf dem jedes mathematische Problem sich lösen läßt – einen solchen gibt es auch nicht; aber der Nachweis, daß die Annahme der Lösbarkeit eines jeden mathematischen Problems widerspruchsfrei ist, fällt durchaus in den Bereich unserer Theorie.[32]

Bekanntlich widerlegte Kurt Gödel 1931 Hilberts »Lösungshoffnung«,[33] dass durch die Metamathematik tatsächlich das »Ignorabimus« ein für alle Mal aus der Mathematik ausgeschlossen, die Gefahr eines fundamentalen mathematischen Nicht-Wissen-Könnens also prinzipiell gebannt werden könne, und zwar durch den Nachweis des notwendigen Auftretens von Nicht-Wissen in Form von Unentscheidbarkeit in metamathematischen Beweisen Hilbert'scher Provenienz.[34] Zur Konstitution seiner metamathematischen Beweistheorie griff Hilbert auf die Regeln und Schreibweisen der formalen Logik zurück, mithin der formalen Systeme der sogenannten Logistik. Gödel stellte in Bezug auf die Axiome und Regeln bestimmter prominenter Vertreter solcher Systeme fest:

> Es liegt daher die Vermutung nahe, daß diese Axiome und Schlußregeln dazu ausreichen, *alle* mathematischen Fragen, die sich in den betreffenden Systemen überhaupt

---

32. Hilbert, Über das Unendliche (Anm. 20), 180.
33. Mehrtens (Anm. 17), 164.
34. Kurt Gödel: Über formal unentscheidbare Sätze der Principia Mathematica und verwandter Systeme, in: Monatshefte für Mathematik und Physik 38 (1931), 173–198. Vgl. Mehrtens (Anm. 17), 297; Krämer, Symbolische Maschinen (Anm. 17), 146.

formal ausdrücken lassen, auch zu entscheiden. Im folgenden wird gezeigt, daß dies nicht der Fall ist [...]. Dieser Umstand liegt nicht etwa an der speziellen Natur der aufgestellten Systeme, sondern gilt für eine sehr weite Klasse formaler Systeme.[35]

Der Ausschluss des Nicht-Wissen-Könnens aus der Mathematik durch den metamathematischen Nachweis der Widerspruchsfreiheit der Annahme der »Lösbarkeit eines jeden mathematischen Problems« kann letztlich nicht gelingen, da die Frage nach der Widerspruchsfreiheit dabei verwendeter metamathematischer Systeme zu den unentscheidbaren Fragen in metamathematischen Beweisen gehört.[36] Das von Hilbert konzeptualisierte Noch-Nicht-Wissen der Mathematik in Bezug auf die Sicherheit ihrer Geltung erwies sich als ein Nicht-Wissen von etwas, das gar nicht existieren kann; das Nicht-Gewusste des Noch-Nicht-Wissens – so die These dieser natürlich erheblich zugespitzten Nacherzählung eines Entwicklungsstrangs der mathematischen Grundlagenforschung – stellte sich als ein Gespenst im Sinne Hilberts heraus, als die Anwesenheit, genauer: die von Hilbert textuell erzeugte anwesende Abwesenheit von etwas, das gar nicht existieren konnte, weil seine Existenzvoraussetzungen zu keinem Zeitpunkt gegeben waren. Die Existenzvoraussetzungen waren nicht gegeben, da es mithilfe der von Hilbert konzipierten Metamathematik wegen des unweigerlichen Auftretens von Unentscheidbarkeiten prinzipiell gar nicht möglich war, das in ein Noch-Nicht-Wissen verwandelte Nicht-Wissen von der Sicherheit der Wahrheit der Mathematik durch gelingende metamathematische Beweise in ein Wissen zu überführen. Hilbert hat also nicht nur das Schreckgespenst eines Nicht-Wissen-Könnens textuell vergegenwärtigt, sondern auch das Gespenst eines spezifischen Noch-Nicht-Gewussten erzeugt. Er hat auf diese Weise gerade nicht zum Nachweis der Sicherheit der Wahrheit der Mathematik beigetragen, sondern den Weg bereitet, der Mathematik, in ihrer formalistischen Auslegung, ein prinzipielles Nicht-Wissen-Können von ihrer eigenen sicheren Geltung einzuverleiben. Dieses Nicht-Wissen-Können scheint dabei allerdings einiges von der von Hilbert stets beschworenen Gefährlichkeit eingebüßt zu haben, hat es sich doch in ein irreduzibles Nicht-Wissen von der Geltung bloßer Schriftspiele verwandelt.

---

35. Gödel (Anm. 34), 173f.
36. Vgl. Krämer, Symbolische Maschinen (Anm. 17), 146: »Gödel zeigte, daß zu den in einem formalistischen System unentscheidbaren Sätzen auch die Aussage gehört, das System sei widerspruchsfrei.« Vgl. dazu auch Ernest Nagel, James R. Newman: Der Gödelsche Beweis, übers. von Hubert Schleichert, München 1992, 68, 85.

V. Das Gespenst des Nicht-Wissens im *Mann ohne Eigenschaften* (I): Ethik

Zur Konstitution seiner Metamathematik griff Hilbert, wie gesagt, auf die Schreibweisen der formalen Logik, der Logistik, zurück. Eine Verbindung zwischen der formalistischen Position in der zeitgenössischen Mathematik und Musils Roman ist also insofern schon gegeben, als Ulrich im *Mann ohne Eigenschaften* als Logistiker bezeichnet wird. Ihr Vorliegen wird evidenter, wenn es heißt, dass Ulrich die Logistik allein noch nicht für ganz »richtig« hielt, »überhaupt nichts richtig« fand und an einer neuen »Fundamentallehre« arbeitete. Die Nähe von Ulrichs Auffassung von Mathematik zu Hilberts Formalismus wird vollends in der szenischen Schilderung der mathematischen Praxis deutlich. Mathematik erscheint hier als ein über sich selbst hinaus bedeutungsloses Schriftspiel. Die vielleicht interessanteste Korrespondenz zwischen Musils Roman und dieser spezifischen Position zeitgenössischer Mathematik findet sich allerdings auf der Ebene der in Hilberts Publikationen implizit verwendeten spezifischen Form von Nicht-Wissen.

In Musils Essay *Der mathematische Mensch* wird das Gespenstische, der Heimsuchungscharakter des fundamentalen Nicht-Wissens der Mathematik direkt formuliert, und zwar in Hinblick auf die von Problemen der mathematischen Grundlagenforschung unberührt bleibende technologische Implementierbarkeit der Mathematik: Man müsse wohl »annehmen, daß unser Dasein bleicher Spuk ist«, da offenbar das »ganze Gebäude [der Mathematik] in der Luft stehe«, und trotzdem »die Maschinen liefen«.[37] Im *Mann ohne Eigenschaften* selbst werden in einer wissenschaftskritischen Äußerung Walters zwar ebenfalls das Mathematische und die Metaphorik des Gespenstischen zusammengeführt, doch wird man dieser Figur kaum ein Wissen vom Grundlagen-Nicht-Wissen der Mathematik zuerkennen wollen. Walter scheint eher darüber nachzudenken, was mathematische Formeln ›ausdrücken‹, und weniger darüber, welche prinzipielle Geltung ihnen *als* mathematischen Formeln zukommt, wenn er feststellt: »[Z]um Schluß schwimmen wir bloß noch auf Beziehungen, auf Vorgängen, auf einem Spülicht von Vorgängen und Formeln, auf irgend etwas, wovon man weder weiß, ob es ein Ding, ein Vorgang, ein Gedankengespenst oder ein Ebengottweißwas ist!« (66) Gleichwohl scheint Nicht-Wissen in der Form des Gespenstes, wie es Hilbert um 1925 auf zwei Weisen in den mathematischen Diskurs eingeführt hat, auch in Musils Roman eine prominente Rolle zu spielen – allerdings weniger in Textpassagen, in denen direkt Mathematisches verhandelt wird, sondern eher im Rah-

---

37. Robert Musil: Der mathematische Mensch, in: Tagebücher, Aphorismen, Essays und Reden, hrsg. von Adolf Frisé, Hamburg 1955, 592–596, hier: 59.

men der Thematisierung des Ethischen, wobei das Mathematische und das Ethische im Roman alles andere als inkommensurable Bereiche sind. Über Ulrich heißt es an einer Stelle:

> Wann immer man ihn bei der Abfassung mathematischer und mathematisch-logischer Abhandlungen [...] gefragt hätte, welches Ziel ihm vorschwebe, so würde er geantwortet haben, daß nur eine Frage das Denken wirklich lohne, und das sei die des rechten Lebens. (255)[38]

Das Betreiben von Mathematik und das Nachdenken über die Frage nach dem rechten Leben sind für Ulrich offenbar Parallelaktionen. Dabei bleibt zunächst offen, in welchem Zusammenhang Mathematik und Ethik genauer stehen. Gleichwohl fällt auf, dass verschiedene, im weitesten Sinne ethische Konzeptionen, die Ulrich gesprächsweise im Laufe des Romans vertritt, an bestimmte Matheme erinnern. So heißt es einmal über Ulrich: »Moral war für ihn [...] das unendliche Ganze der Möglichkeiten zu leben.« (1028) Die Idee eines »unendlichen Ganzen« ist zwar nicht nur, aber doch auch eine mathematische Konzeption, und zwar nicht irgendeine, da sie im Grundlagenstreit eine bedeutende Rolle spielte. Hilbert explizierte die mathematische Konzeption des »unendlichen Ganzen« wie folgt:

> [I]n der Analysis haben wir es nur mit dem Unendlichkleinen und dem Unendlichgroßen als Limesbegriff, als etwas Werdendem, Entstehendem, Erzeugtem, d.h. wie man sagt, mit dem *potentiellen Unendlichen* zu tun. Aber das eigentlich Unendliche selbst ist dies nicht. Dieses haben wir z.B., wenn wir die Gesamtheit der Zahlen 1, 2, 3, 4... selbst als eine fertige Einheit betrachten oder die Punkte einer Strecke als eine Gesamtheit von Dingen ansehen, die fertig vorliegt. Diese Art des Unendlichen wird als *aktual unendlich* bezeichnet.[39]

Gegen das Konzept ›aktualer Unendlichkeit‹ wandte sich der niederländische Mathematiker Luitzen Egbertus Jan Brouwer mit seinem ›Intuitionismus‹, der Gegenposition zum Hilbert'schen Formalismus im Grundlagenstreit.[40] Dem

---

38. Im Zitat ist ausgelassen, dass sich für Ulrich die Frage auch »bei der Beschäftigung mit den Naturwissenschaften« stellt. Durch die Auslassung wird eine hier nicht durchführbare Auseinandersetzung mit Ulrichs Auffassung des Verhältnisses von Naturwissenschaften und Mathematik umgangen. Angedeutet sei, dass Ulrichs Interesse an naturwissenschaftlichen Dingen vorrangig deren impliziten ›Logiken‹ zu gelten scheint, und dass diese für den Logistiker Ulrich letztlich schriftspiel-mathematisch sein müssten.
39. Hilbert, Über das Unendliche (Anm. 20), 167.
40. Vgl. Richard Baldus: Formalismus und Intuitionismus in der Mathematik, Karlsruhe 1924.

Intuitionismus nach existiert in der Mathematik nichts gewiss, was nicht auf die »*Urintuition der Mathematik*« zurückgeführt werden könne, auf »das intellektuelle Urphänomen der Auseinanderfallung eines Lebensmoments in zwei qualitativ verschiedene Dinge, von denen man das eine als dem anderen weichend und trotzdem als durch den Erinnerungsakt behauptet empfindet«.[41] Was nicht aus dem Erlebnis des »Eins nach dem Anderen« folge, damit dürfe man nicht rechnen.[42] Der Intuitionismus lehnt die Vorstellung eines »unendlichen Ganzen« daher ab, weil sich der »Standpunkt der fertigen Durchlaufung einer unendlichen Reihe« nicht aus dem »Eins nach dem Anderen« ergebe – als endliches Wesen könne man nicht aufhören, im »Eins nach dem Anderen« unterwegs zu sein – und damit »unsinnig«[43] sei. »In der Mathematik [möchte] […] man vor lauter Entwicklung des Denkens am liebsten nur noch dem trauen […], was sich an den Fingern abzählen läßt« (1342), stellt Ulrich dazu, etwas zugespitzt, fest.

Es bleibt nicht bei dieser Spitze Ulrichs gegen den Intuitionismus. Wiederum ist es eine von Ulrichs ethischen Thesen, die an die mathematische Konzeption denken lässt:

Die meisten Menschen sind im Grundverhältnis zu sich selbst Erzähler. […] [S]ie lieben das ordentliche Nacheinander von Tatsachen, weil es einer Notwendigkeit gleichsieht, und fühlen sich durch den Eindruck, daß ihr Leben einen »Lauf« habe, irgendwie im Chaos geborgen. (650)

Die »meisten Menschen« orientieren sich am »Gesetz […] der erzählerischen Ordnung«, der »einfachen Ordnung, die darin besteht, daß man sagen kann: ›Als das geschehen war, hat sich jenes ereignet!‹« (650) Ähnlich wie für Brouwer in der Mathematik existiere für diese Menschen also nur das, was sich der grundsätzlichen Ordnung des »Eins nach dem Anderen« fügt.

Mit der Idee des unendlichen Ganzen und dem Grundgesetz des »Eins nach dem Anderen« führt Ulrich verschiedene Konzepte an, die ihm sowohl beim Abfassen von »mathematisch-logischen Abhandlungen« als auch beim Fragen nach dem ›rechten Leben‹ »vorschweben« könnten. Bei ihnen handelt es sich gleichwohl weder einfach um mathematische Konzepte, die er auf das Ethische anwendet, noch handelt es sich bei ihnen einfach um ethische Konzepte, die

---

41. Luitzen Egbertus Jan Brouwer: Mathematik, Wissenschaft und Sprache, in: Monatshefte für Mathematik und Physik 36 (1929), 153–64, hier: 154, 153.
42. Mehrtens (Anm. 17), 307.
43. Hermann Weyl: Die heutige Erkenntnislage in der Mathematik, in: Symposion 1 (1925), 1–32, hier: 18.

einer mathematischen Bearbeitung zugänglich wären; vielmehr scheinen sie gewissermaßen sowohl ethisch als auch mathematisch konstituiert zu sein.

Diese Verschränkung des Mathematischen und Ethischen scheint im Roman nun auch in Hinblick auf die von Hilbert in den mathematischen Diskurs eingeführte Form von Nicht-Wissen vorzuliegen. Auch das Ethische erscheint im *Mann ohne Eigenschaften* als ein Bereich, der durch ein Nicht-Wissen von der Sicherheit seiner Geltung heimgesucht worden ist. Es gibt Figuren wie Walter und Arnheim, die diese fehlende Allgemeingültigkeit moralischer Regeln tendenziell als Bedrohung empfinden, als ein Schreckgespenst, das das ›einfache Leben‹ (vgl. 67, 214) herausfordert. Es gibt Figuren wie Meingast und Hans Sepp, die die Abwesenheit allgemeingültiger moralischer Regeln als Aufforderung begreifen, eigene Regeln zu konzipieren und für die Durchsetzung ihrer Geltung zu sorgen bzw. dies zu erwägen (vgl. 555, 834). Und es gibt Ulrich, dessen Position durch »Möglichkeitssinn« (16) und die ironische Affirmation des »Prinzip[s] des unzureichenden Grundes« (134) gekennzeichnet ist, in dessen Leben und Nachdenken über das ›richtige Leben‹, sofern man das im Falle Ulrichs überhaupt voneinander unterscheiden kann, nicht nur das durch die Walter- und Arnheim-Handlung herbeigerufene vermeintliche Schreckgespenst einer fehlenden Allgemeingültigkeit moralischer Regeln sein Bedrohungspotenzial verliert, sondern auch die im Modus anwesender Abwesenheit existierenden allgemeinen moralischen Regeln sich mehr und mehr als bloße Gespenster erweisen.[44] Ulrich begnügt sich ja nicht mit der Einsicht in die offenbare Kontingenz dessen, was in Kakanien geschieht, sondern führt auch gesprächsweise aus (vgl. 134) bzw. durch sein Dasein insgesamt vor, dass dieser Zustand keinesfalls einfach defizitär sei, wodurch die Abwesenheit allgemeingültiger moralischer Regeln deutlich an Bedrohlichkeit verliert. Gleichzeitig scheint Ulrichs Fragen und Suchen nach dem richtigen Leben mehr und mehr ein Nicht-Wissen in der Form von Unentscheidbarkeit zu vergegenwärtigen, insofern die prinzipielle Lösbarkeit dieses fundamentalen Problems im Laufe des Romans immer ›unmöglicher‹ scheint.[45] Ein solches Nicht-Wissen in der Form von Unentscheidbarkeit aber überführt das Noch-Nicht-Wissen vom richtigen Leben in ein Nicht-Wissen von etwas, von

---

44. Bei dem ›Prinzip des unzureichenden Grundes‹ handelt es sich bekanntlich um einen Terminus der zeitgenössischen Statistik, also um eine weitere mathematische wie auch ethische Konzeption. Vgl. Jacques Bouveresse: Das ›Prinzip des unzureichenden Grundes‹, in: Bernhard Böschenstein, Marie-Louise Roth (Hrsg.): Hommage à Musil. Genfer Kolloquium zum 50. Todestag von Robert Musil, Bern/Berlin/Frankfurt a.M. 1995, 111–143, hier: 124f.
45. Vgl. Joseph Vogl: Über das Zaudern, Zürich/Berlin 2007, 61: »[V]or die Wahl, sogar vor die Wahl zwischen Wählen und Nicht-Wählen gestellt, bleibt er [Ulrich] ›unklar und unentschieden‹ im Vorhof der Wählbarkeiten gestrandet.«

dem prinzipiell kein Wissen möglich ist. Der Akt der Frage nach dem richtigen Leben konstituiert eine anwesende Abwesenheit von etwas, das offenbar gar nicht existieren kann. Das Nicht-Gewusste verflüchtigt sich zu einem bloßen Gespenst im Sinne Hilberts – ein Gespenst, das die Figuren im Roman nicht aufhört, heimzusuchen.

VI. Das Gespenst des Nicht-Wissens im *Mann ohne Eigenschaften* (II): Ästhetik

Eine potenzielle literarisch-ästhetische Signifikanz des Nicht-Wissens in der Form des Gespenstes für den *Mann ohne Eigenschaften* sei abschließend noch kurz angedeutet. Nichts sei »so schwer wiederzugeben wie ein denkender Mensch«, sagt der Erzähler, nachdem er geschildert hat, wie Ulrich mathematisch denkt, und zwar vermöge eines Gleichnisses. Mathematisches Denken vollzieht sich demnach als Schriftspiel, das den Sprüngen von Zirkusakrobaten gleicht; das *tertium comparationis* bilden dabei »Genauigkeit, Kraft und Sicherheit« (111) und gleichsam eine Bodenlosigkeit. Nun könnte man sagen, das Gleichnis gibt, insofern es ein Gleichnis ist, nicht nur auf die einzige im alphabetischen Code mögliche Weise, nämlich indirekt, wieder, wie mathematisches Denken funktioniert, sondern legt auch eine gewisse Gleichheit zwischen mathematischer und artistischer oder – wie man zuspitzen könnte – literarisch-ästhetischer Performanz nahe.[46] Liest man das Gleichnis auf diese Weise metapoetisch, könnte man es als Einladung dazu auffassen, den literarischen Text auch auf der Ebene der textuellen Performanz mit der zeitgenössischen Mathematik engzuführen.[47] Ohne damit das Eine durch das Andere erklären zu wollen (dies wäre in die eine Richtung, von Musil zu Hilbert, wohl absurd und in die andere Richtung äußerst spekulativ), könnte man etwa versucht sein, Hilberts Konzeption einer Metamathematik, deren Aufgabe es ist, inhaltslose mathematische Schriftspiele zu legitimieren, mit der Anlage von Musils Roman in struktureller Hinsicht zu vergleichen, da der Roman bekanntlich zu einem erheblichen Teil aus Versuchen des Erzählers besteht, sein zwar

---

46. Ähnlich Jäßl (Anm. 1), der davon spricht, dass die »Sicherheit und Eleganz dieses [mathematischen] Denkens [...] die des Seiltänzers über einem Abgrund« (ebd., 80) sei, und in dieser Hinsicht »in einem fundamentalen Sinn« »Musils und Ulrichs Möglichkeitsdenken« (ebd., 81) gleiche. Nicht plausibel ist allerdings Jäßls ›existenzielle‹ Interpretation, wonach dieser Abgrund ein »Abgrund von Verzweiflung« (ebd.) sei.

47. Andrea Albrecht konstatiert eine produktionsästhetische ›Wegweiser‹-Funktion der modern-mathematischen Denkweise für Musils Poetik und deutet an, dass dies im *Mann ohne Eigenschaften* ersichtlich werde. Vgl. Albrecht (Anm. 1), 250.

keinesfalls inhaltsloses jedoch durchaus handlungsarmes Erzähl-Projekt zu rechtfertigen. In der Tat scheint dadurch, dass der Frage nach der Geltung des literarischen Textes immer wieder in expliziten und impliziten poetologischen Reflexionen nachgegangen wird – Stichworte sind hier ›Essayismus‹ (250), ›Formelsprache der Zeitungen‹ (693), ›Aneinanderreihung unermesslicher Worte‹ (557), ›Gleichnisberauschung‹ (138), ›Unsagbarkeitspathos‹ (336), ›phantastische Genauigkeit‹ (247), das ›primitiv Epische‹ (650) etc. –, eine fundamentale Unsicherheit eher vergegenwärtigt, als ein für alle Mal behoben zu werden. Der Logik der gespenstischen Form entsprechend konstituiert der Versuch, eine potenzielle Bedrohung für das ›Paradies des Erzählens‹ zu bannen, diese überhaupt erst, jedenfalls als eine konkrete, sprachlich-diskursiv vorliegende. Der Roman scheint demnach ko-konstitutiv mit einem ihm einverleibten fundamentalen Noch-Nicht-Wissen von seiner Legitimität zu sein, wobei sich das Nicht-Gewusste dieses Noch-Nicht-Wissens im Laufe des Romans ebenfalls als ein Gespenst zu erweisen scheint. Das metapoetische Gleichnis von den sowohl mathematischen also auch artistischen Sprüngen legt jedenfalls tendenziell nahe, dass die Abwesenheit eines ›festen‹ Grundes für die ästhetische Performanz ebenso irreduzibel wie nicht-defizitär sei. Nicht zuletzt die Unfertigkeit des Romans könnte als Hinweis auf die Unentscheidbarkeit der Frage nach der Legitimität von Literatur aufgefasst werden, insofern ein Abschluss des Romans tendenziell implizieren würde, dass ein legitimes ›Stück‹ Literatur entstanden sei. Nicht-Wissen in der Form des Gespenstes lässt sich demnach nicht nur im zeitgenössischen mathematischen Diskurs und im Rahmen der Thematisierung des Ethischen in Musils Roman finden, es bietet sich auch zur Umschreibung seiner monumentalen Form an. In dieser Hinsicht nicht unähnlich der formalisierten Mathematik erscheint der Roman dann als ein Schriftspiel, das mit einem allerdings weniger bedrohlichen als vielmehr äußerst produktiven irreduziblen Nicht-Wissen von seiner Geltung einhergeht.[48]

Vor dem Hintergrund dieser Ergebnisse könnte abschließend auf die anfangs aufgestellte These eingegangen werden, dass ein Nicht-Wissen in der Form des Gespenstes nicht restlos in einem Wissen vom Nicht-Wissen aufgehe. Die

---

48. Vgl. dagegen Roger Willemsen: Das Existenzrecht der Dichtung. Zur Rekonstruktion einer systematischen Literaturtheorie im Werk Robert Musils, München 1984, 249–251, wo argumentiert wird, dass Musils Roman sich gerade durch seine Unfertigkeit, die als fragmentarisch gedeutet und mit der frühromantischen Fragmentpoetik zusammengedacht wird, »legitimieren kann« (ebd., 12). Denn auf diese Weise werde das »Totale« in seiner »Unabschließbarkeit« »im Formgedanken reflektiert« (ebd., 250). Eine im Rahmen einer Lektüre des *Mann ohne Eigenschaften* zumindest angreifbare, von Willemsen unter Rückgriff auf historische Literaturtheorien eingeführte Prämisse lautet demnach: Literatur ist genau dann legitimiert, wenn sie auf adäquate Weise das »Totale« vergegenwärtigt.

parallele Lektüre von Publikationen Hilberts und von Musils Roman in Hinblick auf die Logik der gespenstischen Form scheint diese Behauptung insofern zu stützen, als der Charakter des Gespenstischen sich dabei nicht zuletzt an der Irreduzibilität des Seinsmodus einer diskursiv-sprachlichen anwesenden Abwesenheit festmachen ließ. Denn ein solcher Seinsmodus scheint ja gerade den Bereich diskursiver Anwesenheit und damit den Bereich des positiven Wissens zu transzendieren, und zwar hin auf ein Nicht-Anwesendes, dessen Existenz prinzipiell prekär erscheint, von dessen (In-)Existenz es gerade kein Wissen gibt bzw. geben kann, wenn sich die gespenstische Seinsweise als irreduzibel erweist. In letzterem Fall scheint mithin kein Wissen von einem Nicht-Wissen vorzuliegen, jedenfalls nicht in dem Sinne, dass man wissen würde, von etwas auf defizitäre Weise kein Wissen zu haben. Folgt man Derrida, dann ist so der genuine Bereich des Wissens verlassen:

> Es [das Gespenst] *ist* nämlich etwas, was man nicht weiß, und man weiß nicht, ob das eigentlich *ist*, ob das existiert [...]. Man *weiß* es nicht – aber nicht aus Unwissenheit, sondern weil dieser Nicht-Gegenstand, dieses Anwesende ohne Anwesenheit, dieses Dasein eines Abwesenden oder eines Entschwundenen nicht mehr dem Wissen untersteht.[49]

Allerdings könnte man natürlich sagen: Eine sprachlich-diskursive irreduzible anwesende Abwesenheit von etwas entspricht strukturell einem gegebenen Wissen davon, dass man nicht sicher wissen kann, nicht entscheiden kann, ob man etwas auf defizitäre Weise nicht weiß. So gesehen gehört eine Perspektivierung von Nicht-Wissen in der Form des Gespenstes doch auch zur *Wissens*poetologie.

---

49. Jacques Derrida: Marx' Gespenster. Der Staat der Schuld, die Trauerarbeit und die neue Internationale, übers. von Susanne Lüdemann, Frankfurt a.M. 2004, 20. Dieter Mersch zufolge sei es ein Desiderat der Derrida-Forschung, zu erwägen, »wie sehr sich Derridas Dekonstruktion Motiven verdankt, die ihren Ursprung in den Unvollständigkeits- und Unentscheidbarkeitstheoremen Kurt Gödels haben«. Vgl. Mersch (Anm. 14), 213, Anm. 6. Mersch erwähnt nicht, dass sich Derrida mindestens einmal direkt auf Gödel bezieht, und zwar in Jacques Derrida: Dissemination, hrsg. von Peter Engelmann, übers. von Hans-Dieter Gondek, Wien 1995, 245f.

Stefan Rieger

Stille Post
Kommunikationseffekte der Unwissentlichkeit

Was ich nicht weiß, macht mich nicht heiß.

Intelligentes physisches Handeln […] ist, – anders
als gnostische Betätigung der Intelligenz – nicht durch
explicites theoretisches Wissen über die physische Umwelt
und ihre Physik, sondern auch durch die wahrgenommene
physikalische Struktur ausschlaggebend determiniert.[1]

I

Um Wissen über die Kommunikationseffekte der Unwissentlichkeit zu gewinnen, empfiehlt es sich, vorab einen kurzen Blick auf die der Wissentlichkeit zu richten. Im Gegensatz zu ›Wissen‹/›Nicht-Wissen‹ ist das Oppositionspaar ›Wissentlichkeit‹/›Unwissentlichkeit‹ mit einer psychologischen Komponente versehen. Diese unterscheidet es von einer bloßen Vorhandenheit oder Abwesenheit kognitiver Sachbestände, um so diversen Spielarten des Unbewussten Raum zu geben. Die Verhandlungen expliziten Wissens führen schnell zu institutionellen Orten, zu bestimmten Formen ihrer Aufarbeitung und entsprechenden Genres ihrer Überlieferung.[2] Bekannt sind die Szenen und Relikte dieser Form von Wissensbeherrschung, bei der kaum etwas problematisch zu sein braucht, weil man es entweder weiß oder eben nicht. In ihnen ist eine Wissentlichkeit konzeptualisiert, deren bloßes Vorhandensein institutionalisierten Ritualen des Abfragen und des Aufrufens zugänglich ist. Solche Verhandlungen expliziten Wissens kommen etwa zur Geltung, wenn die alljährlichen Fernsehfeiertagsprogramme die Nostalgie von Schulszenen mitsamt den zugehörigen Requisiten von der Tafel bis zum Schwamm heraufbeschwören. Ihren Ort haben sie in Pennälerklamotten wie der *Feuerzangenbowle*, wo eine vom Helden Hans Pfeiffer, gespielt von Heinz Rühmann, nie gemachte

---
1. Otto Lipmann, Hellmuth Bogen: Naive Physik. Arbeiten aus dem Institut für angewandte Psychologie in Berlin. Theoretische und experimentelle Untersuchungen über die Fähigkeit zu intelligentem Handeln, Leipzig 1923, 37.
2. Gegenläufig dazu ist Michael Polanyis Theorie eines *tacit knowing* angelegt. Vgl. Michael Polanyi: Implizites Wissen, Frankfurt a.M. 1985. Zur Darstellung des Wissens vgl. auch Niklas Luhmann: Die Wissenschaft der Gesellschaft, Frankfurt a.M. 1990.

Abb. 1: Filmausschnitt: Die große Schlacht des Don Camillo. Don Camillo e l'onorevole Peppone, Frankreich/Italien 1955, Regie: Carmine Gallone.

Schulerfahrung aus sentimentalen Erwägungen heraus nachgeholt werden soll, ohne dass dabei allerdings der soziale Status des Wissens in irgendeiner Weise tangiert wäre. Sehr wohl spielt der wiederum seine Rolle im Fall des kommunistischen Bürgermeisters eines kleinen italienischen Landstädtchens Giuseppe Bottazzi, auch genannt Peppone, der für seine Kandidatur als Abgeordneter um den nachträglichen Erwerb eines Volksschulabschlusses kämpft (Abb. 1). Sie alle erscheinen im Glanze schulinduzierter Auswendigkeiten. Antiquiert und zugleich mit hohem Wiedererkennungswert mutet es heute an, wenn dort vor Schultafeln abgehört und abgefragt, wenn auf-, ein- und vorgesagt wird – und zwar jene Versatzstücke, von denen wir im Rückblick als Allgemeinbildung reden und über deren allmähliches Verschwinden aus dem System des Wissens wir trefflich räsonieren. Dieses in Worte fassbare und in Spielshows wie *Wer wird Millionär?* auch finanziell skalierbare Wissen formiert einen Kanon, dessen Festschreibung und Überlieferung einer konventionalisierten Medien- und Gattungswahl geschuldet ist, etwa dem Lehrbuch. Verstöße gegen die vollumfängliche Beherrschung seiner scharf umgrenzten und binär kodierten Segmente unterliegen einer Sanktion – soziales Prestige, also Schulnoten, Führerscheine, Spielgewinne oder gar politische Karrieren wie im Fall Bottazzis sind die Motivationsräder, die eine Zirkulation expliziten Wissens am Laufen halten.[3]

---

3. An dieser Stelle sei stellvertretend auf Niklas Luhmanns Beiträge zur Pädagogik verwiesen. Vgl. Niklas Luhmann: Codierung und Programmierung: Bildung und Selektion im Erziehungssystem, in: ders.: Schriften zur Pädagogik, Frankfurt a.M. 2004, 23–47.

II

Diese Maschinerie läuft allerdings nicht nur, weil Menschen sie mitsamt ihren Motivationen intentional am Laufen halten. Als Motor für diesen Datenumsatz erweist sich vielmehr eine historische Semantik, die das Wissen auf eindeutige Zuschreibbarkeit und auf verbürgte Autor- und Urheberschaft gründet, eine Semantik, deren maximale Geltung auf den von diesem Band fokussierten Zeitraum von 1750 bis 1930 datiert und die dort, etwa im oft beschriebenen Prozess der Individualisierung, ihren Möglichkeitsgrund hat. Selbstredend geht es dabei nicht oder nicht nur um Weltgeschichte, Geographie, physikalisches Formelwissen, die Straßenverkehrsordnung, literarische Autorschaften oder um die Kenntnis von Sprichwörtern und Redewendungen, sondern es geht um schlechthin alles, was man zuschreiben kann oder zuschreiben zu können glaubt. Dafür sei ein beliebig ausgewähltes Beispiel aus einer ebenfalls beliebig ausgewählten Disziplin genannt, der Stimmforschung, die sich zu Beginn des 20. Jahrhunderts zu etablieren beginnt. Giulio Panconcelli-Calzia (1878–1966), erster Lehrstuhlinhaber für experimentelle Phonetik in Hamburg, hat sich der Wissentlichkeit seines Faches und dessen Historiographie so sehr verschrieben, dass seine akribischen Bemühungen um die Ordnung der Details fast schon Züge der Karikatur zeigen. Sein *Quellenatlas zur Geschichte der Phonetik* oder seine *Geschichtszahlen der Phonetik* versammeln in tabellarischer Ausführlichkeit, was die Stimmwissenschaft bis dato an zuschreibbaren Einzelbefunden aufzuweisen hat.[4] Dieses Beispiel macht zwei systematische Aspekte deutlich und tritt damit aus der Kasuistik beliebiger Befundlagen heraus: Zum einen erfolgt die Formatierung des Wissens nach dem Zuschnitt: »Wer hat wann wo was warum gemacht?«, einem historisch nicht kontingenten Typus, der selbst Gegenstand einer eigenen Untersuchung zu sein hätte. Und zum Zweiten kommt ein bestimmtes Moment von Unwissentlichkeit, Implizitheit und Latenz zum Tragen, das einem solchen Rekonstruktionsbemühen zugleich mit eingeschrieben ist. Mit Blick auf unbewusste Wiederholungsstrukturen wissenschaftlichen Forschens darf ein weiteres Buch mit dem unbescheiden tönenden Titel *3000 Jahre Stimmforschung* in seinem nietzscheanischen Nachsatz gar von der *Wiederkehr des Gleichen* handeln.[5] Diese Formulierung, die ja auf die nicht wissentlich, nicht intentional einholbare

---

4. Vgl. dazu Giulio Panconcelli-Calzia: Quellenatlas zur Geschichte der Phonetik, Hamburg 1940 sowie ders.: Geschichtszahlen der Phonetik [1941], hrsg. von Konrad Koerner, Amsterdam/Philadelphia 1994.
5. Giulio Panconcelli-Calzia: 3000 Jahre Stimmforschung. Die Wiederkehr des Gleichen, Marburg 1961.

Wiederkehr des besagten Gleichen zielt, konstatiert Einschränkungen für das vermeintlich freie Forscherhandeln. Diese limitieren es auf eine gewisse Weise und unterstellen die Resultate dieses Handelns, also das Wissen, einer ihm eigenen Logik und einer nicht ausschließlich personal belastbaren Übermittlung, deren blinde Flecken durch die Geschichtsschreibung wieder personal zurechenbar gemacht wird respektive gemacht werden muss.[6] Der Historiograph weiß sich dabei in einer Art epistemographischer Pflicht, für stimmige Datierungen, für richtige Vorläuferschaften und das Zurückweisen fälschlich behaupteter Autorisierungen zu sorgen. Seine Aufgabe ist es, Verzerrungen oder Verkürzungen zu vermeiden, um so die Tradierung von Wissen historisch-kritisch in Ordnung zu bringen und in Ordnung zu halten.

Es wäre hier nun ein Leichtes, eine derart angelegte Diskussion um Autorisierung auf das Feld der Literatur zu verlagern und damit dem Thema des Bandes, *Literatur und Nicht-Wissen 1730–1930,* zu entsprechen. Schnell würde man zu dem nachgerade tautologischen Befund gelangen, dass ein Großteil der historischen Beschäftigung mit Literatur ebensolchen Fragen nach der Autorschaft gegolten hat und ganze Arsenale an Theorien mitsamt ihren positivistischen und technischen Verfahren zur Folge hatte, um sie variantenreich zu klären.[7] Im Zuge solcher Aufklärungsbemühungen wird auch der Stellenwert des Plagiats eingehend behandelt und durch Verwissenschaftlichungen des Unbewussten als psychologischer Kategorie bis an die Ränder der Unmöglichkeit getrieben. So kann der amerikanische Experimentalphonetiker Edward Wheeler Scripture (1864–1945) in Reihenbefragungen von Schriftstellern gar zu einer Verabsolutierung des Unbewussten als Triebfeder im dichterischen Geschäft gelangen und die damit verbundene Unwissentlichkeit aufseiten der Dichter selbst kurzerhand zum Regelfall lyrischer Produktivität erklären. Als Konsequenz dekretiert er: »*Alle Forschungen über den Bau des Verses sind Untersuchungen über die Arbeitsweise des Unbewußten*«.[8] Bei solchen Irritationen vermeintlich einfacher Zuschreibungen durch Konzepte des Unbewussten spielt die Psychoanalyse eine über weite Strecken als dominant geltende Rolle.[9]

---

6. Zu solchen Limitierungen und der damit verbundenen Kränkung eines wissenschaftlichen Narzissmus vgl. Michel Foucault: Die Ordnung der Dinge. Eine Archäologie der Humanwissenschaften, übers. von Ulrich Köppen, 9. Aufl., Frankfurt a.M. 1990, 9f.
7. Zu den wissensgeschichtlichen Kapriolen solcher Bemühungen und namentlich zur Schallanalyse des deutschen Sprachwissenschaftlers Eduard Sievers vgl. Stefan Rieger: Schall und Rauch. Eine Mediengeschichte der Kurve, Frankfurt a.M. 2009.
8. Edward Wheeler Scripture: Äußerungen deutscher Dichter über ihre Verskunst […], in: Archiv für die gesamte Psychologie 66 (1928), 216–251, hier: 249. Vgl. ferner ders.: Whence does the Poet get the Form of his Verse?, in: Modern Languages. A Review of Foreign Letters, Science, and the Arts 5/6 (1924), 163–173.
9. Zur historischen Situierung Peter Fuchs: Das Unbewußte in Psychoanalyse und Systemtheorie. Die Herrschaft der Verlautbarung und die Erreichbarkeit des Bewußtseins,

So entbrennt, um auch hier nur ein Beispiel zu nennen, um die Frage nach der Selbstzugänglichkeit bzw. Selbstunzugänglichkeit literarischen Wissens eine Auseinandersetzung, die mit psychologischen Konzepten wie der Kryptomnesie, der Paramnesie oder dem pathologischem Plagiat das Versagen intentional ausgewiesener Wissenszuschreibungen eindrucksvoll vorführt und die mit der Plagiatsaffäre um die Promotion des vormaligen Verteidigungsministers Karl-Theodor zu Guttenberg eine Aufmerksamkeit erhalten hat, die weit über den akademischen Bereich hinausreicht. So gelangt die Medieninformatikerin Debora Weber-Wulff zu der Einschätzung, bei Guttenberg, der vom *Stern* als »Unbewusster Minister Karl-Theodor« tituliert wurde, könne es sich um einen Fall von Kryptomnesie handeln.[10] Dabei kommt neben dem Inhalt auch Formaspekten und individuellen Stileigenheiten Bedeutung zu – verbunden mit Mutmaßungen darüber, ob die Schriftsteller ein Wissen über diese Dinge haben, ob ihnen diese Aspekte ihres Schreibens überhaupt zugänglich sind oder ob sie ihnen gänzlich entzogen bleiben. Eine diffizile Logik abgestufter Übernahmen und mit dieser eine Ebene äußerst subtiler moralischer Bewertungen ist die Folge. Arno Schmidt, der als Schriftsteller selbst ausgesprochen häufig literarische Plagiate aufgedeckt hat, steht an diesem Punkt und trotz aller behaupteten Progressivität dem Stimmgeschichtsforscher kaum nach. Zwar trägt auch er graduellen Unterschieden in den Übernahmen Rechnung (und gelangt so zu Robert Gernhardts Forderung, die Literatur an diesem Punkt nicht für ein Besserwissen, aber für ein Bessermachen zu öffnen), steht aber bei all dem doch auf der Seite des Originals. Abweichungen davon, so Schmidt, seien anhand bestimmter inhaltlicher, aber auch sprachlicher Kriterien ermittelbar. Damit ist die alte Ordnung der Zuschreibung, wie sie der Experimentalphonetiker mustergültig verkörpert und wie sie durch Scripture für die Lyrik in Frage gestellt wird, wieder in ihr Recht gesetzt. Möglich wird so die gängige Moralisierung entsprechender Befunde. So heißt es bei Schmidt anlässlich eines Plagiatsverdachts gegenüber Edgar Allan Poe: »Ergebnis: die Identität der Fabel & des Details ist geradezu niederknüppelnd; die für den stillen Umbildner typischen psychischen Mechanismen sind nachweisbar. (Ei verflucht, schreibt sich das schwer, daß POE ein Dieb sey!) –«.[11]

Frankfurt a.M. 1998. Zu den Details dieser Auseinandersetzung vgl. Stefan Rieger: *Bonifaz Schleichers Jugendgeschichte. Zur Selbstunzugänglichkeit bei Christoph Martin Wieland*, in: Bettine Menke, Wolfgang Struck (Hrsg.): Wieland/Übersetzen. Sprache, Gattungen, Räume, Berlin/New York 2010, 318–331.
10. Details zu dieser Diskussion unter http://www.tagesspiegel.de/politik/guttenberg-soll-auch-seinen-lebenslauf-geschoent-haben/3864386.html [konsultiert am 05.05.2011].
11. Arno Schmidt: Der Fall Ascher, in: ders.: Aus julianischen Tagen, Frankfurt a.M. 1979, 128–140, hier: 137.

Nicht auf der Ebene literarischer Zuschreibungen, sondern auf der Ebene wissenschaftlicher Kommunikation kann eine Fallstudie aus den Kommunikationswissenschaften vergleichbare Mechanismen veranschaulichen und sie mit einer theoretischen Reflexion versehen, der wiederum der hier gewählte Titel geschuldet ist. Unter der Überschrift »*Stille Post« in der Kommunikationswissenschaft: Tradierungsfehler in der wissenschaftlichen Fachöffentlichkeit* geht ihr Verfasser Christoph Neuberger für den Bereich wissenschaftlicher Fachpublikationen und ihres bevorzugten Organs, des Lehrbuchs, der Frage nach, ob man über Fehler in den Überlieferungsketten etwas aussagen kann, das mehr wäre als eine Beispielsammlung individueller oder kollektiver Fehlleistungen.[12] Die Durchführung dieser Analyse ist dabei weniger aussagekräftig als ihre Motivation, positives Wissen über korrupte Überlieferungsketten zu generieren. Anhand von ausgewählten Mythen seines eigenen Fachgebietes will Neuberger dem nachgehen und durchforstet dazu die einschlägigen Fachlehrbücher der Kommunikationswissenschaft. Der dabei betriebene empirische Aufwand ist enorm. Vorausgesetzt wird dabei, dass es einen Kanon solcher Lehrbücher gibt, diese werden dann auf bestimmte Aspekte hin systematisch untersucht und die Befunde tabellarisch aufgeschrieben. Um es auf zwei Fälle zu beschränken: Eines der Beispiele gilt der angeblichen Massenpanik, die der Film *Ankunft eines Zuges* der Brüder Lumière bei seiner Vorführung 1896 ausgelöst haben soll. Ein weiteres gilt der Übernahme einer ungeprüften These, dem sogenannten Riepl'schen Gesetz, nach dem alte Medien nicht verdrängt werden, sondern überleben, wenn neue Medien auftauchen – vorausgesetzt, sie verlagern ihre Funktion. Formuliert wurde dieses ›Grundgesetz der Entwicklung des Nachrichtenwesens‹ im Jahre 1913 durch den Altphilologen und Chefredakteur der Nürnberger Zeitung Wolfgang Riepl in seinem Buch *Das Nachrichtenwesen des Altertums. Mit besonderer Berücksichtigung der Römer*, das für eine bestimmte Ausrichtung der Medienwissenschaft zu einem ihrer wenigen Gründungstexte hat werden sollen und das sich dort nahezu mit Gesetzeskraft bis heute gehalten hat. In der Formulierung Friedrich Kittlers: »Neue Medien machen alte nicht obsolet, sie weisen ihnen andere Systemplätze zu«.[13]

---

12. Christoph Neuberger: »Stille Post« in der Kommunikationswissenschaft: Tradierungsfehler in der wissenschaftlichen Fachöffentlichkeit, in: Klaus Merten (Hrsg.): Konstruktion von Kommunikation in der Mediengesellschaft. Festschrift für Joachim Westerbarkey, Wiesbaden 2009, 231–262.
13. Friedrich Kittler: Geschichte der Kommunikationsmedien, in: Jörn Huber, Alois Martin Müller (Hrsg.): Raum und Verfahren. Interventionen 2, Basel/Frankfurt a.M./Zürich 1993, 169–188, hier: 178.

Was Neubergers quantitative Studie zutage fördert, findet in der ›Stillen Post‹ den Rahmen einer adäquaten theoretischen Beschreibung. Durch unterschiedliche Unschärfen in den Ketten der Überlieferung verfestigt sich, was als wissenschaftliche Mythen zu entlarven sein Anliegen ist. Der Effekt der ›Stillen Post‹ ist damit schnell benannt: Es sind in der Regel negative, einem am Original ausgerichteten und daher als richtig geltenden Überlieferungsgeschehen nicht standhaltende Effekte, die sich einschleichen, die aus welchen Gründen auch immer das Wissen verfälschen. Diese reichen vom einfachen Irrtum bis zur willentlichen Täuschung zur Schaffung eines Vorteils – indem man etwa die Überlieferungskette unterbricht und sich selbst als Autor ausweist. Verlässt man diese Fallstudie aus den Kommunikationswissenschaften, so überlebt die ›Stille Post‹ mitsamt ihrer negativen Semantik auch in der öffentlichen Kommunikation. Dort ist der Begriff prädestiniert zur Beschreibung von Vorfällen, die der Streuung von Gerüchten gelten.[14] Als Schaltstellen werden gerne massenmediale Phänomene aus der Welt der Politik und des Journalismus angeführt, und häufig wird zur Bestätigung der Wirkmacht und der Hartnäckigkeit derartiger Überlegungen auf bestimmte Geschichten verwiesen, die fast schon ein eigenes Genre ausmachen – etwa jene aus dem 17. Jahrhundert, die von einem Edelmann als Hund handelt, oder eine neuere Alltagsmythe, die den Alligatoren in den Abflusskanälen amerikanischer Großstädte gilt. All diese Geschichten haben gemeinsam, dass sich ihr Ursprung im Nichts verläuft.[15] Dieses Negativbild führt nicht nur zur Diskreditierung im Rahmen öffentlicher Berichterstattung.[16] In der Unternehmensführung findet sie im Kontext von Mobbingstrategien Beachtung, selbstredend macht sie sich beim Dolmetschen negativ bemerkbar, und selbst für bestimmte Formen der Familiengeschichtsschreibung wird sie herangezogen – wie im Fall von Christina von Brauns Annäherung an die eigene Biographie, die ebenfalls den Titel *Stille Post* trägt.[17] Damit ist zugleich die Stoßrichtung vorgegeben, mit der man sich

---

14. Jean-Noel Kapferer: Gerüchte. Das älteste Massenmedium der Welt, Berlin 1996; Jürgen Brokoff u.a. (Hrsg.): Die Kommunikation der Gerüchte, Göttingen 2008.
15. Rolf Wilhelm Brednich: Der Edelmann als Hund. Eine Sensationsmeldung des 17. Jahrhunderts und ihr Weg durch die Medien der Zeit, in: Fabula 26/1–2 (1985), 29–57. Vgl. dazu auch ders.: Die Spinne in der Yucca-Palme. Sagenhafte Geschichten von heute, 4. Aufl., München 2007.
16. Unter der Überschrift »Schlampenschlamperei mit Curry« führt der medienkritische BILDblog vor, wie die Boulevardmedien »Stille Post« spielen: www.shortnews.de/.../Gossenjournalismus-trifft-Stille-Post-Pottschalk-im-BILDblog-unter-Beschuss [konsultiert am 17.01.2011].
17. Vgl. für den Stille-Post-Effekt beim Dolmetschen im EU-Parlament: http://www.sochorek.cz/de/pr/blog/1137156508-stilleposteffekt-beim-dolmetschen-im-euparlament.htm [konsultiert am 17.01.2011]. Für die Modellierung biographischer und alltagspragmatischer Zusammenhänge vgl. Christina von Braun: Stille Post. Eine andere Familiengeschichte, Ber-

mit den Effekten dieses Phänomens auseinanderzusetzen hat: Die Beschäftigung mit den Kommunikationseffekten stiller Post hat in der Regel die Stoßrichtung und den Impetus klassischer Kritik.[18]

III

Aber die ›Stille Post‹, die im Englischen als ›Chinese whispers‹, ›Broken Telephone‹ oder ›Arab Phone‹ kursiert und damit neben einer Institution, der Post, zugleich einem technischen Medium Rechnung trägt, kann sich auch anders profilieren und Gehör verschaffen. In den Fokus der Aufmerksamkeit vermag sie vielmehr als positive Größe zu treten, genauer noch, als eine Größe, die ihrerseits positive Effekte für das Wissen hat. Unwissentlichkeit und Nicht-Wissen werden somit nicht nur privativ bestimmt, etwa in Form des Entzugs oder des Vorenthaltens, als ein bloßes Fehlen von Information und Wissen, als Unverfügbarkeit, sondern als etwas, das umgekehrt aus welchen Gründen auch immer allererst hergestellt oder gesucht werden muss – und das teilweise mit einigem Aufwand. Unwissenheit und Unwissentlichkeit müssen regelrecht betrieben werden. Das unterscheidet sie von eher deskriptiven Zugängen, wie sie prominent und theoretisch ausgearbeitet mit Michael Polanyis Konzept eines impliziten Wissens vorliegen.[19]

Auf dieser Wendung von der Beschreibung eines Wissens hin zu seiner Induzierung und Inbetriebnahme soll im Folgenden das Augenmerk liegen. Mit dieser Fokussierung verkehren sich das bekannte Kinderspiel von der ›Stillen Post‹ und sein pädagogischer Exemplifizierungscharakter von den Verzerrungseffekten in verrauschten Überlieferungsketten in eine wenig verspielte Konstellation zur Erzeugung oder Überprüfung von positiv belangbarem Wissen. Das nimmt der ganzen Anordnung auch etwas von ihrem moralinsauren Ton, der den Verdacht artikuliert, die Flüsterpost würde Gerüchte in die Welt setzen und sie dort am Laufen halten. Die List solcher ›Stillen Post‹ ist vielfältig und vielerorts zu finden. Im Folgenden seien dafür einige Beispiele genannt,

---

lin 2007; sowie Harald Welzer: Stille Post oder die alltägliche Weitergabe von Geschichte, in: Psychologie heute 28/5 (2001), 38–43. Welzer ist für die sogenannte Weitererzählforschung einschlägig.

18. Um an dieser Stelle wenigstens eine positive Ausnahme und mit ihr eine universale Verwendung der ›Stillen Post‹ zu benennen, vgl. die Rezension von Jörg Lau in der Wochenzeitschrift *Die Zeit* über Peter Fuchs: Die Metapher des Systems. Studien zu der allgemein leitenden Frage, wie sich der Tänzer vom Tanz unterscheiden lasse, Weilerswist 2001. Dort wird die gesamte Systemtheorie auf das Prinzip der ›Stillen Post‹ zurückgerechnet. Vgl. DIE ZEIT, Nr. 23, 31.05.2001.

19. Dazu Polanyi (Anm. 2).

denen es darum zu tun ist, ein nicht systemimmanentes Wissen abzuleiten und zu funktionalisieren: zum einen bei der Auffüllung von Lücken zwischen den Gliedern irgendwelcher Ketten und zum anderen bei der Fortführung einer künstlich abgebrochenen Ausgangskonstellation. So untersuchen, um gleich dem Telefon das Wort zu geben, Elektrotechniker und Ohrenärzte zu Beginn der telefonischen Moderne, welche Effekte die Unschärfe im Kanal für die Übertragung hat – und schnell wendet man sich von Außenbedingungen natürlicher Rauschquellen wie Wind und Wetter ab und der Verrauschung des Materials selbst zu.[20] Der Einsatz sogenannter Unsinns- oder Kunstsilben, wie ihn die *Aufschreibesysteme* Friedrich Kittlers in ihrer Bedeutung für die Literatur zu würdigen wussten, hat hier seinen systematischen Ort. Elektrotechniker wie Hans Ferdinand Mayer aus dem Zentrallaboratorium von Siemens & Halske unternehmen »Verständlichkeitsmessungen an Telephonieübertragungssystemen«, deren Ziel es ist, durch strategische Verrauschung etwa durch besagte Kunstsilben oder durch natürliche Faktoren wie das »Fernsprechen in Lärm und Wind« ein Wissen zu generieren, das an die Optimierung der technischen Übertragung rückgekoppelt ist.[21] Der Ohrenarzt Hermann Gutzmann machte sich derlei Unschärfe strategisch zunutze und fördert gerade anlässlich telefonisch gehaltener Übermittlungen den einschlägigen Befund zutage, dass Hören und Verstehen zwei unterschiedliche Dinge sind und dass die ergänzende und erschließende, fast möchte man sagen, die konfabulierende Phantasie eine zentrale Rolle schon auf der Ebene vermeintlich bloßer Perzeptionsleistungen einnimmt.[22] Die Rundfunk- und Fernsehikone Ilse Obrig, ihres Zeichens Erfinderin der deutschen *Kinderstunde,* hat mit einer Arbeit promoviert, deren Anlage ebenfalls Ausgangbedingungen benutzt, die denen der ›Stillen Post‹ verwandt sind. Dazu sollen Kinder eigens korrumpierte, weil eben nur angefangene Geschichten weitererzählen – so der Titel, der zugleich der ganzen Untersuchung ihren Weg weist.[23] Anhand der individuellen Besonderheiten der weitererzählten Geschichten wird es möglich, Alters- und Entwicklungsstufen gegeneinander zu halten, Reifeverzögerungen zu identifizieren und ähnliches mehr. In einem Regelkreis von Indi-

---

20. W. Janovsky: Fernsprechen in Lärm und Wind, in: Siemens. Veröffentlichungen aus dem Gebiete der Nachrichtentechnik 7/5 (1937), 873–878.
21. Hans Ferdinand Mayer: Verständlichkeitsmessungen an Telephonieübertragungssystemen, in: Elektrische Nachrichtentechnik 4/4 (1927), 184–188.
22. Dazu Hermann Gutzmann: Über Hören und Verstehen, in: Zeitschrift für angewandte Psychologie und psychologische Sammelforschung 1 (1908), 483–503.
23. Ilse Obrig: Kinder erzählen angefangene Geschichten weiter, Berlin 1934. Ein ähnliches Verfahren liegt den sogenannten *squiggle-games* zugrunde, die der englische Kinderarzt und Psychoanalytiker Donald Winnicott zur Kommunikation mit Kindern verwendet. Vorgegeben wird dabei eine Kritzelei, die von den Kindern fortgeführt wird.

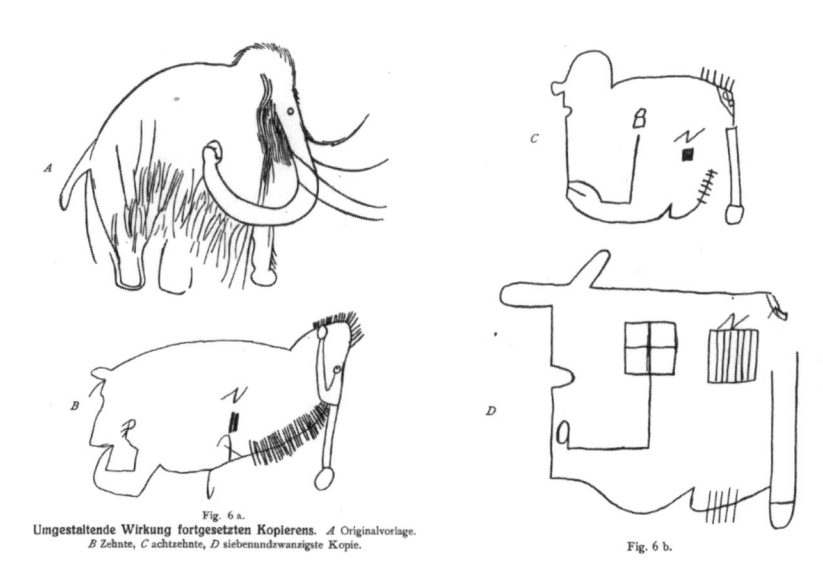

Fig. 6 a.
Umgestaltende Wirkung fortgesetzten Kopierens. *A* Originalvorlage.
B Zehnte, *C* achtzehnte, *D* siebenundzwanzigste Kopie.

Fig. 6 b.

(Links) Abb. 2: Max Verworn: Ideoplastische Kunst. Ein Vortrag, Jena 1914, 12, Fig. 6a.
(Rechts) Abb. 3: Max Verworn: Ideoplastische Kunst. Ein Vortrag, Jena 1914, 13, Fig. 6b.

vidualisierung und Kodifizierung zielt ihre Anleitung darauf ab, individuelle Unterschiede im Weiterspinnen der Ausgangserzählung hervorzurufen, um diese dann in die Theoriebildung entwicklungspsychologischer Befunde einzuspeisen.

Aber die ›Stille Post‹ funktioniert auch mit anderen Darstellungsmitteln als mit Buchstaben, Silben oder kleinen Narrationen.[24] Eine ›Stille Post‹ funktioniert durchaus auch mit Bildern. So fand ihr Prinzip Eingang in eine Debatte über kunstgeschichtliche Überlieferungen, wie sie namentlich der Physiologe Max Verworn (1863–1923) anlässlich einer Theorie wiederholten Kopierens entwickelt hat. Der Anlass ist ein Vortrag Verworns mit dem Titel *Ideoplastische Kunst* aus dem Jahr 1914. Um zu klären, wie es zu bestimmten realen Effekten der Bildveränderung über große Zeiträume der Malerei in der Steinzeit hat kommen können, stellt er den Prozess der Überlieferung kurzerhand nach, indem er Schulkindern seiner Jetztzeit Zeichnungen vorlegt, diese wiederholt und unter Vermeidung des originalen Originals immer weiter abmalen lässt und so jene Mechanismen sichtbar werden lässt, die im Realen der

---

24. Ein weiteres Beispiel liefern Übermittlungsketten im Rahmen des Spiritismus. Vgl. dazu Ferdinand von Neureiter: Wissen um fremdes Wissen auf unbekanntem Wege erworben. Eine experimentelle Untersuchung, Gotha 1935. Für die Pädagogik vgl. auch Hans-Peter Langfeldt: ›Stille Post‹ – Oder: Die Rezeptionsgeschichte unterrichtlich bedeutsamer Untersuchungen von Düker und Tausch (1957). Über die Wirkung der Veranschaulichung von Unterrichtsstoffen auf das Behalten, in: Unterrichtswissenschaft 2 (2001), 98–107.

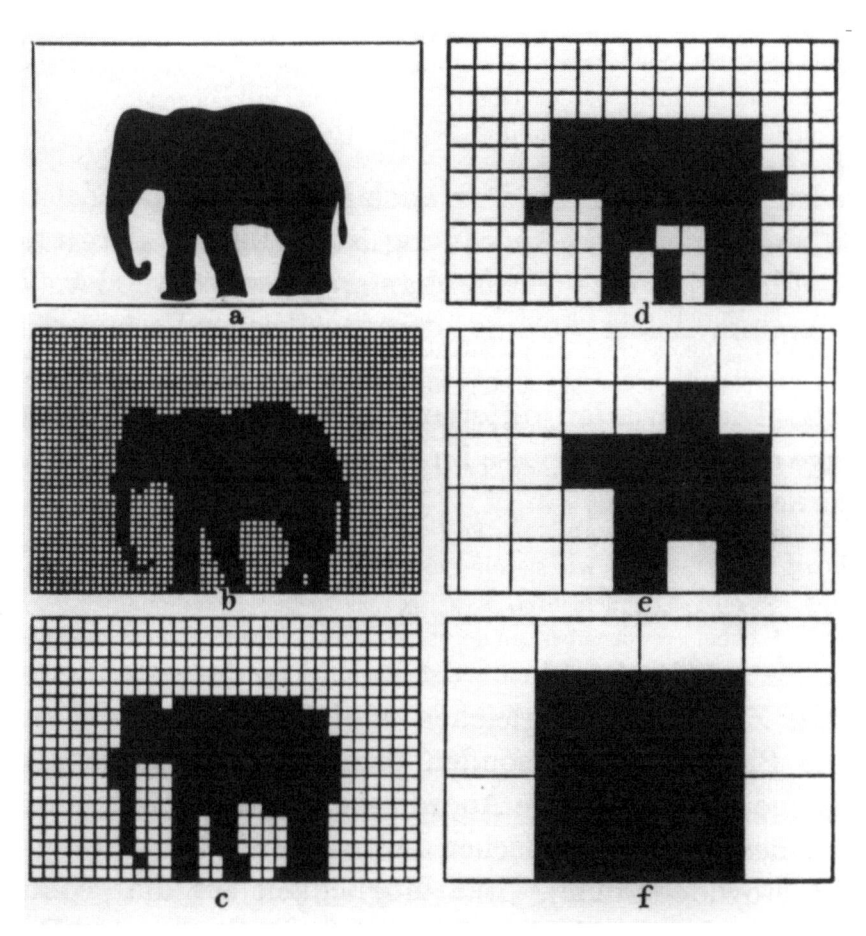

Abb. 4: Karl Steinbuch: Automat und Mensch. Auf dem Weg zu einer kybernetischen Anthropologie, 4., neubearbeitete Aufl., Berlin/Göttingen/Heidelberg 1971, 111, Bild 51.

Bildwerdung den einzelnen Agenten ihr Malwerkzeug führte (Abb. 2, 3 und 4).[25] Jene gleichermaßen simulierten wie stimulierten Transformationen, die im allmählichen Prozess der unwissentlichen Bildverfertigung bei den Kindern zutage treten, versucht Verworn für eine Theorie kunstwissenschaftlicher Formveränderung und damit für die Beschreibung sehr lang angelegter Sachverhalte zu bemühen. Diese mündet, kurz gesagt und schnell gezeigt, in einen Prozess der zunehmenden Abstraktion, genauer noch, der ornamentalen Umformung figuraler Motive, die er für die »nachpaläolithischen Perioden«

---

25. Zu den Details vgl. Stefan Rieger: Ungewollte Abstraktion. Zur Auflösung in der optischen Datenverarbeitung, in: Claudia Blümle, Armin Schäfer (Hrsg.): Struktur – Figur – Kontur. Abstraktion in Kunst und Lebenswissenschaften, Zürich/Berlin 2007, 159–171.

geltend macht. Wie er – performativ stimmig – ausgerechnet an einem Mammut veranschaulicht, werden dabei »die ornamental wirksamen Elemente des figuralen Gegenstandes« betont. Die visuelle Umsetzung seiner ›Stillen Post‹ beschreibt Verworn wie folgt:

> Die Vorlage bildete eine genaue Kopie des Bildes eines Mammuts aus der Höhle von Combarelles. Die Kopien wurden angefertigt von 9- bis 12-jährigen Kindern in verschiedenen Dörfern. Die erste Kopie diente als Vorlage für die zweite, die zweite als Vorlage für die dritte usf., so daß jedes Mal ein anderes Kind kopieren mußte. Das Resultat war das Beifolgende (Fig. 6). Aus dem Bilde eines Mammuts, das sehr bald entstellt und unverständlich wurde, war schließlich ein hausähnliches Gebilde geworden.[26]

Kinder sind für Verworns ›Stille Post‹ als Posten im Transformationsgeschehen deswegen so ideal, weil sie, ohne es selbst zu wissen und deswegen intentional steuern zu können, ihrerseits Wissen preisgeben. »Das moderne Kind«, so heißt es bei Verworn über den Regelkreis zwischen Wahrnehmung und kognitiver Verarbeitung und damit zur Motivation seiner Agentenwahl, »zeichnet gar nicht, was es gesehen hat, sondern was es gelernt hat und weiß.«[27]

IV

Was immer Menschen wissen oder was andere glauben, ihnen als Wissen unterstellen und zuschreiben zu können, die ›Stille Post‹ bringt es an den Tag. Wie in einer Inversion der kritikheischenden und aufklärungsbedürftigen Ausgangsanordnung kann die Verfälschung positiv gesetzt werden, um in Form von Verworns Schulkindermammutgraphie Veränderungsmechanismen nachzustellen, die sich im Original über lange Zeiten erstreckt haben und in den Kopierkreisläufen der Kinder wie im Zeitraffer simuliert werden. Auf diese Weise positioniert sich die ›Stille Post‹ in der Ordnung des Wissens, oder anders gesagt, sie positioniert das Wissen selbst in unterschiedlichen Ordnungen. Damit steht sie am anderen Ende dessen, wofür der bildungsbeflissene Bürgermeister Peppone beim nachträglichen Erwerb eines Schulabschlusses stand: ein gefügtes, auf eine bestimmte Weise überliefertes und für einen bestimmten Zeitraum gültiges Allgemeinwissen, dessen Beherrschung Gesellschaften ausdifferenziert und, wendet man, durch die Pisa-Studie geschockt,

---

26. Max Verworn: Ideoplastische Kunst. Ein Vortrag, Jena 1914, 11.
27. Ebd., 45.

den Blick etwa nach China, in einen Wettbewerb globalen Ausmaßes einspannt. Diesem positiven und expliziten Wissen stehen zwei Spielarten impliziten Wissens gegenüber, die beide unter den Kinderspieltitel ›Stille Post‹ zu fassen sind. Zum einen jene deskriptive ›Stille Post‹, die einer Semantik des Pejorativen geschuldet ist. Diese hält an Originalen und einer entsprechenden Überlieferung fest und erzeugt ein positives Wissen, indem sie, wie im Fall literarischer Übernahmen, die Ketten der Überlieferung philologisch oder, wie in der kommunikationswissenschaftlichen Studie Neubergers, Verfälschungen empirisch zu rekonstruieren sucht. Und es gibt die operative ›Stille Post‹, die hier in zwei Ausprägungen vorlag: zum einen in der Dimension der Verrauschung wie bei den Telefonuntersuchungen und in der Nachstellung der ornamentalen Abstraktion, deren Mechanismus Verworns Versuchsaufbau ans Licht fördert; zum anderen in der Hervorrufung jenes impliziten Wissens, das wie im Fall Ilse Obrigs durch Unvollständigkeit provoziert wird. Unter Verzicht auf ein Original wird die Ausgangskonstellation zu einer Komplettierung freigegeben, die ihrerseits gesättigt von Wissen und daher alles andere als kontingent ist.[28] In den Weisen der Vervollständigung steckt selbst ein Code, nicht einer der expliziten Auswendigkeit wie bei Don Camillo, sondern einer, der internalisiert ist und der von internalisierten Tools handelt. Was die Fortführungen zeigen, ist die Beherrschung von Kategorien wie Kausalität, zeitlicher und räumlicher Stimmigkeit, von semantischen und erzählgrammatischen Strategien, kurz die Beherrschung einer bestimmten Form narrativer Intelligenz. Auf der Ebene ihrer Effekte sind die Abfrage Peppones und das zögernde Fortführen einer narrativen Ausgangslage bei den Kindern Ilse Obrigs solidarisch. Sie machen die Mitglieder nachmaliger Wissensgesellschaften füreinander transparent, weil gegeneinander differenzierbar.[29]

Welcher Stellenwert der vermeintlichen Unwissentlichkeit zukommt, sollen zwei Verwendungsweisen abschließend vor Augen halten. Unter dem Titel *Resonanzen des Suchens: interdisziplinäres Kunstprojekt Stille Post!* setzt eine Künstlergruppe die Produktivkräfte der ›Stillen Post‹ in Szene und stellt den unfreiwilligen Effekt gezielt nach. Die Ketten der Transformierung stehen dabei nicht als Analyseinstrument für bestimmte Aspekte kunsthistorischer

---

28. Dieses Ausfransen von Narrationen wird als Strategie im Rahmen eines Denkens von Szenarien eingesetzt. Vgl. Thomas Brandstetter, Claus Pias, Sebastian Vehlken: Think-Tank-Denken. Zur Epistemologie der Beratung, in: dies. (Hrsg.): Think Tanks. Die Beratung der Gesellschaft, Berlin/Zürich 2010, 17–57, hier: 54.
29. Dabei kommt es zu eigentümlichen Konstellationen, bei denen die kulturelle Überlieferung aus den Ketten mit einigem Aufwand künstlich herausgehalten und -gerechnet werden muss. Vgl. zur amerikanischen Rekrutierungspraxis Claus Pias: »Greatest Common Knowledge. Über Kulturen und wie man sie erfolgreich ignoriert«, Vortrag gehalten am 21.12.2010 an der Tagung »Vollstes Verständnis. Utopien der Kommunikation«, Bochum.

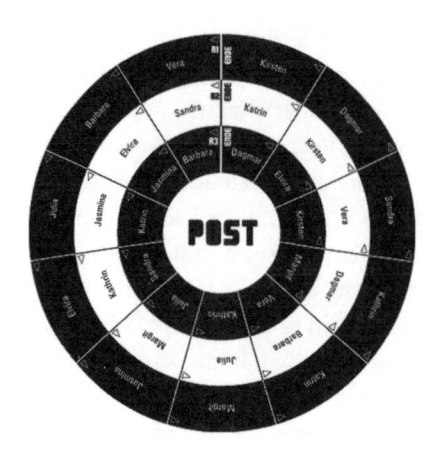

Abb. 5.: Adressschema einer ›Stillen Post‹.
Quelle: http://www.iversity.org/upload/
images/groups/0000/5043/kreisgrafik_large.
gif.

Überlieferung wie im Fall Verworns ein, sondern sie dienen als Generator für die Produktion künstlerischer Artefakte: »Die Regeln des Kinderspiels übersetzte die Gruppe in einen künstlerischen Arbeitsprozess, indem die Beteiligten ihre Werke den Mitspielerinnen zur Transformation übergeben haben.«[30] Den Postweg regelt dabei das obenstehende Adressschema (Abb. 5).

Ein letztes Beispiel bietet sich dort, wo es um jene Kategorie des Unbewussten geht, die sich für die Zuschreibungsbemühungen als so intrikat erwiesen hat. Als der Wiener Psychiater Otto Pötzl 1917 im Text *Experimentell erregte Traumbilder in ihren Beziehungen zum indirekten Sehen* davon handelt, mithilfe seiner Anordnung Grundannahmen der Freud'schen Psychoanalyse zu bestätigen oder sie zu widerlegen, stößt er auf ein Problem, das für den Agentenstatus in Wissensgesellschaften zunehmend virulent werden dürfte.[31] Er begibt sich auf die Suche nach Agenten der Unwissentlichkeit, die mit ihrem Nicht-Wissen einen blinden Fleck verkörpern, den er für die Ableitung seiner Ergebnisse benötigt. Dazu setzt er auf die Theorieblindheit seiner Probanden, und er setzt auf die Ungeläufigkeit des Bildmaterials, mit dem er experimentell zu arbeiten gedenkt:

---

30. Universität der Künste Berlin (Hrsg.): Resonanzen des Suchens. Interdisziplinäres Kunstprojekt – Stille Post!, Berlin 2007, 6. Zu einem weiteren Projekt vgl. auch Angelika Böck, Stefan Eisenhofer (Hrsg.): Stille Post. Versuchsanordnungen in Wissenschaft und Kunst. Angelika Böck und Hans Himmelheber, München 2004.
31. Zur technischen Umsetzung von theoretischer Blindheit und visueller Ungeläufigkeit sowie zur Sicherstellung eines ›streng unwissentlichen Verfahrens‹ vgl. Stefan Rieger: Experimentelle Bilddatenverarbeitung. Anmerkungen zur technischen Konstruktion von Allegorien in den Wissenschaften vom Menschen, in: Eva Horn, Manfred Weinberg (Hrsg.): Allegorie. Konfigurationen von Text, Bild und Lektüre, Opladen 1998, 274–291.

Experimentiert wurde im streng unwissentlichen Verfahren. Zur Exposition wurde eine Serie von Diapositiven benützt, die für die Firma Reichert hergestellt worden waren; sie waren der Öffentlichkeit bisher unbekannt geblieben und auch Verf. hat sie erst bei den Versuchen kennengelernt; jedes Bild wurde im allgemeinen nur zu diesem einzigen Versuch verwendet; die Vp. [Versuchspersonen] wurden aus möglichst verschiedenen Kreisen gewählt und es wurde mit jeder, eine einzige ausgenommen, nur ein einziger Versuch gemacht. [...] Im allgemeinen wurden Personen, die sich selbst mit Traumanalysen im Sinne der Freudschen Schule beschäftigten, vermieden, da die Versuche Personen betreffen sollten, die möglichst wenig in die Mechanismen des Traumes eingeweiht sind.[32]

Blinde Flecken als Orte der Wissensproduktion zu veranschlagen, ist eine Sache. Unter den medialen Bedingungen gesteigerter Wissenszirkulation aber tatsächlich noch Agenten zu finden, die diese auch verkörpern, das ist eine andere. Die Suche nach Agenten des Nicht-Wissens dürfte sich zunehmend schwieriger gestalten.

---

32. Otto Pötzl: Experimentell erregte Traumbilder in ihren Beziehungen zum indirekten Sehen, in: Zeitschrift für die gesamte Neurologie und Psychiatrie, Bd. 37 (1917), 278–349, hier: 283.

Zu den Autorinnen und Autoren

Michael Bies Dr., seit 2011 wissenschaftlicher Mitarbeiter am Deutschen Seminar der Leibniz Universität Hannover. Forschungsschwerpunkte: Literatur- und Wissensgeschichte seit dem 18. Jahrhundert; Darstellungsformen von Wissen; Literatur und Ethnologie; Poetiken des Einfallens, Herstellens und Erfindens.
Publikationen: »Es ist ein Laboratorium, ein Laboratorium für Worte«. Experiment und Literatur III: 1890–2010, Göttingen 2011 (hrsg. zus. mit Michael Gamper); Im Grunde ein Bild. Die Darstellung der Naturforschung bei Kant, Goethe und Alexander von Humboldt, Göttingen 2012.

Roland Borgards Prof. Dr., Professor für Neuere Deutsche Literaturwissenschaft an der Universität Würzburg. Forschungsschwerpunkte: Tier; Improvisation; Schmerz; Büchner.
Publikationen: Sprache als Bild. Handkes Poetologie und das 18. Jahrhundert, München 2003; Poetik des Schmerzes. Physiologie und Literatur von Brockes bis Büchner, München 2007; Bann der Gewalt. Studien zur Literatur- und Wissensgeschichte, Göttingen 2009 (hrsg. zus. mit Maximilian Bergengruen).

Rüdiger Campe Prof. Dr., Professor and Chair am Department of Germanic Languages and Literatures an der Yale University. Forschungsschwerpunkte: Wissensgeschichte der Literatur seit der Frühen Neuzeit; barockes Theater; Geschichte der Rhetorik und Ästhetik des 18. Jahrhunderts; der moderne Roman; Theorie der Fürsprache.
Publikationen: Affekt und Ausdruck. Zur Umwandlung der literarischen Rede im 17. und 18. Jahrhundert, Tübingen 1990; Spiel der Wahrscheinlichkeit. Literatur und Berechnung zwischen Pascal und Kleist, Göttingen 2002.

Susanne Düwell Dr., wissenschaftliche Mitarbeiterin für Literaturwissenschaft an der Ruhr-Universität Bochum im DFG-Forschungsprojekt »Fall-Archive«. Forschungsschwerpunkte: Holocaustliteratur; deutsch-jüdische Literatur; Musik und Text; Fallgeschichten.
Publikationen: Narrative der Shoah. Repräsentationen der Vergangenheit in Historiographie, Kunst und Politik, Paderborn 2002 (hrsg. zus. mit Matthias Schmidt); »Fiktion aus dem Wirklichen«. Strategien autobiographischen Erzählens im Kontext der Shoah, Bielefeld 2004; »Das Politische hat jede Aussage angesteckt« – Familienverhältnisse in der deutsch-jüdischen Gegenwartsliteratur, in: Tel Aviver Jahrbuch für Geschichte 36 (2008): Mütterliche Macht und väterliche Autorität. Elternbilder im deutschen Diskurs.

Michael Gamper Prof. Dr., seit 2011 Professor für Deutsche Literatur mit dem Schwerpunkt Kultur- und Wissensgeschichte an der Leibniz Universität Hannover. Forschungsschwerpunkte: Kulturgeschichte des Wissens; Literatur und Wissenschaft; Verflechtungsgeschichte von Wissen und Ästhetik; gesellschaftliches Imaginäres und Kollektivphänomene; Massenkultur/Unterhaltung/Popularität.
Publikationen: »Die Natur ist republikanisch«. Zu den ästhetischen, anthropologischen und politischen Konzepten der deutschen Gartenliteratur im 18. Jahrhundert, Würzburg 1998; Masse lesen, Masse schreiben. Eine Diskurs- und Imaginationsgeschichte der Menschenmenge 1765–1930, München 2007; Elektropoetologie. Fiktionen der Elektrizität 1740–1870, Göttingen 2009.

Achim Geisenhanslüke Prof. Dr., seit 2004 Professor für Deutsche Philologie an der Universität Regensburg. Forschungsschwerpunkte: Literaturtheorie; Klassisches Drama; Moderner Roman und Lyrik; Gegenwartsliteratur.
Publikationen: Foucault und die Literatur. Eine diskurskritische Untersuchung, Opladen 1997; Der Buchstabe des Geistes. Postfigurationen der Allegorie von Bunyan zu Nietzsche, München 2003; Dummheit und Witz. Poetologie des Nichtwissens, München 2011.

Rainer Godel PD Dr., zur Zeit Max Kade Distinguished Visiting Professor am Department of German an der University of Wisconsin, Madison; Wissenschaftlicher Koordinator und Stellvertretender Sprecher des Landesforschungsschwerpunkts »Aufklärung – Religion – Wissen« an der Martin-Luther-Universität Halle-Wittenberg. Forschungsschwerpunkte: (Popular-)Philosophie; Anthropologie und Literatur der europäischen (Spät-)Aufklärung und der Weimarer Klassik; Literatur und Nichtwissen; Literatur des Nationalsozialismus; Stadtwahrnehmung/Stadtroman; Mythos und Erinnerung in der Literatur der Gegenwart.
Publikationen: Vorurteil – Anthropologie – Literatur. Der Vorurteilsdiskurs als Modus der Selbstaufklärung im 18. Jahrhundert, Tübingen 2007; Wezel-Jahrbuch 12/13 (2009/2010): Erzählen im Umbruch. Narration 1770–1810 (hrsg. zus. mit Matthias Löwe); Formen des Nichtwissens der Aufklärung, München 2010 (hrsg. zus. mit Hans Adler).

Manuela Günter Prof. (apl.) Dr., seit 2008 Akademische Oberrätin am Institut für deutsche Sprache und Literatur I der Universität Köln. Forschungsschwerpunkte: Literatur des 19. und 20. Jahrhunderts; Shoah-Literatur; gender/cultural studies; Mediengeschichte der Literatur; Literaturzeitschriften des 19. Jahrhunderts; Theorie und Geschichte literarischer Unterhaltung.

Publikationen: Anatomie des Anti-Subjekts. Zur Subversion autobiographischen Schreibens bei Siegfried Kracauer, Walter Benjamin und Carl Einstein, Würzburg 1996; Überleben schreiben. Zur Autobiographik der Shoah, Würzburg 2002 (Hrsg.); Im Vorhof der Kunst. Mediengeschichten der Literatur im 19. Jahrhundert, Bielefeld 2008.

Dieter Heimböckel Prof. Dr., Professor für Literatur und Interkulturalität an der Universität Luxemburg. Forschungsschwerpunkte: Neuere deutsche Literatur vom 18. Jahrhundert bis zur Gegenwart; Interkulturalität; Literaturtheorie, Gattungspoetik; Moderne und Nichtwissensforschung.

Publikationen: Walther Rathenau und die Literatur seiner Zeit. Studien zu Werk und Wirkung, Würzburg 1996; Emphatische Unaussprechlichkeit. Sprachkritik im Werk Heinrich von Kleists. Ein Beitrag zur literarischen Sprachskepsistradition der Moderne, Göttingen 2003; Zwischen Provokation und Usurpation. Interkulturalität als (un)vollendetes Projekt der Literatur- und Sprachwissenschaften, München 2010 (hrsg. zus. mit Irmgard Honnef-Becker, Georg Mein und Heinz Sieburg); Kein neues Theater mit alter Theorie. Stationen der Dramentheorie von Aristoteles bis Heiner Müller, Bielefeld 2010.

Eva Johach Dr., Forschungsstipendiatin der DFG an der Professur für Wissenschaftsforschung der ETH Zürich mit einem Forschungsprojekt zur Wissensgeschichte von Insektengesellschaften. Forschungsschwerpunkte: Menschliche und tierische Kollektive; Wissensformen zwischen Literatur und Wissenschaft; die Geschichte des Unbewussten; Krankheitstheorien und Sozialpathologien; moderne Esoterik.

Publikationen: Krebszelle und Zellenstaat. Zur medizinischen und politischen Metaphorik in Rudolf Virchows Zellularpathologie, Freiburg i.Br. 2008; Das Unbewusste. Krisis und Kapital der Wissenschaften. Studien zum Verhältnis von Wissen und Geschlecht, Bielefeld 2009 (hrsg. zus. mit Christina von Braun und Dorothea Dornhof); ilinx. Berliner Beiträge zur Kulturwissenschaft 2 (2011): Mimesen (hrsg. zus. mit Jasmin Mersmann und Evke Rulffes).

Tobias Lachmann M. A., Chercheur en formation doctorale an der Université du Luxembourg. Dissertationsprojekt mit dem (Arbeits-)Titel »Poetiken verborgenen Wissens und das panoptische Erzählmodell. Interdiskursivitäten um 1800«. Forschungsschwerpunkte: Literatur des 18. bis 21. Jahrhunderts, vor allem Literatur und (Nicht-)Wissen; kulturwissenschaftlich orientierte Literaturwissenschaft; Diskurstheorie.

Publikationen: Archäologie oder Restauration? – Zur narrativen Re/konstruktion von Gewesenem in W. G. Sebalds *Die Ausgewanderten,* in: Rüdiger Sareika (Hrsg.):

»Im Krebsgang«. Strategien des Erinnerns in den Werken von Günter Grass und W.G. Sebald, Iserlohn 2006; Politische Schreib(-)Szene Exil. Zu Klaus Manns Emigrantenroman *Der Vulkan*, in: Claas Morgenroth, Martin Stingelin, Matthias Thiele (Hrsg.): Die Schreibszene als politische Szene, München 2011; Peter-Paul Zahl – Eine politische Schreibszene, in: Ute Gerhard, Hanneliese Palm (Hrsg.): Schreibarbeiten an den Rändern der Literatur, Essen 2011.

Jutta Müller-Tamm Prof. Dr., seit 2006 Professorin für Deutsche Philologie (Neuere Deutsche Literatur vom 19. Jahrhundert bis zur Gegenwart) an der FU Berlin. Forschungsschwerpunkte: Literatur und Wissensgeschichte; Ästhetik und Poetik der frühen Moderne; Deutsche Literatur der klassischen Moderne; Gegenwartsliteratur; Geschichte der Wahrnehmung.
Publikationen: Kunst als Gipfel der Wissenschaft. Ästhetische und wissenschaftliche Weltaneignung bei Carl Gustav Carus, Berlin 1995; Begrenzte Natur und Unendlichkeit der Idee. Literatur und Bildende Kunst in Klassizismus und Romantik, Freiburg 2004 (hrsg. zus. mit Cornelia Ortlieb); Abstraktion als Einfühlung. Zur Denkfigur der Projektion in Psychophysiologie, Kulturtheorie, Ästhetik und Literatur der frühen Moderne, Freiburg 2005; Verstandenes Lebensbild. Ästhetische Wissenschaft von Humboldt bis Vischer. Eine Anthologie, Berlin 2010 (Hrsg.).

Cornelia Ortlieb Prof. Dr., seit 2011 Professorin für Allgemeine und Vergleichende Literaturwissenschaft an der Ludwig-Maximilians-Universität München. Forschungsschwerpunkte: Europäische Literaturgeschichte des 18. bis 21. Jahrhunderts; Schreibformen von Kritik und Kommentar um 1800; die Kulturgeschichte des Wissens und die Literatur; Denken auf Papier von Jean Paul bis Claude Simon.
Publikationen: Poetische Prosa. Beiträge zur modernen Poetik von Charles Baudelaire bis Georg Trakl, Stuttgart 2001; Verbergen – Überschreiben – Zerreißen. Formen der Bücherzerstörung in Literatur, Kunst und Religion, Berlin 2007 (hrsg. zus. mit Mona Körte); Friedrich Heinrich Jacobi und die Philosophie als Schreibart, München 2010.

Nicolas Pethes Dr. phil., seit 2009 Professor für Neugermanistik an der Ruhr-Universität Bochum. Forschungsschwerpunkte: Literatur- und Wissenschaftsgeschichte vom 18. bis 20. Jahrhundert; Theorien des kulturellen Gedächtnisses; Medien und Populärkultur; Fallgeschichten.
Publikationen: Zöglinge der Natur. Der literarische Menschenversuch des 18. Jahrhunderts, Göttingen 2007; Kulturwissenschaftliche Gedächtnistheorien – zur Einführung, Hamburg 2008; Kulturgeschichte des Menschenversuchs im 20. Jahrhundert, Frankfurt a.M. 2009 (hrsg. zus. mit Birgit Griesecke, Marcus Krause und Katja

Sabisch); Ausnahmezustand der Literatur. Neue Lektüren zu Heinrich von Kleist, Göttingen 2011 (Hrsg.).

Virginia Richter Prof. Dr., seit 2007 Ordentliche Professorin an der Universität Bern. Forschungsschwerpunkte: Englischsprachige Literatur des 19. bis 21. Jahrhunderts; Literatur und Wissenschaft; Darwinismus; Tiere in der Literatur; der Strand als liminaler Natur- und Kulturraum; Erzählkulturen; moderne Autorschaftsfigurationen am Beispiel von Henry James; Kosmopolitanismus; das post-imperiale Imaginäre.
Publikationen: Gewaltsame Lektüren. Gender-Konstitution und Geschlechterkonflikt in *Clarissa, Les Liaisons dangereuses* und *Les Infortunes de la vertu,* München 2000; Poetische Gerechtigkeit, Düsseldorf 2011 (hrsg. zus. mit Sebastian Donat, Roger Lüdeke und Stephan Packard); Literature after Darwin. Human Beasts in Western Fiction 1859–1939, Basingstoke 2011.

Stefan Rieger Prof. Dr., seit 2007 Professor für Mediengeschichte an der Ruhr-Universität Bochum. Forschungsschwerpunkte: Wissenschaftsgeschichte; Medientheorie; Kulturtechniken.
Publikationen: Kybernetische Anthropologie. Eine Geschichte der Virtualität, Frankfurt a.M. 2003; Vom Übertier. Ein Bestiarium des Wissens, Frankfurt a.M. 2006 (zus. mit Benjamin Bühler); Das Wuchern der Pflanzen. Ein Florilegium des Wissens, Frankfurt a.M. 2009 (zus. mit Benjamin Bühler); Schall und Rauch. Eine Mediengeschichte der Kurve, Frankfurt a.M. 2009.

Peter Schnyder Prof. Dr., Ordinarius für Neuere deutsche Literaturwissenschaft an der Universität Neuchâtel. Forschungsschwerpunkte: Literatur und Wissen; Ästhetik und Politik; Rhetorik.
Publikationen: Kollektive Gespenster. Die Masse, der Zeitgeist und andere unfassbare Körper, Freiburg i.Br. 2006 (hrsg. zus. mit Michael Gamper); Schillers »Pastoraltechnologie«. Individualisierung und Totalisierung im Konzept der ästhetischen Erziehung, in: Jahrbuch der Deutschen Schillergesellschaft 50 (2006); Die Dynamisierung des Statischen. Geologisches Wissen bei Goethe und Stifter, in: Zeitschrift für Germanistik. Neue Folge 19/3 (2009); Alea. Zählen und Erzählen im Zeichen des Glücksspiels 1650–1850, Göttingen 2009.

Anne Seitz Dipl. Frankreichwissenschaftlerin, seit 2009 wissenschaftliche Mitarbeiterin am Romanischen Seminar der Ruhr-Universität Bochum in einem DFG-Forschungsprojekt zur Darstellung des Pathologischen. Forschungsschwerpunkte: Literatur und Krankheit im 19. Jahrhundert; demografisches Wissen in der Literatur.

Publikationen: Zukunft schreiben. Prognostische Wissensfiguren des frühen 20. Jahrhunderts, in: Jakob Vogel, Heinrich Hartmann (Hrsg.): Zukunftswissen. Prognosen in Wirtschaft, Politik und Gesellschaft seit 1900, Frankfurt a.M. 2010; Der bedrohte Europäer. Demografisch-literarische Fiktionen des *homo europaeus* in Deutschland und Frankreich (1900–1940), in: Petra Overath (Hrsg.): Die vergangene Zukunft Europas. Kulturwissenschaftliche Analysen von demografischen Prognosen und Wissensordnungen, Köln 2011 (zus. mit Petra Overath); »Le milieu empesté«. Die Vorstadt als infektiöser Raum am Beispiel von Emile Zolas *L'Assommoir*, in: Angela Oster, Jan-Henrik Witthaus (Hrsg.): Milieu und urbaner Raum. Die Stadt als Raum von Regierung und Erkenntnis im Frankreich der Moderne (erscheint 2012).

Sören Stange M. A., seit 2009 Doktorand im Promotionsstudiengang Literaturwissenschaft an der Ludwig-Maximilians-Universität München. Forschungsschwerpunkte: Literatur und Nicht-Wissen; Psychoanalyse, Physik und Mathematik als historische Wissensformationen; Verhältnis von Literatur und Sprache(n).
Publikation: Über Grenzen sprechen. Mehrsprachigkeit in Europa und der Welt, Würzburg 2012 (hrsg. zus. mit Conceicao Cunha, Daniel Graziadei, Sylvia Jaki, Tanja Pröbstl und Lousia Söllner; im Erscheinen).

Marcus Twellmann PD Dr., seit 2009 Koordinator der Forschungsstelle Kulturtheorie und Theorie des politischen Imaginären an der Universität Konstanz. Forschungsschwerpunkte: Literatur und Wissensgeschichte des 18., 19. und 20. Jahrhunderts, insbesondere Recht und Religion, Oikonomik/Ökonomie, Geographie, Volkskunde und Statistik.
Publikationen: Das Drama der Souveränität. Hugo von Hofmannsthal und Carl Schmitt, München 2004; »Ueber die Eide«. Zucht und Kritik im Preußen der Aufklärung, Konstanz 2010; Deutsche Vierteljahrsschrift für Literaturwissenschaft und Geistesgeschichte 85/2 (2011): Das Haus nach seinem Ende (hrsg. zus. mit Nacim Ghanbari und Saskia Haag).

Stefan Willer PD Dr., seit 2010 stellvertretender Direktor des Zentrums für Literatur- und Kulturforschung Berlin. Forschungsschwerpunkte: Literatur vom 18. Jahrhundert bis zur Gegenwart; historische Wissensordnungen; Theorie, Rhetorik und Geschichte der Prognostik; kulturelle Konzepte von Generation und Erbe; Praktiken der Philologie.
Publikationen: Poetik der Etymologie. Texturen sprachlichen Wissens in der Romantik, Berlin 2003; Das Konzept der Generation. Eine Wissenschafts- und Kulturgeschichte, Frankfurt a.M. 2008 (zus. mit Ohad Parnes und Ulrike Vedder); Erbfälle.

Theorie und Praxis kultureller Übertragung in der Moderne, München 2012 (im Erscheinen).

Uwe Wirth Prof. Dr., seit 2007 Professor für Neuere deutsche Literatur und Kulturwissenschaft an der Justus-Liebig Universität Gießen. Forschungsschwerpunkte: deutsche Literatur ›um 1800‹; Kulturtheorie; Literaturtheorie; Semiotik.
Publikationen: Performanz. Von der Sprachphilosophie zu den Kulturwissenschaften, Frankfurt a.M. 2002 (Hrsg.); Kulturwissenschaft. Eine Auswahl grundlegender Texte, Frankfurt a.M. 2008 (Hrsg.); Die Geburt des Autors aus dem Geist der Herausgeberfiktion. Editoriale Rahmung im Roman um 1800: Wieland, Goethe, Brentano, Jean Paul und E.T.A. Hoffmann, München 2008; Impfen, Pfropfen, Transplantieren, Berlin 2011 (Hrsg.).

Christoph Hoffmann (Hg.)
Daten sichern

200 Seiten, Broschur, zahlr. z.T. farbige Abbildungen
ISBN 978-3-03734-048-6
€ 24,90 / CHF 37,50

Schreiben und Zeichnen als Verfahren der Aufzeichnung zu denken, führt direkt auf die fixierende, zurückhaltende Kraft, die von vornherein mit der graphischen Spur des Stiftes verbunden wird und das Trivialste zu sein scheint. Etwas abzeichnen, etwas aufschreiben, das geschieht im Dienste einer anderen Sache, instrumental, stützt die Beobachtung, die Reflexion, die Arbeit am Begriff oder das Studium der Phänomene. Dennoch darf dieser Vorgang nicht unterschätzt werden, denn in ihm gewinnt Gestalt, was fortan überdauert.
In diesem Raum primärer Formation behaupten sich Zeichnen und Schreiben auch in den hochtechnischen Umgebungen unserer Tage. Es ist der Raum in dem Wissen anfängt, gleich ob als Forschung oder im ästhetischen Prozess. Und es ist ein Raum, der durch materielle Umstände, prozedurale Logiken und ikonische Repertoires gekennzeichnet ist, mit denen etwas bewerkstelligt wird.

Mit Beiträgen von Arno Schubbach, Omar Nasim, Cornelia Ortlieb, Johannes Rössler, Barbara Wittmann und Christoph Hoffmann.

Jacques Rancière
Die stumme Sprache. Essay über die Widersprüche der Literatur

224 Seiten, Franz. Broschur
ISBN 978-3-03734-111-7
€ 24,90 / CHF 37,50

Immer wieder kreist Jacques Rancières Denken um die wechselseitige Durchdringung von Politik und Ästhetik. In diesem Buch analysiert er das geschichtliche Aufkommen der »Literatur« in Entgegensetzung zum klassisch-normativen System der »belles-lettres«, der Belletristik. Zu Beginn des 19. Jahrhunderts bröckelt die Vormachtstellung der Repräsentation: das Primat gelungener Fiktion wird abgelöst vom Primat der Sprache und der Expression, die festgefügte Hierarchie der Genres von der Gleichheit der dargestellten Sujets, der Indifferenz im Verhältnis von Form und Inhalt. An Lektüren von Flaubert, Mallarmé und Proust, in Abgrenzung von den Literaturbegriffen Sartres oder Blanchots entwickelt Jacques Rancière eine neue, politische Lesart dieses Paradigmenwechsels.

»Unter ›Literatur‹ wird hier weder die vage Vorstellung vom Verzeichnis der Schriftwerke verstanden noch die von einem besonderen Wesen, das diesen Werken die ›literarische‹ Eigenschaft einbringt. Man wird von nun an unter diesem Ausdruck die geschichtliche Weise der Sichtbarkeit dieser Werke der Kunst des Schreibens verstehen, die diesen Abstand hervorbringt, und infolgedessen die Diskurse, die diesen Abstand theoretisieren: jene, die das unvergleichliche Wesen der literarischen Schöpfung sakralisieren, aber auch jene, die sie desakralisieren, um sie entweder auf die Willkür der Urteile oder auf die positiven Kriterien der Klassifizierung zu verweisen.«

Jacques Rancière
Das Fleisch der Worte. Politik(en) der Schrift

272 Seiten, Franz. Broschur
ISBN 978-3-03734-084-4
€ 24,90 / CHF 37,50

Jacques Rancière nimmt in einer Sammlung von Essays den Evangelisten Johannes beim Wort und untersucht das Schicksal des in die Welt entlassenen Wortes, das ein prekäres ist, denn es könnte von seinen Exkursionen nicht zurückkehren – nicht in sich selbst zurückkehren wollen. Die Tendenz des Wortes hin auf etwas, das es nicht ist – Realität, Wirklichkeit, Fleisch –, ist auch jenen Texten der christlich-humanistischen oder modernistischen Tradition eingeschrieben, die dem Beispiel des Buchs par excellence nacheifern, dem Buch des fleischgewordenen Worts, das sich ewig in sich selbst zurückfaltet, Wort am Ende wie am Anfang.

Mit Plato, allerdings unter umgekehrten Vorzeichen, sucht Rancière hinter den Worten und Ähnlichkeiten die Kraft, anhand derer »ein Text sich den Körper seiner Fleischwerdung gibt«, sich in Bewegung setzt, von Seelen und Körpern Besitz ergreift und Handlung wird. Es sind die unter- und abgründigen Passagen vom Reich des Geistes auf den Schauplatz des menschlichen Lebens, die Rancière interessieren, insofern sie das stabile Gleichgewicht von Literatur, Philosophie und Politik ins Wanken bringen. In drei Abschnitten – »Politik(en) des Gedichts«, »Theologien des Romans« und »Die Literatur der Philosophen« – umkreist Rancière das Spiel der fleischgewordenen Wahrheit und der Wahrheit des Buches in den Dichtungen von Wordsworth, Mandelstam, Rimbaud, Balzac, Proust, Melville, Cervantes und in den Theorien von Auerbach, Althusser und Deleuze. Es ist eine Exkursion ins Offene, denn »die Literatur lebt allein davon, die Inkarnation zu vereiteln, die sie unaufhörlich wieder ins Spiel bringt«.

Friedrich Balke, Joseph Vogl, Benno Wagner (Hg.)
Für Alle und Keinen
Lektüre, Schrift und Leben bei Nietzsche und Kafka

350 Seiten, Broschur
ISBN 978-3-03734-039-4
€ 29,90 / CHF 45,00

Es gibt kaum zwei andere Autoren der deutschsprachigen Moderne, bei denen das Verhältnis von Sprache und Leben so intensiv verhandelt wird wie bei Friedrich Nietzsche und Franz Kafka. Für Nietzsche, den »gefährlichen Denker« und das »Dynamit« der christlich-abendländischen Werteordnung, wie für Kafka, den »Dichter der Angst« und Experten für Arbeiter-Unfallversicherung, bilden die biopolitischen Dispositive des heraufkommenden Wohlfahrtsstaates und die Verschiebungen, die der Historismus für die Ökonomie des Wissens und die Massenpresse für die Ökonomie der Rede bedeuten, eng aufeinander bezogene Faktoren des Problemgefüges, das ihre Schreibprojekte hervortreibt. Für beide stellt der Doppelcharakter sprachlicher Überlieferung – als Sicherung des kollektiven Lebens und als Unterwerfung des individuellen – eine zentrale schriftstellerische Herausforderung dar, und beide begreifen die daraus resultierende Riskanz einer radikalen Umschrift der durch Lektüre angeeigneten Tradition als ethisches Problem.
Der Band zielt darauf ab, die beiden Antworten auf jene Herausforderung vor ihrem jeweiligen biographischen und zeitgeschichtlichen Hintergrund gegeneinander zu kontrastieren und sie zugleich als – bis heute gültige – paradigmatische »Haltungen« im diskursiven Feld der Moderne sichtbar werden zu lassen. Indem der Band den »dialogischen« Bezug Kafkas auf Nietzsche auf der Folie diskursiver und medialer Ereignisse und Konstellationen der Zeit motiviert und spezifiziert, lässt er ihn zugleich als vielstimmigen »Polylog« oder sogar unlesbaren »Babellog« quer durch die Kultur und die Wissensfelder des anbrechenden »kurzen 20. Jahrhunderts« (1914–1989) erscheinen.

Mit Beiträgen von Joseph Vogl, Bernhard Dotzler, Friedrich Balke, Gerhard Neumann, Philipp Theisohn, Hubert Thüring, Timothy Attanucci, Wolf Kittler, Malte Kleinwort, Andreas Kilcher, Stanley Corngold und Benno Wagner.

Anja Lauper
Die ›phantastische Seuche‹
Episoden des Vampirismus im 18. Jahrhundert

208 Seiten, Broschur
ISBN 978-3-03734-155-1
€ 26,90 / CHF 40,00

Der Vampir des 18. Jahrhunderts ist einer der singulären Mythen der Moderne. Im Jahr 1732 tritt der Vampir – bis dahin unbekannt – mit einem Schlag in den Diskurs der westlichen Welt ein. Wenig später haben die Buchhändler ihr Sortiment fliegend der plötzlichen vampiristischen Nachfrage angepasst, bevölkert der Vampir die Berichte der Militärärzte von der Ostgrenze der österreichischen Monarchie und streiten sich Mediziner und Theologen um die Deutungshoheit angesichts einer unbekannten Seuche.
In diesem Buch wird der historische Vampirismus von seinem Ende her verstanden. Kein Exorzismus kann ihn ausmerzen, einzig die grundlegende Verwaltungsreform der Habsburgermonarchie, die ab Mitte des 18. Jahrhunderts an die Hand genommen wird, ist in der Lage, den Vampir abzuschaffen, indem sie ihn in eine neue polizeyliche Gesundheits- und Bevölkerungspolitik überträgt und ihn darin zum Verschwinden bringt. Diese gouvernementale Politik schaufelt dem Vampir des 18. Jahrhunderts sein wohlverdientes Grab – und schafft damit die Voraussetzungen für die Proliferation des Vampirs in der Literatur der Moderne.

Andrea Krauß
Lenz unter anderem
Aspekte einer Theorie der Konstellation

656 Seiten, Broschur
ISBN 978-3-03734-158-2
€ 39,90 / CHF 60,00

Die Texte von J. M. R. Lenz (1751–1792) begegnen in Relationen: Sie erscheinen als ›Anmerkungen übers Theater nebst angehängten übersetzten Stück Shakespears‹ und verknüpfen theatertheoretische Schrift mit literarischer Übersetzung. Sie heißen ›Der Hofmeister oder Vortheile der Privaterziehung. Eine Komödie‹ und situieren sich im diskursiven Netzwerk von Literatur und Pädagogik. Oder referieren als ›Der Waldbruder. Ein Pendant zu Werthers Leiden‹ ausdrücklich auf Goethes Prätext.
Die Studie geht der Frage nach, wie Lenzens ›fluktuierende‹ Textobjekte zu Gegenständen der literaturwissenschaftlichen Analyse werden können, ohne ihre flüchtig-relationale Produktivität einzubüßen. Konstellation bezeichnet in diesem Sinne eine Problemstellung der Lektüre. Konstellierendes Lesen verschiebt die Aufmerksamkeit auf Voraussetzungen der Lektüre und denkt darüber nach, wie diese in der wissenschaftlichen Darstellung reflektiert werden können.

Jörg Kreienbrock
Kleiner. Feiner. Leichter
Nuancierungen zum Werk Robert Walsers

192 Seiten, Broschur
ISBN 978-3-03734-098-1
€ 24,90 / CHF 37,50

Seit Robert Musils Einschätzung, dass es sich bei Franz Kafka um einen Spezialfall des Typus Robert Walser handele, hat es zahlreiche Versuche gegeben, Walsers Schreiben in den Kanon moderner Literatur einzugliedern. Sein Status des Außenseiters und die erfolglos verlaufende schriftstellerische Karriere, die in der Anstalt Herisau ihr tragisches Ende fand, werden in vielen dieser Lesarten zu Emblemen einer negativen Ästhetik des Scheiterns, und so wird der kleine Robert Walser ein Großer deutschsprachiger Dichtung.
Eben diese Beziehung von Erfolg und Scheitern, Größe und Kleinheit, Ruhm und Vergessenheit versucht Jörg Kreienbrock anders zu denken. Entlang einer genauen Lektüre von Walsers Prosatexten untersucht er ästhetische Konzepte wie ›Detail‹, ›Nuance‹, ›Höflichkeit‹ oder ›Dilettantismus‹, die es erlauben, die Singularität Walsers mit und gegen seine Liebhaber zu verteidigen. Analog zum Bild des erfolglosen Schriftstellers, des irrenden Spaziergängers und der nuancierten Höflichkeit, ist Walsers Vorgehen weder als revolutionärer Umsturz im Sinne der ästhetisch-politischen Avantgarden des frühen 20. Jahrhunderts zu denken noch als unreflektierte Affirmation bestehender Konventionen. Walsers »kleine Moderne« geht höflich und dilettantisch vor. Sie gerinnt zu keiner Methode und keinem Programm. Nuanciert besteht sie auf dem feinen Detail, der kleinen Abweichung, der leichten Differenz.

David Gugerli, Michael Hagner, Philipp Sarasin, Jakob Tanner (Hg.)
Nach Feierabend. Zürcher Jahrbuch für Wissensgeschichte
Nicht-Wissen

224 Seiten, Broschur
ISBN 978-3-03734-089-9
€ 25,00 / CHF 37,50

Der Unterschied von Dogma und Häresie, die Trennung zwischen Expertenwissen und Laienglauben, das Verhältnis von Validierung und Entwertung sowie die wechselseitige Abhängigkeit von Kanonisierungs- und Stigmatisierungsprozessen – sie alle betreffen jene Differenz, mit der Akteure des Wissens eine Grenze zwischen (ihrem) Wissen und dem Nicht-Wissen (der anderen) ziehen. Doch die Grenzziehung ist prekär und ständig von beiden Seiten bedroht. Neues Wissen führt zu Verunsicherungen, weil es bisheriges Wissen zum Nicht-Wissen degradiert. Umgekehrt lässt Nicht-Wissen sich nur so lange gelassen ignorieren, wie es klar von sicheren Wissensbeständen unterschieden werden kann.

Die saubere Trennung von Wissen und Nicht-Wissen gehört zur Sisyphusarbeit aller Akteure des Wissens, dient sie doch der Verteidigung von Wissensbeständen gegen die Angriffe jener, die – im wahrsten Sinn des Wortes – per definitionem zu den Ignoranten gezählt werden. Die ständige Definitionsarbeit ist aber auch deshalb von wissenshistorischer Bedeutung, weil sie die Ignoranz der Akteure des Wissens gegenüber den Grenzen ihres Wissens steigert. Je erfolgreicher ihre Definitionsarbeit ist, desto weniger wissen Wissensträger, was sie nicht wissen können. Was aber würde passieren, wenn Wissensgeschichte diesem Umstand Rechnung trüge und eine Geschichte des Nicht-Wissens mitschriebe? Die Vermutung liegt nahe, dass die Wissensgeschichte das von eifrigen Wissensträgern stets akzeptierte Verbot der Selbstbeobachtung bei der Sisyphusarbeit nicht mehr befolgen müsste.

Mit Beiträgen von Friedrich Balke, Martin Seel, Michael Hampe, Gloria Meynen, Philip Ursprung, Jürgen Kaube, Heinrich Popitz, Wolfgang Wohlers und einem Gespräch zwischen David Gugerli und Joachim Nettelbeck.